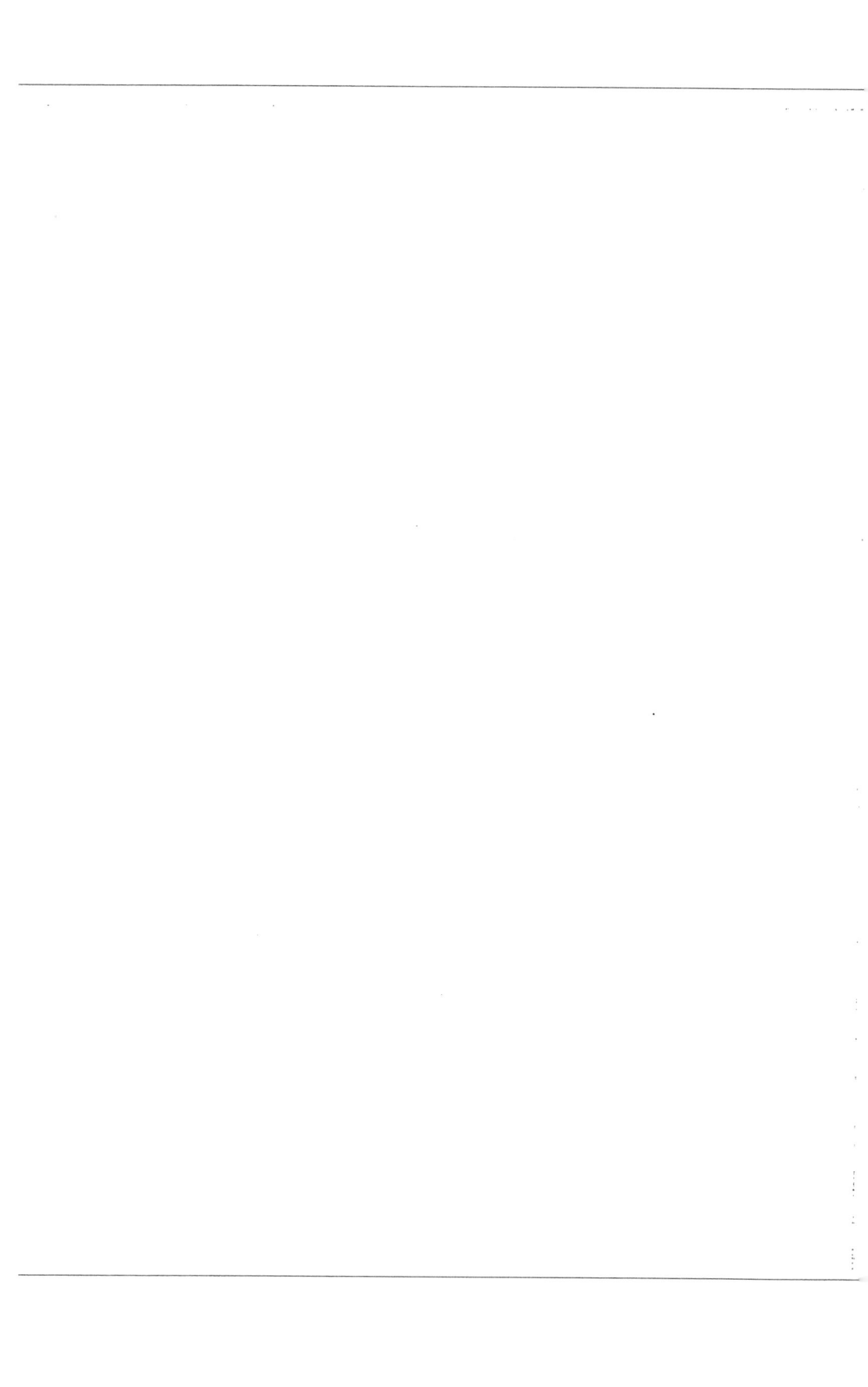

TRAITÉ

DES

HIPOTHÈQUES.

TRAITÉ

DES

HYPOTHÈQUES,

Par M. le Baron GRENIER,

PREMIER PRÉSIDENT DE LA COUR ROYALE DE RIOM,

CHEVALIER DES ORDRES ROYAUX DE SAINT-MICHEL ET DE LA LÉGION D'HONNEUR.

SECONDE ÉDITION,

SANS AUCUN CHANGEMENT, ET ABSOLUMENT CONFORME A LA PREMIÈRE, QUI A PARU EN OCTOBRE 1822.

TOME PREMIER.

CLERMONT-FERRAND;

THIBAUD-LANDRIOT, IMPRIMEUR DU ROI, ET LIBRAIRE.

M DCC ... V.

DISCOURS PRÉLIMINAIRE.

Dᴀɴꜱ ce discours, je me propose de présenter des idées générales sur les législations anciennes, relatives aux hypothèques. J'offrirai, sur la législation actuelle, des réflexions particulières, propres à en faire connoître l'ensemble, et à mettre en état d'apprécier les critiques qui en ont été faites. J'indiquerai quelques imperfections sur lesquelles j'appelle spécialement l'attention du législateur, qui pourroit y remédier, sans attaquer les bases fondamentales de la loi.

Avant de le commencer, qu'il me soit permis de faire observer qu'il n'y eut jamais de matière à la fois plus ingrate et plus importante que celle des hypothèques. J'ajouterai qu'un traité sur cette partie de notre législation, devoit être un ouvrage de doctrine, et en même temps un ouvrage de jurisprudence ; aussi j'ai dû attendre le secours des lumières qui sortiroient des tribunaux, et surtout de la Cour de cassation. Car c'est seulement depuis trois ou quatre ans qu'on a vu s'élever les questions les plus ardues sur ce sujet, et cependant il s'en faut bien que les espèces soient épuisées. Ces motifs, joints aux fonctions publiques que j'ai l'honneur de remplir, m'ont empêché de publier plus tôt mon travail, qui a été entrepris en 1819.

Dans les temps les plus reculés, on étoit heureusement dispensé de s'occuper d'une législation dont l'objet fût d'assurer l'exécution des engagemens. Lorsque les mœurs étoient pures, les lois étoient inutiles, ou au moins elles avoient le caractère de la plus grande simplicité : leur but étoit plutôt de conserver le souvenir et l'existence des promesses, que d'établir des moyens coercitifs pour les faire remplir.

Mais la cupidité prenant un essor proportionné à celui de la civilisation, les transactions pécuniaires se multipliant à l'infini, il fallut venir à une mesure propre à assurer la stabilité des contrats. Cette mesure fut naturellement l'impignoration des objets mobiliers, puis celle des immeubles, qui offroit une base plus solide ; en sorte que la confiance se mesura sur l'étendue de la propriété qui garantissoit la créance.

Tome I.   A

Cependant cette garantie pouvoit devenir illusoire, si déjà l'emprunteur eût établi des hypothèques sur ses immeubles, et s'il eût voulu en donner de nouvelles, les premières demeurant ignorées. Les hypothèques occultes ne purent donc présenter un moyen contre les fraudes. On ne put voir ce moyen que dans la publicité des hypothèques. On trouve l'exemple de cette publicité dans la législation des Grecs. Et ce qui prouve encore de la bonne foi, ce qui fait apercevoir une horreur pour le mensonge et la perfidie, c'est la facilité avec laquelle on se soumit, pendant des siècles, à cette publicité, quoique les formes en fussent infiniment gênantes.

Les Romains, qui dûrent beaucoup aux Grecs, non-seulement sous le rapport des sciences et des arts, mais encore sous celui de la législation, adoptèrent le même système de publicité. Mais la sévérité de ses formes fit naître le violent désir de les secouer. Telle fut surtout la tendance de ceux qui attachent beaucoup de prix à l'opinion, et dont une des principales jouissances consiste dans l'apparence d'un grand crédit. De là vint, dans la suite, l'hypothèque occulte qu'on voit dans le droit romain, et qui a été transmise en France.

Les peuples belges qui, les premiers, par leur sagesse et par leur industrie, s'ouvrirent un commerce qui étonna le reste de l'Europe, sentirent la nécessité d'établir un crédit public, tel qu'il doit l'être, par la sûreté et la stabilité des engagemens. Ils y parvinrent en donnant aux hypothèques une publicité qui fut réglée par des formes assorties aux mœurs du temps.

En France, le premier homme d'état, sur la fin du seizième siècle, et, dans le dix-septième, celui qui sentit combien le commerce, l'industrie et les finances devoient, pour prospérer, se lier à une bonne législation civile, réclamèrent avec force le système de la publicité des hypothèques. Mais leurs efforts échouèrent contre les menées de ceux qui avoient intérêt à conserver un grand crédit, même en faisant des opérations ruineuses dont leurs créanciers risquoient de devenir victimes, et qui l'étoient en effet très-souvent.

Mais lorsqu'on vit, à la fin du dix-huitième siècle, et au commencement du dix-neuvième, s'élever une législation générale et uniforme, la publicité des hypothèques fut réclamée de nouveau, et elle sortit triomphante de la lutte des opinions.

Il étoit naturel qu'elle conservât des partisans, et qu'elle eût toujours des antagonistes, soit parce qu'elle étoit nouvelle, soit parce que la législation qui l'a organisée n'a pu être comprise qu'avec le temps, soit enfin parce qu'elle a attaqué des goûts et des intérêts particuliers qui étoient en opposition avec l'intérêt général. C'est aussi ce qui est arrivé. Les critiques qu'a éprouvées le régime hypothécaire se sont bien affoiblies, à mesure qu'il a été plus connu. Cependant les préventions ne sont pas encore détruites, et il est important qu'on puisse les juger.

Pour procéder avec ordre, je diviserai ce que j'aurai à dire en six paragraphes.

J'examinerai, 1°. si l'on doit conserver, ou non, la publicité de l'hypothèque. Ici vient la nécessité de donner une idée générale et rapide des législations sur les hypothèques, jusqu'à la loi de brumaire.

2°. S'il est vrai que les modifications établies par le Code civil sur la publicité de l'hypothèque, en introduisant des hypothèques affranchies d'inscription, telles que certaines hypothèques légales, peuvent être considérées comme des exceptions qui détruisent le principe même de la loi, et qui en renversent l'économie.

3°. Si la spécialité, telle qu'elle est organisée, présente de graves inconvéniens, surtout d'après la jurisprudence actuelle de la Cour de cassation.

4°. Si on est fondé à critiquer la nécessité de payer toutes les dettes exigibles ou non exigibles, imposée par l'art. 2184 du Code civil à tout acquéreur qui veut purger, au lieu de le faire participer aux termes accordés au débiteur, ainsi que le vouloit l'art. 30 de la loi de brumaire.

Tels sont les points principaux sur lesquels les critiques ont été dirigées jusqu'à présent contre les dispositions du Code civil.

5°. Je ferai quelques observations sur l'esprit dans lequel les questions doivent être décidées sur cette matière, en cas de doute.

6°. Je présenterai les imperfections qui frappent le plus dans la loi nouvelle. J'ai cru qu'il étoit utile de les soumettre à l'attention et à la sagesse du législateur, qui pourroit les faire disparoître, dans le cas où la loi seroit revisée.

§ Ier. *Doit-on conserver, ou non, la publicité de l'hypothèque? Idées générales sur les législations anciennes relatives aux hypothèques.*

Il existe, même en ce moment, une plus forte dissidence d'opinions, que plusieurs personnes ne le croient, sur la question de savoir si la pu-

Cinq exemplaires ont été déposés conformément à la loi.

Tous ceux qui ne seroient pas revêtus de la signature ci-dessous seront considérés comme contrefaits.

Thibaud Landriot

blicité de l'hypothèque est, ou non, utile. Je suis convaincu que cette dissidence se manifesteroit, si jamais on revisoit la loi. Tel est le motif de l'étendue que je crois devoir donner à ce paragraphe.

On peut dire avec confiance que, sans la publicité de l'hypothèque, il, ne peut y avoir un régime hypothécaire proprement dit, c'est-à-dire, une action de la loi, qui procure à celui qui prête, le droit de compter sur la rentrée de ses fonds.

Pour établir cette opinion, je remonterai, sans m'y arrêter trop long-temps, aux législations anciennes. J'invoquerai le vœu des hommes d'état, dont les talens ont le plus honoré la France, et celui des anciens jurisconsultes. Je démontrerai surtout que c'est parce que les Romains abandonnèrent la publicité de l'hypothèque, qui faisoit, en cette partie, la base de leur droit primitif, et parce que l'hypothèque occulte, qu'ils admirent dès lors, fut presque généralement reçue en France, qu'on y a vu s'introduire la législation la plus vicieuse, source d'une multitude de procès, et par conséquent de désordres. On ne pouvoit y rémédier que par une législation hypothécaire, sagement combinée, qui eût pour base cette publicité. Je me fonderai encore sur l'influence de nos mœurs et de nos habitudes actuelles.

Chez les Grecs, la publicité de l'hypothèque fut le fondement de la législation sur cette matière. Les hypothèques étoient annoncées par des signes apparens posés sur les héritages. Ces signes étoient en usage du temps de Solon. On en trouve la preuve dans la vie de ce législateur, écrite par Plutarque. On y voit que Solon se glorifioit d'avoir ôté les signes d'hypothèques, qui étoient plantés sur les terres; ce qui vouloit dire qu'il avoit mis le peuple à portée d'éteindre les dettes dont il étoit obéré. Cette mesure étoit entrée dans la politique de Solon, qui, par cette conduite, et par le haussement de la monnoie, s'attira de violens reproches.

Il ne faut pas prendre ce passage de Plutarque dans le sens que l'usage des signes ait été dès lors aboli. On ne doit y voir qu'un langage figuré pour expliquer l'influence momentanée d'une mesure particulière prise par le législateur grec. En effet, ce même usage étoit en pleine vigueur du temps de Démosthènes, qui a vécu environ deux cent cinquante ans après Solon. C'est ce que l'on voit dans deux de ses discours, dont l'un est contre *Phenippus*, et l'autre contre *Spudias*.

Nous en trouvons une seconde preuve dans l'ouvrage du savant abbé

Barthélemy, qui a l'art de cacher la plus profonde érudition sous la plus élégante simplicité. Voici ce qu'il fait dire à son voyageur.

« J'avois souvent passé des saisons entières dans différentes maisons de campagne; j'avois souvent traversé l'Attique : je rassemble ici les singularités qui m'ont frappé dans mes courses.

» Les champs se trouvent séparés les uns des autres par des haies ou par des murailles. C'est une sage institution que de désigner, comme on fait, ceux qui sont hypothéqués, par de petites colonnes chargées d'une inscription qui rappelle les obligations contractées avec un premier créancier. De pareilles colonnes, placées devant les maisons, montrent à tout le monde qu'elles sont engagées; *et le prêteur n'a point à craindre que les créances obscures fassent tort à la sienne* » (1).

On doit néanmoins remarquer qu'il y avoit chez les Grecs un autre moyen non moins efficace que les signes, pour constituer une hypothèque avec sûreté; c'étoit d'engager, de la part du débiteur, le fonds qui devoit faire la sûreté de la créance, entre les mains du créancier qui s'en mettoit en possession jusqu'au payement (2).

En se décidant d'après des mesures aussi sévères, on peut juger aisément que la législation des Grecs sur les hypothèques étoit infiniment simple, et par conséquent aussi bonne qu'il étoit possible.

Nos mœurs ne s'accommoderoient certainement pas de pareilles mesures; mais ces mesures ont été remplacées, dans nos usages, par des moyens beaucoup plus doux, avec lesquels on est également parvenu à la publicité de l'hypothèque.

Chez les Romains, dans les premiers temps de leur législation, à des époques où l'on n'éprouvoit pas le besoin d'en imposer par un crédit plus apparent que réel, ainsi que cela arriva dans la suite, à mesure que la civilisation fit des progrès, les moyens les plus simples, quelque gênans qu'ils fussent pour les emprunteurs, parurent les meilleurs.

Les signes apparens, posés sur les héritages pour attester authentiquement les hypothèques dont ils étoient grevés, y furent admis, comme ils l'avoient été à Athènes (3).

_____

(1) Voyage du jeune Anacharsis en Grèce, chap. 59, 6e vol., édit. in-12, pag. 64.
(2) Voyez Loyseau, *du déguerpissement*, liv. 3, chap. 1er, n° 20, et Basnage, *Traité des hypothèques*, chap. 1er.
(3) Si l'on vouloit élever quelque doute sur la pratique de cet ancien usage à Rome,

Il est aussi constant que, comme les Grecs, indépendamment des signes sur les héritages, les Romains admirent un autre mode d'hypothèque, qui étoit, pour le moins, aussi sûr : il consistoit à nantir le créancier, lequel prenoit en conséquence possession de l'héritage qui devoit répondre de la dette.

L'usage s'établit cependant de laisser le débiteur en possession du fonds qui servoit de gage ; mais l'effet de l'hypothèque étoit de donner au créancier le droit de déposséder le débiteur, pour se saisir lui-même du fonds, ou pour le faire vendre.

C'est à ce dernier usage que se rapporte, avec la plus parfaite exactitude, un passage de Cicéron, qui seroit difficile à entendre si on ne connoissoit pas cette disposition du droit romain. Cet immortel orateur, dans une de ses épîtres familières (livre 13, épître 56), adressée à Thermus, propréteur, lui recommande quelques affaires qui concernoient Cluvius son ami, et qui ne pouvoient être suivies que dans la province dont l'administration venoit d'être confiée à Thermus. Philotès, citoyen d'Alabande, lui disoit-il, a constitué une hypothèque sur un bien-fonds à lui appartenant, en faveur de Cluvius. Le fonds est acquis à celui-ci faute de payement. Veuillez faire en sorte que Philotès en fasse l'abandon formel, et qu'il en mette en possession les fondés de pouvoir de Cluvius, ou qu'il paye ce qu'il doit. *Prætereà Philotes Alabandensis hypothecas Cluvio dedit :* HÆ COMMISSÆ SUNT (1). *Velim cures ut AUT DE HYPOTHECIS DECEDAT* (2), *easque procuratoribus Cluvii tradat, AUT PECUNIAM SOLVAT.*

---

il seroit aisé d'établir l'affirmative à l'aide de plusieurs lois romaines qui ne peuvent recevoir d'autre interprétation, et notamment de la loi 22, § 2, ff. *quod vi aut clàm,* et de la loi 2, au Code *ut nemini liceat,* etc. Mais ce qui dispense d'entrer dans une discussion qui seroit plus curieuse qu'utile, c'est que tel est l'avis positif de deux célèbres jurisconsultes ; Denis Godefroi, sur la loi du Digeste, que je viens de citer, et Loyseau, *Traité du déguerpissement, liv.* 3, n° 25 *et suivans.* La loi du Code que je viens aussi de rapporter, défend à la vérité l'usage de ces signes ; mais rien ne peut mieux attester un usage ancien que son abolition. Ce qui a induit quelques auteurs en erreur, c'est d'avoir vu quelque part que ces signes apparens n'avoient jamais eu pour objet que de donner avis des ventes forcées. C'est une vérité que ces signes n'ont eu cet objet dans les derniers temps de la législation romaine ; mais c'en est une autre aussi, qu'avant cet emploi, ils avoient servi à annoncer les hypothèques.

(1) *Hypothecæ commissæ dicuntur, cùm, debitore ad dictum diem solutionem negligente, illæ in potestatem creditoris veniunt.* CHRISTOPH. CELLAR. in Cic.

(2) Le mot *hypotheca* a été souvent pris pour le fonds même hypothéqué. Les

L'usage de mettre le créancier en possession de l'objet hypothéqué, s'est soutenu long-temps, puisqu'on voit une foule de lois, dans le Digeste et dans le Code, qui règlent les cas dans lesquels le créancier pouvoit, ou non, vendre l'objet qu'il tenoit à titre de gage ou d'hypothèque, et les formalités qu'il devoit employer lorsqu'il étoit question de procéder à cette vente. On peut voir, à ce sujet, Pothier, *Pandectes*, *liv.* 20, *tit.* 5.

Ainsi on se relâcha insensiblement de la sévérité des anciennes formes. On en vint à tolérer la constitution de l'hypothèque par le simple pacte. Il fut admis que l'hypothèque, quoiqu'occulte, frapperoit tous les biens présens. Il falloit, pour ces biens, la stipulation de l'hypothèque; la simple obligation n'auroit pas suffi. Mais Justinien voulut encore, dans la suite, que, par cela seul qu'il y avoit une stipulation d'hypothèque, cette hypothèque portât non-seulement sur les biens présens, mais encore sur les biens à venir, même quoiqu'il n'y eût aucune stipulation particulière, relativement à ces derniers biens (1).

Qu'arriva-t-il dans toute la France où cette législation fut reçue, et où il fut encore admis que la simple obligation authentique portoit, de droit et sans stipulation particulière, hypothèque sur les biens présens et à venir, si on en excepte cependant quelques provinces du Nord, dont nous aurons occasion de parler, qui demeurèrent fidèles au principe tutélaire de la publicité de l'hypothèque!

Le débiteur s'étoit-il abstenu de faire des ventes? étoit-il demeuré en possession de ses biens? on en venoit à la saisie réelle: elle étoit suivie d'un ordre, lors duquel tous les créanciers se connoissoient souvent pour la première fois. Les frais de cet ordre, déjà considérables par eux-mêmes, augmentoient à raison de la multiplicité des dettes qui se découvroient, et son résultat apprenoit combien les derniers créanciers étoient victimes de l'ignorance où ils avoient été des hypothèques constituées avant les leurs. Il étoit assez ordinaire d'en voir un grand nombre qui ne pouvoient participer à la distribution du prix de l'adjudication, et qui néanmoins

exemples en sont fréquens dans le droit romain; et cette acceptation est encore admise dans plusieurs parties de la France. En parlant du fonds hypothéqué, on dit souvent *mon hypothèque.*

(1) Voyez Loyseau, *de l'action hypothécaire*, *liv.* 3, *chap.* 1er, no 14; Basnage, *des hypothèques*, *chap.* 13 et 14, et les lois qu'ils citent.

étoient obligés de supporter de grands frais, dont les avances étoient devenues nécessaires.

Le débiteur, au contraire, vendoit-il tout ou partie de ses biens? alors l'acquéreur étoit attaqué en déclaration d'hypothèque par un des créanciers, et souvent par plusieurs. Cet acquéreur exerçoit son recours contre son vendeur. Si le fonds avoit passé entre plusieurs mains après la vente que le débiteur en avoit faite, il y avoit autant de recours que d'acquéreurs successifs, en remontant jusqu'au vendeur originaire. C'étoit le comble du désordre.

Quelle étoit la cause de tous ces abus? c'étoit le défaut de publicité de l'hypothèque. Cette vérité s'aperçoit si facilement que tout développement à ce sujet deviendroit inutile.

Je ne dois cependant pas omettre que, dans le droit romain, il s'étoit introduit une hypothèque connue sous le nom d'*hypothèque spéciale*, et les personnes peu versées dans notre ancienne législation, pourroient croire, à raison de cette dénomination, qu'il y avoit quelqu'affinité entre cette hypothèque, et celle qui, dans le système de notre législation hypothécaire, est connue sous la même dénomination d'*hypothèque spéciale*.

Mais elles seroient, à cet égard, dans une grande erreur. L'hypothèque spéciale, dans les principes du droit romain, n'étoit soumise à aucune publicité, pas plus que l'hypothèque générale; et dès lors elle ne pouvoit avoir aucun des avantages de cette publicité. Indépendamment de l'hypothèque générale qui résultoit d'une obligation en elle-même, comme je l'ai déjà dit, on faisoit quelquefois affecter par le débiteur un ou plusieurs objets, à titre d'hypothèque spéciale : ils devoient par conséquent être désignés. Mais si avant cette obligation consentie avec une hypothèque spéciale, celui qui s'obligeoit avoit déjà fait d'autres obligations, l'hypothèque générale qui en résultoit couvroit les objets qui auroient ensuite été affectés d'hypothèque spéciale. En sorte qu'il est sensible que cette hypothèque spéciale devenoit sans effet. Et par rapport à ceux qui, postérieurement à l'obligation portant affectation de cette hypothèque spéciale, auroient prêté au même débiteur, n'étant avertis par aucune publicité, des engagemens antérieurs, à quelque titre qu'ils eussent été contractés, ils couroient toujours les mêmes risques, en cas d'insolvabilité de l'emprunteur. Cela devoit être, dès que l'hypothèque spéciale précédente devoit

subsister,

subsister, sans qu'elle fût publique, par le seul effet de l'antériorité du titre, comme l'hypothèque générale.

Il résultoit bien quelques différences entre l'hypothèque générale et l'hypothèque spéciale, par une conséquence de ce que celle-ci paroissoit emporter une affectation plus précise et plus forte sur l'objet qui y étoit soumis. Néguzantius, jurisconsulte italien, dans un Traité latin sur les hypothèques, ouvrage justement estimé, dans lequel la matière est traitée principalement sous le rapport des principes du droit romain, est l'auteur qui a expliqué ces différences avec le plus de précision. Il les réduit à six, *pag.* 13, 5ᵉ *édit. de* 1683.

Par exemple, dans le cas d'une simple hypothèque générale, quoique les esclaves du débiteur eussent été frappés de cette hypothèque (chez les Romains, tout ce qui sortoit nature de propriété mobilière, étoit, comme les immeubles, susceptible d'hypothèques), ce débiteur pouvoit néanmoins les affranchir, ce qu'il ne pouvoit pas faire s'il les avoit engagés spécialement. Par exemple encore, si un propriétaire, en louant sa maison, l'avoit spécialement affectée au locataire, et si ensuite il l'eût vendue, l'acquéreur auroit été tenu d'entretenir le bail à loyer, ce qui n'auroit pas eu lieu s'il n'y avoit eu qu'une hypothèque générale. Je ne rapporterai pas les quatre autres exemples indiqués par cet auteur, parce qu'ils sont encore plus étrangers aux usages français, que le premier que je viens de citer.

Mais il y a plus; c'est qu'il arrivoit souvent que l'hypothèque spéciale devenoit nuisible au créancier. Cela est très-bien expliqué par Basnage, *Traité des hypoth.*, *ch.* 5, *pag.* 48; et par Domat, *Lois civiles*, *liv.* 3, *tit.* 1ᵉʳ, *sect.* 3, n⁰ 6. C'est aussi par cette raison que, dans tous les anciens titres constitutifs d'hypothèque, lorsqu'il y étoit fait mention d'hypothèque spéciale, on ne manquoit jamais d'ajouter cette clause, que *l'hypothèque spéciale ne dérogeroit point à la générale, ni la générale à la spéciale.*

Il n'est pas étonnant que la spécialité de l'hypothèque, dans le droit romain, n'ait pu obtenir aucun des avantages attachés à la spécialité de l'hypothèque, telle qu'elle est conçue dans notre législation hypothécaire, et qu'elle soit demeurée à peu près insignifiante. Il y en a une raison bien simple, et qui fait encore mieux apercevoir l'esprit dans lequel la spécialité de l'hypothèque a été introduite dans notre législation

Tome I.   B actuelle ; c'est que la spécialité bien entendue, n'a été regardée que comme l'instrument auxiliaire de la publicité. Elle a été le seul moyen de parvenir à cette publicité, parce que, seule, elle pouvoit faire connoître les objets affectés à l'hypothèque conventionnelle. Or, comme il n'y avoit point de publicité d'hypothèque dans le droit romain, depuis qu'on eut dérogé aux anciennes règles dont j'ai déjà parlé, la spécialité de l'hypothèque ne se lioit presqu'à rien ; elle devenoit à peu près une chimère. En sorte que les inconvéniens graves que la législation romaine présentoit, à raison de la clandestinité de l'hypothèque, que j'ai déjà exposés, subsistoient également, et sous le rapport de l'hypothèque générale, et sous celui de l'hypothèque spéciale, telle qu'elle y étoit admise.

Une législation aussi vicieuse produisit des effets tellement nuisibles à l'ordre social, qu'elle fixa l'attention des hommes d'état, autant que celle des jurisconsultes.

Sully (1) avoit désiré « qu'aucune personne, de quelque qualité ou con-
» dition qu'elle pût être, n'eût pu emprunter *sans qu'il fût déclaré quelles*
» *dettes pouvoit avoir déjà l'emprunteur, à quelles personnes, sur quels*
» *biens.* »

Voilà la publicité de l'hypothèque, et une indication propre à l'organiser.

Colbert voulut réaliser ce projet ; il fit rendre, au mois de mars 1673, un édit qui établit la publicité des hypothèques : mais cet édit fut révoqué par un autre du mois d'avril 1674, c'est-à-dire, presqu'aussitôt qu'il parut (2).

On avoit encore sous les yeux, pour sentir les grands avantages de la publicité de l'hypothèque, l'exemple que donnoient les Coutumes des provinces du Nord, faisant partie du royaume, connues sous le nom de Coutumes de *nantissement*, d'*ensaisinement*, de *vest* et de *dévest* (3).

---

(1) Mémoires, *liv.* 26.
(2) Voyez l'ouvrage connu sous le nom de *Testament politique de Colbert*, *chap.* 12, *pag.* 351, *édit. de* 1693.
Cet édit, intitulé : « Edit portant établissement des greffes et enregistrement des oppositions, pour conserver la préférence aux hypothèques », se trouve dans le recueil d'édits et déclarations, qui est à la suite du *Traité de la vente des immeubles*, par d'Héricourt, *pag.* 304. La connoissance peut en être tellement utile, que j'ai cru devoir le faire imprimer à la suite de mon ouvrage.
(3) Coutumes de Boulonnais, Amiens, Péronne, Vermandois, St-Quentin, Senlis,

Il seroit plus curieux qu'utile d'expliquer les formalités introduites par ces Coutumes, et de remonter à leur origine (1). Il est suffisamment connu que le résultat de ces formalités étoit une publicité parfaite de l'hypothèque, et qu'il n'y avoit point d'hypothèque sans cette publicité. C'étoit, dans ces provinces, un point de législation consacré depuis des siècles, et toujours religieusement maintenu.

Ici se présente le plus grand argument en faveur de la publicité de l'hypothèque. Lorsqu'on rédigea l'édit de 1673, ce qui fut fait par une main habile, car peu de lois offrent une rédaction aussi précise et aussi prévoyante, on abrogea, *art.* 71, les Coutumes de nantissement; et les habitans des provinces où ces Coutumes étoient observées, se turent. L'édit remplissoit parfaitement l'objet de leur législation; il l'amélioroit même.

L'édit du mois de juin 1771, dont je parlerai bientôt, qui fut bien utile sur quelques points, mais qui demeura loin de la perfection, parce qu'il laissa subsister les hypothèques occultes; cet édit, disons-nous, *ar-*

Laon, Reims, Chauny et autres. Les mêmes usages avoient lieu dans les Coutumes de Flandre et des Pays-Bas, qui environnoient la Picardie. De ce nombre étoient les Coutumes de Hainaut, Liége, Artois, Lille, etc.

(1) Mornac, sur la loi 26, ff. *de pign. act.*, renvoie à ce que dit Budée, dans son Commentaire sur la langue grecque, où il prétend que ce savant prouve que l'usage des nantissemens, dérive des anciens usages admis chez les Grecs. *Vide autem Budæum in Comment. ling. græc. ad dictum* ἕροι (les signes des hypothèques), *ubi clarè ostendit manásse hypothecarum usum à Græcis, quali* nantissamenta *sua Belgæ nostri hodie peragunt.* Je n'ai point trouvé dans le dictionnaire de Budée, l'idée de cette dérivation d'origine, quoique j'y aie vu attester plusieurs fois l'usage des signes, que j'ai déjà rapporté, d'après Plutarque et l'abbé Barthélemy. Je n'entends cependant pas révoquer en doute l'exactitude d'une citation faite par Mornac, et j'attribue la difficulté de la vérification au défaut d'ordre qui règne dans l'ouvrage de Budée. Il est cependant permis de penser que les peuples belges ont peu songé aux usages des Grecs; ils ont mis à profit quelques dispositions de leurs Coutumes sur la puissance féodale, pour en tirer une institution utile; et ce qu'on peut dire avec certitude, c'est que cette institution y prit la physionomie d'une législation purement civile, et d'un intérêt général. Ce qui prouve la vérité de ce que je viens de dire, c'est que le placard de Charles V, du 10 février 1538, et celui de Philippe II, du 6 décembre 1586, en établissant l'impossibilité d'aliéner ou de changer aucun héritage, sans le secours du nantissement, déclarent formellement que c'est *pour prévenir les fraudes et les stellionats.* Cette mention est rapportée dans le *Répert. de jurisp.*, aux mots *Devoirs de loi*, § 1er.

ticle 35, abrogea l'usage *des saisine et nantissement*, et *dérogea* à toutes ces Coutumes.

Mais qu'arriva-t-il? Les réclamations des habitans des lieux régis par les Coutumes de *saisine et nantissement*, s'élevèrent de toutes parts; le parlement de Flandre, le conseil d'Artois, refusèrent d'enregistrer et d'exécuter l'édit; et lorsque l'autorité royale fut éclairée, elle condescendit aux remontrances, en consentant, par une nouvelle loi, à l'inobservation de l'édit dans le territoire de ces Coutumes.

Qu'on y fasse bien attention! Le silence, en un temps, des peuples particulièrement intéressés à la législation hypothécaire; leurs réclamations, en un autre; la marche de l'autorité royale qui fait droit sur ces réclamations : tout cela dépose bien hautement en faveur du principe de la publicité de l'hypothèque.

Il n'est donc pas étonnant que Loyseau, Basnage et d'Héricourt, trois célèbres jurisconsultes qui se sont particulièrement occupés de cette matière, se soient récriés sur l'insuffisance de la législation française, et en aient désiré l'amélioration (1). D'Héricourt émet formellement le vœu de voir observer partout, sur la partie hypothécaire, les Coutumes de *nantissement;* il sollicite ardemment le rétablissement de l'édit de 1673, en remarquant que, d'après le préambule de celui de 1674, cet édit de 1673 n'avoit pas été révoqué pour toujours, et que son exécution avoit seulement été suspendue.

Je ne me pardonnerois pas de passer sous silence qu'il existe contre le système de la publicité de l'hypothèque, une opinion extrêmement imposante, puisque c'est celle de l'immortel chancelier d'Aguesseau (2).

Mais quelque respect que l'on ait pour les opinions de ce grand homme, doit-on les adopter sans examen? et quel cas pourroit-on faire d'un assentiment à ses décisions, qui partiroit seulement d'une superstitieuse crédulité, et non d'une conviction éclairée?

On pourroit d'abord remarquer que cet illustre chef de la magistrature a pu se déterminer par un état de choses existant à l'époque où il étoit

(1) Loyseau, du *Déguerpissement*, *liv.* 3, *chap.* 1ᵉʳ, nᵒ 14 *et suiv.*; Basnage, *Traité des hypothèques*, *chap.* 1ᵉʳ, *pag.* 10, *édit.* in-12, *de* 1702; d'Héricourt, *Traité de la vente des immeubles*, *chap.* 11, *sect.* 3, nᵒ 8 *et suiv.*, *et chap.* 14, nᵒ 7.

(2) Œuvres de M. d'Aguesseau, *tom.* 13, *pag.* 620, *édit.* in-4ᵒ.

consulté sur la question de savoir s'il étoit utile de faire revivre la législation établie par l'édit de 1673 ; et cette époque n'est pas connue, ou,
au moins, je l'ignore. Il dit trois fois (pag. 621 et 625) que cet édit ne
pourroit jamais être plus mal placé que dans la *conjoncture présente*.

On sent qu'il est à propos d'examiner la question sous un point de vue
général.

M. d'Aguesseau se fondoit sur une expérience qui s'étoit, disoit-il, formée
relativement à l'édit de 1673.

Mais auroit-on pu acquérir une expérience utile sur l'exécution de cet
édit, puisque, d'après les termes mêmes de M. d'Aguesseau, le législateur
avoit voulu que ce même édit *mourût dès le premier jour de sa vie ?* D'ailleurs, avoit-on besoin d'invoquer une expérience sur cette loi, dès que les
principes qui l'avoient dictée, avoient jeté de si profondes racines dans les
nombreuses Coutumes connues sous le nom de *nantissement*, qui étoient
alors en vigueur, comme elles l'ont toujours été depuis ?

Ce savant et vertueux magistrat rappeloit les réclamations que l'édit
de 1673 avoit excitées en France.

Mais d'où venoient-elles ? quel en étoit le motif (1) ?

M. d'Aguesseau invoque les mœurs de son temps, et il faut l'entendre
lui-même.

« On a toujours cru que rien n'étoit plus contraire au bien et à l'avantage de toutes les familles, que de faire trop connoître l'état et la situation de la fortune des particuliers.

» Un Italien a dit autrefois que l'opinion étoit la reine du monde ; si
cela est, on peut dire que c'est en France qu'elle a établi le siége de son
empire ; on n'y vit, on n'y subsiste que par l'opinion ; le crédit et la confiance ne sont fondés que sur l'opinion, et c'est ôter aux hommes leurs
dernières richesses, que de leur arracher cette réputation qui leur tient
souvent lieu de biens, lors même qu'ils ont tout perdu.

» Avec elle, on voit tous les jours une infinité de fortunes se relever
et se rétablir, qui, sans cet avantage, auroient été perdues sans retour.

---

(1) J'aime mieux renvoyer à ce qui est dit à ce sujet dans l'ouvrage qui a pour titre :
Testament politique de Colbert, que de rapporter ici les expressions trop dures qui y sont
employées contre la magistrature et contre les grands du royaume, auxquels on a re-
proché la révocation de l'édit de 1673.

» C'est cette opinion qui fait trouver aux plus malheureux des ressources imprévues. Comme on croit pouvoir prendre confiance en leur probité, et qu'on n'a point une certitude entière de leur ruine, ils trouvent encore dans leurs amis des secours dont ils peuvent profiter pour recueillir les débris de leur fortune ; ou du moins, on ne les presse pas avec rigueur, et le temps même qu'ils gagnent par là, n'est pas le moindre des avantages que l'opinion leur procure.

» Pendant ce temps, un marchand trouve des conjonctures heureuses qui rétablissent son commerce ; un magistrat recueille une succession qui le met en état de soutenir sa dignité ; un gentilhomme vend une terre à des conditions avantageuses, ou il fait une alliance qui lui procure les moyens de payer les dettes de sa maison ; en un mot, sans entrer dans un plus long détail, l'expérience apprend tous les jours qu'il y a une infinité de maisons qui ne se sont relevées que par l'opinion. »

Sont-ce là nos mœurs actuelles ? On peut avec certitude répondre négativement. Depuis plus de vingt ans, on prête moins à la *probité* qu'à la *propriété* (1). Quelques exceptions honorables qui peuvent exister, ne détruisent pas les conséquences qui se tirent de la généralité d'un usage et de son empire. Dans tous les temps, les avantages de la publicité des hypothèques se seroient fait sentir ; mais comment pourroit-on y renoncer au sortir d'une révolution où des besoins créés par des malheurs, de fausses spéculations enfantées par l'esprit d'une excessive cupidité, et les perfides ressources de l'usure, ont porté, dans un si grand nombre de fortunes, des germes de destruction qu'on s'est vainement efforcé de dissimuler, et qui se développent journellement ? Comment auroit-on pu depuis nombre d'années, et comment pourroit-on encore, au moins pour bien long-temps, contracter avec quelque sécurité, si la publicité des hypothèques n'existoit plus ? La confiance est l'âme des transactions : le prêteur n'en a pas, s'il

---

(1) Cette idée a fourni le sujet d'une des épigrammes les plus piquantes, et en même temps les plus vraies, de Martial :

Cùm rogo te nummos sine pignore, Non habeo, inquis;
Idem, si pro me spondet agellus, habes.
Quod mihi non credis veteri, Thelesine, sodali,
Credis colliculis arboribusque meis.
Ecce reum Carus te detulit : adsit agellus.
Exilii comitem quæris? agellus eat.

Liv. 12, épigramme 25.

ignore les hypothèques; et l'emprunteur ne peut la faire naître, s'il ne peut démontrer sa solvabilité par des registres qui attestent l'état de sa fortune. Toute législation qui ne procure pas ce double avantage, est nécessairement imparfaite.

Cette vérité s'applique au commerce, comme aux transactions ordinaires. Il est bien vrai que sa prospérité peut tenir à d'autres causes qu'à la facilité de pouvoir hypothéquer des propriétés : elle doit principalement dépendre d'un crédit fondé sur une industrie et sur une conduite éprouvées.

Mais d'abord, en faisant même abstraction des engagemens entre commerçans, les transactions ordinaires seroient assez nombreuses et assez importantes pour nécessiter la publicité de l'hypothèque. Ensuite cette publicité même vient fréquemment au secours des commerçans. Combien de citoyens de cette classe auroient été privés de l'avantage de monter un commerce devenu florissant, s'ils n'eussent pu d'abord établir des hypothèques? Ne voit-on pas journellement, dans des actes de sociétés purement mercantiles, que les associés se donnent réciproquement des hypothèques, avec la faculté d'inscrire au nom de la société, pour la sûreté des engagemens respectifs? Est-il rare que des pères, des beaux-pères, pour fonder ou entretenir le commerce de leurs fils ou de leurs gendres, autorisent ceux-ci, par des actes authentiques, à hypothéquer une partie de leurs biens? Il m'a passé sous les yeux quelques actes de cette nature.

La nécessité d'un régime hypothécaire se fait encore fortement sentir, lorsque des familles soupirent après des états pour les individus qui les composent. Dans presque toutes les branches de l'administration, on ne peut obtenir des emplois que par des cautionnemens en immeubles, ou en affectant des immeubles à des tiers pour se procurer ces cautionnemens, s'ils sont en argent. Or, on ne conçoit pas l'existence de ces cautionnemens sans la publicité de l'hypothèque; et il paroîtroit contradictoire que le Gouvernement en imposât les conditions, si la loi ne donnoit pas les moyens de les fournir.

Il n'en étoit pas de même anciennement, lorsque les états étoient attachés à des offices ou charges dont la création émanoit du Roi, et qui étoient soumis à la vénalité. Le privilége exclusif sur l'office, en faveur du Gouvernement ou des parties intéressées, étoit une garantie suffisante des abus ou malversations des titulaires.

Les choses demeurèrent donc dans l'ancien état, jusqu'à l'édit du mois de juin 1771.

Cette loi est la première qui ait annoncé que le législateur sentoit vivement les imperfections et les inconvéniens de la législation précédente.
Il est important de fixer son attention sur ce qui en résulte.

Les décrets volontaires, dont les frais étoient considérables et en pure
perte, disparurent. L'acquéreur, en exposant publiquement son titre d'acquisition pendant un temps déterminé, eut la plus grande facilité de connoître les créanciers de son vendeur, qui étoient obligés de former opposition aux lettres de ratification. La faculté d'enchérir fut néanmoins admise
pour éviter des fraudes sur le prix de la vente, respectivement aux tiers.
Les lettres de ratification purgeoient les immeubles acquis, des hypothèques dont ils étoient grevés. Ces hypothèques étoient détachées de ces immeubles; elles étoient converties en actions sur le prix fixé par la vente,
ou déterminé par les enchères survenues. Ainsi l'acquéreur n'eut plus à
redouter ces anciennes attaques hypothécaires dont nous avons déjà fait
sentir les déplorables effets. La circulation des immeubles fut plus rapide,
aussi l'usage des lettres de ratification devint très-fréquent.

Mais cet édit, quoique très-utile, n'atteignit pas la perfection, au moins
celle qu'il est seulement permis aux hommes d'apporter à leurs institutions.
Les hypothèques restèrent occultes. Les oppositions prescrites aux créanciers afin de conserver, en cas d'obtention de lettres de ratification, parois-
soient au gré de ces créanciers, pourvu que ce fût avant le sceau des lettres.
L'hypothèque étoit toujours inhérente au titre constitutif de la créance; elle
ne prenoit point date par l'opposition. Les prêteurs ne se reconnoissoient
donc, comme avant cet édit, que lorsqu'il étoit question de venir à l'ordre;
et c'étoit seulement alors que plusieurs acquéroient la fâcheuse certitude
qu'ils avoient été victimes d'une funeste sécurité contre laquelle ils n'avoient
pu être prémunis par aucune notion préalable.

Le système de la publicité de l'hypothèque fut enfin organisé par la
loi du 11 brumaire an 7, loi qui sera toujours remarquable dans cette matière : car nous ne devons donner aucun rang à la loi de messidor an 3;
elle se ressentoit de la fermentation des esprits qui existoit lorsqu'elle parut.
Cependant, malgré les alarmes qu'elle fit naître sur l'ébranlement général des fortunes qu'on vouloit mobiliser d'une manière effrayante, on ne
pouvoit s'empêcher d'y remarquer des idées utiles. Elle sera toujours un
objet de curiosité, et même d'intérêt, pour les personnes qui veulent connoître une législation dans toute son étendue, et en remontant aux sources.

Quelques-unes

Quelques-unes de ses dispositions ont été exécutées, et confirmées, quant au passé, par la loi de brumaire. En sorte qu'il est à propos de la connoître.

Il résulte de tout ce qui a été dit dans ce paragraphe, que l'abolition de la publicité de l'hypothèque feroit naître des maux incalculables. Toutes les transactions sociales seroient paralysées.

§ II. *Est-il vrai que les modifications établies par le Code civil sur la publicité de l'hypothèque, en introduisant des hypothèques affranchies d'inscription, telles que certaines hypothèques légales, puissent être considérées comme des exceptions qui en détruisent le système ?*

La manière dont j'ai posé la question, fait pressentir les réfutations que j'ai à opposer aux objections. Je veux dire, en effet, qu'on prend pour exceptions ce qui n'est que modifications. Or, on conçoit d'avance la différence qui existe entre les unes et les autres ; et cette différence étant bien établie, on sera convaincu que dans tous les cas où il devient nécessaire de connoître toutes sortes d'hypothèques, la loi procure cette connoissance, et que toujours on en revient à cette publicité qui en fait le système, et d'après laquelle son but est rempli dans l'intérêt de tous ceux qui contractent.

La spécialité, disent les critiques, semble faire la base de la loi, et cependant, même relativement aux engagemens conventionnels pour lesquels cette spécialité est plus particulièrement exigée, une simple déclaration de l'emprunteur peut faire porter cette hypothèque sur les biens à venir (1).

Ce n'est pas tout ; il arrive des hypothèques générales qui portent sur tous les biens présens et futurs, dont les unes doivent, à la vérité, devenir publiques par la voie de l'inscription, et dont les autres se soutiennent d'elles-mêmes sans cette publicité.

On présente cette multitude d'hypothèques qui se croisent, dit-on, comme autant de filets dans lesquels on se prétend enlacé ; et de là on conclut que, puisqu'il falloit créer tant d'exceptions aux deux principes de la *spécialité* et de la *publicité*, qui, par cela même, sont presque anéantis, il ne valoit pas la peine de renoncer à la législation précédente.

Mais tous ces prétendus embarras existent principalement dans l'imagination ; et ceux qui s'en font un sujet d'effroi, prouvent seulement qu'ils

---

(1) Art. 2130 du Code civil.

Tome I. c

n'ont pas assez réfléchi sur l'ensemble de notre législation, ainsi que sur les résultats de la pratique habituelle.

Je vais d'abord établir un fort préjugé contre l'idée que le mélange des hypothèques légales avec les hypothèques spéciales, laisse la loi sans système et nuit à sa marche. Pour cela, je dirai que dans les Coutumes même de nantissement, dont la législation a été plus particulièrement un objet de prédilection pour les personnes qui voudroient encore une publicité absolue, les hypothèques légales étoient affranchies des formalités qui y étoient établies pour la publicité, relativement aux hypothèques en général. C'est ce qu'atteste Mornac, sur la loi 26, ff. *de pignorat. act.*, d'après les autorités les plus respectables, auxquelles je pourrois en réunir d'autres qui remontent à des temps moins reculés. Il s'en explique pour les hypothèques légales des femmes et des mineurs, et pour les retours en partage auxquels les lois attribuoient, du temps de l'auteur, une hypothèque légale qui, par le Code civil, a été classée au rang des priviléges. *Tres tamen*, dit Mornac, *exceptiones reperio; præhensiones enim istæ reales, seu* NANTISSAMENTA, *ut loquimur, non desiderantur ubi agitur de tutelæ actione, vel de dote. Sunt enim hypothecæ legales quæ etiam citra ullum hominis ministerium obtinent..... idem verò etiam, ubi agitur de reditu pecuniario qui in supplementum divisionis constitutus est. Dicimus* POUR SOULTE DE PARTAGE.

Voudroit-on, en se référant à la loi de brumaire an 7, qu'on eût imposé à la femme et à ses parens l'obligation de prendre, dès l'instant du mariage, une inscription sur les biens du mari, pour la sûreté de la dot et des conventions matrimoniales ?

Mais cette obligation impérative dont le résultat eût été que toutes les inscriptions prises par des tiers sur les biens du mari, avant celle de la femme, auroient eu la préférence sur celle-ci, cette obligation, disons-nous, présentoit une dureté répugnante. La manifestation d'un défaut de confiance, des actes d'une physionomie hostile, ne sont pas des auspices sous lesquels des familles s'unissent. Aussi cette disposition a été rarement pratiquée sous l'empire même de la loi de brumaire.

Mais je ne dois pas m'en tenir à ces observations préliminaires. On sent qu'il faut venir à des preuves. Or, le développement de ces preuves sera facile. Il ne s'agira que de se pénétrer de l'esprit dans lequel la loi a été conçue, et de faire remarquer avec quel soin elle a cherché à concilier tous les intérêts. On verra que s'il y en a qui sont blessés, c'est principalement parce que les parties contractantes sont beaucoup moins attentives à les conserver, que la loi ne l'a été à leur en procurer les moyens. On sera convaincu que la *spécialité* de l'hypothèque s'allie avec la *légalité* ou la *généralité*; ou, ce qui est de même, que ces trois hypothèques *spéciale*, *légale* et par conséquent *générale*, ou simplement *générale* sans être *légale*, peuvent aller de front et ne s'entre-détruisent pas (1).

Pour être mieux compris je dois faire des hypothèses.

Un particulier a une fortune de 300,000 fr. en immeubles, et je suppose que sa femme lui ait apporté une dot de 100,000 fr. Il est évident qu'il aura 200,000 fr. de disponibles pour faciliter des entreprises qu'il voudra faire, ou pour subvenir à des besoins. Si l'ordre et la moralité devoient caractériser tous ses engagemens et l'administration de sa fortune, on sent facilement que des tiers, soit créanciers, soit acquéreurs, pourroient contracter sans crainte avec lui. Il sauroit s'arrêter au point où il devroit le faire pour que la dot de sa femme fût assurée, et que, soit ses créanciers, soit ses acquéreurs, ne courussent aucun risque.

Mais quoique cet état de choses ne soit pas sans exemple (car il seroit bien malheureux qu'il n'existât jamais), il faut cependant convenir que ce n'est pas sous ce point de vue que l'on doit se régler, lorsqu'il s'agit d'assurer ses intérêts en matière de transactions sociales. L'immoralité se place souvent à côté d'un dérangement d'affaires. Sans immoralité même, des fautes qui sont la suite de simples négligences produites par l'irréflexion, ou par une longue insouciance, peuvent amener un désordre auparavant imprévu. C'est pour ce cas que la loi veille, et qu'elle exerce une sage et utile prévoyance. Examinons donc ses dispositions sous ce dernier rapport, et voyons si elle y apporte une confusion dans laquelle il seroit difficile de se retrouver.

Distinguons les acquéreurs des créanciers, et encore, en examinant le sort des uns et des autres, je les présenterai sous un double aspect. Je les suivrai d'abord en les plaçant dans un état d'incurie et de négligence

---

(1) Ces différentes dénominations n'ont rien d'embarrassant, pour peu qu'on connoisse les élémens de la loi. La *généralité* ne suppose pas toujours la *légalité*. La légalité suppose toujours la généralité; et sa dénomination indique qu'elle prend naissance par le seul ministère de la loi, sans qu'il soit besoin de convention.

C. 2

absolue des dispositions de la loi; je les présenterai ensuite comme étant extrêmement attentifs à se conformer à ces mêmes dispositions.

Qu'un acquéreur contracte avec un individu qui soit dans la position que j'ai déjà supposée, qui auroit une fortune de 300,000 fr. en immeubles, mais qui seroient grevés d'une dot mobilière de 100,000 fr.; si l'acquéreur achète des biens pour 50,000 fr. à prendre sur les 200,000 fr. qui, dans mon hypothèse, seroient libres, même quand il n'y auroit pas d'inscriptions prises sur ces biens libres, et si, se fondant sur ces circonstances, il paye le prix de son acquisition, croyant ne courir aucun risque, il peut néanmoins être déçu dans ses espérances. En effet, peut-il avoir la certitude que son vendeur, surtout s'il éprouve un désordre dans ses affaires, qui seroit inconnu, ne vende pas à son insçu une grande partie du restant de tous ces immeubles. Or, si cela arrive, le second acquéreur peut faire faire les notifications prescrites par l'art. 2194 du Code civil, et par l'arrêté du Conseil d'état, du 1er juin 1807, et il peut ne pas arriver d'inscriptions de la part de la femme. Dans cet état de choses, le second acquéreur a la faculté de se libérer du prix de son acquisition envers le mari vendeur, et il le feroit valablement par une conséquence de cet art. 2194 et de l'article 2195. Alors la femme, pour la répétition de sa dot et de ses conventions matrimoniales, peut exercer son hypothèque légale sur les premiers immeubles vendus par son mari, qui ne sont point purgés de son hypothèque. Son silence, lors de la notification qui lui auroit été faite des ventes postérieures, n'est certainement pas un obstacle à l'exercice de son hypothèque sur les immeubles vendus précédemment, à l'occasion desquels l'acquéreur n'auroit pas pris les précautions qu'on a déjà indiquées pour la purgation de son hypothèque. Son droit hypothécaire est indivisible; elle a la faculté d'en frapper tels immeubles ayant appartenu à son mari que bon lui semble.

Je viens de supposer une seconde vente, de la part du mari, des biens autres que ceux qu'il auroit déjà aliénés; mais, en supposant qu'au lieu de les vendre, il les hypothéquât à un seul ou à plusieurs, les chances que courroit le premier vendeur seroient toujours les mêmes. La femme pourroit vouloir favoriser ses créanciers, laisser leurs hypothèques intactes, et elle auroit également le droit d'exercer son hypothèque contre le premier vendeur. On ne voit pas quelle ressource il auroit, dans cette seconde hypothèse, pour se soustraire à cette action.

Venons actuellement au sort de ceux qui voudroient prêter au mari, en nous tenant toujours à cet état d'inattention ou de négligence sur les précautions indiquées par la loi, pour obtenir la sûreté des créances.

D'après ce que je viens de dire, je puis m'expliquer, à cet égard, avec beaucoup de brièveté. Il est facile de sentir que malgré les inscriptions que prendroient ces créanciers sur les biens du mari, qui seroient grevés envers eux d'hypothèques spéciales, la femme qui a le choix d'appliquer son hypothèque légale à tels biens qu'elle veut, en conséquence du principe de l'indivisibilité de l'hypothèque, peut couvrir, quand elle le voudra, de cette hypothèque même, les immeubles qui auroient été affectés aux hypothèques spéciales, et ces hypothèques, ou au moins celles qu'elle aura voulu ne pas ménager, deviendront sans effet.

Je dois néanmoins faire remarquer que la Cour de cassation a rendu, le 16 juillet 1821, un arrêt infiniment important sur ce cas de concours des hypothèques légales avec les hypothèques spéciales. Je fais connoître l'espèce de l'arrêt au n° 184 du Traité, tom. 1er, pag. 378. Cette Cour a pris une mesure très-sage qui, sans blesser le droit des créanciers avec hypothèques légales ou générales, allège le poids de ces hypothèques en faveur de certains créanciers qui ont seulement des hypothèques spéciales. Elle a jugé, avec raison, ainsi que l'avoit fait la Cour royale de Nîmes, que les premiers créanciers avec hypothèque spéciale, qui avoient prêté sur la foi que les ressources du débiteur étoient moins épuisées, devoient avoir un avantage sur ceux qui n'avoient prêté qu'après. Mais cet arrêt même prouve la réalité de l'inconvénient que je signale, et ses résultats établissent toujours la possibilité, on peut même dire la nécessité, que quelques-uns des créanciers avec hypothèque spéciale, qui se trouvent en concours avec des hypothèques légales ou générales, perdent leurs créances, ou en totalité, ou au moins en partie.

Examinons à présent l'état de choses qui doit se présenter lorsque les tiers, bien loin de se livrer à un dangereux hasard, qui ordinairement leur est funeste, auront suivi les sages conseils que la loi semble leur donner.

Quant à l'acquéreur, il peut suivre une marche aussi sûre que simple. S'il est jaloux d'être tranquille sur les suites de son acquisition, il doit s'abstenir d'en payer le prix au moment où il achète. Il est indispensable qu'il prenne les mesures prescrites par l'art. 2194 du Code civil, et par l'avis du Conseil d'état, du 1er juin 1807, pour affranchir l'immeuble qu'il acquiert, des hypothèques légales. L'établissement de la légalité de l'hypothèque, et le moyen propre à s'en affranchir, présentent un artifice heureux par lequel le législateur concilie tous les intérêts. L'inscription n'arrive que dans les cas où elle est nécessaire, c'est-à-dire, lorsqu'il s'agit de sauver la dernière planche du naufrage. Il n'y a point d'inscription lorsqu'une femme est rassurée sur l'industrie et la bonne conduite de son mari; et il n'en paroît que lorsqu'elle sent qu'elle doit se refuser enfin à devenir victime de ses profusions ou de ses fausses spéculations.

Combien n'a-t-on pas vu d'acquéreurs embarrassés et même ruinés pour n'avoir pas voulu faire transcrire, dans la vue d'épargner les frais de transcription? Il y en a beaucoup moins d'exemples depuis la loi du 28 avril 1816, dont les articles 52 et 54 ont exigé cumulativement le payement du droit d'enregistrement et celui du droit de transcription. Ainsi l'on voit, dans cette circonstance, ce qui arrive rarement, qu'une loi de finances devient bienfaisante, en ce qu'elle place certaines personnes dans la nécessité d'être sages, et de veiller à la conservation de leur fortune (1).

_____

(1) Toutes ces difficultés n'existoient pas sous l'édit de 1771. Le principe de la déchéance des hypothèques des femmes, des mineurs et des interdits, sur les biens des maris et des tuteurs, par le défaut d'opposition de leur part aux lettres de ratification, avoit été consacré par l'art. 17 de cet édit. L'art. 32 confirmoit cette règle, en établissant une exception seulement pour le douaire non ouvert, tant de la femme que des enfans. La même règle fut confirmée par le législateur lui-même, d'après ce qui résulte d'une déclaration du 9 février 1772, rendue uniquement pour le ressort du parlement de Pau, sur la demande de ce parlement, qui enregistra cette déclaration le 14 mars suivant.

L'exception à la règle fut fondée sur des usages particuliers à ce parlement, d'après lesquels les dots des femmes qui étoient hypothéquées sur les biens de leurs maris, étoient affectées aux descendans du mariage et à ceux qui les avoient constituées, par une espèce de substitution légale qui s'étendoit jusqu'à trois degrés. Le législateur dispensa, dans le ressort de ce parlement, de la nécessité de l'opposition pour la dot, _nonobstant les dispositions de l'édit_. Il étoit impossible de mieux confirmer la règle générale.

En conséquence de cette règle, le parlement de Paris, par un arrêt du 14 juillet 1785, prononça contre la comtesse de Landreville, à raison du défaut d'opposition à des lettres de ratification, la déchéance de son hypothèque pour sa dot. On peut voir cet arrêt et le récit de tous les faits, dans mon Commentaire sur l'art. 17 de l'édit de 1771, _pag._ 330 _et suiv._; il fut pris sur la Gazette des tribunaux, _tom._ 20, année 1785, n° 1er. On voit dans le récit des faits, _pag._ 336, qu'il étoit question de la purgation radicale de

Passons à celui qui veut prêter, en nous plaçant toujours dans la supposition où l'on agit avec prudence, d'après les dispositions de la loi.

Il y a plus de chances contre lui qu'il n'y en a contre l'acquéreur. Celui-ci a la faculté de faire transcrire son contrat d'acquisition, et de purger les hypothèques légales, ainsi qu'on vient de le voir. Mais toutes ces mesures sont absolument étrangères à la position de celui qui prête; cependant la loi lui offre encore des ressources qui le mettent à l'abri de tout danger. S'il est de sa connoissance que le mari a reçu de sa femme une dot mobilière considérable, qu'il y ait une forte stipulation de conventions matrimoniales fixes ou éventuelles, il pourra, de concert avec le mari qui doit s'y prêter autant dans son intérêt que par un sentiment de délicatesse, obtenir une détermination, je puis dire une spécialisation, dans la force du mot, de l'hypothèque légale de la femme sur certains immeubles du mari, sur lesquels l'assiette de cette hypothèque légale sera restreinte, de manière que tous les autres immeubles du mari seront libres, et ce sera sur ces derniers immeubles que le prêteur pourra prendre, avec sûreté, une hypothèque spéciale. Ils pourront même, selon leur valeur, faire face à plusieurs emprunteurs, et devenir la matière de plusieurs hypothèques qui pourront ne pas se nuire réciproquement.

---

toutes les hypothèques, *pour les reprises et conventions matrimoniales de la dame de Landreville.* Il n'y fut pas dit *dot* ou *droits dotaux*, parce que, dans les pays de communauté, les droits dotaux étoient qualifiés de *reprises*, ainsi que je l'ai dit dans la dissertation qu'on voit dans le Traité, au n° 229.

On vouloit éluder la disposition de l'édit pour les pays de droit écrit et pour les Coutumes où la dot étoit inaliénable, en disant que l'arrêt étoit seulement rendu pour un pays de communauté; on prétendoit que la femme pouvoit valablement se dispenser de l'opposition, dès qu'elle avoit la faculté de s'obliger. Mais c'étoit une subtilité qui ne pouvoit tenir contre une disposition aussi précise et aussi générale que celle de l'art. 17 de l'édit. On ne pouvoit comparer une obligation que la femme pouvoit faire sous le régime de la communauté, avec l'autorisation de son mari, à une *omission* d'opposition: l'effet de celle-ci étoit différent sous plusieurs rapports.

Si la Cour de cassation n'a pas appliqué l'art. 17 de l'édit de 1771 dans le sens dans lequel je viens de m'expliquer, c'est seulement pour le ressort de quelques parlemens qui s'étoient refusés à exécuter l'édit de 1771, en cette partie. Cette Cour jugeoit en principe que la jurisprudence uniforme et constante d'un parlement, tenoit lieu de loi dans son ressort; qu'elle y étoit une loi vivante. Voyez un arrêt de la Cour de cassation, du 23 prairial an 13, section civile, rapporté dans le *Répertoire de jurisprudence*, aux mots : *Lettres de ratification*, n° 2. C'est encore une exception qui confirme la règle.

Les articles 2140, jusques et compris l'art. 2144 du Code civil, fournissent tous ces moyens. D'après le premier de ces articles, le mari peut avoir pris cette précaution par son contrat de mariage même. Si cela n'a pas été ou n'a pu être fait, d'après la modicité de sa fortune, lorsqu'il s'est marié, la précaution peut être prise également dans le cours du mariage, en conséquence des autres articles, et les frais en sont peu considérables. Tout cela est commun aux maris, et aux tuteurs de mineurs ou d'interdits. Si, relativement au mari, tous ces moyens deviennent impossibles par suite du montant des droits de la femme, comparé à la valeur des biens, alors le mari se trouvera dans l'heureuse impossibilité de tromper ; et personne ne sera induit en erreur. Dira-t-on que toutes ces formes sont gênantes pour un mari, pour un tuteur? Mais alors, d'un côté, qu'on s'abstienne d'emprunter, et, de l'autre, de prêter, et on ne verra plus de procès qui attestent des calamités qui tirent leur origine de ce défaut de précaution. La loi n'a pu et n'a dû protéger que des spéculations faites dans des vues sages et droites.

On a rappelé l'hypothèque judiciaire, à l'appui du croisement nuisible d'hypothèques légales et générales avec les hypothèques spéciales; mais il est de la nature même de l'hypothèque judiciaire qu'elle soit générale. Veut-on la considérer sous le rapport de l'intérêt particulier du créancier qui a cette hypothèque? il a pu, avant de prêter, avoir les mêmes renseignemens que tout créancier quelconque, qui prête avec une hypothèque spéciale. Regarde-t-on cette hypothèque judiciaire sous le rapport de l'intérêt des autres créanciers ou des acquéreurs? elle ne peut les induire en erreur : outre qu'elle peut être réduite, elle doit être publique par l'inscription.

Les mêmes observations s'appliquent à l'hypothèque sur les biens à venir, autorisée par l'art. 2130 du Code civil. Les tiers ne peuvent être trompés à cet égard, puisque les biens qui viennent dans la suite au débiteur, doivent être grevés d'inscription à mesure qu'ils entrent dans sa fortune.

Le point essentiel est que les hypothèques, soit spéciales, soit judiciaires, puissent être établies sur des immeubles libres qui ne soient plus en point de contact avec des hypothèques légales, lorsque d'autres immeubles seront particulièrement affectés à ces hypothèques. Or, il a été démontré que la loi procure ces avantages.

On

On a déjà vu que s'il y a des hypothèques qui doivent être nécessairement publiques par l'inscription, dès l'instant qu'elles sont constituées, les autres, qui paroissent en être affranchies, deviennent également publiques, lorsque des tiers, dans leur intérêt, provoquent cette publicité.

Il y a encore des hypothèques légales, autres que celles des femmes, des mineurs et des interdits : ces hypothèques concernent principalement les comptables ; mais elles sont soumises à la formalité de l'inscription, et dès lors il est aisé de sentir que les tiers ne peuvent, à l'occasion de ces hypothèques, être induits dans des erreurs qui leur soient préjudiciables.

§ III. *Quels sont les inconvéniens de la* SPÉCIALITÉ, *telle qu'elle est organisée par la loi, et quels sont les moyens d'y remédier?*

Ici j'arrive à des imperfections qui se trouvent dans la loi. Ces imperfections portent sur des détails ; mais les détails sont très-importans quand il s'agit d'une loi dont l'exécution, par exception à toutes les autres, devient une espèce de jeu mécanique qui peut être facilement embarrassé par la superfluité ou par le défaut de justesse d'un des ressorts.

Ce qui me permet d'être court, c'est l'ouvrage que M. Hua, actuellement avocat général à la Cour de cassation, a fait paroître en 1812. Il a été lu avec intérêt, et il méritoit de l'être, quoiqu'il ne concerne principalement que ce qui tient à la spécialité (1). Je me bornerai donc à quelques observations.

La *publicité* de l'hypothèque faisoit nécessairement recourir à la *spécialité*, c'est-à-dire, à une application déterminée de l'hypothèque, qui fût telle que l'on pût facilement reconnoître les immeubles qui y seroient affectés. Mais par l'effet d'un scrupule minutieux, qui fut porté au delà d'une juste mesure, on établit plus de moyens qu'il n'en falloit pour faire connoître les hypothèques, et on ne put obtenir cette surabondance excessive et inutile, qu'à l'aide de formes sur lesquelles il étoit facile de commettre des erreurs qui étoient punies par la déchéance d'un droit dont la conservation étoit le principal but de la loi.

S'agissoit-il d'hypothéquer un bien composé de plusieurs corps de domaines ou de parcelles d'héritages, on crut qu'il n'y auroit pas une hypo-

---

(1) L'ouvrage est intitulé : *De la nécessité et des moyens de perfectionner la législation hypothécaire.*

Tome I. D

thèque spéciale qui répondît au vœu de la loi, si chacune de ces parties n'étoit pas comprise dans la soumission à l'hypothèque. Un particulier auroit hypothéqué, dans le fait, tous ses biens présens ; mais cette énonciation même, quoiqu'on eût indiqué l'arrondissement dans lequel ils étoient situés, n'eût pas suffi ; il falloit une hypothèque de chacun de ces biens nominativement (1).

La loi voulut l'indication de l'espèce et de la situation des biens (2).

Ces mots seuls, *espèce*, *situation*, ont été la source d'une infinité de procès. On sent, en effet, jusqu'à quel point l'esprit d'argutie peut s'exercer quand on veut exiger, en accumulant des détails très-inutiles pour la bonne foi, toutes les explications relatives à la connoissance de l'*espèce* et de la *situation* d'un immeuble.

Il est cependant bien sensible qu'il y auroit une connoissance suffisante pour des tiers, quand un particulier hypothéqueroit, sous une dénomination générale, tous les biens qu'il possède, quelque part qu'ils soient, et quand le créancier prendroit une inscription dans chacun des arrondissemens où il sauroit qu'ils sont situés. Voilà, si l'on veut, une hypothèque générale de biens présens ; mais pourquoi exiger un autre mode, si celui-ci est conforme aux intentions des contractans, et remplit le vœu de la loi ? Il y auroit toujours une hypothèque, et une hypothèque connue sans équivoque. Celui qui, après l'inscription d'une telle hypothèque, voudroit prêter au même débiteur, n'auroit qu'à faire un raisonnement bien simple pour savoir s'il a ses sûretés : il n'auroit qu'à savoir dans quel arrondissement seroit le fonds qu'on voudroit lui hypothéquer, et consulter les registres du conservateur des hypothèques de l'arrondissement de la situation. Dès qu'il sauroit qu'il y a une inscription sur les biens situés dans cet arrondissement, il auroit la certitude que le fonds qu'on lui présente pour gage de sa créance, est déjà soumis à d'autres hypothèques.

Au surplus, je n'entends pas dire qu'il n'ait pas été utile de déterminer plus particulièrement la spécialité de l'hypothèque : mais ayant pris, par forme d'exemple, la plus grande latitude, comme il me paroît démontré que, dans cette latitude même, il n'y auroit aucun inconvénient pour parvenir à la connoissance de l'hypothèque avec son application aux fonds hypo-

---

(1) Art. 2129 du Code civil.
(2) Art. 2148, n° 5, du Code civil.

théqués, je fais sentir combien on peut diminuer les formes dont on s'est fait une nécessité.

Examinons maintenant le cas où l'emprunteur voudroit, dans son intérêt, et du consentement de celui qui prête, choisir le mode de l'hypothèque nominativement et taxativement spéciale. S'agiroit-il, en divisant la fortune de l'emprunteur, d'hypothéquer un bien formant un corps de ferme contigu ou composé de parcelles éparses? il pourroit le faire sans recourir aux précautions qui paroissent indiquées par la loi actuelle, en énonçant le nom particulier du domaine, la commune et l'arrondissement de sa situation. Y auroit-il à s'y méprendre, d'après l'inscription qui contiendroit la même énonciation?

Mais seroit-il question d'une seule parcelle d'héritage? alors la spécialité, rigoureusement entendue, devra être observée, parce qu'elle sera le seul moyen de faire connoître le fonds hypothéqué. C'est dans ce cas seulement qu'il faudra énoncer la contenance et l'espèce, et faire connoître la situation par la mention des tenans et aboutissans, ou, au moins, de quelques-uns, et par celle de la commune et de l'arrondissement. Que l'espèce varie, n'importe; l'espèce, à l'époque de l'inscription, pourroit toujours être connue, et la mention des tenans et aboutissans ne laisseroit plus de doute.

Ainsi le vice de la loi actuelle en cette partie, dérive de ce que l'on a rendu la spécialité forcée dans tous les cas, au lieu d'en laisser l'exercice facultatif, selon l'intérêt des parties; de ce que l'on a vu dans les moyens de faire connoître les objets hypothéqués, plus de difficulté qu'il n'y en avoit réellement. Laissons plus ou moins généraliser, plus ou moins particulariser ou spécialiser; veillons seulement à ce que l'on ne puisse, sans mauvaise foi, rester dans l'incertitude sur l'assiette des hypothèques.

Ce n'est pas tout : les formes sont devenues plus nombreuses et plus rigoureuses, lorsqu'il a été question d'énoncer, dans l'inscription, les nom et prénom du débiteur, sa profession, s'il en a une, son domicile, la date et la nature du titre, et l'époque de l'exigibilité.

Les erreurs ou les inadvertances dont il est si difficile de se préserver, lorsqu'on en est à l'observation de tant de formes, surtout lorsque les tribunaux avoient cru devoir appliquer à leur omission la peine de *nullité*, ont été si désastreuses, que l'esprit protecteur des transactions, et conservateur des droits et des propriétés, dans lequel la loi a été conçue, avoit presque disparu, et qu'elle se montroit sous l'aspect d'une sévérité que le législateur ne déploie que contre ce qu'il n'admet qu'à regret.

Tout se réduit cependant à simplifier les formes de manière que l'on ne puisse pas soutenir raisonnablement que, d'après les termes de l'inscription, le débiteur, le créancier, le montant de la créance, et l'objet hypothéqué n'aient pas été connus. M. Hua a parfaitement exposé les moyens de remédier à ces inconvéniens ; et on doit lui rendre cette justice, de dire que ses observations, par les impressions qu'elles firent sur l'esprit des magistrats, contribuèrent à amener les sages modifications apportées par une seconde jurisprudence, à celle qui s'étoit formée auparavant. Voyez le Traité, n° 70 et suivans, tom. 1er, pag. 144. On peut dire que ces cas sont du nombre de ceux sur lesquels la jurisprudence peut le plus exercer son empire, parce qu'ils sont le plus susceptibles d'interprétation. Cependant, si la loi étoit revisée, le législateur pourroit y prescrire des règles plus positives ; et la jurisprudence qui existe actuellement donneroit des moyens de l'améliorer.

§ IV. *Est-on fondé à critiquer la nécessité de payer toutes dettes exigibles ou non exigibles, imposée par l'article 2184 du Code civil, à tout acquéreur qui veut purger, au lieu de le faire participer aux termes accordés au débiteur, ainsi que le vouloit l'art. 30 de la loi de brumaire ?*

Plusieurs personnes ont manifesté du regret de voir remplacer les dispositions de l'art. 30 de la loi de brumaire, par celles de l'art. 2184 du Code civil. La faculté de se libérer à longs termes, ou de pouvoir s'acquitter par la prestation d'une rente, facilite, dit-on, les acquisitions, et tourne au profit de celui qui est obligé de vendre, parce qu'elle provoque ordinairement une élévation du prix de la vente. Aussi, continue-t-on, l'abolition de l'art. 30 de la loi de brumaire, qui avoit voulu que l'acquéreur, malgré la transcription et la purgation des hypothèques, pût se libérer de la même manière que le vendeur auroit pu le faire, a souvent produit de mauvais effets.

Les critiques verroient dans le retour aux principes de la loi de brumaire, un avantage pour les débiteurs obérés, qui sont obligés de vendre ; il n'en résulteroit point la diminution du gage du créancier ; celui-ci demeureroit dans la position où d'anciennes conventions l'ont placé, de laquelle il seroit injuste de le tirer. Le créancier conserveroit toujours ses avantages; son hypothèque continueroit d'être assise sur tout ce qui en est grevé; de plus, non-seulement il conserveroit son action personnelle contre le débiteur qui a vendu, mais encore il acquerroit contre celui qui achèteroit une autre action personnelle.

Le vendeur seul est grevé par la permission qu'il accorde à l'acquéreur de profiter des circonstances avantageuses dans lesquelles il se trouve sur le terme du payement, ou sur la non exigibilité de la créance, puisque, malgré la vente, il demeure toujours soumis à l'action envers le créancier. Mais si cet état de choses entre dans son intérêt, pourquoi le lui interdire?

Enfin, ceux qui sont dans cette opinion, pourroient se fonder sur l'avis d'un des plus savans et des plus judicieux jurisconsultes du seizième siècle, qui s'explique pour le cas même de l'ancien décret forcé, qui est celui dans lequel les plus fortes difficultés pouvoient se présenter. Je crois qu'il n'est pas inutile de rapporter les termes de ce jurisconsulte.

Après avoir examiné la question sous tous les rapports, il démontre qu'il n'y avoit aucune raison pour faire résulter du décret la nécessité du rachat des rentes, que la partie saisie y avoit seule intérêt, et non le créancier de la rente, *pour ce qu'il aura désormais deux obligés pour un.* Il observe que, quoique jusqu'à son temps la nécessité du rachat, à raison du décret, se fût pratiquée, *ce n'étoit que faute de s'en être avisé. Or, ne s'en est-on pas avisé faute d'avoir pris garde de près à la cause de ce racquit forcé ?*

Il conclut ainsi : « Mais principalement à présent que l'argent est rare, » et que plusieurs enchériroient volontiers, à plus haut prix, les héri- » tages qu'on décrète, s'ils pensoient être quittes de faire rente de leur » adjudication, j'estime que c'est un bon expédient pour les pauvres » débiteurs, afin de faire mieux vendre leurs héritages, de présenter » requête à ce que les adjudicataires fussent reçus à continuer les rentes, » desquelles eux demeureroient toujours obligés; déclarant qu'ils se con- » tentent d'avoir leur indemnité et recours sur les biens des adjudica- » taires, au cas que si après ils seroient inquiétés par le créancier, pour » raison de la rente : *ce qu'on ne peut, à mon avis, justement dénier.*» (1)

Mais, malgré tous ces raisonnemens que j'ai vu soutenir avec force,

(1) Loyseau, *du déguerpissement, chap.* 9, n°⁵ 4, 5, 6, 7, *et suivans.*

je pense qu'on doit laisser subsister le principe admis par la loi actuelle. Suivant une ancienne jurisprudence, le décret forcé, le décret volontaire donnoient lieu au remboursement de toutes les dettes exigibles seulement à termes, et encore des capitaux des rentes. Cette même jurisprudence s'étoit continuée sous l'empire de l'édit de 1771, par rapport à l'effet des lettres de ratification; et elle étoit le résultat de nombreuses difficultés que l'expérience avoit fait connoître, et d'après laquelle l'opinion isolée de Loyseau n'avoit point été admise.

Cette opinion n'auroit guère pu être mise en pratique que dans le cas où l'objet vendu eût été grevé de la seule hypothèque relative à la créance non exigible. Mais hors ce cas, et dans un concours de créances exigibles et non exigibles, les difficultés se présentoient sous une infinité de rapports. Les créanciers dont les créances étoient à termes, ou consistoient en rentes, mais qui étoient antérieures en hypothèque, pouvoient-ils voir de bon œil que des créanciers postérieurs, mais par cela seul que leurs créances étoient exigibles, fussent payés avant eux sur le prix de l'objet vendu? Que de risques à courir, que de mesures à prendre pour assurer la rentrée des créances non exigibles!

D'ailleurs, le retour, en cette partie, aux principes de la loi de brumaire, impliqueroit contradiction. Le but de tout régime hypothécaire est de détacher les hypothèques du fonds, et de les convertir en actions sur le prix. Or, cette règle doit être générale; l'effet de la transcription et de la purgation des hypothèques doit être un et indivisible à l'égard de tous créanciers inscrits; sans quoi on pourroit dire, avec plus de fondement qu'on ne l'a dit sur d'autres points, que ce seroit multiplier des exceptions embarrassantes.

Enfin on retombe ordinairement sur cette matière, dans l'un ou l'autre des cas prévus par les articles 1912 et 1913 du Code civil. Ils veulent que le capital de la rente constituée et perpétuelle devienne exigible, si le débiteur manque à fournir au prêteur les sûretés promises par le contrat, s'il tombe en état de faillite ou de déconfiture. Admettre l'idée que j'ai cru devoir combattre, ce seroit détruire la concordance qui doit nécessairement exister entre le régime hypothécaire et les autres parties de la législation. Une idée de prétendue perfection sur un point deviendroit le germe d'une multitude de difficultés et de procès.

§ V. *Observations sur l'esprit dans lequel les questions doivent être décidées sur cette matière, en cas de doute.*

Il est difficile qu'il n'y ait pas des divergences d'opinions, surtout en jurisprudence où souvent le champ le plus vaste est ouvert aux interprétations. Cependant, sur la matière des hypothèques, on pourroit mettre au moins quelques bornes à cette divergence, en se tenant à une règle qui paroît incontestable. Cette règle est que, quand il y auroit quelque doute sur la manière d'entendre la loi, dans ce doute même, on devroit pencher pour la publicité; parce que cette publicité est entièrement dans l'esprit de la loi; elle en est le système; elle en fait la base fondamentale. Il est sensible qu'on risque toujours moins de s'égarer. En inclinant pour la publicité, on se décide dans l'intérêt des tiers; et il est hors de doute que, dans les vues du législateur, l'intérêt public est placé dans celui des tiers. Si on néglige le système de la publicité, alors on peut tomber dans l'inconvénient de protéger principalement des intérêts particuliers, qui ne sont certainement pas l'intérêt public, et qui doivent seulement se coordonner avec ce que le législateur a voulu faire pour la sûreté générale. L'expérience apprend combien il est important, pour la certitude des décisions, d'être pénétré de cette idée (1).

---

(1) Il seroit possible que cette observation dût s'appliquer à la question de savoir si les répétitions extradotales ou paraphernales des femmes, sont affranchies, ou non, de la formalité de l'inscription; car on ne peut dissimuler que la question ne présente un doute sérieux. Je dois faire ici une observation. Ce discours étoit déjà composé, l'impression du 2ᵉ volume du Traité étoit presque terminée, lorsque quelques journaux ont annoncé que, par un arrêt du 10 juin 1822, la Cour de cassation avoit jugé que l'hypothèque de la femme, pour ses répétitions extradotales, étoit affranchie de l'inscription, ainsi que l'hypothèque pour la dot même. On voit au nº 229 du Traité, *tom. Iᵉʳ, pag.* 482, une dissertation sur cette question, qui se rattache à ce qui y est dit aux nᵒˢ 227 et 228. J'ai cru devoir me décider pour l'opinion que les répétitions extradotales de la femme sont sujettes à la formalité de l'inscription; que la dot et les conventions matrimoniales en sont seules affranchies. La Cour royale de Riom, 1ʳᵉ chambre, a rendu un arrêt dans les mêmes principes, le 4 mars 1822. Il est rapporté au nº 230 du Traité. Au moment où j'écris cette note, l'arrêt de la Cour de cassation n'est pas encore connu; il est seulement annoncé. On ne peut qu'attendre que la jurisprudence devienne positive sur cette importante question.

§ VI. *Série des imperfections qui frappent le plus dans la loi nouvelle.*

Ces imperfections sont indépendantes, comme on le jugera facilement, des critiques dirigées depuis long-temps contre la législation actuelle, qui font le sujet de ce qui a été dit jusqu'à présent. Ces imperfections ne portent pas sur les bases fondamentales de cette législation. On peut les faire disparoître en laissant subsister le système dans lequel elle a été conçue. Je vais rappeler ces imperfections; et j'indiquerai à mesure les n^{os} du Traité dans lesquels elles sont remarquées, de manière à s'en former une idée plus précise. J'ai pensé que cette exposition achèveroit de donner des notions encore plus utiles sur l'ensemble de la législation relative aux hypothèques, ce qui est l'objet de ce discours.

I. Il est dit dans l'art. 2130 du Code civil : « Si les biens présens et libres du débiteur sont insuffisans pour la sûreté de la créance, il peut, en exprimant cette insuffisance, consentir que chacun des biens qu'il acquerra par la suite y demeure affecté à mesure des acquisitions. » Il paroît constant, d'après l'opinion générale, que l'inscription de la part du créancier est nécessaire sur les biens *à venir*, dont la loi permet l'hypothèque, à mesure que le débiteur acquiert la propriété de ces biens par des ventes qui lui sont faites, ou autrement.

Mais il profitera rarement de cette faculté de la loi, s'il ne lui est pas accordé un délai à compter de l'époque de l'échéance des biens ou de chaque acquisition qu'en fera le débiteur, pour qu'il puisse prendre son inscription, pendant lequel délai il ne pourroit pas en être pris par d'autres créanciers, à son préjudice. Ce créancier ne peut pas toujours épier le moment où les biens déjà hypothéqués par la convention, arrivent au débiteur. L'édit de 1673, dont il a été parlé dans le § Ier, accordoit, *art.* 27, au créancier, dans un cas semblable, un délai pour faire enregistrer son opposition (qui tenoit lieu de l'inscription actuelle), à compter du jour de chaque acquisition, ou du jour de chaque échéance des biens. *Voyez tom. Ier, n° 62, pag.* 134.

II. Il est très-important de fixer, en matière d'expropriation forcée, l'époque à laquelle l'inscription a atteint son effet légal, de manière qu'après cette époque, le renouvellement de l'inscription devienne inutile. Cet effet légal est-il atteint dès l'instant de l'adjudication, ou seulement à l'époque de l'ouverture de l'ordre? La loi garde le silence à cet égard. La question s'est s'est présentée nombre de fois. Les opinions sont partagées. La Cour de cassation n'a point encore prononcé. Tout indique que le renouvellement de l'inscription devient inutile après l'adjudication. On ne pourroit vouloir qu'avec peine une avance des frais de nouvelles inscriptions, surtout sans nécessité. Cette difficulté mérite l'attention du législateur. *Voyez les n°s 108, 109 et 110, pag. 224 et 225.*

III. Suivant l'art. 2146 du Code civil, toute inscription est nulle si elle est prise sur une succession acceptée, dans la suite, sous bénéfice d'inventaire. Ce principe, qui paroît n'avoir eu pour objet que des successions échues à des majeurs, doit-il être appliqué aux successions échues aux mineurs? Lorsque des successions leur arrivent, l'art. 461 veut qu'elles ne puissent jamais être acceptées que sous bénéfice d'inventaire, si le tuteur n'est pas autorisé à répudier. Lorsque la répudiation n'est pas autorisée, et si, dès lors, l'acceptation est permise, on ne peut pas dire que la succession soit réputée en état d'insolvabilité ou de déconfiture, état d'où naît le principe de la nullité de l'inscription. L'inscription sur les biens échus par succession aux mineurs, doit donc alors être autorisée. Cependant il y a, à ce sujet, incertitude et division d'opinions. Ce point mérite l'attention du législateur. Il est important de ne pas donner lieu, surtout sans nécessité, à l'impossibilité de s'inscrire de la part des créanciers, et de ne pas multiplier les déchéances des hypothèques. *Voyez le n° 122, p. 253.*

IV. La législation et la jurisprudence présentent depuis long-temps des variations sur l'autorité que doivent avoir en France, tant sous le rapport de l'exécution que de l'hypothèque, les jugemens rendus dans les pays étrangers, entre un habitant de ces pays et un Français. D'après l'état de la législation actuelle, il paroît que la faculté de se pourvoir en révision de ces jugemens devant un tribunal français, appartient respectivement à l'étranger et au Français, tandis qu'auparavant cette faculté n'appartenoit qu'au Français qui avoit été condamné.

Cet état de choses présente de graves inconvéniens, même pour le Français dont les prétentions ont été accueillies par le jugement rendu en pays étranger. N'entreroit-il pas dans les vues d'une saine législation que les jugemens rendus en pays étrangers fussent toujours stables, quant à ce qui auroit été jugé, sauf les mesures infiniment simples qui devroient être prises pour établir un mode d'exécution de ces jugemens en France, et pour leur attribuer l'hypothèque sur les immeubles situés dans son terri-

Tome I.   E

toire ! J'ai cru devoir soumettre au législateur quelques réflexions morales et politiques à ce sujet. *Voyez le n° 222, pag. 462.*

V. L'affranchissement de l'inscription accordée aux hypothèques légales des femmes et à celles des mineurs, devroit cesser lorsque les femmes deviennent veuves, ou lorsque les mineurs deviennent majeurs. Il devroit en être de même de leurs héritiers. L'effet doit cesser avec la cause. Cependant, d'après un avis du Conseil d'état, du 8 mai 1812, on doit observer, pour la purgation des hypothèques dans tous ces cas, et on observe en effet, les mêmes formalités que s'il s'agissoit de purger les hypothèques légales à l'égard d'une femme qui vivroit encore, et qui seroit dans les liens du mariage, ou de mineurs qui seroient encore dans les liens de la minorité. Les mêmes formalités s'observent aussi à l'égard des héritiers, soit de la femme, soit des mineurs. On sent facilement que ces formes deviennent, dans tous ces cas, d'après l'esprit même de la loi, absolument inutiles et sans objet; mais elles sont très-dispendieuses. L'idée même de l'inutilité de ces formalités, dans de telles circonstances, peut donner lieu à des surprises fâcheuses pour des tiers détenteurs. Une réforme devient indispensable sur cette partie. *Voyez le n° 245, pag. 524 et suiv.*

VI. C'est une question dont la solution est très-difficile, que celle de savoir si le tiers détenteur qui ne veut pas purger et qui préfère le délaissement par hypothèque au payement de la créance, a, ou non, le droit de rétention sur l'immeuble, pour les impenses et améliorations qu'il y a faites, ou si, au contraire, il n'a qu'un simple droit de répétition pour lequel il doive être renvoyé à l'ordre. Les opinions sont divisées à ce sujet. Le besoin d'une explication législative se fait sentir. On eût pu fixer les opinions par une légère addition à l'art. 2175 du Code civil. *Voyez le tom. II, n°ˢ 336 et 337, pag. 83 et 88.*

VII. J'en suis à une partie de la législation, sur laquelle la nécessité d'une amélioration se fait le plus fortement remarquer. Il s'agit du mode de publicité des actes translatifs de propriété, à l'égard des créanciers qui doivent exercer leur hypothèque ou leur privilége d'après la connoissance qui doit leur être procurée de ces actes.

Il y a un double mode de publicité de ces actes d'aliénation d'immeubles, tandis qu'un seul suffiroit, parce qu'il auroit le même objet, et qu'il atteindroit le même but. La transcription du contrat d'aliénation sur les registres du conservateur des hypothèques est nécessaire, relativement aux hypothèques ordinaires; *article* 2181. Le simple dépôt du contrat au greffe, et l'affiche dans l'auditoire, sans transcription préalable, sont prescrits particulièrement pour les hypothèques légales; *art.* 2194. Il y a plus, c'est qu'il y a des cas où l'un et l'autre mode de publicité deviennent cumulativement indispensables. De là naissent des difficultés qui embarrassent sur plusieurs parties du régime hypothécaire, et qui deviennent journellement le sujet de questions sérieuses dans les tribunaux.

D'abord le délai de quinzaine à compter de la transcription du contrat d'aliénation sur les registres du conservateur, dans lequel les créanciers doivent se faire inscrire, est évidemment insuffisant. Cette insuffisance devient encore plus sensible, lorsqu'on fait attention que la transcription est un acte purement matériel, qui demeure caché dans les registres du conservateur.

Quant aux hypothèques légales, on aperçoit des lacunes dans la loi. On s'est presque arrêté à la publicité de l'acte translatif de propriété, qui résulte de l'affiche dans l'auditoire. On a négligé d'expliquer quel seroit l'effet du silence des créanciers avec hypothèques légales. Cette affiche suffisoit-elle pour provoquer des enchères, ainsi que l'inscription, dans les deux mois à compter de l'affiche? Il a fallu se décider en se livrant à de pénibles interprétations, et en recourant à des analogies. L'inscription pour ces hypothèques légales doit arriver; mais on peut croire que l'absence de l'inscription profite seulement au nouveau propriétaire, en ce sens que l'immeuble demeure affranchi, en ses mains, des hypothèques légales, et il est resté la question de savoir si le défaut d'inscription dans les deux mois de l'affiche, profite aux créanciers, c'est-à-dire, si, malgré le défaut d'inscription dans ce délai, les créanciers avec hypothèques légales ne peuvent pas venir prendre part à l'ordre concurremment avec les autres créanciers. La question a bien été récemment décidée, contre la femme qui n'avoit pas pris inscription, par un arrêt de la Cour de cassation, du 21 novembre 1821; mais c'est seulement pour le cas de l'expropriation forcée, et la difficulté reste pour tous les autres cas.

Enfin, il y a des privilèges tels que ceux énoncés dans l'art. 2101, qui sont affranchis de l'inscription; *art.* 2107. Mêmes embarras de la part des nouveaux propriétaires pour provoquer les inscriptions et les enchères de ces créanciers, et pour déterminer l'effet du défaut d'inscription à l'égard des autres créanciers, lorsqu'on vient à l'ordre. Sans doute, il faut sur-

monter ces difficultés ; mais combien d'efforts pénibles et d'un succès douteux, le législateur n'auroit-il pas dû épargner?

Pénétré comme je l'étois des inconvéniens graves qui résultent de ces
lacunes, j'ai cru pouvoir soumettre au législateur des aperçus sur un mode
uniforme de publicité, qui devroit être suivi dans un délai déterminé, des
inscriptions de tous créanciers quelconques, et même des enchères. Cette
idée est puisée dans l'édit de 1771, dont on voit une imitation dans l'article 2194. On peut profiter de ce que cet édit avoit prescrit pour la publicité seulement de l'acte d'aliénation, sans déroger au principe fondamental de la publicité de l'hypothèque.

On verra ces aperçus au 2ᵉ vol., n° 352, pag. 121. Toutes les difficultés
qui font désirer un mode uniforme de faire connoître l'acte d'aliénation,
sont annoncées dans plusieurs autres parties du Traité, et notamment aux
n°ˢ 266, 457 et 490.

VIII. J'arrive enfin à un autre objet de réforme qui est de la plus grande
importance. On doit être étonné que, sous un régime hypothécaire, il y ait
des priviléges ou hypothèques qui ne puissent point être purgés. C'est
cependant ce qui a lieu, quant au privilége, pour les prix de ventes d'immeubles, moins peut-être par une conséquence de notre législation, que
pas le résultat d'une jurisprudence qui s'est formée. Que le vendeur prenne,
ou non, une inscription pour le prix de la vente, il peut toujours, à défaut
de payement de ce prix, et en quelque état que soient les choses, demander
la résolution de la vente, et la revendication de l'immeuble vendu. Il en
résulte qu'un acquéreur refuse de se libérer du prix, à moins qu'on ne
lui rapporte les quittances des prix des anciennes ventes, ce qui peut remonter à quarante, à cinquante ans, et même plus. Les vendeurs en éprouvent les plus graves inconvéniens, surtout dans les classes inférieures où
les titres de propriété et de libération sont moins soigneusement conservés.
Des mesures deviennent indispensables pour concilier les intérêts des acquéreurs avec ceux des vendeurs. Voyez ce qui est au n° 382, *tom. II*,
pag. 216. Les mesures à prendre, dans ce cas, se rattachent aux aperçus
indiqués au n° 352, sur la nécessité d'un mode uniforme de publicité des
actes translatifs de propriété.

Il y a sans doute d'autres dispositions de la loi sur lesquelles il existe des
imperfections. On pourra apercevoir ces imperfections dans le cours du
Traité : mais dans ce discours je me borne à rappeler les plus importantes.

Il est possible que dans l'ouvrage on remarque des longueurs sur certains points. Mais je dois dire que la matière est, de sa nature, très-abstraite et très-compliquée. J'ajouterai que j'avois tâché de rendre quelques parties plus brièvement, en conservant néanmoins le travail plus étendu que j'avois fait auparavant. Je m'étois expliqué, dans ce qui étoit traité plus laconiquement, d'après des données que je supposois être généralement connues, et je visois, autant qu'il étoit en moi, au mérite de la concision, qui donne toujours du prix aux ouvrages de composition. Mais une personne éclairée que je priai de lire une partie où j'avois tâché d'être serré et rapide, m'avoua franchement qu'elle n'y comprenoit rien : et cette même personne ayant ensuite lu ce que j'avois précédemment composé sur la même matière avec plus d'étendue, et que je rejetois moi-même, m'assura et me prouva qu'elle entendoit parfaitement tout ce que j'y disois; et elle me conseilla de donner la préférence à ma première rédaction. Cela m'est arrivé, notamment pour la section IIe du chap. Ier de la IIe partie, où il y a quelques dissertations sur des objets sur lesquels on ne peut se faire comprendre qu'avec beaucoup de soin. On sent que je dus déférer au conseil qui m'étoit donné. Cependant, il se peut que je me sois un peu trop autorisé de cette circonstance pour éviter quelquefois la peine d'être plus court, et pour me dispenser d'y employer le temps nécessaire.

Si on désiroit que j'eusse traité un plus grand nombre de questions, et surtout en ce qui regarde l'expropriation forcée, je pourrois observer que j'ai dû me borner à examiner tout ce qui m'a paru être le plus essentiel sur le droit hypothécaire proprement dit; que je donne au public un Traité *des hypothèques*, et non un Traité de *l'expropriation forcée*, ce qui est une matière différente; que néanmoins, sur cette matière même, j'ai traité des questions assez importantes.

J'ai fait mon possible pour que cet ouvrage fût utile; c'est au public à juger si j'ai atteint mon but. J'ose cependant espérer qu'il pourra aider à en faire un meilleur.

FIN DU DISCOURS PRÉLIMINAIRE.

TABLE

DES CHAPITRES ET SECTIONS

DU PREMIER VOLUME.

Fin de la table des chapitres et sections du 1er volume.

TRAITÉ

TRAITÉ

DES

HYPOTHÈQUES.

1. JE diviserai cet ouvrage en deux parties.

Dans la première, je dirai quelles sont les différentes espèces d'hypo- thèques, comment elles se constituent et se conservent, et comment elles peuvent être modifiées et réduites. J'y traiterai des priviléges sur les meubles.

La seconde partie aura pour objet les moyens de purger les hypothèques et les priviléges sur les immeubles, soit dans le cas de la vente volontaire suivie de la transcription, soit dans le cas de l'expropriation forcée suivie d'adjudication. On y verra aussi la manière dont les priviléges et les hypothèques s'éteignent, abstraction faite des moyens de les purger.

Division de l'ouvrage en deux parties.

PREMIÈRE PARTIE.

Des différentes espèces d'hypothèques; de la manière dont elles se constituent, dont elles se conservent et se modifient. Des priviléges sur les meubles.

2. JE sous-diviserai ce que j'aurai à dire sur cette première partie, en quatre chapitres. Je m'occuperai,

1°. De l'hypothèque conventionnelle;

Division de la première partie.

Tome I.   A

2°. De l'hypothèque judiciaire ;

3°. Des hypothèques légales ;

4°. Des priviléges sur les meubles.

Je renvoie ce que j'aurai à dire concernant les priviléges sur les immeubles, à la seconde partie ; j'en traiterai à la suite des principes généraux sur la transcription : cette méthode facilitera l'intelligence des principes que je développerai, et évitera des répétitions (1).

---

(1) Qu'on ne soit pas étonné de ce que, dans ce Traité, je ne suis pas, sur la nature des hypothèques, l'ordre établi par le Code civil. Il y est dit dans une division générale, art. 2116, que l'hypothèque est ou *légale*, ou *judiciaire*, ou *conventionnelle*. La loi ordonne : un traité enseigne. Or, sous ces deux rapports, un ordre ne peut ni ne doit être le même.

L'hypothèque conventionnelle rappelle en général tous les contrats, toutes les transactions sociales. Elle est, sans contredit, celle dont l'usage est plus fréquent. Ses principes sont les principes généraux. Dans l'hypothèque légale, on est presque toujours soumis aux principes de l'hypothèque conventionnelle ; l'empire de ces principes ne disparoît que pour faire place à des exceptions ou à des modifications. Si l'hypothèque légale prend naissance sans le secours de la convention, ou, pour mieux dire, de la stipulation écrite, parce que la loi supplée à cette convention, à cette stipulation, il est toujours vrai qu'elle ne peut jamais exister, à moins qu'elle ne soit précédée de quelque acte solennel et authentique, dont la vérité ne peut être révoquée en doute dans la société.

Ce que je dis pour l'hypothèque légale s'applique également à l'hypothèque judiciaire, qui prend sa source dans une obligation forcée, qui intervient pour remplacer une obligation qui auroit dû être volontaire. La même application se fait aux priviléges, qui ne sont, au fond, que des hypothèques favorisées, on peut même dire privilégiées. La cause qui les fait naître leur attribue cette prérogative ; elle les affranchit de l'empire du temps qui fixe le rang des hypothèques ordinaires. Les priviléges dérivent *ex causâ*, *non ex tempore*. Mais les principes par lesquels on les conserve, se rattachent, plus ou moins, aux principes généraux.

On peut donc dire que l'hypothèque légale, l'hypothèque judiciaire, et même les priviléges, sont, respectivement à l'hypothèque conventionnelle, ce que les exceptions sont à la règle ; qu'elles sont, par rapport à l'hypothèque qui met le sceau aux obligations en général, qui en assure l'effet, ce que les espèces sont au genre. Or, les exceptions se comprennent plus facilement, lorsque la règle est connue. Quand on arrive aux exceptions, on part de principes déjà développés ; l'esprit est préparé d'avance à se former des idées justes sur la nature et l'objet de ces exceptions, et on évite nécessairement des répétitions. Ceux qui prendroient la peine de lire ce Traité, de suite, seroient convaincus de la vérité de ce que je viens de dire.

CHAPITRE Iᵉʳ.

DE L'HYPOTHÈQUE CONVENTIONNELLE.

\

SOMMAIRE.

3. *Trois espèces principales d'hypothèques.*
4. *Définition de l'hypothèque.*
5. *De l'hypothèque conventionnelle sous ses rapports principaux.*

3. Lᴇs trois espèces principales d'hypothèques ont toujours été, dans le Trois espèces principales d'hypothèques. droit romain, comme dans notre droit français qui en tire son origine, l'hypothèque conventionnelle, l'hypothèque judiciaire, et l'hypothèque légale. On sent, en effet, par rapport à l'hypothèque judiciaire, que quoiqu'on n'ait pas la ressource d'une stipulation d'hypothèque établie par un contrat, on peut n'être pas moins créancier, et qu'on est fondé à obtenir dans les tribunaux une condamnation qui supplée au défaut de convention, ou qui ordonneroit l'exécution d'une convention qui ne seroit point authentique, et qui, dès lors, ne seroit point attributive d'hypothèque. On comprend encore, relativement à l'hypothèque légale, qu'il y a dans la société civile des actes infiniment importans, qui, sans être précisément accompagnés de convention et de contrat, produisent néanmoins, par leur nature, des obligations; et ces obligations sont souvent celles qui méritent le plus d'être protégées. Alors il devient juste que l'hypothèque, pour la sûreté de ces engagemens, émane du ministère même de la loi. *Causa efficiens pignoris*, nous disent les lois romaines, *est aut voluntas hominum, aut lex, aut magistratus.*

4. C'est ici le lieu où je dois donner une définition de l'hypothèque; je Définition de l'hypothèque. dois le faire avant de traiter chacune des hypothèques en particulier, parce que cette définition est commune à toutes les hypothèques. Il est important

A 2

de la fixer avec exactitude. On verra en effet, dans la suite, que la solution de plusieurs questions se puise dans la justesse de la définition.

Pour avoir une définition parfaitement exacte et complète de l'hypothèque, selon le droit romain, il faut la prendre partiellement dans plusieurs lois; elle ne se trouve entièrement dans aucune. Neguzantius, jurisconsulte italien, qui a fait, dans le seizième siècle, un traité estimé sur cette matière, et surtout sous le rapport des principes du droit romain, lequel traité a pour titre *De pignoribus et hypothecis*, a extrait de ces lois une définition dont l'exactitude est incontestable. Il la rend en ces termes, 1er *sommaire de la* 1re *partie, n° 3 : Et quia hypotheca constituitur desuper rebus, ideò dicitur, jus in re, seu jus reale vel actio realis, quia per illam non obligatur persona debitoris, sed res, et sequitur fundum et datur contra possessionem.* Le fondement de cette définition se tire de la loi *Eos*, au Cod. *qui pot. in pign. hab.;* de la loi *Pignoris*, aussi au Cod. *de pign.;* de la loi *Pignoris*, ff., même titre *de pign.;* des Institutes, *de act.,* § *item, serviana,* et de la loi *Si fundus*, § *in vendicatione*, ff. *de pign.*

Basnage, *Traité des hypothèques*, ch. 6, avoit, quoique ce fût seulement d'après deux des lois ci-dessus citées, réduit ainsi la définition de l'hypothèque : *Jus reale quod fundum sequitur adversùs quemcumque possessorem.* Cette définition approche de celle de Neguzantius, mais elle n'est pas aussi parfaite, et elle ne fournit pas des idées aussi étendues et aussi utiles pour la décision de beaucoup de questions. Mais il dit ensuite de l'hypothèque, ce qu'il n'est pas inutile de recueillir, *qu'étant une fois valablement contractée, elle affecte tellement le fonds, que le débiteur ne le peut plus engager au préjudice du premier créancier hypothécaire.* Pothier, introd. au tit. 20 de la Coutume d'Orléans, n°s 1 et 22, dit que l'hypothèque est un droit *dans la chose*, ce qui est le *jus in re*. Toutes ces définitions reviennent à celle qui est contenue dans l'art. 2114 du Code civil, et elles l'ont même préparée : « L'hypothèque est *un droit réel* sur » les immeubles *affectés* à l'acquittement d'une obligation....; elle les » suit dans quelques mains qu'ils passent. »

On doit donc se défier de plusieurs autres définitions de l'hypothèque; même de celles qu'on trouve dans quelques lois romaines, d'après lesquelles on comprenoit sous la dénomination d'*hypothèque* le fonds même qui y étoit affecté. L'hypothèque est définie ainsi dans ces lois, *res obligationi supposita ;* et on voit Cicéron, dans une de ses Épîtres, employer en ce sens le mot *hypotheca,* ainsi que j'ai eu occasion de le remarquer dans le Discours préliminaire, § Ier. La définition que je viens de donner présente, seule, la véritable acception légale sous laquelle il faut entendre l'hypothèque. Elle est la seule qui soit propre à la déduction des principes.

Il y a quelque chose à dire de plus sur l'hypothèque, à raison de la *spécialité* et de *l'inscription* qui sont exigées dans notre législation. Mais l'hypothèque ne laisse pas d'avoir son existence de la manière dont je viens de l'exposer. La spécialité n'est qu'une modification de l'assiette de l'hypothèque, qui peut être plus ou moins étendue, selon la volonté des parties contractantes, et l'inscription n'est qu'une formalité extrinsèque propre à donner à l'hypothèque son efficacité à l'égard des tiers. C'est ce que j'expliquerai lorsque j'en serai à la spécialité et à l'inscription (1).

---

(1) Le mot *pignus* est souvent employé dans le droit romain dans le même sens que le mot *hypotheca.* Les livres du Digeste et du Code relatifs à cette matière, ont pour titre, *de pignoribus et hypothecis;* et on lit dans la loi 5, ff. *de pignor. et hypoth.*, § 1er : *Inter pignus autem, et hypothecam tantùm nominis sonus differt.* Cependant le mot *pignus* s'appliquoit particulièrement au cas de la tradition de l'objet engagé, de la part du débiteur, au créancier, surtout si cet objet étoit une chose mobilière : et le mot *hypotheca* exprimoit plus proprement l'engagement de la chose par le pacte ou la nue convention sans tradition, lorsque cela put se faire par le droit romain nouveau, qui dérogea aux anciens usages dont j'ai parlé dans le Discours préliminaire. Relativement au droit français, le mot *pignus* peut être rendu par celui de *nantissement,* qui se fait d'une chose mobilière, et qui devient un contrat qui s'appelle *gage,* d'après l'art. 2072 du Code civil. Ce mot *gage* est la traduction littérale du mot latin *pignus :* si les mots *pignus* et *hypotheca* ont été pris assez indifféremment dans le droit romain pour exprimer ce que nous entendons particulièrement par *hypothèque,* on peut présumer que c'est parce que chez les Romains l'hypothèque proprement dite pouvoit frapper sur les meubles comme sur les immeubles; ce qui n'a jamais été admis en France, au moins dans la majeure partie des Coutumes, où les immeubles seuls étoient susceptibles d'hypothèque, et où l'on avoit admis la maxime, *meubles n'ont point de suite par hypothèque.*

Il n'est guère personne qui ne sache que le mot *hypotheca* a été emprunté des Grecs par les Romains. Le mot grec ὑποθήκη, rendu par *hypotheca,* est composé de ὑπὸ, *sub*, et de τίθημι, *pono;* aussi ὑποτίθεναι, qui est le passif de ce verbe, signifie *supponor, je suis sujet. Voyez le Dictionnaire de Trévoux,* au mot Hypothèque. On a voulu rendre l'idée d'une chose soumise, sujette à l'obligation. *Quasi dicas supposita, subjecta obligationi, et obstricta.* Voyez Hotman. *Comm. verb. juris,* verbo *Hypotheca.*

De l'hypo-
thèque con-
ventionnelle
sous ses rap-
ports princi-
paux.
5. Après l'exposition de ces premiers élémens, je vais considérer l'hypothèque conventionnelle sous ses rapports principaux.

Je traiterai, 1°. des formes de l'acte par lequel on stipule l'hypothèque; de la nature de la créance pour laquelle on peut la stipuler avec effet; des personnes qui peuvent la donner sur leurs biens.

2°. De la nécessité de la détermination de l'hypothèque sur un objet, par la spécialité, et de la nécessité de la rendre publique par l'inscription.

3°. Des objets qui sont, ou non, susceptibles d'hypothèque; de l'indivisibilité de l'hypothèque, et de la solidarité qui en résulte.

Tous ces objets feront la matière de trois sections particulières.

SECTION Ire.

Des formes de l'acte par lequel on stipule l'hypothèque. Des conventions dans lesquelles il y a, ou non, une hypothèque acquise, qui puisse donner lieu à l'inscription. Des personnes qui peuvent donner une hypothèque.

§ Ier.

Des formes de l'acte par lequel on stipule l'hypothèque.

SOMMAIRE.

6. *Fondement de l'hypothèque chez les Romains et en France. Formalités de l'acte constitutif de l'hypothèque en France.*

7. *Modification apportée à ces formalités, relativement à la loi du 25 ventôse an 11.*

8. *Les contrats de mariage, pour constituer l'hypothèque, doivent être reçus, comme les actes ordinaires, par deux notaires, ou par un notaire et deux témoins non parens au degré prohibé.*

9. *Cependant un acte peut produire l'hypothèque, sans être passé par-*
devant notaire. Des actes et des jugemens des autorités administratives.

10. *Observation essentielle pour la validité de l'hypothèque relativement*
aux actes faits par les autorités administratives.

11. *Des actes faits par les administrateurs d'établissemens publics, et*
par les commissions d'hospices.

12. *De l'effet des contrats passés en pays étrangers, quant à l'hypothèque*
en France.

13. *Principe que l'hypothèque prend sa source dans le droit civil, et non*
dans le droit des gens.

14. *De l'ordonnance de 1629; comment elle a été considérée en France.*

15. *Principes du Code civil sur cette matière.*

16. *Résumé de ce qui doit avoir lieu pour les contrats passés en pays*
étrangers.

17. *De l'influence du défaut d'enregistrement des actes notariés sur la*
validité des actes, surtout quant à l'hypothèque.

18. *Exceptions à la résolution qui vient d'être prise.*

19. *Des qualités requises dans le notaire qui passe l'acte.*

6. **O**N sent facilement que le moyen de donner l'existence à l'hypo- *Fondement*
thèque, sous le rapport des formes, est un point essentiel. *de l'hypothè-*
que chez les
En France, l'hypothèque a toujours eu un fondement plus solide que *Romains et*
en France.
chez les Romains. Dans leur droit, l'hypothèque tenoit à des engagemens *Formalités*
de l'acte cons-
bien fragiles : la loi 4, ff. *de pign. et hypothecis*, apprend, ce qu'on a peine *titutif d'hy-*
pothèque en
à concevoir actuellement, que l'hypothèque pouvoit être établie sur un *France.*
simple consentement sans écrit, pourvu qu'il pût être prouvé par témoins ,
ce qui étoit un reste de la simplicité et de la bonne foi des temps antiques.
On n'avoit recours à l'écriture, que pour avoir une preuve plus sûre , et
pour rendre inutile la preuve testimoniale qui l'étoit moins. C'est ce qui
avoit fait dire à Barthole et à Denis Godefroi sur cette loi : *Scriptura*
non est de substantiâ contractûs hypothecarii, sed magis fit ad probandum.
La loi 34, au même titre du Digeste, vouloit encore que l'hypothèque pût
être contractée par un absent et par lettres.

Mais ce mode de constater l'hypothèque étoit évidemment trop incertain.
On crut y remédier en imposant la nécessité d'établir les hypothèques

conventionnelles, ou par des actes publics passés devant les tabellions, ou par des actes sous seing privé, mais faits en présence de témoins signataires, dont le nombre ne pouvoit être moindre de trois, qui devoient être connus et dignes de foi ; telle est la disposition de la loi 11, au Cod. *qui potiores in pignore habeantur.* C'est ce qui résulte aussi de la novelle 73 ; et Godefroi, sur cette loi 11, au Cod. *qui potiores,* etc., en donne une raison toute simple, qui est qu'un écrit du seul fait d'un débiteur ne peut rien prouver contre des tiers.

Mais on ne doit pas conclure de là que cet auteur regardât comme suffisant ce mode de constituer l'hypothèque ; il s'expliquoit seulement dans le sens du droit romain sur lequel il écrivoit, et pour le faire connoître. Bien avant l'époque où il vivoit, et depuis, on a constamment observé en France que l'hypothèque ne pouvoit résulter que des actes authentiques, tels que ceux passés devant notaires, ou d'actes passés sous seing privé ; mais seulement lorsque ces derniers actes étoient reconnus volontairement par-devant notaire, ou en justice, soit contradictoirement, soit par défaut. Dans ce dernier cas, il y avoit authenticité de la même manière que cette authenticité existe dans les condamnations judiciaires ; et ce qui rendit les hypothèques plus stables encore, en excluant les moyens de pratiquer des fraudes par des changemens de dates, ce fut l'établissement du contrôle ou enregistrement (qui est le terme actuel), qui remonte à environ deux siècles. L'hypothèque ne pouvoit être attribuée qu'à tout acte qui n'auroit pu être attaqué autrement que par l'inscription en faux (1).

_____

(1) La connoissance des législations anciennes n'est jamais à négliger, pour l'intelligence de celle sous laquelle on vit. Je crois donc devoir observer qu'il y avoit en France quelques exceptions à cette règle. Et par exemple, en Normandie, on n'auroit pas laissé d'avoir une hypothèque en vertu d'un acte qui n'eût été que sous signature privée, pourvu qu'il eût été revêtu de la formalité du contrôle, établie par un édit de 1606, qui étoit une loi importante, particulière à cette province, ainsi que l'enseigne Basnage, avocat au parlement de Rouen, *Traité des hypothèques,* pag. 135 et 139, *édition de 1702, in-12.* Il paroîtroit même, d'après cet auteur, *pag.* 154, que toute obligation, quoiqu'elle ne fût ni contrôlée ni reconnue en justice, portoit hypothèque du jour du décès de celui qui l'avoit faite. On partoit de cette idée, que si l'acte étoit vrai, ce qui dépendoit d'une vérification ordinaire, qui pouvoit être faite après la mort de celui qui l'avoit souscrit, il étoit bien certain qu'il avoit été fait avant le décès du débiteur ; et en se fixant sur cette époque, il étoit incontestable qu'il n'y avoit pas d'antidate. Mais ces exceptions

Ces

Ces principes ont été maintenus, et avec raison, par le Code civil; il est dit dans l'art. 2127 : « L'hypothèque conventionnelle ne peut être consentie que par acte passé en forme authentique devant deux notaires, ou devant un notaire et deux témoins. » Dans l'art. 2117, le législateur, en donnant une définition de l'hypothèque conventionnelle, par opposition à l'hypothèque légale et à l'hypothèque judiciaire, avoit déjà annoncé qu'il étoit dans sa pensée que l'hypothèque conventionnelle ne résultât pas de toute convention quelconque, mais qu'il falloit encore que cette convention eût les formes qui rendent un acte authentique. « L'hypothèque conventionnelle est celle qui dépend des conventions, et de la forme extérieure des actes et des contrats. »

Quant aux actes sous seing privé, les mêmes principes, relativement à l'authenticité, sont consignés dans l'article 2123. Après les jugemens qui produisent l'hypothèque, le législateur n'attribue le même effet aux actes obligatoires sous seing privé, qu'autant que les signatures qui y sont apposées, sont reconnues ou vérifiées en jugement.

Mais je ne m'occuperai point ici des résultats de cet article 2123, parce qu'il a trait à l'hypothèque judiciaire, et que cette hypothèque doit faire la matière du chapitre suivant; en sorte qu'il ne doit être question en ce moment que de l'hypothèque purement conventionnelle.

En revenant donc sur ce qui concerne cette hypothèque, on sent facilement la conséquence qui résulte des principes qui viennent d'être exposés. C'est que pour sa validité, il faut que l'acte par lequel elle est constituée, et qui doit être passé par-devant notaire, soit revêtu de toutes les formes établies par les lois pour les actes notariés. Je ne crois pas devoir entrer dans l'explication de toutes ces formes, qui sont communes à tous les actes constitutifs d'engagemens. Cette explication conviendroit, plus particulièrement, dans un ouvrage où il s'agiroit de traiter des obligations en général.

Je puis donc renvoyer, sur ces formes, aux lois et aux règlemens par lesquels elles sont établies, et notamment à la loi du 25 ventôse an 11, qui est le type de la législation sur cette matière. En effet, elle est la seule qui prescrive des règles sur cette partie importante ; et si on ne l'eût pas considérée

---

étoient tellement restreintes, que la nécessité d'un acte authentique pour la constitution de l'hypothèque, ne laissoit pas d'être le droit commun et primitif de la France.

comme contenant la législation sur les formes constitutives des engagemens, on s'en seroit occupé dans d'autres lois, et notamment dans le Code civil, dont la rédaction est postérieure, et qui garde à cet égard un parfait silence. Lorsque le législateur a dit, dans l'article 2127 du Code civil, que l'hypothèque conventionnelle ne peut être consentie que par acte passé en forme authentique devant deux notaires, ou devant un notaire et deux témoins, il est bien sensible qu'il a entendu se référer aux dispositions de cette loi.

Modification apportée à ces formalités, relativement à la loi du 25 ventôse an 11.

7. Il faut cependant faire une remarque relativement à une des formalités établies par l'art. 14 de la même loi, sur laquelle les jurisconsultes, et même plusieurs Cours, s'étoient mépris; et il faut convenir que cette méprise étoit excusable. Il est dit, dans cet article, que les actes seront signés par les parties, les témoins, et les notaires qui doivent *en faire mention* à la fin de l'acte. Il paroissoit résulter de cette rédaction, que les notaires devoient dire non-seulement que les parties et les témoins avoient signé, mais encore qu'ils avoient signé eux-mêmes; et l'art. 68 prononce la nullité de l'acte dans le cas de l'inobservation des formalités établies par cet art. 14. Mais le Conseil d'état a donné un avis motivé, le 16 juin 1810, approuvé le 20, qu'on voit au Bulletin des lois, portant, en interprétation de la loi, que la peine de nullité prononcée par cet art. 68, ne doit être appliquée qu'au défaut de mention de la signature, soit des parties, soit des témoins, et qu'elle ne doit pas être appliquée au défaut de la mention de la signature des notaires qui ont reçu l'acte. Ainsi, d'après l'avis du Conseil d'état, le défaut de mention de la signature du notaire dans tout acte quelconque, ne peut pas en faire prononcer la nullité; mais, d'après cet avis même, l'acte seroit vicié radicalement par le défaut de mention de la signature des parties et des témoins.

Les contrats de mariage, pour constituer l'hypothèque, doivent être reçus, comme les actes ordinaires, par deux notaires, ou par un notaire et deux témoins non parens au degré prohibé.

8. Les contrats de mariage même, qui sont ordinairement la source d'une multitude d'hypothèques, et souvent très-importantes par leur grand intérêt, doivent, pour leur validité, être passés avec les formalités prescrites pour tous les autres contrats, conformément aux dispositions de la loi du 25 ventôse an 11; en quoi il est impossible de se rendre à l'avis de quelques personnes qui ont prétendu qu'il suffisoit, pour la validité des contrats de mariage, qu'ils fussent passés devant un seul notaire, surtout s'il y avoit la présence de plusieurs parens des parties contractantes, quel que fût le degré de parenté d'entre ces parens témoins et les parties, et même entre ces mêmes parens témoins et le notaire qui recevoit l'acte.

Cette question s'est présentée en la Cour royale de Riom; elle y a été décidée, après une forte discussion, par un arrêt qu'il est utile de connoître (1).

En voici l'espèce : je ferai abstraction de tout ce qui tenoit à des questions autres que celle dont je m'occupe. Jean Sarailhes, de la succession duquel il s'agissoit, avoit eu plusieurs enfans : Marc-Antoine Sarailhes, l'un d'eux, avoit contracté mariage avec Jeanne Roche, le 3i octobre 1809; par ce contrat de mariage, Jean Sarailhes fit donation à son fils, par préciput et hors part, du quart de tous les biens meubles et immeubles dont il mourroit saisi. Il fut constitué à la future un trousseau de 13,000 francs, dont 2,000 francs furent payés, non au futur, mais à Jean Sarailhes, son père, qui en donna quittance, et qui ne savoit pas signer. Le contrat de mariage fut reçu par un seul notaire, qui étoit un sieur *Dupré*. De tous les témoins du contrat, il n'y en avoit qu'un seul, le sieur Teilhard, qui pût servir de témoin, aux termes de la loi du 25 ventôse an 11, parce qu'il n'étoit parent ni du notaire ni d'aucune des parties contractantes : tous les autres témoins étoient enfans, frères ou beaux-frères de celles-ci.

---

(1) J'avois dit, dans la première édition du Traité *des donations et testamens*, que les formalités prescrites par la loi du 25 ventôse an 11, devoient être observées dans tous les actes notariés quelconques, et même dans les donations et les testamens, parce que cette loi étoit une règle générale établie pour les formes de tous actes quelconques; que l'on ne devoit s'en écarter que pour les actes pour lesquels le Code civil ou toute autre loi auroit établi des formalités particulières, de manière qu'il en résultât une dérogation spéciale à cette loi du 25 ventôse, soit que cette dérogation portât une augmentation de formes, soit qu'il en résultât une restriction. Cette proposition me paroissoit si certaine que je ne croyois pas qu'elle pût être controversée. Cependant il en fut tout autrement. Il y eut des arrêts contraires de quelques Cours. Mais l'opinion que j'avois émise fut confirmée par un arrêt de la Cour de cassation, du 1er octobre 1810, qui est intéressant sur cette matière. On peut voir le Traité que j'ai indiqué, 2me *édit.*, tom. Ier, *pag.* 440 *et suiv.* On conçoit qu'on pouvoit élever la difficulté pour les donations et testamens, qui sont des actes d'une nature particulière, sur lesquels le Code civil a prescrit des formes spéciales; et on pouvoit croire que la loi du 25 ventôse an 11 ne concernoit que les formes relatives à tous autres actes. Mais pour les contrats de mariage, on ne vit pas sans étonnement qu'on voulût en faire une classe particulière d'actes. Cependant la discussion fut tellement forte, cette prétention fut soutenue par des moyens si spécieux, que l'arrêt qui la jugea devient important. Et j'ai cru, par cette raison, devoir entrer dans le détail des objections.

Le partage de la succession de Jean Sarailhes ayant été demandé au tribunal de Murat (Cantal) contre Marc-Antoine Sarailhes, celui-ci demanda le prélèvement du quart, en vertu de la donation que son père lui avoit faite en préciput. Ses frères et sœurs contestèrent ce prélèvement, à raison de la nullité de son contrat de mariage; et ils fondèrent cette nullité sur l'inobservation des formes, quant aux témoins, établies par l'article 10 de la loi du 25 ventôse an 11, combiné avec l'article 8. Il résultoit de ces deux articles, que si un acte est reçu seulement par un notaire, il doit y avoir deux témoins qui ne soient point parens des parties contractantes, au moins jusqu'au degré d'oncle et de neveu inclusivement; que la présence d'un témoin non parent ne suffisoit pas pour remplir le vœu de la loi; et on observoit que l'art. 68 prononce, dans ce cas, la nullité de l'acte. Le tribunal de Murat se décida pour la validité du contrat de mariage, et dès lors il ordonna l'exécution de la donation.

Sur l'appel de ce jugement en la Cour royale de Riom, les frères et sœurs de Marc-Antoine Sarailhes soutinrent avec force la nullité du contrat de mariage, et par conséquent de la donation du quart en préciput qui y étoit contenue, et toujours en vertu des articles 8, 10 et 68 de la loi du 25 ventôse an 11.

Marc-Antoine Sarailhes, donataire, chercha à écarter cette nullité, en se fondant sur l'art. 1394 du Code civil, où il est dit : « Toutes conventions matrimoniales seront rédigées avant le mariage par acte devant notaire. » Il résulte de cet article, disoit-on, une modification, et même une dérogation aux dispositions de la loi du 25 ventôse an 11; pour la validité du contrat de mariage, un seul notaire suffit. L'article ne demande pas la présence des témoins, tels que les exige la loi du 25 ventôse. Le contrat de mariage n'est pas un contrat ordinaire; c'est un pacte de famille qui peut se former dans le sein de cette famille même. On fondoit encore cette assertion en rapprochant cet article 1394 de l'article 931 du Code civil. Cet article 931 est ainsi conçu : « Tous actes portant donation entre-vifs seront passés *devant notaires*, dans la forme ordinaire des contrats, et il en restera minute, sous peine de nullité. » La différence qu'on remarque dans la rédaction de ces deux articles, prouve qu'ils ont été écrits dans un sens bien différent. Le législateur, disoit-on, a voulu, dans l'article 931, que la donation entre-vifs reçût la forme ordinaire des contrats; et quelles précautions n'y a-t-il pas prises pour exprimer cette volonté! tandis que, dans l'art. 1394, il s'est contenté de prescrire un acte *devant notaire*. On ne manquoit pas de faire remarquer que, dans l'art. 931, il y avoit *notaires*, et que, dans l'art. 1394, on lisoit *notaire*. L'addition de la lettre *s* dans un article, et sa suppression dans l'autre, devenoient un argument. On rapprochoit encore l'art. 1394 de l'art. 2127, qui porte que l'hypothèque conventionnelle ne peut être consentie que par acte passé en forme authentique *devant deux notaires, ou devant un notaire et deux témoins*. On tiroit la même induction de la différence de rédaction de ces deux articles, que de celle qui se trouve entre le même article 1394 et l'art. 931.

On réfutoit ces moyens en disant que, lorsque le législateur a voulu qu'un acte eût les formes notariées, il n'a pas dû toujours s'expliquer de même; que la rédaction de l'art. 1394 n'avoit pas eu pour objet d'apporter une modification aux dispositions de la loi du 25 ventôse, en voulant qu'un contrat de mariage pût être reçu par un notaire seul, sans des témoins, tels que les exige la loi du 25 ventôse an 11; que l'induction tirée de l'addition au mot *notaire*, de la lettre *s*, dans l'art. 931, et de sa suppression au même mot dans l'art. 1394, n'étoit qu'une argutie; que d'ailleurs, lorsqu'on vouloit exiger, pour une convention, un acte notarié, la locution la plus pure consistoit à dire qu'elle seroit passée *par acte par-devant notaire;* et qu'enfin l'unique but de l'art. 1394 avoit été de prescrire, pour les contrats de mariage, la forme notariée, par opposition aux usages anciens de quelques provinces de France, telles que la Normandie et quelques provinces du midi, d'après lesquels les contrats de mariage étoient valables, quoiqu'ils fussent passés sous seing privé.

Marc-Antoine Sarailhes alloit jusqu'à dire qu'anciennement il étoit de règle et d'usage que les contrats de mariage pouvoient être passés par un seul notaire, sans qu'il y eût de témoins autres que les parens. Il se fondoit, à cet égard, sur l'indication des formes des contrats de mariage contenue dans le Traité *du contrat de mariage* de Pothier, n° 47, où il est dit que ces contrats se passoient devant un *notaire*, en présence des parens des parties contractantes; il prétendoit que l'art. 1394 n'avoit voulu que confirmer cet usage ancien.

Mais l'allégation de cet usage ancien étoit démentie, et avec raison : car les contrats de mariage avoient toujours été sujets, comme les autres contrats, aux formes prescrites par les anciennes ordonnances du royaume, telles que celles d'Orléans et de Blois. Aussi Pothier, dans son Introduction au titre 10 de la Coutume d'Orléans, *pag.* 288, *édition in-4° de* 1772, avoit dit que le contrat devoit être passé devant *notaires*, pour prévenir les antidates dont les actes sous signature privée sont susceptibles; et Prévôt de la Janesse, qui, comme Pothier, avoit été professeur en droit français à Orléans, avoit dit également, *Principes de la jurisprudence française*, *tome* 2, *n°* 320, que le contrat de mariage devoit être passé par-devant *notaire*, et par les mêmes motifs donnés par Pothier. Ces deux auteurs, qui donnent un avis d'après l'art. 202 de la Coutume d'Orléans, où il est seulement parlé du *traité de mariage* ou des conventions de mariage, sans indications de formes, se seroient-ils expliqués comme ils l'ont fait, s'ils eussent entendu que le contrat de mariage pût être passé sous d'autres formes que celles prescrites pour les autres actes par les anciennes ordonnances?

On ajoutoit encore que lorsque Basnage, dans son Traité des hypothèques, *édit. de* 1703, *in*-12, *pag.* 187 *et* 244, parle des contrats de mariage qui devoient être notariés, par opposition à l'usage de la province de Normandie, où, comme on l'a déjà dit, les contrats de mariage pouvoient être sous signature privée, il énonce alors les formes qui devoient produire l'hypothèque, comme étant celles de tous les actes ordinaires, sans indiquer aucune dérogation ni modification. On disoit encore que Denisart, au mot *contrat de mariage*, n° 7, en parlant d'une déclaration du 11 décembre 1703, par laquelle on avoit voulu abolir l'ancien usage des contrats de mariage sous seing privé, qui avoit lieu en Normandie, se contente de dire que cette déclaration avoit ordonné que les contrats de mariage seroient passés *par-devant notaires*, à peine de nullité. L'auteur entendoit certainement s'expliquer dans le sens des formes ordinaires des actes.

Marc-Antoine Sarailhes, pour soutenir la validité de son contrat de mariage, invoquoit la disposition de l'art. 75 du Code civil, où il est question des formes de l'acte de célébration du mariage. Cet article n'exige que l'intervention de l'officier de l'état civil, et la présence de quatre témoins, *parens ou non parens*. Or, disoit-il, l'acte de célébration du mariage étant plus important que le contrat qui en règle simplement les conventions, lesquelles demeurent sans effet si le mariage ne s'accomplit pas, comment supposera-t-on que l'art. 1394 ait voulu plus que l'art. 75?

Mais c'étoit raisonner sur des objets disparates. L'acte de l'état civil du mariage a toujours été indépendant, quant aux formes, de l'acte qui en régloit les conventions; et l'objet de ces formes respectives n'a jamais été le même. On pouvoit dire que, de ce que, dans le cas de l'art. 75, le législateur s'expliquoit si différemment que dans le cas de l'art. 1394, il avoit entendu laisser le contrat contenant les conventions, dans la catégorie des formes ordinaires des contrats.

Enfin, les frères et sœurs de Marc-Antoine Sarailhes se fondoient sur l'art. 1092 du Code civil. Le législateur s'y explique sur la donation qui seroit faite entre-vifs, de biens présens, entre époux, *par contrat de mariage;* et il y est dit qu'elle sera soumise à toutes les règles *et formes ci-dessus prescrites pour ces sortes de donations,* ce qui se réfère à l'art. 931. Or, l'art. 1092, prescrivant ces formes pour une donation, quoique faite *par contrat de mariage,* ils en tiroient la conséquence que les contrats de mariage n'étoient pas exempts des formes prescrites pour les actes en général.

Sur cette discussion, la Cour royale de Riom, première chambre civile, rendit un arrêt le 20 novembre 1818, sur mes conclusions conformes, par lequel le jugement du tribunal civil de Murat, du 22 janvier 1817, fut infirmé, et la donation fut annulée.

Il n'y avoit point eu de conclusions prises, relativement à des nullités de constitutions d'hypothèques, qui résultoient du même contrat de mariage. Mais d'après la nullité de la donation, on peut prévoir quel eût été le sort des constitutions hypothécaires, puisque la nullité de la donation fut prononcée par suite de la nullité de l'acte par lequel on avoit voulu établir les conventions civiles, sous le rapport des intérêts pécuniaires.

La jurisprudence adoptée par cet arrêt, est non-seulement conforme aux lois de la matière, mais encore, sous le rapport de la morale, elle ne peut qu'être approuvée.

En effet, si le système que l'arrêt a rejeté pouvoit être admis, un notaire ignorant ou suspect, comme il s'en trouve quelquefois, quoique rarement, pourroit seul, dans l'ombre du mystère, sans la surveillance légale des témoins exigés par la loi, engager deux époux; car, dans ce système, il seroit impossible d'exiger la présence d'aucun parent, puisque la nécessité de cette présence ne résulte d'aucune loi. Ainsi, le bonheur des époux, les fortunes des familles, pourroient être aisément sacrifiés aux passions, aux séductions de toute espèce, qui agiroient avec plus ou moins de force, selon l'inexpérience de la jeunesse ou la foiblesse de l'âge. Le remède à un si grand mal ne pouvoit résulter que de la présence obligée des témoins, ou de l'inspection d'un second notaire.

On sent donc combien cet arrêt doit exciter l'attention des notaires, pour éviter la nullité d'actes aussi importans.

Cependant un acte peut produire l'hypothèque sans être passé par-devant notaire. Des actes et des jugemens des autorités administratives

9. Mais les dispositions de l'article 2127 du Code civil ne doivent pas être prises dans un sens tellement rigoureux, que l'hypothèque conventionnelle ne puisse jamais être consentie que par un acte passé devant deux notaires, ou devant un notaire et deux témoins. L'hypothèque, dans sa plénitude, peut résulter de tout acte portant obligation, qui auroit été passé devant des fonctionnaires ou des officiers publics, auxquels des lois ou des actes du gouvernement, dont l'objet eût été d'organiser ces lois, auroient conféré la mission de recevoir, dans certains cas déterminés, des actes obligatoires. Ces fonctionnaires deviennent alors compétens, pour donner à l'acte la même authenticité qui pourroit émaner d'un notaire, et par conséquent, pour imprimer sur les biens de ceux qui s'obligeroient, une hypothèque, soit spéciale, soit générale, selon les dispositions des lois et des règlemens relatifs à ces cas particuliers. Les officiers publics ou fonctionnaires, qui ont reçu ces attributions, deviennent capables accidentellement, par leur mission particulière, de donner à l'acte la vertu du contrat, comme les notaires le sont généralement. L'exercice d'un pouvoir précis et déterminé a le même effet, dans le cas de l'exception, que l'exercice d'un pouvoir exercé dans la règle générale.

Les tribunaux ne sont pas les seules autorités qui puissent, par des condamnations, imprimer l'hypothèque judiciaire. Les condamnations prononcées par les autorités administratives, pour les cas pour lesquels la loi les déclare compétentes, produisent le même effet. Un avis du Conseil d'état, du 16 thermidor an 12, approuvé le 25, l'a ainsi décidé, en se prononçant sur la question de savoir si l'art. 2123 du Code civil, qui accorde l'hypothèque aux condamnations judiciaires à la charge d'inscription, s'applique aux actes émanés de l'autorité administrative. Cet avis établit une parité parfaite entre les condamnations prononcées par les tribunaux ordinaires, et celles qui émanent des administrateurs, auxquels les lois ont attribué, pour les matières qui y sont désignées, le droit de prononcer des condamnations, ou de décerner des contraintes. Il y est dit qu'alors les administrateurs *sont de véritables juges* dont les actes *doivent produire les*

mêmes

mêmes effets et obtenir la même exécution que ceux des tribunaux ordi-
naires.

Un second avis du Conseil d'état, du 29 octobre 1811, approuvé le 12 novembre suivant, a décidé, par les mêmes principes, qu'il pouvoit être pris
inscription hypothécaire, en vertu des contraintes que l'article 32 de la loi
du 22 août 1791 autorise l'administration des douanes à décerner pour le
recouvrement des droits dont il fait crédit, et pour défaut de rapport de
certificats de décharge des acquits à caution. Enfin, un troisième avis du
Conseil d'état, du 24 mars 1812, a déclaré ces deux premiers avis applicables *aux arrêtés des administrateurs, par lesquels les débets des comp-*
tables des communes et des établissemens publics sont fixés. Tous ces avis
sont insérés au Bulletin des lois. Celui du 25 thermidor an 12 ne l'avoit
pas été d'abord; mais cette lacune fut réparée, sur la demande qui en fut
faite, par celui du 29 octobre 1811. Il se tire les mêmes conséquences, respectivement aux décisions des conseils de préfecture, d'un décret du 7 avril
1812, qui a statué sur un pourvoi de la commune de Candeval, contre un
arrêté du conseil de préfecture du département de l'Aude.

Or, on sent l'analogie qu'il y a entre le cas des condamnations prononcées
par les autorités administratives, dans les matières de leur compétence, et
le cas des actes portant obligation, passés par les administrateurs, ou par
tous fonctionnaires ou officiers publics quelconques, lorsqu'ils ont eu la
mission légale de recevoir ces actes.

10. Mais on doit bien faire attention que pour que les actes passés devant
ces dernières autorités portent hypothèque, lorsqu'ils sont, comme ceux
des notaires, de la juridiction volontaire, il faut nécessairement qu'elles
aient reçu des lois ou règlemens un pouvoir précis et spécial de les passer
en remplacement des notaires. Car si c'étoit uniquement à l'occasion de
l'exercice de leurs fonctions ordinaires, et sans ce pouvoir spécial, que ces
autorités administratives eussent reçu ces actes, bien loin de porter hypothèque, ils pourroient être nuls; ce qui arriveroit si les parties qui paroîtroient contracter ne savoient pas signer. Tel est le motif de la décision
portée par un décret du 26 mai 1811, inséré au Bulletin des lois, auquel
il suffit de renvoyer.

Observation essentielle pour la validité de l'hypothèque, relativement aux actes faits par les autorités administratives

11. Les hospices et autres établissemens publics de bienfaisance, ou
d'instruction publique, ne peuvent point, par des baux de ferme ou par
d'autres actes relatifs à leur administration, imprimer des hypothèques sur

Des actes faits par les administrateurs d'établissemens

Tome I.   C

publics et par
les commis-
sions d'hos-
pices.
les biens de ceux qui contracteroient des engagemens envers eux. Tel est
le résultat d'un décret du 12 août 1807, inséré au Bulletin des lois. Il y
est dit : « A compter de la publication du présent décret, les baux à ferme
des hospices et autres établissemens publics de bienfaisance, ou d'instruction publique, pour la durée ordinaire, seront faits aux enchères, *par-devant
un notaire qui sera désigné par le Préfet du département;* et le droit d'hypothèque sur tous les biens du preneur y sera stipulé, *par la désignation,
conformément au Code civil.* » Le décret prescrit, à ce sujet, d'autres
formalités, qu'il est inutile de rappeler.

L'ordonnance du Roi, du 7 octobre 1818, concernant la mise en ferme
des biens communaux, porte, art. 4, qu'il en sera passé acte devant notaire,
conformément à l'art. 1er du décret du 12 août 1807, que je viens de rapporter. L'art. 67 du décret du 30 décembre 1809 suppose que les marguilliers
ne peuvent, par eux-mêmes, passer des baux de location ou de ferme.

Relativement aux baux faits par le seul ministère des administrateurs de
ces établissemens, avant la promulgation du Code civil, il y avoit quelques
difficultés sur la question de savoir s'ils portoient ou non hypothèque : on
sent que le décret ci-dessus n'étoit fait que pour l'avenir.

Le Conseil d'état prit, le même jour que fut rendu le décret, un avis
pour ce qui concernoit les baux précédens. Cet avis porte que « Les
baux précédemment passés aux enchères, soit devant les autorités administratives, soit devant les commissions des hospices, étant faits en vertu
des lois existantes, à l'observation desquelles ces établissemens sont sujets,
et dans les formes prescrites, emportent voie parée, sont exécutoires sur
les propriétés mobilières, *et donnent hypothèque sur les immeubles ;*
qu'en conséquence, tous les actes conservatoires ou exécutoires, *et toutes
les inscriptions* faites en vertu des expéditions desdits baux, doivent avoir
leur effet contre les débiteurs des hospices ou d'autres établissemens publics, *comme si ces actes eussent été faits par-devant notaire* (1). » L'avis
du Conseil d'état ne fit pas disparoître toutes les difficultés : il s'en éleva
une au sujet d'un bail de ferme fait par l'administration de l'hospice civil
de Grenoble, par adjudication sur enchères. Ce bail avoit été fait par les

---

(1) Cet avis ne se trouve pas au Bulletin des lois ; mais je l'ai vu citer et transcrire,
et notamment dans la discussion qui a précédé l'arrêt dont il va être parlé.

seuls membres de la commission, qui le passèrent eux-mêmes, sans intervention d'aucun officier public ; mais ce bail avoit été fait le 19 vendémiaire an 10, sous la loi de brumaire an 7, et il ne contenoit aucune stipulation d'hypothèque. Cependant, le 4 mars 1807, ce bail fut inscrit au bureau des hypothèques. Les créanciers du fermier, inscrits postérieurement, contestèrent l'hypothèque de l'hospice ; ils invoquèrent deux moyens : le premier étoit que les membres de la commission n'avoient pas eu une capacité légale pour l'impression de l'hypothèque avec spécialité, ainsi que le prescrivoit l'art. 4 de la loi de brumaire. Ils ajoutèrent que les établissemens publics n'avoient pas d'hypothèque légale contre leurs fermiers, et que la commission de l'hospice soutenoit mal à propos l'affirmative. La Cour de cassation, par un arrêt du 3 juillet 1817, *Denevers*, *an* 1818, *page* 411, a jugé qu'il n'y avoit pas, dans ce cas, d'hypothèque légale ; ce qui étoit sans difficulté, parce que cette hypothèque n'a jamais existé que contre les administrateurs gérans et autres comptables. Elle n'a pas décidé, d'une manière positive, que les baux passés, avant le Code civil, par les administrateurs seuls, emportoient hypothèque ; mais elle a jugé que, en l'admettant ainsi, au moins falloit-il qu'aux termes de la loi par laquelle on étoit alors régi, l'hypothèque eût été *stipulée spécialement*. Cet arrêt est bien fondé en cette partie. L'avis du Conseil d'état supposoit que les baux eussent été faits conformément aux *lois existantes*. Ainsi, tous ces actes passés sous la loi de brumaire, n'ont pu emporter d'hypothèque sans une affectation spéciale. Mais quant à ceux passés avant la promulgation de cette loi, on ne peut douter que, quoiqu'il n'y ait point eu l'intervention d'un notaire, ils n'aient dû, comme tous les autres actes du temps, d'après la législation qui existoit alors, emporter l'hypothèque générale, tels que les baux de biens nationaux, qui ont été faits par les administrations seules et sans notaire, en conséquence de l'article 14, titre 2 du décret du 23 octobre 1790. On sent néanmoins qu'il a fallu inscription dans la suite, contre les débiteurs qui étoient en retard de payer, comme pour toutes autres créances anciennes, qui avoient la faveur de l'hypothèque générale.

12. C'est ici le lieu de s'expliquer sur la manière dont on doit considérer les contrats passés en pays étranger, sous le rapport de leur effet et de leur force exécutoire, relativement à des biens situés en France. Je traiterai ici la question seulement par rapport aux contrats ordinaires. En ce

De l'effet des contrats passés en pays étrangers, quant à l'hypothèque en France.

qui concerne les jugemens rendus en pays étrangers, et les contrats de mariage qui y auroient été passés, je m'en expliquerai en traitant des hypothèques judiciaires et des hypothèques légales.

Ce qui avoit donné lieu à une grande diversité d'opinions parmi les auteurs sur l'effet des contrats passés en pays étrangers, sous le rapport de l'hypothèque, c'est qu'on n'avoit point su se faire des idées justes sur la nature de l'hypothèque; je veux dire, sur l'origine du droit qui la constitue.

Quelques auteurs, dont l'opinion pouvoit être du plus grand poids, parmi lesquels on compte M. Bouhier, dans ses Observations sur la Coutume du duché de Bourgogne, *tom.* 2, *pag.* 83, *n°* 45 *et suiv.*, soutinrent que les contrats passés en pays étrangers, ainsi que les jugemens qui y auroient été rendus, devoient, de plein droit, porter hypothèque sur les biens situés en France; ils se fondoient sur ce que, selon eux, la nécessité de les exécuter étoit une suite d'obligations qui prenoient leur principe dans le droit des gens. Les décisions des tribunaux devoient, selon eux, comme les contrats volontaires, inspirer partout le même respect; et ils pensoient que le refus d'accorder cette hypothèque étoit contraire à la bonne foi, qu'elle auroit pu entraver les transactions qui devoient se passer en France entre des regnicoles et des étrangers, et que le commerce en auroit souffert. Il n'est pas inutile de rapporter les expressions d'un des auteurs les plus graves qui ont soutenu cette opinion; c'est Choppin, sur la Coutume d'Anjou, liv. 3, tit. *De pignoratitiâ fundorum possessione*, n° 11. *Jure gentium*, dit cet auteur, *sancitæ hypothecæ actio vim obtinet ubique terrarum ac regionum in quibus debitoris bona consistunt, dùmmodò creditor, consignatâ litteris testatione, planum faciat tabellionem esse, ac publicâ fide subnixum eum qui obligatorias debiti cautiones conscripserit.*

Principe que l'hypothèque prend sa source dans le droit civil, et non dans le droit des gens.

13. Mais ces auteurs étoient très-certainement dans l'erreur. Et je dois m'empresser de poser un principe important sur cette matière, qui est fécond en conséquences, ainsi qu'on aura occasion de le voir dans la suite. Ce principe est que l'hypothèque prend sa source dans le droit civil, et non dans le droit des gens. Il faut bien se garder de confondre l'obligation en elle-même, avec l'hypothèque. L'obligation qui résulte d'un engagement volontaire est, sans contredit, du droit des gens, comme le sont les transactions, les acquisitions et les autres actes de cette nature. Mais l'hypothèque est un droit de mainmise qui affecte l'immeuble. Elle

ne concerne pas la personne seule, comme l'obligation; elle donne le droit de suivre l'objet hypothéqué, de le faire vendre par autorité de justice; elle attribue un droit de préférence sur tous autres créanciers qui n'auroient qu'une hypothèque postérieure, et, sous ce point de vue, elle n'est point du droit des gens; elle se tire de la loi civile, qui régit le fonds sur lequel elle est constituée. Or, le droit civil n'est établi qu'en faveur des citoyens de chaque état. L'hypothèque n'est donc qu'un effet de la puissance publique, qui s'exerce sur les propriétés de chaque territoire; elle ne peut être produite que par l'authenticité d'un acte, laquelle ne peut être conférée que par le Souverain, qui est investi de l'autorité publique. En sorte que tous engagemens, toutes condamnations qui viennent d'officiers publics qui résident dans un territoire étranger, demeurent dans les termes de simples obligations, de simples actes non revêtus de l'authenticité. Je pourrois invoquer, à l'appui de ce principe, nombre d'auteurs anciens du plus grand poids, tels que Cujas et Vinnius. *Hæc obligatio efficax ex jure prætorio*, dit Cujas, sur la loi 5, ff. *de justitiâ ex jure.* On trouve de fréquentes confirmations de ce principe, dans le Rép. de jurisp., au mot *Hypothèque*, sect. 1ʳᵉ, § 5, n⁰ 12. J'ajouterai l'opinion de Pothier, qui s'en est expliqué d'une manière aussi simple que solide, *Introd. au tit.* 20 *de la Coutume d'Orléans*, chap. 1ᵉʳ, n⁰ 9. « L'hypothèque, dit-il, est bien en soi du droit des gens; mais la manière de l'acquérir sans tradition est établie *sur notre droit civil* qui exige que la convention soit faite par un acte muni de l'autorité publique, tels que ne sont pas les actes des notaires étrangers : ces personnes ont bien en France une espèce d'autorité publique, qu'on peut appeler *autorité de créance*, leurs actes devant faire foi partout; mais elles n'ont pas l'autorité publique *de pouvoir*, telle qu'est celle nécessaire pour imprimer le droit d'hypothèque sur les biens des contractans, n'y ayant en France aucune autorité publique de cette espèce que celle qui émane du Roi. » C'est ce qui avoit fait dire par Mornac, auteur si versé dans les anciens usages du droit français, sur la loi dernière, ff. *de jurisd.*, n⁰ 11, *Obligatio, extrà Galliam contracta, pro simplici chirographo est in Galliâ.* Il cite un arrêt conforme, du 26 mars 1599. On en trouve dans les auteurs plusieurs autres semblables qui sont du même siècle.

14. L'ordonnance de 1629, art. 121, confirma ce principe. « Les jugemens rendus, y est-il dit, contrats ou obligations reçus ès-royaumes

De l'ordonnance de 1629. Com-

ment elle a
été considé-
rée en France et souverainetés étrangères, pour quelque cause que ce soit, n'auront aucune hypothèque ni exécution en notre royaume, ains tiendront les contrats lieu de simples promesses. »

A la vérité, l'exécution de cette ordonnance a toujours éprouvé des difficultés en France. Elle n'avoit point force de loi ; elle n'étoit pas considérée comme telle dans le vaste ressort du parlement de Paris, parce qu'elle n'y avoit point été enregistrée librement, ni même en quelques autres, ainsi que le dit M. Bouhier (1).

_____

(1) Il auroit été important, dans plusieurs circonstances, qu'on eût eu des idées nettes et précises sur la question de savoir si, dans le ressort du parlement de Paris, l'ordonnance de 1629 avoit ou non force de loi.

Avant la révolution, la négative paroissoit être sans difficulté. On peut l'établir par les ouvrages des publicistes, des historiens et des jurisconsultes. Voici ce qu'en dit M. de Montblin, dans ses Maximes du droit public français, ouvrage justement estimé, *tom.* 2, *pag.* 46, *édit. in-4°*, après y avoir expliqué les résultats du défaut d'enregistrement des lois aux cours de parlement, ou d'un enregistrement qui n'eût pas été libre.

« En 1629, Louis XIII ayant tenu son lit de justice pour faire enregistrer l'ordonnance qu'on appelle le code *Marillac* ou le code *Michaud*, le refus persévérant du parlement de Paris a rendu cette loi inutile, au moins dans son ressort. M. Talon, qui fait l'histoire de cet enregistrement forcé, rapporte que le Roi étant venu au parlement......... ; que l'ordonnance ayant été lue en la présence du Roi, et M. le garde des sceaux de Marillac ayant prononcé l'arrêt d'enregistrement ordinaire, MM. du parlement défendirent au greffier de signer l'arrêt, attendu la qualité de la matière qui ne pouvoit être exécutée sans une délibération précédente ; dont le Roi s'étant offensé, et ayant commandé que l'arrêt fût signé, puisque la vérification en avoit été faite en sa présence, après les remontrances qui lui furent faites, consentit que l'ordonnnace fût examinée, article par article, et modifiée s'il y échéoit ; et jusqu'à ce, ne voulut point obliger MM. du parlement à l'exécution. Et de fait, pour obéir au Roi, le greffier signa l'arrêt d'enregistrement, et nonobstant cela, l'édit fut vu et concerté au parquet. Il y eut conclusions prises comme *dans une affaire entière et non préjugée ; et l'édit n'ayant point été délibéré dans la compagnie, n'a point été exécuté.....* Ce qui est si véritable, qu'encore qu'il y eût un grand article sur les mariages clandestins, néanmoins on a depuis envoyé une ordonnance au parlement pour le même sujet ; *le Roi et ses ministres sachant bien que l'ordonnance enregistrée en sa présence ne s'exécuteroit point.* » *Mémoires de Talon, tom.* 3, *pag.* 329.

M. le président Hénaut, *Abrégé chron. de l'hist. de France, an* 1629, s'exprime ainsi :

« Le code *Marillac*, nommé communément le code *Michaud*, publié en forme d'édit ; c'étoit un recueil de nos plus fameuses ordonnances, auxquelles on avoit joint celles qui avoient été faites sur les demandes des derniers états-généraux, où l'on statue sur les demandes

Ce savant magistrat dit même que le parlement de Dijon l'avoit bien enregistrée, mais sous la modification que l'article 121 ne seroit point exécuté dans son ressort. Cependant, hors de ce parlement qui s'étoit

---

des assemblées des notables aux Tuileries. Le Roi, malgré les oppositions du parlement, le fit publier dans un lit de justice, car il n'est pas dit qu'il y fut vérifié. *Aussi cet édit n'a point été observé dans la suite ,* et les avocats ne le citoient pas comme une loi. »

Dans l'ouvrage intitulé : *Des commissions extraordinaires en matière criminelle ,* que l'on sait être d'un célèbre et savant magistrat qui crut devoir garder l'anonime, on lit, *pag.* 69: « Le parlement de Paris n'a jamais reconnu cette ordonnance de 1629. Elle fut publiée, non vérifiée, dans un lit de justice, où la délibération libre fut étouffée. Aussi cette ordonnance connue sous le nom de code *Michaud* ou *Marillac*, nom de son auteur, n'est jamais citée par les avocats du parlement de Paris, *et n'a jamais été observée.* »

Avant ces auteurs, M. Bouhier, sur la coutume de Bourgogne, s'expliquoit en ce sens dans toutes les occasions. « Mais on sait, dit-il , que cette ordonnance n'a point de force au parlement de Paris ni en quelques autres, où elle n'a point été enregistrée ; » ch. 53 , *n°* 46. Et d'Héricourt, avocat profondément instruit, exerçant au parlement de Paris , disoit formellement, à l'occasion d'une question dont il ne s'agit pas ici : « Mais par rapport au parlement de Paris, où cette ordonnance (de 1629) *n'est pas suivie ,* il faut, etc. » *De la vente des imm. , chap.* 10, *n°* 24.

Pothier, Introd. au tit. 20 de la Coutume d'Orléans, *ch.* 1ᵉʳ , *sect.* 1ʳᵉ , *n°* 9, dit: « Mais cette ordonnance étant, *comme l'on sait,* demeurée sans exécution , etc. » Il s'en explique encore plus particulièrement dans son Traité du louage , n° 186 , relativement à la prescription établie par l'art. 142 de la même ordonnance sur les fermages. Il est probable que les avocats ne citoient pas cette ordonnance au présidial d'Orléans, d'où étoit Pothier ; ils ne l'ont jamais citée aussi en la sénéchaussée d'Auvergne , à Riom , ressort du parlement de Paris.

On a dit que cette ordonnance avoit été considérée comme loi du royaume par l'ancien Conseil d'état, qui jugeoit sur le pourvoi contre les arrêts des parlemens, et par M. le chancelier d'Aguesseau.

Quoique le Conseil d'état l'eût ainsi jugé, cela n'eût point influé sur le sort de cette ordonnance , le parlement de Paris ayant des idées différentes, et tous les tribunaux de son ressort ayant reçu son impulsion. On a peine à croire que M. le chancelier d'Aguesseau ait eu cette opinion , quoique Denisart l'ait attesté. Au surplus, tout ce qui peut avoir été jugé et dit , n'a jamais eu trait à l'art. 121 de cette ordonnance. Or, les dispositions de cet article ne sont qu'une confirmation de plus anciennes ordonnances et d'une plus ancienne jurisprudence qui ont toujours été en vigueur en cette partie , ce qui, dès lors , ne peut tirer à conséquence ; le principe admis par l'art. 121 pouvoit et devoit être suivi dans le ressort du parlement de Paris , sans qu'il en fût de même pour le surplus des dispositions de l'ordonnance.

Cependant, la Cour de cassation, par deux arrêts, l'un du 13 germinal an 12, l'autre du

fait à cet égard des principes particuliers dans lesquels M. Bouhier avoit écrit, on a toujours jugé, surtout dans le ressort du parlement de Paris, que les actes reçus par les notaires de pays étrangers, ainsi que les jugemens qui y étoient rendus, n'emportoient pas de droit hypothèque sur les biens situés en France. On ne se fondoit pas à cet égard, dans le ressort du parlement de Paris, sur l'ordonnance de 1629, qui n'y avoit aucune exécution comme loi, mais bien sur un droit public préexistant, qui étoit établi par plusieurs arrêts anciens, notamment par celui de 1599, que je viens de citer d'après Mornac, et sur un arrêt plus important encore, rendu par le parlement de Paris, le 21 mai 1585, rapporté par Choppin, sur la Coutume d'Anjou, *liv.* 3, *chap.* 3, *tit.* 3, *n°* 11. Cet arrêt est, à la vérité, relatif à un jugement rendu en pays étranger; mais il y a identité de principes. Cela résultoit encore de quelques anciennes ordonnances, notamment de celle de François Ier, de 1535, qui étoit conforme à une autre ordonnance de Charles VIII, de 1490. Art. 21 : « Nous déclarons, y est-il dit, tous traités concernant héritage, rente ou réalité, qui dorénavant ne seront reçus par *nos notaires, nuls.* » Les notaires ecclésiastiques, ceux des seigneurs même (sauf une modification qui fut

---

10 décembre 1817, s'est décidée pour la prescription des fermages, par cinq ans, même dans le ressort de l'ancien parlement de Paris, d'après l'art. 142 de l'ordonnance de 1629. Elle s'est fondée sur ce que cette ordonnance avoit été reçue comme loi dans le ressort de ce parlement. Par un autre arrêt du 7 septembre 1808, la même Cour a jugé que cette prescription de cinq ans ne devoit pas être admise dans l'ancien ressort du parlement de Bordeaux, mais seulement celle de trente ans, attendu que l'art. 142 de cette même ordonnance n'y étoit pas observé, *et que les lois anciennes doivent être entendues dans le sens dans lequel elles ont été constamment exécutées.* Autrefois on auroit pu avoir la même opinion relativement à ces deux ressorts de cours de parlement; dans celui de Bordeaux, parce que, d'après le mode d'enregistrement, l'art. 142 de l'ordonnance n'y étoit pas observé; dans celui de Paris, parce qu'il est bien certain que cette ordonnance n'y avoit jamais été considérée comme loi, qu'elle n'y avoit jamais été suivie, et qu'aussi les arrérages de ferme ne s'y prescrivoient que par trente ans.

Je suis bien éloigné de mettre en parallèle mon opinion avec l'autorité des arrêts d'une Cour aussi éclairée que l'est la Cour de cassation. Je me plais à croire qu'elle s'est décidée par des faits, par des traditions qu'elle étoit à portée de connoître au sein de la capitale, et qu'on peut ignorer dans les départemens. Cependant, j'ai cru devoir rappeler ce qui étoit regardé comme un principe de droit public, au moins dans l'ancien ressort du parlement de Paris. Il peut être utile de le connoître dans d'autres circonstances, et sur d'autres points de droit décidés par cette ordonnance.

introduite

introduite par la jurisprudence), étoient exclus du droit d'imprimer hypothèque sur les immeubles situés sur le territoire français, parce qu'ils n'avoient pas un pouvoir qui émanât de l'autorité royale ; à plus forte raison, en étoit-il de même des notaires étrangers.

15. En cet état de choses, est arrivé le Code civil. L'art. 2128 est ainsi conçu : « Les contrats passés en pays étrangers ne peuvent donner hy- pothèque sur les biens de France, s'il n'y a des dispositions contraires à ce principe dans les lois politiques ou dans les traités. »

Principe du Code civil sur cette matière

Cet article confirme au fond les principes de l'ordonnance de 1629 ; mais en même temps ses dernières dispositions y apportent une modifi- cation importante, puisqu'il soumet le sort de l'hypothèque, en France, aux dispositions des lois politiques ou des traités respectifs du pays étranger dans lequel le contrat auroit été passé, et du royaume de France, dans lequel on voudroit l'exécuter. Quel que fût en effet le droit auquel on dût rattacher l'hypothèque, que ce fût au droit des gens ou au droit civil, toujours est-il vrai qu'il étoit difficile de ne pas subordonner les décisions en cette partie à la manière dont on considéroit, dans les pays étrangers, les hypothèques que les Français pouvoient avoir sur les immeubles des habitans de ces pays, en vertu d'actes qui auroient été passés en France, ou de jugemens qui y auroient été rendus. Il est aisé de sentir combien le commerce des Français avec les autres nations eût souffert, si les nations étrangères eussent eu des principes plus rigoureux que ceux qui auroient été admis en France. Aussi M. Bouhier, qui avoit paru d'abord penser d'une manière absolue *qu'il y auroit eu de l'injustice de refuser la préro- gative de l'hypothèque aux actes passés dans une autre souveraineté,* ajoute de suite : *Pourvu néanmoins qu'on soit certain qu'on accorde le même avantage aux actes passés en France ; car,* poursuit-il, *l'équité de notre jurisprudence est principalement fondée sur cette réciprocité.* Cette condition limitative est un trait de lumière qui a pu éclairer les pas des législateurs modernes. L'art. 2128 du Code, et l'art. 2123, qui est relatif aux jugemens rendus en pays étrangers, ont été rédigés dans le même esprit que l'ont été les art. 11, 726 et 912, concernant les suc- cessions et donations (1).

_____

(1) On peut voir ce que j'ai dit sur la communication respective des droits civils, Traité des donations et testamens, tom. 1er, pages 55, 56, 57, 243 et suiv.

Tome I.   D

Une sage politique a fait sentir le danger qu'il y auroit, lorsqu'il s'agit d'une participation aux droits civils en France, d'accorder plus aux étrangers que ceux-ci n'accorderoient chez eux aux Français. Une réciprocité de ces droits en devient la plus juste mesure, et leur détermination dépend alors des lois politiques ou des traités qui règlent les avantages dont les sujets d'une puissance doivent jouir dans le pays soumis à l'autre. L'hypothèque ne perd pas pour cela tous ces caractères : elle ne laisse pas de descendre du droit civil; et si, d'après la réciprocité, elle existe en France, en vertu d'actes ou de jugemens étrangers, sans une nouvelle confirmation, ce n'est que par l'autorité du Souverain. Son pouvoir s'exerce par la dispense qu'il prononce d'une confirmation d'hypothèque, comme par cette confirmation même, lorsqu'il la prescrit.

16. En me résumant sur ce qui concerne les contrats passés en pays étrangers, quant à l'hypothèque, sauf l'exécution des lois politiques et des traités par lesquels on doit toujours se diriger quand il en existe, on doit faire déclarer le contrat exécutoire par le jugement d'un tribunal français compétent, dont le principal objet est d'obtenir une condamnation hypothécaire. Tel est le résultat des termes de l'article 121 de l'ordonnance de 1629, qui, quoiqu'elle n'eût pas eu force de loi dans toute la France, a été citée nombre de fois en cette matière, comme étant la source de la législation nouvelle ; *ains tiendront les contrats lieu de simples promesses.* Cette règle que ces sortes de contrats ne doivent être considérés que comme de simples promesses, règle très-importante pour se fixer des idées sur ce qu'on a à faire pour leur exécution, s'induit des termes de Mornac, que j'ai déjà rapportés : *Obligatio, extrà Galliam contracta, pro simplici chirographo est in Galliâ.*

Mais je pense que ce mode de procéder et de juger doit avoir lieu, soit que les parties ou l'une d'elles aient signé l'acte passé en pays étrangers par-devant notaire, ou par-devant tout autre officier compétent, soit qu'elles aient déclaré ne pas savoir signer; l'engagement, dans ces deux cas, ne reste pas moins, et il n'y manque que la forme exécutoriale en France, et l'hypothèque. Je puis rappeler à cet égard ce que disoit Pothier, que j'ai déjà cité : « Les notaires étrangers, disoit-il, ont en France une espèce d'autorité publique, qu'on peut appeler *autorité de créance.* Leurs actes doivent faire foi partout ; mais ils n'ont pas l'autorité de *pouvoir.* » On peut comparer le cas dont il s'agit à celui où une dette seroit reconnue devant un

[margin note] Résumé de ce qui doit avoir lieu pour les contrats passés en pays étrangers.

juge de paix, par suite d'une citation en conciliation, cas dans lequel la condamnation judiciaire doit avoir lieu, pour donner à l'engagement la force exécutoriale et l'hypothèque ; c'est seulement alors qu'on peut prendre inscription.

Mais tout ce qui vient d'être dit est étranger aux actes passés dans les colonies françaises : les officiers qui reçoivent ces actes sont, comme ceux qui résident en France, officiers du Roi, et ils ont le même pouvoir quant à l'hypothèque. Il faut cependant qu'ils soient enregistrés en France, pour qu'on puisse y prendre inscription ; car on sent que ces actes doivent contenir la spécialité de l'hypothèque. Je m'explique à ce sujet dans le n° suivant. Cette exception s'applique aussi aux actes passés même en pays étrangers, par les chanceliers des consuls de France dans ces pays étrangers. Sur ces consuls et sur ces chanceliers, voyez le Répertoire de jurisprudence à chacun de ces mots, et les titres 6 et 9 de l'ordonnance de la marine, de 1681.

17. Dès que je m'occupe des formalités dont les actes doivent être revêtus pour qu'ils deviennent constitutifs d'hypothèque, il est dans l'ordre que j'examine une question sur laquelle, dans tous les temps, il s'est élevé quelques difficultés. Je veux parler de ce qui concerne l'enregistrement des actes.

De l'influence du défaut d'enregistrement des actes notariés sur la validité des actes, surtout quant à l'hypothèque.

Il est d'abord bien certain que quand un acte notarié est enregistré dans le délai accordé par la loi pour l'accomplissement de cette formalité, l'hypothèque ne se forme pas du jour de l'enregistrement seulement : elle a toujours son effet du jour même de l'acte ; cela a été observé de tout temps, et doit l'être encore. Mais si un acte, quoique notarié, n'étoit pas enregistré dans le délai de la loi, quelle influence auroit cette circonstance sur cet acte, sous le rapport de l'hypothèque ?

Lorsqu'une loi établit la nullité d'un acte par le défaut d'accomplissement d'une formalité prescrite, ou même pour n'avoir pas payé des droits dont la perception est ordonnée par la loi, il est du devoir du magistrat de prononcer la nullité, parce que le plus essentiel de ses devoirs est de se conformer à la loi, dont il ne doit pas se constituer le juge. Ce ne seroit jamais le cas d'avoir égard à l'opinion du célèbre Dumoulin, que j'ai vu citer anciennement dans le cas dont il s'agit, et dans d'autres semblables, pour tâcher de parer à la nullité. En écrivant sur un édit qu'il qualifioit de bursal, il s'expliquoit ainsi : *Cæterùm non esse periculum propter de-*

fectum insinuationis, cum editum illud insinuationum sit quæstuosum, cor-
rodendæ pecuniæ causá sordidè factum, atque ideò justè spernitur à
bonis judicibus, quotiès abest suspicio fraudis vel falsi. Cette idée éton-
noit par sa hardiesse, et elle ne pouvoit tout au plus être justifiée qu'à
raison de la circonstance dans laquelle il l'avoit émise. C'étoit à l'occasion
de l'édit de Henri II, de 1553, vulgairement appelé l'*édit des petites dates.*
Cet édit prescrivoit la formalité de l'insinuation, espèce de contrôle, et
dans un certain délai, pour plusieurs actes concernant les bénéfices, à
peine de nullité; et Dumoulin, par l'effet de sa prévention contre les
prétentions de la cour de Rome, qu'il a souvent combattues avec énergie
et même avec aigreur, soutenoit que la formalité de l'insinuation n'étoit
pas nécessaire pour lier les mains au Pape, et empêcher son droit qu'on
appeloit de *prévention,* ou qu'au moins il ne falloit pas que l'insinuation
eût été faite absolument dans le délai prescrit par l'édit. L'on doit avouer
que l'opinion de Dumoulin, et la doctrine qu'il développe à ce sujet,
ont influé dans la suite sur la disposition des lois, et sur la jurisprudence
concernant les insinuations ecclésiastiques. Mais il n'est plus question
de cette matière, qui étoit toute particulière; nos lois doivent être considérées sous un autre aspect, et les nullités qu'elles ordonnent doivent
être prononcées par les magistrats.

Mais aussi c'est un principe constant, que les nullités n'ont pas lieu *de*
droit; et l'on n'a jamais connu en France d'autres nullités que celles qui
sont textuellement prononcées par les ordonnances. C'est ce que Mornac
a enseigné avec précision sur la loi 1re, ff. *de procurat. et defens. Servamus*
autem valere nihilominùs acta quælibet in quibus peccatum in aliquo
fuerit adversùs edicta regia, si modò adjectum non sit ratum alias non
fore quod geritur, aut, ut vulgò loquimur, s'il n'est dit sur peine de
nullité.

Il faut donc examiner le résultat de notre législation relativement aux
nullités qui peuvent dériver du défaut de contrôle ou d'enregistrement,
abstraction faite des amendes qui peuvent être prononcées contre les notaires négligens.

L'édit de 1606, portant établissement du contrôle pour la Normandie,
donnoit, pour l'observation de la formalité, un délai de quatre mois; mais
il vouloit en même temps que, si l'acte n'étoit contrôlé qu'après ce délai,
l'hypothèque n'eût effet qu'à la date du contrôle. On peut voir ce que dit

là-dessus Basnage, *des hypothèques, chap.* 12 ; mais cet édit fut révoqué, lorsque parut celui du mois de mars 1693. Or, ce dernier édit, ainsi que les autres édits et déclarations qui le suivirent, prononcèrent non-seulement des amendes contre les notaires qui manqueroient de faire contrôler les actes dans les temps que les lois et règlemens déterminoient, et contre les parties qui se serviroient d'actes non contrôlés ; mais encore ils défendirent aux juges d'y avoir égard, et déclarèrent que les particuliers *ne pourroient, en vertu d'actes non contrôlés, acquérir aucun privilége, hypothèque, propriété, décharge, ni aucun autre droit, action, exception ni exemption*, dérogeant, à cet effet, à toutes coutumes, édits, déclarations, arrêts, règlemens et usages à ce contraires.

Que vouloit dire le législateur ? On voit bien la nécessité du contrôle dans un délai fixé, pour acquérir un privilége, une hypothèque et même la propriété. Mais tous ces priviléges, tous ces effets se rattachoient-ils à l'acte, lorsqu'il étoit revêtu de la formalité du contrôle, après l'expiration du délai ? L'hypothèque, dont il est ici seulement question, avoit-elle un effet rétroactif au jour de l'acte même, ou ne se formoit-elle qu'à la date du contrôle ? C'est ce qu'on ne voit pas expliquer clairement dans les auteurs, pas plus que dans les lois qui ont été rendues jusqu'à celle du 5 décembre 1790. D'Héricourt, *de la vente des immeubles, ch.* 11, *sect.* 2, *n°* 37, après avoir rapporté les dispositions de l'édit de 1693 et des règlemens postérieurs, qui déclaroient que les particuliers ne pouvoient acquérir aucun privilége ni hypothèque, en vertu d'actes non contrôlés, ajoutoit : « Ce qui ne doit pas s'entendre de manière que l'hypothèque ne soit acquise que du jour du contrôle ; car l'acte passé par-devant notaire emporte hypothèque du jour de sa date, *en quelque temps qu'il ait été contrôlé*. Mais comme le Roi a voulu que les juges n'eussent point d'égard aux actes qui ne seroient point contrôlés, l'hypothèque acquise à la partie, du jour du contrat, ne peut avoir aucun effet. » Il est impossible de tirer des idées parfaitement nettes de ces expressions, pas plus que de quelques autres qui suivent sur le même sujet. D'après la déférence que mérite ce savant auteur, on est tenté de croire que ce passage renferme quelque faute de transcription. On croit néanmoins pouvoir y prendre l'idée que l'hypothèque ne prend effet que du jour du contrôle. Pothier, *Introduct. au tit.* 20 *de la Coutume d'Orléans, ch.* 1er, *sect.* 1re, *n°* 12, après avoir expliqué les formes des actes, dit simplement : « Enfin, suivant

l'édit du contrôle, l'acte, pour produire l'hypothèque, doit être contrôlé. »
En prenant ces termes dans leur signification stricte, on peut en conclure
que, tant que l'acte n'est pas contrôlé, il ne porte pas hypothèque. Soutlages, dans son *Traité des hypothèques*, qu'il avoit composé bien avant
la loi du 5 décembre 1790, émet, *pag.* 56, une opinion qui, bien loin de
faire avancer dans l'éclaircissement de la question, en rend la solution
encore plus difficile. « Mais il faut remarquer, dit-il, que, quoique les
actes publics non contrôlés ne donnent aucune hypothèque sur les biens
des obligés, il ne s'ensuit pas de là que l'hypothèque ne soit acquise au
créancier que du jour que l'acte a été contrôlé, puisque ce n'est pas le
contrôle qui donne hypothèque, mais bien l'acte public, après qu'il a été
contrôlé ; de sorte qu'un acte qui ne seroit contrôlé que long-temps après
qu'il auroit été retenu, donneroit hypothèque au créancier, à compter du
jour de sa date, *parce que le contrôle, en quelque temps qu'il soit fait,
donne à l'hypothèque un effet rétroactif qui la fait remonter au jour de
l'acte.* » Telle est la question qu'il s'agit de décider : Sous notre législation
actuelle, l'enregistrement, qui n'est que le contrôle sous un autre nom,
quoique fait après le délai dans lequel il a dû avoir lieu d'après la loi,
donne-t-il effet rétroactif, quant à l'hypothèque, au jour de l'acte, ou bien
l'hypothèque ne prend-elle sa force que du jour de l'enregistrement ? Je
crois devoir me décider pour ce dernier parti, c'est-à-dire, contre la
rétroactivité.

La loi sur l'enregistrement, du 5 décembre 1790, contient des dispositions importantes sur cette matière. Il est dit dans l'art. 2 : « Les actes
des notaires et les exploits des huissiers seront assujettis, dans toute l'étendue du royaume, à un enregistrement, *pour assurer leur existence et constater leur date.* » L'article 9 porte : « A défaut d'enregistrement dans les
délais fixés par l'article précédent, un acte passé devant notaire ne pourra
valoir que *comme acte sous signature privée.* Le notaire sera responsable
envers les parties, des dommages qui pourront résulter de l'omission. » Il
est ajouté : « Cependant l'acte ayant reçu la formalité omise, acquerra la
fixité de la date, et *l'hypothèque, à compter du jour de l'enregistrement.*»

A-t-il été opéré un changement à ce sujet, par la loi du 22 frimaire an 7 ?
Cette dernière loi ne parle nulle part ni de nullité de l'acte, ni de déchéance
ou de privation d'hypothèque, par le défaut d'enregistrement ; et on pourroit rappeler ce que j'ai déjà dit, que les nullités ne sont point de droit,

ce qu'on peut dire de même d'une déchéance d'hypothèque. L'art. 20 de cette loi fixe le délai dans lequel les actes doivent être enregistrés; l'art. 33 se borne à prononcer une amende contre les notaires qui n'auront pas fait enregistrer leurs actes dans les délais prescrits; il n'y a aucune peine établie sous le rapport de la nullité de l'acte et de l'hypothèque; et le législateur, pourroit-on dire, a si peu entendu que le défaut d'enregistrement rendît nul un acte notarié, que dans l'art. 34, qui est relatif au défaut d'enregistrement d'un exploit dans le délai fixé, outre l'amende prononcée contre l'huissier, il est dit que « l'exploit ou procès verbal non enregistré dans le délai, *est déclaré nul*, et le contrevenant responsable de cette nullité envers la partie. » Ce contraste de dispositions entre ces deux cas sembleroit autoriser l'application de cette règle, *qui de uno dicit de altero negat.* Il est bien dit encore, dans l'art. 42, qu'aucun notaire, huissier, greffier, secrétaire ou autre officier public ne pourra faire ou rédiger un acte en vertu d'un acte sous signature privée, ou passé en pays étranger..... *s'il n'a été préalablement enregistré.* Mais cet article ne prononce ni nullité ni déchéance ou suspension d'hypothèque; il est seulement dit, à peine de cinquante francs d'amende, et de répondre personnellement du droit. Or, pourroit-on dire toujours, les nullités et les peines ne se suppléent pas; elles doivent être prononcées par la loi.

Cependant, malgré ces raisons, je ne crois pas moins devoir persister dans l'opinion que j'ai déjà embrassée.

En premier lieu : sans l'enregistrement, un acte, quoique passé devant notaire, ne peut avoir une date certaine; la fixité de cette date est le but de la loi du 22 frimaire an 7, et de toute la législation précédente sur cette matière. Vouloir l'enregistrement, c'est vouloir implicitement et virtuellement la certitude des dates par cette formalité : et de là il résulte forcément que le législateur a voulu que les actes ne pussent avoir d'autres dates, au moins respectivement à des tiers, que celle de l'enregistrement. Avant l'établissement de la formalité du contrôle ou enregistrement, il n'y avoit d'hypothèque en France qu'en vertu d'actes notariés ou authentiques, à la différence du droit romain qui n'exigeoit point autant de précautions, ainsi que je l'ai dit ailleurs; et en cela le droit français a eu une grande supériorité sur le droit romain. Or, quel étoit l'objet de la nécessité de la passation des actes par-devant notaires? Mornac nous le dit sur la loi 4, ff. *de pignor. et hypoth. Servat enim universa Gallia ut ad pignus constituendum tabellionis ministerio opus sit, ne repeti, præferrique possint dies pactionum, vel ut loquimur,* AFIN QU'ON NE PUISSE RIEN ANTIDATER. Mais si l'expérience acquise sur les abus a fait considérer la nécessité de la passation des actes par-devant notaires comme insuffisante pour la *sûreté des dates*, et si le législateur y a ajouté encore la formalité du contrôle, il s'en tire la conséquence qu'il faut attacher au défaut de contrôle le même effet qu'on attachoit, avant, au défaut de passation de l'acte par-devant notaire. Il faut cependant bien convenir que, quoique Mornac ne le dise pas dans ce passage, l'hypothèque tient encore à l'authenticité qui résulte principalement, comme je l'ai déjà dit, de ce que l'acte est fait par un officier qui, seul, peut imprimer cette hypothèque. Mais il n'est pas moins vrai que l'établissement des notaires avoit eu aussi en vue la fixité des dates, et que cette fixité n'a été définitivement assurée que par le contrôle.

En second lieu, on pourroit dire, à l'appui de mon opinion, que relativement aux suites du défaut d'enregistrement des actes dans les délais prescrits, ce qui tient à l'ordre public, la loi du 22 frimaire an 7 ne déroge pas aux anciennes lois, et notamment à celle du 5 décembre 1790, et que son objet principal a été une fixation des droits d'enregistrement. Il est bien dit dans l'art. 73 : « Toutes les lois rendues sur *les droits d'enregistrement*, et toutes dispositions d'autres lois y relatives, sont et demeurent abrogées pour l'avenir. » Mais ne peut-on pas répondre avec fondement que cet article n'a trait qu'aux *droits d'enregistrement*, et non à l'enregistrement même, en le considérant comme forme des actes? Lorsque des lois précédentes, telles que celle du 5 décembre 1790, ont réglé non des droits, mais les effets des actes, en cas de défaut d'enregistrement dans le délai prescrit, il semble qu'il faut dans une loi postérieure une dérogation spéciale et bien précise à ce qui a été déjà statué. Autre chose est l'effet des actes en eux-mêmes, autre chose est la fixation des droits à percevoir.

Il en est des actes notariés non enregistrés comme des actes sous seing privé, avec cette différence que ceux-ci, étant même enregistrés, ne peuvent avoir la faveur de l'hypothèque, qu'autant qu'ils auront été reconnus de la manière exigée par la loi; au lieu que les actes notariés non enregistrés dans le délai prescrit par la loi, reçoivent la vertu de l'hypothèque dès l'instant qu'ils sont enregistrés, après ce délai, et cet enregistrement produit cet effet, soit que les actes aient été signés des parties ou de l'une d'elles, soit qu'ils ne l'aient pas été. Pour avoir

hypothèque,

hypothèque, et par conséquent *pour pouvoir prendre une inscription*, il faut un acte authentique. Or, l'authenticité se compose de la passation de l'acte par un notaire qui la commence, et de l'enregistrement (quand il ne se fait qu'après le délai), qui la rend complète, mais à compter seulement de l'enregistrement. L'authenticité est suspendue pendant tout le temps intermédiaire.

Ce seroit à tort qu'on diroit que la question pouvoit ne pas exiger autant de développemens, parce qu'il est probable que, d'après l'art. 42 de la loi du 22 frimaire an 7, le conservateur des hypothèques ne recevroit pas un bordereau d'inscription, sans que le titre qui en scroit le fondement ne fût enregistré. Mais, d'abord, une erreur à ce sujet est possible; de plus, il convient, en tout, de se diriger par des principes, sous le rapport de son intérêt personnel, comme sous le rapport de l'intérêt du fisc. Enfin, on doit remarquer que n'y ayant point d'hypothèque pendant tout le temps que l'acte demeure sans enregistrement, après le délai dans lequel cet enregistrement auroit dû être fait, les biens hypothéqués peuvent, pendant ce temps, être frappés d'hypothèques, qui, de leur nature, telles que les hypothèques légales, ont leur efficacité dès l'instant, sans le secours de l'inscription; en sorte que ces hypothèques auroient leur effet, même à l'insçu de celui auquel il auroit été déjà consenti une hypothèque conventionnelle et spéciale, et encore quand celui-ci feroit enregistrer son acte dans la suite, et quand il prendroit une inscription. Cette inscription ne nuiroit en aucune manière à l'hypothèque légale qui auroit déjà frappé.

Mais je crois pouvoir invoquer, à l'appui de mon opinion, un arrêt de la Cour de cassation, rendu dans une espèce qui a été décidée par les mêmes principes. On sait que, dans les colonies françaises, les actes qui y sont passés par-devant notaire y sont affranchis du droit d'enregistrement; mais que lorsqu'on veut en faire usage en France, ces actes doivent être enregistrés. Cette formalité est prescrite par une foule de lois anciennes, et de plus par la loi du 5 décembre 1790, et par celle du 22 frimaire an 7. Elle est renouvelée par l'art. 58 de la loi sur les finances, du 28 avril 1816, et il en doit être de même de tout acte passé en pays étrangers.

Le sieur Lanon, en vertu d'un acte passé devant notaire au Cap, île St-Domingue, le 7 pluviôse an 5, avoit pris une inscription hypothécaire

Tome I.   E sur les biens du sieur Modeste Gauthier, le 21 germinal an 8, sans que cet acte fût enregistré ; l'inscription avoit pour objet une créance qui dérivoit du prix d'une vente de droits successifs, qui étoient des objets immobiliers, et elle étoit prise sur ces biens mêmes, qui avoient été revendus par Modeste Gauthier à deux particuliers, postérieurement à l'inscription, ce qui sembloit rendre ce créancier inscrit bien favorable.

Les acquéreurs demandèrent la nullité de l'inscription, sur le fondement que l'acte du 7 pluviôse an 5, exécutoire par lui-même à Saint-Domingue, auroit dû, pour devenir tel en France, être enregistré. Il s'engagea une instance au tribunal civil de Poitiers, sur la question de savoir si l'inscription étoit ou non valable. Ce tribunal jugea que Lanon n'avoit pas été tenu de faire enregistrer son titre avant son inscription, et il se fonda sur ce que l'article 24 de la loi du 5 décembre 1790, avoit dispensé de l'enregistrement les actes antérieurement passés dans des pays non soumis au contrôle. Cet article étoit mal appliqué, puisque, dans l'espèce, il s'agissoit d'un acte postérieur à cette loi ; il étoit du 7 pluviôse an 5, et l'inscription étoit de l'an 8 ; que d'ailleurs l'art. 10 de la loi du 29 septembre 1791 avoit, à cet égard, une disposition contraire : aussi, sur l'appel, la Cour royale de Poitiers, par son arrêt du 11 brumaire an 14, déclara l'inscription nulle et de nul effet.

Sur le pourvoi contre cet arrêt, la Cour de cassation, par un arrêt du 7 décembre 1807, rejeta le pourvoi. L'arrêt est fondé sur l'article 10 de la loi du 29 septembre 1791, sur les articles 2 et 9 de la loi du 5 décembre 1790, dont j'ai rapporté les dispositions. La Cour de cassation en conclut qu'à défaut d'enregistrement, le contrat passé devant notaires au Cap, île Saint-Domingue, le 7 pluviôse an 5, ne pouvoit être considéré, en France, que *comme un acte sous signatures privées ;* et qu'en jugeant qu'une inscription prise en France, sur un tel contrat, étoit nulle, la Cour royale de Poitiers s'étoit conformée aux lois ci-dessus citées. Cet arrêt est rapporté par Denevers, *an* 1807, *pag.* 561. Je dois observer que Soutlages, en s'expliquant sur cette question, bien long-temps avant la loi du 5 décembre 1790, dans son *Traité des hypothèques, pag.* 29, avoit émis une opinion conforme. On doit donc tenir pour certain que l'hypothèque prend date du jour de l'acte, lorsqu'il est enregistré dans le délai prescrit par la loi ; et que s'il n'est enregistré qu'après l'expiration de ce délai, l'hypothèque n'a cours que du jour de l'enregistrement, et c'est de ce jour seulement qu'on peut prendre inscription (1).

18. Je crois cependant qu'il faudroit apporter une restriction à la résolution que je viens de prendre, dans un cas que j'ai vu arriver, et qui malheureusement n'est pas aussi rare qu'il devroit l'être. Un notaire peut se permettre d'insérer faussement, au bas d'une grosse ou d'une expédition de l'acte, une mention de la perception du droit d'enregistrement de la part du receveur, surtout avec une indication du volume de l'enregistrement et du numéro sous lequel il seroit dit qu'il auroit été fait. Alors le notaire devroit être mis en jugement comme coupable de faux; mais il y a lieu de pensèr que l'inscription qui auroit été prise en vertu d'un acte ainsi expédié, devroit avoir tout son effet. La raison en est que, dans ce cas, le créancier est de bonne foi : il a dû croire que son titre étoit en règle; on n'a à lui imputer aucune contravention à la loi; le débiteur même a dû le croire, et la justice ne permettroit pas qu'il profitât de la fausseté d'une énonciation dont il ne seroit instruit qu'après. D'ailleurs, le tiers, soit créancier, soit acquéreur, qui voudroit invoquer l'irrégularité de l'inscription, ne pourroit le faire que de mauvaise foi. En effet, relativement à son intérêt, il suffiroit qu'il eût eu connoissance de l'inscription pour se tenir en garde ; et ce n'étoit pas à lui à juger le mérite de l'inscription, relativement au faux qui auroit été alors inconnu.

Exception à la résolution qui vient d'être prise.

19. Indépendamment des formalités intrinsèques et extrinsèques de l'acte, qui sont requises par la loi pour qu'il porte hypothèque, il faut encore veiller à ce que le notaire ait toutes les qualités requises pour être habile à instrumenter. Il faut, par exemple, que l'acte soit passé dans le ressort, l'arrondissement ou le canton dans lesquels l'article 5 de la loi du 25 ventôse an 11 lui donne le droit d'exercer ses fonctions ; car s'il le passoit hors de ces limites, il perdroit son caractère d'officier public : l'acte seroit nul, s'il n'étoit pas revêtu des signatures des parties contractantes ; et, étant revêtu de ces signatures, il ne vaudroit que comme écrit sous seing privé. Tel est le résultat de la combinaison des

Des qualités requises dans le notaire qui passe l'acte.

(1) J'avois fait la dissertation ci-dessus, sur l'arrêt rapporté par Denevers, au lieu que j'ai indiqué. Long-temps après l'avoir faite, j'ai remarqué la dissertation ample et profonde faite par M. Merlin, qui a formé ses conclusions lors de cet arrêt. Elle est rapportée au Répert. de jurispr., au mot *Enregistrement* (droit d'), § 4. Je prends une nouvelle confiance dans mes idées, dès qu'elles rentrent dans celles d'un profond jurisconsulte.

E 2

articles 6 et 68 de cette loi du 25 ventôse an 11, qui se rapportent aux art. 1517 et 1318 du Code civil. Sur cette incapacité des notaires, on peut consulter un arrêt de la Cour royale de Pau, du 11 mars 1811, rapporté par Denevers, *an 1812, pag. 68, au suppl.* Cette Cour est allée jusqu'à juger que les notaires, dans l'intervalle de la publication de la loi du 25 ventôse an 11, à la prestation de leur nouveau serment, n'avoient pu continuer d'instrumenter dans leur ancien ressort; ce qui n'étoit pas sans difficulté.

§ II.

Des conventions dans lesquelles il y a, ou non, une hypothèque acquise, qui puisse donner lieu à l'inscription.

SOMMAIRE.

20. *L'hypothèque suit les modifications de l'obligation, quant aux effets et à l'exécution.*
21. *Du terme ou délai apposé à l'obligation. Observations particulières sur les obligations contractées par simple promesse.*
22. *Des obligations conditionnelles. Des conditions potestatives. Des conditions casuelles.*
23. *Exemples des conditions potestatives.*
24. *Exemples de quelques conditions casuelles.*
25. *De la condition mixte, de celle qui dépend de la volonté d'un tiers.*
26. *De quelques cas où il n'y a pas, à proprement parler, de condition, mais plutôt réciprocité d'engagemens.*
27. *Suite de la discussion sur les obligations conditionnelles.*
28. *Le créancier qui a fait une inscription pour une obligation conditionnelle, ne peut rien réclamer au delà de son évaluation.*
29. *Du mandat.*
30. *Réflexions générales sur les obligations conditionnelles. L'hypothèque doit toujours être certaine.*

L'hypothè-
que suit les
modifica-
tions de l'o-
bligation,
quant aux
effets et à
l'exécution.

20. ON sent facilement que l'hypothèque, quant à ses effets et à son exécution, doit recevoir les mêmes modifications qui sont inhérentes à

l'obligation qui en fait le fondement. Il y a des obligations qui se contractent d'une manière absolue, et dont l'exécution dépend de suite de
la volonté du créancier. Il y en a dont le montant n'est exigible que dans
des termes convenus. Il y en a, enfin, qui sont grevées de conditions qui
peuvent être de plusieurs sortes, et l'hypothèque suit le sort de l'obligation pour la garantie de laquelle elle a été stipulée. Cette idée générale et vraie, a été émise très-clairement par Neguzantius, 2° *membro*
2^{æ} *part.*, *n° 3*, d'après les dispositions des lois romaines, et surtout
d'après la loi 5, ff. *de pign. et hypoth. Item præmitte quòd hypotheca et
obligatio bonorum potest interponi in quolibet contractu seu obligatione,
sive sit pura, sive in diem, sive conditionalis : et tàm in contractu qui de
præsenti celebratur, quàm etiam pro eo qui jàm celebratus est : et tàm
pro toto debito, quàm pro parte.* On sent bien que s'il y a des difficultés à
faire connoître, et des principes à expliquer, c'est uniquement pour ce
qui concerne les obligations et hypothèques contractées avec des termes,
ou sous des conditions, et encore moins pour les premières que pour les
secondes; car l'obligation pure et simple n'est susceptible d'aucune observation.

21. Quant au délai accordé au débiteur, n'importe qu'il y ait un ou
plusieurs termes, l'hypothèque s'opère dès l'instant même du contrat; et
dès cet instant on peut lui donner son efficacité par l'inscription. Le terme
n'est pas une condition; il n'empêche pas que l'obligation ne soit certaine:
c'est ce qui est dit dans la loi 1re, ff. *qui pot. in pign.: Non utiquè solutionum
observanda sunt tempora, sed dies contractæ obligationis.* Cette décision
est si évidemment juste, qu'il n'est pas étonnant qu'elle ait été répétée par
tous les auteurs anciens. Aussi la voit-on consignée en termes précis dans
l'art. 1185 du Code civil : « Le terme diffère de la condition, en ce qu'il
ne suspend point l'engagement, dont il retarde seulement l'exécution. »

Mais il faut à ce sujet faire une remarque essentielle, pour le cas où
il s'agiroit d'une promesse sous seing privé, et où le créancier seroit obligé
de faire assigner le débiteur en reconnoissance d'écriture, afin d'avoir une
hypothèque. Deux arrêts de la Cour de cassation, l'un du 15 janvier,
l'autre du 17 mars 1807, rapportés par Denevers, *même année, pag.* 114
et 154, avoient jugé, en conséquence de la loi du 11 brumaire an 7, et de
l'art. 2123 du Code civil, qui ne fait à cet égard aucune distinction, que
le créancier du montant d'un' billet sous seing privé pouvoit faire citer

(marginal note) Du terme ou délai apposé à l'obligation. Observation particulière sur les obligations contractées par simple promesse.

son débiteur en reconnoissance d'écriture, même avant l'échéance du terme, et qu'il avoit une hypothèque à compter de la reconnoissance. Mais il a été rendu ensuite une loi du 3 septembre même année 1807, qui veut que lorsqu'il aura été rendu un jugement sur une demande en reconnoissance d'obligation sous seing privé, formée avant l'échéance ou l'exigibilité de l'obligation, il ne pourra être pris aucune inscription hypothécaire, en vertu de ce jugement, qu'à défaut de payement de l'obligation après son échéance ou son exigibilité, *à moins qu'il n'y ait eu stipulation contraire.* Cette loi contient encore deux articles relatifs au cas dans lequel le débiteur doit supporter les frais relatifs aux jugemens et ceux d'enregistrement.

On sent donc que, lorsque l'engagement se contracte sous seing privé avec termes, on doit, ce qui ne seroit pas nécessaire dans un acte notarié, ne pas oublier, si telle est l'intention des parties, de stipuler que la reconnoissance de l'obligation pourra être demandée avant l'échéance ou l'époque de *l'exigibilité.* Cette dernière expression peut s'entendre du cas où le payement seroit soumis à une condition.

Le motif de la loi est qu'en pareille circonstance, le débiteur est présumé n'avoir pas voulu donner hypothèque à son créancier, à moins qu'à l'échéance les billets ne fussent point acquittés : pour faire cesser cette présomption, il faut une stipulation contraire.

Des obligations conditionnelles. Des conditions potestatives. Des conditions casuelles. 22. Mais par rapport aux conditions auxquelles l'engagement peut être subordonné, il se présente des difficultés qui demandent de l'attention. Il est dit dans l'art. 2132 du Code civil : « L'hypothèque conventionnelle n'est valable qu'autant que la somme pour laquelle elle est consentie est certaine et déterminée par l'acte : si la créance résultant de l'obligation *est conditionnelle pour son existence,* ou indéterminée dans sa valeur, le créancier ne pourra requérir l'inscription dont il sera parlé ci-après, que jusqu'à concurrence d'une valeur estimative par lui déclarée expressément, et que le débiteur aura droit de faire réduire s'il y a lieu. »

Suivant cet article, on peut obtenir une hypothèque et prendre une inscription pour une obligation *conditionnelle pour son existence.* Mais on sent, au premier coup d'œil, que cet article n'a pas voulu admettre l'hypothèque, et par conséquent autoriser l'inscription pour toutes obligations quelconques qui seroient subordonnées à des conditions, puisqu'il est conçu dans un sens restrictif, relativement à la nature de la condition.

Mais il y a plusieurs sortes de conditions. Les unes annuleroient l'obligation; d'autres la laisseroient subsister du jour même de sa date, et d'autres enfin renverroient l'effet de l'obligation et de l'hypothèque au jour où l'événement qui feroit l'objet de la condition seroit arrivé. On sent donc qu'il devient essentiel de rechercher et de remarquer ces différentes sortes de conditions.

Cette matière a été traitée par un grand nombre d'auteurs avec plus ou moins d'étendue. Ce sera une chose utile que de réduire les difficultés à une seule question qui sera infiniment simple ; et on peut y parvenir quand on est pénétré des principes par lesquels on doit se guider. Or, cette question est celle-ci : Quoique l'obligation soit conditionnelle, lie-t-elle ou non celui qui s'oblige dès l'instant du contrat? Il sera lié dès ce moment, et l'hypothèque à laquelle il consentira aura son effet du jour de l'inscription qui la suivra, quoique l'obligation soit conditionnelle, et quoique son exécution dépende d'un événement incertain qui peut arriver ou ne pas arriver, pourvu que ce soit le seul événement indépendant de sa volonté, qui donne effet à l'obligation, et non sa volonté. En d'autres termes, le contrat et l'hypothèque auront leur effet *actu*, si la condition est purement *casuelle ;* et il n'y aura ni obligation ni hypothèque, si la condition est *potestative* de la part de l'une ou de l'autre des parties ; car, dans ce dernier cas, il n'y auroit pas, à proprement parler, d'obligation. Telle est l'analise de ce qu'on voit dans les lois romaines, et de ce qu'ont dit Barthole, Cujas, Neguzantius, au lieu que j'ai déjà cité ; Basnage, *chap.* 6, *pag.* 71 *et* 72, *édit. de* 1702, *et chap.* 11, *pag.* 122, 123 *et* 125 ; Domat, *Lois civiles, liv.* 3, *tit.* 1er, *sect.* 1re *et suiv.* ; d'Héricourt, *de la vente des imm.*, *ch.* 11, *sect.* 2, n^o17; et Pothier, *Introd. au tit.* 20 *de la Coutume d'Orl.*, *ch.* 1er, n°s 26 *et* 27.

Ainsi, si l'obligation est indépendante de la volonté de l'une ou de l'autre des parties, si elle dépend entièrement du *hasard*, ainsi que cela est dit dans l'art. 1169 du Code civil, son exécution seule est suspendue jusqu'à l'événement; mais cet événement arrivant, et arrivant dans un sens qui fait accomplir la condition sous laquelle l'obligation est contractée, cette condition accomplie a un effet rétroactif au jour de l'obligation, et de l'hypothèque, lorsqu'elle est stipulée avec spécialité, comme elle doit l'être sous notre régime actuel ; et dès lors l'inscription a pu être prise à l'époque même de la constitution de l'hypothèque. Telle est la disposition précise d'une foule de lois romaines, qui donnent plusieurs exemples de cette espèce de condition; c'est ce qui résulte notamment des lois 9 et 11, ff. *qui pot. in pign. Cùm enim semel conditio exstitit*, est-il dit dans cette dernière loi, *perindè habetur ac si illo tempore quo stipulatio interposita est, sine conditione facta esset.* Basnage s'explique avec beaucoup de précision, lorsqu'en résumant la disposition des lois et le sentiment des anciens auteurs, il dit : « La condition qui dépend purement de la volonté des contractans, *suspend l'obligation*, jusqu'à ce qu'elle soit parfaite; la condition casuelle *proroge seulement l'effet de l'obligation*, mais cependant elle ne laisse pas d'être entièrement parfaite..... Et par l'événement de la condition, *l'obligation étant rendue parfaite a un effet rétroactif au temps de la convention.* »

J'ai remarqué, dans les actes anciens, que les notaires disoient, dans le cas dont il s'agit, que les biens de celui qui s'obligeoit éventuellement demeuroient affectés et hypothéqués, *dès à présent comme dès lors*, ce qui comprenoit et identifioit les deux époques et du contrat et de l'arrivée de l'événement. Cette clause étoit une application pratique des principes que je viens d'exposer. Et lorsque je l'avois dans la pensée, j'ai remarqué que Neguzantius en relève l'énergie. Il la rend en ces termes, 2° *memb.* 2ᵉ *part.*, nᵒˢ 4 *et* 5, *pag.* 28 *et* 29, *édit. de* 1683 : *Clausula* EX NUNC PROUT EX TUNC. Il en exprime ainsi la valeur et l'effet : *Dicta verba* EX NUNC PROUT EX TUNC *operantur quòd non tempus videatur alteri inesse. Valet præsens tempus in futuro, et è converso, et ex quolibet dictorum temporum dici potest conventionem seu actum sumere initium.* C'est en ce sens qu'on doit appliquer l'art. 1179 du Code civil, où il est dit : « La condition accomplie a un effet rétroactif au jour *auquel l'engagement a été contracté.* » Ce principe semble avoir été puisé dans Domat, *Lois civiles, liv.* 3, *tit.* 1ᵉʳ, *sect.* 3, nᵒ 17, qui le rend de la manière la plus lucide, et où l'on trouve quelques additions importantes sur les suites du même principe. Ainsi, dit-il, le créancier pourra, avant que la condition soit arrivée, veiller à la conservation de son droit, soit en prévenant des aliénations frauduleuses, ou en s'opposant aux saisies des biens sujets à son hypothèque, ou en interrompant une prescription contre un tiers détenteur. Dans des notes particulières, on voit ce qui doit être pratiqué à l'ordre relativement à la créance, ainsi suspendue par une condition incertaine; et ce qu'il dit à ce sujet se pratique journellement dans les tribunaux.

Mais si la condition apposée à l'obligation, au lieu d'être *casuelle*, est *potestative*, alors il n'y a pas d'obligation; cette condition n'en suspend

pend pas seulement l'exécution, elle en détruit l'effet, ou, au moins, ainsi que le dit Basnage, dont j'ai déjà rapporté les expressions, cette condition *suspend l'obligation* jusqu'à ce qu'elle soit parfaite : car on sent que les parties peuvent compléter l'obligation dans la suite, en modifiant une pareille condition.

23. Ceci s'éclaircira mieux par quelques exemples : je me borne à deux, que je prends dans Basnage. Tout ce que je dis ici peut paroître trop élémentaire au premier abord ; mais ce seroit une idée qui ne seroit pas juste. Il s'agit d'une matière naturellement métaphysique, et lorsque les difficultés s'y élèvent, on a toujours besoin de recourir aux élémens.

Exemples de conditions potestatives.

Relativement au premier exemple, Basnage suppose qu'un particulier s'engage en ces termes : *Si Titius me prête de l'argent, je consens que mon bien lui soit hypothéqué ;* et qu'avant de rien recevoir de Titius, il contracte envers *Sempronius* une obligation pour de l'argent que Sempronius lui prête et lui compte ; il demande lequel sera préférable de *Titius* ou de *Sempronius*. Il se décide pour la préférence en faveur de *Sempronius*, qui a compté les deniers avant Titius. Il se fonde sur la disposition de la loi 11, ff. *qui pot. in pign. hab.*, qui y est en effet précise. La raison en est, qu'en suivant l'exemple proposé par la loi, Titius pouvoit ne pas compter de l'argent, parce qu'il ne pouvoit pas y être forcé, et que celui qui avoit donné cette sorte d'hypothèque pouvoit ne pas être obligé à prendre l'argent que Titius auroit pu vouloir lui donner. Or, personne n'étant obligé par une pareille convention, il n'y auroit eu une obligation réelle qu'au moment où Titius auroit délivré les deniers ; et l'obligation passée intermédiairement auroit porté une hypothèque avec effet. On peut encore consulter la loi 9, § *amplius*, ff. *qui pot. in pign.*, et la loi 44, ff. *quæ res pign.* Une réflexion judicieusement faite par Domat, *L. civ., liv.* 3, *tit.* 1er, *sect.* 1re, *n*° 4, confirme cette doctrine ; « et d'ailleurs, dit-il, si l'hypothèque s'acquéroit ainsi, il seroit facile, par une obligation de cette nature faite à un prête-nom, de frauder les créanciers de qui on pourroit emprunter ensuite. » Quoique la publicité actuelle de l'hypothèque puisse modifier cette réflexion, elle ne reste pas moins en ce sens que des créanciers ou acquéreurs postérieurs pourroient opposer la nullité de la première obligation et de l'hypothèque qui auroit été stipulée.

Basnage propose le second exemple en ces termes : « Si vous m'aviez

Tome I.   F

promis cent écus lorsque vous iriez à Paris, et que, pour assurance de
la restitution de vos deniers, je vous engageasse mon bien, et qu'avant
que vous fissiez le voyage, je contractasse des dettes; quoiqu'après votre
retour, je reçusse de vous l'argent que vous m'aviez promis, vous n'aurez
pas hypothèque du jour de la première convention, mais du jour de l'événement de la condition, parce que c'est en ce temps-là que l'obligation
a été parfaite et accomplie, puisque auparavant il dépendoit de votre volonté de ne me point bailler d'argent, ne pouvant vous y contraindre. »
On sent, en effet, qu'il n'y avoit eu primitivement ni obligation ni hypothèque; c'est encore ce que Pothier explique particulièrement au n° 205
de son *Traité des obligations;* et c'est en ce sens qu'on doit entendre
l'art. 1174 du Code civil, conçu en ces termes : « Toute obligation est
nulle, lorsqu'elle a été contractée sous une condition *potestative* de la
part de celui qui s'oblige. »

Exemples
de quelques
conditions
casuelles.
24. Il seroit inutile de s'appesantir sur les exemples d'une condition
casuelle; cette condition s'entend trop facilement, et on en trouve trop
d'exemples dans les auteurs; je me contenterai de dire qu'il n'y a rien
de plus ordinaire dans la pratique, que les engagemens soumis à une condition casuelle; telles sont les donations de gain de survie, de douaire,
de pensions viagères, ou de sommes déterminées après le décès d'une
personne, et dans le cas où on lui survivroit. L'événement arrivant,
l'hypothèque date du jour de l'obligation, et non pas seulement du jour
de l'événement.

Il y auroit encore une condition casuelle dans le cas où un vendeur hypothéqueroit spécialement d'autres fonds que ceux vendus, pour la garantie
de la vente, en cas d'éviction. Cette éviction arrivant, l'hypothèque pour
la garantie remonteroit au jour de l'acte, et l'inscription auroit effet du jour
de sa date.

Dès que l'objet de cet ouvrage est d'indiquer les moyens de contracter
avec sûreté, et de se préserver de négligences ou d'inattentions qui pourroient avoir des suites fâcheuses, je crois devoir observer que, dans ce cas,
il est de l'intérêt du vendeur, si toutefois cela est possible, de limiter la
durée de la garantie à une époque où il y aura certitude ou probabilité
qu'il n'y aura point de danger d'éviction. Cette mesure auroit l'effet d'éviter
l'embarras que pourroit jeter dans la fortune du vendeur une garantie illi-
mitée, pour laquelle des inscriptions pourroient être à jamais renouvelées

tous les dix ans. Si la garantie contractée avec stipulation d'hypothèque sur d'autres biens que ceux vendus, a pour cause des inscriptions hypothécaires qui grèveroient ces biens vendus, et que, suivant la convention, l'acquéreur seroit obligé de supporter, au moins jusqu'à ce que les créanciers inscrits le forçassent à purger, on stipule ordinairement que cette garantie cessera, et que la radiation de l'inscription hypothécaire, prise en conséquence par l'acquéreur, aura lieu en rapportant la mainlevée des inscriptions hypothécaires des tiers créanciers qui porteroient sur les objets aliénés.

25. Basnage, auteur profond sur cette matière, mais qui ne l'a pas traitée assez méthodiquement, après s'être déjà expliqué sur les obligations conditionnelles, y revient, *chap.* 12, *p.* 273, *édit. de* 1702, et y assimile fugitivement, et sans autre explication, la condition mixte à la condition casuelle. « La règle de priorité, dit-il, a lieu pour les obligations conditionnelles, comme pour les obligations pures et simples, lorsque la condition est *casuelle et mixte*, et qu'elle ne dépend point de la *seule* volonté du débiteur ; en ce cas, elle a un effet rétroactif au temps du contrat. » Il cite deux lois où il n'est point parlé de la condition *mixte*, mais seulement de la condition *casuelle*. Cet auteur a dit une vérité ; mais quelques réflexions deviennent nécessaires, pour la rendre intelligible, et pour faire sentir comment elle peut s'appliquer. Pour cela, il faut savoir ce qu'on doit entendre par condition *mixte*.

Pothier, *des obligations*, n° 201, l'avoit ainsi définie, « celle qui dépend du concours de la volonté du créancier et de celle d'un tiers, comme celle-ci, *si vous épousez ma cousine*. » Le Code civil, art. 1171, la définit en ces termes : « La condition mixte est celle qui dépend tout à la fois de la volonté *d'une des parties contractantes*, et de la volonté d'un tiers. » Ces deux définitions sont différentes, au moins relativement aux circonstances qui pourroient se présenter, et dans lesquelles il faudroit appliquer les principes. *La volonté du créancier* n'est pas la même chose que *la volonté d'une des parties contractantes*.

En effet, la condition peut se rapporter à un fait qui sera considéré comme l'événement duquel dépendra le sort de l'obligation ; et il arrivera souvent que, pour que ce fait existe, il faille la volonté d'une des parties contractantes et la volonté d'un tiers ; mais faut-il que cette partie contractante soit celle qui, selon l'événement ou le fait, auroit dû payer la somme, ou celle qui auroit dû la recevoir. Or, en y réfléchissant, on est convaincu que,

Marginalia: De la condition mixte. De celle qui dépend de la volonté d'un tiers.

quelle que soit celle des parties contractantes dont la volonté doive concourir avec celle d'un tiers pour l'accomplissement d'un fait qui est devenu l'objet de la condition, cette condition, quoique *mixte* sous le rapport de la nécessité de ce concours de volonté, n'en est pas moins une condition *casuelle*; et que dès lors l'obligation contractée sous cette condition, et l'hypothèque qui y est attachée, existent dès le moment même de l'obligation, et non pas seulement du jour de l'accomplissement du fait ou de la condition, sauf néanmoins la résolution de l'engagement, selon que le fait ou l'événement arrive ou n'arrive pas. En sorte que la définition donnée par le Code civil est bien préférable à celle de Pothier. Au surplus, la définition donnée par cet auteur pouvoit ne pas présenter des idées nettes, parce que cette définition, ainsi qu'on le voit au n° 214, a trait plutôt aux dispositions gratuites conditionnelles, qu'aux conventions ordinaires, soumises aussi à des conditions; et on s'égareroit facilement, si on appliquoit les mêmes règles à ces deux matières, qui tiennent à des principes différens.

Tout ceci dépend des circonstances, qui varient à l'infini, et on ne peut que citer quelques exemples. Si *Mévius* s'obligeoit, dans la stipulation d'une hypothèque spéciale, de payer à *Titius* une somme que celui-ci s'engageroit de la même manière à lui rendre, mais avec la condition que *Sempronius* s'associeroit au commerce de *Titius*; dans ce cas, je pense que cette association arrivant, elle auroit un effet rétroactif au jour même de l'obligation, et que dès lors l'hypothèque seroit acquise du jour de cette obligation, et l'inscription auroit son effet du moment où elle auroit été prise. Cependant, sous un certain rapport, on pourroit dire qu'il y a condition *mixte*, puisque l'association prévue ne peut se faire que par le concours des volontés de *Titius* et de *Sempronius*; mais on voit que dans ce cas, *Titius* n'a contracté, ni agi dans un sens tel que l'exécution de son engagement dépendît de sa seule volonté. C'est uniquement dans son intérêt que l'association de *Sempronius* a dû avoir lieu. Si cette association se fait, il suffit à *Titius* de la faire connoître à *Mévius*, et il ne résulte pas de cette association un nouveau contrat. Celui déjà fait subsiste dans toute sa force. En un mot, l'obligation ne dépend pas de la seule volonté de l'une des parties contractantes.

De ce qui vient d'être dit, il résulte, et à plus forte raison, que l'hypothèque devient également acquise dès l'instant de l'obligation, lorsqu'elle dépend de la seule volonté d'un tiers. Alors la condition peut être assimilée à une condition casuelle. Il est contraire, dit Pothier, *des obligations*, n° 205, à l'essence de l'obligation qu'elle dépende de la pure et seule volonté de celui qu'on supposeroit l'avoir contractée ; mais elle peut dépendre de la pure et seule volonté d'un tiers. C'est pourquoi je peux valablement contracter l'obligation de donner ou de faire quelque chose, *si une certaine personne tierce y consent.* Il se fonde sur les lois 43 et 44, ff. *de verb. oblig.*

26. Je crois qu'en suivant avec attention les principes que je viens d'exposer, il est difficile de se tromper sur l'application. Et si ces principes eussent été bien appréciés, on n'auroit pas vu de difficultés dans certains cas, et particulièrement dans deux sur lesquels deux auteurs ont été divisés.

M. Persil, *Régime hypothécaire*, sur l'art. 2114 du Code civil, n° 3, présente cette hypothèse : « Un banquier ouvre un crédit à l'un de ses correspondans, jusqu'à concurrence d'une somme qu'il détermine ; mais il exige de lui une hypothèque que celui-ci consent. Ce banquier prend son inscription sur-le-champ, et avant d'avoir réellement fourni aucune portion de la somme qu'il a mise à la disposition de son correspondant. Ce dernier fait faillite, et engage ses autres créanciers à critiquer cette hypothèque ; cette critique peut-elle être fondée sur ce qu'il n'y avoit pas réellement d'obligation principale de la part du correspondant, tant qu'il n'avoit pas reçu d'argent et usé du crédit que lui avoit ouvert son banquier ; que cette obligation ne pouvoit naître que du jour où puisant dans la caisse de ce dernier, il devient réellement son débiteur, et contracte l'engagement de lui restituer les sommes qu'il en a reçues ? »

M. Merlin, *Questions de droit*, au mot *Hypothèque*, § 3, pose une autre question en ces termes : « Quel est l'effet de l'inscription hypothécaire prise par *Titius* sur un contrat passé devant notaire, entre lui et un manufacturier, par lequel il s'est obligé de fournir à celui-ci des matières brutes, que le manufacturier s'est obligé, de son côté, de fabriquer pour le compte de *Titius*, en lui affectant un immeuble pour sûreté de ces matières, jusqu'à la concurrence d'une somme déterminée ? Cette inscription donne-t-elle une hypothèque à *Titius*, à compter du jour où elle a été prise ? et doit-elle avoir son effet, en cas que le manufacturier, abusant des matières qui lui ont été fournies, et dont le compte ne résulte que de la correspondance des parties ou de leurs registres, vienne à en disposer comme de sa propre chose ? »

De quelques cas où il n'y a pas, à proprement parler, de condition, mais plutôt réciprocité d'engagemens.

Dans ces deux cas, l'hypothèque a dû remonter au jour même de l'obligation, et l'inscription a dû avoir son effet du jour de sa date. Au premier cas, le banquier qui ouvre le crédit est obligé d'en fournir le montant à la volonté du correspondant; au second cas, le fournisseur et le manufacturier ont respectivement le droit de réclamer l'exécution du contrat, et la convention n'a été faite que dans les idées d'une prompte exécution. La solution de la question se trouve dans la loi *Qui dotem*, ff. *qui pot. in pign.* Cette loi suppose qu'un particulier a reçu une hypothèque pour une somme qu'il s'oblige de payer, et que cette obligation soit acceptée; elle suppose ensuite qu'avant que celui qui a dû payer la somme, ait réalisé le payement, celui avec qui il a contracté, donne hypothèque à un autre, et que ce ne soit qu'après cet engagement, que le premier créancier s'acquitte de ce qu'il avoit promis : la loi décide que, dans ce cas même, le premier engagement a son effet préférablement au second. Quelle en est la raison? C'est parce que, comme le dit Mornac sur cette loi, d'après Balde et Barthole, il y avoit une obligation constante et absolue, par laquelle l'un devoit payer ou délivrer, et l'autre devoit recevoir; ce qui rentre dans les principes que j'ai déjà exposés. *Tempus contractæ obligationis spectandum*, dit Barthole, *non autem tempus solutionis seu numerationis, quandò non est in potestate debitoris pecuniam non accipere.* Balde s'exprime encore avec la même certitude, en faisant dépendre également la date de l'hypothèque du jour du contrat, et non de celui du payement, lorsqu'il y a engagement réciproque, et que l'exécution de cet engagement ne dépend point de la volonté des contractans. J'observerai encore qu'il n'y a pas d'autre raison qui décide à attribuer l'hypothèque à un bail de ferme, du jour qu'il a été passé, quoique le bail ne commence que bien après, parce que, comme le dit d'Héricourt, *ch.* 11, *sect.* 2, n° 17, le fermier ne peut se dispenser d'exécuter le bail, suivant son engagement. Il y a obligation réciproque, dès le moment du contrat, et dès lors elle est parfaite.

M. Persil s'étoit décidé, et avec raison, dans son hypothèse, pour la validité de l'hypothèque dès l'instant de l'obligation. M. Merlin avoit adopté une opinion contraire, relativement à son hypothèse, qui étoit néanmoins susceptible de la même décision; mais il s'étoit donné le mérite de revenir de cette opinion dans la 2e *édition de son Recueil des quest. de droit.* Une obligation conditionnelle, dit-il, peut être inscrite au bureau des

hypothèques, comme une obligation pure et simple : la loi du 11 brumaire an 7 ne le défendoit pas, et l'art. 2132 du Code civil le permet
formellement. D'un autre côté, quand la somme pour laquelle l'hypothèque est donnée, ne seroit pas déterminée par le contrat, l'hypothèque
n'en seroit pas moins susceptible d'inscription, en la requérant jusqu'à
concurrence d'une valeur estimative, déclarée par l'inscrivant, sauf réduction, conformément au même art. 2132; et enfin, M. Tarrible adopte absolument les idées dans lesquelles je viens de m'expliquer, dans un article
du Répertoire de jurisprudence, dont il est l'auteur, au mot *Hypothèque*,
sect. 2, § 3, *art.* 6, *n°* 3, où il présente quelques nouveaux exemples (1).

27. On doit cependant remarquer une observation par laquelle M. Merlin, *Quest. de droit*, au mot *Hypothèque*, termine sa discussion. « Sans doute, dit-il, Titius (le fournisseur des matières) ne pourra, dans la suite, faire valoir son inscription, qu'en prouvant par des actes *authentiques* qu'il a réellement fourni au manufacturier les matières que celui-ci s'est obligé de fabriquer pour son compte. Sans doute, ni ses livres, ni ceux du manufacturier, ni leur correspondance, ne pourront, à cet égard, servir de preuves contre des tiers : mais du moins, s'il peut établir ses livraisons par des actes *authentiques*, on ne pourra pas lui opposer le défaut d'inscription de ces actes au bureau des hypothèques. »

Suite de la discussion sur les obligations conditionnelles.

M. Merlin admet le principe que l'inscription de l'hypothèque prise, même avant les livraisons, doit avoir son effet ; mais il veut qu'alors les livraisons des matières soient établies par actes *authentiques*. M. Persil est aussi du même avis, relativement à la manière de constater les remises de fonds, qui devoient se faire dans son hypothèse. Mais cette opinion, pour les deux cas, peut n'être pas vraie, dans le sens d'une absolue néces-

---

(1) Après avoir ainsi traité la question, j'ai remarqué dans le recueil de *Denevers*, *an* 1813, *pag.* 33, *au suppl.*, un arrêt de la Cour royale de Caen, du 11 août 1811, qui a jugé conformément à l'opinion que j'ai adoptée, ainsi que l'arrêt de la Cour de cassation qui rejette le pourvoi contre le premier arrêt. L'arrêt de la Cour de cassation est rap-porté dans le même recueil, *an* 1814, *pag.* 247. Il est vrai que ces arrêts sont rendus pour la première hypothèse ; mais les principes s'en appliquent également à la seconde. Je dois encore observer qu'à la suite de l'arrêt de la Cour de Caen, l'arrêtiste présente quelques observations contre sa décision ; mais après les avoir examinées avec attention, l'arrêt m'a paru toujours conforme aux principes tant de l'ancienne que de la nouvelle législation.

sité. Les circonstances peuvent influer puissamment, comme cela arrive toujours en matière de fraude, sur le degré de confiance qu'on doit avoir pour les livres respectivement tenus, surtout lorsqu'ils le sont régulièrement; et la règle générale qui paroît résulter des articles 1329, 1330 du Code civil, et de l'art. 12 du Code de commerce, que les livres des marchands ne font foi qu'entre eux, et pour les seuls objets relatifs au même genre de commerce; cette règle, dis-je, est susceptible de modifications dans les deux espèces dont il s'agit, par cela seul qu'il y a eu une inscription hypothécaire. Quel est, en effet, le résultat de cette inscription? C'est d'annoncer à celui qui, dans la suite, voudroit prêter au particulier sur lequel porte l'inscription, qu'il existe une hypothèque qui primera la sienne. Si, malgré cet avertissement, on contracte avec ce particulier, on n'est plus présumé de bonne foi, ou au moins on peut être accusé d'imprudence; et, dans le doute, tout doit s'interpréter contre celui qui a à se l'imputer. Il faut laisser au débiteur qui a souscrit l'hypothèque, d'en demander ou la radiation ou la réduction; et le tiers à qui il a recours pour emprunter et s'obliger, est peu favorable lorsqu'il veut prendre sur lui le soin de discuter la validité d'une hypothèque déjà existante. On conçoit facilement que, dans les principes du droit romain, sous lequel l'hypothèque étoit occulte, le dernier créancier, dans un intérêt qui paroissoit alors plus légitime, parce qu'il avoit pu être trompé, ait pu entrer dans l'examen et la discussion d'une hypothèque précédemment constituée; mais cette position peut n'être plus la même, d'après notre législation, qui admet la publicité de l'hypothèque; et, à ce sujet, nous devons remarquer que cette publicité doit donner, en général, une direction aux idées, différente de celle qui avoit lieu anciennement. Au surplus, on conçoit bien que le soin de faire constater, par un acte authentique, les remises de fonds et les livraisons des marchandises, à mesure qu'elles s'effectuent, est le parti le plus sûr; nous entendons seulement dire que le défaut de cette précaution n'entraîneroit pas toujours la déchéance de l'hypothèque, qui remonteroit au jour de l'inscription.

28. Je termine ce que j'avois à dire sur l'hypothèque conditionnelle, par une observation importante. C'est que le créancier qui, suivant l'article 2132, a pris une inscription d'après une évaluation, sa créance étant indéterminée, ne peut rien demander au delà de son évaluation, au moins contre les autres créanciers et contre l'acquéreur. L'inscription, par cette

évaluation,

évaluation, devient un contrat entre eux et le créancier qui a pris cette inscription. Cela a été ainsi jugé, et avec raison, par un arrêt de la Cour d'appel de Liége, du 24 août 1809, qu'on voit dans le Recueil de Denevers, *an* 1810, *pag.* 100, *au suppl.*

29. Ce qu'on vient de dire s'applique également au mandat qui seroit   Du mandat. passé par acte par-devant notaire, par lequel le mandant se seroit obligé à payer les indemnités ou salaires, avances ou frais du mandataire, pour lesquels il y auroit une affectation spéciale par hypothèque ; il seroit indifférent qu'il y eût une somme déterminée ou non, sauf, dans ce dernier cas, à prendre une inscription pour une valeur estimative qui seroit déclarée, conformément à l'art. 2132 du Code civil.

D'après les principes développés dans les n^{os} ci-dessus, le mandant s'oblige réellement et dans son intérêt, et le mandataire s'est obligé d'exécuter le mandat. Le défaut d'exécution du mandat pourra bien donner lieu à des dommages-intérêts envers le mandant; celui-ci pourroit encore le révoquer, d'après la faculté que lui en donne la loi; mais jusque-là l'obligation n'existe pas moins, et elle a eu une juste cause. C'est sur la foi de cette obligation que le mandataire a dû se déplacer, faire ¡des avances; et dès lors il a très-bien pu prendre ses précautions pour en assurer le recouvrement, d'après l'état de la fortune du mandant, à l'époque du mandat, parce que cette fortune pourroit diminuer dans la suite. Il arriveroit souvent que le mandataire ne pourroit pas prendre ces précautions au moment même où il commenceroit à faire les dépenses et les frais nécessaires pour l'exécution du mandat, ce qui auroit lieu si, pour cette exécution, il avoit été obligé de s'éloigner du mandant à une grande distance.

Le mandant peut aussi lui-même prendre inscription avec effet sur le mandataire, pour la sûreté des sommes qu'il toucheroit, en vertu du mandat, pourvu que l'acte qui le constitue porte une affectation spéciale d'hypothèque. On peut se décider pour ce cas, par les mêmes raisons qui militent pour le cas inverse. S'il a pu y avoir anciennement quelques difficultés à cet égard, ces difficultés disparoissent, d'après l'esprit de l'art. 2132 du Code civil, et d'après la publicité de l'hypothèque, qui, comme je l'ai déjà dit, jette quelque défaveur sur le tiers qui contracte au préjudice d'une inscription connue, et qui semble vouloir acheter le droit de contester cette inscription.

Tome I.   G

Réflexions
générales sur
les obliga-
tions condi-
tionnelles.
L'hypothè-
que doit tou-
jours être
certaine.

30. Au surplus, je ne prétends pas, et à beaucoup près, avoir épuisé tout ce qu'on peut dire sur les effets des obligations conditionnelles ; je n'ai même pas dû le tenter. Il n'y a peut-être pas, dans le droit, de matière plus étendue que celle des conditions, quand on veut la considérer sous tous ses rapports, et il n'y en a pas aussi de plus délicate et de plus subtile. Cela ne dérive pas seulement de la variété infinie des conditions, même lorsqu'elles sont apposées seulement aux obligations, mais encore des nouveaux points de vue sous lesquels il faut considérer les conditions, lorsqu'elles sont apposées aux dispositions gratuites, ainsi que je l'ai déjà remarqué. On pourra, selon les occasions, consulter les auteurs qui, tels que Pothier, se sont particulièrement expliqués sur les conditions. Les modes varient à l'infini ; et plusieurs, qui paroissent se ressembler, mènent à des conséquences différentes ; d'autres, qui, au premier abord, paroissent opposés, produisent néanmoins les mêmes effets. J'ai dû me renfermer dans mon sujet, et j'ai cru qu'il me suffisoit de présenter, avec le plus de précision qu'il m'étoit possible, les principes généraux d'après lesquels on pût se retrouver aisément sur les conséquences.

Mais à tout ce que j'avois à dire sur les obligations conditionnelles, je dois ajouter une réflexion qui s'applique à toutes ; c'est que, quelle que soit la condition à laquelle l'obligation et l'hypothèque sont soumises, il est toujours nécessaire que l'hypothèque frappe spécialement et directement sur un objet précis ; il ne doit y avoir, à cet égard, aucune incertitude ; l'objet de l'hypothèque doit être déterminé et assuré, et, par conséquent, celui de l'inscription. Tel est le résultat de la spécialité ; l'hypothèque doit être annoncée dans l'inscription, comme devant être certaine et comme devant durer, ainsi que toutes les autres hypothèques, jusqu'à ce que celui qui en est grevé en obtienne la radiation contre le créancier inscrivant. Il seroit infiniment dangereux pour ce dernier de laisser des doutes sur l'existence et la permanence de l'hypothèque, soit dans le mode dont elle est constituée, soit dans l'inscription qui doit en être la représentation fidèle. Il doit y avoir, à cet égard, une certitude telle que, soit le débiteur, soit les tiers intéressés, ne puissent point équivoquer sur la base et l'effet de l'hypothèque, et sur le but de l'inscription.

Pour qu'on saisisse l'idée plus facilement, je supposerai le cas où un débiteur voudroit, pour la même créance, hypothéquer un immeuble *principalement*, et un autre immeuble *subsidiairement* ; de manière que, dans le cas où il disposeroit du premier, il pût demander que l'inscription dont il auroit été grevé fût radiée, et que l'hypothèque se reportât uniquement et entièrement sur le second. Ce n'est pas là précisément une de ces obligations conditionnelles, avec stipulation d'hypothèque, dont j'ai déjà parlé, dont l'exécution est indépendante de la volonté des parties contractantes, et doit avoir lieu selon qu'un événement incertain arrive ou n'arrive pas : mais ces deux espèces de conditions doivent être rapprochées, et une décision relative à l'une d'elles peut servir de guide pour l'autre.

Il a été rendu à ce sujet, par la Cour de cassation, un arrêt important, le 5 décembre 1809, qui est dans le Recueil de Denevers, *sous cette année, pag.* 503. L'espèce de l'arrêt et ses motifs ont trop d'étendue pour que je les rende littéralement. Je me contenterai de dire que, pour la sûreté d'une rente de 1,200 francs, donnée entre-vifs par le sieur Bavoux à son épouse, il fut dit, dans l'acte, que cette rente seroit prise *spécialement* et *limitativement* sur une maison appartenante au sieur Bavoux, sise à Paris, rue Lepelletier, et *subsidiairement* sur une autre maison à lui appartenante, sise à Paris, rue Rochechouart, *laquelle dernière hypothèque ne devoit être néanmoins acquise que dans le cas où le sieur Bavoux vendroit la première maison.* L'acte portoit qu'alors le sieur Bavoux auroit la liberté de l'affranchir de l'hypothèque qui devoit la grever par l'inscription que prendroit la dame Bavoux, *en assurant l'hypothèque,* soit sur la maison rue Rochechouart, soit sur une autre maison patrimoniale d'une valeur et d'un produit certain et assuré.

Il est essentiel de remarquer les termes dans lesquels la dame Bavoux prit son inscription : elle la prit sur la maison rue Lepelletier, et elle ajouta, avec faculté de reporter l'hypothèque sur une maison sise à Paris, rue Rochechouart, dans le cas où Bavoux viendroit à vendre ladite maison susdésignée.

Il arriva dans la suite, d'après des détails compliqués, pour lesquels je renvoie à la lecture de l'arrêt, que Bavoux, qui fit mal ses affaires, hypothéqua et vendit même les deux maisons; et la dame Bavoux se trouva sans ressources, pour sa créance, d'après la manière dont elle s'étoit inscrite. Cette inscription fut déclarée devoir être sans effet, sur le fondement qu'elle n'avoit réellement d'hypothèque *spéciale*, résultante de la donation, que sur la maison rue Lepelletier, sauf le report de cette hypothèque sur la maison de la rue Rochechouart, ou sur un autre immeuble du donateur, dans le cas prévu; que, conséquemment, l'arrêt attaqué, en accordant à la dame Bavoux une hypothèque sur la maison de la rue Rochechouart, en vertu de la donation, avoit ouvertement violé la loi qui n'accorde d'hypothèque conventionnelle que sur l'immeuble *spécialement* hypothéqué par l'acte; que très-inutilement la dame Bavoux auroit pris cumulativement inscription sur l'une et l'autre maison, aucune inscription ne pouvant être prise légalement que sur une hypothèque *spécialement* consentie; qu'elle n'avoit pas même pris une inscription cumulative sur les deux maisons; parce que, dans le fait, elle s'étoit bornée, par son inscription, *à la faculté de la reporter* sur la maison de la rue Rochechouart; et que la loi n'accorde pas l'effet de l'inscription à un acte qui ne renferme que *la réserve d'une simple faculté de s'inscrire*, d'autant mieux qu'elle exige une inscription formelle et positive qui manque, puisque cette *simple faculté* n'a pas été réalisée depuis; que d'ailleurs elle n'auroit pu l'être que quand l'hypothèque assise sur la maison de la rue Lepelletier, auroit été rayée, parce qu'alors seulement auroit pu commencer à avoir effet, par l'inscription, l'hypothèque sur la maison de la rue Rochechouart. La Cour de cassation a pensé qu'en jugeant différemment, la Cour royale avoit violé les art. 2, 3 et 4 de la loi du 11 brumaire an 7, qui, en matière d'hypothèque conventionnelle, ne reconnoissent que celle qui est spéciale et accompagnée d'inscription. On sent que ce dernier motif s'applique aussi aux dispositions hypothécaires du Code civil.

Cette décision peut paroître rigoureuse; cependant il seroit difficile, en principe, de démontrer qu'elle est sans fondement, en partant toutefois du fait qu'il n'y avoit pas eu, à proprement parler, d'inscription particulière sur la maison sise rue Rochechouart. Le tribunal de première instance et la Cour royale avoient posé en fait que l'inscription de la femme Bavoux, rapportée au procès, portoit également sur la maison rue Lepelletier, et sur celle rue Rochechouart; mais on ne pouvoit pas facilement justifier cette assertion.

Je dois faire remarquer qu'il y avoit un moyen bien facile de prévenir la difficulté sur laquelle la femme Bavoux succomba : c'étoit de stipuler l'hypothèque spéciale sur les deux maisons, rue Lepelletier et rue Rochechouart, avec faculté de s'inscrire sur les deux, et de convenir, par une clause particulière et expresse, que dans un certain cas qui auroit été énoncé, l'hypothèque sur l'un des immeubles cesseroit; qu'on auroit pu demander la radiation de l'inscription qui auroit été faite sur cet immeuble, et que l'hypothèque et l'inscription resteroient dans leur effet uniquement sur l'autre immeuble. On sait combien la rédaction des clauses influe sur l'effet des conventions, et qu'une rédaction fautive les annule souvent, contre l'intention et l'intérêt des parties. Cette dernière réflexion peut s'appliquer à toutes les obligations et hypothèques conditionnelles, suivant la nature des conventions.

§ III.

Des personnes qui peuvent, ou non, donner hypothèque.
Des ratifications d'actes nuls.

SOMMAIRE.

La faculté d'hypothéquer est la conséquence de celle d'aliéner.

31. JE me suis occupé jusqu'à présent des formes dont les actes doivent être nécessairement revêtus, pour la validité, de la stipulation d'hypothèque. Mais on sent que cette validité dépend encore de beaucoup d'autres causes. L'obligation et l'hypothèque seroient valables ou nulles, selon la capacité ou l'incapacité des personnes qui contracteroient, et de plus selon que les objets que l'on hypothéqueroit seroient ou non susceptibles de l'être. On se trouveroit, par exemple, dans ce dernier cas, s'il s'agissoit d'hypothèques dont on auroit voulu frapper des objets qui n'auroient pas été dans le commerce,

ou qui, quoique appartenant à celui qui auroit consenti l'hypothèque, ne seroient pas par leur nature susceptibles d'être hypothéqués.

Je m'expliquerai dans le § Ier de la section IIIe du présent chapitre, sur les choses qui ne seroient point susceptibles d'hypothèque; je ne dois parler, en ce moment, que de l'incapacité relative aux personnes.

Il est à propos de poser ici un principe qu'on peut regarder comme fondamental, et duquel il résulte une infinité de conséquences. Ce principe est que la faculté d'hypothéquer est absolument la conséquence de la faculté d'aliéner; en sorte que celui que la loi prive de la faculté d'aliéner, devient également privé de la faculté d'hypothéquer. L'un est une suite de l'autre. Les lois romaines et françaises ont toujours assimilé l'hypothèque à l'aliénation. Il est dit dans la loi Ire, ff. *quæ res vel pign. : Eam rem quam quis emere non potest, quia commercium ejus non est, jure pignoris accipere non potest.* On voit dans la loi 9, Cod. *de pign. et hypoth.: Quod emptionem venditionemque recipit, etiam pignorationem recipere potest.* C'est ce qui a fait dire par Denis Godefroi sur cette loi : *Quæ expressìm vendi, ea pignorari et hypothecari possunt.* Ces principes avoient passé dans le droit français; et on les appliquoit aux personnes comme aux choses. Aussi Basnage, *Traité des hypoth.*, chap. 3, n° 3, a dit, d'après toute l'ancienne législation : « Puisqu'il n'y a que ceux qui peuvent disposer librement de leurs biens qui les puissent hypothéquer, il s'ensuit que les hypothèques constituées par les personnes qui n'ont pas ce pouvoir, *sont de nul effet.* » Au n° 4, il établit encore plus particulièrement cette similitude entre l'interdiction d'aliéner et celle d'hypothéquer. On sent bien que l'hypothèque n'opère pas la transmission de la propriété; malgré l'hypothèque, la propriété ne laisse pas de demeurer au débiteur. *Pignus remanet in bonis debitoris,* nous dit la loi *Pignus,* Cod. *de pign. act.;* mais il n'est pas moins vrai que la seule hypothèque imprimée sur un fonds, peut, à défaut de payement, conduire à la vente forcée, en sorte qu'elle peut tendre à une aliénation. Aussi est-ce devenu une maxime : *Per hypothecam pervenitur ad alienationem.* Enfin la dépendance de la faculté d'hypothéquer, respectivement à celle d'aliéner, est consignée comme principe fondamental, dans l'art. 2124 de notre Code civil. « Les hypothèques conventionnelles, y est-il dit, ne peuvent être consenties que par ceux qui ont la capacité d'aliéner les immeubles qu'ils y soumettent. »

Quoique ce que je viens de dire paroisse simple, néanmoins on pourroit se méprendre sur la manière de l'entendre, si je ne faisois pas une réflexion dont on sentira l'importance.

J'ai bien dit que le pouvoir d'hypothéquer étoit soumis à celui d'aliéner; mais ce n'est pas dire, il s'en faut bien, que le pouvoir de s'obliger soit subordonné à celui d'hypothéquer, et par conséquent d'aliéner. Autre chose est l'obligation simple, autre chose est l'hypothèque. Il y a des cas dans lesquels des personnes peuvent contracter des obligations qui n'auroient leur effet que sur leurs revenus ou leur mobilier, mais qui ne pourroient pas hypothéquer leurs immeubles qui seuls seroient susceptibles d'hypothèque, et encore moins les vendre. Ainsi, comme je le dirai bientôt, des mineurs et des femmes mariées, selon les différentes positions où ils peuvent être, et qui sont indiquées par la loi, peuvent s'obliger, affecter par là leurs revenus ou leur mobilier; et ils ne pourroient cependant ni vendre ni hypothéquer, au moins sans les formalités prescrites par la loi. Il y a plus, la même personne pourroit hypothéquer certains de ses biens, et ne pourroit pas hypothéquer les autres, ainsi que j'aurai occasion de le dire dans la suite; en sorte que la faculté de s'obliger et celle d'hypothéquer et de vendre ne sont pas corrélatives.

Celui qui ne pourroit nullement s'obliger, ne pourroit certainement pas hypothéquer, puisque l'hypothèque ne peut venir que comme accessoire à une obligation. Mais telle personne qui pourroit s'obliger, ne pourroit pas hypothéquer, parce que, pour arriver jusqu'à la faculté d'hypothéquer, il faut l'existence de la faculté d'aliéner, à moins qu'il n'y eût dans la loi une exception à cette règle. Ainsi, en principe général, il n'y a proprement de corrélation qu'entre la faculté de vendre et celle d'hypothéquer.

De ceux qui ne peuvent hypothéquer.

32. Il faut donc connoître les personnes qui sont dans l'incapacité légale d'aliéner, et par conséquent d'hypothéquer. Or, quoique cela paroisse facile d'après les dispositions du Code civil, néanmoins il est nécessaire de faire quelques observations, pour se former des idées justes sur certains de ces cas d'incapacité.

Cette incapacité porte sur les femmes mariées, sur les mineurs, sur les interdits, même sur ceux qui, sans être interdits, auroient été pourvus d'un conseil judiciaire; cette incapacité concerne encore les administrateurs des biens des absens.

Des femmes mariées; de celles qui

33. Quant aux femmes mariées, il y a d'abord une distinction à faire entre celles qui sont mariées sous le régime de la communauté, et celles qui le

sont

sont sous le régime dotal. Les premières ont plus de liberté que les autres. sont sous le régime de la communau-té. Cette différence tient à la nature des principes qui règlent ces deux régimes. On peut voir ce que je dis sur cette différence, et sur les effets et les avantages respectifs de ces deux régimes, chap. III, sect. Iʳᵉ.

Il y a sur cette matière un article infiniment important, et qui a besoin d'être médité, pour être bien entendu ; je veux parler de l'art. 217 du Code civil. Il y est dit : « La femme, même non commune, ou séparée de biens, ne peut donner, aliéner, hypothéquer, acquérir à titre gratuit ou onéreux, sans le concours du mari dans l'acte, ou son consentement par écrit. » Cet article ne reçoit son application avec exactitude, selon les différens cas, qu'autant qu'il est combiné avec les articles qui composent les chap. 2 et 3 du titre *du contrat de mariage*. Et d'abord, lorsque cet article dit, la femme *même non commune*, il ne faut pas en conclure qu'il ait entendu parler d'une femme qui seroit *mariée sous le régime dotal*. La raison en est qu'une femme peut n'être pas sous le régime dotal, et cependant n'être pas, à proprement parler, commune en biens. En effet, l'art. 1530 suppose une clause portant que les époux se marient sans communauté ; les articles suivans en règlent les effets. L'art. 1536 suppose la clause de séparation de biens, stipulée dans le contrat de mariage ; et cependant la stipulation de l'une et l'autre de ces clauses ne place pas la femme sous le régime dotal ; on en est convaincu si l'on consulte les art. 1391, 1392, 1393 et 1529. Ensuite, ce même art. 217 parle seulement de l'incapacité de la part de la femme *même non commune* ou séparée de biens, de donner, d'aliéner, d'hypothéquer et d'acquérir à titre gratuit ou onéreux, sans le consentement du mari ; il n'y est rien dit sur la faculté de s'obliger de la part de la femme ; or, elle a cette faculté, ou elle en est privée, selon divers cas qui sont indiqués par la loi dans des articles qu'il faut combiner avec cet art. 217. Quel est donc, en dernière analise, le résultat de cet article ? Le législateur a voulu y consigner un principe général, et qui devient une espèce de régulateur sur l'effet des engagemens contractés par les femmes mariées. Ce principe est que, quelque latitude que le Code civil donne à la femme relativement aux engagemens qu'elle peut contracter, ces mêmes engagemens doivent toujours être subordonnés à l'autorisation du mari ; et si, dans cet article, on a gardé le silence sur la simple faculté de s'obliger, c'est parce que les cas où il est juste que la femme puisse s'obliger sans le consentement de son mari, sont prévus spécialement par la loi ; ce qui arrive principalement lorsque l'obligation est faite par la

Tome I.   H femme séparée de biens, et que cette obligation ne porte pas sur les biens dotaux. La nécessité de l'autorisation du mari est établie dans l'intérêt de la femme et dans des vues morales. Il faut que le mari puisse veiller à la conservation des biens de son épouse; et toute acquisition d'immeubles, faite par la femme, ou toute donation dont elle seroit gratifiée, doit avoir une origine connue. Telles sont les idées qu'on puise dans la discussion au Conseil d'état, sur l'art. 217. *Voyez les Confér. du Code civil, tom.* 2, *p.* 108 *et* 109.

Ainsi, en venant aux obligations que les femmes mariées peuvent consentir avec hypothèque, on voit, dans le chap. 2 du titre *du contrat de mariage*, qu'en général celles qui sont mariées sous le régime de la communauté ont capacité d'obliger, d'hypothéquer, et même d'aliéner leurs biens dotaux, mais avec l'autorisation de leurs maris. Il me suffit de dire ici, en général, que toutes les fois que la loi donne la faculté d'aliéner, cette faculté emporte virtuellement la faculté d'hypothéquer, quoique cette faculté d'hypothéquer ne soit pas à la suite de la faculté d'aliéner. Ainsi, par exemple, il n'est parlé dans les articles 1535 et 1537 que de la faculté d'aliéner: or, il est sensible, d'après les principes ci-dessus posés, que cette faculté emporte avec elle celle d'hypothéquer; mais les conditions imposées et les formalités prescrites pour l'aliénation sont toujours communes à la faculté d'hypothéquer.

Des femmes mariées sous le régime dotal.

34. Venons aux obligations des femmes mariées sous le régime dotal. Ne pouvant pas participer aux résultats de l'économie et aux fruits des travaux et de l'industrie de leurs maris, à la différence de celles qui sont sous le régime de la communauté, la loi les en indemnise en veillant plus particulièrement à la conservation de leurs biens propres; c'est dans ces vues qu'elles ont bien moins de liberté relativement à la faculté d'aliéner et d'hypothéquer. L'art. 1554, qui a pour objet le régime dotal, porte que les immeubles constitués en dot ne peuvent être aliénés ni hypothéqués pendant le mariage, ni par le mari, ni par la femme, ni par les deux conjointement, sauf les exceptions qui suivent. Ces exceptions sont dans les articles 1555, 1556, 1557 et 1558. Il suffit de remarquer que, dans le cas des articles 1555 et 1556, il s'agit seulement du pouvoir de donner, de la part de la femme, avec l'autorisation de son mari, pour l'établissement des enfans; mais la donation étant une aliénation, il s'ensuit que la femme, dans les mêmes cas, a le pouvoir d'obliger et d'hypothéquer ses biens dotaux. L'obligation avec hypothèque peut avoir le

même effet que la donation, relativement à l'objet que le législateur a eu en vue; et elle peut être plus utile à la femme, selon l'état et l'arrangement de sa fortune. De même, dans le cas des articles 1557 et 1558, on voit seulement la faculté d'aliéner, et, d'après le rapport qui existe entre l'aliénation et l'hypothèque, cette faculté d'aliéner emporte celle d'hypothéquer : car la seule obligation avec hypothèque, qui devroit toujours être faite avec les mêmes formalités, excepté toutefois la formalité des enchères, pour le cas prévu par l'art. 1558, peut produire, en faveur de la femme, le même effet et avec plus d'avantage.

Mais, hors des cas énoncés dans les articles 1557 et 1558, la femme ne peut pas plus obliger ses droits dotaux mobiliers, qu'elle ne pourroit obliger et hypothéquer ses biens dotaux immobiliers.

Il s'étoit élevé, relativement à la capacité de s'obliger de la part de la femme, la question de savoir si l'interdiction, prononcée contre elle, d'obliger ses biens sous le régime dotal, même avec l'autorisation de son mari, hors les cas exceptés par la loi, devoit avoir lieu pour les biens mobiliers dotaux, comme pour les biens immobiliers de même nature; mais l'affirmative ne pouvoit éprouver de difficulté. Sous ce régime, tout tend à la conservation de la dot, et dès lors tout ce qui étoit dotal devoit demeurer intact en faveur de la femme et des enfans. Tous les biens dotaux, quelle qu'en soit la nature, présentent les mêmes ressources, et deviennent également l'objet de la loi, dans l'esprit de ce régime. Je me contenterai d'indiquer, à ce sujet, quelques arrêts. La Cour de cassation, par un arrêt du 1er février 1819, a appliqué à une femme mariée sous le régime dotal établi par le Code civil, le principe qui émane des lois romaines, et qui a de tout temps été suivi dans les pays régis par ces lois, que la dot mobilière est frappée de la même inaliénabilité que la dot immobilière. Elle a jugé, en conséquence, que l'obligation solidaire, contractée par deux époux mariés sous le régime dotal, ne peut, après la séparation de biens, être poursuivie sur la dot de la femme, quoique cette dot ne consiste qu'en une somme d'argent. Un autre arrêt de la même Cour, du 28 juin 1810, avoit déjà jugé, d'après les mêmes principes, qu'une femme mariée en pays de droit écrit, n'avoit pu, sous le Code civil, et dans un pays anciennement coutumier où son mari avoit transporté son domicile, renoncer au profit des créanciers de ce dernier à l'hypothèque qu'elle avoit sur ses biens à raison des sommes qui avoient été constituées en dot.

H 2

Enfin, deux arrêts de la Cour royale de Limoges, l'un du 18 juin 1808,
l'autre du 8 août 1809, ont jugé qu'on n'avoit pu obtenir des condamnations contre des femmes mariées sous le régime dotal, et séparées de biens,
pour des objets qui leur avoient été fournis, et dont il paroissoit même que
le mari et les enfans avoient profité. Il y avoit des circonstances infiniment
favorables qui tendoient à faire légitimer ces emprunts. Cependant la
rigueur des principes, dès que ces femmes n'étoient autorisées en justice
ni à vendre ni à hypothéquer, détermina à prononcer la nullité des condamnations et des inscriptions hypothécaires qui avoient été prises sur leurs
immeubles dotaux. Ces décisions sont absolument conformes aux principes
relatifs à l'inaliénabilité de ces biens. Mais je dois faire remarquer que ces
deux arrêts donnent à entendre que l'hypothèque qui résultoit des jugemens de condamnation rendus contre la femme, pourroit demeurer sur
les biens extradotaux qui lui appartenoient (1).

Pour être convaincu que l'inaliénabilité des biens dotaux frappe les
biens mobiliers et les biens immobiliers, il suffit de porter quelque attention sur les articles 1540, 1541 et 1542. Il en résulte évidemment que toutes
les fois que le régime dotal est établi, tous les biens quelconques de la
femme, soit mobiliers, soit immobiliers, sont dotaux. L'article 1554 parle
seulement des immeubles dotaux; mais pourquoi? C'est parce qu'alors le
législateur vouloit seulement s'occuper de l'interdiction d'aliéner et d'hypothéquer, qui s'appliquoit principalement aux immeubles. Mais il ne reste
pas moins pour vrai que, d'après l'esprit et l'économie générale de la loi,
la dot, même mobilière, doit, comme la dot immobilière, demeurer intacte
au profit de la femme exclusivement au mari, qui ne peut se l'approprier
directement ni indirectement, dès que la femme ne pourroit en être indemnisée par une participation aux biens qui seroient acquis pendant le
mariage.

Mais par rapport aux biens paraphernaux qui forment une nature de biens
admise principalement sous le régime dotal, il y a d'autres règles. La femme
peut aliéner ses biens, en disposer, et les hypothéquer lorsqu'ils sortent
nature d'immeubles, mais seulement sous l'autorisation du mari. *Art.* 1576.

(1) Sur les quatre arrês que je viens de citer, on peut voir Denevers, an 1819,
pag. 129; an 1810, pag. 357; an 1809, pag. 11; et Sirey, an 1809, 2ᵉ partie,
pag. 387.

La nécessité de cette autorisation est une suite de l'art. 217, et de ce que j'ai dit au numéro précédent, en m'expliquant sur cet article.

35. Sous le régime de la communauté, la femme, quoique séparée de biens, ne peut aliéner, et par conséquent obliger et hypothéquer ses immeubles qu'avec l'autorisation de son mari, ou, à son refus, celle de la justice. Telle est la disposition de l'art. 449. La séparation de biens n'apporte, sous ce régime, aucun changement à la capacité de la femme. Cette séparation ne l'investit que de l'administration de ses biens. Mais les liens du mariage ne laissent pas de subsister; et toujours, d'après le principe général consigné dans l'art. 217, la femme séparée de biens est soumise, au moins en ce qui concerne la disposition de la propriété de ses biens, à l'autorisation du mari.

On a dû être étonné de voir élever, sous le régime dotal, la prétention que la femme étant séparée de biens, pouvoit aliéner et hypothéquer ses biens dotaux, avec l'autorisation du mari. Cette opinion étoit grandement erronée; elle ne pouvoit se soutenir, d'après l'interdiction absolue portée par l'art. 1554, qui règle particulièrement les droits de la femme sous le régime dotal. Cette interdiction existe dans tous les cas, soit que la femme soit séparée de corps et de biens, ou de biens seulement, soit que cette séparation n'existe pas : l'autorisation du mari, sous ce régime, n'habiliteroit la femme, en aucun cas, à aliéner ou hypothéquer ses biens dotaux. Ce qui avoit donné lieu à l'erreur, c'est la disposition écrite dans l'art. 1449, qui, s'appliquant sur les effets de la séparation, soit de corps et de biens, soit de biens seulement, veut que la femme ainsi séparée puisse aliéner ses immeubles, avec le consentement du mari, ou l'autorisation de la justice. Mais cet art. 1449 a seulement trait, sous le rapport de l'aliénabilité des immeubles, au régime de la communauté; il est absolument étranger, à cet égard, au régime dotal, sous lequel la liberté de disposer, de la part de la femme, est réglée uniquement par l'art. 1554. Comme sous le régime de la communauté, la femme ne peut aliéner ou hypothéquer ses biens qu'avec l'autorisation du mari, le législateur a craint qu'on ne pensât que la séparation de corps ou de biens dût l'affranchir de cette autorisation; et c'est par cette raison qu'il a déclaré le contraire dans cet art. 1449. Mais en suivant l'analogie qui existe entre les art. 1449 et 1554, de même que, sous le régime de la communauté, le pouvoir de la femme n'augmente pas par la séparation; de même aussi, malgré cette circonstance, la femme n'acquiert

De la femme séparée de biens.

pas plus de liberté sous le régime dotal. L'art. 1563, qui est sous la rubrique du régime dotal, dit que, si la dot est mise en péril, la femme peut poursuivre la séparation de biens, ainsi qu'il est dit aux art. 1443 et suivans, ce qui s'étend à l'art. 1449; et de là on a cru pouvoir en conclure que ce dernier article s'appliquoit au cas du régime dotal, comme à celui de la communauté.

Mais cette manière de raisonner étoit très-vicieuse. Le législateur, en renvoyant dans l'art. 1563 aux art. 1543 et suivans, n'a eu en vue que ce qui concernoit les formes de la séparation de biens, sur lesquelles il n'a pas voulu se répéter; mais on ne peut supposer qu'il ait entendu appliquer au régime dotal les effets de la séparation indiqués pour le régime de la communauté. N'y ayant pas eu de déclaration expresse pour le régime dotal, ce qui est réglé par l'art. 1554, concernant uniquement ce régime, demeure absolu. Tel est l'esprit de toute la législation nouvelle, conforme à cet égard à l'ancienne, et notamment à la loi 29, au Cod. *de jure dotium*, qui est précise. Ainsi, la femme mariée sous le régime dotal, séparée ou non, ne peut aliéner ni hypothéquer ses biens dotaux, même avec l'autorisation de son mari, sauf les exceptions établies par la loi. Ce qui doit faire disparoître toutes difficultés sur cette question, c'est un arrêt de la Cour de cassation, du 19 août 1819, qui l'a ainsi jugé. *Denevers*, *même année*, *pag.* 503. On trouvera les vrais principes de la matière, soit dans le dispositif de cet arrêt, soit dans les développemens lumineux que présente l'arrêt de la Cour royale de Rouen, contre lequel on s'étoit pourvu; soit encore dans des observations qui ont été faites par l'auteur du Recueil, à la suite de l'arrêt de la Cour de cassation.

Il reste à faire une remarque sur la faculté de s'obliger, de la part de la femme séparée, sous les deux régimes, relativement aux revenus de ses biens et à son mobilier. D'après la seconde partie de l'art. 1449, elle peut en disposer librement. Quoiqu'il ne s'agisse pas alors d'une faculté d'hypothéquer, mais seulement d'une simple faculté d'obliger, ces objets n'étant point susceptibles d'hypothèque, il est bon que j'en dise un mot, ayant vu élever des difficultés à ce sujet. Les termes de cette seconde partie de l'article 1449 ne se retrouvent pas sous la rubrique du régime dotal; mais on ne doit pas moins supposer, sous ce dernier régime, la même faculté de la part de la femme séparée. Il y en a une raison bien simple; c'est qu'il y a, à cet égard, identité de motifs pour les deux régimes. Sous l'un et sous l'autre, la séparation de biens a l'effet de retirer des mains du mari l'administration de ces objets, et de l'attribuer à la femme. Telle est l'origine de la faculté qu'a la femme d'en disposer librement. Les nouveaux principes, à ce sujet, sont conformes aux anciens.

Cependant, il peut y avoir des cas où l'intérêt de la femme et de sa famille exigeroit qu'elle fût gênée dans la liberté de disposer de ses biens mobiliers ou de les obliger, surtout s'ils provenoient de sa dot mobilière. Si la femme étoit disposée à les dissiper, il en résulteroit un malheur pour ses enfans; cette dissipation pourroit encore être préjudiciable au mari. Cela arriveroit sous deux rapports : en premier lieu, parce que, d'après l'art. 1448, la femme, quoique séparée de biens, doit contribuer, proportionnellement à ses facultés, tant aux frais du ménage qu'à ceux d'éducation des enfans communs; en second lieu, parce qu'il peut avoir été assuré au mari des gains de survie sur les biens de la femme, qni s'évanouïroient si elle avoit la liberté de les dissiper. Aussi, suivant la jurisprudence ancienne de certains tribunaux, en même temps qu'on prononçoit la séparation de biens, on ordonnoit un placement utile des deniers dotaux de la femme, dont elle touchoit seulement les revenus. Le Code civil n'a peut-être pas poussé assez loin les précautions à cet égard. Mais rien n'empêche, en pareil cas, que la sagesse des tribunaux n'y supplée soit d'office, soit sur la demande du mari et des parens, ou du ministère public.

J'ai remarqué des arrêts qui, suivant les circonstances, ont prescrit des précautions. La Cour royale de Riom, 1re chambre civile, dans un arrêt du 29 août 1821, par lequel une séparation de biens fut ordonnée, en infirmant un jugement, prononça la disposition suivante : « Et néanmoins, attendu qu'il est convenable, dans l'intérêt du mariage, de pourvoir à ce que la dame..... (dont la séparation de biens étoit ordonnée) ne puisse dissiper les sommes qu'elle pourra toucher sur sa dot mobilière, la Cour ordonne qu'elle ne puisse recevoir les sommes à elle dues, provenant de la succession de sa mère, ainsi que celles qui proviendroient de toutes autres successions qui pourroient lui échoir à l'avenir, qu'à la charge qu'il en sera fait un emploi ou un placement utile et sûr, pour par elle en toucher les revenus, lequel emploi ou placement sera fait de l'avis d'un conseil de famille convoqué en la manière ordinaire. « Voyez Sirey, 1820, 2e part., p. 310; et un arrêt de la Cour de cassation, du 24 juillet 1821. Denevers, même année, p. 449.

36. A l'égard de la femme marchande publique, pour déterminer la   De la fem-

mesure des engagemens qu'elle peut contracter, il faut combiner l'article 220 du Code civil avec les articles 5 et 7 du Code du commerce.

L'article 4 du Code de commerce porte que la femme ne peut être marchande publique sans le consentement de son mari. On conçoit que ce consentement doit être consigné dans un acte authentique, puisque, comme on va le voir, la femme déclarée marchande publique peut, dans un cas, obliger aussi son mari. Il est dit, dans l'article 220 du Code civil, que la femme marchande publique peut, sans l'autorisation de son mari, s'obliger pour ce qui concerne son négoce; et qu'audit cas, elle oblige aussi son mari, s'il y a communauté entre eux. La même disposition est contenue dans l'art. 5 du Code de commerce; mais la disposition de l'art. 7 du même Code, est particulièrement remarquable. Il y est dit que les femmes marchandes publiques peuvent engager, hypothéquer et aliéner leurs immeubles; mais il est ajouté : « Toutefois leurs biens stipulés dotaux, quand elles sont mariées sous le régime dotal, ne peuvent être hypothéqués ni aliénés que dans les cas déterminés et avec les formes réglées par le Code civil.»

La discussion au Conseil d'état, sur cet article 7, apprend que cette disposition modificative y fut insérée pour expliquer le sens de l'art. 220 du Code civil. Ce dernier article présentoit une latitude telle, relativement à la capacité de la femme marchande publique, qu'on craignoit qu'on en tirât l'induction qu'elle pût hypothéquer et même aliéner ses biens dotaux. Mais l'importance de ces biens, et la faveur que mérite leur conservation, ont fait assimiler, à l'égard de ces biens, la femme marchande publique à toutes les autres femmes mariées; et la capacité de s'obliger, de la part des femmes marchandes publiques, a été restreinte à leurs biens autres que ceux qui sont dotaux, sauf, à l'égard de ces derniers, les formalités requises par la loi, s'il y avoit nécessité de les vendre.

37. Relativement aux mineurs, il faut distinguer celui qui n'est pas émancipé, de celui qui l'est. Quant au mineur non émancipé, il n'a jamais pu hypothéquer ses biens. *Pupillus*, est-il dit dans la loi 1re, ff. *quæ res pign., sine. tutoris autoritate hypothecam dare non potest.* Il n'a, par conséquent, jamais pu vendre, ni même contracter aucune sorte d'obligation : il n'a jamais pu être représenté que par son tuteur. Cependant, ses immeubles peuvent être hypothéqués, même conventionnellement et

avec

avec spécialité, mais ce ne peut être que par le ministère d'un tuteur et dans les cas prévus, et avec les formalités prescrites par l'art. 457 du Code civil et les suivans, et par l'art. 2126. Alors tout ce qui a été fait avec les formalités doit être considéré comme si c'eût été du fait même du débiteur en majorité, d'après l'art. 1314 du même Code. Suivant le même article 2126, les jugemens rendus contre les tuteurs impriment la même hypothèque sur les biens des mineurs que les jugemens rendus contre des majeurs.

Par rapport au mineur émancipé, il résulte de la combinaison des articles 481, 483 et 484, que quoiqu'il puisse faire, seul, des actes d'administration, il ne faudroit pas en conclure qu'à l'occasion de ces actes il pût aussi, seul, emprunter, aliéner, et, par conséquent, hypothéquer, sans les formalités prescrites pour les emprunts par l'art. 483, et sans celles prescrites pour les aliénations, et, par conséquent encore, pour les hypothèques, par l'art. 484. Les emprunts, et surtout les aliénations et les hypothèques, sont des actes d'un autre genre, et bien plus importans que ceux relatifs seulement à l'administration. Les engagemens pour ces derniers actes peuvent affecter le mobilier et les revenus des immeubles, mais jamais les immeubles mêmes, sans les formalités prescrites par les articles 483 et 484. En sorte qu'on peut dire que notre législation, relativement aux mineurs émancipés, revient à l'ancienne. C'étoit une maxime, en France, que le mineur émancipé étoit maître de son mobilier et des revenus de ses immeubles; mais il ne pouvoit jamais aliéner ni hypothéquer les immeubles, sans les formalités requises, en pareil cas, pour les mineurs non émancipés. On peut, à ce sujet, consulter Argou, *Institut. au droit français*, tom. 1er, liv. 1er, ch. 8, *pag.* 64, *édition de* 1753, et Pothier, *Introd. au tit.* 9 *de la Coutume d'Orléans*, § 4, n° 23, ainsi que son commentaire sur l'art. 181 de la même Coutume. On voit dans cet article et dans les observations de Pothier, les vrais principes anciens, et qui sont absolument conformes à ceux qui se tirent des articles 481, 483 et 484 du Code civil. Mais, quant au mode et aux cas de restitution des mineurs émancipés contre leurs engagemens, l'ancienne jurisprudence étoit vacillante ; au lieu que l'art. 481 du Code présente, à cet égard, une législation fixe.

38. Les principes qui concernent le mineur émancipé commerçant, se puisent dans l'art. 487 du Code civil, et dans les articles 2 et 6 du

Du mineur émancipé commerçant.

Code de commerce. Il est dit, dans l'art. 487 du Code civil, que le mineur
émancipé, qui fait un commerce, est *réputé majeur* pour les faits relatifs
à ce commerce. Cet article ne contenoit que l'indication d'un principe
qui avoit besoin d'être organisé, et qui le fut en effet lorsqu'on s'occupa
du Code de commerce. L'article 2 de ce dernier Code a prescrit des formalités dont l'observation est indispensable, pour que le mineur émancipé
puisse, aux yeux de la société, être réputé commerçant, et s'obliger avec
effet sur ce qui concerne cette qualité. La disposition de l'art. 6 mérite
de fixer l'attention : « Les mineurs marchands autorisés, comme il est
dit ci-dessus (art. 2), peuvent engager et hypothéquer leurs immeubles.

» Ils peuvent même les aliéner, mais en suivant les formalités prescrites par les art. 457 et suivans du Code civil. »

S'il faut ne faire rapporter qu'aux aliénations l'observation restrictive
des formalités, énoncée dans la seconde partie de cet article, et s'il faut
admettre que la faculté d'hypothéquer soit affranchie de ces formalités,
il en résultera une espèce d'antinomie avec le principe que j'ai posé au
n° 31, que la faculté d'hypothéquer est corrélative avec la faculté d'a-
liéner; en sorte que, la seconde n'existant pas, la première devroit disparoître; lequel principe se tire de l'art. 2124 du Code civil. Il paroîtra
singulier qu'un mineur marchand puisse hypothéquer ses immeubles,
pour les faits de son commerce, de son propre mouvement, et sans la
gêne d'aucunes formalités, tandis qu'il ne pourroit pas les aliéner sans
des formalités; les hypothèques, par leurs suites, pouvant produire le
même effet que les aliénations. La faculté d'hypothéquer peut même présenter plus d'inconvéniens, en ce qu'on peut y être porté plus facilement, parce qu'on n'y voit pas d'abord le même danger que dans la vente,
qui présente, au premier aspect, l'idée d'un dépouillement.

Mais les raisonnemens doivent céder à la disposition précise d'une loi.
Or, on ne peut s'empêcher de voir dans l'art. 6 du Code de commerce, par
exception au principe général, que le mineur marchand peut, seul et librement, hypothéquer ses immeubles, mais qu'il ne peut les aliéner qu'avec
l'observation des formalités qui y sont prescrites. La texture de l'article
conduit nécessairement à cette idée; car de la manière dont il est conçu et
divisé dans ses parties, on ne peut pas appliquer l'observation des formalités
tout à la fois à la faculté d'hypothéquer énoncée dans le premier paragraphe,
et à celle d'aliéner qui est l'objet du second. On découvre d'ailleurs cette

intention dans la manière dont s'est expliqué l'orateur du tribunat, M. Jard-Panvilliers, dans son rapport. « Ils (la femme marchande publique et le mineur commerçant) peuvent s'obliger pour ce qui concerne leur négoce; la femme oblige même son mari, s'il y a communauté entr'eux. Ils peuvent engager et hypothéquer leurs immeubles, et même les *aliéner*, toutefois avec les exceptions, suivant les formalités prescrites, et dans les cas déterminés par le Code civil pour l'aliénation des biens *des mineurs* et des biens des femmes *stipulés dotaux.*» Il est impossible de ne pas voir là une faculté indéfinie accordée au mineur marchand, en ce qui concerne l'hypothèque, et un assujettissement à l'observation des formalités, mais seulement quant à l'aliénation. L'orateur du gouvernement, dans l'exposé de ses motifs, ne donne pas des idées assez précises pour qu'on puisse fonder une opinion sur la manière dont il s'exprime.

Mais la faculté accordée au mineur de devenir commerçant, est plus sagement organisée dans notre législation qu'elle ne l'étoit dans l'ancienne. On se contenta, dans l'art. 6 du tit. 1er de l'ordonnance de 1673, de confirmer, à cet égard, une jurisprudence plus ancienne qui réputoit aussi majeur, pour les faits de son commerce, le mineur émancipé qui étoit commerçant; mais on ne voit pas de formes établies pour qu'il pût, sans de graves inconvéniens, avoir ce titre de commerçant. Il pouvoit se le donner par sa propre volonté jointe à des faits de commerce. J'observerai qu'il est toujours bon que le mineur émancipé, commerçant, qui s'oblige par-devant notaire pour les faits relatifs à son commerce, ce qui emporte en faveur du créancier la faculté de prendre une inscription hypothécaire, déclare que *les deniers qu'il emprunte sont pour être employés dans ce commerce.* Jousse, sur l'article ci-dessus cité de l'ordonnance de 1673, en fait une espèce de nécessité, pour qu'en cas de contestation, celui qui prête ne soit pas réduit à l'obligation de faire la preuve de cet emploi. Il n'y auroit pas la même nécessité pour un simple billet *valeur reçue comptant*, que pourroit faire le mineur. Cet auteur indique encore des précautions pour le cas de l'aliénation que le mineur marchand auroit faite de ses biens, pour en employer le prix dans son commerce, ou à acquitter ce qu'il devroit. Mais ce que cet auteur dit à ce sujet est devenu inutile, d'après les formalités prescrites pour la faculté d'aliéner, par l'art. 6 du Code de commerce.

On sent aisément que tous les articles de loi que je viens de citer, sur les mineurs émancipés marchands, s'appliquent également aux filles

I 2

mineures émancipées qui seroient autorisées à faire un négoce, conformément à l'article 2 du Code de commerce. Il sembleroit encore que les mêmes dispositions législatives devroient s'appliquer au mineur émancipé qui seroit autorisé à exercer une industrie comme artisan. Tel paroît être l'esprit de l'article 3 du Code de commerce ; et ce qui déjà le feroit supposer, c'est la circonstance que l'article 1308 du Code civil met sur la même ligne, quant à la restitution contre les engagemens, le mineur commerçant et le mineur *artisan*, à raison de son art.

Des interdits et de ceux qui ont un conseil judiciaire. 39. Quant aux interdits et à ceux auxquels, pour cause de foiblesse ou de prodigalité, on donne un conseil judiciaire, il suffit de renvoyer, pour les premiers, aux articles 509 et 2126 du Code civil, qui les assimilent absolument aux mineurs, c'est-à-dire, aux mineurs non émancipés ; et, pour les autres, aux articles 499 et 515 du même Code. Ils sont tous liés par l'hypothèque conventionnelle donnée par les tuteurs pour les mineurs, et par ceux qui ont un conseil judiciaire, avec les formalités requises, de la même manière que si les mineurs l'eussent donnée en majorité, et les autres avant qu'on leur eût nommé un conseil : tout cela résulte de l'art. 1314.

Des hypothèques sur les biens des absens. 40. Il ne me reste qu'à parler des hypothèques qu'on peut se procurer sur les biens des absens. Il est dit, dans l'art. 2126 du Code civil, que leurs biens, *tant que la possession n'en est déférée que provisoirement*, ne peuvent être hypothéqués que pour les causes et dans les formes établies par la loi, ou en vertu de jugement. De ce que cet article comprend dans sa disposition, d'une manière complexe qui amène quelque obscurité, les absens avec les mineurs et les interdits, on pourroit croire, au premier coup d'œil, que ceux des parens des absens à qui la possession provisoire est déférée par l'article 128 pourroient, respectivement aux biens de ces absens, les hypothéquer, comme pourroient faire les tuteurs des mineurs et des interdits, en observant les formalités imposées à ceux-ci ; mais ce seroit une erreur. L'art. 2126 doit se référer, en ce qui concerne les absens, à l'art. 128. Or, il est dit dans cet article : « Tous ceux qui ne jouiront *qu'en vertu de l'envoi provisoire*, ne pourront aliéner ni hypothéquer les immeubles de l'absent. » Cette disposition est indéfinie et absolue ; elle emporte, sans modification ni distinction, l'interdiction contre les parens qui ont eu l'envoi provisoire d'aliéner et hypothéquer les biens de l'absent. Que résulte-t-il de là ? C'est que les parens ne peuvent point consentir une hypothèque conventionnelle sur les biens des absens, même avec des formalités sous lesquelles les biens des mineurs et des interdits pourroient être assujettis à cette hypothèque par leurs tuteurs ; en sorte que la seule ressource qu'aient les créanciers des absens, est d'obtenir des jugemens, conformément à l'article 134, contre ceux qui jouissent provisoirement. Ces jugemens imprimeront sur les biens une hypothèque judiciaire, parce que ces biens sont toujours passibles de cette hypothèque. C'est ce qui a été judicieusement observé par M. Tarrible, dans son article du Répertoire de jurisprudence de M. Merlin, au mot *Hypothèque*, sect. 2, § 3, art. 6, nº 2 ; et par M. Favard, dans son Traité *des hypothèques*, pag. 15 et 16.

41. D'après ce qui vient d'être dit, on jugera facilement dans quel cas les stipulations d'hypothèques, de la part de ceux qui n'ont pas le plein exercice de leurs droits, seront valables ou non. Il faut observer que les hypothèques consenties par les personnes qui sont dans cette position seront nulles, lorsqu'elles ne se trouveront pas dans les cas où la loi les déclare valables, ou que ces hypothèques n'auroient pas été soumises aux formalités qu'elle prescrit, quoique la loi ne prononce pas expressément la peine de nullité. Ce n'est pas ici le cas d'invoquer la règle que les nullités ne se suppléent pas, qu'elles n'ont point lieu de droit. La raison en est que les articles que je viens de citer sont conçus en termes prohibitifs, *ne peut*, *ne peuvent*, et que ces termes emportent nullité de ce qui est fait contre ce qu'ils défendent, d'après la maxime de Dumoulin, si connue au palais, qu'il donne sur la loi 1ʳᵉ, ff. *de verb. oblig.*, nº 2 : *Particula negativa, præposita verbo* POTEST, *tollit potentiam juris et facti, designans actum impossibilem.* Dumoulin dit bien, à la vérité, que cette règle n'est pas toujours observée rigoureusement. Il explique, sur la Coutume de Paris, *gloss.* 3, *in verbo* PEUT, quelques cas dans lesquels la règle doit être modifiée. Mais il seroit inutile d'entrer ici dans une dissertation à ce sujet ; il suffit de dire que, d'après lui-même, ces mots, *ne peut*, emportent prohibition absolue, et par conséquent nullité de ce qui seroit fait contre ce qui est défendu, toutes les fois qu'il s'agit, comme dans le cas actuel, d'une matière dans laquelle la législation est de sa nature prohibitive. Il n'admet d'exception que *quandò materia non est de se prohibitiva.* On peut voir encore ce qu'il dit sur ces mots, *n'est leu ni permis*, de la Coutume locale de Menat, en Auvergne.

Conclusion de ce qui a été dit sur les incapacités d'hypothéquer. Observations sur les cas de nullités.

Il faut observer encore que, d'après l'art. 1125 du Code civil, les personnes capables de s'engager ne peuvent opposer l'incapacité du mineur, de l'interdit ou de la femme mariée avec qui elles ont contracté. Telle étoit aussi l'ancienne jurisprudence, et la raison en est simple; c'est que ce qui est introduit en faveur d'une personne ne peut pas être rétorqué contre elle; et la disposition de la loi cesse, quand ceux en faveur desquels la nullité est prononcée veulent y renoncer. Mais il en seroit différemment, si le contrat étoit infecté d'une nullité qui attaqueroit l'acte dans sa substance, telle que celle qui résulteroit du dol, de l'erreur ou de la violence, ou de ce qu'il seroit contraire aux mœurs, ou encore si l'acte étoit nul, à raison d'un vice de forme qui l'annuleroit dans son essence, de manière qu'on dût considérer l'acte comme n'existant pas. Ce seroit alors le cas d'invoquer la maxime *quod nullum est, nullum producit effectum*. La nullité absolue ou radicale excluroit toute idée de nullité simplement respective.

De l'effet de la ratification d'actes nuls. Principes généraux.

42. Mais il se présente encore à ce sujet des difficultés qu'il est indispensable d'examiner pour avoir des notions suffisantes sur la matière. Les personnes qui ont fait des obligations et qui ont stipulé des hypothèques, malgré la défense que leur en faisoit la loi, selon la position dans laquelle elles se trouvoient, peuvent ensuite, lorsqu'elles ont recouvré la capacité de contracter librement, ratifier les hypothèques primitives au profit de ceux en faveur desquels elles avoient été consenties ou de leurs héritiers; et si, entre les actes primitifs et les ratifications, il y a eu d'autres engagemens contractés, il faudra examiner quel sera le sort de ces engagemens; ce qui dépendra de la question de savoir si la ratification aura un effet rétroactif à la première hypothèque, de manière à la rendre valide du jour même où elle aura été donnée, ou si, au contraire, la ratification ne donne effet à cette première hypothèque que du jour même de cette ratification. On sent l'énorme différence qui peut résulter, relativement à l'intérêt de ceux qui ont contracté intermédiairement, de la fixation de l'effet du contrat ratifié au jour de la date de ce contrat, ou de la fixation de cet effet au jour seulement de la ratification.

Cette question a été traitée par un grand nombre d'auteurs anciens (1).

_____

(1) On peut consulter, entre autres, Mornac, sur la loi 16, ff. *de pignor.*; Ricard, *des donat.*, part. 1re, chap. 4, n° 1264; Duplessis sur Paris, pag. 381, 383 et 384, édition

L'étendue que la plupart d'entre eux ont donnée à leurs discussions, fait désirer un résumé de ce qu'ils ont dit, d'après lequel on puisse arriver, d'une manière simple et sûre, à une solution. Cela est d'autant plus nécessaire, que ces auteurs ne sont pas d'accord en tous points ; que, d'ailleurs, l'ancienne jurisprudence est susceptible de réformes sur plusieurs parties, à raison de l'introduction de la publicité des hypothèques, qui, comme on sait, a apporté un si grand changement dans les idées sur la législation hypothécaire : en sorte que plusieurs opinions anciennes, et même d'anciens arrêts, seroient aujourd'hui sans application. Il faut donc réduire la question dans les termes les plus simples, et approprier sa décision et les conséquences de cette décision au système de la publicité, qui fait la base de notre législation.

Or, c'est un principe certain que les ratifications rétroagissent de manière à rattacher la ratification à l'acte ratifié. Telle est la disposition de la loi 16, ff. *de pign. et hypot.* Elle est relative à un cas particulier où la ratification étoit absolument nécessaire pour valider un acte qui, dans son principe, étoit sans effet, puisqu'il y est question de la ratification de la part du propriétaire d'un objet qui auroit été hypothéqué par un autre, à son insçu. En voici les termes : *Si, nesciente domino, res ejus hypothecæ data sit, deindè posteà dominus ratum habuerit, dicendum est, hoc ipso quod ratum habet voluisse eum* RETRÒ CURRERE RATIHABITIONEM AD ILLUD TEMPUS QUO CONVENIT. Mais ce principe général est susceptible de deux conditions, qui sont enseignées, avec autant de brièveté que de simplicité, par Mornac, sur cette même loi.

La première est que, pour que la ratification soit valable en elle-même, et fasse revivre le contrat primitif qui vient se réunir à la ratification, pour ne faire ensemble qu'un même titre, il faut que la ratification soit faite par les mêmes personnes dont le concours, dans le principe, eût été nécessaire pour la validité de l'acte. *Si modò tamen*, dit Mornac, *duo extrema sint habilia; aliàs enim non retroagitur.* Cette condition s'appli-

---

de 1709 ; une forte dissertation au Journal du palais, tom. 1ᵉʳ, pag. 10, sur un arrêt du 23 juillet 1667 ; Basnage, *Traité des hypoth.*, chap. 3 ; d'Héricourt, *de la vente des immeubles*, chap. 11, sect. 2, nᵒˢ 7 et 8 ; Aureux des Pomiers, sur l'art. 171 de la Coutume de Bourbonnais, nᵒ 28, et sur l'art. 173, nᵒˢ 12 et suiv. ; et Pothier, Introduct. au tit. 20 de la Coutume d'Orléans, chap. 1ᵉʳ, sect. 2, § 2, nᵒ 24.

queroit au cas où une femme auroit engagé son propre bien, sans l'autorisation de son mari, et où celui-ci viendroit, dans la suite, ratifier cet engagement, mais après le décès de sa femme. *Veluti*, dit l'auteur, *si maritus ratum habeat contractum uxoris, eâ defunctâ.*

La seconde condition apportée par Mornac au principe général de la rétroactivité de la ratification au contrat primitif, et qui est infiniment importante, est que, quelque régulière que fût la ratification relativement à l'intérêt des parties contractantes, elle seroit absolument sans effet respectivement à l'intérêt des tiers, qui auroient acquis valablement des droits entre le contrat primitif et la ratification. *Distinctio tamen*, dit-il, *et in scholâ, et in foro, perpetua hæc est, ut nimirùm si agatur de præjudicio TERTII, retrò trahatur numquàm ratihabitio; SECUS SI DE SOLO RATIFICANTIS DAMNO.* Aussi Barthole, sur la loi *Si indebitum*, § *si procurator*, ff. *rem ratam haberi*, repoussoit l'effet rétroactif de la ratification, quand il étoit question de l'intérêt d'un tiers, en ces termes : *Quia actus medius interveniens, impedit ratihabitionem trahi retrò IN PRÆJUDICIUM TERTII, cui jus intermedio tempore quæsitum fuit.* Nous allons venir aux applications de ces principes.

43. Je distinguerai d'abord les hypothèques consenties par des femmes mariées, de celles qui ont été données par des mineurs.

Quant aux premières, si une femme mariée sous le régime dotal, ou sous un autre régime mixte dont le résultat fût également qu'elle ne pût ni hypothéquer ni vendre ses biens dotaux, les hypothéquoit, il est de toute évidence que cette hypothèque seroit absolument nulle ; en sorte que si, étant devenue libre, elle avoit hypothéqué ses biens à une autre personne, cette hypothèque devroit avoir son effet, et elle ne seroit pas annulée par la ratification qu'elle feroit après, du premier contrat constitutif d'hypothèque sur les mêmes objets. La ratification, dans ce cas, n'auroit point d'effet rétroactif au premier acte, au préjudice du tiers.

Il en seroit de même si la femme, d'après la position dans laquelle elle se trouveroit, ne pouvoit hypothéquer, soit ses biens dotaux, soit d'autres biens, qu'avec l'autorisation de son mari, et si elle les hypothéquoit sans cette autorisation ; ou si le mari les hypothéquoit seul, ou au nom de sa femme, ou avec promesse de rapporter la ratification de celle-ci. Dans ces deux cas, l'hypothèque que la femme, étant devenue libre, auroit consentie au profit d'une autre personne, ne recevroit aucune atteinte d'une ratification

tion qu'elle feroit postérieurement du premier contrat constitutif d'hypothèque. Tout cela résulte des principes que j'ai déjà développés, et notamment de la doctrine de Mornac (1).

La même discussion auroit lieu si, d'après un changement de législation,
un tiers eût eu, lors de la ratification de l'acte, un droit de résolution de ce
même acte, qu'il n'auroit pas eu d'après la législation qui auroit existé lorsque ce même acte auroit été passé. C'est en ce dernier sens que la Cour de
cassation a rejeté, le 12 décembre 1810, le pourvoi contre un arrêt de la Cour
royale de Riom. L'arrêt de la Cour de cassation est rapporté dans le Recueil
de Denevers, an 1811, pag. 63. Claudine Duvergier, épouse de Georges
Cotte, domiciliée dans une coutume de communauté, avoit des droits indivis avec un frère dans les successions de ses père et mère. Georges Cotte
vendit seul, comme mari, ces droits au sieur Gagnon, le 19 nivôse an 11,
avec promesse de faire ratifier la cession par sa femme. D'après la législation
existante à l'époque de cette vente, le cohéritier ne pouvoit pas exercer
la demande en subrogation de cession. Le 1ᵉʳ fructidor an 12, la femme
Cotte ratifia cette cession. Sur la demande en partage des deux successions,
formée par Gagnon contre Duvergier, frère de la cédante, celui-ci demanda
à être subrogé à l'acquisition faite par Gagnon, en vertu de l'art. 841 du
Code civil, antérieur à la ratification, lequel avoit fait revivre l'action en
subrogation du cohéritier, qui avoit été supprimée auparavant. Il s'éleva la
question de savoir s'il falloit se décider par la législation existante à l'époque
de la cession, ou par celle admise à l'époque de la ratification. Il fut jugé
que, s'agissant d'un acte nul dans le principe, il n'avoit eu d'effet que du
jour de la ratification, et qu'on avoit pu se décider par l'art. 841 du Code
civil, sans qu'il y eût de rétroactivité. L'espèce est, comme on voit, différente de celles que j'ai déjà posées; mais le principe est le même; il y
est également question de l'intérêt des tiers.

(1) J'ai vu, dans la troisième édition des Questions de droit de M. Merlin, au mot
Hypothèque, § 4, des opinions qui seroient contraires à ce qui vient d'être dit, au moins
sous certains rapports. J'ai seulement connu cette nouvelle édition, lorsque le présent
paragraphe de mon Traité s'imprimoit. Je crois ne devoir rien changer de ce que j'ai
écrit. Je ferai cependant quelques observations sur les opinions contenues dans ce § 4
de M. Merlin, et dans le § bis, sur l'effet de la ratification faite par une femme, devenue
libre, de l'obligation qu'elle auroit contractée ne l'étant pas, et qui seroit nulle dans le
principe. Voyez la note qui sera à la fin du nᵒ suivant.

Tome I.   K

Des ratifi-
cations d'ac-
tes nuls faits
par les mi-
neurs. 44. Je dois examiner quel est l'effet que doit avoir la ratification, faite par un majeur, d'un acte qu'il auroit passé en minorité, et qui contiendroit une stipulation d'hypothèque. Il faut déterminer l'effet de cette ratification, respectivement au tiers qui, dans l'intervalle de l'acte à la ratification, auroit reçu sur le même immeuble une hypothèque spéciale de la part de celui qui, depuis la première hypothèque, seroit devenu majeur et libre, et qui, au préjudice de la seconde hypothèque, auroit voulu ratifier la première. Ce qu'on peut dire de l'hypothèque spéciale, peut se dire également de l'hypothèque générale, telle que l'hypothèque judiciaire qui auroit frappé entre l'acte primitif et la ratification de ce même acte, ainsi que de l'hypothèque légale de la femme. Cela est d'autant plus vrai, par rapport à cette dernière hypothèque, qu'il est incontestable qu'elle frappe les biens du mari mineur, ainsi que ceux du mari majeur, à compter de la célébration du mariage, sans l'intervention d'aucun acte ni jugement.

Cette question a toujours été très-délicate. On en est convaincu lorsqu'on consulte les autorités que j'ai indiquées, en note, au n° 42. Ce qui a causé beaucoup de confusion, c'est qu'on ne distinguoit pas d'une manière assez précise, les moyens par lesquels les engagemens contractés par des mineurs pouvoient être attaqués. On mêloit très-facilement les nullités légales qui pouvoient vicier les engagemens, avec des moyens qui, tenant principalement à la minorité, étoient de simples moyens de restitution en entier, qui donnoient lieu à la rescision de l'acte. Le mineur étoit relevé parce qu'il étoit présumé avoir été victime de la foiblesse de son âge et de son inexpérience. Au premier cas, l'acte devoit être annulé, abstraction faite de la lésion ou de tous autres moyens qui auroient pu faire prononcer la simple restitution. Ces dernières circonstances ne devoient pas même être examinées. Au second cas, la rescision ou restitution du mineur contre l'acte étoit entièrement subordonnée à la question de savoir s'il y avoit ou non abus de sa minorité; cette question étoit purement de fait. Alors l'acte n'étoit pas nul dans le principe comme dans le premier cas, il étoit seulement susceptible d'être annulé. *Non nullus, sed annullandus.*

Mais lors même que l'action en simple rescision ou restitution, formée par le mineur, étoit rejetée, et que l'exécution de l'obligation eût dû être maintenue, la validité de cette obligation n'emportoit pas celle de l'hypothèque. On en sent la raison, c'est que le mineur n'auroit jamais dû pouvoir avec effet hypothéquer ses immeubles. La faculté d'hypothéquer est subordonnée à celle de vendre. Tels étoient les principes du droit romain, ainsi qu'on l'a vu au n° 31. Ainsi, lors même que l'obligation eût dû subsister, l'hypothèque n'auroit pas moins dû être annulée. Tel étoit le résultat de plusieurs lois particulières du droit romain, et notamment de la loi 3, au Cod. *de his qui veniam*, etc. Elle proscrit l'hypothèque qui seroit souscrite par le mineur, comme la vente qu'il feroit de ses immeubles. On retrouve les mêmes idées dans la loi Ire, § 4, et dans la loi 2, ff. *de rebus eorum qui sub tut.* L'obligation étoit toujours bien un engagement envers le créancier, mais c'étoit un engagement sans hypothèque.

Or, l'obligation seule lie bien la personne; elle frappe sur les objets mobiliers, mais elle n'affecte pas les immeubles. Cela résulte de la définition que j'ai donnée de l'hypothèque, au n° 4, et que je crois exacte: *Per hypothecam non obligatur persona debitoris, sed res.* Mais tout indique que par cela même que l'hypothèque étoit un accessoire inséparable de l'obligation, que cette réunion étoit de droit et sans stipulation, on avoit une propension à faire subsister l'une avec l'autre ; en sorte que si une obligation consentie par un mineur qui auroit eu des immeubles, étoit ratifiée lorsqu'il étoit majeur, la ratification, au moins d'après les décisions de quelques tribunaux, avoit un effet rétroactif à la date de l'obligation, tant pour l'hypothèque que pour l'obligation dont cette hypothèque étoit la suite.

Mais il faut en venir aux principes du Code civil. Or, on y voit bien plus énergiquement exprimée que dans l'ancien droit, la nullité de l'hypothèque, quoique l'obligation du mineur subsiste. Quant à celui qui n'est pas émancipé, il ne peut avoir plus d'autorité que son tuteur, et, d'après l'art. 457, le tuteur *ne peut* ni aliéner, ni *hypothéquer* les biens du mineur sans les formalités qui sont prescrites. L'interdiction d'hypothéquer est placée sur la même ligne que celle de vendre, relativement au mineur émancipé; l'art. 481 lui accorde une administration ; il veut qu'il ne soit restituable, respectivement à ces actes d'administration, que dans le cas où le majeur pourroit l'être. On voit là le principe d'une simple action en restitution ou rescision. L'emprunt ne lui est permis par l'art. 483, qu'avec des formalités qui y sont indiquées. Cette permission, limitée à l'emprunt, emporte l'exclusion d'hypothéquer. Cet article 483, en permettant l'emprunt, ne le fait que sous le rapport des actes d'administration auxquels il se réfère. Mais l'art. 484 lui interdit impérativement la faculté de vendre et d'aliéner, et par conséquent

K. 2

celle d'hypothéquer, qu'on ne peut séparer de la faculté de vendre. Enfin, le mineur, émancipé ou non, est, sans contredit, compris dans l'article 2124, qui dit que les hypothèques conventionnelles ne peuvent être consenties que par ceux qui ont la capacité d'aliéner les immeubles qu'ils y soumettent. L'art. 2126 prononce encore la nullité de toutes les hypothèques dont on voudroit grever les biens des mineurs indéfiniment. Jamais nullité n'a été prononcée d'une manière aussi précise. Il a donc été dans le vœu de la loi, que quelque sort que pût avoir l'obligation, l'hypothèque ne pourroit se soutenir.

L'hypothèque étant donc nulle, d'une nullité si formellement prononcée par la loi, on ne conçoit pas comment elle pourroit revivre par l'effet d'une ratification qui en seroit faite en majorité, au préjudice d'hypothèques conventionnelles, judiciaires ou légales qui auroient frappé utilement l'immeuble avant la ratification. Entre deux hypothèques établies sur des immeubles, on ne peut mettre en balance celle qui est régulière, qui est avouée par la loi, avec celle que la loi rejette et prohibe expressément. Ici revient parfaitement la doctrine de Barthole et de Mornac, que j'ai développée n° 42 : *Actus medius interveniens impedit ratihabitionem trahi retrò in præjudicium TERTII.* Nul doute que la ratification faite en majorité ne puisse avoir son effet, du débiteur qui ratifie au créancier; ainsi, la ratification assurera à ce dernier tout ce qu'il est possible qu'elle assure, et, par exemple, des dommages-intérêts à raison de l'inexécution de l'acte primitif, des jouissances perçues pendant la minorité de celui qui a consenti cet acte primitif, s'il s'agit d'une vente; des intérêts qui auroient été payés pendant cette même minorité, s'il est question d'une simple obligation. Tout cela concerne seulement le créancier et son débiteur qui ratifie. Aussi Mornac, en se prononçant contre l'effet rétroactif de la ratification, restreignoit cet effet au seul intérêt du débiteur qui ratifie, *secùs si agatur de solo ratificantis damno.* Mais la ratification est toujours impuissante à l'égard du tiers.

Voudroit-on répandre des doutes sur le genre de nullité de l'hypothèque qui auroit été consentie par le mineur en même temps qu'il auroit contracté son obligation, en se fondant sur la disposition de l'art. 1304 du Code civil? De ce que cet article porte en même temps sur l'action *en nullité ou en rescision*, et de ce que l'exercice de cette action est restreint à dix ans, voudroit-on en conclure que la nullité de l'acte, et par conséquent de l'hypothèque, tient à la rescision ou restitution; que, dès lors, ce n'est pas une nullité radicale, mais une simple nullité qui pourroit être prononcée, ou non, selon la nature des faits; qui pourroit être couverte par une ratification, laquelle ratification auroit un effet rétroactif au jour de l'acte? Mais ce seroit brouiller toutes les idées et introduire une confusion qui seroit la source de beaucoup d'erreurs. On sent donc l'importance dont il est, sous plusieurs rapports, de saisir avec justesse la disposition de cet art. 1304.

Il est incontestable que, conformément à l'ancienne législation, le mineur a une action en simple restitution ou rescision contre des conventions qu'il pourroit faire, desquelles il résulteroit contre lui des engagemens, abstraction faite de toute hypothèque; et ces engagemens pourroient ne frapper que sur sa fortune mobilière. Les art. 481, 1305 et 1306, ainsi que d'autres, présentent les cas qui pourroient faire naître cette action. Les auteurs du Code civil ont voulu déterminer la durée de l'exercice de cette action à dix ans, ainsi que cela avoit lieu avant ce Code; et tel a été l'objet de l'art. 1304. Mais suit-il de là que le mineur ne doive avoir que cette seule action en restitution qui est soumise aux faits, et qu'il ne puisse pas invoquer des nullités qui ont lieu *ipso jure?* c'est ce qu'on ne sauroit avancer. Il reste sans doute une nullité de ce genre pour l'hypothèque et pour la vente auxquelles le mineur auroit consenti pendant sa minorité; nullité qui fait que cette hypothèque, que cette vente doivent être considérées comme ayant été sans effet dès le principe. Il est vrai que le législateur a appliqué et à l'action en simple restitution ou rescision, et à l'action qui résulteroit d'une nullité légale, indépendante des circonstances, la nécessité de se pourvoir dans les dix ans. Mais la fixation de la prescription, pour être commune à toutes ces actions, n'en change pas la nature. Cet article comprend dans cette même prescription de dix ans la nullité relative aux actes passés par *les femmes mariées non autorisées;* or, pourroit-on dire, avec le moindre fondement, que cette dernière nullité n'est pas une nullité légale qui attaque l'acte dans son fondement?

Pour bien saisir la disposition de l'art. 1304, dont la rédaction est savante et mérite d'être méditée, il faut rapprocher de cette disposition l'art. 134 de l'ordonnance de 1539, article infiniment important, qui a été suivi jusqu'au Code civil, et qui néanmoins a été encore souvent et long-temps mal entendu. Avant cette ordonnance, disoit M. Bourdin, procureur du Roi au parlement de Paris, dans ses observations sur cet art. 134, il y avoit une grande diversité d'avis sur le délai qu'avoit le mineur pour réclamer.

Les uns lui accordoient trente ans, les autres moins; et on faisoit un nombre infini de distinctions. J'ajouterai que toutes ces difficultés qui dérivoient des textes du droit romain, qui présentoient beaucoup de confusion, étoient augmentées par la circonstance que ce droit attachoit à la *restitution en entier* une idée infiniment plus étendue qu'on ne faisoit en France. On y comprenoit, sous ce mot de *restitution*, le droit de se faire relever de tout préjudice quelconque, que l'on souffroit à cause d'erreur par son fait propre, ou par le fait d'autrui, pour avoir été mal défendu dans les contestations judiciaires, pour avoir éprouvé des vexations de la part d'un magistrat, et pour une infinité d'autres causes dont le détail seroit inutile. Telles sont les idées qu'on prend, notamment à la lecture du titre 2, liv. 4, ff., et même dans les titres 3 et 4. Le législateur chercha donc, par cet art. 134, à fixer les idées, et à simplifier la jurisprudence sur ce point. La durée de l'action, pour simple restitution, fut fixée à dix ans. Mais on connoissoit bien la distinction qu'il falloit faire entre ce cas de restitution et celui de la nullité proprement dite; et pour diminuer les procès, pour établir la tranquillité des familles, l'action en nullité qui étoit d'un autre genre, et qui, à la différence de la première, pouvoit être exercée pendant trente ans, fut soumise, ainsi que celle en restitution, à la même prescription de dix ans. On sent qu'il faut en venir au texte de cet art. 134.

« Nous voulons ôter aucunes difficultés et diversités d'opinions qui se sont trouvées par ci-devant sur le temps que se peuvent faire casser les contracts faicts par les mineurs; ordonnons qu'après l'âge de trente-cinq ans parfaits et accomplis, ne se pourra pour le regard *du privilége ou faveur de minorité*, plus déduire ne poursuivre la cassation desdits contracts en demandant ou en défendant par lettres de relièvement ou restitution, ou autrement, *soit par voie de nullité* (*pour aliénation des biens immeubles faite sans décret ni autorité de justice*), ou pour lésion, déception ou circonvention, sinon ainsi qu'en semblables contracts sera permis aux majeurs d'en faire poursuite par relièvement ou autre voie permise de droit. »

On voit bien marqués dans cet article le cas de la nullité légale, et celui de la simple restitution. On sent combien d'erreurs on feroit naître si on confondoit l'un avec l'autre. L'art. 1304 est conçu dans le même sens. Il n'y a qu'une seule différence entre cet article et celui de l'ordonnance, c'est que ce dernier ne comprenoit pas dans la prescription de dix ans l'action en nullité du contrat que la femme auroit fait en puissance de mari, et qui seroit nul, cet article se référant seulement aux actions quelconques du mineur; au lieu que ce cas de la nullité, concernant la femme mariée, est compris dans l'art. 1304, ce qui est une amélioration à notre législation. Or, suivant nos auteurs français les plus versés en jurisprudence, la nullité d'un acte fait par le mineur contre la prohibition de la loi, et qui affectoit ses immeubles, étoit indépendante du cas de restitution, et se régloit par d'autres principes. La nullité étoit radicale, parce qu'elle étoit prononcée d'une manière prohibitive, par les lois romaines et par la plupart des coutumes qui déclaroient nulle et invalide l'aliénation de ses immeubles. Avant l'ordonnance de 1539, cette nullité pouvoit être réclamée pendant trente ans; et ce ne fut qu'après cette ordonnance qu'on dut la demander dans les dix ans, parce que telle étoit la disposition précise de cet art. 134 qui avoit dérogé aux coutumes. Mais, pour réclamer cette nullité, il ne falloit pas obtenir des lettres de rescision, comme pour le cas de la simple restitution. C'est ce qu'on voit, notamment dans les commentaires d'Auroux des Pomiers, sur les art. 171 et 173 de la Coutume de Bourbonnais, et de M. Chabrol, sur l'art. 2 du tit. 14 de la Coutume d'Auvergne. L'art. 173 de la Coutume de Bourbonnais, remarquée de tout temps par sa savante rédaction, et qui aussi avoit été réformée, assimiloit les mineurs aux femmes mariées, quant à la nullité de la vente, de la donation, et autres actes; et le second des auteurs que je viens de citer, disoit que si la femme avoit trente ans pour demander la nullité, tandis que le mineur n'en avoit que dix, c'étoit uniquement parce que la restriction du délai à dix ans, établie par l'ordonnance à l'égard du mineur, ne l'étoit par aucune loi à l'égard de la femme. Aussi le célèbre Dumoulin avoit dit sur l'art. 173 de la Coutume de Bourbonnais, *Non est locus restitutioni sed nullitati*; et si dans la suite, par l'effet de l'habitude des praticiens de confondre le cas de la restitution avec celui de la nullité, on prenoit des lettres de rescision pour ces deux cas, quoiqu'elles fussent inutiles pour celui de la nullité, les tribunaux éclairés prononçoient la nullité, quand il y avoit lieu, en disant, *sans qu'il soit besoin de s'arrêter aux lettres de rescision.*

Voudroit-on prétendre encore que le second créancier qui auroit acquis une hypothèque du débiteur qui auroit souscrit la première obligation, lorsqu'il étoit en minorité, ne pourroit pas s'en prévaloir et attaquer la première hypothèque, si le premier acte n'étoit rescindable que pour cause de restitution? Voudroit-on prétendre que le second créancier paroîtroit alors

vouloir exciper d'un droit de rescision pour cause de lésion ; et que l'exercice de ce droit, de la part d'un créancier, au nom du débiteur auquel il
appartient, est repoussé par l'art. 1166 du Code civil, où il est dit que les
créanciers peuvent exercer tous les droits et actions de leurs débiteurs, à
l'exception de ceux qui sont *exclusivement attachés à la personne ?* Diroit-on
que l'exercice de cette action en rescision est un droit attaché à la personne,
que le second créancier ne pourroit pas exercer lui-même, en se mettant
aux droits du débiteur?

D'abord, il est hors de doute que l'action en rescision n'est pas un droit
attaché à la personne, et qu'un créancier peut la faire valoir en exerçant les
droits de son débiteur. Mornac, sur la loi 4, au Cod. *quandò fiscus, etc.*,
est l'auteur qui établit avec le plus de précision le droit des créanciers dans
les principes des lois romaines. Suivant ces lois, les créanciers n'avoient
pas précisément le droit d'exercer les actions du débiteur : ils pouvoient
seulement demander, par l'action révocatoire, la nullité des actes que le
débiteur avoit passés en fraude de ses créanciers. Mais cet auteur ajoute
que l'on s'étoit éloigné, à cet égard, de la jurisprudence romaine, et que les
créanciers pouvoient exercer les droits qui appartenoient à leurs débiteurs : *Recessimus in eo*, dit-il, *romanâ jurisprudentiâ*. Et on ne sauroit
voir comment le droit dont il s'agit est un droit attaché à la personne.

Denisart, qui rend à ce sujet, et fidèlement, les principes de la jurisprudence, dit, au mot *Créancier*, après avoir établi la règle générale,
Creditor in jus universum debitoris succedit : « En un mot, les actions
et *les priviléges personnels* du débiteur peuvent être exercés par ses créanciers, quand l'exercice *ne demande pas une acceptation précise* de la
personne à qui le privilége est accordé. »

Lebrun a expliqué ce principe avec étendue, dans son Traité des successions, liv. 2, chap. 2, sect. 2, n° 42 ; il donne en maxime que régulièrement un créancier peut exercer tous les droits de son débiteur, et s'y faire
subroger à cet effet, quand le débiteur refuse de les exercer lui-même ;
parce que ce refus passe pour une fraude manifeste, personne n'étant présumé abandonner ses droits à plaisir. Cet auteur n'excepte de cette règle
que certains droits qui sont tellement attachés à la personne, qu'un créancier ne pourroit pas les exercer. En suivant les idées de son temps, il citoit
pour exemple la saisie féodale, faute de rendre la foi et hommage, parce
que ce droit dérivoit du mépris fait au seigneur dominant ; ce qui lui étoit

absolument

absolument personnel. On pouvoit mettre de ce nombre le retrait. On pourroit y ajouter l'action en révocation d'une donation pour cause d'ingratitude. Enfin, Lebrun, au n° 46, va plus loin; il dit qu'un privilège, même personnel, qui contient quelque émolument, peut être exercé par les créanciers, pourvu que ce privilège ne demande pas *une acceptation précise* de la personne à qui il est accordé. En conséquence, il est permis, disoit-il, à un créancier d'accepter une succession du chef de son débiteur, en offrant de l'indemniser des événemens.

Le célèbre Cochin, plaidoyer 65, tome 3, page 232, a développé ce principe avec une nouvelle précision. « Il faut distinguer, a-t-il dit, les actions qui appartiennent à un débiteur pour conserver son bien, et celles qui lui appartiennent pour acquérir. » Il dit que les premières peuvent être exercées par les créanciers. Or, on doit placer dans cette classe une action rescisoire qui tend à conserver, et non à acquérir.

En un mot, ce qui forme le caractère principal des droits que le créancier peut ou non exercer au nom de son débiteur, est la qualité de *cessible* ou d'*incessible*. C'est ce qui caractérise ce qui est *personnel* ou ce qui ne l'est pas. Un droit est-il incessible, tel, par exemple, qu'un droit d'usage et d'habitation? il ne peut être exercé par un créancier. Mais peut-on en dire autant d'un droit de rescision qui ne s'éteint pas avec la personne de celui à qui il appartient, et qu'il transmet à ses héritiers? Aussi Charondas, en ses Réponses du droit français, *liv.* 9, *rép.* 25, rapporte un arrêt du 5 mars 1558, qui a jugé qu'un créancier, même chirographaire, pouvoit exercer une demande en entérinement de lettres de rescision pour raison de la lésion d'outre-moitié qui avoit lieu alors, en faisant valoir les droits de son débiteur. On sent qu'un pareil droit tient à une cause de *restitution*. Maynard, dans ses Questions notables du droit écrit, *liv.* 3, *chap.* 70, en cite un autre conforme du mois de juillet 1593. Je n'en connois aucun qui, depuis, ait jugé le contraire.

Ensuite, il ne faut pas perdre de vue que la rescision pour cause de simple restitution, que la circonstance même que le premier acte seroit confirmé, et que l'obligation conserveroit sa force, comme obligation, deviennent indifférentes sous le rapport de l'hypothèque qui, étant annulée et comme effacée par la loi, ne peut revivre par la ratification, qui ne peut nuire au tiers qui a acquis une hypothèque intermédiaire. Le droit de demander cette nullité appartient à toute partie intéressée à la

Tome I.   L faire valoir. D'ailleurs, l'intention de contester le premier engagement, ainsi que la première hypothèque, n'existe-t-elle pas dans celui qui les a consentis, d'après la nouvelle hypothèque qu'il a formellement donnée au second créancier sur les mêmes objets? Et celui-ci ayant reçu de ce débiteur une hypothèque valablement constituée, ou la loi la lui ayant conférée, même sans le secours de la convention, a-t-il pu en être dépouillé par une ratification tardive qu'on ne peut considérer, dans ce cas, que comme frauduleuse, et qui souvent seroit achetée d'un débiteur qui, dans un dérangement de fortune, n'auroit plus rien à ménager ni à perdre? On trouve un autre motif remarquable exprimé dans le Traité *des hypothèques* de Basnage, qui rapporte, *ch.* 3, *p.* 17 *et suiv.*, *édit. in-*12, des arrêts des parlemens de Rouen et de Bretagne, des 6 février 1668, 15 octobre 1652 et 4 février 1683, qui ont jugé dans les principes que je viens d'exposer. « Il étoit même, disoit Froland, avocat, de l'intérêt public de n'approuver pas les contrats de cette qualité, sous prétexte d'une ratification mendiée depuis la majorité du mineur; ceux qui étoient bien informés de son âge s'assurant qu'il ne pouvoit valablement contracter, seroient déçus facilement si l'on donnoit un effet rétroactif aux contrats qu'il auroit passés en sa minorité, en conséquence de la ratification qu'il en auroit faite après sa majorité. » Il est vrai que le contraire a été jugé par l'arrêt du parlement de Paris, du 23 juillet 1667, qui est au nombre des autorités que j'ai indiquées pour être consultées, au n° 42 ; mais je ne me fonde pas sur des arrêts qui se contrarient, sur lesquels il paroît même que les circonstances ont influé, et qui enfin doivent être appréciés d'après les dispositions du Code civil auquel ils doivent être soumis.

En effet, indépendamment des dispositions que j'en ai rapportées, tout ce qui vient d'être dit, relativement à l'intérêt du tiers qui a acquis une hypothèque intermédiaire, se confirme par l'art. 1338. Il y est dit que la confirmation, la ratification ou exécution volontaire d'une obligation contre laquelle la loi admet l'action en nullité ou en rescision (ce qui comprend tout), emporte la renonciation aux moyens et exceptions que l'on pourroit opposer contre cet acte ; et on y voit de suite ces termes bien importans, *sans préjudice néanmoins du droit des tiers.*

Enfin, venons à un arrêt de la Cour royale de Nanci, du 1er mai 1812, qui donne les idées les plus lumineuses sur cette question qui a été si fortement agitée, et si diversement jugée. Cet arrêt, par la justesse de

ses motifs puisés dans le Code civil, est propre à fixer toutes les incer-
titûdes. Il est, selon moi, tellement important, que je crois devoir mettre
en note sous les yeux du lecteur, non-seulement l'arrêt lui-même, mais
encore l'espèce sur laquelle il a été rendu, d'après le rapport qui en est
fait dans le recueil de Denevers, *an* 1812, *pag.* 102, *au suppl.* (1).

---

(1) Par un acte public du 7 juillet 1804, le sieur B....., mineur émancipé, souscrivit,
au profit du sieur D....., une obligation de la somme de 600 fr. qu'il reconnut avoir reçue
de celui-ci, et se soumit à la rembourser dans le délai de trois ans. Pour sûreté de ce
remboursement, il hypothéqua spécialement un immeuble situé dans l'arrondissement
du bureau de Nanci, où ce titre fut inscrit après.

B..... est arrivé à sa majorité le 5 mars 1805, et le 12 décembre de la même année,
la veuve N..... lui a prêté, par contrat, une somme de 2,000 liv., pour sûreté de laquelle
il hypothéqua spécialement le même immeuble.

B..... a vendu ce bien en février 1810; et, par suite de cette vente, il s'est élevé, au
tribunal civil de Nanci, une instance d'ordre entre ses créanciers hypothécaires.

La dame veuve N..... et plusieurs autres créanciers y ont soutenu que l'inscription
prise par le sieur D..... étoit nulle, comme ayant pour objet la conservation d'une hypothèque conférée par un mineur émancipé.

Celui-ci a, pendant l'instance d'ordre, ratifié, par acte sous seing privé, du 3 décembre
1811, son obligation.

Le 5 février 1812, jugement du tribunal civil de Nanci, qui déclare nulle l'inscription,
« Attendu que le sieur D..... applique faussement l'art. 2012 du Code civil, en
soutenant que les créanciers qu'il veut primer sont sans qualité pour lui contester la
validité de son contrat, en conséquence de son inscription. A la vérité, ils ne pourroient
faire annuler ni rescinder ce contrat, qui doit exister entre le créancier et le débiteur;
mais ils ont qualité pour débattre l'inscription consentie par B....., mineur, parce qu'elle
blesse le droit qu'ils tiennent de la loi, de ne pas être primés par une inscription nulle,
ayant été consentie par un mineur qui n'en avoit pas le pouvoir, aux termes de l'art. 2124,
et parce que tout ce qui se fait contrairement au texte précis de la loi *doit être censé ne
pas exister.* La ratification tardive sous seing privé, obtenue par D..... de son débiteur,
postérieurement aux poursuites exercées contre lui, ôte bien à B..... le pouvoir de faire
rescinder le contrat; mais elle ne peut valider une inscription nulle dans son principe.
L'interprétation donnée par D..... à l'art. 2116 ne peut être adoptée, étant contraire à
l'art. 2124, qui renferme, sans distinction, une disposition générale prohibitive. Ainsi,
D..... a titre obligatoire, mais qui ne lui confère aucune hypothèque; il doit donc être
primé par tous les créanciers inscrits. »

Le sieur D..... a appelé de ce jugement.

Il persistoit à soutenir, sur l'appel, 1°. que les intimés étoient sans qualité pour critiquer la validité de son inscription, parce que les créanciers ne peuvent exercer les droits
et actions purement personnels à leurs débiteurs, et que l'exception de minorité est dé-

L 2

On sent bien que tout ce que je viens de dire s'applique également au cas où le tuteur auroit consenti une hypothèque sur les biens du mineur, qui seroit nulle par le défaut de formalités ou autrement : le mineur qui, étant devenu majeur, auroit donné une hypothèque sur les mêmes biens, ne pourroit certainement pas ratifier ensuite la première hypothèque au préjudice de celui au profit duquel il en auroit stipulé une nouvelle (1).

---

clarée personnelle par la loi (art. 1166 et 2012 du Code civil); 2°. que les obligations contractées par les mineurs émancipés n'étant pas nulles, mais seulement sujettes à rescision dans le cas de lésion, leur ratification expresse ou tacite en fait remonter l'effet à l'instant où elles avoient été contractées ; que l'hypothèque étoit une partie intégrante et inséparable de l'obligation ; que la prohibition d'hypothéquer est, à l'égard du mineur, comme celle d'emprunter ; c'est-à-dire, que ces actes pouvoient être rescindés seulement lorsqu'il y avoit lésion.

On retrouve, en substance, la réponse des intimés, dans les motifs de l'arrêt suivant :

ARRÊT.

La Cour, sur les conclusions conformes de M. Jannot, conseiller auditeur, au nom de M. le procureur général ; — Attendu, 1°. que l'hypothèque n'ayant ses principaux effets que relativement aux créanciers hypothécaires, ceux-ci ont intérêt, et conséquemment qualité pour débattre les inscriptions qu'ils prétendent être entachées de nullité, soit en la forme, soit au fond ; que l'exception de minorité n'est personnelle au débiteur, dans le sens de l'article 1166 du Code civil, que relativement à l'obligation, et non à l'hypothèque ; — Attendu, 2°. que des art. 2124 et 2126, même Code, résulte la nullité absolue de l'hypothèque consentie par un mineur émancipé, sans l'observation des formes prescrites ; que la ratification expresse ou tacite du débiteur devenu majeur, valide, à la vérité, l'obligation par lui souscrite en minorité, parce qu'elle n'étoit point nulle, étant seulement sujette à rescision, mais qu'elle ne peut valider l'hypothèque qui a toujours été nulle, dès le moment de sa constitution, parce que, indépendamment des termes prohibitifs de la loi, la publicité du régime hypothécaire, et la connoissance certaine que les créanciers doivent avoir des charges qui pèsent sur les biens de leur débiteur, ne permettent pas qu'il soit au pouvoir de celui-ci de nuire à des droits acquis irrévocablement et de bonne foi, pouvoir dont le moindre appât détermineroit facilement l'exercice, de la part d'un individu totalement ruiné ; et en adoptant, au surplus, les motifs des premiers juges ; — Met l'appellation au néant, avec amende et dépens.

(1) Mon Traité étoit terminé, et l'impression de ce paragraphe étoit commencée, lorsque j'ai connu, pour la première fois, la troisième édition des Questions de droit de M. Merlin. J'y ai remarqué, tom. 3e, pag. 408 et suivantes, qu'il traitoit la question dont il s'agit avec beaucoup d'étendue et sous des rapports différens. J'y ai vu percer quelques opinions qui paroîtroient contraires aux principes que j'ai exposés. Après y avoir bien réfléchi, je persiste dans tous les principes que j'avois déjà développés dans ce n° 44, et

45. On devroit se régler par tous ces principes, et encore, à plus forte raison, dans le cas d'une nullité qui ne seroit pas, à proprement parler,

je pense qu'on y trouvera la réponse à tout ce que pourroit contenir de contraire le nouveau travail de M. Merlin. Cependant, je crois qu'il est à propos de faire quelques observations.

M. Merlin dit, pag. 413, 2ᵉ col. : « Il n'y a donc que le mineur qui puisse, dans les principes du droit romain, revenir contre l'hypothèque qu'il a consentie sans décret de justice. Les tiers avec qui il a contracté depuis ne peuvent donc pas en opposer la nullité ; elle conserve donc tout son effet contre eux, du moment que, parvenu à sa majorité, il la ratifie. Eh ! comment ne le conserveroit-elle point dans ce cas ? elle le conserveroit même s'il gardoit le silence. »

Je crois avoir démontré que, dans les principes du droit romain même, l'hypothèque constituée par le mineur, sans les formalités, étoit nulle. M. Merlin l'établit lui-même ailleurs. Je crois avoir prouvé aussi que cette nullité pouvoit, comme l'action en rescision, être exercée par le créancier qui contracte ensuite avec le mineur devenu majeur, et que la ratification que celui-ci feroit dans la suite de la première hypothèque, ne peut nuire au créancier intermédiaire.

Quant à ce que dit M. Merlin, que la ratification doit conserver l'effet de la première obligation en faveur du premier créancier, puisque l'obligation conserveroit son effet si le mineur gardoit le silence, cela mérite une grande attention.

Remarquons bien que, dans le passage que j'ai transcrit, M. Merlin ne se borne pas à la conservation de l'effet de la première obligation, comme obligation seulement ; il parle catégoriquement de *l'hypothèque* qui seroit nulle, et qui seroit néanmoins conservée, selon lui, au préjudice *des tiers* avec qui le débiteur, devenu majeur, auroit contracté depuis la première obligation faite en majorité. Or, je n'ai cessé de remarquer la distinction qu'il falloit faire entre l'obligation, comme obligation qui pouvoit être conservée, et l'hypothèque qui, étant nulle, quand l'obligation resteroit comme obligation, ne pourroit jamais revivre par la ratification, au préjudice des tiers.

Mais M. Merlin tire un grand moyen de ce que le silence de la part du débiteur conserveroit seul l'effet de la première obligation. Il entend sans doute parler du silence que garderoit celui qui se seroit obligé étant mineur, pendant tout le délai dans lequel il auroit dû attaquer l'obligation. Mais c'est résoudre la difficulté par la difficulté même. C'est en effet une question importante de savoir si ce silence a l'effet que M. Merlin lui attribue. Je traite cette question au n° 47.

M. Merlin dit ensuite, mêmes pages 413 et 414 : « Inutile d'objecter la maxime, que la ratification ne peut jamais préjudicier à un tiers. Cette maxime n'est vraie que quant à la ratification d'un acte que la loi considère comme non existant, soit parce qu'elle le frappe d'une nullité absolue, par des motifs d'ordre public, soit parce qu'il manque des formes essentiellement constitutives de son existence légale, soit parce qu'il est étranger à la personne qui le ratifie, et qui, par sa ratification, se le rend propre. »

une nullité relative à l'incapacité de contracter, mais qui seroit absolue. Je veux parler du cas où une hypothèque se trouveroit avoir été consentie

---

Tous ces principes sont vrais : je les développe dans le cours du Traité, et notamment dans ce § 3. Mais il reste toujours la question importante de savoir quel est le genre de nullité par laquelle l'hypothèque constituée par le mineur peut être attaquée. Cette hypothèque n'est-elle pas nulle *ipso jure*, par l'effet de la prohibition de la loi? A-t-elle eu une existence légale? Si elle a été nulle *ipso jure*; si elle n'a point eu une existence légale, elle n'a jamais pu revivre au préjudice des tiers. Voilà toujours où il faut en revenir.

Mais écoutons ce que dit M. Merlin, à la page 414, où il traite la même question, sous le rapport du Code civil, dont les principes lui paroissent différens de ceux du droit romain.

« Le Code civil, dit-il, a introduit, à cet égard, une législation toute nouvelle. Ce n'est plus par voie de *nullité*, ce n'est plus que par voie de *rescision*, que le mineur peut réclamer, en majorité, contre les *aliénations* qu'il a faites, et contre les *hypothèques* qu'il a consenties, sans les formalités requises. »

D'après ces assertions que je suis loin d'approuver, et qui, selon moi, ne sont certainement pas établies par ce que dit M. Merlin, on ne doit plus être étonné de ses autres opinions sur cette question. Il a voulu être conséquent avec lui-même. Je crois avoir présenté dans son véritable sens l'article 1304 du Code civil. Je crois avoir fait remarquer les cas de la rescision pour restitution, et ceux de la nullité. Ils sont toujours distingués, quoiqu'ils soient compris cumulativement, quant au délai fixé pour la prescription, dans cet art. 1304. Il faut faire de ses dispositions une application distributive. Ainsi je ne pense pas qu'on doive se rendre aux conséquences que M. Merlin tire, dans la suite de ce passage, de ses premières assertions, et notamment à celles-ci :

« Donc la vente et l'aliénation que le mineur émancipé fait de ses immeubles, sans observer ces formalités, sont au nombre des conventions dont parle l'art. 1305, dans sa seconde partie. »

« Donc le mineur qui a vendu ou aliéné, *et par conséquent hypothéqué ses immeubles*, sans observer ces formalités, ne peut revenir contre ce qu'il a fait, que par *rescision*. »

« Donc la vente, l'aliénation, l'hypothèque qu'il a consenties, sans ces formalités, *ne sont pas nulles de plein droit.* »

Ce caractère donné à la nullité dont il s'agit, est aussi contraire aux principes du Code civil, qu'à ceux de l'ancienne jurisprudence française.

M. Merlin annonce qu'il avoit pensé différemment, qu'il s'est cru dans l'erreur, et il déclare qu'il se rétracte : il en donne les raisons. Le scrupule est sans contredit très-louable. Mais ce scrupule étoit sans fondement; et je pense que sa première opinion étoit plus juridique que la seconde.

M. Merlin en vient, pag. 420, à l'action en nullité de la femme mariée, qu'il compare

par une personne très-capable de contracter, mais qui seroit établie par un acte nul en la forme. Si, par exemple, l'acte constitutif d'hypothèque

---

à l'action rescisoire du mineur; et voici ce qu'il dit, car on ne peut bien répondre qu'en le transcrivant littéralement :

« L'action en nullité de l'hypothèque consentie, sans autorisation, par une femme mariée, est absolument de la même nature qu'étoit, dans le droit romain, l'action en nullité de l'hypothèque consentie par un mineur, sans décret préalable de justice. Car, de même que l'hypothèque consentie par un mineur, sans décret de justice, étoit, dans le droit romain, nulle de plein droit, mais ne l'étoit que d'une nullité relative, de même aussi c'est de plein droit, mais seulement d'une nullité relative, qu'est nulle l'hypothèque consentie par une femme mariée, sans l'autorisation de son mari. Donc, de même que, dans le droit romain, la ratification donnée en majorité à l'hypothèque consentie par le mineur, rétroagissoit jusqu'au jour de la constitution primitive, de même aussi c'est au jour de la constitution primitive que doit se reporter l'hypothèque consentie, sans autorisation, par une femme mariée, mais que cette femme a depuis ratifiée, avec autorisation ou en viduité. Donc il ne reste aux créanciers qui ont traité avec cette femme, dans l'intervalle entre la constitution primitive et la ratification de l'hypothèque, d'autre ressource que de prouver que la ratification a été frauduleuse, *consilio et eventu.*

« M. Toullier avoit professé une doctrine contraire, dans son tome 2, n° 68; et j'en avois fait autant dans le Répertoire de jurisprudence, aux mots, *Autorisation maritale*, sect. 9 : mais il s'est rétracté dans son tom. 7, n° 571, et je me rétracte comme lui. »

Les auteurs français, les commentateurs des coutumes, enseignent que l'obligation de la femme, faite contre la disposition prohibitive de la loi, est nulle, et que ce cas est étranger à celui de la rescision. Ceux même qui étoient d'avis que la ratification donnoit un effet rétroactif à l'obligation du mineur, parce qu'ils ne distinguoient pas assez le cas de la restitution ou de la rescision, de celui de la nullité, et qu'ils s'étoient laissé subjuguer par certains arrêts, quoiqu'ils fussent contraires à d'autres, ne manquent pas de dire qu'il n'en étoit pas de même du contrat fait par la femme mariée, en contravention à la loi; parce qu'alors l'acte ratifié étoit *nul en lui-même.* Voyez d'Héricourt, *de la vente des immeubles*, chap. 11, sect. 2, n° 8. Je renvoie encore à ce que je dis, n° 35. Et ce qu'on disoit autrefois de la femme mariée, on doit le dire aujourd'hui, surtout de l'hypothèque consentie par le mineur, comme certains auteurs anciens le disoient également pour la vente que celui-ci auroit faite, qui doit être assimilée à l'hypothèque.

Qu'importe que la nullité qui concerne le mineur et la femme, soit une nullité *relative*, qualité sur laquelle M. Merlin paroît se fonder. Elle est *relative*, parce qu'elle tient à une incapacité; mais elle n'est pas moins une nullité légale, qui vicie l'acte, *ipso jure*, sans entrer en connoissance de cause sur les faits, ce qui n'est nécessaire que pour les cas de *restitution* ou *rescision*. Elle est *relative*, par opposition à une nullité *absolue* qui dériveroit de l'absence des formes qui constituent l'essence de l'acte, mais elle ne rend

eût été passé par un seul notaire, ou par un notaire sans le nombre de témoins requis par la loi du 25 ventôse an 11, ou avec des témoins qui n'auroient pas pu l'être d'après cette même loi, l'acte seroit frappé d'une nullité radicale, d'après laquelle il devroit être considéré comme n'existant pas, suivant la maxime, *quod nullum est nullum producit effectum.* Un acte radicalement nul ne peut être ni le germe d'aucune obligation, ni la base d'aucune prescription moindre que celle de trente ans. Aussi est-il dit dans l'art. 2267 du Code civil : « Le titre nul par défaut de forme ne peut servir de base à la prescription de dix et vingt ans. » Il n'y a de ressource alors que dans la prescription de trente ans utiles, qui fait supposer un titre, et un titre régulier, et qui en a la vertu : *Habet vim tituli constituti.* Cependant, un pareil acte pourroit avoir son effet dans quelques cas, comme engagement, ce qui arriveroit, par exemple, s'il étoit revêtu de la signature des parties ; mais il ne seroit pas authentique, et, par conséquent, il n'emporteroit pas d'hypothèque. Si donc, dans cette hypothèse, le particulier qui, après cet acte nul, auroit constitué une nouvelle hypothèque sur les mêmes immeubles, en faveur d'une autre personne, ratifioit ensuite la première hypothèque, cette ratification ne pourroit nuire en aucune manière à son second créancier hypothécaire. Il y a plus encore, c'est qu'il y a des cas où l'acte est tellement nul, que la nullité en emporte

---

pas moins l'hypothèque sans *existence légale.* Elle est encore *relative*, parce que l'incapable qui a contracté peut, lorsqu'il devient capable et libre, réparer le vice de l'acte, en faire cesser la nullité en ratifiant. Mais la ratification n'a d'effet qu'entre le débiteur et le premier créancier, et elle ne peut nuire aux créanciers hypothécaires intermédiaires. Ils peuvent se tenir aux hypothèques qu'ils ont acquises, sans être obligés de *prouver que la ratification a été frauduleuse,* CONSILIO ET EVENTU. Outre que cela seroit souvent très-difficile à prouver, ils en sont tout aussi dispensés qu'un premier acquéreur l'est de prouver que la vente postérieure à la sienne a été faite frauduleusement. Leur hypothèque subsiste dans sa plénitude, par cela seul que la première hypothèque n'existoit pas, ou, ce qui est de même, qu'elle n'existoit pas légalement.

Mais lorsque je dis que l'hypothèque intermédiaire subsiste dans sa plénitude, j'entends que cette hypothèque a été constituée valablement, c'est-à-dire, par le débiteur devenu majeur, ou par la femme autorisée de son mari, et avec les formes requises, ou étant en viduité. Car, s'il n'en étoit pas ainsi, il n'y auroit plus de question. Toutes les fois qu'il ne s'agit pas de l'intérêt des tiers, nul doute que la ratification se lie à l'acte ratifié ; encore l'inscription doit-elle être prise en vertu de la première obligation, et de l'acte de ratification, ainsi que je le dis dans la suite.

l'anéantissement

l'anéantissement total, et qu'il ne pourroit pas prendre effet par une ratification. L'engagement relatif à de pareils actes est d'une si haute importance, que la loi n'attache plus de confiance à une ratification quelconque qui en seroit simplement faite. Il faut une volonté précise, exprimée librement dans un nouvel acte absolument indépendant du premier. Supposons, par exemple, qu'il eût été fait une donation qui, à raison de son objet, eût donné lieu, pour en assurer l'effet, à une hypothèque de la part du donateur, et que cette donation fût nulle par un défaut de formes, toute ratification qui en seroit faite dans la suite, seroit évidemment impuissante, tant à l'égard des parties contractantes que respectivement à l'intérêt d'un tiers. Tel est le résultat de l'art. 1339 du Code civil; cependant, aux termes de l'art. 1340, la donation qui seroit nulle pourroit être ratifiée par les héritiers ou ayans-cause du donateur, après son décès. Mais, d'après les principes ci-dessus développés, cette ratification ne sauroit nuire aux tiers envers lesquels le donateur se seroit engagé antérieurement.

46. Il y a une observation essentielle, qui est que, lorsque la ratification est nécessaire, l'inscription doit être prise en vertu de l'acte de ratification, et en même temps en vertu de l'acte primitif ratifié. Cet acte primitif étant insuffisant, ne peut exister sans le concours de la ratification. C'est la réunion de ces deux actes qui forme le corps de l'engagement et de l'hypothèque. L'inscription qui auroit été faite en vertu seulement du premier acte seroit nulle comme l'hypothèque constituée par ce même acte, l'inscription ne pouvant rien ajouter à l'hypothèque, quant à la validité, ne lui donnant une efficacité que quand elle est valablement constituée; en sorte que si, après une inscription prise en conséquence d'une hypothèque nulle d'après l'incapacité du débiteur qui l'auroit consentie, ce même débiteur étant devenu capable de contracter, donnoit une nouvelle hypothèque à une autre personne, cette nouvelle hypothèque étant inscrite pourroit avoir tout son effet. Les tiers ne peuvent être liés régulièrement que par la connoissance de la ratification réunie à celle de l'obligation. D'après la publicité de l'hypothèque, qui fait la base de notre législation, les particuliers qui sont dans le cas de prêter ou d'acquérir doivent avoir des aperçus justes sur les hypothèques qui peuvent avoir été créées précédemment par ceux qui veulent emprunter ou vendre; et ils ne peuvent se décider sur l'existence ou la non-existence, ou, ce qui revient au même, sur la validité ou l'invalidité de l'hypothèque, que d'après

L'inscription doit être prise en vertu des actes confirmatifs joints aux actes primitifs.

Tome I.   M

la connoissance qui a dû en être donnée par l'inscription : ils ne, pourroient donc pas être arrêtés par la connoissance que l'inscription leur donneroit seulement d'une hypothèque nulle. Ce n'est donc que lorsque la ratification arrive, le débiteur étant devenu capable, avant tout engagement nouveau, et que l'inscription est prise en vertu de l'acte primitif et de la ratification, toujours avant tout engagement nouveau de la part du débiteur qui seroit inscrit, que le créancier n'a plus à craindre des variations ultérieures de la part du débiteur; mais les hypothèques légales qui auroient frappé sur le débiteur entre l'acte primitif et la ratification resteroient.

Ce n'est pas tout encore; il faut faire attention à la forme des ratifications, pour qu'elles soient efficaces, selon les différentes positions où l'on se trouve. On pourroit ici développer la doctrine enseignée par Dumoulin, sur les actes récognitifs et confirmatifs, au titre *des fiefs*, § 8, *glos. in* v° DÉNOMBREMENT, n°s 8, 9 *et suiv*. Il distingue, selon le genre du défaut ou du vice de l'acte, le cas où la simple confirmation, celle qu'il appeloit *in formâ communi*, suffisoit, de celui où la ratification, qu'il appeloit *ex certâ scientiâ*, étoit nécessaire. Elle étoit faite en forme dispositive, et ce n'étoit pas tant une confirmation qu'une nouvelle disposition faite dans le dessein de couvrir la nullité par celui qui en a la connoissance, et qui a le pouvoir de réparer le vice de l'acte.

Mais je puis me borner aux dispositions simples et précises de l'art. 1338 du Code civil, dans lequel on voit substantiellement tout ce qu'avoit dit Dumoulin sur cette matière. « L'acte de confirmation ou ratification d'une obligation, contre laquelle la loi admet l'action en nullité ou en rescision, n'est valable que lorsqu'on y trouve la substance de cette obligation, la mention du motif de l'action en rescision, et l'intention de réparer le vice sur lequel cette action est fondée. » Tout cela est étranger aux engagemens qu'il est question de ratifier uniquement pour en interrompre la prescription, tels que les titres constitutifs de redevances. Il suffit pour ceux-ci qu'il y ait la confirmation la plus simple, *in formâ communi;* mais il ne faut pas moins s'inscrire pour ce genre de créances hypothécaires, comme pour les autres engagemens dont je viens de parler, tant en vertu des titres primitifs, qu'en vertu des ratifications. Il faut apprendre que les anciens titres constitutifs d'hypothèque sont en vigueur, soit qu'il s'agisse d'hypothèque générale, soit qu'il s'agisse d'hypothèque spéciale.

47. Mais les questions que je viens de traiter, au moins en ce qui concerne le mineur et la femme mariée, conduisent à une autre question qui mérite d'être examinée. Le droit d'attaquer un acte, pour cause de nullité ou de rescision, se prescrit par dix ans. D'après l'art. 1304 du Code civil, ce délai court, à l'égard du mineur, du jour de sa majorité, et, à l'égard de la femme, du jour de la dissolution du mariage. Cet article remplace, en ce qui concerne le mineur, ainsi que je l'ai dit, n° 44, l'art. 134 de l'ordonnance de 1539. Si le mineur ou la femme ont laissé écouler ces dix ans sans faire aucune réclamation, cette prescription met-elle celui envers lequel la première hypothèque a été contractée à l'abri de toute attaque? consolide-t-elle cette hypothèque, même malgré la seconde hypothèque contractée en majorité ou après la dissolution du mariage, sur les mêmes objets, et suivis d'une inscription comme l'auroit été la première?

Pour l'affirmative, on pourroit dire que, d'après l'opinion des anciens auteurs, cette prescription purifie le titre; qu'elle en fait disparoître tous les vices, et qu'elle le fait considérer comme ayant été fait en pleine capacité de la part de ceux qui l'ont souscrit; que cette opinion prend sa source dans la disposition de la loi dernière, au Code *si major factus alien. sinè decreto ratam habuerit*, qui y est en effet précise; que c'est ce qui a été jugé en thèse par un arrêt de la grand'chambre du parlement de Rouen, du 20 août 1689, rapporté par Basnage, *chap.* 3, *pag.* 22; que telle est aussi l'opinion de Soutlage, *Traité des hypoth.*, *pag.* 125 *et* 126; que cette jurisprudence est attestée comme certaine par M. Chabrol, *sur la Cout. d'Auverg.*, *tom.* 2, *pag.* 160. On pourroit dire encore que la circonstance du second engagement, suivi même de l'inscription hypothécaire, ne sauroit priver le premier créancier avec hypothèque du bénéfice du silence de la part du débiteur à son égard, puisque tout cela lui est étranger; que la prescription n'est pas suspendue par l'inscription prise contre le débiteur, d'après l'art. 2180 du Code civil, et qu'à plus forte raison, il en est de même par rapport à celui en faveur duquel la première hypothèque a été consentie; que la prescription n'est arrêtée que par des poursuites exercées directement contre celui qui seroit en droit d'en profiter.

Néanmoins, quelque fortes que ces raisons puissent paroître, je ne pense pas que cette opinion soit admissible sous notre législatiou actuelle. Il répugne aux vrais principes qu'on puisse attacher plus d'effet à une

M 2

ratification tacite, qui résulte simplement d'une omission de réclamation, qu'on n'en attribueroit à une ratification expresse, laquelle ne pourroit jamais nuire à un tiers. Il est bien dit, dans l'art. 1338 du Code civil, que, pour que l'acte qui renfermeroit quelque vice dans le principe ne puisse pas être attaqué, il faut la confirmation ou la ratification; et qu'à défaut d'actes de confirmation ou ratification, il suffit que l'obligation soit exécutée volontairement après l'époque à laquelle l'obligation pouvoit être valablement confirmée : mais il est ajouté, *sans préjudice néanmoins du droit des tiers.* Or, je ne vois pas que le silence, jusqu'à l'expiration de l'époque à laquelle l'acte ne peut plus être attaqué, puisse être regardé sous un autre point de vue que *l'exécution volontaire :* il ne peut donc avoir plus d'effet. D'ailleurs, d'après les principes de notre législation actuelle, l'hypothèque n'est plus un accessoire nécessaire de l'obligation, comme autrefois; son existence est soumise à des règles particulières. L'impignoration est plus particulièrement la cession d'un droit réel; elle touche de plus près à l'aliénation du fonds, et on ne peut jamais céder à quelqu'un, soit directement, soit indirectement, ce qu'on a déjà cédé à un autre; ce qui arriveroit cependant si, après avoir cédé, dans un état de liberté et de capacité, un droit réel tel que l'hypothèque, on le cédoit de nouveau, en ratifiant ou exécutant tacitement un premier acte constitutif du même droit, mais qui seroit nul. Il est dans la nature de notre régime hypothécaire qu'il n'existe aucune incertitude sur le sort des hypothèques. Toutes les parties intéressées peuvent regarder comme non avenues toutes hypothèques qui, étant infectées de nullité, sont réprouvées par la loi; et une hypothèque étant une fois établie par celui qui a eu le pouvoir et la capacité de la consentir, cette hypothèque doit subsister dans toute sa force, indépendamment de tout consentement, soit exprès, soit tacite, qui tendroit à opérer un retour à une première hypothèque nulle dans le principe, et qui a dû être regardée comme n'ayant jamais existé, au moins par rapport au second créancier. J'ai remarqué que M. Battur avoit embrassé cette opinion dans son Traité des hypothèques, *tom* 1er, *pag.* 128 *et suiv.* J'ai trouvé ses raisonnemens si solides, que j'ai pensé que je devois d'autant plus persister dans la même opinion que je m'étois déjà formée, et que j'avois déjà écrite.

Cas où la nullité peut être opposée   48. Mais il faut remarquer, pour bien entendre la prescription de dix ans, dont il est parlé dans l'art. 1304 du Code civil, que cet article n'est relatif qu'aux engagemens que le mineur et la femme mariée auroient pris personnellement, sans les autorisations ou sans les formalités nécessaires; car si l'engagement, respectivement au mineur, eût été pris par son tuteur seul, ou si celui relatif à la femme eût été pris, sans aucune participation de sa part, par le mari seul, alors ce ne seroit plus le cas de la prescription de dix ans, mais bien celui de la prescription ordinaire de trente ans, qui courroit à l'égard du mineur, à compter de sa majorité, et, à l'égard de la femme, à compter du jour de la dissolution du mariage. M. Chabrol, sur la Coutume d'Auvergne, *tom.* 2, *pag.* 152, disoit avec fondement, pour le cas dont il s'agit : « Certainement une vente nulle, comme faite *à non habente potestatem*, n'acquiert pas plus d'autorité après dix ans, que le premier jour : il n'y a que la prescription de trente ans utiles, qui puisse mettre l'acquéreur (ce qu'on peut dire du créancier) à couvert d'une si légitime recherche. » Il n'y a pas de différence entre le cas dont il est question, et celui où un particulier auroit vendu ou obligé le bien d'un autre ; celui-ci ne pourroit perdre ses droits que par la prescription trentenaire.

pendant trente ans.

49. Je dirai un mot sur les engagemens qui seroient souscrits personnellement par des impubères, sans aucune autorisation, quoique les exemples en soient infiniment rares. J'ai toujours vu les grands jurisconsultes dans l'opinion que des actes faits par des impubères sont absolument nuls, et qu'ils doivent être considérés comme s'ils n'existoient pas. On ne peut y voir le germe d'un contrat qui puisse être corroboré par un silence de dix ans, à compter de la majorité. Quand les lois s'expliquent sur les actes faits par les mineurs, elles ont toujours entendu parler des pubères; la raison en est qu'approchant de l'âge dans lequel la raison se présume, on doit leur supposer quelque discernement. Cependant, pouvant être séduits par les passions, ou trompés par le défaut d'expérience, la loi vient à leur secours, en leur accordant le bénéfice de la restitution. Or, tout cela suppose un consentement, une obligation dont le sort est soumis à la volonté du mineur, qui doit la manifester dans un délai déterminé. Mais on ne peut voir un engagement civil, ni le germe d'un pareil engagement, dans ce que fait un impubère. On ne pourroit voir le principe d'un engagement, même naturel, dans celui qui contracteroit dans le plus bas âge, qui, par exemple, pourroit à peine parler. Aussi aucune loi n'a marqué, dans le long intervalle de

Des engagemens qui seroient contractés par un impubère.

temps qui s'écoule jusqu'à la puberté, aucune époque où l'impubère pût avoir la faculté d'agir en justice ou devant des officiers publics. Les Romains ne rejetoient pas entièrement tout ce qu'auroit pu faire un impubère, même sans l'autorisasion de son tuteur; mais il n'en résultoit autre chose, si ce n'est qu'il pouvoit faire sa condition bonne. On peut consulter là-dessus la loi 1re, ff. *de obligat. et acti*, § 13; la loi 1re, *De verb. obligat.*; la loi 6, *Rem pupilli vel, etc.*; la loi 5, *De div. reg. jur.*; et les Institutes de Justinien; *tit. de inutil. stipul.*, §§ 9 *et* 10. Godefroi, sur la loi 1re, *De verb. obl.*; Vinnius et Borcholten, sur ces §§ des Institutes, se sont imposé la tâche d'indiquer, d'après quelques lois romaines, l'époque à laquelle l'impubère auroit pu agir entre l'âge de sept ans et celui de la puberté; mais dans tout ce qu'ils ont dit, comme dans tout ce qu'on lit dans les lois à ce sujet, on ne peut voir, à proprement parler, qu'une absence de législation : on ne pourroit tout au plus apercevoir que quelques usages entièrement étrangers à nos mœurs et à nos lois. Ainsi, je pense qu'on doit tenir comme certain que celui qui se trouveroit avoir contracté avec un impubère, n'auroit aucun droit de se prévaloir du silence de ce dernier, pendant dix ans à compter de sa majorité, et qu'il ne pourroit être à couvert de toutes recherches que par la prescription de trente années utiles.

Du cas où un particulier se feroit fort pour un autre.

50. On peut, suivant les positions dans lesquelles on se trouve, se faire consentir une obligation avec hypothèque par quelqu'un qui feroit ou qui se porteroit fort pour le débiteur, ou qui s'obligeroit même de rapporter la ratification de ce dernier, d'après l'art. 1120 du Code civil. Les Romains pratiquoient cet usage, d'après l'exemple qu'on en voit, notamment dans la loi 16, ff. *ratam rem haber!*, § 1er, *Si procurator cavisset (uti adsolet) ratam rem dominum habiturum.* Mais on sent combien seroit frêle l'hypothèque qui seroit consentie de cette manière. Il est sensible que cette hypothèque, ainsi que l'obligation, n'auroit aucune existence réelle, jusqu'à la ratification de celui pour lequel elle auroit été accordée; et si, avant cette ratification, celui-ci s'obligeoit et hypothéquoit le même fonds envers d'autres créanciers, il n'y auroit d'hypothèque utile que cette dernière, sauf la garantie contre celui qui auroit consenti la première, en se faisant fort pour le débiteur. Il ne peut même être question, dans ce cas particulier, de rétroactivité au premier acte; car alors, ainsi que le dit d'Héricourt, *chap.* 11, *sect.* 2,

n° 8, la ratification ne peut passer que pour *une première obligation*, les parties n'étant engagées en aucune manière avant l'acte auquel on a donné la qualité de ratification. On peut voir, sur le même sujet, Pothier, *Introd. au tit. 20 de la Cout. d'Orl.*, *chap. 2, sect. 20, n° 24.* En sorte que pour la solidité de l'hypothèque, il faut qu'elle soit donnée par le débiteur lui-même, ou par un fondé de pouvoirs, en vertu d'une procuration expresse.

Mais, par les raisons qui ont été exposées au n° 46, l'inscription qui auroit été prise sur le débiteur pour lequel un autre se seroit fait fort, étant sans effet, comme l'hypothèque même, le créancier devroit prendre une nouvelle inscription, principalement en vertu du second titre, sauf à rappeler le premier.

51. Après m'être expliqué sur la nullité d'une hypothèque qui dériveroit de ce que celui qui l'auroit consentie, ne seroit point apte à contracter, c'est le cas d'exposer les principes relatifs à l'invalidité d'une hypothèque qui proviendroit de ce qu'elle auroit été établie sur un immeuble par celui qui n'en seroit pas propriétaire.

On n'a jamais pu constituer une hypothèque sur le bien d'autrui, sans le consentement exprès du propriétaire. Cette impossibilité tient à ce principe élémentaire, qu'on ne peut pas transférer à un autre plus de droit qu'on n'en a soi-même. On a dit plus d'une fois, sous l'ancienne législation, qu'on pouvoit vendre la chose d'autrui. Cette assertion n'étoit pas exactement vraie : la vente n'avoit d'effet qu'en ce sens que le vendeur étoit obligé de procurer à l'acquéreur la propriété, ou de lui payer les dommages-intérêts résultans de l'inexécution de la vente. Mais, de ce qu'il ne pouvoit transmettre la propriété, il en résultoit qu'il ne pouvoit y imprimer une hypothèque. L'hypothèque n'est pas la propriété proprement dite; mais elle étoit, comme elle est encore aujourd'hui, d'après l'art. 2114 du Code civil, un *droit réel* sur un immeuble affecté à l'acquittement d'une obligation. Les anciens jurisconsultes avoient rendu cette idée avec énergie. La glose sur la loi *Rem alienam* 41, ff. *de pignoratitiâ actione*, s'exprimoit ainsi : *In pignore oportet ut jus constituatur in re;* et Balde, sur la loi *Si fine*, au Code *ad. S. C. Vell.*, a dit : *Jus reale non potest constitui in re alienâ, sed tantùm jus personale, quia res aliena non obligatur.* Ce principe dérive enfin de la définition que j'ai donnée de l'hypothèque, n° 4; et l'on sent, en cette occasion, comme

Pour hypothéquer un immeuble, il faut en être propriétaire. De l'hypothèque qui seroit imposée par un héritier apparent.

on s'en apercevra dans plusieurs autres, l'avantage d'une définition exacte.

Cependant, d'après l'ancienne législation, lorsque celui qui avoit hypo-théqué une chose qui ne lui appartenoit pas, en devenoit propriétaire dans la suite, alors l'hypothèque qu'il avoit consentie avoit tout son effet. C'est ce qui résultoit de plusieurs lois romaines, et notamment de la loi *Rem alienam*, que je viens de citer, et de la loi 16, ff. *de pign. et hypot.*, § 7. Encore n'étoit-ce pas toujours que l'hypothèque frappoit sur le fonds qui n'auroit pas appartenu à celui qui contractoit, quoiqu'il en devînt ensuite propriétaire. La glose sur la loi 1re, ff. *de pign. et hypoth.*, explique les cas où cette extension ou communication d'hypothèque avoit lieu, et que Balde, et, d'après lui, Mornac, sur la loi 16 ci-dessus, expriment par ces mots : *Tunc fit reconciliatio pignoris.* On trouve encore un détail savamment développé de ces mêmes cas dans Neguzantius, 3° *memb.* 8^æ *partis*, n° 4 *et suiv.*, *pag.* 834, *édit. de* 1683. Mais il seroit aujour-d'hui plus curieux qu'utile de faire connoître ces distinctions ; il suffit de dire que deux motifs avoient fait admettre cette extension ou commu-nication d'hypothèque : d'un côté, on supposoit une convention tacite, d'après laquelle celui qui consentoit l'hypothèque sur ce qui ne lui appartenoit pas, étoit censé l'avoir ainsi voulu, dans l'idée qu'il en de-viendroit ensuite propriétaire ; d'un autre côté, on se fondoit essentiel-lement sur l'effet et l'étendue qu'avoit alors l'hypothèque dans sa géné-ralité, au moins hors des pays de nantissement, puisqu'elle portoit sur les biens à venir, comme sur les biens présens.

Mais, en venant à notre législation actuelle, il est incontestable qu'une hypothèque sur la chose d'autrui seroit absolument sans effet ; cela est d'autant plus vrai que, d'après l'art. 1599 du Code civil, la vente de la chose d'autrui *est nulle ;* que si elle donne lieu à des dommages-intérêts, c'est seulement lorsque l'acheteur a ignoré que la chose fût à autrui. Il est également certain que l'on ne pourroit admettre dans notre législa-tion, l'exception reçue par l'ancien droit. L'hypothèque spéciale, qui est celle que nous avons seulement en vue en ce moment, demeureroit sans effet, quand même celui qui l'auroit donnée sur l'objet qui ne lui appartenoit pas, en deviendroit le maître ensuite. On ne pourroit faire cette exception sans se mettre en opposition avec la publicité de l'hypo-thèque, qui est le système dominant de notre législation. Sous cette

législation

législation il y a deux points essentiels qu'il ne faut jamais perdre de vue :
l'un est la stabilité de l'hypothèque, l'autre est son efficacité. Sa stabilité,
c'est la certitude de la propriété sur la tête de celui qui donne hypothèque, au moment où il la donne. Son efficacité, c'est sa publicité par
l'inscription. On doit donc tenir fermement à la disposition de l'art. 2129 du
Code civil, d'après laquelle il n'y a d'hypothèque conventionnelle valable,
que celle qui porte avec spécialité sur des immeubles *actuellement appartenant au débiteur.*

Cet article n'a pu avoir d'autre objet que de faire disparaître toutes
les inductions qu'on pourroit tirer des lois romaines, pour aider à faire
revivre des hypothèques mal assises ou qui seroient absolument nulles ;
ce qui donneroit lieu à une infinité de fraudes et de procès. C'est aussi
par cette raison que j'ai cru devoir négliger les indications que m'auroient
données les anciens docteurs, et surtout Neguzantius, qui ouvriroient
le champ le plus vaste à des discussions aujourd'hui inutiles. Une inscription ne peut arrêter des tiers qui peuvent savoir que l'immeuble
n'appartenoit pas à celui qui l'a hypothéqué. Ainsi les hypothèques accordées par le vrai propriétaire, quoiqu'inscrites après celles qui auroient été
consenties par celui qui n'auroit pas été propriétaire alors, auroient la
préférence sur celles-ci, quand ce seroit le même individu qui auroit
consenti les dernières hypothèques, après être devenu propriétaire de
l'objet hypothéqué. Il n'est donc pas étonnant que la Cour de cassation,
par un arrêt du 12 juin 1807, ait annulé une inscription parce qu'elle
étoit antérieure au contrat qui avoit rendu le débiteur propriétaire de
l'objet. Cet arrêt est rapporté dans le Recueil de Denevers, *an* 1807,
pag. 345.

Cette décision doit avoir lieu, quelles que soient les causes qui fassent
mettre, dans la suite, l'objet hypothéqué, au pouvoir de celui qui n'en
auroit pas été propriétaire, lors de la constitution de l'hypothèque. Le
principe doit être suivi, soit que ce dernier eût acheté postérieurement
l'immeuble qu'il auroit hypothéqué avant d'en être propriétaire, soit qu'il
l'eût eu comme héritier de celui à qui appartenoit l'héritage qu'il auroit
hypothéqué, soit encore qu'il lui fût revenu par l'effet d'un droit qui
prendroit son fondement dans un acte ancien, par lequel il s'en seroit
dépouillé. Je citerai pour exemple le cas où celui qui auroit souscrit

Tome I.   N l'hypothèque sur un fonds qui ne lui appartenoit pas alors, y seroit rentré par l'effet de la révocation d'une donation, par survenance d'enfans, ou par l'effet du retour ou reversion d'un objet qu'il auroit aussi donné. Ce sont là des causes trop éloignées, trop incertaines pour qu'on leur attribue l'effet de faire considérer celui qui, avant ces événemens, auroit donné hypothèque, comme étant propriétaire de l'immeuble. Si, après ces événemens, le même particulier constituoit de nouvelles hypothèques sur les mêmes immeubles, ces hypothèques seroient valables, et les premières sans effet. L'hypothèque n'est et ne peut être autre chose que l'établissement d'un droit réel, *jus in re;* et, pour l'établir avec effet, il faut être nécessairement propriétaire de la chose à l'instant même.

Par une suite de ce qui vient d'être dit, un particulier qui auroit donné un immeuble à un de ses enfans, ne pourroit pas hypothéquer, même quand la donation auroit la nature d'un don en avancement d'hoirie, et lors même qu'après la mort du père, cet immeuble seroit rapporté à sa succession. La donation n'est pas moins pure et irrévocable sous tous les rapports; et cette donation une fois faite, le donateur ne peut plus se dire propriétaire de l'immeuble. L'enfant donataire a la faculté de renoncer à la succession et de se retenir l'objet donné. Dans ce cas, il n'y a plus de retour de cet objet au donateur. Si, après la mort de celui-ci, le donataire rapporte l'objet donné à la succession, afin d'établir l'égalité du partage, ce rapport n'a lieu qu'à l'égard des héritiers; mais, par rapport aux créanciers du père, la donation est stable, et toute propriété à son égard s'est évanouïe depuis la donation. De cela même il résulte que l'enfant donataire auroit pu valablement hypothéquer l'objet donné. C'est ce qu'établit très-judicieusement Basnage, *des hypothèq.*, *chap.* 13, *page* 278, *édit. in*-12, contre un arrêt du parlement de Paris, qui avoit jugé le contraire. D'Héricourt, *de la vente des immeubles*, *chap.* 10, *sect.* 2, *n°* 43, dit que ce sentiment est le plus conforme aux principes. Mais lorsque Basnage observe que les hypothèques que le fils avoit contractées sur les biens qui lui avoient été donnés, ne seroient pas dissoutes, quoique le rapport se fît à la succession, cela doit s'entendre hors du cas où les héritiers auroient intérêt de demander la résolution de ces hypothèques. Ils ont en effet le droit de demander cette résolution, lorsqu'elles se trouveroient avoir été faites à leur préjudice. Cette résolution s'opère, en termes de droit, *ex antiquâ causâ*. Ceci rentre dans les principes relatifs à la matière des donations (1).

Cependant je suppose qu'un particulier possédât un immeuble publiquement, qu'il en fût regardé comme propriétaire, n'en jouissant en vertu d'aucun acte incompatible avec la propriété, tel qu'un bail de ferme, et qu'il l'hypothéquât, je pense que cette hypothèque seroit valable, quand même il existeroit un procès qui pût tendre à l'en évincer : dans ce cas, la possession doit faire supposer la propriété, surtout s'il y a des titres qui rendent cette propriété apparente; l'hypothèque est alors constituée de bonne foi, au moins en ce qui concerne le créancier; en sorte que, si celui qui a hypothéqué le fonds s'en assure dans la suite une propriété irrévocable, et s'il devient à l'abri de l'éviction, soit par un jugement, soit par un traité, l'hypothèque qu'il aura déjà constituée, conserve tout son effet. On peut tirer cette induction de ce que dit Basnage, *pag.* 46. Après avoir dit qu'il est de l'essence de l'hypothèque spéciale que le créancier prouve que la chose hypothéquée appartient au débiteur au temps du contrat, il ajoute : « Il suffit néanmoins, pour faire subsister la spéciale hypothèque sur un bien qui n'appartient pas au débiteur, qu'il ait quelque droit à la chose, *quia in eo jure consistit obligatio.* » Neguzantius, 2° *memb.* 2^æ *partis*, *n*^{os} 6 *et* 7, avoit enseigné la même doctrine. L'hypothèque spéciale, dont parlent ces auteurs, étoit celle qui étoit admise dans le droit romain; elle étoit bien différente de la nôtre, quant à la forme constitutive, et quant aux effets; mais les raisons de décider paroissent être les mêmes.

On doit sentir, d'après tout cela, combien il est de l'intérêt d'un créancier de veiller à ce que celui qui lui consent hypothèque, soit vraiment propriétaire de l'objet hypothéqué; et, surtout, combien il est important, si ce dernier n'étoit propriétaire qu'en vertu d'une vente sous seing privé, que cette vente soit enregistrée, pour qu'elle ait une date certaine. Sans

(1) C'est toujours lorsque l'impression de ce § 3 étoit commencée, que j'ai seulement connu la 3e édition des Questions de droit de M. Merlin. J'ai remarqué dans ce qu'il a dit, au tome 3, au mot *Hypothèque*, § 4 *bis*, quelques opinions qui paroîtroient contraires, au moins sous certains rapports, à ce que je viens de dire sur la propriété que doit avoir de l'immeuble hypothéqué, celui qui donne hypothèque sur cet immeuble,

Mais je persiste dans les principes que je viens de développer, parce que je les crois conformes aux dispositions et au vœu de notre législation actuelle.

cela, une hypothèque qui seroit fournie devant notaire par l'ancien propriétaire, avant l'enregistrement, auroit la préférence, quoique postérieure, d'après le principe que les actes sous seing privé, qui n'ont pas
de date certaine, ne peuvent nuire à des tiers. Pour faire mieux sentir
encore la sagesse de la précaution que je viens d'indiquer, je remarquerai
que la Cour royale de Colmar a jugé, par un arrêt du 11 mars 1817,
rapporté par Denevers, *même année, pag.* 144, *au suppl.*, qu'une vente
sous seing privé ne peut pas empêcher l'effet de l'hypothèque résultant
d'un jugement rendu avant son enregistrement, quand cette vente auroit
été rappelée dans un acte récognitif, passé devant notaire, postérieurement à l'inscription de l'hypothèque. Il a été décidé que, dans ce cas,
il n'y a pas de commencement de preuve par écrit, suffisant pour autoriser l'admission de la preuve testimoniale, tendant à établir que la vente
a réellement précédé le jugement.

On sent aussi, par analogie, qu'il est de l'intérêt de tout acquéreur
que son acquisition soit constatée par un acte authentique, et non sous
seing privé, à moins qu'il ne fût enregistré de suite. Sans cela, malgré
une possession publique, l'immeuble qu'il auroit acquis pourroit être
grevé d'hypothèques, avec effet, jusqu'à la passation de la vente par-
devant notaire, ou jusqu'à l'enregistrement de cette vente, qui seroit
sous seing privé. Un arrêt de la Cour royale de Riom, du 3 janvier 1820,
1re *chambre*, rapporté dans le Journal des audiences de cette Cour, a
bien jugé qu'un acquéreur par acte sous seing privé, ne pouvoit être
recherché, pour une hypothèque créée par le vendeur, avant l'enregistrement de cet acte; mais cette décision a été déterminée uniquement
par des circonstances particulières. La mutation de propriété étoit établie
par des actes administratifs qui remontoient à peu de temps après la
vente, mais avant la création de l'hypothèque. Il n'étoit pas établi, par
l'acte constitutif de l'hypothèque, que le débiteur possédât alors l'immeuble déjà vendu, parce que l'hypothèque portoit en général sur tous
les biens qu'il possédoit dans une commune, ce qui parut suffisant pour
qu'il y eût une spécialité d'hypothèque; mais il n'y avoit pas une hypothèque taxative sur l'immeuble dont il s'agissoit. Enfin, il étoit dit, dans la
saisie immobilière de plusieurs immeubles, dans le nombre desquels étoit
celui qui avoit été vendu, et dont l'acquéreur demandoit la distraction,
que le même acquéreur possédoit cet immeuble, sans néanmoins qu'il

fût dit à quel titre. Il ne sera jamais sage de livrer la stabilité d'une acquisition au résultat de pareilles circonstances, dont la preuve peut souvent devenir difficile. Voyez ce que je dis sur le concours d'actes qui ont une date certaine, et de ceux qui n'ont pas cet avantage, *partie* 2ᵉ, *chap.* 1ᵉʳ, *sect.* 2.

Il s'est élevé une question importante, qui est de savoir si la vente qui seroit faite d'un immeuble par l'héritier apparent qui se seroit approprié la succession de laquelle dépendroit cet immeuble, pourroit être attaquée par le véritable héritier qui paroîtroit, après un silence plus ou moins long, ou qui se seroit simplement abstenu sans avoir fait aucune renonciation. On sent que si la vente, en pareil cas, étoit nulle, il devroit en être de même de l'hypothèque que cet héritier apparent imprimeroit sur l'immeuble dont il seroit en possession. On a vu, au commencement de ce paragraphe, que la faculté d'hypothéquer est une conséquence de celle d'aliéner ; en sorte que l'hypothèque devroit avoir le même sort que la vente. On ne peut pas plus hypothéquer ce qui est à autrui, qu'on ne peut l'aliéner.

J'avois dit, *Traité des donations, tom.* 1ᵉʳ, *pag.* 534, *n°* 306, que la peine du défaut de demande en délivrance du legs est bornée à la perte des fruits, à compter du décès du testateur, jusqu'à cette demande ; que la propriété n'appartient pas moins au légataire, dès l'instant de ce décès ; en sorte que si l'héritier vendoit l'objet légué, avant comme après cette demande en délivrance, le légataire pourroit le revendiquer comme sa chose propre vendue par autrui. J'y avois développé les motifs de cette opinion ; je la regardois comme incontestable. Je considérois la faculté de vendre, dans ce cas, accordée à l'héritier, quelle que fût sa bonne foi et celle de l'acquéreur, comme un moyen trop facile et trop dangereux de porter atteinte au droit sacré de la propriété. J'invoquois sur cela les anciens principes ; ils étoient consignés dans les lois romaines. Je disois qu'on les avoit toujours suivis sous l'ancienne législation française, et que rien n'indiquoit un changement à ce sujet dans la nouvelle.

Quelques années après, je remarquai un arrêt de la Cour de cassation, du 3 août 1815, qui, en rejetant un pourvoi contre un arrêt de la Cour royale de Caen, du 21 février 1814, avoit décidé positivement que la vente faite par l'héritier apparent étoit valable, au préjudice du droit du véritable héritier, qui réclamoit, contre l'acquéreur, l'objet vendu. Les motifs de

l'arrêt sont que « l'arrêt dénoncé est fondé sur une ancienne jurisprudence *conforme au droit romain*, et soutenue par les motifs les plus puis-
sans *d'ordre et d'intérêt public ;* qu'elle se concilie avec les articles
prétendus violés 549, 724 et 1599 du Code civil, qui n'ont statué qu'en
principe et règle générale. » Je dois avouer que je fus infiniment étonné
de cet arrêt. Il me fit douter si j'étois dans les vrais principes, lorsque
j'avois émis, relativement à la vente de l'objet légué, qui auroit été faite
par l'héritier, l'opinion que cette vente étoit nulle relativement au légataire dont les droits restoient toujours entiers. Je fis de vains efforts pour
me fixer sur des principes sur lesquels l'arrêt pût être fondé, même sous
le rapport du droit romain, qui étoit vaguement indiqué.

M. Toullier, dans son *Droit civil français*, s'est élevé avec force contre
cette décision de la Cour de cassation. M. Merlin, dans sa nouvelle édition des *Questions de droit*, qui est la troisième, au mot *Héritier*, § 5, a
combattu avec force l'opinion de M. Toullier : celui-ci a réfuté l'opinion
de M. Merlin, dans une dissertation particulière qui est à la fin du *tom.* 9
du Droit civil. Il s'est élevé entre ces deux profonds jurisconsultes une
lutte dans laquelle ils se distinguent autant par l'érudition que par la poli-
tesse. On doit nécessairement se prononcer pour l'un ou l'autre de leurs
avis ; car je ne vois point de milieu. On peut dire que, sur un procès aussi
bien instruit, il n'est pas difficile de se former une opinion.

Il seroit parfaitement inutile que j'entreprisse de réfuter M. Merlin ; je
ne dois pas refaire ce que M. Toullier a si bien fait. Il n'y avoit qu'un che-
min pour aller droit au but, et il l'a suivi d'un pas ferme et vigoureux. La
force de la vérité, que M. Merlin recherchoit aussi, a obtenu de la recti-
tude de son jugement des concessions que ni la fécondité de son imagination, ni les ressources de son esprit n'ont pu détruire ; ce qu'il présentoit
comme principes positifs tirés du droit romain s'est réduit à des obscu-
rités, à des incertitudes, dans lesquelles il est impossible de retrouver les
caractères d'une législation.

Mais l'opinion de M. Merlin ne pouvoit pas plus se soutenir dans les
principes du droit français que dans ceux du droit romain. Le passage qu'il
cite du célèbre Cochin, tiré d'un mémoire qu'on voit dans ses Œuvres,
tom. 4, *pag.* 326, ne concerne que ce qui regarde l'administration, et
l'effet des jugemens qui auroient été rendus avec l'héritier apparent, dans
l'ignorance où l'on pouvoit être de l'existence du véritable héritier. « Il est

donc de principe constant, conclut Cochin, que *ce qui est jugé* avec le seul héritier apparent est également *décidé* contre tous les autres. » Or, ces idées n'étoient pas nouvelles lors de Cochin : on les trouve dans les auteurs qui l'ont précédé. Sous ce rapport, ainsi que sous celui de la restitution des fruits de la part de l'héritier apparent au véritable héritier, on a toujours eu des ménagemens pour le premier. C'est ce que disoit Lebrun, Traité des successions, *liv.* 2, *chap.* 7, *sect.* 1re, *n*° 18, *et liv.* 3, *chap.* 4, *n*° 57, où il s'explique plus particulièrement sur les actes de simple administration et sur les transactions utiles. C'est ce qu'on voit encore dans Domat, *Lois civ.*, *liv.* 3, *tit.* 5, *sect.* 2, *n*° 9, *à la note.* « Si celui qui se seroit trouvé seul à recueillir une succession dont il ne paroissoit point d'autres héritiers, en ayant joui pendant plusieurs années, il survenoit un autre héritier en même degré, mais de qui la parenté étoit auparavant inconnue, et que cet héritier, qui auroit joui de la succession pendant ce long-temps, ne pût rendre les fruits de la portion de son cohéritier sans être ruiné, ou beaucoup incommodé, il seroit de l'équité de modérer cette restitution par quelque tempérament, selon les circonstances. » Mais Cochin, Lebrun et Domat ont-ils dit que la vente faite par l'héritier apparent fût valable et pût dépouiller le véritable héritier qui réclameroit ensuite ? Cochin n'en dit rien ; le contraire s'induit du passage de Domat ; et Lebrun, dans le dernier des passages ci-dessus cités, donne en maxime que la vente seroit nulle. « Enfin, y dit-il, l'on peut soutenir qu'un héritier bénéficiaire est exclu par un héritier pur et simple (matière dont il ne s'agit pas ici), en quelque façon, comme un héritier plus éloigné qui seroit mis en possession, et qui seroit exclu depuis par le plus proche héritier. Or, il est certain que cet héritier plus éloigné *n'auroit pas pu aliéner, pendant sa jouissance*, au préjudice du plus proche héritier. » Lebrun, au même lieu, applique les mêmes principes au legs ; il enseigne que l'héritier chargé de le rendre ne peut ni l'aliéner ni *l'hypothéquer* : il se fonde sur la loi *Si duobus*, au Cod. *comm. de legat.* Tout cela résulte de ces deux maximes du droit romain, dont la vérité et la justice se font sentir sans aucun effort d'esprit. *Nemo plus juris ad alium transferre potest, quam ipse habet. Soluto jure dantis, solvitur jus accipientis.*

Pour soutenir l'opinion de M. Merlin, il auroit fallu pouvoir assimiler l'héritier qui garde le silence, qui paroît simplement s'abstenir de l'hérédité, à celui qui y renonce expressément. C'est aussi ce qu'il avoit fait dans le principe; mais, dans sa réfutation, il se donne le mérite de rétracter cette opinion, ou au moins d'y apposer des modifications dont l'examen devient ici inutile, d'après ce qui a été dit par M. Toullier.

Je ne dois pas dissimuler que quelques autres auteurs, plus modernes, ont discuté la question relative à la validité ou invalidité de la vente. Mais que peuvent quelques opinions particulières, que peuvent encore quelques anciens arrêts isolés sur lesquels des circonstances particulières paroissent avoir influé, contre ces deux grands principes, l'un que le droit de propriété est sacré, l'autre que nul ne peut être privé de ce qui lui appartient que par sa volonté ou par une disposition expresse de la loi? D'ailleurs, toutes les opinions, toutes les incertitudes doivent être soumises aux dispositions du Code civil. Or, peut-on en voir de plus précises sur la question, que celles des articles 136, 137, 138, 1599 et 2182, qui ont été parfaitement développées par M. Toullier?

Je dois remarquer qu'en ce qui concerne la vente qui seroit faite par l'héritier, de l'objet légué, ce dont M. Toullier n'a pas eu à s'occuper, M. Merlin, dans sa réfutation, convient que cette vente seroit nulle. Je n'examine point ici les raisons de la différence qu'il fait entre ce cas et celui de la vente qui seroit faite par l'héritier apparent, des immeubles de la succession, au préjudice de l'héritier légitime : on pourra apprécier ces raisons en lisant la réponse de M. Toullier. Mais, d'après l'aveu bien positif de M. Merlin, sur la nullité de la vente du legs, je vois renforcer l'opinion que j'avois émise, de celle d'un jurisconsulte aussi consommé que M. Merlin.

Il est, sans doute, pénible de s'élever contre une décision d'une Cour aussi imposante par son amour pour la justice et par ses lumières, que la Cour de cassation. Quels sont les magistrats et les jurisconsultes qui ignorent tout le bien que la société reçoit de la sagesse de ses arrêts? Mais risque-t-on de la contrarier en lui soumettant des observations? Cette idée seroit contraire au respect qu'elle mérite à tant de titres. Il s'agit ici du droit de propriété, et peut-on être blâmé de manifester la crainte qu'on ne s'accoutume à faire dépendre un droit aussi sacré de la bonne ou de la mauvaise foi qu'on pourra, ou non, reconnoître, soit dans un vendeur, soit dans un acquéreur? Qu'il me soit permis de rappeler l'une des plus belles maximes qu'on puisse trouver dans le droit romain : *Melius est intacta jura servari, quàm post causam vulneratam, remedium quærere.*

L.

L. dernière, au Code *in quibus caus. in integr. restitut. necessaria non est.*

Je crois donc pouvoir dire, en attendant qu'une jurisprudence devienne certaine sur cette importante question, qu'une hypothèque qui seroit imprimée sur l'immeuble d'une succession par l'héritier apparent, seroit nulle, respectivement au véritable héritier qui réclameroit dans la suite sa propriété; qu'il en seroit de même de l'hypothèque qui auroit été imposée par l'héritier, sur un immeuble qui auroit été légué.

De là il se tire la conséquence qu'il n'y auroit d'hypothèques régulièrement consenties que celles qui l'auroient été par l'héritier légitime ou par le légataire, même quand elles seroient postérieures. Il en résulte encore que s'il pouvoit arriver que l'héritier apparent qui auroit hypothéqué ce qui appartenoit à l'héritier véritable, ou que l'héritier eût hypothéqué ce qui appartenoit au légataire, ce qui ne pourroit être qu'autant que ces héritiers seroient devenus réellement propriétaires, venoient ratifier les premières hypothèques qui émaneroient d'eux, ces ratifications ne pourroient nuire aux hypothèques, soit spéciales, soit judiciaires, soit légales, qui auparavant auroient frappé l'immeuble sur la tête de l'héritier légitime, ou du légataire. La nullité de ces ratifications, par rapport aux tiers, dériveroit du principe que j'établis dans le présent paragraphe, que la ratification n'a jamais d'effet rétroactif, au préjudice des hypothèques acquises intermédiairement (1).

52. Ce qui vient d'être dit sur la propriété que doit avoir celui qui hypothèque n'a trait qu'à l'hypothèque spéciale. Quant à l'hypothèque générale, qui porte sur les biens présens et à venir, cette hypothèque diffère trop, par sa nature et par ses effets, de l'hypothèque spéciale, pour ne pas être soumise à d'autres principes. Dans le droit français, et d'après les lois

De la propriété que doit avoir celui dont les biens sont frappés d'une hypothèque générale.

---

(1) Ce que je viens de dire, relativement à la vente qui seroit faite par l'héritier apparent, ou par l'héritier véritable, de l'immeuble légué, est la seule intercalation que j'aie pu faire dans mon travail, d'après la connoissance que j'ai eue de la 3e édition des *Questions de droit*, de M. Merlin. Sur le reste, je m'explique par notes.

Je dois dire ici que dans le cours de ce Traité, fait avant la connoissance de cette 3e édition, j'ai cité, quand il y a eu lieu, non-seulement la 1re édition, mais encore la seconde qui contenoit, sur quelques points, des modifications, respectivement à ce qui avoit été dit dans la première. Et quant aux arrêts que j'ai dû citer depuis la 2e édition, et que M. Merlin rapporte aussi, je les ai pris dans les seules sources qui étoient

romaines, l'hypothèque frappoit de droit non-seulement les biens présens, mais encore les biens à venir; et, pour que l'hypothèque ne portât que sur les biens présens, ou sur certains biens, il falloit une stipulation précise, ainsi que le dit Domat, *Lois civiles*, *liv.* 3, *tit.* 1ᵉʳ, *sect.* 1ʳᵉ, *n*° 6.

Mais, dans le cas de l'hypothèque générale sans restriction, la manière dont les biens à venir devoient être frappés d'hypothèque avoit donné lieu à une difficulté. L'hypothèque prenoit-elle rang et effet du jour du contrat, ou seulement du jour où chacun de ces biens étoit entré dans le domaine du débiteur? Coquille, sur la Coutume de Nivernais, *ch.* 7, *art.* 10, convenoit que l'opinion *commune et vulgaire* étoit que le plus ancien créancier étoit préféré à ceux qui étoient postérieurs en hypothèque; mais il disoit qu'il ne pouvoit adhérer à cette opinion, et il pensoit que tous les créanciers hypothécaires devoient venir en concurrence sur chaque objet acquis au débiteur, du moment où cela arrivoit, et au marc le franc des créances. Il motivoit son avis sur de fortes raisons, et on devoit s'y attendre de la part d'un auteur aussi savant que judicieux. Pour une plus grande intelligence de la matière, et parce qu'encore son opinion confirme les principes que je viens d'exposer sur la nécessité d'être propriétaire de ce qu'on hypothèque spécialement, et que, de plus, elle tend à affermir dans les principes sur certaines autres questions, je crois qu'il n'est pas inutile de rapporter ses expressions. « La règle de droit, dit-il, est que nul ne peut hypothéquer, sinon ce qui est sien, au temps de la constitution de l'hypothèque. L. *Antè omnia*, ff. *de probat.* Vrai est que celui qui oblige et hypothèque ses biens est censé obliger ses biens présens et à venir; mais l'hypothèque de ses biens à venir ne commence à naître sur les biens après acquis, sinon au même instant et moment que le débiteur commence à être propriétaire d'iceux biens. Lors de cette naissance et création d'hypothèque, tous les créanciers se trouvent en con-

---

alors connues, et notamment dans les recueils de Sirey et de Denevers. Je ne changerai point mes citations. L'objet essentiel est que les choses soient connues, et que les sources où l'on a pris les citations puissent être vérifiées. Cette 3ᵉ édition contient encore des arrêts sur des questions transitoires et intermédiaires. J'avois cru devoir les négliger, au moins en partie; j'en fais l'observation au lieu où il étoit convenable de la faire, parce que ces questions disparoissent journellement, et qu'il est à croire que, dans quelques années, on n'aura plus à s'en occuper. Je me renferme essentiellement dans ce qui concerne le Code civil.

currence aussi prests l'un que l'autre, par le ministère de la loi, pour acquérir cette hypothèque, n'étant lors requis aucun nouvel consentement du débiteur. La concurrence d'eux touts, qui sont aussi diligens l'un que l'autre, fait qu'en cette concurrence, s'empêchant l'un l'autre, ils doivent faire part l'un à l'autre, non par viriles portions, mais chacun *pro ratâ* de sa debte. »

Coquille fondoit son opinion sur une foule d'inductions tirées des lois romaines et sur plusieurs raisonnemens qui pouvoient paroître concluans ; il est cependant vrai que l'application qu'il faisoit des lois romaines étoit équivoque et même forcée. Néanmoins ses raisonnemens ne laissoient pas d'être imposans. Mais on étoit trop accoutumé à l'impression de l'hypothèque sur les biens à venir, en même temps que sur les biens présens ; et cette faculté d'hypothéquer par anticipation, des biens qui pourroient appartenir un jour au débiteur, étoit trop commode pour qu'on s'en départît. C'étoit même cette commodité qui, chez les Romains, fit introduire, par le simple pacte, l'hypothèque générale sur les biens présens et à venir, ce qui produisit un relâchement sous le rapport des règles sévères de leur ancien droit, comme je l'ai expliqué dans le Discours préliminaire.

Les auteurs, et particulièrement Basnage, *des hypothèques, ch.* 5; et d'Héricourt, *de la vente des immeubles, ch.* 11, *sect.* 2, *n°* 13, ont combattu l'opinion de Coquille, et l'on voit suivre après, comme auparavant, cet ancien principe qui a encore lieu de nos jours, lorsqu'il s'agit des cas où l'hypothèque générale est conservée, qu'en quelque temps que le débiteur devienne propriétaire de la chose, la préférence en est acquise au plus ancien créancier. Pothier, *Introd. au tit.* 20 *de la Cout. d'Orléans, ch.* 2, *n°ˢ* 22 *et suiv.*, développe ce principe avec autant de clarté que de simplicité. « De ce que, dit-il, l'hypothèque que nous accordons, dans nos biens à venir, ne naît qu'au même instant que nous les acquérons, et que nous en devenons propriétaires (d'après le principe qu'il avoit déjà posé, que l'hypothèque étant un droit dans la chose, il n'y a que le propriétaire, ou la loi pour lui, qui puisse l'hypothéquer), il n'en faut pas conclure que si j'ai hypothéqué, en différens temps, à différens créanciers, mes biens à venir, avant que j'eusse acquis un certain héritage, les hypothèques de ces créanciers doivent concourir. Il est vrai, ajoute Pothier, qu'elles naissent en même temps ; mais le premier avec qui je suis convenu de lui hypothéquer mes biens à venir, n'en doit pas moins être préféré au second, et le second au troisième, etc.; car je me suis, par cette convention, interdit *le pouvoir d'hypothéquer à d'autres mes biens à venir, au préjudice de l'hypothèque que je lui accordois :* d'où il suit que l'hypothèque du second n'a pu être que de ce qui resteroit après la sienne acquittée. »

Cependant il est toujours vrai que, pour toute hypothèque quelconque, il faut que le débiteur ait été propriétaire de l'objet sur lequel l'hypothèque a dû être exercée, avec cette différence essentielle que, pour l'hypothèque spéciale, la propriété doit résider sur la tête du débiteur, au moment où elle est constituée; au lieu que, pour l'hypothèque générale, qui peut ne pas exister même sur des biens présens, puisqu'il peut ne pas y en avoir, mais seulement sur des biens à venir, il suffit qu'après que l'hypothèque générale a pris naissance, le débiteur devienne propriétaire d'un ou plusieurs fonds. Dès l'instant qu'ils entrent dans son domaine, ils subissent le joug de l'hypothèque, et ils y restent soumis, même quand le débiteur les aliéneroit : ils peuvent toujours être suivis en quelques mains qu'ils passent. Il faut encore revenir, dans ce cas, au même principe que j'ai déjà posé, relativement à l'hypothèque spéciale, qui est que le possesseur d'une chose en étant réputé le propriétaire, tant que le contraire ne paroît pas, il suffit que l'on prouve qu'un héritage a été possédé par le débiteur grevé de l'hypothèque générale, depuis que cette hypothèque a existé, pour pouvoir en conclure qu'il a pu l'hypothéquer, et qu'il l'a effectivement hypothéqué, à moins qu'on ne justifie qu'il ne lui appartenoit pas. Quoique tout cela soit élémentaire, il devient indispensable de remonter à ces élémens pour bien entendre notre législation actuelle.

53. Mais on peut, sous d'autres points de vue, constituer une hypothèque avec effet sur des immeubles, quoiqu'on n'en soit pas propriétaire d'une manière incommutable. Une propriété peut être soumise à des conditions résolutoires, mais incertaines, qui, s'accomplissant, pourroient la révoquer. Cependant, il ne seroit pas raisonnable de la mettre, pour ainsi dire, hors du commerce, par l'interdiction de la faculté de l'hypothéquer. L'effet de l'hypothèque se détermine par celui du droit qui opère la révocation ou la modification de la propriété. On peut citer pour exemple le cas où un particulier affecteroit hypothécairement un immeuble qu'il auroit acquis sous faculté de rachat, ou sous une autre condition

On peut cependant hypothéquer un immeuble, sans en être propriétaire incommutable.

suspensive ou résolutoire. Suivant l'art. 2125, l'hypothèque seroit résoluble et suivroit le sort de la propriété, mais l'hypothèque n'existeroit
pas moins. Je m'explique plus particulièrement, à ce sujet, dans le § 1er
de la section III du présent chapitre.

54. Je terminerai ce paragraphe par quelques explications sur des cas
particuliers qui rentrent dans les questions relatives aux personnes qui
peuvent s'obliger ou non.

Une femme mariée peut être dans l'incapacité absolue de s'obliger et
d'hypothéquer ses biens ; il peut en être de même d'un mineur. Pour remédier à cette incapacité, et donner un effet stable à l'engagement, un
majeur, maître de disposer de ses biens, s'oblige solidairement avec un
mineur. Un mari majeur peut s'obliger solidairement avec sa femme. On
voit journellement des maris s'obliger, tant en leur nom propre et privé
qu'en qualité de maris, ou conjointement et solidairement avec leurs
femmes, même sous le régime dotal. Il y a des cas, ainsi que je le dirai
dans le n° suivant, où un majeur, autre que le mari, peut cautionner
une femme mariée. Le mari, ou tout autre, qui s'oblige solidairement
avec la femme, ou celui qui s'oblige de même avec un mineur, contractent
l'engagement d'une caution, et suivant l'objet et le but de cette solidarité,
ils renoncent au bénéfice de division ou de discussion. Il peut s'élever la
question de savoir si l'on peut hypothéquer, pour la garantie de l'engagement, les immeubles de la femme mariée ou ceux du mineur ; ou si,
pour cette garantie, il ne peut y avoir d'hypothèque constituée avec effet,
que sur les seuls biens du majeur qui entre solidairement dans l'obligation.

Il est indubitable que l'hypothèque porteroit inutilement sur les
immeubles de la femme mariée ou du mineur. Tels étoient les anciens
principes, et on ne sauroit établir une raison de se décider différemment
sur ce qu'il s'agiroit d'une hypothèque spéciale avec affectation sur des
biens appartenant à la femme mariée ou au mineur, et qu'on diroit que
le majeur qui s'obligeroit solidairement doit garantir la validité de cette
hypothèque. Il faut ici rappeler le principe que j'ai déjà expliqué, qu'on
ne peut hypothéquer le bien d'autrui. Le majeur n'auroit donc pu hypothéquer le bien de la femme mariée ou du mineur : ceux-ci ne l'auroient
pas pu hypothéquer davantage, à raison de leur incapacité.

Sans doute, le majeur qui s'oblige solidairement, ou celui qui se rend
simplement caution, car je ne fais aucune différence entre ces deux cas, est

Des biens
qui, seuls,
peuvent être
hypothéqués,
lorsqu'un
majeur s'o-
blige avec
une femme
mariée ou
avec un mi-
neur, ou
lorsqu'il se
rend leur
caution.

bien garant, envers celui en faveur duquel l'engagement auroit été contracté, de l'effet de l'hypothèque qu'on auroit fait porter sur les biens de la femme mariée ou du mineur; mais on sent la différence énorme qui existe, par rapport aux tiers, entre une hypothèque régulière et valablement assise sur un immeuble par le vrai propriétaire qui auroit capacité d'hypothéquer, et une hypothèque qui seroit imprimée seulement par celui qui ne seroit pas propriétaire, en conséquence d'une garantie à laquelle il s'obligeroit, à raison de l'incapacité du propriétaire.

Ainsi, à supposer que la femme mariée ou le mineur, ayant recouvré leur capacité de s'obliger, hypothéquassent les mêmes immeubles à des personnes autres que le particulier en faveur duquel l'engagement dont j'ai parlé auroit déjà été contracté, les dernières hypothèques auroient, sans contredit, leur effet au préjudice de la première. On sent cependant que si, avant ces dernières hypothèques, la première avoit été ratifiée valablement par les principaux obligés qui auroient recouvré la faculté de s'obliger et d'hypothéquer, cette ratification auroit réparé le vice de la première hypothèque; mais aussi, faudroit-il que l'inscription fût prise, tant en vertu du premier titre qu'en vertu de la ratification, et l'hypothèque ne prendroit rang que du jour de cette inscription. Je renvoie à ce que j'ai dit là-dessus, au n° 46. On voit donc que, dans le cas dont il est question, il ne peut y avoir d'hypothèque sûre que celle qui seroit imposée par celui qui se seroit obligé solidairement, ou qui se seroit rendu caution, sur ses propres immeubles.

Des cas où la nullité de l'engagement, à l'égard du principal obligé, profite à la caution. De la caution du mineur. De celle de la femme mariée.

55. Il s'est élevé, dans tous les temps, des difficultés considérables sur la question de savoir dans quels cas les exceptions que le principal obligé pouvoit opposer contre l'engagement, devoient ou non profiter à la caution. On sent, dès lors, que le sort des hypothèques données pour la sûreté des cautionnemens, étoit subordonné au sort des engagemens des principaux obligés. On est convaincu de toutes ces difficultés, d'après ce que dit d'Argentré, sur l'article 464 de la Coutume de Bretagne; et Basnage, *des hypothèques*, 2ᵉ *part.*, *chap.* 4, *pag.* 510, *édit. in-*12. Tout ce qu'ils disent se réduit à peu près à une critique bien fondée sur les antinomies que présentent une foule de lois romaines à ce sujet, et à une connoissance des embarras qu'on éprouvoit lorsqu'on vouloit parvenir à des solutions précises, selon les différens cas. On trouvoit plusieurs principes généraux dont le résultat étoit que le cautionnement ne pouvoit être vala-

blement apposé à une obligation qui étoit nulle en elle-même ; que la nullité de l'engagement principal entraînoit la nullité du cautionnement. *Cùm causa principalis non consistit, ne eæ quidem quæ sequuntur locum habent.* L. 178, ff. *de regul. jur. Fidejussor accipi potest, quoties est aliqua obligatio civilis vel naturalis cui applicetur.* L. 16, § 3, ff. *de fidej.* Mais comme ces principes, pris dans toute leur latitude, auroient présenté de graves inconvéniens, en ce qu'ils auroient emporté la suppression d'une infinité de transactions utiles dans la société, on a été forcé de distinguer les espèces de nullités. Certaines ont dû entraîner l'anéantissement du cautionnement, comme celui de l'obligation principale ; à l'égard de certaines autres, on n'a pas dû leur donner le même effet. Or, les nullités variant à l'infini dans leurs espèces, il s'est présenté de grandes difficultés dans les distinctions qu'on a été obligé d'en faire, et cette recherche étant très-délicate, il s'y est naturellement mêlé beaucoup de subtilités. Au défaut de signes caractéristiques de chaque nullité, il a fallu remonter à leur nature et à leur origine pour les classer, ce qui a ouvert un vaste champ aux raisonnemens, aux interprétations, et par conséquent à la diversité des opinions.

Nous avons, dans notre Code civil, un article infiniment important, dont l'objet a été de servir de guide en cette matière ; il renferme avec précision un principe fécond en conséquences : mais il s'agit de les déduire avec exactitude. Je veux parler de l'article 2012, ainsi conçu : « Le cautionnement ne peut exister que sur une obligation valable ; on peut néanmoins cautionner une obligation, encore qu'elle pût être annulée par une exception purement personnelle à l'obligé : par exemple, dans le cas de la minorité. » Nous devons rechercher avec soin le sens de cet article, et tâcher de ne pas nous tromper sur son application aux différentes nullités que l'obligation principale pourroit renfermer. Pour procéder méthodiquement, il faut distinguer les obligations des mineurs de celles des femmes mariées, et nous commencerons par les premières.

La loi a en vue une obligation *valable* ; elle a voulu n'admettre la validité du cautionnement, qu'autant qu'il seroit contracté à l'appui d'une pareille obligation. Néanmoins elle ne veut pas prononcer indéfiniment l'invalidité du cautionnement ; elle lui donne son effet, si l'obligation ne peut être annulée que par suite d'une exception purement personnelle à l'obligé. Que conclure de ce rapprochement d'idées ? C'est que le législateur a supposé deux sortes de nullités, l'une *absolue*, l'autre *relative*. La

nullité relative paroîtroit d'abord ne concerner que le mineur, sous le rapport de l'incapacité personnelle dont il est frappé comme mineur ; mais on
tomberoit dans des erreurs graves si on considéroit ainsi l'article 2012.
Il y a des nullités absolues, des obligations non valables, pour le mineur
comme pour toutes autres personnes, en faisant abstraction de sa qualité
de mineur ; et si c'est seulement lorsque l'obligation ne peut être annulée
qu'à raison de cette qualité dans laquelle s'épuise une exception personnelle, que le cautionnement subsiste dans tous ses effets, il n'est pas moins
vrai que si le mineur cautionné peut opposer une nullité qui soit indépendante de sa qualité de mineur, cette nullité profitera à la caution.

En partant de là, il faut rechercher les causes des nullités par lesquelles
l'obligation principale peut être attaquée ; ainsi, si l'obligation principale
est infectée de dol, de fraude, d'erreur, s'il y a lésion, si elle est l'effet de
la violence, il n'y a plus d'engagement, et par conséquent plus de cautionnement valable. En disant *lésion*, j'entends une lésion qui, de sa nature,
donneroit lieu à une rescision, tant à l'égard d'un majeur que d'un mineur.
Je citerai pour exemple la lésion qui, en matière de vente, est à un taux qui
donne lieu à la rescision. Il est constant, quoique j'aie vu contester ce
point de droit, que, sous la jurisprudence ancienne, le bénéfice de cette
rescision profitoit à la caution, comme au mineur cautionné; et rien, dans
notre législation, ne conduit à un changement à cet égard. Toutes ces circonstances vicient l'obligation dans sa substance ; le cautionnement disparoît
avec elle, comme l'ombre disparoît avec le corps, pour me servir des termes
de d'Argentré, sur l'art. 464 de la Coutume de Bretagne : *Cùm fidejussoria
obligatio sit veluti umbra in corpore.* Il en seroit de même, si la nullité de
l'obligation tenoit à un vice résultant de ce que ce qui feroit l'objet de la convention ne seroit point dans le commerce, de ce que cette convention seroit
contraire aux bonnes mœurs ou à l'ordre public. C'est ce qui est ainsi rendu,
d'après les lois romaines mêmes, par le jurisconsulte aussi savant que judicieux que je viens de citer : *Cùm lex contractum fieri vetat, dispositione
prohibitoriâ à rebus sumptâ, aut quia res in commercio non sit, aut
inhonesta sit causa, aut prohibitio habens publicam causam, toties quia
obligatio principalis nulla sit, nec fidejussoriam posse subsistere........*

Mais si l'obligation ne peut être attaquée que par un moyen qui soit
uniquement inhérent à la personne du mineur qui s'oblige, relativement
à son incapacité comme tel; si, comme dit l'article 2012, l'obligation ne
peut

peut être annulée que par *une exception purement personnelle* au mineur qui y est cité pour exemple, alors le cautionnement ne laisse pas de subsister. La caution devient garante de cette exception, si elle étoit opposée, et la validité de l'hypothèque à laquelle elle auroit consenti seroit certaine. C'est seulement à raison de cette exception que le créancier a pris une caution, et celle-ci est toujours présumée s'être obligée pour en mettre le créancier à couvert ; elle a voulu que l'acte valût, comme s'il eût été fait avec un majeur. Sous ce point de vue, l'ancienne législation présentoit peu de difficultés : telle étoit la disposition des lois romaines. Aussi Basnage, *loco citato*, dit, d'après les mêmes lois, que les jurisconsultes romains enseignent que *les exceptions pures et personnelles (quæ personæ cohærent)* ne s'étendent point aux fidéjusseurs.

Venons à ce qui concerne la caution de la femme. Il faut se régler, à ce sujet, par d'autres principes. Le point essentiel est de savoir de quel genre est la nullité de l'obligation que contracteroit la femme en puissance de mari, sans l'autorisation et le consentement de celui-ci, sous une caution. Est-on fondé, ou non, à dire que cette obligation n'est pas une obligation *valable*, dans la force du mot, et tel que l'a entendu l'article 2012 ? Or, il y a tout lieu de se décider pour l'opinion qu'il s'agit là d'une obligation qui n'est pas *valable*, et que dès lors le cautionnement ne peut exister. Il paroît évident qu'il faut entendre ces expressions, *que sur une obligation valable*, dans un sens bien différent de celles qui se rapportent ensuite à une obligation qui pourroit être annulée, seulement par une exception personnelle, pour laquelle le mineur est indiqué comme sujet d'application hypothétique. Il ne peut être question, dans ces dernières expressions, que d'une nullité dont la cause se rattacheroit à la seule qualité de mineur.

Cette question a, sans doute, été embarrassante autrefois, puisqu'elle a divisé deux grands jurisconsultes, Basnage et Pothier. Le premier, *partie 2, chap. 2, et encore ailleurs*, soutient avec force la validité du cautionnement, à l'égard des femmes mariées ; et il se fonde sur ce que telle étoit la jurisprudence du parlement de Dijon et de celui de la Normandie. Pothier contredit ouvertement cette opinion, *Traité des obligat.*, n° 395. Il ne veut point voir d'obligation proprement dite, dans l'engagement d'une femme non autorisée par son mari ; ou au moins, dans sa pensée, elle est infectée d'une nullité tellement radicale, qu'il la considère comme n'exis-

Tome I. P

tant pas ; en sorte que, le sujet manquant, le cautionnement, qui n'est qu'un accessoire, s'évanouït. Selon notre droit coutumier, disoit-il, l'obligation de la femme qui a contracté sans être autorisée, quoiqu'elle puisse être valable dans le for de la conscience, est nulle, même *ipso jure*, dans le for extérieur, puisque les Coutumes la déclarent absolument inhabile à contracter et incapable de s'obliger. Il rappelle les expressions absolument prohibitives de la Coutume de Paris, art. 234, *Femme mariée ne se peut obliger, etc.* ; et de celle d'Orléans, art. 194, *ne peut aucunement contracter.* Je rapporte ses motifs essentiels, et, pour abréger, je renvoie aux autres.

Il me paroît impossible de ne pas adopter les principes enseignés par Pothier ; ils sont ceux de l'ancienne législation ; ils sont encore ceux de la nouvelle. Tous nos bons auteurs français, à l'exception d'un très-petit nombre, ont professé cette doctrine, que l'obligation de la femme, sans l'autorisation du mari, étoit radicalement nulle ; qu'il y avoit cette différence, entre cette obligation et celle du mineur, que l'obligation de ce dernier étoit plutôt rescindable, *aut annullanda*, que nulle. Ils ont cependant excepté de cette dernière règle les cas, ainsi que je l'ai déjà dit, où l'obligation du mineur auroit été infectée d'un vice qui l'auroit annulée radicalement, même quand elle auroit été contractée par un majeur. C'est aussi par cette raison qu'ils disoient que la nullité de l'obligation de la femme pourroit être demandée pendant trente ans, à compter de la dissolution du mariage ; tandis qu'en général, celle de l'obligation du mineur devoit l'être dans les dix ans à compter de sa majorité. A la vérité, toutes ces prescriptions sont réduites à dix ans par l'art. 1304 du Code civil ; mais la restriction du délai ne touche point à la nature de la nullité. Cette nullité est la même, quoique la demande doive en être faite dans un délai moindre, pour ne pas laisser les propriétés incertaines pendant trop long-temps.

Les principes sur le genre de nullité des obligations des femmes non autorisées par leurs maris, sont développés avec force par d'Argentré, sur l'article 464 de la Coutume de Bretagne. Il en soutient la nullité absolue ; il se fonde sur les termes prohibitifs des Coutumes, comme le fait Pothier ; il en tire la conséquence de la nullité du cautionnement. Les mêmes principes sont professés par d'Héricourt, *de la vente des immeubl.*, *chap.* 11, *sect.* 2, *n°* 2 ; et il termine en disant que *l'obligation de la femme, qui est nulle, n'oblige point la caution.*

On déduit les mêmes principes du Code civil, sur la nullité de l'obligation des femmes mariées, sans l'autorisation de leurs maris. Ses dispositions sont conçues en termes prohibitifs, et l'on peut s'en expliquer, comme le faisoit d'Argentré, relativement à celles de la Coutume de Bretagne. *Tales omnes enunciationes prohibitoriè concipiuntur, et potentiam adimunt per verba, NE PEUT, et per verba, EST DE NULLE VALUE.* Mais ce qui devient décisif, et ce qui corrobore, sous notre législation, cette ancienne doctrine, c'est la disposition de l'article 217 du Code civil. « La femme, même non commune ou séparée de biens, *ne peut* donner, aliéner, hypothéquer, acquérir, à titre gratuit ou onéreux, sans le concours du mari dans l'acte, ou son consentement par écrit. » Je crois avoir dit avec vérité, au n° 33, que la nécessité de l'autorisation du mari est établie, non pas seulement dans l'intérêt de la femme, mais encore dans des vues morales; en sorte que ce n'est pas à elle qu'on peut appliquer la restriction faite par l'article 2012, relativement à *l'exception purement personnelle.* Il sera toujours contre la décence, contre la dignité du mariage, qu'une femme s'oblige, sans l'autorisation de son mari, sous un cautionnement.

Cependant, Pothier, n° 395, observe que, si quelqu'un s'étoit obligé conjointement avec une femme non autorisée, non comme caution de cette femme, mais comme débiteur principal, la nullité de l'obligation de la femme n'entraîneroit pas la nullité de la sienne. Par exemple, dit-il, si une femme, sans être autorisée, et moi, nous avons emprunté de vous une certaine somme d'argent qui a été touchée par cette femme, et que nous nous sommes obligés solidairement de vous rendre, la femme ne sera pas obligée envers vous, si elle a dissipé cette somme; mais je n'en suis pas moins obligé de vous la rendre, en étant moi-même débiteur principal, et vous l'ayant empruntée : car, pour que j'en sois l'emprunteur, il n'est pas nécessaire que je l'aie reçue moi-même, il suffit que vous l'ayez réellement comptée à cette femme, de mon consentement. Il faut néanmoins convenir que si, dans la rigueur des principes, un pareil acte est valable, respectivement au particulier qui emprunte et s'oblige, il pourroit, sauf dans quelques cas rares, rendre suspecte la conduite de la femme; mais enfin il ne s'agiroit plus d'annuler un cautionnement qui n'existeroit pas.

Mais ce que j'ai dit jusqu'à présent ne peut concerner que les cas ordinaires, c'est-à-dire, les femmes mariées en communauté ou sous le régime dotal. Il en seroit tout autrement de la femme marchande publique, qui peut, dans certains cas, s'obliger sans l'autorisation de son mari, d'après ce que j'ai dit au n° 36. C'est la nécessité de l'autorisation du mari, lorsqu'elle est prescrite par la loi, qui est le principe de la nullité de l'obligation, et qui, par conséquent, entraîne celle du cautionnement. Par la même raison, le cautionnement pourroit être valable à l'égard des femmes, dans les cas où elles pourroient obliger quelques-uns de leurs biens, dont elles auroient la libre disposition, sans le consentement ou l'autorisation de leurs maris.

On sent bien aussi que tout ce qui vient d'être dit sur la nullité du cautionnement apposé à une obligation, de la part de la femme, dont la prohibition seroit prononcée par la loi, est absolument étranger au mari qui cautionneroit sa femme, qui même s'obligeroit, dans une vente de ses biens dotaux, à rembourser, en cas de réclamation et de demande de la nullité de la vente, le prix de la même vente, et à payer les dommages-intérêts, et qui, pour assurer cette garantie, hypothéqueroit ses immeubles personnels (1).

---

(1) Comme j'ai vu quelquefois confondre les principes nouveaux avec les principes anciens, relativement aux effets des ventes de biens dotaux et des garanties contractées à cet égard par les maris, j'ai cru qu'il étoit utile de faire, à ce sujet, quelques observations. Il est à propos de rappeler ces principes anciens qui s'effacent, et qui ne sont plus aussi présens à l'esprit.

Dans les pays de droit écrit, au moins en général, et sous plusieurs Coutumes de régime dotal qui en avoient admis les principes, la femme ne pouvoit point obliger ses biens dotaux; surtout, elle ne pouvoit les vendre, pas plus avec l'autorisation du mari que sans cette autorisation L'art. 3 du tit. 14 de la Coutume d'Auvergne y étoit précis. Il étoit dit dans cet article, *et sont telles dispositions et aliénations nulles et de nul effet et valeur.* Cependant il a toujours été reçu, et sans contestation, que le mari pouvoit personnellement, seul ou solidairement avec sa femme, vendre ces biens dotaux, même quand la qualité en auroit été spécifiée dans la vente, de quelque manière qu'elle eût été faite. La vente étoit sans contredit nulle, respectivement à la femme et à ses enfans, qui n'auroient pas été héritiers de leur père; mais elle étoit valable à l'égard du mari, en ce sens qu'il étoit garant de la nullité et de la réclamation qui en auroit été faite par la femme ou par ses enfans, qui y auroient été non recevables s'ils eussent été héritiers de leur père. On peut voir, à ce sujet, M. Chabrol, qui ne cesse de regarder ce point de droit comme sans difficulté, et notamment sur cet article 3 et sur l'art. 5 du tit. 17; Prohet et ses annotateurs, sur les art. 3 et 4 du tit. 14. Aussi voit-on dans les bureaux de conservation des hypothèques, en Auvergne, une foule d'inscriptions hypothécaires

56. Je croirois me livrer à de vaines hypothèses, si j'entrois sérieuse- De celui qui caution- ment dans l'examen de la question de savoir si le cautionnement d'un neroit un im- impubère ou d'un interdit seroit valable. Il ne peut guère venir dans la interdit. pensée de qui que ce soit de s'engager solidairement avec des personnes qui sont dans un pareil état; et il n'y a pas de notaire qui crût pouvoir stabiliser de pareils engagemens, dont l'idée même seroit repoussante. L'impubère ne peut s'obliger ni naturellement ni civilement, ainsi que j'ai déjà eu occasion de le dire. On peut en dire autant de l'interdit, pour cause de démence, de folie ou de fureur. Ces personnes n'ont point de volonté; ils ne peuvent, par conséquent, donner un consentement, et on

conservatoires, prises sur les biens des maris, pour la garantie de ventes de biens dotaux qu'ils avoient faites, laquelle garantie emportoit hypothèque générale, d'après la législa- tion sous laquelle elle avoit été stipulée. Cette ancienne jurisprudence avoit été cons- tamment admise par le parlement de Paris : elle y étoit regardée comme une loi vivante. Les principes nouveaux introduits par le Code civil, article 1560, l'ont été d'après des usages particuliers qui se pratiquoient au parlement de Provence. On les voit dans les actes de notoriété, donnés par MM. les avocats et procureurs généraux de ce parlement, et dans les Observations sur ces actes de notoriété, n° 67. Voici ce qu'on lit dans les Observations : « Le mari ne peut rien faire qui rende détérieure la condition de la dot : l'aliénation lui est prohibée. *Leg. Juliâ*, ff. *de fundo dotali. L. unic.*, *Cod. de rei uxor. act.* Il peut réclamer lui-même de la vente qu'il a faite du fonds dotal, et on ne le soumet à une garantie, pour des dommages-intérêts envers l'acheteur, qu'autant qu'il ne lui a pas déclaré que le fonds étoit dotal. Duperrier, *tom.* 1ᵉʳ, *Maximes de droit*, *pag.* 489. Arrêt du 18 janvier 1646, rapporté par Boniface, tom. 1ᵉʳ, liv. 6, tit. 3, chap. 1ᵉʳ. »

Ces usages particuliers, érigés en lois, étonnèrent quelques conseillers d'état, lors de la discussion du Code civil : il en fut de même au Tribunat. Il y avoit dans le premier projet de loi, que « si la femme ou le mari, ou tous les deux conjointement, aliènent le fonds dotal, *l'aliénation sera radicalement nulle.* » Le Tribunat observa que des diffi- cultés pourroient naître sur l'interprétation de ces derniers mots. Il en vota la suppres- sion, et il demanda la substitution de ces mots : « S'il (le mari) n'a pas déclaré dans le contrat que le bien vendu étoit dotal ; » à ceux-ci, « en demeurant néanmoins sujet aux dommages-intérêts de l'acheteur, pourvu que celui-ci ait ignoré le vice de l'achat. » C'est dans ces dernières expressions que se trouve la seule modification apportée par le Code civil à l'ancienne jurisprudence du parlement de Provence. Mais on conçoit quel a été l'esprit qui a présidé à la dernière rédaction, par la suppression des termes, *l'alié- nation sera radicalement nulle.* Cette aliénation peut encore être garantie par le mari. Mais, d'après le régime actuel, il doit particulièrement affecter des biens à cette ga- rantie, et cette affectation spéciale doit être assurée par des inscriptions qui doivent être renouvelées avant l'expiration de dix ans de l'une à l'autre.

ne peut concevoir un engagement sans le consentement, qui est toute autre chose que la capacité de contracter. Art. 1108 du Code civil.

Cependant Basnage, *part.* 2, *chap.* 4, avoit une propension à décider que l'on pouvoit valablement cautionner un impubère et un interdit. Après avoir prétendu qu'il y avoit une contradiction entre ce qu'avoit dit, à ce sujet, le jurisconsulte Ulpien, dans la loi 6, *De verb. oblig.*, et la décision de ce même jurisconsulte contenue dans la loi 26, *De fidej.*, il supposoit que l'opinion de Cujas étoit pour la validité du cautionnement dans ce cas, d'après la loi 70, § *si à furioso, dict. tit.* Mais Pothier, n° 393, a très-bien démontré l'erreur de Basnage à cet égard. Il établit que Cujas s'étoit seulement expliqué pour le cas où on se seroit rendu caution pour des impubères, des fous, des interdits, pour des causes pour lesquelles ces personnes peuvent être, *sans aucun fait de leur part*, valablement obligées. Il en cite un exemple, auquel il me suffit de renvoyer.

Il n'y a donc que les mineurs qui ont acquis l'âge de puberté, surtout s'ils sont émancipés, pour lesquels on puisse se rendre caution avec effet. La raison en est qu'étant dans un âge qui approche de la majorité, ils sont présumés avoir une volonté, et pouvoir former un lien naturel, quoique la loi les rende incapables de contracter une obligation civile. Ce qui démontre cette vérité, c'est qu'anciennement, dans presque toute la France, le mâle âgé de quatorze ans, et la fille âgée de douze ans accomplis, étoient réputés d'âge parfait pour ester en jugement, faire, passer tous contrats, comme ayant la même faculté qui a été accordée dans la suite au seul majeur de vingt-cinq ans. L'art. 1er, tit. 13 de la Coutume d'Auvergne, l'art. 173 de la Coutume de Bourbonnais, et l'art. 292 de celle de la Marche, ne permettent pas d'en douter. La preuve s'en trouve encore dans les Établissemens de saint Louis, ch. 73 et 142, et dans la décision 249 de Jean Desmares, avocat du Roi au parlement, sous Charles VI. Aussi Loysel, Institut. cout., liv. 1er, tit. 1er, art 34, disoit : « L'âge parfait étoit à quatorze ans, par l'ancienne Coutume de la France. »

57. Il n'est pas inutile, à beaucoup près, de prévoir une difficulté que j'ai vu élever. Elle consiste à savoir si, lorsqu'il s'agit d'une exception qui pourroit être opposée par le mineur, mais qui devroit l'être dans un délai, à compter de la majorité, celui contre lequel l'exception frapperoit, ou comme créancier, ou comme acquéreur, pourroit soutenir que la caution devroit être garante de ce délai, et remettre le créancier ou l'acquéreur

Dans le cas où la caution ne seroit point garante de l'exception proposée par le principal obligé, d'après la nature de cette exception,

au même état dans lequel il se seroit trouvé s'il eût contracté avec un
majeur; en sorte qu'il n'eût eu à redouter l'exercice de l'exception, que
dans un délai qui seroit celui qui auroit eu lieu si le principal obligé eût
été majeur. J'ai vu juger l'affirmative, en grande connoissance de cause,
dans une espèce que je vais rapporter, et qui fera mieux entendre la
question.

    Le 12 juillet 1775, Michel Gorce, mineur, vendit un bien à lui appar-
tenant, du chef de sa mère. A raison de sa minorité, l'acquéreur exigea une
caution; en conséquence, autre Michel Gorce, son père, entra dans la
vente. Ils vendirent solidairement; la vente faisoit mention que le bien
appartenoit au fils, et le père s'obligea de faire ratifier son fils à sa majorité.
Dix ans utiles s'écoulèrent contre le père. Après sa mort, le fils, avant sa
trente-cinquième année, attaqua la vente, contre laquelle il prit des lettres
de rescision qui étoit alors en usage. Il les fonda sur la rescision d'outre-
moitié, qui étoit celle qui étoit admise avant le Code civil. L'acquéreur,
nommé Morel, dit que Michel Gorce fils étoit non recevable, ou au moins
garant de sa demande, comme représentant son père, dont il étoit héritier.
L'avocat de Gorce fils disoit qu'il falloit distinguer, en garantie, le cas où le
principal obligé revenoit, pour minorité, du cas où il revenoit pour lésion
d'outre-moitié, ou pour tout autre vice radical qui étoit dans l'acte même,
abstraction faite de la minorité; que, dans le cas de la lésion légale sur le
prix, le bénéfice en profitoit à la caution comme au principal obligé. L'avocat
de l'acquéreur avouoit que cette distinction étoit fondée en principe; mais
il répliquoit que, d'après la garantie, le fils auroit dû se pourvoir dans dix
ans, non pas à compter de sa majorité, mais à compter de l'acte même;
que la garantie avoit dû assurer à l'acquéreur que le fils ne pourroit faire,
après l'acte, que tout ce qu'auroit pu faire un majeur; que l'acquéreur
devoit être considéré comme ayant contracté avec un seul majeur, ou avec
deux. On répondoit, toujours pour Gorce fils, que le père n'avoit entendu
et pu garantir qu'un seul des droits ouverts au fils, c'est-à-dire, celui qui
résultoit de sa minorité, et qu'il n'avoit entendu ni pu garantir l'effet de
l'action en rescision pour lésion; qu'il n'y avoit pas non plus de garantie
de l'effet du temps dans lequel le fils pouvoit exercer cette action; que ce
délai étoit dans la loi. Néanmoins, par une sentence de l'ancienne sénéchaussée d'Auvergne, à Riom, du 4 mai 1787, Michel Gorce fils fut débouté de sa demande en entérinement, et condamné aux dépens.

doit-elle ga-
rantir que
l'exception
sera proposée
dans le même
délai dans
lequel elle
auroit dû l'ê-
tre, si le
principal
obligé eût été
majeur?

On auroit pu croire que la circonstance que le père s'étoit obligé de *faire ratifier son fils à sa majorité*, avoit influé sur la décision. Il fut cependant vérifié que cette circonstance avoit été regardée comme indifférente, et que la question avoit été jugée en point de droit, d'après les moyens de l'acquéreur, dont je viens de rendre compte. Des avocats très-célèbres du barreau de cette ancienne sénéchaussée avoient soutenu et développé avec force l'opinion qui fut adoptée. Cet avis et la décision d'un tribunal justement célèbre, par les lumières qu'il renfermoit, sont faits pour en imposer. Cependant j'ose avouer que j'ai toujours eu peine à m'y rendre. Il m'a toujours paru que la nullité de la garantie devoit être indivisible ; que cette garantie ne pouvant avoir d'effet dans le cas dont il s'agit, pour l'obligation du mineur en elle-même, elle ne devoit également en avoir aucun relativement à la durée du temps dans lequel l'exception du mineur devoit être opposée. Néanmoins, j'ai vu plus récemment répandre un grand doute sur la question par des jurisconsultes éclairés. Au surplus, la connoissance de la difficulté peut être un avis pour qu'en pareil cas une caution fasse en sorte, dans son intérêt, que l'exception du mineur arrive dans les dix ans, non pas à compter de sa majorité, mais bien à compter de l'acte même.

De l'influence de la qualité en laquelle on contracte, sur la validité de l'obligation et de l'hypothèque.

58. On sent facilement combien la qualité en laquelle on contracte peut influer sur le sort de l'obligation et de l'hypothèque. Si quelqu'un s'obligeoit et hypothéquoit son bien, seulement en une qualité qu'il n'auroit pas, et s'il ne s'agissoit pas d'une obligation personnelle ou solidaire, l'obligation et l'hypothèque deviendroient sans effet. Ceci tient au principe qu'on ne peut promettre que pour soi-même, si on ne se fait pas fort pour un autre, art. 1119 et 1120 du Code civil ; et l'erreur sur la qualité frapperoit l'obligation de nullité. Si, dans la suite, l'obligation étoit ratifiée, la ratification n'auroit pas d'effet rétroactif au jour de l'obligation ; l'hypothèque remonteroit seulement à la date de l'inscription qui seroit prise en vertu tant de la ratification que de la première obligation.

Mais l'engagement seroit encore nul, si on s'engageoit simplement en une qualité qu'on auroit, mais qui ne donneroit pas le droit de contracter cet engagement ; en sorte que l'obligation excéderoit le pouvoir attaché à la qualité de celui qui s'obligeroit. Ainsi, un tuteur qui, en cette seule qualité, vendroit ou hypothéqueroit les biens de son pupille, sans les formalités judiciaires, n'imprimeroit aucune hypothèque avec effet sur les biens du du pupille, pas plus que sur les siens propres. Il en seroit encore de même d'un procureur fondé qui auroit contracté au delà des bornes de sa procuration.

Mais celui qui auroit la qualité en laquelle il contracte, pourroit obliger et hypothéquer les biens qui lui appartiendroient en cette qualité, sans pouvoir hypothéquer les biens qu'il auroit d'ailleurs, et qui seroient étrangers à la qualité en laquelle il auroit contracté. Ainsi un mari, qui s'obligeroit en qualité de mari seulement, pourroit hypothéquer les droits réels qui lui appartiennent, et qui sont attachés à sa qualité de mari, tels, par exemple, que l'usufruit des immeubles dotaux de son épouse.

Ces décisions sont fondées sur un principe expliqué par le célèbre Cochin. C'étoit à l'occasion d'une autre question; mais le principe s'applique à celle-ci. « L'hypothèque, disoit-il, n'est jamais que l'accessoire d'une obligation. Or, pour juger d'une obligation, d'un engagement, il faut le considérer en lui-même, et non dans une clause simplement accessoire; si l'engagement en lui-même est limité sur certains biens, l'hypothèque ne peut faire que l'engagement soit plus étendu qu'il ne l'est par lui-même.» *Tome* 4, *pag.* 398, *in-4°*.

SECTION II.

De la spécialité. De la publicité de toutes les hypothèques, de quelque nature qu'elles soient. De tout ce qui tient à l'inscription, et des cas où l'on ne peut prendre inscription avec effet, à raison de la position du débiteur, quoiqu'on ait une hypothèque. Questions transitoires.

§ Ier.

De la spécialité et de son objet.

SOMMAIRE.

     Tome I.   Q

De la spé-
cialité et de
son objet.   59. LA détermination de l'hypothèque s'opère par la spécialité. L'inscription fait connoître cette détermination ou affectation particulière, et, par ces deux moyens, arrive la publicité : sans l'un et l'autre, cumulativement, cette publicité ne seroit pas obtenue.

Qu'un débiteur hypothèque généralement tous ses biens ; que cette hypothèque reste dans l'obscurité; que plusieurs hypothèques se renouvellent sous ce mode, de manière que les biens soient plus qu'absorbés; qu'en cet état de choses, il se contracte encore de nouvelles hypothèques, et de la même manière, il est évident que beaucoup de créanciers perdront, et seront victimes de leur bonne foi : tel étoit le vice de l'ancienne législation.

Que le débiteur divise ses hypothèques, qu'il les fixe sur des objets bien distincts, bien déterminés, mais qu'on en reste là, il y aura seulement spécialité d'hypothèque.

Mais qu'importe cette spécialité, ou ces affectations particulières d'hypothèques, si elles ne sont pas connues. Ce défaut de connoissance feroit que des tiers seroient trompés sur chacune des parties de la fortune du débiteur, comme ils le seroient sur le tout, dans la première hypothèse. Quel est donc le moyen par lequel les tiers puissent contracter en connoissance de cause? Il est sensible que c'est l'inscription, et l'inscription seule.

Ainsi, spécialité, inscription, de là publicité : voilà les principaux pivots sur lesquels notre système hypothécaire est établi.

Cependant la publicité n'est pas prescrite seulement pour l'hypothèque spéciale ; elle a lieu pour toutes les hypothèques en général, sauf quelques modifications. C'est ce que j'expliquerai dans la suite ; je ne m'occupe, en ce moment, que de ce qui concerne l'hypothèque spéciale.

Or, on sent bien que la spécialité a dû être sujette à des formes ; que l'inscription a dû avoir les siennes ; ces formes ne pouvoient être confiées à l'arbitraire des parties contractantes ou des notaires : la sûreté des fortunes dépendoit de l'observation de ces formes ; elles devoient être les mêmes partout ; et dès lors le législateur a dû les établir d'une manière générale et sûre. Or, on sent que je dois expliquer la législation, sous ce double rapport des formes qui constituent la spécialité de l'hypothèque, et de celles qui rendent l'inscription régulière.

60. Mais, avant d'entrer dans cette explication des formes, il y a plusieurs choses à dire qui tendront à mieux faire connoître, non-seulement la spécialité de l'hypothèque, mais encore la nature de l'hypothèque en général, quelles que soient même les causes d'où elle procède. Et d'abord je vais faire un rapprochement particulier de l'hypothèque et de l'inscription, pour établir les rapports entre l'une et l'autre. Ce que je dirai là-dessus étendra encore les idées, et les raffermira sur ce qui constitue véritablement l'hypothèque, telle qu'elle est devenue sous le régime actuel. Il est indispensable de dissiper des confusions que j'ai vues souvent se former, sur la question de savoir si l'hypothèque est dans l'hypothèque même, ou dans l'inscription, ou, ce qui revient au même, si ce sont deux choses distinctes, ou si ce n'en est qu'une seule, l'une ne pouvant exister sans l'autre. Je sens que je suppose par là que plusieurs de mes lecteurs ne sont pas bien avancés dans la connoissance de notre régime hypothécaire ; mais j'ai la conviction que les jeunes élèves en droit, qui doivent principalement connoître les élémens, et que j'ai en vue, auront à se former des idées précises à ce sujet. C'est une raison pour que je ne néglige pas d'aplanir toutes les difficultés.

De la corrélation de l'hypothèque avec l'inscription.

L'hypothèque est toujours dans notre législation actuelle ce qu'elle a été dans tous les temps ; elle est toujours comme je l'ai définie n° 4, avec cette seule différence que, quand elle est spéciale, elle est resserrée sur un ou sur quelques immeubles, au lieu de couvrir toute la fortune du

débiteur, comme l'hypothèque générale. L'hypothèque spéciale existe par
la stipulation, comme les autres hypothèques existent par la loi ou par les
jugemens; l'inscription n'est qu'une formalité extrinsèque, mais une formalité infiniment importante, puisque, seule, elle donne à l'hypothèque
son efficacité. L'inscription n'est pas du fait du débiteur, elle est indépendante de sa volonté; le contrat est déjà consommé à son égard; mais
l'hypothèque ne peut être exercée à l'égard des tiers, que dès l'instant
qu'elle est inscrite. L'inscription est, par rapport à l'hypothèque, ce qu'é-
toit anciennement l'insinuation, respectivement à la donation. Son objet
étoit de la rendre publique, pour que les tiers fussent avertis de ne pas
contracter avec le donateur, au moins relativement aux biens compris
dans la donation; et la donation n'étant pas publique par l'insinuation,
étoit nulle par rapport à ceux qui auroient contracté avec le donateur.
L'hypothèque prend bien *naissance* dans le titre qui la constitue, pour me
servir de l'expression de l'art. 2148 du Code civil, et l'inscription n'est
qu'une forme, mais une forme absolument nécessaire pour le développement de l'hypothèque, une forme qui lui donne vie, et qui seule attribue
le droit de prendre rang entre les créanciers inscrits, à compter du jour
qu'elle est faite, et de primer généralement tous créanciers, soit hypothécaires non inscrits (excepté ceux dont l'hypothèque auroit été affranchie
de l'inscription), soit simplement chirographaires.

La principale difficulté qui s'est élevée sur la nécessité de l'inscription,
par rapport aux tiers, s'est présentée dans le cas où le créancier qui avoit
une hypothèque, sans inscription, se trouvoit en concurrence avec d'autres créanciers, mais qui étoient seulement chirographaires. C'est en se
pénétrant de deux fortes discussions auxquelles cette difficulté a donné
lieu, qu'on connoîtra parfaitement tout l'effet de l'inscription, et qu'on
pourra juger combien elle est nécessaire.

Ceux qui soutenoient que le créancier hypothécaire, non inscrit, avoit
le droit de primer les simples créanciers chirographaires, disoient que
l'hypothèque est absolument indépendante de l'inscription, sous le rapport
de son existence. Ils tiroient de là la conséquence que le créancier hypothécaire, quoique sans inscription, ne pouvoit pas être sans un avantage
marqué à l'égard des créanciers qui n'étoient que chirographaires; que si
l'inscription est nécessaire, c'est seulement sous le rapport de l'attribution
d'une préférence, et de la fixation d'un rang parmi les créanciers hypo-

thécaires; qu'il n'y avoit ni préférence, ni rang à réclamer, en vertu de l'inscription, à l'égard des créanciers chirographaires; que ceux-ci étoient vaincus et écartés par le créancier hypothécaire, sans le secours de l'inscription, par le seul bénéfice que lui procuroit l'existence de l'hypothèque.

A l'appui du système contraire, on opposoit le principe qui se tire de l'ensemble du titre *des hypothèques* du Code civil; on disoit que le législateur n'a admis absolument d'autre hypothèque, à l'égard des tiers, que celle qui seroit inscrite, sous la seule exception relative à des hypothèques légales; que cette exception, qui est marquée partout à côté de la règle, confirme hautement cette règle, que toute préférence est attachée à l'inscription; que c'est de cette inscription seule que l'hypothèque tire son efficacité à l'égard de tous les tiers, quels qu'ils soient. C'est cette dernière opinion qui a été adoptée par la Cour de cassation, par deux arrêts importans.

Dans l'espèce du premier, qui est du 19 décembre 1809, le sieur Berges, négociant à Bordeaux, étoit créancier du sieur Sollié, marchand, en vertu d'un jugement du tribunal de commerce, du 11 floréal an 13. Il avoit pris une inscription hypothécaire, le 29 thermidor suivant, sur les biens de son débiteur; mais, dès le 20 messidor an 13, celui-ci avoit été constitué en état de faillite, et dès lors son inscription étoit comme non avenue, n'ayant pas été prise en temps utile. Il y avoit eu un concordat entre le débiteur et ses créanciers chirographaires, dans lequel le sieur Berges n'avoit pas figuré, dont le résultat étoit une remise de 80 pour cent sur le montant des créances chirographaires. Le concordat fut homologué par le tribunal de commerce; et le sieur Berges fut traduit par les créanciers chirographaires au même tribunal, pour voir rendre commun avec lui le jugement d'homologation, ce qui fut ainsi prononcé par le tribunal. Sur l'appel de cette décision, interjeté par le sieur Berges, il soutint qu'étant créancier hypothécaire, en vertu d'un jugement bien antérieur à l'ouverture de la faillite, il ne pouvoit être tenu d'accéder au concordat passé entre les créanciers chirographaires et le débiteur commun; et l'on sent bien que, par cela même, il soutenoit qu'il devoit prendre rang entre les créanciers hypothécaires, à la date de son inscription. Son système de défense fut rejeté par arrêt de la Cour royale de Bordeaux, du 16 décembre 1807, qui confirma le jugement du tribunal de commerce; en sorte que le sieur

Berges fut considéré comme créancier simplement chirographaire, et con-
fondu parmi les créanciers qui n'avoient que cette qualité.

Sur le pourvoi contre cet arrêt, de la part du sieur Berges, la Cour de
cassation en prononça le rejet, après un délibéré en la chambre du conseil.
Je ne rapporterai que le principal motif de l'arrêt, dont tous les autres ne
sont qu'une conséquence. « Vu les articles 2134 et 2135 du Code civil , et
attendu qu'aux termes du premier de ces articles, l'hypothèque n'a de *rang*
entre les créanciers que *du jour de l'inscription*, et que le second *ne donne
l'existence*, INDÉPENDAMMENT *de toute inscription*, *qu'à des hypothèques*
(particulières et déterminées). »

Dans l'espèce du second arrêt, le sieur Albert, banquier à Riom, étoit
créancier, en vertu d'un jugement du tribunal de commerce, du 28 avril
1809, du sieur P...., ancien notaire royal de la même ville, qui avoit
aussi été banquier. Le sieur Albert n'avoit pris inscription que le 19 mars
1811 : mais la faillite du sieur P... fut déclarée ouverte le 29 du même
mois ; en sorte que l'inscription n'avoit pas été prise avant le commencement des dix jours antérieurs à la faillite, et que dès lors elle devoit être
sans effet, comme tardive, d'après l'article 2146 du Code civil, et d'après
l'art. 443 du Code de commerce. Les immeubles du sieur P.... ayant été
vendus, un ordre s'ouvrit pour en distribuer le prix. Le sieur Albert se
présenta comme créancier hypothécaire ; il n'eut à combattre que des
créanciers chirographaires, contre lesquels il demanda la collocation en
premier ordre. Il fonda cette préférence, soit en vertu de l'inscription qu'il
avoit prise, parce que, suivant lui, cette inscription étoit valable, soit en
vertu de son titre seul, parce que, disoit-il, ce titre lui conférant par lui-
même une hypothèque, il n'avoit pas besoin de prendre inscription pour
être préféré à de simples créanciers chirographaires. La prétention du
sieur Albert fut accueillie par un jugement du tribunal de première instance de Riom, du 23 décembre 1814. Ce jugement déclara l'inscription
valable.

Sur l'appel, qui en fut interjeté en la Cour royale de Riom, par les syndics des créanciers P...., il s'engagea la discussion la plus forte, dans
laquelle on peut dire qu'on épuisa, pour le sieur Albert, toutes les ressources de la logique, afin d'établir la validité de son inscription. Les
efforts augmentèrent à raison de ce qu'une prétention, exactement semblable à la sienne, avoit été rejetée par l'arrêt de la Cour de cassation , que

je viens de rapporter. Aussi les moyens à l'appui de son inscription furent-ils présentés sous une face nouvelle.

Devant porter la parole dans cette affaire, parce qu'alors je remplissois les fonctions de procureur général, je l'examinai avec la plus grande attention, et je demeurai convaincu que l'arrêt de la Cour de cassation, du 19 décembre 1809, n'étoit susceptible d'aucune critique sérieuse. Un des moyens principaux du sieur Albert, qui étoit même celui qui paroissoit avoir déterminé le tribunal de première instance à accueillir sa prétention, consistoit à dire que l'on ne pouvoit lui reprocher aucune circonstance de fraude ni de collusion avec P.... (ce qui étoit vrai) ; et que dès lors le jugement qu'il avoit obtenu lui ayant conféré une hypothèque, l'inscription qu'il avoit prise, quoique ce fût dans les dix jours de l'ouverture de la faillite, avoit conservé cette hypothèque. L'art. 443 du Code de commerce porte bien, à la vérité, que nul ne peut acquérir priviléges ni hypothèque sur les biens du failli, dans les dix jours qui précèdent l'ouverture de la faillite ; mais que résultoit-il de là, selon lui? Il ne s'en tiroit d'autre conséquence, si ce n'est que, s'il eût obtenu un jugement contre son débiteur dans les dix jours qui précédoient l'ouverture de la faillite, ce jugement ne lui auroit pas conféré une hypothèque valable. Or, disoit-il toujours, il n'étoit pas dans ce cas ; il avoit obtenu, bien long-temps auparavant, un titre qui lui conféroit une hypothèque. Autre chose est l'hypothèque, autre chose est l'inscription. L'art. 443 du Code de commerce n'est pas susceptible d'extension ; il annulle bien l'hypothèque sur les biens du failli, prise dans le temps qui y est indiqué ; mais on doit s'en tenir là : l'inscription, dont il n'est pas parlé dans cet article, doit donc rester dans toute sa force. A la vérité, l'art. 2146 du Code civil dit bien que les inscriptions ne produisent aucun effet, si elles sont prises dans le délai pendant lequel *les actes faits avant l'ouverture des faillites sont déclarés nuls.* Mais le sieur Albert prétendoit, et les premiers juges avoient pensé que cette disposition devoit être interprétée et développée par l'esprit et par les termes du Code de commerce, qui est le siége de la matière, lequel Code est postérieur au Code civil.

Je pensai que ce raisonnement étoit inadmissible ; que l'art. 2146 du Code civil renfermoit une disposition précise ; que, pour ne pas la suivre dans le cas en question, il faudroit une dérogation bien formelle à cette première disposition dans l'art. 443 du Code de commerce, et que cette dérogation ne s'y trouve certainement pas ; qu'il falloit d'ailleurs combiner cet article avec l'article 520, où il est dit que les créanciers hypothécaires *inscrits* n'auront point de voix dans les délibérations relatives aux concordats ; qu'il falloit donc entendre le mot *hypothèque* de l'art. 443 du Code de commerce, dans le sens dans lequel il est employé dans la législation hypothécaire, c'est-à-dire, sous le rapport de l'hypothèque avec ce qui la rend efficace, ou, ce qui est de même, d'une hypothèque avec inscription. L'hypothèque, vue sous le rapport de son effet, ne peut exister que par le concours de la constitution de l'hypothèque et de l'inscription. Si l'une existe sans l'autre, il en résulte un corps incomplet ; il n'y a pas un tout régulier que la loi exige nécessairement pour qu'il y ait hypothèque, et c'est ce *tout* que l'art. 443 du Code de commerce a entendu indiquer sous le mot d'*hypothèque ;* en sorte que l'emploi de ce mot ne devoit pas faire sortir des principes généraux de la matière, établis par le Code civil.

En rentrant dans ces principes, il devoit demeurer pour certain, d'après l'ensemble des dispositions du Code, qu'on ne pouvoit admettre l'hypothèque sans une inscription, hors les cas où, par une exception prononcée expressément par la loi, l'hypothèque en étoit affranchie ; que la loi fait toujours marcher l'hypothèque accompagnée de l'inscription ; que partout elle n'appelle *hypothèque,* qu'une hypothèque *inscrite ;* que c'est ce qui résulte notamment des articles 2166, 2161, 2154, 2151, 2183 et 2184. Je pensai que c'étoit avec raison que M. Tarrible, dans son opinion émise à l'article *inscription hypothécaire* du Répertoire de jurisprudence de M. Merlin, § 2ᵉ, qu'il a soutenue de forts raisonnemens, s'étoit expliqué ainsi : « La loi embrasse, dans une vue générale, tous les créanciers d'un même débiteur, et elle dit que le prix des biens de ce débiteur sera distribué entre tous les créanciers indistinctement, en proportion du montant de leurs créances. Elle n'admet d'exception qu'en faveur des créanciers qui doivent jouir d'un droit de préférence, à cause de leurs hypothèques ou de leurs priviléges. » Cette doctrine est fondée sur les articles 2093 et 2094 du Code civil ; et lorsqu'ensuite la préférence est attachée à l'inscription, qui devient le complément de l'hypothèque, puisque la préférence ne date que du jour de l'inscription, on ne conçoit pas qu'il y ait d'hypothèque réelle et efficace, quand il n'y a pas d'inscription. Nulle part, la loi ne fait de distinction, quant à la préférence qu'elle donne à l'hypothèque, entre les créanciers hypothécaires et les créanciers chirographaires. La

                                                                    même

même raison qui fait attacher un rang, entre les créanciers hypothécaires, à l'inscription, lui fait attacher aussi la préférence sur les simples créanciers chirographaires. Je remarquai que la loi n'admet que trois sortes d'hypothèques, qui sont l'hypothèque légale, avec ou sans inscription, ce qu'elle a soin de déterminer précisément, l'hypothèque judiciaire, et l'hypothèque conventionnelle, qui sont toutes deux soumises à l'inscription; et que, si la prétention du sieur Albert étoit admise, ce seroit introduire une quatrième espèce d'hypothèque qu'il étoit impossible de classer, une hypothèque qui, sans l'accompagnement de l'inscription, sans recevoir la vie de cette inscription, se trouveroit jouir du privilége attaché à l'inscription, sans que la loi le dise, et même contre le principe fondamental qu'elle établit; ce qui en détruiroit l'économie, et conduiroit à l'arbitraire.

Quant à l'induction qu'on tiroit encore de l'art. 834 du Code de procédure civile, je dis que le motif qui avoit fait admettre, par l'insertion de cet article, la modification importante à la législation qui existoit auparavant sur la transcription et ses effets, étoit indifférent pour la décision de la question; qu'au surplus, en prenant cet article tel qu'il est, il n'en résultoit aucun changement sur la nature et la nécessité de l'inscription; qu'on pouvoit seulement en conclure une prolongation de la faculté de prendre une inscription; mais que, pour qu'elle eût ses effets, il falloit qu'elle fût prise dans le temps utile déterminé par la loi. Je crus pouvoir invoquer ce qui avoit lieu sous l'empire de l'édit de 1771, qui avoit admis les simples créanciers chirographaires à la faculté de former opposition aux lettres de ratification. Or, cet édit, article 19, alloit jusqu'à accorder la distribution des deniers qui resteroient après l'entier payement des créanciers privilégiés et hypothécaires qui auroient formé opposition, entre les créanciers chirographaires opposans, *par préférence aux créanciers privilégiés ou hypothécaires qui auroient négligé de faire leur opposition.* Il y a une grande différence, quant aux principes, entre l'opposition qui avoit lieu sous l'édit de 1771, et l'inscription établie par notre législation actuelle, et il est inutile d'expliquer ici cette différence; mais toujours est-il vrai qu'il a été dans l'esprit de toute législation hypothécaire, que lorsqu'un créancier, soit privilégié, soit hypothécaire, ne remplissoit pas l'obligation qui lui étoit imposée pour le maintien de son privilége ou de son hypothèque, il descendoit à la condition des simples créanciers chirographaires. Suivant cet article 19, les créanciers chirographaires, qui

Tome I.   R avoient formé opposition (et qui aujourd'hui ne seroient pas recevables à prendre une inscription), étoient préférés, sur le prix de la vente, aux créanciers privilégiés ou hypothécaires qui auroient négligé de former opposition ; et si ces créanciers chirographaires n'eussent pas formé opposition, pas plus que les créanciers privilégiés ou hypothécaires, il est bien évident qu'ils seroient tous venus, sur le restant du prix de la vente, par contribution au marc le franc.

Enfin, je développai l'esprit de notre législation sur la publicité de l'hypothèque. J'en faisois résulter, comme un principe, que, dans le doute même, il falloit se décider pour la nécessité de cette publicité qui formoit le système de la loi, parce qu'on risquoit plus de tomber dans l'erreur en s'écartant de ce système, qu'en y rentrant. Les effets salutaires de cette publicité se font sentir dans tous les cas ; et, par exemple, si, dans l'espèce, le sieur Albert, qui avoit obtenu un jugement de condamnation le 28 avril 1809, avoit pris son inscription à une époque rapprochée, au lieu de ne la prendre que le 19 mars 1811, il auroit donné un éveil utile au public sur la situation du débiteur ; des créanciers antérieurs se seroient mis en règle, et auroient pu assurer la rentrée de leurs créances, quoiqu'ils ne fussent venus qu'après le sieur Albert. Ceux des créanciers, qui ne l'étoient devenus qu'après le jugement du 28 avril 1809, n'eussent point engagé leurs fonds entre les mains du sieur P....

La Cour royale de Riom, par son arrêt, sur mes conclusions conformes, du 21 juillet 1815, infirma le jugement du tribunal de première instance, et débouta le sieur Albert de sa demande en préférence contre les créanciers chirographaires. Le sieur Albert s'étant pourvu contre cet arrêt, à la Cour de cassation, son pourvoi fut rejeté par arrêt de la section civile, du 11 juin 1817, après en avoir délibéré deux jours. Cet arrêt est tellement important, cette décision influe si fortement sur la jurisprudence hypothécaire, elle répand tant de lumières sur notre législation, sous plusieurs rapports, que je crois devoir la mettre sous les yeux du lecteur, au moment où il vient de prendre connoissance des faits et des moyens sur lesquels l'arrêt a été rendu.

« Considérant qu'aux termes de l'article 2092 du Code civil, quiconque s'est obligé *personnellement* est tenu de remplir ses engagemens sur ses biens, *meubles et immeubles ;* qu'aux termes de l'article 2093, les biens du débiteur sont le gage *commun* de ses créanciers, et que le prix doit s'en distribuer entre eux, par *contribution*, à moins qu'il n'y ait entre les créanciers des causes légitimes de préférence, et que, suivant l'art. 2094, les causes de préférence sont les priviléges et les hypothèques; mais que ces causes ne deviennent légitimes que lorsque le créancier qui veut s'en prévaloir, a observé les formalités prescrites pour rendre efficace, *à l'égard des tiers*, son hypothèque ou son privilège; — *Considérant* qu'il résulte de l'article 2113 du même Code, que l'hypothèque ne date, *à l'égard des tiers*, que de l'époque des inscriptions qui ont été prises, et que l'art. 2146 déclare incapables de produire aucun effet, les inscriptions prises dans le délai pendant lequel les actes faits avant l'ouverture de la faillite sont déclarés nuls; que l'art. 443 du Code de commerce, loin d'avoir rien innové à l'art. 2146 du Code civil, n'en est, au contraire, que le complément, et n'a fait que déterminer le délai qui n'avoit pas été définitivement fixé par ce Code; — *Considérant* que le Code civil, ni le Code de commerce, ne disent nulle part que la nullité prononcée par l'art. 2146 du Code civil ne doit profiter qu'aux créanciers hypothécaires du débiteur failli; que cette nullité est d'ordre public, et conséquemment radicale; qu'elle est, en effet, la conséquence nécessaire du système de la publicité des priviléges et hypothèques, consacré par les art. 2134 et 2135, et qui est la base fondamentale de notre législation sur le régime hypothécaire; que l'objet de cette publicité est d'avertir tous ceux qui peuvent y avoir intérêt, que le gage est déjà absorbé en tout ou en partie; d'où il suit que, dans le cas de non-inscription ou d'inscription nulle de la part des créanciers privilégiés ou hypothécaires, l'on rentre de droit dans les dispositions des articles 2092 et 2093, et que tous les créanciers du débiteur *commun* doivent venir, *par contribution*, sur le prix provenu de la vente de ses biens; que s'il falloit une nouvelle preuve de cette vérité, on la trouveroit écrite dans l'art. 520 du Code de commerce, qui assimile les créanciers hypothécaires *non inscrits* aux simples chirographaires; — *Considérant* qu'en déclarant nulle et de nul effet l'inscription prise par le demandeur dans les dix jours de la faillite, et en ordonnant, par suite, qu'elle seroit rayée, l'arrêt dénoncé n'a fait qu'une juste application des lois de la matière, et spécialement de l'article 2146 du Code civil, et que l'arrêt n'a fait non plus qu'une juste application des articles ci-dessus rappelés des Codes civil et de commerce, en ordonnant que les deniers à distribuer le seroient entre tous les créanciers de la faillite, sans distinction et par contribution; — Rejette. »

R 2

Je remarque que les motifs de l'arrêt de la Cour royale de Riom, quoique moins développés, étoient au fond les mêmes. L'arrêt du 19 décembre 1809 est rapporté dans le Recueil de Denevers, *an* 1810, *pag.* 15, et celui du 11 juin 1817 l'est dans le même Recueil, *an* 1817, *pag.* 297.

Je crois néanmoins devoir observer que la question que je viens de traiter se présente encore dans d'autres circonstances, dans lesquelles elle reçoit une nouvelle étendue, et où elle doit être vue sous d'autres faces. Je la traite, en suivant ces ramifications, dans la 2ᵉ partie, chap. 1ᵉʳ, sect. IIᵉ. On y verra une dissertation qui se rattache à celle-ci ; elles doivent être méditées l'une et l'autre, pour qu'on se forme des idées précises sur la difficulté.

Utilité de la spécialité, relativement à l'emprunteur. Mode particulier d'indivisibilité de l'hypothèque, lorsque deux hypothèques spéciales frappent sur le même immeuble.

61. Il faut faire attention que la spécialité n'est pas seulement introduite pour préparer la publicité de l'hypothèque ; elle a encore pour objet l'intérêt particulier de l'emprunteur. Elle lui fournit le moyen, selon le taux de sa fortune et l'arrangement de ses affaires, de n'hypothéquer qu'une partie de ses biens, correspondante au montant de l'obligation qu'il contracte, et de conserver le reste libre. Aussi, le droit du créancier se circonscrit dans l'objet qui lui a été hypothéqué, et il ne peut exercer ses poursuites sur les autres immeubles que dans le cas d'insuffisance de ceux sur lesquels l'hypothèque a été établie. Telle est la disposition de l'article 2209 du Code. Il résulte de là que si un particulier n'a qu'un seul bien ou un seul immeuble, mais dont la valeur seroit supérieure au montant d'une hypothèque dont il l'auroit déjà grevé, il pourroit l'hypothéquer encore à un nouveau créancier jusqu'à concurrence du montant de la nouvelle obligation. C'est ce qui se pratiquoit quelquefois sous l'ancienne législation. Quoique l'hypothèque fût générale de droit, un débiteur avoit la liberté de n'hypothéquer qu'une partie de ses biens, et s'il n'y avoit pas la clause de la généralité de l'hypothèque, la restriction s'en faisoit sur les seuls biens qui y avoient été soumis. Ce n'est pas tout ; le débiteur pouvoit, taxativement, hypothéquer à un nouveau créancier le même fonds qu'il auroit déjà hypothéqué à un autre. Cependant, il falloit, pour éviter le reproche de stellionat et ses suites, que le débiteur fît connoître au nouveau créancier l'hypothèque précédemment constituée. C'est ce qu'enseigne Domat, *Lois civ.*, *liv.* 3, *tit.* 1ᵉʳ, *sect.* 3, *n°* 18.

Il est essentiel de remarquer ce que dit cet auteur, qui se fonde sur la disposition de quelques lois romaines ; c'est que ces deux hypothèques sont indivisibles, en ce sens que la première hypothèque venant à être éteinte par le payement, la seconde ne frappe pas seulement sur ce que le fonds peut valoir de plus qu'il n'étoit dû au premier créancier, mais elle affecte encore l'héritage entier, et elle aura son effet sur la totalité, après que le premier créancier aura reçu sa créance du débiteur. Il n'y a aucune raison pour s'écarter de cette règle sous la législation actuelle ; les principes sont absolument les mêmes sous ce rapport. On sent facilement que, dans ce cas, aucun des créanciers n'étant payé, l'un ou l'autre peut poursuivre la vente de l'immeuble ; et qu'à l'ordre, le second ne pourra toucher que ce qui restera sur le prix après la collocation du premier.

62. Les règles et les formes de la spécialité ne sont cependant pas exigées d'une manière tellement absolue, qu'elles ne soient susceptibles de quelques modifications. On en trouve une première dans l'art. 2130 du Code civil, où il est dit : « Néanmoins, si les biens présens et libres du débiteur sont insuffisans pour la sûreté de la créance, il peut, en exprimant cette insuffisance, consentir que *chacun* des biens qu'il acquerra par la suite y demeure affecté, *à mesure des acquisitions.* »

L'hypothèque spéciale est néanmoins susceptible de modifications. Explication de l'article 2130.

On pourroit demander si, dans ce cas, une inscription sur les biens à venir, dès le moment même de l'obligation, seroit suffisante dans les bureaux des arrondissemens dans lesquels on pourroit soupçonner que le débiteur dût en avoir dans la suite, sans attendre l'instant où il en deviendroit propriétaire ; ou si, au contraire, l'inscription est nécessaire à mesure que le débiteur en acquiert la propriété, par des ventes qui lui seroient faites, ou autrement. Ce dernier parti me paroît indispensable. L'hypothèque sur les biens à venir, dans le cas de l'article, prend bien sa source dans le contrat par lequel elle a été stipulée, et on peut faire frapper de cette hypothèque les immeubles à venir, sans qu'il soit besoin de s'en procurer une nouvelle ; mais cette hypothèque ne peut affecter les immeubles *qu'à mesure des acquisitions.* Or, d'après le système de publicité qui fait la base de notre régime hypothécaire, cette affectation ne peut s'opérer que par l'inscription. Sans cela, il faudroit admettre que l'hypothèque a son effet du jour même du titre, comme lorsqu'elle étoit générale et occulte, ce qui n'est point admissible. L'hypothèque n'a donc son efficacité que par l'inscription prise lorsque la propriété est acquise au débiteur.

D'ailleurs, pour se décider sur la forme de l'inscription, il faut remonter à la nature de l'hypothèque à laquelle elle se rapporte. C'est, en effet, une idée dont il ne faut point s'écarter, et qui est infiniment utile pour la décision des questions de ce genre. Il n'y a que trois sortes d'hypothèques, l'hypothèque légale, l'hypothèque judiciaire et l'hypothèque conventionnelle, et ce seroit donner lieu aux plus graves inconvéniens que de les mélanger ; l'une de ces espèces ne peut rentrer dans l'autre. Or, l'hypothèque dont il s'agit ne laisse pas d'être *conventionnelle*, malgré la modification qui y est faite par la loi, dans l'intérêt, tant du débiteur que du créancier. Donc l'inscription est nécessaire, et elle ne peut avoir lieu avant la propriété acquise au débiteur, puisqu'il est de la nature de l'hypothèque conventionnelle qu'elle ne puisse exister sur un bien qui n'appartiendroit pas à ce dernier. C'est alors l'inscription qui spécialise l'hypothèque dont la source est dans le contrat ; c'est le seul effet auquel se borne la modification introduite par cet article 2130. En sorte que tous autres créanciers qui auroient fait inscrire sur les biens ainsi échus au débiteur, même en vertu d'hypothèques postérieures à celle du créancier qui seroit dans le cas prévu par cet article, et avant celui-ci, à mesure que les biens entreroient dans le domaine du débiteur, seroient préférés à ce créancier.

Ce seroit en vain que, pour réfuter la nécessité de l'inscription, à fur et mesure que les propriétés entrent dans le domaine du débiteur, on opposeroit les gênes considérables qui en résultent pour le créancier, en ce qu'il faut qu'il épie le moment où chacune des propriétés à venir écherra au débiteur, afin de les grever de son inscription. Ce seroit inutilement qu'on diroit qu'un débiteur de mauvaise foi peut profiter de l'ignorance dans laquelle seroit son créancier, et aliéner ou hypothéquer frauduleusement à un autre particulier les biens, dans l'instant même où il en deviendroit propriétaire. Il est bien vrai qu'il seroit à désirer que, dans ce cas, le législateur eût accordé au créancier un délai pour l'inscription, à compter de l'époque où les propriétés à venir écherroient au débiteur. Le même désir se manifeste encore dans plusieurs autres circonstances, que je fais remarquer dans le cours de cet ouvrage. Mais cet avis concerne plus le législateur que le magistrat et le jurisconsulte ; et, quand on pourroit voir, à cet égard, une imperfection dans la loi, ce ne seroit pas une raison pour se refuser à en exécuter les dispositions, quand elles sont précises.

Il est encore vrai que, lorsqu'il s'agit de l'hypothèque judiciaire, qui frappe les biens à venir, une inscription sur tous les biens présens et à venir, dans chaque arrondissement, est suffisante. Mais on ne peut comparer ces deux cas : c'est sur quoi je m'explique plus particulièrement, lorsque je traite de l'hypothèque judiciaire.

63. Je dois observer, à ce sujet, que la Cour royale de Besançon, par un arrêt du 29 août 1811, qu'on voit dans le recueil de Denevers, *an* 1812, *pag.* 55, *au suppl.*, a jugé qu'un débiteur qui, lors de l'obligation, n'a aucun immeuble, peut hypothéquer ceux qu'il pourra acquérir dans la suite, pour sûreté de la créance. Je pense que cette décision est fondée. Une pareille hypothèque n'est point en opposition avec l'art. 2129; elle entre dans l'esprit de l'art. 2130, et elle en est une conséquence. Il seroit difficile d'établir une différence entre le cas où un débiteur qui possède des immeubles, les hypothèque, et hypothèque de plus, attendu leur insuffisance, ses biens à venir, et le cas où n'ayant point d'immeubles lors de l'obligation, il hypothèque, pour la sûreté du créancier, ses biens à venir. Au surplus, je renvoie aux motifs de l'arrêt, qui sont très-judicieux. J'ajoute qu'il entre dans des vues saines et politiques, de faciliter les engagemens par les stipulations d'hypothèque, tant que les tiers ne souffrent aucun préjudice. Mais on sent que, dans un cas comme dans l'autre, l'inscription est nécessaire sur chacun des biens, à mesure qu'ils entrent dans le domaine du débiteur. Aussi, dans l'espèce de cet arrêt, cette précaution avoit été prise par le créancier.

Il est encore à propos de remarquer que, dans les deux cas énoncés dans le présent n° et dans le précédent, le débiteur pourroit demander la réduction de l'hypothèque, si le créancier lui donnoit une étendue excessive, comparativement au montant de la dette. La modification de l'hypothèque spéciale, qui résulte de l'article 2130, fait naître l'idée de rapprocher cette hypothèque, ainsi modifiée, de l'hypothèque judiciaire, et même de l'hypothèque légale, à l'égard desquelles la réduction est admise. Lorsque le débiteur ne peut régler lui-même les limites de l'hypothèque conventionnelle, par l'effet de l'ascendant que le créancier prend sur lui, c'est le cas d'invoquer l'esprit de l'art. 2161. On ne doit pas le livrer à la fantaisie, à la dureté, ou à une crainte chimérique du créancier.

64. L'art. 2131 du Code offre encore une autre modification. Il porte : « Pareillement, en cas que l'immeuble ou les immeubles présens, assu-

[marginal note:] Le débiteur qui n'a aucun immeuble peut-il hypothéquer ceux qu'il acquerra dans la suite ?

[marginal note:] Explication de l'art. 2131.

jettis à l'hypothèque, eussent péri ou éprouvé des dégradations, de manière qu'ils fussent devenus insuffisans pour la sûreté du créancier, celui-ci pourra, ou poursuivre dès à présent son remboursement, ou obtenir un supplément d'hypothèque. »

La question de savoir s'il y a insuffisance, ou non, pour la sûreté du créancier, doit dépendre d'une expertise, à moins qu'en comparant le montant de la créance avec l'état survenu par le dépérissement, l'insuffisance ne devienne évidente. Ceci rentre dans l'art. 2209, où il est dit que le créancier ne peut poursuivre la vente des immeubles qui ne lui sont pas hypothéqués, que dans le cas d'insuffisance des biens qui lui sont hypothéqués. Mais on sent aussi que cette insuffisance doit être établie, ou par le consentement des parties, ou par un jugement, d'après une expertise. On peut dire encore que l'option du remboursement (la loi suppose que le terme n'est pas échu) ou du supplément d'hypothèque, dont il est parlé dans l'art. 2131, semble devoir être déférée au débiteur, quoique la loi paroisse laisser, à cet égard, quelque équivoque. Dans le doute, tout s'interprète, pour l'exécution du contrat, en faveur du débiteur.

Il en est de ces cas, comme de celui d'une obligation contractée sous caution; les immeubles donnés en hypothèque sont des agens matériels qui tiennent lieu de caution. Or, dans le cas d'une obligation contractée pour prêt, sous caution, lorsque la caution devient insolvable, l'obligation ne laisse pas de subsister. Le débiteur doit seulement en donner une autre. Telle est la disposition de l'art. 2020 du Code civil.

Mais il est bien entendu qu'en cas de supplément d'hypothèque, soit qu'il ait été volontairement accordé entre les parties par un acte authentique, soit qu'en cas de division entre elles sur les valeurs, il ait été fixé par les tribunaux, le créancier doit prendre inscription sur les immeubles qui forment ce supplément. L'inscription doit être prise en vertu du premier acte obligatoire, et de l'acte ou du jugement qui fixe le supplément, et l'hypothèque n'a effet que du jour de cette inscription. L'inscription prise sur les premiers objets hypothéqués ne sauroit suppléer celle à prendre sur les nouveaux dont l'hypothèque doit également être connue des tiers. L'hypothèque reste toujours avec la qualité de conventionnelle, quant au supplément, et elle est assujettie aux principes qui règlent cette hypothèque.

De l'effet de l'hypothèque générale con-

65. Ce qui fait sentir la nécessité de stipuler avec attention la spécialité de l'hypothèque, c'est la question qui s'est élevée dans les tribunaux,

de

de savoir si le créancier qui, sous l'empire du Code civil (ce qui auroit tracté sous le Code civil, eu lieu également sous la loi de brumaire an 7), a stipulé une hypothèque dans un acte ordinaire. générale, qui seroit nulle, peut, avant l'exigibilité de la créance, contraindre son débiteur à lui donner une hypothèque spéciale. La Cour royale d'Aix s'est décidée pour la négative, par un arrêt du 16 août 1811, rapporté dans le recueil de Denevers, *an 1815, pag.* 89, *au suppl.* Mais cette décision paroît dure. Une erreur sur une pareille stipulation ne sauroit priver un créancier du droit de demander des sûretés qu'il croyoit avoir, et qu'il n'a point. Il y a toujours eu l'intention de donner des sûretés hypothécaires ; et seroit-il juste qu'un créancier, dans ce cas, fût forcé de voir un débiteur de mauvaise foi dissiper sa fortune, et vendre successivement ses biens, sans que ce créancier pût prévenir la perte de sa créance ? Au surplus, les circonstances peuvent influer, et il paroîtroit qu'il s'en présentoit qui pouvoient avoir cet effet, d'après l'arrêt qu'on peut consulter.

Il y a quelque analogie entre cette espèce et celle dans laquelle la Cour royale de Riom a rendu un arrêt le 25 mai 1816, rapporté dans le même recueil, *an* 1817, *pag.* 31, *au suppl.* Il a été jugé par cette Cour, et avec raison, que le débiteur qui a hypothéqué ses biens à une époque où il ne possédoit aucun immeuble, pouvoit être contraint à donner à son créancier une hypothèque spéciale sur ceux qu'il avoit acquis depuis.

Mais de tout cela il résulte toujours qu'en principe une hypothèque générale, contractée sous le Code civil, seroit nulle. Elle ne produiroit aucun effet, non-seulement contre celui qui l'auroit consentie, mais elle n'en produiroit encore aucun contre ses héritiers. Il n'y auroit contre ceux-ci que l'action personnelle pour leur portion, et chacun d'eux ne seroit point soumis à l'action hypothécaire pour le tout, sur les immeubles qui seroient échus à son lot ; ce qui n'a lieu que pour le cas d'une hypothèque générale, légalement consentie comme telle. M. Chabot de l'Allier en fait judicieusement l'observation, dans son commentaire sur l'art. 873 du titre *des successions*, n° 13 ; et la Cour royale de Riom, 2e *chambre*, l'a ainsi jugé par un arrêt du 6 janvier 1820, rapporté dans le Journal des audiences de cette Cour, 1er *cah. de* 1820, *pag.* 12.

66. De ce que j'ai déjà dit sur la nature et l'objet de l'inscription, il Utilité de l'inscription, résulte que l'inscription qui, seule, donne à l'hypothèque son efficacité, de la part du créancier n'est nécessaire que relativement aux tiers, et qu'elle ne l'est pas res- poursuivant

pectivement au débiteur. Le créancier hypothécaire, je veux dire celui qui auroit un titre simplement authentique, emportant hypothèque, pourroit donc poursuivre l'expropriation des biens du débiteur avec effet, sans qu'il eût pris une inscription, ou quand l'inscription qu'il auroit prise seroit nulle : les biens du débiteur ne sont pas moins obligés, et cela suffit pour l'expropriation. Ce seroit le cas de l'application du principe élémentaire, consigné dans l'art. 2092 du Code : « Quiconque s'est obligé personnellement, est tenu de remplir son engagement sur tous ses biens mobiliers et immobiliers, présens et à venir. » Cette proposition est tellement évidente, que je pourrois me dispenser de la fonder sur un arrêt de la Cour d'appel de Liége, du 28 novembre 1808, rapporté par Denevers, an 1810, *pag.* 52, qui l'a ainsi jugé.

Cependant il faut remarquer qu'il est toujours prudent de s'inscrire ; il y en a deux raisons. La première est que le créancier qui même poursuivroit l'expropriation, seroit primé par les autres créanciers qui auroient rempli cette formalité avant lui. La seconde raison est que le créancier même poursuivant l'expropriation, qui ne se seroit pas fait inscrire avant de commencer cette procédure, courroit le risque de supporter les frais de poursuites, si le débiteur aliénoit les immeubles avant la dénonciation de la saisie, et si, d'ailleurs, ce débiteur étoit insolvable. Il y a plus ; si, même après cette dénonciation, le créancier, par exemple, d'une somme de 20,000 fr., en vertu d'un titre authentique et exécutoire, mais sans inscription, eût entamé contre son débiteur la saisie de ses immeubles, valant 20,000 fr., et grevés d'une autre dette hypothécaire de 10,000 fr., il se verroit éconduit par un acquéreur volontaire, qui auroit acquis ces mêmes immeubles au prix de 10,000 fr. ; car, en consignant ces 10,000 fr., il auroit satisfait au contrat et à la loi. Tel seroit le résultat de l'art. 693 du Code de procédure civile. C'est aussi ce qu'observe judicieusement M. Tarrible, *Rép. de jur.*, *saisie immobilière*, § 6, *art.* 1er, n° 14 ; mais, en thèse générale, le créancier poursuivant, sans inscription, n'en est pas moins habile à poursuivre l'expropriation ; et si les circonstances qui viennent d'être prévues n'arrivent pas, le prix de la vente servira à l'acquittement de sa créance et des frais.

On peut rapprocher de l'arrêt du 28 novembre 1808, un autre arrêt de la Cour royale de Paris, du 15 avril 1809, qui a jugé que la poursuite d'un ordre ne pouvoit pas être annulée par cela seul que l'inscription du

créancier poursuivant étoit radicalement nulle. On sent l'analogie qu'il y
a entre les deux espèces, sans qu'il soit besoin de l'expliquer. Ce dernier
arrêt se trouve dans le même recueil, même *année* 1810, *pag.* 68, *au suppl.*
Il y a encore quelque rapport entre ce dernier arrêt, et un autre de la
Cour de cassation, du 10 février 1818, rapporté *ibid.*, *an* 1818, *pag.* 95.
Cet arrêt a jugé que tout créancier hypothécaire, quel que soit le rang
de son inscription, a le droit de faire exproprier le tiers détenteur de
l'immeuble qui lui est hypothéqué, sans qu'on puisse lui opposer un défaut d'intérêt, résultant de ce qu'il ne seroit pas dans le cas d'espérer une
collocation utile.

Après ces explications préliminaires, je passe aux objets énoncés dans
le titre de cette 2e section.

§ II.

Des formes constitutives de la spécialité. De la publicité de
toutes les hypothèques, quelle qu'en soit la nature, et des
formes de l'inscription.

SOMMAIRE.

67. *Des formes constitutives de la spécialité. Elle peut commencer par
un acte sous signature privée, suivi d'une reconnoissance notariée.*
68. *Espèces particulières à ce sujet.*
69. *Objets importans que l'inscription doit faire connoître, d'après l'acte
constitutif de l'hypothèque.*
70. *Changement de jurisprudence à cet égard. Principes sur lesquels il
faut se fixer.*
71. *De la connoissance qui doit être procurée des objets hypothéqués.
Indication des arrêts qui y sont relatifs.*
72. *De la connoissance qui doit être donnée du créancier et du débiteur.*
73. *Erreur sur les noms et prénoms du créancier et du débiteur.*
74. *Un créancier peut prendre inscription pour son débiteur. Du cessionnaire d'une créance, et du cas où le créancier seroit décédé.*
75. *Des inscriptions prises pour une maison de commerce qui existe sous
une raison sociale, et pour un établissement public.*

S 2

Des formes constitutives de la spécialité. Elle peut commencer par un acte sous signature privée, suivi d'une

67. LA spécialité de l'hypothèque doit toujours être faite par un acte authentique, d'après l'article 2127 du Code civil. Il n'est pas nécessaire qu'elle soit faite par le même acte qui contiendroit l'obligation; elle peut l'être par un acte postérieur ayant toujours la forme authentique : telle est la disposition de l'art. 2129.

Cependant, l'hypothèque résulteroit encore d'un acte sous seing privé, contenant la spécialité, qui, après avoir été enregistré, seroit reconnu devant notaire, par le débiteur, au profit du créancier. On sait qu'en pareil cas, le premier acte reste au pouvoir du notaire, et qu'il est annexé à la minute de la reconnoissance. On ne trouve, à cet égard, aucune disposition précise dans le Code civil; l'art. 2123 n'a trait qu'aux reconnoissances ou vérifications d'actes obligatoires sous seing privé, faites en jugement, ce qui rentre dans l'hypothèque judiciaire. Mais on ne peut douter qu'un pareil acte, ainsi reconnu, ne produise l'hypothèque conventionnelle et spéciale. La raison en est que l'authenticité de la reconnoissance de l'acte se communique nécessairement à l'acte même. C'est aussi ce qui avoit lieu avant la nouvelle législation. Je me contenterai de citer ce que dit Pothier, *Introd. au tit.* 20 *de la Cout. d'Orl.*, ch. Ier, *sect.* 1re, n° 13. « Les actes, dit-il, sous signature privée deviennent munis de l'autorité publique, et produisent l'hypothèque du jour de la reconnoissance qui en est faite *par-devant notaire* par le débiteur. » Il n'y a aucune raison de s'écarter de ce principe, sous le rapport de l'hypothèque spéciale établie par le Code civil. On peut dire, par l'application du même principe, que si l'acte obligatoire, passé sous seing privé, ne renfermoit pas la stipulation de l'hypothèque avec spécialité, le débiteur pourroit, avec effet, stipuler cette hypothèque par l'acte notarié, portant reconnoissance de cet acte obligatoire. Le procédé que je viens d'indiquer n'est pas pratiqué ordinairement avec intention ; mais on peut y être engagé par l'effet de circonstances particulières.

68. Ce que je viens de dire a été regardé comme constant dans plusieurs contestations qui se sont élevées à l'occasion de l'effet que devoient avoir des actes sous seing privé. Ce qui le prouve, c'est qu'on est allé même jusqu'à valider une constitution d'hypothèque spéciale et une inscription, dans le cas d'un dépôt fait par le débiteur, chez un notaire, d'un acte obligatoire sous seing privé, qui contenoit une stipulation d'hypothèque avec spécialité, et où il étoit dit, en même temps, que cet acte seroit déposé chez un notaire, et qu'il en seroit délivré une expédition en forme au créancier, aux frais du débiteur. Un jugement, confirmé par la Cour d'appel de Caen, déclara l'inscription valable, sur ce que le bail étoit devenu authentique par le *dépôt* qui en avoit été fait chez un notaire. Le pourvoi fut rejeté par la Cour de cassation, par un arrêt du 11 juillet 1815, rapporté par

reconnois-sance nota-riée.

Espèces particulières à ce sujet.

Denevers, *même année, p.* 459. Cet arrêt est motivé sur ce que, par le
dépôt fait par les débiteurs *devant notaire, en exécution de l'obligation*,
le contrat sous seing privé est devenu authentique, puisque l'acte déposé
et l'acte de dépôt dressés par le notaire *se sont identifiés, et n'ont formé
qu'un seul et même acte.* Cependant, il reste toujours l'objection qu'un
dépôt seul n'est *qu'un fait*, et non une reconnoissance positive de tout ce
qui est contenu dans l'acte déposé, et surtout une reconnoissance et une
approbation de la constitution de l'hypothèque avec spécialité.

Au surplus, on sent combien il est à propos, pour éviter des difficultés,
d'après les dispositions impératives des articles 2127 et 2129 du Code, de
suivre la marche tracée dans le n° précédent, et qu'en effet j'ai toujours vu
pratiquer. L'acte de dépôt doit contenir une reconnoissance, une approbation du contenu en l'acte déposé. Mais on comprend bien qu'un simple
dépôt fait par le créancier entre les mains d'un notaire, sans le concours
et la reconnoissance du débiteur, seroit absolument inefficace, relativement à l'hypothèque, et on en sent facilement la raison.

Cette espèce a de l'analogie avec une autre que voici : Un particulier
donne pouvoir, par un acte sous seing privé, de constituer une hypothèque
spéciale sur des immeubles. Le procureur fondé constitue l'hypothèque
par un acte notarié ; et le créancier prend immédiatement inscription sur
les mêmes biens, en vertu de cette hypothèque. Dans la suite, le même
particulier qui avoit donné pouvoir, par l'acte sous seing privé, de constituer l'hypothèque, contracte un autre engagement, et confère à un nouveau créancier une hypothèque sur les mêmes immeubles. Il s'élève un
combat entre ces deux créanciers, sur la question de savoir quelle étoit
celle des hypothèques qui devoit obtenir la préférence. Un arrêt de la
Cour de cassation, section des requêtes, du 27 mai 1819, rapporté par
Denevers, *même année, pag.* 405, l'a accordée à la première. Cet arrêt
est fondé sur ce que, en ce qui concerne le mandat, le Code établit, comme
règle générale, que tout mandat, quel qu'en soit l'objet, peut être donné
par acte sous signature privée, et que, s'occupant, dans une disposition
ultérieure, du mandat, à l'effet de consentir l'hypothèque, il ne déroge
point à la règle qu'il vient d'établir ; qu'il dit, et rien de plus, que ce mandat doit être *exprès.* L'arrêt est de plus fondé, en ce qui concerne l'acte
constitutif de l'hypothèque, sur ce que cet acte est authentique et consenti
par un mandataire spécialement autorisé à grever d'hypothèque les biens
de son mandant.

La prudence exige que l'on prenne toutes les mesures convenables pour éviter d'aussi sérieuses difficultés dans une matière aussi importante. Or, on ne doit pas perdre de vue que les art. 2127 et 2129 du Code civil exigent impérieusement que l'hypothèque soit établie par un acte authentique. Elle est du droit civil ; elle émane de la puissance publique ; elle ne peut résulter que d'un acte passé devant un officier public, qui a reçu du souverain un caractère pour conférer l'authenticité. L'hypothèque doit donc moins émaner de l'acte que passeroit un fondé de pouvoir, que de l'acte même souscrit par le débiteur. Quant aux articles du Code civil, relatifs à la forme du mandat, on sent qu'il faut les coordonner avec ceux du même Code, relatifs à la constitution de l'hypothèque, à laquelle on ne songeoit même pas, lorsque le projet de loi sur le mandat fut adopté. Il est bien plus conforme aux principes que l'affectation spéciale d'hypothèque soit contenue dans l'acte de procuration, passé devant notaire, et que le fondé de pouvoir, par forme d'exécution, répète cette stipulation pour suppléer à l'absence du débiteur qui hypothèque.

Dans l'espèce du dernier arrêt, du 27 mai 1819, le débiteur, après la seconde obligation et constitution d'hypothèque, avoit ratifié ses engagemens au profit du premier créancier ; celui-ci avoit pris une seconde inscription, *sans déroger à la première.* Or, à cet égard, je crois à propos de rappeler le principe que j'ai déjà expliqué, d'après lequel cette ratification eût été absolument sans effet, si la première constitution d'hypothèque eût été nulle, les ratifications n'ayant jamais d'effet rétroactif au préjudice d'un tiers. Voyez le n° 42, pag. 72.

69. Ce n'est pas seulement aux formes de l'acte par lequel un débiteur donne une hypothèque spéciale, qu'il faut faire attention. Il y a plusieurs objets sur lesquels, d'après les art. 2129 et 2148 du Code civil, il faut apporter le plus grand soin, afin de remplir exactement le vœu de la loi pour obtenir et conserver l'hypothèque. Le but de ces deux articles du Code est de faire connoître, 1°. les immeubles hypothéqués ; 2°. le créancier ; 3°. le débiteur ; 4°. le montant de la créance, la date, la nature du titre et l'époque de l'exigibilité de la créance. Tout ce que la loi prescrit, pour procurer la connoissance de ces objets, est commun à la spécialité et à l'inscription, puisque l'inscription doit être un tableau fidèle de la spécialité, et un extrait de toutes les parties de l'acte qui la constituent. Tels sont les seuls moyens par lesquels les tiers peuvent avoir cette connois-

Objets importans que l'inscription doit faire connoître, d'après l'acte constitutif de l'hypothèque.

sance ; en sorte qu'il est impossible de détacher la spécialité de l'inscription, dans les explications dans lesquelles je vais entrer.

70. Mais, avant de m'y livrer, il est utile que j'indique une variation de jurisprudence, qui a eu lieu sur l'observation de ces formes. La matière en sera mieux connue, et on aura des idées plus justes sur l'esprit de la jurisprudence actuelle, et sur la nécessité de la maintenir.

Dans les premiers temps où la loi hypothécaire parut, il se forma dans les tribunaux, mais surtout dans la Cour de cassation, un système de la plus grande sévérité, sur l'observation des formes relatives aux objets dont la loi vouloit qu'on donnât connoissance par la voie de l'inscription, et par conséquent, par le contrat constitutif d'hypothèque, dont l'inscription n'étoit et ne pouvoit être qu'une relation. On croyoit que l'esprit de la loi étoit dans sa lettre même ; et les magistrats ayant envisagé la loi sous ce point de vue, se sentant astreints à cette sévérité par le mouvement de leur conscience, ne croyoient pas devoir l'arrêter par la considération des suites.

Les nullités, il est vrai, ne se suppléent pas ; elles doivent être textuellement prononcées par la loi (1) ; et il n'y a pas de nullités prononcées par les articles 2129 et 2148 du Code civil. Mais, disoit-on, le principe se modifie, dans le cas de l'inobservation des formalités dont il s'agit. Lorsqu'un bénéfice de la loi est accordé sous une condition, ce bénéfice ne peut exister sans l'accomplissement de cette condition. La loi, en voulant l'inscription, l'a voulue organisée comme elle l'est. Si elle n'est pas telle, c'est comme s'il n'y en avoit pas. De là vint la doctrine des nullités *substantielles et absolues*.

Mais les suites de cette sévérité devinrent si funestes, il en résulta un si grand nombre de déchéances d'hypothèques, parce que l'observation exacte et scrupuleuse des formes étoit très-difficile, qu'il se forma de fortes discussions qui répandirent enfin un nouveau jour sur cette matière ; et il en résulta une modification considérable dans la jurisprudence. Cette modification a procuré le maintien de la loi sainement entendue, sans que les intérêts des créanciers inscrivans et des tiers soient blessés. Je pense que M. Merlin a contribué à la rectification de la première jurisprudence, par de sages observations, appuyées de forts raisonnemens,

_____

(1) Voyez au n° 17, pag. 28, ce que Mornac a dit là-dessus.

que

que j'ai remarquées dans quelques-uns des discours qu'il a prononcés,
comme procureur général, à la Cour de cassation, lorsque les difficultés,
du genre de celles dont il s'agit, se présentoient. Je me bornerai à exposer
sous les yeux du lecteur quelques passages du discours qu'il prononça,
lors d'un arrêt qui fut rendu le 15 mai 1809, entre la maréchale de
Beauveau et la dame Testu-Balincourt, rapporté par Denevers, *an* 1809,
pag. 406. Ces passages sont le résumé des autres parties du discours.
Je les rapporte, parce qu'on s'y pénètre des vrais principes sur lesquels
on doit actuellement se fixer, relativement aux difficultés de cette nature,
que l'intérêt, ou plutôt la cupidité, fait naître encore journellement.

Il s'agissoit d'une nullité relative à un défaut de désignation du domicile et de la profession du créancier ; et je remarque que les observations
qu'il faisoit sur cette formalité, peuvent également s'appliquer à toutes
les autres. Or, M. Merlin s'expliquoit ainsi : « Cette peine de nullité
(relative au défaut de désignation de domicile), la loi se garde bien de la
prononcer ; et pourquoi ne la prononçoit-elle pas ? parce que, mettant toute
sa confiance dans le principe général, qui veut que la peine de nullité soit
suppléée de plein droit dans toutes les dispositions qui prescrivent des
formés *substantielles*, et qu'elle ne le soit jamais dans celles qui prescrivent des formes *secondaires*, elle se repose sur les juges du soin de
distinguer quelles sont, parmi les formes qu'elle prescrit pour les inscriptions, celles qui tiennent ou ne tiennent pas à la substance de ces
actes, c'est-à-dire, celles qui sont ou ne sont pas indispensables *pour faire
connoître la créance, le débiteur, le créancier et les biens sur lesquels
il s'agit d'acquérir hypothèque.* »

Il disoit ailleurs : « Dans une inscription hypothécaire, le juge n'est
lié que par la règle qui prescrit, à peine de nullité, la désignation claire
et précise de la personne du créancier. Il peut ne pas appliquer cette
règle au défaut de telle ou telle des indications que la loi exige pour
établir cette désignation, lorsque, d'ailleurs, dans la cause où il s'agit de
prononcer, il trouve, ou que ces indications sont suffisamment remplacées
par d'autres, ou qu'elles sont inutiles pour faire connoître la personne du
créancier. »

Il dit encore une chose très-importante : « L'inscription n'est instituée
que pour donner aux priviléges et aux hypothèques une publicité propre
à garantir les tiers intéressés de toute espèce de piége. L'objet légal de

Tome I.   T l'inscription est donc rempli, lorsque, par la manière dont elle est conçue, elle manifeste au public la créance privilégiée ou hypothécaire qu'elle tend à conserver. »

Je dois remarquer, d'ailleurs, qu'on tomboit dans une rigueur excessive en regardant les omissions comme des nullités *substantielles* ou *absolues*. La plupart de ces nullités ne doivent être, à proprement parler, que des nullités *relatives*, dont l'effet est bien différent. L'impropriété des mots conduit souvent à la confusion des choses. En effet, un débiteur ne pourroit pas attaquer de nullité une inscription, parce que les renseignemens qu'elle procureroit seroient imparfaits. Il connoît la situation du bien qu'il a hypothéqué, la nature et le montant de la créance qu'il doit; et il n'y auroit que l'acquéreur ou le créancier postérieur qui pourroit souffrir de ce défaut de renseignemens; en sorte que la nullité, s'il y en avoit une, seroit uniquement *relative* à ces derniers, qui, seuls, pourroient l'opposer. Il y a encore des cas où la nullité seroit *relative* à un acquéreur qui pourroit l'opposer, comme y ayant intérêt, et où elle seroit étrangère aux créanciers qui seroient non recevables à s'en prévaloir, parce qu'elle ne les intéresseroit pas. Je crois qu'il est utile que je fasse connoître d'excellentes réflexions faites à ce sujet, et surtout relativement au défaut de mention de l'exigibilité, dont je m'occuperai bientôt, par M. Chabroud, avocat à la Cour de cassation. Il y explique très-bien la véritable nature de l'inscription et son objet; ce qui, dans une inscription, est *substantiel* et ce qui est *accidentel;* ce qui est *absolu* et ce qui est *relatif.* Ces réflexions sont contenues dans la discussion d'un arrêt de la Cour de cassation, du 4 frimaire an 14, rapporté dans le recueil de Denevers, *an* 1806, *pag.* 154. Les moyens qu'il faisoit valoir furent rejetés, mais ils se retrouvent aujourd'hui dans les principes (1).

---

(1) Cet avocat disoit avec autant de précision que de justesse :

« On doit distinguer dans la forme d'une inscription, ce qui est *substantiel* et ce qui est *accidentel*, ce qui est *absolu* et ce qui est *relatif*.

« Ce qui est substantiel et absolu, en fait d'inscription, c'est l'inscription elle-même ; c'est l'énonciation du titre sans lequel il n'y a point d'hypothèque ; c'est celle de la date du titre qui fixe le rang de l'hypothèque ; la mention du montant de la créance qui assigne à l'inscription sa consistance ; c'est enfin l'indication des biens, par laquelle on attribue à l'hypothèque son application.

» Dans tous ces points, il y va de l'intérêt, et du débiteur, et de tous les tiers qui trai-

Les progrès de la jurisprudence me conduisent à dire qu'on en est venu à ce point, lorsqu'il s'agit de prononcer sur les difficultés de cette nature, qu'on doit se demander : l'omission ou l'erreur par laquelle on attaque l'inscription a-t-elle nui à quelqu'un? a-t-elle privé des connoissances nécessaires, relativement à l'intérêt des tiers? en un mot, le but de la loi a-t-il été rempli, ou non? S'il ne l'a pas été littéralement, l'a-t-il été au moins *virtuellement*, et je pourrois dire, en me servant de l'expression d'anciens jurisconsultes, *potentiellement, potentialiter*? Et, en annulant trop légèrement une inscription, ne doit-on pas craindre de favoriser une spéculation honteuse à laquelle se livreroient deux personnes, ainsi qu'on l'a vu, dont l'une auroit pour but d'acquérir à vil prix, et l'autre de se procurer un prix de vente quelconque, en se jouant d'une hypothèque qu'elle auroit déjà constituée?

Mais, quelqu'utiles que puissent être ces idées générales, on sent qu'elles ne peuvent que préparer à mieux saisir des détails dont l'explication devient indispensable. Au surplus, dans cette explication, je gagnerai en abréviation ce que j'ai donné en étendue, en présentant ces idées générales, auxquelles je pourrai renvoyer, quand je le jugerai nécessaire.

71. Je viens d'abord à la connoissance qui doit être procurée des objets hypothéqués (1). Suivant l'art. 2129 du Code, l'acte constitutif de l'hypothèque conventionnelle doit déclarer *spécialement la nature et la situation de chacun des immeubles* actuellement appartenant au débiteur; et l'article 2148, § 5, exige que l'inscription contienne l'indication de *l'espèce*

De la connoissance qui doit être procurée des objets hypothéqués. Indication des arrêts qui y sont relatifs.

teront avec lui, et du fonds même de la chose; on peut dire que là où tous ces points ne sont pas observés, il n'y a point d'inscription.

« Quant à l'énonciation de l'échéance de la dette, elle est indifférente au fond de l'inscription; car sa cause, sa consistance et son effet sont d'ailleurs déterminés. Il est sans intérêt pour le débiteur que cette créance soit énoncée, car il la connoît; et de même pour les autres créanciers, car elle ne change rien à leurs droits. Tout au plus, l'acquéreur y a quelque intérêt; mais il peut s'informer avant de contracter; et après avoir contracté, il peut interpeller, soit son vendeur, soit le créancier inscrit.

« Donc, s'il y avoit eu nullité, elle n'auroit pas été absolue; elle auroit été relative à l'intérêt des acquéreurs, et par conséquent elle n'auroit pu être prononcée en faveur des créanciers. »

(1) Après m'être expliqué sur les formalités, j'ai remarqué que je n'avois pas poursuivi les objets dans l'ordre indiqué par l'art. 2148 du Code; mais j'ai été aussi convaincu que cela étoit indifférent pour la discussion.

et de la *situation* des biens sur lesquels le créancier qui s'inscrit entend
conserver son hypothèque ou son privilége. On trouve les mêmes dispositions dans les articles 4 et 17 de la loi du 11 brumaire an 7. Ce sont ces
mots, *nature*, *situation*, *espèce*, qui ont donné lieu à de grandes difficultés. Mais, d'après le sage tempérament admis depuis quelques années,
ces difficultés s'aplanissent.

S'il s'agit de constituer une hypothèque spéciale sur un ou sur quelques
immeubles pris particulièrement, qui composent toute la fortune du débiteur, ou qui même seroient choisis parmi beaucoup d'autres dont il seroit
propriétaire, c'est alors qu'il faut redoubler de soins et d'attention, pour
déterminer avec précision ce qui fait l'objet de l'hypothèque. On doit
prendre toutes les précautions possibles pour faire disparoître toute équivoque. On y parviendra en indiquant la nature de l'immeuble, en disant
si c'est un bâtiment, une usine, etc., ou un fonds rural, et en faisant
connoître, dans ce dernier cas, l'espèce de l'objet ; c'est-à-dire, si c'est
une terre, une vigne, un pré, etc. On apprendra aussi la situation par la
dénomination du territoire, de la commune, et même du village dont dépend l'objet hypothéqué. Mais on sent surtout combien il est important de
désigner encore l'objet par ses confins, ou, au moins, par quelques-uns, si
on ne peut les avoir tous. Si l'objet donné en hypothèque est une maison,
il est prudent d'en indiquer, outre la rue, le n°, lorsqu'elle est située dans
une ville où les maisons sont ainsi marquées ; en un mot, il faut faire en
sorte qu'il devienne raisonnablement impossible de se tromper sur ce qui
forme le sujet de l'hypothèque.

Mais il y a moins de risque à courir, et la connoissance de ce qui est
hypothéqué se procure plus facilement, si l'hypothèque a été constituée
sous une forme *universelle*, que si elle l'est sous une forme *individuelle*,
qui est celle sur laquelle je viens de m'expliquer. On comprend aisément
qu'une déclaration d'hypothèque, quoique donnée sous une forme générale en apparence, lorsqu'elle est restreinte aux immeubles, de quelque
nature qu'ils soient, qui sont situés dans une commune qui est indiquée
avec précision, est beaucoup moins susceptible d'équivoque, que celle
d'une hypothèque qui frappe sur un objet isolé qu'il faut distinguer parmi
plusieurs autres. Au premier cas, l'indication des dépendances territo-
riales dans lesquelles les objets hypothéqués sont situés, devient seule un
régulateur suffisant pour la détermination de ce qui est soumis à l'hypo-

thèque, abstraction faite de tout ce qui peut tenir à la *nature*, à *l'espèce* et aux confins.

Cependant, un arrêt de la Cour de cassation, du 23 août 1808, rapporté dans le Bulletin des arrêts de cette Cour, *tom.* 10, *pag.* 233, a annulé deux hypothèques spéciales, dont l'une portoit sur *les biens* que le débiteur *possédoit dans l'étendue du bureau des hypothèques établi à Muret*, et dont l'autre étoit constituée *sur tous les biens situés dans les communes de Pinsaguet et de Roques, arrondissement du bureau des hypothèques établi à Muret*. Le tribunal de Muret et la Cour d'appel de Toulouse avoient déclaré que les hypothèques ainsi stipulées étoient valables, attendu que les contrats affectoient des biens que le débiteur possédoit dans une commune désignée, et que par là la situation des immeubles hypothéqués étoit suffisamment indiquée, et que si l'on n'en avoit pas désigné la nature, en déclarant qu'ils consistoient en maison, jardin et fonds de terre, cette désignation étoit assez inutile, s'agissant d'immeubles situés à la campagne, dans une même commune, et composant un même corps de bien par leur destination. Mais la Cour de cassation motiva son arrêt sur ce que les inscriptions étoient absolument muettes sur la *nature* des biens prétendus hypothéqués; que les art. 4 et 17 de la loi de brumaire exigeoient l'indication de la *nature* et de l'espèce des biens hypothéqués.

Un autre arrêt de la même Cour, du 20 février 1810, rapporté dans le même Bulletin, *tom.* 12, *pag.* 16, et encore par Sirey, *an* 1810, 1ʳᵉ *partie, pag.* 178, et par Denevers, *an* 1810, *pag.* 107, a jugé dans le même sens. Le sieur Bertail avoit hypothéqué, le 17 germinal an 7, au sieur Courbon, *tous ses biens présens situés dans la commune de Saint-Genest*; et, en vertu de cet acte, Courbon avoit pris inscription sur *UN CORPS DE DOMAINE situé au lieu de la commune et aux environs, commune de Saint-Genest*. La spécialité de l'hypothèque et l'inscription furent attaqués par le prétendu défaut d'indication de la nature et de la situation. Ce moyen, adopté par le tribunal de Saint-Etienne, fut rejeté par la Cour d'appel de Lyon, qui confirma l'hypothèque et l'inscription. Sur le pourvoi, l'arrêt fut cassé, par la raison qu'il n'y avoit désignation ni de situation ni de nature des immeubles affectés à l'hypothèque. Mais ces deux arrêts, ainsi que quelques autres que je me dispense de rapporter, se ressentent de la sévérité de laquelle on est revenu.

Aussi, par un arrêt du 25 novembre 1813, rapporté par Sirey, *tom.* 14, *pag.* 44, la Cour de cassation a jugé que l'indication de la commune dans laquelle sont situés les biens hypothéqués, n'est pas indispensable pour la validité de l'hypothèque et de l'inscription, lorsque d'autres circonstances font suffisamment connoître les immeubles sur lesquels l'hypothèque se détermine. Pour abréger, je renvoie à l'arrêtiste pour la connoissance particulière de l'espèce.

A mesure qu'on avance dans la connoissance des arrêts rendus depuis, et qui ont formé une nouvelle jurisprudence, on voit que les tribunaux n'ont plus exigé une observation superstitieuse et judaïque des formes; il suffit que le vœu de la loi soit rempli, et on rejette des critiques qui peuvent être suggérées par la cupidité, mais que la bonne foi désavoue.

Un arrêt de la Cour de cassation, du 15 juin 1815, a validé une inscription prise en conséquence d'une constitution d'hypothèque sur *le bien de Beaudoin, composé de deux domaines et une réserve, situés au lieu de Beaudoin, commune de Saint-Lorey-des-Harleix, canton de Jumilhac, arrondissement du bureau des hypothèques de Noutron, département de la Dordogne.* L'objection, qui consistoit à dire qu'on ne voyoit pas là la *nature* des immeubles dont se composoit chaque domaine et la réserve, fut rejetée. La Cour royale de Riom, par un arrêt du 24 février 1816, n'a point admis une demande en nullité d'une constitution d'hypothèque et inscription, dans une espèce semblable. Je dois cependant faire observer que la Cour de cassation, par un arrêt du 16 août 1815, a annulé une inscription prise en ces termes : « Sur un domaine, ou bien de campagne, portant tel nom et situé dans telle commune », parce qu'il n'y avoit pas une désignation suffisante de la *nature* et de *l'espèce* des immeubles. Mais en prenant une connoissance particulière de l'arrêt, on est disposé à croire que quelques circonstances particulières et locales ont pu influer sur la décision (1).

On doit remarquer que les inscriptions devant être faites, d'après l'article 2146 du Code civil, au bureau de conservation des hypothèques dans l'arrondissement duquel sont situés les biens soumis au privilége ou à l'hypothèque, si la constitution de l'hypothèque porte sur des biens situés sur plusieurs arrondissemens, il faut une inscription particulière dans chaque bureau de conservation d'hypothèque, pour les objets situés dans

_____

(1) On peut voir les trois derniers arrêts que je viens de citer, dans le recueil de Denevers, an 1815, pag. 332 ; an 1817, pag. 34, au suppl., et 1816, pag. 40.

son ressort, avec les désignations propres à les faire connoître. Cela doit avoir lieu, même pour le cas de l'hypothèque assise en gros sur un domaine ou bien, collectivement vendu, dont certaines parties seroient situées dans des arrondissemens voisins, autres que celui du chef-lieu d'exploitation, ou manoir du domaine ou bien hypothéqué. Tel est encore le résultat de l'art. 2192.

72. Je viens à la manière dont doit être procurée la connoissance du créancier et du débiteur. On puise, à cet égard, les élémens dans l'article 2148 du Code civil.

De la connoissance qui doit être donnée du créancier et du débiteur.

Le créancier et le débiteur ne peuvent être connus, en général, que par leurs noms, prénoms et domiciles, et par leur profession, s'ils en ont une. On avoit pu croire, lorsqu'on prenoit à la lettre chaque expression du Code, concernant les formalités de la constitution d'hypothèque et de l'inscription, qu'il y avoit autant de nullités que de violations littérales de la loi ; que chacune de ces mentions devoit se trouver dans l'inscription, à peine de nullité, soit en ce qui concernoit le créancier, soit en ce qui regardoit le débiteur ; mais on est aussi venu, et par les mêmes raisons que j'ai exposées dans le n° 70, au même tempérament admis pour les autres formalités.

Ainsi, un arrêt de la Cour de cassation, du 1ᵉʳ octobre 1810, a déclaré valable une inscription, quoiqu'elle ne contînt pas la mention de la profession du créancier (il étoit marchand coutelier à Besançon). La Cour ne s'arrêta pas à l'objection tirée des nullités *substantielles* et *absolues*. Le motif de la décision est important ; elle est fondée sur ce que « la désignation de la profession du créancier inscrivant, n'étant pas requise par la loi à peine de nullité, cette peine ne pourroit être suppléée par le juge, qu'autant que cette désignation pourroit être considérée comme une formalité *substantielle* et *intrinsèque* de l'inscription ; mais qu'on ne peut qualifier de formalité *intrinsèque* et *substantielle* à l'acte d'inscription, la désignation de la profession du créancier inscrivant, qui n'en est qu'un accessoire purement accidentel, surtout lorsque, comme dans l'espèce, le débiteur hypothécaire n'a pu se méprendre, et ne s'est aucunement mépris, en effet, sur la personne du créancier inscrivant. »

Un arrêt de la Cour royale de Paris, du 16 février 1809, et un autre de la Cour de cassation, du 15 mai de la même année, avoient déjà jugé les questions les plus importantes, en admettant l'équipollence des indications sur les mentions des noms et domicile du créancier et du débiteur. Il résulte de ces arrêts, que des héritiers d'un créancier ont pu prendre, sous ce nom collectif, et sans leurs désignations individuelles, une inscription hypothécaire, lorsque le créancier décédé est désigné individuellement. Cela a été ainsi jugé, contre ce qui avoit été décidé par un arrêt du 7 septembre 1807.

La connoissance du débiteur est encore plus importante que celle du créancier; et cependant la loi (art. 2148) n'exige pas aussi rigoureusement dans les bordereaux, les énonciations relatives aux débiteurs, que celles relatives aux créanciers. M. Favard, *Traité des hypothèques*, *pag.* 112, donne judicieusement la raison de cette différence. « Le créancier inscrivant, dit-il, connoît toujours ses nom, prénom, domicile et profession; et l'omission de leur énonciation, dans le bordereau de son inscription, ne peut être excusée. Au contraire, le créancier inscrivant peut souvent ignorer les prénoms de son débiteur, son domicile et sa profession; s'il étoit indispensablement tenu de les énoncer dans les bordereaux sur lesquels il requiert l'inscription de son hypothèque, il se trouveroit alors exposé à ne pouvoir faire une inscription valable, et par suite, à perdre sa créance, sans qu'on pût lui reprocher ni faute, ni négligence. Il étoit donc juste que la loi vînt à son secours, et lui donnât les moyens de suppléer aux énonciations relatives à son débiteur, qu'il ne pourroit donner, sans cependant préjudicier au système de la publicité, et sans nuire, par suite, à l'intérêt des tiers. C'est ce qu'elle a fait en admettant, à défaut des énonciations prescrites, une désignation individuelle et spéciale du débiteur, pourvu que cette désignation le signale si complètement, qu'il puisse être reconnu et distingué dans tous les cas. »

C'est donc avec raison que M. Merlin disoit, en concluant sur la contestation d'entre la maréchale de Beauveau et la dame Testu de Balincourt, que la loi permet de remplir, par *équipollence*, la condition qu'elle impose au créancier, de désigner les nom, prénom, profession et domicile du débiteur. Il faut observer que, d'après l'art. 2149 du Code civil, les inscriptions à faire sur les biens d'une personne décédée, peuvent être faites sous la simple désignation du défunt. Les désignations individuelles de ses héritiers ne sont pas nécessaires. Comment donc auroit-on pu prétendre le contraire, relativement aux désignations individuelles des héritiers d'un créancier? La désignation exacte du débiteur suffit, pourvu, bien

bien entendu, que les autres formalités prescrites aient été remplies, et que tout ce qui doit être connu le soit.

73. Un arrêt de la Cour de cassation, du 15 février 1810, rapporté par Sirey, *tom.* 10, 1ʳᵉ *partie*, *pag.* 179, a maintenu une inscription, quoique prise sous le nom de *Pierre-Barthélemy Gallet*, comme créancier, tandis que le véritable nom du créancier étoit *Jacques-François Gallet*. L'erreur étoit évidente : il y avoit deux frères, dont l'un étoit *Pierre-Barthélemy*, et l'autre étoit *Jacques-François*, qui étoit le véritable créancier. L'intention n'avoit pu être d'inscrire *Pierre-Barthélemy*, puisque le titre de créancier étoit au nom de *Jacques-François*, et que, d'ailleurs, *Pierre-Barthélemy* étoit mort avant l'inscription. L'arrêt est motivé sur ce qu'une erreur dans les prénoms du créancier ne vicie pas l'inscription qu'il prend, lorsqu'il est autrement désigné d'une manière certaine, et que, par l'arrêt attaqué, il avoit été décidé, en fait, que le créancier *Jacques - François Gallet*, inscrivant, avoit été suffisamment désigné dans l'inscription. On peut voir encore un arrêt de la même Cour, du 17 novembre 1813, rapporté dans le recueil de Denevers, *an* 1813, *pag.* 283, qui contient une décision motivée d'une manière encore plus précise, et en termes plus forts, relativement à des omissions reprochées sur l'indication de la profession et du domicile réel, tant à l'égard du créancier qu'à l'égard du débiteur.

> *Erreur sur les noms et prénoms du créancier et du débiteur.*

74. Outre ce qui vient d'être dit, il résulte de l'arrêt de la Cour royale de Paris, du 16 février 1809, de celui de la Cour de cassation, du 15 mai de la même année, et des réflexions que faisoit M. Merlin, lors de ce dernier arrêt,

> *Un créancier peut prendre inscription pour son débiteur. Du cessionnaire d'une créance, et du cas où le créancier seroit décédé.*

1°. Que tout créancier ayant la faculté d'exercer les droits de son débiteur, peut prendre, à son profit, inscription pour ce débiteur, sur ceux dont ce dernier est créancier. C'est un des points décidés par l'arrêt du 16 février 1809. On voit, dans l'espèce de cet arrêt, que la dame veuve Hocquart avoit pris inscription sur les biens du sieur de Crussol, tant en son nom en qualité de commune, *que pour la succession et représentans Hocquart, et encore comme créancière de ladite succession.*

2°. Qu'une inscription peut également être prise, avec effet, sous le nom d'un créancier qui même seroit décédé. On sent que la mort peut arriver entre l'ordre donné de faire l'inscription, et le jour où l'inscription se fait. Ainsi, un arrêt de la Cour de cassation, du 15 ventôse an 13, rapporté par Denevers, *même année*, *pag.* 322, a prononcé la validité

Tome I.   V d'une inscription prise au nom d'un individu qui avoit cédé sa créance , et qui même étoit déjà décédé.

Je viens de parler du cas où un cessionnaire prend inscription au nom de son cédant. Mais, supposons que le cessionnaire prenne inscription lui-même en cette qualité de cessionnaire ; peut-il le faire, quoique la cession soit sous seing privé, mais enregistrée ? J'ai vu élever, à cet égard, des difficultés , mais je ne saurois en voir le fondement.

Il faut bien, pour prendre une inscription, un titre authentique et exécutoire. Mais l'inscription prise par un cessionnaire dont la cession est sous seing privé et enregistrée, a pour fondement, non la cession , mais le titre qui établit la créance. Ce qui est important, c'est que le créancier et la créance soient connus; sauf, au moment de l'ordre, s'il y avoit lieu , la discussion sur l'effet et la validité de la cession. Mais cette discussion ne pourroit intéresser que le créancier, et celui qui se prétendroit son cessionnaire.

Il est bien vrai que M. Tarrible, *Rép. de jurisp.* , au mot *Saisie immobilière*, § 5, n° 2 , est d'avis que le transport de la créance doit lui-même être fait par un acte authentique et exécutoire, et qu'il doit être suivi de la notification du même transport au débiteur, ou de son acceptation de ce transport. Mais il s'en explique pour le cas où le cessionnaire de la créance veut faire procéder à la saisie immobilière sur le débiteur. Cela peut n'être pas sans difficulté, même pour ce cas ; c'est, au surplus, ce qu'il est inutile que j'examine ici. Mais je ne puis croire à la nécessité de l'authenticité de la cession pour l'inscription; elle ne peut être motivée sur aucune disposition législative. Il est vrai encore que l'art. 1690 du Code civil porte que le cessionnaire peut être saisi par l'acceptation du transport, *faite par le débiteur par un acte authentique.* Mais ce cas est bien différent de celui dont il s'agit. Cette acceptation supplée au défaut de notification de la cession au débiteur. Elle n'est pas nécessaire, relativement au cédant ; elle ne l'est que respectivement au débiteur, pour prévenir le payement qu'il pourroit faire au cédant, dans l'ignorance de la cession, et aux autres créanciers du cédant qui pourroient faire saisir et arrêter entre les mains du débiteur; mais, hors ces cas, la notification de la cession, ou l'acceptation de cette cession de la part du débiteur, n'est point nécessaire. Le cédant ne peut jamais attaquer sa propre cession ; il n'y a donc pas de parité d'un cas à un autre. On sent encore que souvent il y auroit du danger de suspendre l'inscription, qui est un acte conservatoire, jusqu'à la notification de la cession, ou jusqu'à son acceptation.

Au surplus, comme il est toujours sage d'aller au devant des difficultés, on agira prudemment en se procurant une cession notariée.

75. Lorsqu'il s'agit d'une créance qui appartient à une maison de commerce qui existe sous une raison sociale, il ne faut pas nécessairement que l'inscription contienne de prénom. Un arrêt de la Cour de Bruxelles, du 1er mars 1810, rapporté par Sirey, *an 1810, pag.* 180, a déclaré valable une inscription prise sans prénom par la maison de commerce Palmaërt et Opdemberg, laquelle n'avoit elle-même point de prénom, considérée moralement ou comme raison sociale. Cette décision est si juste en elle-même, qu'il suffit de la rapporter sans aucune réflexion. On ne sauroit voir de différence entre le cas dont il s'agit et celui où une inscription auroit été prise à la requête des chefs ou administrateurs d'un établissement public ; et, pour ce dernier cas, on peut consulter un arrêt de la Cour royale de Colmar, du 25 avril 1817, dans le recueil de Denevers, *an 1818, pag.* 24, *au suppl.* Cette Cour a jugé, et avec raison, qu'une inscription prise au nom d'une administration ecclésiastique, par son receveur, n'étoit pas nulle, pour ne pas avoir énoncé les noms et prénoms de celui-ci ; et qu'il peut faire élection de domicile dans sa propre demeure pour l'administration. On sent qu'on peut porter les mêmes décisions pour tous établissemens publics quelconques. J'observerai néanmoins qu'il est plus à propos que l'inscription soit prise au nom des chefs des établissemens.

76. Mais il faut remarquer que si deux personnes ont sur le même objet, un droit différent, si l'une, par exemple, en a l'usufruit ou une jouissance temporaire, et l'autre la propriété, il faut, de la part de chacune d'elles, une inscription pour la conservation de ce qui lui appartient particulièrement. L'inscription, prise seulement pour ce qui concerne un créancier inscrivant, seroit impuissante pour la conservation de ce qui appartiendroit à une autre personne sur le même objet. La question peut s'élever en plusieurs sens. Elle se présenteroit, par exemple, dans le cas où, soit une créance ordinaire, soit une rente foncière ou constituée, appartiendroit à plusieurs personnes ; il faudroit autant d'inscriptions nominatives qu'il y auroit de créanciers, à moins que, par la nature des choses, il existât pour ces créanciers, qui seroient ce qu'on appelle en droit *correi credendi,* une solidarité telle qu'on pût dire que l'inscription

prise par l'un d'eux pour la totalité, dût suffire pour la conservation des droits de tous.

La question se présenteroit encore dans le cas où il s'agiroit d'une créance dont l'usufruit appartiendroit à un particulier, et la propriété à un autre. L'inscription qui seroit faite par l'usufruitier ne conserveroit le droit que sous le rapport de l'usufruit, et il n'y auroit pas de conservation du droit d'hypothèque pour la propriété.

On pourroit invoquer, à l'appui de la décision que je viens de prendre, un arrêt de la Cour de cassation, du 14 frimaire an 14. Dans l'espèce de cet arrêt, une dame Lemaigre, née Fillemain, avoit pris inscription pour un douaire préfixe de 1,000 francs de rente, au capital de 20,000 francs. Ce douaire, d'après son contrat de mariage, étoit propre aux enfans qui naîtroient du mariage. Il s'éleva la question de savoir si cette inscription devoit, ou non, avoir l'effet de conserver aux enfans le capital du douaire, pour la conservation duquel il falloit inscription, dans les principes de la loi de brumaire, ou si elle conservoit seulement la jouissance du douaire pendant la vie de la dame Lemaigre, en cas que cette jouissance eût lieu par sa survie à son mari. On soutenoit que, d'après l'art. 17 de la loi de brumaire, le fonds du douaire n'auroit pu être conservé aux enfans qu'autant qu'il y auroit eu une inscription prise en leur nom ; et cela fut ainsi jugé. Cet arrêt fut conforme aux principes ; une inscription ne peut conserver que ce qui en est l'objet. Toute autre créance ne peut l'être que par une inscription qui la concerneroit directement, qui seroit prise sous le nom du créancier, ou qui, dans certains cas, tels que ceux dont je viens de parler, l'auroit été pour lui, mais toujours sous son nom.

De la connoissance de la créance. 77. J'en viens à ce qui concerne la connoissance que l'inscription doit procurer sur la créance. Il est dit, dans l'art. 2148 du Code civil, que l'inscription contiendra l'énonciation de la date et de la nature du titre, du montant du capital des créances exprimées dans le titre, ou évaluées par l'inscrivant, pour les rentes et prestations, ou pour les droits éventuels, conditionnels ou indéterminés, dans les cas où cette évaluation est ordonnée ; comme aussi le montant des accessoires de ces capitaux, et l'époque de l'exigibilité.

Mais un créancier inscrit devroit-il être déchu de sa créance, parce que, sur ces indications, il se seroit glissé dans l'inscription une omission ou une erreur, qui, au fond, seroit sans conséquence ? Trois arrêts de la

Cour de cassation, l'un du 22 avril 1807, l'autre du 7 septembre de la
même année, que j'ai déjà cité à l'occasion d'une autre question qu'il
décide, rapportés par Denevers, *an* 1807, *pag.* 234 *et* 516, *suppl.;* le troisième, du 5 septembre 1808, qu'on trouve dans le même recueil, *an* 1808,
pag. 475, ont paru excessivement sévères sur l'exécution de la loi en cette
partie. Le premier a déclaré une inscription nulle, parce qu'elle ne men-
tionnoit pas la date du titre, ni l'époque à laquelle la créance avoit pris
naissance. Cependant l'inscription contenoit une mention, de laquelle il
résultoit, au moins implicitement, que la connoissance de cette date et de
cette époque avoit été suffisamment donnée. Dans l'espèce du second arrêt,
une inscription fut annulée sur le fondement qu'elle avoit été faite en
vertu d'une sentence du châtelet de Paris, du 13 *septembre* 1777; tandis
qu'il n'existoit sous cette date aucune sentence au profit des héritiers
Guillauden, inscrivans, celle qui faisoit véritablement leur titre étant du
13 *novembre*, et non du 13 *septembre;* d'où l'on tiroit l'induction qu'on ne
trouvoit pas dans l'inscription l'énonciation *de la date du titre* en vertu
duquel l'inscription avoit été prise. Il y avoit d'autres nullités opposées;
mais celle-ci fut accueillie comme les autres. Par le troisième arrêt, une
inscription a été aussi annulée, parce qu'elle ne contenoit pas la mention
du capital de la créance et des accessoires. Cependant, dans cette espèce,
le sieur Hertzoq s'étoit rendu caution du sieur Darecourt, adjudicataire
d'une coupe de bois dans une forêt nationale, sous diverses conditions et
charges, et au prix de 38,400 francs. L'inscription du sieur Hertzoq étoit
la première en date, et elle étoit en ces termes : « Afin de sûreté et garantie
du cautionnement souscrit par ledit Hertzoq, en faveur du débiteur, au
profit du gouvernement, résultant d'un acte passé devant Mignard et son
confrère, notaires à Paris, le 13 ventôse an 10, sur une maison à Sois-
sons, etc. » La Cour de cassation se décida sur ce que l'art. 17 de la loi de
brumaire *prescrit la mention expresse du capital et des accessoires*. Il
seroit au moins bien douteux qu'on jugeât ainsi aujourd'hui dans les
mêmes espèces, parce qu'on voit invoquer dans ces arrêts le principe des
nullités *substantielles*, des nullités *absolues*, sur lesquelles on s'est formé
depuis d'autres idées.

On pourroit être encore autorisé à penser qu'on ne devroit attacher
aucune importance à une erreur matérielle, qui consisteroit en ce qu'on
auroit donné à un titre la date *du* 13 *septembre*, au lieu de celle *du* 13 *oc-*

tobre ou *du* 13 *novembre ou décembre*, surtout si l'année étoit la même. Si un créancier inscrivant n'avoit pu avoir, au moment de l'inscription, le titre constitutif de l'hypothèque, et qu'il prît l'inscription, à la date de cette hypothèque, en vertu d'un titre postérieur qui rappelleroit le titre originaire avec sa date, cette inscription devroit conserver l'hypothèque. Un arrêt de la Cour de cassation, du 4 avril 1810, rapporté par Denevers, *même année*, *pag.* 159, avoit déclaré nulle une inscription prise par le cessionnaire d'une créance, par la raison qu'elle l'avoit été seulement en vertu de la cession, quoique cette cession contînt la mention du titre originaire et de sa date. Mais cet arrêt se ressent de l'ancienne sévérité. Aussi, la même Cour a jugé, le 7 octobre 1812, qu'il suffisoit qu'un cessionnaire fît mention, dans son inscription, de sa qualité de cessionnaire, et de la date du titre primitif; et, le 11 août 1819 (1), elle a décidé que le cessionnaire, qui renouvelle l'inscription prise par son cédant, n'est pas obligé d'énoncer, dans son inscription, l'acte par lequel il est devenu cessionnaire : il a même été jugé qu'une inscription est valablement renouvelée par le cessionnaire, quoique l'acte de cession ne fût que sous seing privé, et qu'il n'eût pas été notifié au débiteur.

M. Tarrible, dans son article du Répertoire de jurisprudence, au mot *Inscription hypothécaire*, § 5, *n°* 10, s'est expliqué sur la nature et la date du titre, en des termes qui méritent d'être rapportés. « L'art. 2148 du Code civil exige de plus (que la loi de brumaire an 7) la déclaration de la nature du titre; et cette déclaration servira à découvrir la nature du droit appartenant au créancier inscrivant, ce qu'il importe de connoître. Ainsi, lorsqu'on saura que la créance inscrite est fondée sur un contrat de vente, ou sur un partage de succession, on jugera que l'inscription a pour objet le privilége du vendeur, pour le prix de l'immeuble vendu, ou celui du copartageant, pour la sûreté qui lui est due; lorsqu'on saura que la créance dérive d'un jugement, on apprendra que l'hypothèque qui l'accompagne, embrasse la généralité des biens présens et à venir du débiteur; enfin, lorsque l'on verra que le créancier inscrivant fonde son droit hypothécaire sur une obligation sous signature privée, non avérée, ou sur un procès verbal

(1) Voyez ces deux arrêts dans le recueil de Denevers, an 1813, pag. 121, et an 1819, pag. 491.

de conciliation, on sera convaincu d'avance que ce droit n'est qu'une illusion, et on consommera, avec confiance, les traités entamés avec le débiteur. Tel est le but positif d'utilité que la loi s'est proposé en prescrivant aux créanciers l'indication de la date et de la nature du titre. L'omission de ces deux formalités, ou seulement de l'une d'elles, répandroit sur la déclaration une obscurité totalement opposée à l'esprit de la loi. L'omission de la date du titre laisse dans l'incertitude sur l'époque plus ou moins reculée où elle remonte. L'omission de la nature du titre rejette dans le vague la cause de la créance et l'idée qu'on peut s'en former...... Nous pensons, d'après ces motifs, que ces deux conditions sont essentielles, et doivent être *rigoureusement* remplies, pour opérer la validité de l'inscription. »

Voilà d'excellens principes, et parfaitement développés par un magistrat très-versé dans la matière. Il y a, dans tout ce que dit M. Tarrible, une exposition exacte de la disposition de la loi et de ses motifs. C'est aussi par cette raison que j'ai cru devoir transcrire son opinion. Mais on y voit le vœu d'une perfection vraiment désespérante, par la difficulté d'y atteindre, au moins dans toutes les circonstances. Si, en pratique, ce rigorisme n'a pu être supporté; s'il en est résulté des déchéances nombreuses d'hypothèques, il a bien fallu trouver des moyens pour venir au secours des créanciers, de manière néanmoins à ne pas nuire aux intérêts des tiers, et que la loi fût respectée. Or, c'est ce qu'on a fait en recourant aux équipollences. Ainsi, en adoucissant ce qu'a dit M. Tarrible, par l'admission des équipollences, son opinion reste entière. Telle a été aussi la marche de la Cour de cassation; sa sagesse et son expérience l'ont engagé à apporter quelques modifications à une sévérité de principes dont elle s'étoit aussi montrée jalouse, par une grande pureté d'intention, croyant pouvoir faire exécuter la loi avec une ponctualité qui n'eût rien laissé à désirer.

Aussi la jurisprudence des équipollences sur la formalité dont il s'agit, comme sur les autres dont j'ai déjà parlé, est établie par une foule d'arrêts. J'évite de trop m'appesantir sur une aride nomenclature d'arrêts que je suis obligé de puiser dans les mêmes recueils. Je me bornerai à renvoyer, à ce sujet, à des arrêts de la Cour de cassation, des 17 août et 17 novembre 1813, à la discussion qui a préparé un arrêt du 3 janvier 1814, à d'autres arrêts des 9 novembre 1815, 11 mars 1816, et 3 février

1819 (1). J'observerai que l'arrêt du 17 novembre 1813 a jugé que l'omission du nom du notaire qui a reçu l'acte constitutif de la créance ne donne pas lieu à la nullité de l'inscription, et qu'il en est de même de la date alternative, ajoutée par le conservateur des hypothèques à celle de l'inscription, en disant, par exemple, que la créance résulte d'un acte *du 4 décembre 1770, ou 1778.*

78. Cependant, si l'on doit s'éloigner d'une sévérité excessive, qui procureroit des injustices sans objet, on doit aussi se préserver d'un relâchement des principes, duquel il pourroit résulter que l'inobservation des règles nuiroit à des tiers qui seroient de bonne foi. Ainsi, si les erreurs qui se seroient glissées dans une inscription étoient telles qu'un acquéreur ou un créancier eussent ignoré ce qu'ils auroient dû connoître, et que cette ignorance les eût fait tomber dans quelque piége, alors il est sans difficulté que l'inscription devroit être annulée. La violation de la loi ne peut avoir un effet irréparable au préjudice des tiers pour l'intérêt desquels les formes sont établies. Ce ne seroit donc que dans le cas où l'erreur ne pourroit tirer à conséquence, où elle n'auroit pu empêcher les tiers de savoir ce qu'il étoit de leur intérêt qu'ils sussent, que l'on pourroit se dispenser de s'y arrêter.

Ce n'est donc que contre une observation purement littérale et judaïque de la loi, contre une sévérité sans objet, qui produiroit, en pure perte, une déchéance d'hypothèque, qui est une propriété dont la conservation a été l'objet de la loi même, que l'on peut se prononcer, en comparant la jurisprudence actuelle à la jurisprudence précédente, relativement aux

L'inscription qui contiendroit, sur l'énonciation de la créance, des erreurs nuisibles aux tiers, devroit être annulée.

---

(1) Voyez Denevers, an 1814, pag. 109 et 617 ; an 1813, pag. 283 ; an 1815, pag. 592 ; an 1816, pag. 320, et an 1819, pag. 189.

Je me serois prodigieusement allongé, si j'avois rapporté littéralement les espèces, les motifs et les dispositifs des arrêts que je cite dans ce n° : j'ai cru devoir m'en dispenser dans un ouvrage de la nature de celui-ci. Exposer des principes, donner des idées propres à faire apprécier les arrêts relatifs aux questions dont il s'agit, qui se sont présentées si fréquemment et sous tant de rapports différens ; voilà à quoi j'ai cru devoir me borner.

Au surplus, indépendamment des sources que j'ai citées, on pourra voir plusieurs de ces arrêts dans différentes parties de la 3e édition des *Questions de droit* de M. Merlin, qui n'a paru que lorsque mon ouvrage étoit terminé, et notamment au mot *Inscription hypothécaire.* On y voit, par exprès, § 11, n°s 2 et 3, les deux arrêts des 7 octobre 1812 et 11 août 1819, avec les détails qui les concernent.

formes.

formes. On doit donc s'attacher à remplir, le plus exactement qu'il est possible, les formalités prescrites par la loi ; à faire en sorte que l'inscription ne laisse à désirer aucun renseignement important, relativement à la détermination du parti que peuvent prendre des tiers, sur la sûreté de l'engagement qu'ils acceptent d'un débiteur. La date du titre, l'énonciation du dépôt où on peut le trouver, la nature de la créance, peuvent souvent influer sur la conduite et les mesures que les tiers doivent suivre, pour veiller à la conservation de leurs droits. On sent surtout combien il est important qu'un créancier postérieur ait tous les renseignemens suffisans pour se déterminer sur la faculté qu'il a de se subroger aux droits d'un créancier antérieur. On auroit surtout du regret de ne pas avoir redoublé de zèle sur l'accomplissement des formes, et sur la mention des véritables dates, s'il se tiroit de l'inscription la conséquence qu'une hypothèque ne dût pas exister ; cela arriveroit, par exemple, si, dans le cas d'une hypothèque générale, constituée sous l'ancienne législation, et qu'on feroit inscrire, on donnoit au titre constitutif de la créance une date postérieure à la loi de brumaire, ou à la promulgation du Code civil, de manière à laisser croire qu'il n'y auroit vraiment pas d'hypothèque, ou, ce qui est de même, une hypothèque valablement constituée, n'y ayant pas de spécialité. On sent qu'il est impossible de prévoir toutes les circonstances qui peuvent attirer plus ou moins d'indulgence sur des erreurs ou des inattentions commises dans les inscriptions ; et dès lors, le parti le plus sûr est de s'efforcer d'éviter les difficultés par le soin et l'attention. Cela est d'autant plus nécessaire, que si le résultat de l'erreur étoit tel que, d'après l'inscription, le montant de la créance parût être inférieur à ce qu'il est réellement, elle n'auroit d'effet, au regard des tiers, que pour la somme qui y seroit déterminée.

79. J'en viens à la mention, dans l'inscription, de l'époque de l'exigibilité. Cette mention avoit été prescrite par l'art. 2148, n° 4, du Code civil ; elle l'a été plus particulièrement encore par la loi du 4 septembre 1807. On sait ce qui a donné lieu à cette loi. Cette formalité avoit été très-fréquemment négligée jusqu'à cette époque. On étoit effrayé des nombreuses déchéances d'hypothèques qui en étoient déjà résultées, et de celles qui pourroient être prononcées à l'avenir. Pour remédier à ce désordre, on crut devoir prendre le parti de permettre de rectifier les inscriptions

De la mention de l'exigibilité.

déjà prises, par une forme qui procuroit l'équivalent de l'insertion même à l'époque de l'exigibilité. Mais on laissa subsister, pour l'avenir, la nécessité de cette mention, ainsi que les autres formes prescrites par la loi ; et le mal déjà fait subsista pour les inscriptions qui avoient été annulées par des jugemens passés en force de chose jugée. Cette dernière disposition de la loi tenoit au grand principe, que les lois ne peuvent avoir d'effet rétroactif, et qu'on ne peut anéantir des droits acquis par les décisions des tribunaux, lorsqu'elles ne sont pas susceptibles soit d'appel, soit de pourvoi en cassation.

On sent que le mal n'étoit pas attaqué dans sa source. Si on n'avoit pas tenu aux premières idées de sévérité, dont on est ensuite heureusement revenu ; si on eût pu se fixer sur le genre de nullité qu'on attachoit aux omissions ou à des accomplissemens irréguliers des formes ; si, enfin, on eût été dans une position à pouvoir reviser la législation hypothécaire dans les parties sur lesquelles il y avoit des imperfections, on auroit d'abord examiné s'il étoit à propos de laisser exister la nécessité de la mention de l'exigibilité. Avant la loi du 4 septembre 1807, il a été fait plusieurs observations critiques qui tendoient à établir l'inutilité de la mention de l'exigibilité ; mais je suis étonné de n'avoir pas vu opposer que cette mention étoit absolument indifférente, dès qu'elle concerne principalement l'acquéreur, et que, d'après l'art. 2184 du Code civil, cet acquéreur, qui fait transcrire et qui veut purger les hypothèques, est obligé d'acquitter les dettes et charges hypothécaires, jusqu'à concurrence du prix, *sans distinction des dettes exigibles ou non exigibles*. L'art. 15 de la loi de brumaire avoit une disposition contraire ; elle vouloit que l'acquéreur pût profiter des termes dont pouvoit jouir le débiteur qui lui vendoit, et dès lors il n'est pas étonnant que cette même loi eût prescrit la mention de l'exigibilité.

Cependant, dès que la loi du 4 septembre 1807 exige impérativement cette mention, on sent qu'on doit s'y conformer. Néanmoins, la doctrine des nullités *substantielles* ou *absolues* n'ayant pu se soutenir, les cas où l'inscription pourroit être nulle, ou non, sont livrés à la sagesse des tribunaux. Aussi un arrêt de la Cour de cassation, du 3 janvier 1814, qu'on voit rapporté dans le recueil de Denevers, *an* 1814, *pag*. 109, a jugé qu'une inscription étoit valable, quoiqu'il y fût dit, par erreur, qu'une créance étoit exigible dans deux ans, tandis que, dans le fait, elle ne l'étoit que dans *cinq ans.* L'erreur devenoit encore sans conséquence, relativement à l'intérêt du créancier postérieur en hypothèque, d'après des circonstances énoncées dans la discussion de l'arrêt. Cet arrêt est motivé sur ce que l'erreur intervenue dans l'énonciation de la date de l'exigibilité, *n'avoit pu nuire* au créancier qui demandoit la nullité de l'inscription, et que celui-ci n'avoit pas même allégué *que cette erreur lui eût causé aucun préjudice.* La discussion qui a préparé l'arrêt en indique de précédens, et elle fait connoître les progrès de la jurisprudence dans le sens de l'abandon d'une première rigueur, pour en venir à des idées plus douces et plus saines.

80. On sent que si la nature du titre en vertu duquel on prend l'inscription, est telle qu'elle donne des idées suffisantes sur l'exigibilité, alors on ne peut raisonnablement se plaindre de ce qu'il n'en auroit pas été fait mention. C'est, par exemple, ce qui doit être observé, lorsque l'inscription est prise en vertu d'un contrat de rente constituée. Le titre seul annonce que la créance n'est pas exigible, ou qu'elle ne le deviendroit qu'accidentellement et à une époque indéterminée, s'il survenoit, dans la suite, les cas énoncés dans l'art. 1912 du Code civil. Telle a été aussi la décision de Son Exc. le grand-juge ministre de la justice, dans une instruction du 21 juin 1808. Il en seroit de même dans le cas d'une inscription prise pour une rente viagère sans aucune addition.

Du cas où la nature du titre donne des idées suffisantes sur l'exigibilité.

81. Mais, dans tous les autres cas, la mention de l'époque de l'exigibilité doit être contenue dans l'inscription, quelle que soit la nature du titre ; elle doit l'être, quoique l'inscription soit prise en vertu d'un jugement. La raison en est que la seule énonciation que la créance est due en vertu d'un jugement, n'emporte pas le fait qu'elle est due de suite, le jugement pouvant prononcer la condamnation d'un payement à termes. On peut consulter, à ce sujet, l'instrument ministérielle que je viens de citer, ainsi qu'un arrêt rendu par la Cour d'appel de Liége, du 24 août 1809, rapporté par Denevers, *pag.* 100, *au suppl.*

Du cas d'une créance due en vertu d'un jugement.

Le système des équipollences, pour cette partie des formalités, s'est soutenu en jurisprudence, comme pour les autres. Je me dispenserai d'entrer dans un détail aussi long que fastidieux, des espèces dans lesquelles les arrêts concernant cette matière ont été rendus. Je me contenterai d'indiquer ces arrêts, comme je l'ai déjà fait en pareil cas. Je renvoie donc à des arrêts rendus par la Cour de cassation, ou par différentes Cours royales,

les 23 décembre 1810, 2, 9 avril et 9 juillet 1811, 30 mai et 23 juillet 1812, et 3 janvier 1814 (1).

Du cas où l'inscription annonce seulement que la créance est exigible.

82. Je dois faire observer que quelques-uns de ces arrêts ont jugé contre ce qui avoit été décidé auparavant par quelques autres, que l'inscription est valable, si elle énonce que la créance est exigible, quoiqu'elle n'indique pas l'époque de l'exigibilité, pourvu que la créance soit réellement exigible au moment de l'inscription. On ne conçoit pas comment il a pu s'élever quelque difficulté à cet égard. En disant qu'une créance est exigible, c'est suffisamment dire qu'il n'y a pas de terme. *In omnibus obligationibus in quibus dies non apponitur, presenti die debetur*, disoit la loi 14, ff. *de reg. jur.*

Mais je suis loin d'incliner à une indulgence qui tendroit à une insouciance sur l'observation des règles. On ne sauroit trop conseiller l'observation littérale de la loi; et si l'on ne peut y satisfaire *littéralement*, par quelque circonstance survenue au moment de la nécessité de prendre l'inscription, au moins faut-il y satisfaire *virtuellement*, et de manière que les tiers apprennent ce qu'ils doivent connoître; et ce que je dis, à l'occasion de la mention de l'exigibilité, s'applique à toutes les autres formalités. J'en ai déjà fait l'observation.

De la publicité des hypothèques autres que l'hypothèque spéciale. De l'hypothèque judiciaire.

83. Dans tout ce que je viens de dire, soit sur les formes de la spécialité, soit sur celle de l'inscription, j'ai eu principalement en vue l'hypothèque spéciale. Mais ce n'est pas la seule qui doive être publique, toutes les autres hypothèques doivent l'être également; ou si certaines peuvent en être dispensées aussitôt qu'elles sont créées, en conservant néanmoins leur rang du jour qu'elles naissent, elles deviennent accidentellement soumises à la publicité; en sorte qu'il a fallu établir des règles particulières pour l'inscription de ces hypothèques.

D'abord, en ce qui concerne l'hypothèque judiciaire qui, de sa nature, est générale, elle doit être publique comme l'hypothèque spéciale. Cela résulte non-seulement de la combinaison des articles 2134 et 2135, mais encore de l'art. 2148 du Code civil, qui prescrit la représentation de l'original en brevet, ou en expédition authentique, du jugement ou de

_____

(1) On peut voir ces arrêts dans le recueil de Denevers, an 1811, pag. 47, au suppl.; pag. 328, 193 et 206; an 1812, pag. 604, et an 1813, pag. 75, au suppl. On peut les vérifier encore dans le recueil de Sirey, qui est aussi rédigé avec soin, et qui renferme souvent d'utiles observations.

l'acte, etc. Ainsi, tout ce qui est prescrit par cet art. 2148 est commun
à l'hypothèque judiciaire comme à l'hypothèque spéciale, sauf une seule
différence qui est marquée dans le n° 5 de cet article. Cette différence,
qui existe également pour les hypothèques légales, parce que, de leur
nature, elles sont aussi générales, consiste en ce que l'indication de *l'es-*
pèce et de la *situation* des biens sur lesquels on entend conserver le privilége ou l'hypothèque, n'est pas nécessaire. Pour ces hypothèques, à
défaut de convention, une *seule inscription frappe tous les immeubles*
compris dans l'arrondissement du bureau. La raison de l'exception est
évidente; c'est qu'il répugne à la nature de l'hypothèque générale d'être
soumise à l'indication particulière, prescrite pour l'hypothèque spéciale.
On sent facilement en quel sens la loi dit, *à défaut de convention;* elle
a voulu exprimer que si l'hypothèque judiciaire, qui étoit générale dans
le principe, avoit été modifiée par une convention qui l'eût déterminée
sur des immeubles particuliers, alors elle prendroit le caractère d'hypothèque spéciale relativement à ces immeubles; et elle rentreroit, quant à
l'inscription, dans les règles prescrites pour les hypothèques spéciales.
Dans le chapitre concernant *l'hypothèque judiciaire*, je m'expliquerai
plus particulièrement sur la possibilité de grever de cette hypothèque
tous les biens présens et à venir du débiteur, par une seule inscription.

84. A l'égard des hypothèques légales, indépendamment de cette ex- De l'ins-
ception dont je viens de parler, relativement au mode d'indication des cription des hypothèques
biens qu'on veut grever d'hypothèque, et qui leur est commune avec l'hy- légales. Ex-plication de
pothèque judiciaire, il y a d'autres règles importantes qui se puisent dans l'art. 2153.
l'art. 2153 du Code civil. Il est nécessaire d'en rapporter les termes.

« Les droits d'hypothèque purement légale de l'état, des communes et
des établissemens publics sur les biens des comptables; ceux des mineurs
ou interdits sur les tuteurs, des femmes mariées sur leurs époux, seront
inscrits sur la représentation de deux bordereaux contenant seulement,

» 1°. Les nom, prénom, profession et domicile réel du créancier, et le
domicile qui sera par lui, ou pour lui, élu dans l'arrondissement;

» 2°. Les nom, prénom, profession, domicile ou désignation précise du
débiteur;

» 3°. La nature des droits à conserver, et le montant de leur valeur quant
aux objets déterminés, sans être tenu de le fixer quant à ceux qui sont
conditionnels, éventuels ou indéterminés. »

Pour bien faire entendre cet art. 2153, qui est infiniment important, et pour qu'on se fasse des idées précises sur la différence de sa rédaction, comparativement à la rédaction de l'art. 2148, il est indispensable que je fasse quelques observations générales, par anticipation, sur les hypothèques légales, sur lesquelles je dois m'expliquer dans la suite.

Il y a des hypothèques légales en faveur des femmes mariées, sur les biens de leurs maris; des mineurs et interdits sur les biens de leurs tuteurs; et en faveur de l'état, des communes et des établissemens publics, sur les biens des receveurs et administrateurs comptables. Quant à ces dernières, elles n'ont effet que du jour de l'inscription. Cela résultoit déjà de la combinaison de quelques articles du Code civil; et on le voit expressément dans la loi du 5 septembre 1807, relative aux droits du trésor public sur les biens des comptables, *art.* 6. Il faut donc qu'elles soient inscrites pour prendre rang, et elles ont la prérogative de la généralité.

Mais les hypothèques des femmes sur les biens de leurs maris, au moins pour leurs droits dotaux et pour les conventions matrimoniales, et celles des mineurs et des interdits sur les biens de leurs tuteurs, sont bien plus favorisées. Elles existent avec effet dès le moment qu'elles naissent, sans le secours de l'inscription, et elles priment, par conséquent, toutes celles qui ne prennent naissance qu'après. Cependant, malgré cette faveur, il devient indispensable, plus tôt ou plus tard, qu'elles soient connues par l'inscription. D'abord, en tout temps, la femme, ses parens, le procureur du Roi, ou d'office, ou lorsque les aliénations des biens du mari lui sont notifiées, quand il est question de purger les hypothèques, peuvent prendre inscription pour la femme, et l'inscription est enfin obligée, après la même notification, quand la femme veut participer à l'ordre. Il peut encore être pris des inscriptions, dans l'intérêt des mineurs, par plusieurs personnes qui en sont chargées par la loi, et l'inscription devient enfin nécessaire pour venir à l'ordre, lorsque les acquéreurs remplissent les formalités prescrites pour parvenir à la purgation des hypothèques. (Art. 2136, 2137, 2138, 2139, 2193, 2194, 2195 du Code civil.)

Après ces premières explications, je passe à une courte analise de l'art. 2153; il parle d'abord des droits d'hypothèque *purement légale.* Quel est le motif de ces expressions? C'est qu'une hypothèque qui, dans le principe et de sa nature, auroit été légale, et par conséquent générale, a pu dans la suite être restreinte sur certains biens immeubles particuliers.

On en voit des exemples, en ce qui concerne les hypothèques des femmes et des mineurs, dans les art. 2140, 2141, 2143, 2144 et 2145 du Code civil; et, cette réduction étant ainsi faite, l'hypothèque reçoit l'application des principes relatifs à l'hypothèque spéciale; et dès lors c'est le cas de désigner les immeubles particulièrement affectés, conformément à l'article 2148, n° 5. Tel est aussi le résultat de l'art. 2142.

Ensuite cet article 2153 ne prescrit pas, pour l'inscription, la représentation, comme le fait l'article 2148, de l'original en brevet, ou d'une expédition authentique du jugement ou de l'acte qui donne naissance au privilége ou à l'hypothèque. Il n'exige que *la représentation de deux bordereaux*, contenant seulement les nom, prénom, etc., la nature des droits à conserver, et le montant de leur valeur, quant aux objets déterminés, sans être tenu de le fixer, quant à ceux qui sont conditionnels, éventuels ou indéterminés.

La représentation de l'original en brevet, ou d'une expédition du titre, ne pouvoit être prescrite, puisqu'il est dans la nature des hypothèques légales d'exister, par la seule force de la loi, sur la totalité des biens, et qu'elles ne sont point susceptibles d'une constitution de spécialité; en sorte qu'il ne falloit faire connoître que la nature des droits à conserver, et le montant de leur valeur.

Les articles 2132 et 2148, n° 4, du Code civil, veulent, pour l'hypothèque conventionnelle et judiciaire, l'énonciation dans l'inscription, de l'évaluation des rentes et prestations, et des droits éventuels, conditionnels et indéterminés. Mais l'art. 2153 en dispense l'inscription des hypothèques légales, ainsi que de la mention de l'exigibilité. Avec la plus légère réflexion sur la nature de toutes les hypothèques légales énoncées dans l'art. 2153, on demeure convaincu de la difficulté qu'il y auroit d'évaluer les droits éventuels ou conditionnels qui en sont souvent l'objet, et de l'impossibilité où l'on seroit de leur fixer une époque d'exigibilité. Plusieurs personnes, ainsi qu'on vient de le voir, sont chargées par la loi de prendre des inscriptions pour la femme, pour le mineur ou pour le subrogé tuteur, abstraction même faite de la volonté de ceux-ci. C'est pourquoi, à l'occasion de l'indication du domicile du créancier, dans tous les cas, il est dit dans le n° 2 de l'art. 2153, *et le domicile qui sera par lui, OU POUR LUI, élu dans l'arrondissement.* Or, toutes ces personnes pourroient ne pas connoître tous les faits dont les résultats, pour les cas ordinaires, doivent être énoncés dans l'inscription, tels que l'origine, le montant, la nature des créances et l'époque de leur exigibilité. Il y a même des cas où il n'existe pas, à proprement parler, un droit d'exigibilité. On s'inscrit souvent pour se prémunir contre des dilapidations ou des prévarications possibles, et non certaines. Ce fut aussi par des raisons à peu près semblables, que les inscriptions, pour ces sortes d'hypothèques, furent soumises, par l'art. 21 de la loi du 11 brumaire an 7, à moins de formes que les inscriptions pour créances ordinaires. Ces formes furent coordonnées avec les principes de cette loi, différens, en cette partie même, de ceux du Code civil.

Enfin, indépendamment des cas dont je viens de parler, dans lesquels l'inscription des hypothèques légales doit avoir lieu, il peut s'en présenter d'autres où l'inscription deviendroit indispensable ; cela pourroit arriver, par exemple, si une femme étoit morte, ou si elle avoit été divorcée avant la promulgation du Code civil, sans avoir pris inscription pour sa dot et ses reprises ; ou si un mineur étoit devenu majeur avant la même époque, sans s'être inscrit sur les biens de son tuteur. Les héritiers de l'une et de l'autre seroient obligés de prendre inscription pour leur hypothèque, qui auroit perdu la prérogative de la légalité. Ce ne seroit que du jour de cette inscription que leur hypothèque prendroit rang, en sorte qu'ils seroient primés par les créanciers qui auroient pris inscription avant eux ; et dès lors l'inscription devroit contenir la mention de l'époque de l'exigibilité, comme les inscriptions pour créances ordinaires. C'est ce qui a été jugé par l'arrêt de la Cour de cassation, du 5 décembre 1814, que j'ai déjà eu occasion de citer. *Denevers, an* 1815, *pag.* 152. Mais je ne pousse pas plus loin mes observations sous ce nouveau point de vue. On aperçoit que c'est le cas d'un développement de principes que je dois réserver pour le moment où je traiterai des hypothèques légales.

De l'inscription des hypothèques conventionnelles générales, antérieures à la loi de brumaire.

85. Il y a encore d'autres hypothèques pour lesquelles il y a des formes particulières à suivre, en ce qui concerne l'inscription. Je veux parler des hypothèques conventionnelles, antérieures à la loi de brumaire, qui étoient générales, d'après la législation de ce temps, excepté dans les pays de nantissement. On ne pouvoit les priver de la prérogative attachée à la généralité, sans donner un effet rétroactif à la loi de brumaire, et, cette généralité étant conservée, les formes de leur inscription ne pouvoient être les mêmes que celles de l'inscription de l'hypothèque spéciale. Aussi furent-elles

furent-elles particulièrement prescrites par l'art. 40 de cette loi de brumaire. Il y est dit que le créancier ne sera point obligé de représenter l'expédition du titre de sa créance; tandis que l'article 17, pour le cas des
hypothèques nouvelles, vouloit la représentation de l'original en brevet
du titre, ou d'une expédition. Cela étoit nécessaire pour ces nouvelles hypothèques, puisque le titre devant renfermer la spécialisation de l'hypothèque, c'étoit là seulement qu'on pouvoit trouver une désignation exacte
des objets frappés d'hypothèque. Il est ajouté dans l'art. 40, que l'inscription sera faite sur la simple représentation de deux bordereaux,
contenant les indications prescrites par les art. 17 et 21. Enfin, l'art. 43
porte une dérogation à l'art. 17. Cette dérogation étoit une conséquence
forcée de la différence qui existe entre l'hypothèque spéciale et l'hypothèque générale. Il est dit, dans cet article 43, que les inscriptions déjà
faites, et celles qui auront lieu dans le délai prescrit par l'article 37 (1),
pour toute créance antérieure à la publication de la loi, en conservent le
rang sur les biens présens et à venir du débiteur, situés dans l'étendue du
bureau où elles auront été requises, *sans que le créancier soit obligé de
désigner la nature ni la situation des immeubles.*

Il étoit évident que toutes ces dispositions devoient être observées pour
toutes ces créances anciennes, même lorsque les inscriptions, pour les
conserver, étoient prises sous l'empire du Code civil. Cependant on a
soutenu le contraire, quoique deux décisions prises par le ministre de la
justice et par celui des finances, l'une le 30 mars et l'autre le 30 avril 1809,
eussent proclamé le principe que les dispositions de la loi du 11 brumaire,
concernant ces créances anciennes, n'avoient point été abrogées, qu'elles
n'avoient même pu l'être par le Code civil. On a élevé cette prétention,
même pour le cas où les inscriptions, à raison de ces créances, auroient

_____

(1) Le délai de trois mois, accordé par la loi du 11 brumaire an 7, expiroit
au 11 ventôse suivant. Une loi du 16 pluviôse an 7, prorogea ce délai de deux mois,
c'est-à-dire, jusqu'au 16 germinal. Une autre loi du 17 du même mois de germinal,
donna deux autres mois, à compter de l'expiration du délai accordé par la loi du 16 pluviôse, c'est-à-dire, à compter du 16 germinal, ce qui prorogea le délai de s'inscrire
jusqu'au 16 prairial an 7 ; mais on doit ajouter à ce terme les délais accordés par la législation d'alors, pour que les lois fussent réputées connues et qu'elles devinssent exécutoires. Voyez une énonciation à ce sujet, contenue dans un arrêt de la Cour de cassation, du 26 avril 1813, rapporté par Denevers, an 1815, pag. 494.

Tome I.   Y

été prises sous le Code civil, avant l'expiration de dix ans, à compter de leur date, parce que, disoit-on, la forme de tout acte doit être réglée par la disposition de la loi sous laquelle il est fait ; et, relativement au cas où les inscriptions auroient été prises après l'expiration de ces dix ans, on a cru pouvoir renforcer cette prétention, et soutenir encore plus particulièrement la nullité des inscriptions, en se fondant sur ce que ce délai étant expiré, le créancier avoit été déchu de tout l'avantage que pouvoit lui donner, au moins quant aux formes de l'inscription, la loi du 11 brumaire an 7.

Mais cette prétention, vraiment étonnante, a été proscrite par plusieurs arrêts de la Cour de cassation. Il a été jugé, comme on devoit s'y attendre, qu'il ne falloit ni le rapport du titre en original ou en expédition, ni désignation de l'héritage sur lequel l'inscrivant veut conserver son hypothèque, désignation qui ne peut être que la conséquence de la spécialité ; que le Code civil n'avoit dérogé, en aucune manière, aux dispositions de la loi du 11 brumaire, en tout ce qui ne pouvoit, par la nature des choses, être réglé que par cette loi. Il a été décidé que si l'inscription d'une hypothèque ancienne n'étoit renouvelée qu'après l'expiration de dix ans, il résultoit seulement de ce retard, d'après la combinaison des articles 38 et 39 de la loi du 11 brumaire, que l'hypothèque, au lieu de conserver son rang, à compter du titre primitif, n'avoit effet qu'à compter de l'inscription. Mais à compter de cette inscription, l'hypothèque a son effet et son rang, non-seulement sur les biens lors présens, mais encore sur les biens qui écherroient dans la suite au débiteur. Ces arrêts sont des 11 novembre 1812, 10 décembre 1813, 4 juillet 1815, et 14 avril 1817 (1) ; et bien auparavant, M. Merlin avoit établi cette doctrine, ainsi qu'on le voit dans le *Rép. de jurispr.*, au mot *Enregistrement* (droit d'), § 4. On sent qu'il en est de même pour l'inscription des anciennes hypothèques judiciaires et des anciennes hypothèques légales, qui étoient soumises à cette formalité par la loi de brumaire, les art. 40 et 43 de cette loi ne faisant aucune distinction entre ces hypothèques et les anciennes hypothèques

---

(1) Voyez Denevers, an 1813, pag. 151 ; an 1814, pag. 114 ; an 1815, pag 559, et an 1817, pag. 376. En rapportant l'arrêt de 1815, l'auteur du recueil indique quelques autres arrêts conformes. Je me suis contenté d'en citer qui sont remarquables par la justesse et par la force de leurs motifs.

qui, quoique conventionnelles, étoient générales. Mais il faut bien remarquer que je n'entends parler ici que des hypothèques qui, quoique légales, étoient soumises par la loi de brumaire, comme elles le sont par le Code civil, à l'inscription. Car, pour les hypothèques légales des femmes mariées, des mineurs et des interdits, que la loi de brumaire assujettissoit à l'inscription, elles ont repris leur effet à la promulgation du Code civil, quand il n'y auroit pas eu d'inscription, ainsi que je l'expliquerai dans la suite, en m'occupant de ces hypothèques.

86. Mais, en revenant aux formes constitutives de la spécialité de l'hypothèque, et à celles de l'inscription tendant à faire connoître les objets sur lesquels elle frappe, il faut bien faire attention que si les désignations qui doivent être faites des objets hypothéqués, se trouvoient irrégulières dans l'acte constitutif de l'hypothèque, il ne sauroit y être suppléé par l'inscription ; tout comme l'irrégularité de l'inscription, sur ces désignations, ne sauroit être couverte par la régularité que contiendroit l'acte constitutif d'hypothèque. C'est un des points jugés par l'arrêt de la Cour de cassation, du 20 février 1810, que j'ai déjà cité. Cet arrêt est motivé, à cet égard, sur ce que le système général du régime hypothécaire est de faire reposer l'hypothèque conventionnelle sur une double base, savoir la *spécialité* et la *publicité*, et de faire concourir simultanément l'une et l'autre, de manière que la *spécialité* est insuffisante, si elle n'est pas accompagnée de *publicité*, comme la *publicité* est de nul effet, et doit être regardée comme non avenue, si elle n'est pas elle-même appuyée sur la *spécialité*. Je n'ai pas cru devoir adopter les principes de cet arrêt, relativement aux formes scrupuleuses du mode de spécialité, qui m'ont paru être d'une sévérité qu'il étoit impossible de fonder sur l'esprit de la loi ; mais il doit être suivi sur la concordance de la spécialité avec l'inscription.

Au surplus, on conçoit facilement que le débiteur ne peut jamais se prévaloir de toute irrégularité quelconque qui proviendroit de sa faute.

87. D'après tout ce qui vient d'être dit, l'inscription a principalement deux buts : l'un est de faire connoître l'immeuble grevé de l'hypothèque qu'on veut conserver ; l'autre est d'apprendre quel est le débiteur qui l'a hypothéqué, et en quoi consiste la créance. Si ce débiteur, depuis l'hypothèque qu'il a consentie, a cessé d'être propriétaire de l'immeuble, le créancier inscrivant n'est point obligé d'en faire connoître le détenteur actuel. On ne peut imposer à ce créancier une obligation que la loi ne pres-

Le vice du mode de constitution de l'hypothèque ne pourroit être réparé par l'inscription, et vice versâ. Le débiteur ne peut jamais opposer une irrégularité qui proviendroit de son fait.

Le créancier inscrivant n'est faire connoître le détenteur actuel de l'immeuble hypothéqué.

Y 2

crit pas. Les tiers qui contractent, dans la suite, avec les possesseurs de l'immeuble déjà hypothéqué par celui qui en étoit propriétaire, doivent prendre des informations sur ceux qui peuvent avoir possédé précédemment l'immeuble, et se mettre en état de savoir s'il y a eu, ou non, des inscriptions prises sur eux. C'est ce que dit M. Merlin dans le *Répertoire de jurisprudence*, au mot *Hypothèque*, *sect.* 2, *art.* 16, *n*° 2, d'après de forts raisonnemens appuyés d'autorités. Et depuis, la Cour royale de Caen l'a ainsi jugé, et avec raison, par un arrêt du 6 mai 1812, rapporté par Denevers, *an* 1812, *pag.* 106, *au suppl.* C'est encore un des points formellement décidés par un arrêt de la Cour de cassation, du 27 mai 1816, qu'on trouve dans le même recueil, *an* 1816, *pag.* 520. On voit dans l'arrêt qu'il a été jugé que si l'inscription étoit prise uniquement sur le détenteur actuel de l'immeuble hypothéqué, l'inscription seroit sans effet. Elle doit être nécessairement prise sur le débiteur qui a consenti l'hypothèque ; d'où il résulte que la mention dans l'inscription du détenteur actuel est inutile.

De l'effet des inscriptions prises le même jour.

88. Si des créanciers d'un même débiteur avoient pris leurs inscriptions le même jour, quand même le conservateur auroit marqué que les unes étoient du matin, et les autres du soir, tous ces créanciers inscrits exerceroient en concurrence leurs hypothèques, à la même date. Telle est la disposition de l'art. 2147 du Code civil. Cette disposition est infiniment sage, et c'est avec raison qu'elle a dérogé aux anciens principes d'après lesquels la date de l'hypothèque pouvoit dépendre de l'heure même. L'hypothèque prenant rang actuellement par l'inscription, une préférence, selon l'heure de cette inscription, n'eût pas été sans de graves inconvéniens ; il y eût eu à craindre ou des méprises ou des fraudes.

Mais cet article 2147 ne peut s'appliquer rigoureusement qu'en cas de concours d'inscriptions pour hypothèques de même nature. On sent que les priviléges et de plus certaines hypothèques ont leur effet, indépendamment de l'inscription ou de la date de l'inscription. Il faut donc distinguer, à cet égard, les priviléges d'avec les hypothèques.

A l'égard d'un privilége, il seroit toujours préféré à l'hypothèque pour laquelle l'inscription auroit été prise le même jour que celle du privilége. Cela est de toute évidence, lorsque le privilége qui seroit sujet à l'inscription auroit été inscrit avant l'expiration du délai dans lequel l'inscription auroit dû en être faite. Mais il en seroit de même, quand le privilége soumis à une inscription, dans un délai, n'auroit été inscrit qu'après l'expiration de ce délai, mais le même jour qu'une hypothèque ordinaire. La raison en est que l'art. 2147 ne suppose que l'exercice en concurrence *d'une hypothèque* de la même date. D'ailleurs, il s'en tire une autre raison de la nature du privilége. Il doit toujours avoir la préférence sur une simple hypothèque, lorsqu'il ne s'agit que d'un concours de date, et qu'il n'y a pas une antériorité légalement marquée, en faveur de l'hypothèque, sur le privilége qui, à défaut d'inscription dans le délai fixé par la loi, auroit pu dégénérer en hypothèque, d'après l'art. 2113. La cause de cette hypothèque, même quoiqu'elle soit une dégénération du privilége qu'elle avoit auparavant, est toujours la même que celle du privilége. Tel est le résultat de l'art. 2094 du Code civil.

Quant aux hypothèques légales, il est encore évident qu'il ne peut s'élever de difficulté relativement à celles qui sont affranchies d'inscription, qui n'ont pu être inscrites que surabondamment, ou parce qu'il y a des circonstances dans lesquelles elles doivent être connues, uniquement pour en recueillir l'effet, comme quand il s'agit de venir à un ordre, ou d'en empêcher la purgation. Par rapport aux hypothèques légales qui, d'après la loi, auroient dû être inscrites, soit qu'elles eussent dû l'être indéfiniment, soit qu'il y eût eu un délai accordé pour l'inscription, il y a encore lieu de penser qu'une hypothèque de cette nature devroit obtenir la préférence sur une hypothèque ordinaire, malgré le concours de date de l'inscription. Toutes les hypothèques légales quelconques ont toujours eu dans le principe une cause différente que les hypothèques ordinaires, qui leur a fait attribuer la faveur de la légalité, et la généralité de l'hypothèque. Cette cause rentre dans la nature du privilége, qui doit faire accorder à ces hypothèques une préférence sur les hypothèques ordinaires, lorsqu'il ne s'agit, comme nous venons de le dire, que d'un avantage relatif à un simple concours de date.

Il ne peut donc y avoir lieu à la concurrence sur le prix, lorsque les inscriptions se rencontrent à la même date, que quand ces inscriptions ont toutes pour objets des hypothèques spéciales, ou qu'elles ont pour objets, tout à la fois, des hypothèques spéciales et des hypothèques générales qui n'ont eu pour elles ni la faveur du privilége, ni celle de la légalité, telles que les hypothèques générales anciennes, et les hypothèques judiciaires. Il suit de l'art. 2147, que dans le cas du concours d'une hypothèque générale avec une hypothèque spéciale, la distribution du prix qui proviendroit de l'héritage sur lequel les inscriptions auroient frappé, devroit se faire entre les créanciers inscrits, en proportion du montant de leurs créances, à moins que le créancier qui auroit l'hypothèque générale ne renonçât à son hypothèque sur l'immeuble, couvert des deux inscriptions simultanées, pour exercer son hypothèque sur les autres biens du débiteur.

89. Il se présente deux cas importans, dans lesquels il s'élève la question de savoir s'il y a une constitution valable d'hypothèque, et si, par suite de cette constitution, on pourroit prendre inscription.

En premier lieu, la question s'élèveroit, si un particulier s'annonçoit comme créancier, en vertu d'une délégation qui lui auroit été faite, et qui n'auroit pas été acceptée; en second lieu, on n'est pas toujours subrogé à l'hypothèque d'une créance, parce qu'on en payeroit le montant à celui à qui elle appartiendroit. Il y a dans ce cas des précautions à prendre, dont l'explication est nécessaire.

Y a-t-il constitution d'hypothèque dans la délégation faite par un acte authentique de la part d'un débiteur en faveur de son créancier, cette délégation n'étant pas acceptée? Un arrêt de la Cour de cassation, du 21 février 1810, recueilli par Denevers, *an 1810, pag.* 269, a jugé qu'un créancier muni d'une délégation faite en sa faveur, par acte notarié, sur un débiteur du déléguant, n'avoit point une constitution d'hypothèque régulière, n'y ayant pas eu d'acceptation de la délégation, et que ce créancier n'avoit pu prendre une inscription avec effet; en sorte que les créanciers du déléguant, quoiqu'inscrits postérieurement, devoient être préférés à ce créancier délégué. Les motifs de l'arrêt sont qu'une délégation imparfaite, ou une indication de personne pour recevoir une somme déléguée, *ne forme pas un titre de créance au profit de cette personne, tandis qu'elle n'a pas été acceptée par elle;* que l'inscription aux hypothèques ne peut tenir lieu d'acceptation, parce que celle-ci doit la précéder, à l'effet de *former le titre nécessaire pour que l'inscription soit valable.* Pour pouvoir bien apprécier l'arrêt, il faut observer qu'il s'agissoit, en faveur du créancier délégué, d'une hypothèque bien antérieure à la loi de brumaire an 7, qui par conséquent étoit générale, et qu'il n'avoit pas fallu une hypothèque avec spécialité; il faut dire encore que long-temps après la délégation, qui étoit faite par un acte public du 13 février 1785, il y eut un acte du 2 décembre 1791, mais seulement sous seing privé,

passé entre le déléguant et le débiteur délégué, portant prorogation d'un
terme de remboursement ; d'où l'on induisoit une acceptation de la délégation : mais cet acte du 2 décembre 1791 n'avoit été enregistré qu'en 1808.
C'étoit avant cet enregistrement, et le 26 prairial an 7, que le créancier
délégué avoit pris une inscription, en vertu de l'acte de 1783, sur les
biens du débiteur délégué. L'arrêt rejeta le moyen qu'on tiroit de l'acte
du 2 décembre 1791, pour en induire une acceptation de la délégation.
Il en donna pour motif que des actes sous seing privé ne prouvoient point
l'acceptation.

Mais on ne peut se dissimuler que cette décision souffre beaucoup de
difficultés. Il existe sans doute une différence entre la délégation parfaite
par l'acceptation du créancier délégué, et la délégation imparfaite, ou l'indication du créancier, non acceptée. Mais à quoi se réduit cette différence ?
D'un côté, un créancier du déléguant pourroit faire saisir entre les mains
du débiteur, au préjudice du créancier délégué; d'un autre côté, le débiteur
délégué pourroit payer au déléguant, au préjudice du même créancier
délégué; encore ce payement souffre-t-il les plus grandes difficultés ; et
il y a beaucoup de cas où il est impossible : ils sont expliqués par Pothier,
Traité des obligat., part. 3, chap. 1er, n°s 488 et suiv. Or, cette possibilité accidentelle de l'inexécution de la délégation ou indication, n'em-
pêche pas qu'il n'y ait une obligation au profit du créancier indiqué ; et
les autres créanciers n'ont aucun droit de l'attaquer; il suffit qu'elle leur
soit connue par l'inscription. Aussi l'auteur du recueil fait à la suite de
l'arrêt quelques réflexions qui donnent assez à entendre combien la question
est délicate, malgré cette décision. Il y dit que l'arrêt de la Cour royale
de Caen, contre lequel le pourvoi étoit dirigé, *présentoit un mal jugé
évident*, et qu'il n'avoit échappé à la cassation que par l'absence d'une loi
précise sur le point jugé; c'est-à-dire, parce qu'aucune loi ne détermine
quels actes peuvent tenir lieu de l'acceptation d'une délégation imparfaite,
lorsque cette délégation n'a pas été acceptée expressément et authentiquement. L'arrêtiste ajoute qu'il faut bien se garder de considérer l'arrêt
de rejet *comme ayant consacré, en point de droit,* ce qui avoit été jugé
par la Cour d'appel.

Enfin, un arrêt de la Cour de cassation, du 11 août 1819, rapporté
dans le recueil de Denevers, *même année,* pag. 491, que j'ai déjà eu
occasion de citer, sous un autre rapport, ayant jugé qu'une inscription

étoit valablement renouvelée par un cessionnaire, quoique l'acte de cession ne soit que sous seing privé, et qu'il *n'ait pas été notifié au débiteur*, il en résulte que l'inscription prise en vertu d'une délégation, quoiqu'imparfaite, doit être aussi déclarée valable. La cession qui n'est pas notifiée au débiteur ne saisit pas, à proprement parler. On ne peut que dire de même de la délégation non acceptée. *Ubi eadem ratio, ibi idem jus.*

Je viens de présenter la question sous le rapport d'une hypothèque ancienne et générale, mais elle peut naître encore sous le Code civil. Alors il est indubitable que la délégation, parfaite ou non, devroit être accompagnée d'une spécialité d'hypothèque qui eût pour objet la sûreté de l'acquittement de la somme déléguée, sans laquelle il ne pourroit être question d'inscription. Mais avec la stipulation de cette spécialité, on est autorisé à penser qu'il y auroit une obligation avec une hypothèque susceptible d'être inscrite. L'inscription seroit prise comme celle du créancier déléguant, sur les biens sur lesquels il auroit fait consentir une hypothèque spéciale, soit pour lui, soit pour son créancier délégué, si la délégation ne portoit que sur une partie de la créance.

Au surplus, on agira toujours prudemment d'accepter ou faire accepter la délégation par l'acte même qui la contient; et si l'acceptation n'a pu être faite par cet acte, elle pourra l'être, ou par un nouvel acte authentique, passé entre le déléguant, le débiteur et le créancier délégué, ou par un acte aussi authentique, fait par celui-ci seul, par lequel il déclarera accepter la délégation; lequel acte sera notifié au déléguant et au débiteur délégué. On prendra l'inscription tant en vertu du premier titre qu'en vertu de celui qui contiendra l'acceptation.

Mais le cas d'une délégation non acceptée peut se rencontrer pour une ancienne hypothèque conventionnelle, antérieure à la loi de brumaire an 7; elle peut naître encore sous le régime de la spécialité, parce qu'on n'a pas toujours la possibilité d'accepter la délégation dans un délai donné, et qu'on se trouve quelquefois dans la nécessité absolue de s'inscrire pour la conservation de la créance; et dès lors j'ai cru qu'il n'étoit pas inutile de traiter la question. Voyez la note qui est à la suite du n° 388, tome II.

Ce qui est nécessaire pour qu'il y ait subrogation à l'hypothèque, quand on

90. Je viens à la seconde question, annoncée dans le n° précédent. Elle consiste à savoir quels sont les cas où il y a une hypothèque par l'effet d'une subrogation, lorsqu'on ne devient propriétaire d'une créance qu'en la payant à celui qui l'étoit déjà. Cette matière n'est pas aussi simple qu'on

le

le croiroit; cependant les difficultés ont été bien aplanies par le Code **paye le créancier.** civil. Il faut distinguer d'abord ce qui est *transport* ou *cession* de ce qui est *subrogation*.

Le transport ou cession est une véritable vente que le créancier fait de sa créance à un tiers. Cet acte est une vraie mutation de propriété; il se fait dans l'intérêt du cédant; il emporte une garantie; il se règle par les principes de la vente, avec des modifications que la nature de l'objet vendu, comparativement aux immeubles, a fait introduire. Un pareil acte transmet de droit au cédataire tous les priviléges et hypothèques attachés à la créance. Les principes qui règlent le transport sont l'objet des articles 1689 et suivans du Code civil.

Quant à la subrogation proprement dite, elle est soumise à d'autres règles, parce qu'elle tient à une cause différente. Il ne s'agit pas alors de l'intention de vendre de la part du créancier; cette subrogation est plutôt l'ouvrage du débiteur que le sien. Il étoit juste de laisser au débiteur la faculté de se donner un autre créancier, s'il y trouve plus d'avantage; ce qui arriveroit, s'il avoit affaire à un créancier dur et disposé à des vexations. Dumoulin exprime cette idée avec son énergie ordinaire, dans son Traité *de usuris*, quest. 37, où il traite cette matière. *Et meritò est jure introductum, et moribus confirmatum, quia creditoribus damnum non infert, debitoribus autem prodest, quo faciliùs viam inveniant dimittendi acerbiorem creditorem, vel commodiùs mutandi.* On sent que le vœu du débiteur qui voudroit mettre un nouveau créancier à la place du premier ne seroit pas rempli, s'il ne pouvoit pas procurer au nouveau créancier une subrogation pleine et entière à tous les droits qu'avoit le premier.

Ainsi, si le créancier, qui ne peut pas être forcé de subroger un tiers à ses droits, y consent, soit que ce soit uniquement dans l'intérêt de ce tiers, soit que ce tiers ait aussi en vue l'intérêt du débiteur, alors la marche à suivre est tracée dans l'article 1250 du Code civil. Il y est dit : « Lorsque le créancier, recevant son payement d'une tierce personne, la subroge dans ses droits, actions, priviléges ou hypothèques contre le débiteur, cette subrogation doit être expresse et faite *en même temps que le payement.* »

Mais lorsqu'il s'agit de la subrogation que le débiteur est obligé de provoquer, par le refus que fait le créancier de recevoir d'un tiers le montant de la créance, et de le subroger à ses droits, il y a de nouvelles règles à

Tome I.   Z

suivre. Elles sont prescrites dans la seconde partie du même article 1250.
Il y est dit : « Lorsque le débiteur emprunte une somme, à l'effet de payer
sa dette, et de subroger le prêteur dans les droits du créancier, il faut,
pour que cette subrogation soit valable, que l'acte d'emprunt et la quittance soient passés devant notaire ; que, dans l'acte d'emprunt, il soit déclaré que la somme a été empruntée pour faire le payement, et que, dans
la quittance, il soit déclaré que le payement a été fait des deniers fournis
à cet effet par le nouveau créancier. *Cette subrogation s'opère sans le
concours de la volonté du créancier.* » Dans ces deux cas, dit le même
article 1250, la subrogation est conventionnelle.

Quel est le but de ces formalités ? C'est afin que les créanciers du débiteur ne soient pas victimes de fraudes qui pourroient être pratiquées à leur
préjudice de la part du débiteur. Celui-ci pourroit payer la créance de ses
deniers, dans la vue de l'éteindre à son profit, et néanmoins la faire revivre
contre ses créanciers antérieurs, par des voies simulées, en colludant
avec des tiers. Aussi, tout ce que la subrogation pourroit produire d'aggra-
vant et d'injuste contre ces créanciers seroit annulé. Tout ce qui étoit
relatif à cette subrogation et à ses suites étoit l'objet de plusieurs lois du
Digeste et du Code. Il y avoit quelques difficultés sur les moyens de les
concilier. La matière fut réduite à des règles plus simples et plus sages,
par une ordonnance du mois de mai 1609, et par un arrêt de règlement
du parlement de Paris, du 6 juillet 1690 : les dispositions de l'une et de
l'autre ont été le type de l'art. 1250 du Code civil, qui a établi des règles
encore plus précises. Ces règles ont fait la base d'un arrêt de la Cour de
cassation, du 23 juin 1812, rapporté par Denevers, *même année, pag.* 614,
même quoique, dans l'espèce sur laquelle il est intervenu, il fût question
d'une subrogation antérieure à la promulgation de ce Code, parce que les
principes des anciennes lois sainement entendues, étoient les mêmes.
Voyez ce qui est dit sur le privilége des prêteurs de sommes destinées à
une acquisition, 2ᵉ *partie, sect.* 3, § 2.

De la su-
brogation
légale. Du
droit d'offrir.

91. Mais ce n'est pas tout ; outre la subrogation conventionnelle, qui
fait seule l'objet de l'art. 1250 du Code civil, il y a plusieurs cas dans lesquels il étoit juste que celui qui payeroit la créance fût subrogé aux priviléges et hypothèques du créancier, malgré lui, et encore malgré le
débiteur. C'est alors une subrogation légale ; elle se fait par le seul ministère de la loi, sans convention, sans stipulation ; l'emploi seul des deniers

emporte avec lui la subrogation, et en tient lieu. La loi prend la place du créancier, et elle fait la cession pour lui; elle la fait sans garantie, comme il auroit pu la faire lui-même, sauf néanmoins la garantie de droit, qui est celle que la créance existe. Les cas où cette subrogation légale s'opère, sont énoncés dans les quatre nᵒˢ de l'article 1251 du Code civil. Pour abréger, je me contente d'y renvoyer. Je crois cependant qu'il est utile de faire deux observations.

La première est relative au nᵒ 1ᵉʳ de cet article. Il y est dit que la subrogation a lieu de plein droit au profit de celui qui, étant lui-même créancier, paye un autre créancier qui lui est préférable, à raison de ses priviléges ou hypothèques. Cela a eu lieu de tout temps, et c'est ce qui étoit connu sous le nom de *droit d'offrir*, droit accordé au second créancier, pour empêcher que l'ancien créancier ne consume en frais le gage commun.

Cependant n'étant pas dit, dans l'art. 1251, si cet avantage appartient au seul créancier hypothécaire, exclusivement au simple créancier chirographaire, il peut s'élever un doute à ce sujet; mais il est certain que la faculté d'obtenir la subrogation légale, par l'offre du payement de la créance, n'appartient qu'au seul créancier hypothécaire. On en est convaincu en remontant aux anciens principes. Dans tous les temps, un particulier qui n'avoit aucun droit sur les biens d'un tiers, pouvoit payer, s'il vouloit, un créancier de ces tiers; mais il ne pouvoit jamais forcer le créancier à le subroger à ses priviléges et hypothèques. Le créancier pouvoit même veiller, en cela, à l'intérêt du débiteur, *ne cogatur*, comme dit encore Dumoulin, *incidere in manus avari et intractabilis creditoris*. Cette règle ancienne est confirmée par l'art. 1256 du Code civil. Dans le cas du payement de la part de l'étranger, sans subrogation, il avoit bien contre le débiteur une action pour ce qu'il avoit payé pour lui, mais il n'avoit que le droit d'un créréancier chirographaire, jusqu'à ce qu'il obtînt une hypothèque pour son compte personnel; encore falloit-il examiner si cet étranger qui avoit ainsi payé, ne l'avoit pas fait parce qu'il auroit été débiteur de celui dont il payoit la dette, et pour se libérer. Il doit en être toujours de même sous le Code civil.

Il n'y a donc de subrogation légale qu'en faveur du créancier hypothécaire, parce que celui-ci peut y avoir un véritable intérêt. Le créancier purement chirographaire n'a rien à conserver, respectivement à des créan-

Z 2

ciers hypothécaires, pas plus qu'un étranger; et dès lors il n'a pas plus
de droit. Aussi Domat, *L. civ.*, *liv.* 3, *tit.* 1er, *sect.* 6, *in præm.*, le suppose ainsi. La loi présume, dit-il, qu'étant lui-même créancier, il ne paye
que pour *la sûreté de son hypothèque*, et elle le subroge. Basnage le dit
formellement, *pag.* 354, *édit. in-12*, de 1702 ; et Soutlages, *Traité des
hypothèques*, *pag.* 185, le donne comme certain, en se fondant sur la similitude qu'il établit entre le créancier simplement chirographaire, et un
étranger. Long-temps avant tous ces auteurs, Neguzantins, 3o *memb.*
5æ *partis*, no 6, avoit professé cette doctrine. *Principaliter limitatur regula
quòd secundus creditor possit offerre primo, ut habeat locum in creditore
hypothecario ; non autem procedit in creditore chirographario : quia ille
non habet jus offerendi (nisi primo creditore volente), ad effectum im-
petrandi cessionem.* Cet auteur, qui cite plusieurs interprètes du droit
romain, se fonde sur la même similitude du créancier chirographaire à
l'étranger, qui se tire de la loi *Nulla*, au Code *de solut.*

Enfin, la conséquence que la subrogation légale n'appartient pas au
créancier simplement chirographaire, pourroit être tirée de la rédaction
même de l'art. 1251, no 1er. Il suppose l'existence d'une *préférence* qui
s'élèveroit entre les deux créanciers, dont l'un demanderoit la subrogation
à l'autre. Or, rigoureusement parlant, il ne peut être question de *préférence* entre un créancier chirographaire, qui n'a aucune lutte à établir
en priviléges ou hypothèques, et celui qui a ces avantages, ou l'un d'eux ;
mais, dans le doute, on doit toujours interpréter l'article par les principes qui ont eu lieu, de tout temps, sur la matière.

Quelques auteurs avoient agité la question de savoir si le premier
créancier hypothécaire ne pourroit pas avoir le droit d'offrir au second
créancier, aussi hypothécaire, le montant de sa créance avec subrogation.
L'affirmative de cette proposition auroit pu même être fondée sur la disposition de quelques lois romaines, et notamment sur celle de la loi *Mulier*, ff. *qui
pot. in pign.* Il est vrai que ces lois supposent que le premier créancier
hypothécaire est en possession de l'objet sur lequel frappent les hypothèques ; et que, dans l'esprit d'autres lois, celui qui seroit possesseur sans
titres, et sans avoir la qualité de créancier, qui seroit vraiment usurpa-
teur, pourroit exercer contre un véritable créancier privilégié ou hypothécaire, l'exception *cedendarum actionum.* Mais la disposition de l'article 1251 du Code civil, n'admettant la subrogation forcée et légale

qu'en faveur de celui qui, étant lui-même créancier, paye un autre créancier *qui lui est préférable à raison de ses priviléges et hypothèques*, il en résulte que ce droit est restreint au second créancier, et qu'il ne peut recevoir d'extension en faveur du premier.

La seconde observation que j'ai à faire est que, si un créancier refuse la subrogation à un particulier qui, aux termes de la loi, a droit de la demander, celui-ci peut faire ordonner, en justice, qu'en payant il sera subrogé; et, en ce cas, l'autorité de la justice fait passer le droit du créancier à celui qui le paye, même sans le consentement du débiteur, pourvu que celui qui paye rapporte le jugement, et le *payement* fait de ses deniers.

Mais il y a une autre manière d'acquérir, en justice, la subrogation à un droit, sans le fait de celui à qui ce droit appartiendroit, et même contre son gré. Cet état de choses existe, si les dettes actives d'un débiteur se vendent en justice; car la justice donne à celui qui s'en rend adjudicataire, le même droit qu'il auroit, si le débiteur lui avoit vendu; et il sera subrogé aux hypothèques et aux priviléges. Domat, *loc. cit.*

Il s'étoit élevé quelques difficultés sur la question de savoir si, pour être subrogé aux hypothèques, la subrogation devoit être faite en même temps que le payement, et par la quittance. La loi 76, ff. *de solut.*, avec laquelle quelques autres n'étoient pas parfaitement d'accord, le vouloit ainsi. La disposition de cette loi a été adoptée par l'art. 1250 du Code civil. La raison en est que le droit du créancier étant éteint par le payement, il ne pourroit céder ce qu'il n'auroit plus, ni subroger à un droit éteint. D'ailleurs, la loi, par cette précaution, a voulu prévenir des fraudes qui pourroient se commettre, si on admettoit une subrogation après le payement.

C'est encore pour faire cesser des divergences d'opinions qui s'étoient élevées parmi les auteurs, et dans différens parlemens, qu'il a été décidé par l'art. 1252 du Code, que la subrogation, ainsi qu'elle est établie, a lieu tant contre les cautions que contre les débiteurs; et, de plus, qu'elle ne peut nuire au créancier, lorsqu'il n'a été payé qu'en partie. En ce cas, il peut exercer ses droits pour ce qui lui reste dû, par préférence à celui dont il n'a reçu qu'un payement partiel. Le créancier qui reçoit, n'est jamais présumé céder un droit contre lui-même. *Creditor non videtur cessisse contra se*, dit Dumoulin, *de usur.*, *quœst.* 89, n° 670.

Ainsi, soit qu'il s'agisse de prendre une première inscription, soit qu'on doive en renouveler une déjà prise par le cédant, il faut s'inscrire, tant en vertu du titre primitif, qu'en vertu de la cession ou de la subrogation. L'inscription doit apprendre l'existence régulière de la subrogation, soit conventionnelle, soit légale, sauf les modifications qui résulteroient des équipollences admises pour les formalités de l'inscription, sur lesquelles je me suis déjà expliqué.

Exemple de la sévérité des principes sur les formes de la subro-gation.92. La sévérité des principes sur cette matière a été portée bien loin par un arrêt de la Cour de cassation, du 5 septembre 1813, rapporté dans le recueil de Denevers, *même année, pag.* 503. Cet arrêt prouve combien il y a de précautions à prendre à cet égard.

Le 27 thermidor an 3, le sieur *de Romagnat* avoit acheté des époux *Baray*, une maison, moyennant la somme de 800,000 fr. en assignats. Il fit transcrire et notifier aux créanciers inscrits. Les héritiers *Labour* étoient créanciers inscrits. Par un acte sous seing privé, du 29 thermidor an 6, le sieur Romagnat paya à ces héritiers une somme pour intérêts; mais, quant au principal, il promit le payer à termes; et les héritiers Labour lui promirent de le subroger à leurs droits, pour le surplus de leur créance, à mesure que les payemens en seroient effectués. Les 29 prairial an 9, et 2 complémentaire an 11, le sieur de Romagnat paya la somme qui étoit due aux héritiers Labour; et ceux-ci lui en donnèrent une quittance, par acte aussi sous seing privé. Le 30 floréal an 13, l'ordre fut ouvert pour la distribution du prix. Le sieur de Romagnat décéda au mois d'août 1807. Par deux actes notariés, des 20 octobre et 15 décembre 1808, les héritiers Labour consentirent à la radiation pure et simple de l'inscription qu'ils avoient prise dès le 23 floréal an 7. Six jours après le dernier de ces actes, la radiation fut effectuée. La dame de Romagnat se présenta à l'ordre, comme représentant son mari, acquéreur, et demanda à être colloquée pour la somme payée par ce dernier aux héritiers Labour, suivant les deux quittances des 29 prairial an 9, et 2 complémentaire an 11. Cette demande en collocation fut contestée, et rejetée successivement, par le tribunal de première instance, par la Cour d'appel, et par la Cour de cassation. Ce rejet fut fondé sur ce que la radiation de l'inscription des héritiers Labour étoit pure et simple; que les actes en vertu desquels elle avoit eu lieu, n'exprimoient rien en faveur de la dame *de Romagnat;* que cette radiation étant du 21 décembre 1808, avoit éteint la créance; qu'elle ne pouvoit revivre par les quittances de l'an 9 et de l'an 11, parce que ces quittances étoient sous seing privé, et n'avoient pu avoir de date certaine que par leur enregistrement, qui étoit de 1810; que dès lors la subrogation étoit *légalement* postérieure à la radiation. On sent en effet qu'on ne peut être subrogé à ce qui n'existe pas ; que la subrogation conventionnelle devoit être faite en même temps que le payement *effectif*. Ainsi, il a été jugé, 1°. qu'une subrogation postérieure à une radiation pure et simple, étoit sans effet, relativement au créancier qui se faisoit subroger, et qu'elle tournoit uniquement au profit des créanciers inscrits, qui s'étoient pourvus en collocation à l'ordre ; 2°. que quoique l'acte du 29 thermidor an 6, eût une date certaine par la mort du sieur de Romagnat, arrivée au mois d'août 1807, la subrogation n'étoit pas pour cela valide, parce que, pour cette validité, il ne suffit pas qu'il y ait une promesse de payer la créance, et que le payement doit s'opérer à l'instant même de la subrogation. Les circonstances donnent à cette décision une apparence de sévérité ; néanmoins, on ne peut se dissimuler qu'elle est conforme aux principes, qui sont rigoureux en cette partie.

On voit donc qu'un acquéreur qui veut traiter avec un créancier inscrit, doit payer sa créance, et se faire subroger en même temps par un acte notarié, ou qui ait une date certaine. Il ne doit pas, dès le moment, faire faire la radiation. Il n'a qu'à se subroger à la demande en collocation du créancier qu'il a payé, se faire colloquer en vertu de la subrogation, demander à être autorisé à se retenir le montant de la collocation sur le prix de la vente, et à requérir la radiation de l'inscription, attendu l'extinction de la créance, et que l'objet qu'il a acquis est devenu libre de l'hypothèque.

93. Pothier, *Introduct. au tit. 20 de la Cout. d'Orl.*, n° 87, et *Traité de l'hypoth.*, pag. 456, a examiné quel est, relativement au mode de collocation, le droit de plusieurs personnes qui payeroient, en différens temps, les portions d'une créance, et qui seroient subrogés, à mesure des payemens, aux droits du créancier. Il disoit que ces créanciers subrogés devoient venir, entre eux, par concurrence, à la place du créancier qui avoit subrogé, et à la date de son hypothèque, sans avoir aucun égard à la priorité ou postériorité des subrogations. Telles sont encore les règles qui doivent être suivies. Je développe les principes auxquels elles remontent, dans des observations générales qui sont en tête du chapitre 4 de cette première partie. On peut voir encore ce qui en est dit, 2ᵉ *partie, chapitre* 1ᵉʳ, 3ᵉ *sect.*, § 1ᵉʳ, où je traite des priviléges sur les immeubles.

> Du droit de plusieurs créanciers subrogés par un créancier.

Néanmoins, je crois devoir présenter ici des observations qui peuvent tendre à quelques modifications de ces règles. Il me semble qu'on devroit distinguer le cas de subrogations qui seroient faites par un créancier à ses droits, dans l'intérêt de son débiteur, ou dans l'intérêt des tiers qui contracteroient avec ce débiteur, du cas où le créancier subrogeroit à ses droits dans son propre intérêt, comme, par exemple, si, pour se libérer envers ses propres créanciers, il leur cédoit sa créance, et les subrogeoit à tous ses droits, priviléges et hypothèques; car la subrogation, en ce sens, est une véritable cession ou transport.

Au premier cas, soit qu'il s'agisse d'une subrogation faite à plusieurs personnes, simultanément, soit qu'il y ait des subrogations faites à différentes personnes, successivement et en différens temps, le principe de concurrence entre ces différentes personnes doit avoir lieu. Le créancier subrogeant est présumé n'avoir voulu accorder aucune préférence à l'un de ces particuliers sur l'autre : il a voulu que tous reçussent ses droits, collectivement de la même manière qu'il les auroit reçus, seul, personnellement. Le droit de tous les subrogés a le même principe, la même cause et la même faveur; *sunt ejusdem tituli.* Ce droit émane du titre auquel on est subrogé, et il est indépendant de l'époque du payement et de la subrogation. Mais, dans ce cas, si toute la créance ne se trouve pas cédée; s'il en reste dû une partie au créancier, celui-ci, en venant à un ordre, seroit préféré à tous ses subrogés, pour le restant de ce qui lui seroit dû. C'est le cas d'appliquer l'art. 1252 du Code civil. Ce que je viens de dire s'applique au cas de la subrogation à une hypothèque légale, affranchie de l'inscription, comme à celui de la subrogation à une hypothèque spéciale, soumise à l'inscription.

Au second cas que j'ai indiqué, il ne devroit pas en être de même. Un créancier qui, pour sa libération, ou autrement, dans son propre intérêt, cède sa créance à ses propres créanciers, avec subrogation, transige avec ceux-ci dans un esprit différent, qui appelle d'autres principes. Soit qu'il s'agisse d'un privilége, d'une hypothèque légale, ou d'un droit hypothécaire spécial, lorsqu'il fait des cessions avec subrogation, à diverses personnes successivement, il est sensible qu'à mesure qu'il cède et qu'il subroge, il se dessaisit de sa créance partiellement, et chacun des cédataires subrogés prend la portion de créance qui lui a été cédée, jusqu'à l'épuisement des fonds à distribuer. Ils viennent tous sous une même date de collocation, qui est celle qu'a dû avoir la créance cédée par parties; mais chacun prend

ce

ce qui lui a été cédé. Dans le même cas, le subrogeant ne pourroit venir à un ordre pour être payé de ce qui lui seroit resté dû, qu'après que tous ses subrogés auroient reçu le montant de leurs subrogations, à moins qu'il n'y eût une convention contraire. Tout ceci rentre dans les principes de la garantie d'une cession de la part d'un débiteur, pour opérer sa libération. On ne peut céder valablement ce qu'on a déjà cédé à un autre.

Il faut cependant observer que dans ce que je viens de dire, j'ai supposé que la créance cédée partiellement avoit été inscrite auparavant. Si elle ne l'avoit pas été, et si les cédataires prenoient ensuite, chacun séparément, des inscriptions, en vertu de leurs cessions, chaque inscrivant seroit payé au rang de son inscription. L'inscription donne un droit d'exclusion contre tout créancier non inscrit, qui n'a point de rang; et elle donne un droit de préférence contre tout créancier qui ne s'est inscrit que postérieurement.

§ III.

Des effets des inscriptions sous le rapport de l'attribution de compétence. Des suites de l'élection de domicile. Des intérêts de la créance. De la durée de l'inscription et de son renouvellement. De l'instant jusqu'auquel l'inscription peut être prise.

SOMMAIRE.

94. *Quel est le tribunal compétent pour prononcer sur les demandes en mainlevée d'inscription ?*

95. *Les règles relatives à la compétence, pour les demandes en mainlevée d'inscription, sont étrangères à la demande en ouverture d'ordre.*

96. *Des formes de la demande en mainlevée d'inscription. Des suites de l'élection du domicile dans l'arrondissement.*

97. *De l'effet du défaut d'élection de domicile dans l'arrondissement où l'inscription est prise.*

98. *Dans quel cas l'inscription est-elle nécessaire pour les intérêts, et pour quel nombre d'années ? Des dépens.*

99. *L'article 2151 du Code s'applique-t-il aux arrérages de créances antérieures à la loi de brumaire an 7 ?*

Tome I.   A a

100. *Difficulté élevée sur la manière d'entendre les deux années et la courante.*

101. *La nécessité de cette inscription existe-t-elle à l'égard du tiers détenteur ?*

102. *De l'inscription pour les intérêts après l'adjudication. Quid, en cas de transcription de la vente volontaire ?*

103. *Le vendeur est-il soumis à l'inscription pour la conservation des intérêts du prix de la vente ? Quid des autres priviléges ?*

104. *De l'inscription pour les intérêts des hypothèques légales.*

105. *Quid des créanciers et légataires du défunt, respectivement aux créanciers de l'héritier ?*

106. *De la durée de l'inscription et de son renouvellement.*

107. *Comment doit-on compter les dix ans de la durée de l'inscription ?*

108. *Quelle est l'époque à laquelle l'inscription reçoit son effet, en cas de poursuites en expropriation contre le débiteur ?*

109. *Une inscription prise pour la première fois, après l'adjudication, seroit sans effet.*

110. *Les difficultés sur les deux n^{os} précédens sont si sérieuses, qu'elles font désirer une disposition législative.*

111. *Un particulier peut-il conférer hypothèque sur les immeubles saisis, après que la saisie lui a été dénoncée ?*

112. *Quelle est l'époque à laquelle le renouvellement de l'inscription devient inutile dans le cas de la vente volontaire suivie de transcription ?*

113. *Modification importante sur la résolution de la question.*

114. *De la nécessité du renouvellement de l'inscription en vigueur au moment de l'ouverture de la faillite du débiteur, ou de l'ouverture d'une succession qui devient bénéficiaire ou vacante.*

115. *L'action hypothécaire intentée contre un tiers détenteur dispense-t-elle, à son égard, du renouvellement de l'inscription ?*

116. *Résultat de l'avis du Conseil d'état, du 22 janvier 1808, sur le renouvellement des inscriptions.*

117. *Des formes du renouvellement de l'inscription.*

Quel est le tribunal compétent. 94. L'ARTICLE 2159 du Code civil sembleroit ne point laisser de difficulté sur la question de savoir quel est le juge compétent pour connoître des demandes en mainlevée et radiation des inscriptions. Il est cependant vrai que cette question n'est pas, à beaucoup près, aussi simple qu'on le croiroit. Sa décision est subordonnée à beaucoup de circonstances qui donnent lieu à des distinctions qu'il faut saisir avec soin.

pour pro-noncer sur les demande en mainle-vée d'inscrip-tion ?

Pour se former, à cet égard, des idées précises, il faut distinguer principalement trois différens cas; celui où l'action en mainlevée de l'inscription est purement personnelle; celui où elle est réelle; et enfin le cas où il y a litispendance ou connexité de la demande en mainlevée de l'inscription, avec des contestations qui doivent être portées devant un tribunal autre que celui dans l'arrondissement duquel l'inscription a été prise.

Avant de poursuivre ces trois cas, il faut se fixer sur un principe général. Ce principe est que l'inscription est l'exercice d'un droit réel sur l'immeuble grevé de l'hypothèque. Ce droit affecte l'immeuble même, qui dès lors cesse d'être libre; et ce droit participant de la nature même de l'immeuble, on peut dire que toute action qui tend à le faire disparoître doit être portée devant le tribunal de la situation du fonds même. Cela résulte de l'ensemble des articles relatifs à la mainlevée et radiation de l'inscription, et même de la nécessité d'élire domicile dans l'arrondissement du tribunal de la situation. Cependant ce principe peut être modifié par des circonstances auxquelles la mainlevée de l'inscription peut être subordonnée, telles que celles dont je viens de parler; et c'est par cette raison qu'on voit, dans la discussion au Conseil d'état des articles 2156 et 2157, des hésitations sur l'indication définitive du tribunal qui seroit compétent. Tel est le motif pour lequel l'art. 2156 s'est contenté de dire que les actions auxquelles les inscriptions peuvent donner lieu contre les créanciers, seront intentées devant *le tribunal compétent*, par exploit, etc., sans indiquer quel étoit ce tribunal compétent; en sorte qu'il a renvoyé la fixation de cette compétence à la disposition d'autres articles, et même aux principes généraux sur l'exercice et la nature des actions.

Il est dit dans l'art. 2159 : « La radiation non consentie est demandée au tribunal dans le ressort duquel l'inscription a été faite, si ce n'est lorsque cette inscription a eu lieu pour sûreté d'une condamnation éventuelle ou indéterminée, sur l'exécution ou liquidation de laquelle le débiteur et le créancier prétendu sont en instance ou doivent être jugés dans un autre tribunal; auquel cas, la demande en radiation doit y être portée ou renvoyée.

A a 2

» Cependant la convention faite par le créancier et le débiteur, de porter, en cas de contestation, la demande au tribunal qu'ils auroient désigné, recevra son exécution entre eux. »

Mais cet article n'embrasse pas tous les cas qui peuvent donner lieu à l'exercice de l'action en mainlevée ou en radiation devant un tribunal autre que celui dans l'arrondissement duquel l'inscription aura été prise. En effet, cette action peut être personnelle et réelle tout à la fois, ou, pour mieux dire, elle est toujours réelle, en ce qu'elle tend à libérer l'immeuble qui en est affecté ; mais ce qu'il y a de réel peut être subordonné à une action purement personnelle qui devient préjudicielle, et alors la compétence doit se fixer sous le rapport de la personnalité.

Ainsi, s'il arrive que le débiteur veuille attaquer le titre en vertu duquel l'inscription a été prise, en rescision ou nullité, pour cause de dol, fraude ou erreur, ou pour cause d'incapacité, comme s'il s'agissoit d'une obligation souscrite par une femme mariée, ou par un mineur, sans les formalités requises, cette demande pourra être portée devant le tribunal du domicile du créancier, parce qu'il est évident qu'il ne s'agit alors que d'une action personnelle ; et cette action étant admise, la radiation de l'inscription en sera une suite. La Cour de cassation a rendu un arrêt dans ce sens, le 1er floréal an 12. La femme Menager, domiciliée au Hâvre, avoit consenti, avec son mari, une obligation au profit de personnes domiciliées à Paris, avec hypothèque sur ses biens dotaux situés au Hâvre, sur lesquels il avoit été pris des inscriptions. Il a été jugé qu'elle n'avoit pu faire assigner, au tribunal du Hâvre, ses créanciers, pour voir prononcer la nullité de son obligation, et en même temps la mainlevée des inscriptions. Elle se fondoit sur son incapacité de s'obliger et d'hypothéquer. Il fut dit que cette action n'avoit pu être portée que devant le tribunal du domicile des créanciers, attendu *que toute demande en nullité d'un acte doit être adressée au domicile de celui contre qui cette nullité est demandée.*

On pourroit cependant croire, d'après l'arrêt, que l'assignation donnée au Hâvre auroit été admise, si on y eût conclu simplement à la *mainlevée de l'inscription.* On y voit, en effet, qu'au tribunal du Hâvre, la dame Menager, pour saisir avec plus de certitude ce tribunal de la contestation, y avoit renoncé à sa demande en nullité, en disant que cette nullité étoit de droit, comme étant prononcée par la Coutume de Normandie, et qu'elle avoit restreint ses conclusions à la mainlevée des inscriptions hypothécaires.

L'arrêt jugea que ces conclusions avoient été prises *tardivement*, parce qu'alors la contestation étoit liée ; et de ce dispositif, on peut conclure que la demande auroit été accueillie, si d'abord elle eût porté uniquement sur la mainlevée des inscriptions. Mais je crois qu'il est plus prudent de porter la demande, dans le cas dont il s'agit, au tribunal du domicile du créancier. La raison en est que la demande, de quelque manière qu'on la présente, prend toujours son fondement dans une nullité de l'obligation comme engagement, abstraction faite de tous vices de forme ; qu'on ne peut venir à la mainlevée de l'inscription, sans faire prononcer la nullité de l'engagement. Et dans tout cela, il n'y a rien que de personnel ; ou, au moins, ce qu'il y a de réel est entièrement subordonné à ce qui est personnel.

Venons au cas où l'action en mainlevée de l'inscription est purement réelle : cela arrive, si cette action est fondée uniquement sur un vice de formes dont l'acte, pris matériellement, et non comme obligation ou engagement, seroit infecté ; si la spécialité de l'hypothèque n'avoit pas été faite avec les énonciations et les formes propres à la constituer, et prescrites par la loi ; si, enfin, l'inscription en elle-même contenoit une omission de formalités qui l'annuleroit. Alors, rien n'empêcheroit que le tribunal de la situation de l'immeuble ne connût de la demande en mainlevée. On en sent facilement la raison. L'action prendroit son principe dans la *réalité* : il s'agiroit alors de détruire une impression d'hypothèque, par des causes inhérentes aux actes qui produisent cette impression, abstraction faite de la validité ou invalidité de tout engagement. L'action pourroit donc devenir un droit réel.

Il en seroit de même, si la demande en mainlevée étoit fondée uniquement sur l'extinction de l'obligation, par le payement, par la compensation ou par la prescription, ou s'il s'agissoit de la réduction de l'hypothèque, parce qu'une partie seulement de la créance auroit été éteinte. Le payement est un fait matériel, qui détruit ou réduit l'hypothèque : on peut voir là un droit réel ; il n'y a point d'action personnelle sur laquelle il faille préalablement statuer. C'est dans tous les cas ci-dessus, que les termes de l'art. 2159 reçoivent leur application dans toute leur force. *La radiation non consentie est demandée au tribunal dans le ressort duquel l'inscription est faite.*

Je passe au troisième cas indiqué par l'art. 2159, qui est celui où le sort de l'inscription tiendroit à une décision qui devroit être rendue par un tribunal autre que celui de la situation de l'immeuble ; de manière que l'effet de l'inscription seroit subordonné à cette décision. Alors, la demande en mainlevée et radiation de l'inscription, devroit être portée devant le tribunal saisi des contestations desquelles le sort de l'inscription dépendroit. Et si ces contestations ne naissoient qu'après que la demande en mainlevée et radiation de l'inscription auroit été portée au tribunal de la situation, ce tribunal devroit renvoyer cette demande à celui qui seroit saisi des contestations avec lesquelles il y auroit connexité.

On peut prendre des idées sûres sur l'application de l'art. 2159, dans un arrêt de la Cour de cassation, du 6 mai 1812. La dame Sineti avoit pris, le 4 mars 1811, une inscription sur les biens de son mari, situés dans l'arrondissement du tribunal de Moulins; mais cette inscription avoit pour objet la sûreté d'une créance de 200,000 fr., qui lui étoit due par la succession de la dame de Brancas, sa mère, qui la lui avoit constituée en dot, et dont le recouvrement avoit été négligé par le sieur Sineti, qui en devenoit garant. Il s'étoit formé, au tribunal de la Seine, une instance considérable entre la dame Sineti et les autres ayans droit à la succession de sa mère, relativement à la liquidation de cette succession; la dame Sineti, craignant de ne pouvoir recouvrer, dans la succession de sa mère, la totalité de sa créance, à raison de ces contestations, traduisit le sieur Sineti devant le tribunal civil de la Seine, à l'effet d'être tenu d'intervenir dans les instances et opérations relatives aux liquidation et partage de la succession de sa mère. Le sieur Sineti qui, de son côté, fit assigner cette dame au tribunal civil de Moulins, pour obtenir la mainlevée de l'inscription, déclina le tribunal civil de la Seine, et soutint qu'il n'y avoit d'autre tribunal compétent pour statuer sur l'effet de l'inscription, que celui de Moulins. La Cour de cassation, en procédant à un règlement de juges, ordonna que, tant sur la demande formée par la dame Sineti contre son mari, devant le tribunal civil de la Seine, que sur celle formée ultérieurement par le sieur Sineti, en mainlevée d'inscription, contre la dame son épouse, devant le tribunal civil de Moulins, les parties procéderoient devant le tribunal de première instance de la Seine. L'arrêt est motivé sur ce « que la demande de la dame Sineti est principale, et formée devant le tribunal de la Seine, où étoit portée la liquidation de la succession Cereste Brancas, contre les biens de laquelle le sieur Sineti a dû prendre, pendant son mariage avec la demoiselle Brancas, toutes les précautions convenables pour assurer à celle-ci le recouvrement intégral de sa dot; que l'inscription prise par la dame de Brancas, sur les biens du sieur Sineti, en vertu de son contrat de mariage, a donc été prise pour sûreté de la *condamnation éventuelle* du sieur Sineti, dans le procès sur la liquidation Cereste Brancas. »

On sent facilement que l'art. 2159 est susceptible d'une certaine latitude dans son application. Pour que le renvoi eût lieu à un tribunal autre que celui de la situation, il ne faudroit pas toujours que l'inscription tînt à une condamnation purement éventuelle et indéterminée. Il suffiroit, sans doute, que le sort de l'inscription, quel que fût l'état des choses lorsqu'elle a été prise, et quoiqu'il n'y ait eu alors rien d'éventuel ou de conditionnel, se trouvât enveloppé dans les contestations qui seroient pendantes à tout autre tribunal compétent pour en connoître; en sorte que l'effet ou l'anéantissement de l'inscription dépendît de la décision à intervenir sur ces contestations. La demande en mainlevée de l'inscription pourroit être formée devant un tribunal saisi de contestations relatives à des liquidations entre des héritiers ou des associés, qui pourroit ne pas être celui dans l'arrondissement duquel l'inscription auroit été prise; ou bien la demande en mainlevée, portée d'abord dans ce dernier tribunal, devroit être renvoyée au tribunal saisi des contestations dont je viens de parler, si l'inscription en dépendoit entièrement. On sent que cela arriveroit principalement, si certains héritiers ou associés eussent pris des inscriptions contre quelques-uns de leurs cohéritiers ou coassociés, et qu'il dût dépendre de la décision du tribunal saisi des contestations relatives à la liquidation de la succession, ou de l'association, la question de savoir si ceux qui sont grevés des inscriptions seroient, ou non, débiteurs. La connexité pourroit même être opposée contre un tiers acquéreur qui formeroit contre un créancier inscrit la demande en mainlevée de l'inscription, et cette connexité opéreroit la nécessité du renvoi. Cela devroit être ainsi, par exemple, si le débiteur et le créancier étoient en instance sur la validité ou invalidité de l'inscription, dans un tribunal autre que celui de la situation. Le renvoi pourroit cependant être refusé, s'il s'agissoit uniquement de nullités de formes opposées par ce tiers acquéreur contre la constitution de la spécialité, ou contre l'inscription en elle-même.

Mais aussi on conçoit que pour que la suspension de l'instance, sur la demande en mainlevée de l'inscription, ou son renvoi, puissent avoir lieu, il faut qu'il y ait une connexité parfaite entre les causes de l'inscription et l'objet des contestations dont un autre tribunal seroit saisi. Car si l'inscription étoit fondée en elle-même, si elle devoit avoir son effet, quel que pût être le sort des discussions relatives à la liquidation, soit d'une succession, soit d'une association, l'inscription devroit tenir ou au moins être jugée, quant à son effet, par le tribunal de l'arrondissement dans lequel elle auroit été prise, d'après le principe général. C'est alors le cas d'appliquer un arrêt de la Cour de cassation, du 17 décembre 1807, et auquel, pour abréger, il suffit de renvoyer (1).

M. Persil, *Rég. hyp.*, *sur l'art.* 2159, n°s 5 *et* 6, examine deux questions, 1°. celle de savoir si, lorsque la demande en radiation est principale, et qu'elle ne se rattache à aucune autre contestation pendant ailleurs, le juge du domicile, qui s'en trouve saisi, est obligé de la renvoyer d'office au juge de la situation ; 2°. si la stipulation que l'art. 2159 permet de faire au créancier et au débiteur, qu'en cas de contestation, la demande sera portée devant le tribunal que les parties désigneront, peut lier des tiers créanciers ou acquéreurs. Il se décide pour la négative sur ces deux questions. On ne peut qu'approuver ces décisions, ainsi que les motifs sur lesquels il les fonde.

Observons que de quelque tribunal qu'émane le jugement qui prononce la mainlevée de l'inscription, la radiation ne peut en être refusée par le conservateur des hypothèques, sur les registres duquel elle a été faite, d'après la représentation d'une expédition exécutoire du jugement qui l'ordonne. Tel est le résultat des art. 2156 et 2157, qui, comme l'art. 2159, supposent que la radiation peut être ordonnée par tout autre tribunal que celui de la situation.

Les règles relatives à la compétence, pour les demandes en mainlevée d'inscription, sont étrangères à la demande en ouverture d'ordre.

95. Mais il faut remarquer que tout ce qui vient d'être dit, doit être restreint au seul cas que j'ai indiqué, qui est celui où il s'agiroit d'une simple demande en mainlevée d'inscription, pour extinction de la dette ou pour nullité, soit du titre, soit de l'inscription. Car s'il s'agissoit d'une demande en ouverture d'ordre, pour la distribution du prix d'immeubles vendus et grevés d'hypothèque, même quand ces immeubles dépendroient d'une succession non encore partagée, et sur laquelle il pourroit exister des contestations pendantes à un autre tribunal que celui dans

_____

(1) Sur les trois arrêts que je viens de citer, voyez Denevers, an 1812, pag. 502 ; an 1808, pag. 5, au suppl. ; an 12, pag. 421.

l'arrondissement

l'arrondissement duquel les inscriptions auroient été prises, comme, par exemple, au tribunal dans lequel la succession auroit été ouverte, il faudroit alors se décider par d'autres principes. Il est dit dans l'article 4 de la loi du 14 novembre 1808 : «Les procédures relatives, tant à l'expropriation forcée *qu'à la distribution du prix des immeubles*, seront portées devant les tribunaux respectifs de la situation des biens.» Il y a, dans cette disposition, une attribution positive de compétence qui intéresse moins le créancier inscrit et le débiteur, que les créanciers qui doivent se partager le prix dérivant du gage de leurs créances. C'est aussi ce qui a été décidé par un arrêt de la Cour de cassation, du 24 avril 1809. La Cour royale de Paris, qui, dans quelques circonstances, avoit pris des décisions contraires, s'est conformée à celle de la Cour de cassation, par un arrêt du 26 juin 1813 (1).

96. Je vais actuellement examiner quelles sont les formes qui doivent être observées sur la demande en mainlevée ou radiation de l'inscription, lorsque, d'après les circonstances dont il vient d'être parlé, elle doit être portée devant le tribunal de l'arrondissement dans lequel elle a été prise. Mais auparavant je dois faire quelques observations sur l'élection du domicile.

Des formes de la demande en mainlevée d'inscription. Des suites de l'élection du domicile dans l'arrondissement.

Le tribunal de la situation étant celui qui doit connoître de tout ce qui affecte l'immeuble, de toutes les demandes relatives aux inscriptions, de tout ce qui tient à la purgation des hypothèques, et enfin de l'ordre et distribution du prix, il étoit dans l'ordre que tout créancier qui s'inscrivoit élût un domicile dans l'arrondissement de ce tribunal, outre l'indication de son domicile réel; laquelle dernière indication a pour objet de le faire connoître, afin de faciliter l'exécution des jugemens qui pourroient intervenir contre lui. On sent d'ailleurs combien cette élection de domicile doit éviter de frais. Tel étoit le vœu, et par les mêmes motifs, de l'édit de 1771, relativement aux oppositions aux lettres de ratification. Tel a été celui de l'art. 2148 du Code civil, § 1ᵉʳ. Je pense qu'il est sans difficulté que, si le créancier qui s'inscrit a son domicile réel dans l'arrondissement du tribunal de la situation de l'immeuble, il peut élire, pour l'objet de l'inscription,

---

(1) Sur les deux arrêts que je viens de citer, voyez Denevers, an 1809, pag. 47, au suppl.; an 1814, pag. 70, au suppl.

domicile en sa maison. La loi exige seulement l'élection d'un domicile *dans un lieu quelconque de l'arrondissement du bureau.*

Il est dit dans l'art. 2152 qu'il est loisible à celui qui a pris une inscription, ainsi qu'à ses représentans ou cessionnaires, *par acte authentique*, de changer sur le registre des hypothèques le domicile par lui élu, à la charge d'en choisir et indiquer un autre dans le même arrondissement. L'authenticité de la cession fut ajoutée, lors de la discussion sur la rédaction de l'article, parce qu'on ne vouloit pas favoriser des changemens frauduleux de domicile. Une décision ministérielle, en date du 28 pluviôse an 9, fixe les formalités de cette déclaration de changement de domicile. Elle doit être faite en marge de l'inscription. Le créancier doit la signer. Si l'espace manquoit, elle doit être portée à la date courante du registre, en consignant en marge une date indicative du volume et du numéro où est placé le changement de domicile. Si la partie ne sait pas signer, il faut un acte notarié.

Mais ce qu'il y a de plus essentiel à remarquer, c'est que le domicile élu n'est pas changé par le décès de l'avoué ou de toute autre personne chez qui il aura été élu. Cela doit avoir lieu, quand cette personne ne laisseroit ni successeurs ni héritiers. S'il n'y avoit personne à ce domicile, l'huissier suivroit les dispositions prescrites dans ce cas par le Code de procédure. Tout cela résulte de la disposition de l'art. 2152, et plus particulièrement encore de celle de l'article 2156. C'est au créancier inscrit à s'instruire de ces changemens et à faire une nouvelle élection de domicile.

Je viens donc aux formes de la demande en mainlevée de l'inscription. Les difficultés que j'ai vu éprouver, souvent même par des personnes versées dans la pratique, tiennent à l'exécution des articles 48 et 50 du Code de procédure civile, qui sont relatifs à la citation préalable en conciliation. Cette citation est-elle nécessaire? et si elle l'est, doit-elle être donnée au domicile élu dans l'arrondissement, ou à celui du domicile réel du créancier inscrit? On sent que, dans l'un et l'autre de ces deux cas, la conciliation devroit être requise auprès du juge de paix des domiciles respectifs, sauf, dans le second cas, le renvoi du fond, en cas de non conciliation, au tribunal de l'arrondissement où l'inscription auroit été prise.

Mais je pense qu'il ne faut point de citation en conciliation. Je me fonde sur les exceptions établies par l'art. 49 du même Code de procédure. Ces exceptions portent, § 2, 5 et 7, sur les demandes qui requièrent célérité, sur celles en mainlevée *de saisies ou oppositions, et en général, sur les saisies, etc.* Seroit il possible de ne pas placer, dans toutes ces catégories, la demande en mainlevée d'une inscription hypothécaire? Quand elle auroit même une courte durée, elle pourroit porter un coup funeste à celui sur qui elle frapperoit. Il pourroit souvent manquer l'occasion d'une vente utile, ou se voir dans l'impossibilité de faire un emprunt indispensable pour le maintien de son crédit. Aussi j'ai remarqué que, dans les tribunaux de première instance, les demandes en mainlevée et radiation d'inscription y étoient portées directement, sans citation préalable en conciliation. Au surplus, on évite toutes les difficultés en introduisant sur cette demande en mainlevée un provisoire par requête, pour en venir à l'audience, ce qui rentre dans les dispositions de l'art. 72 du même Code de procédure. Alors l'autorité de la justice se réunit à la nature de la demande pour rendre inutile la citation en conciliation. Tout ce que je viens de dire pour le cas de la demande en mainlevée, formée par le débiteur contre le créancier, s'applique également au cas de la demande du tiers acquéreur, aussi contre les créanciers inscrits. Cette matière est urgente de sa nature.

97. Mais il est nécessaire de venir, à ce sujet, à une autre question qui a de l'importance. A supposer que l'inscription hypothécaire ne contînt pas la mention d'une élection de domicile dans l'arrondissement, omission qu'on a vu arriver quelquefois, en résulteroit-il la nullité absolue de l'inscription? Cette nullité, comme on le sent, feroit perdre le rang de l'hypothèque.

Sous l'édit de 1771, le défaut d'élection de domicile, dans l'opposition aux lettres de ratification qui a été remplacée par l'inscription, en auroit entraîné la nullité. La raison en étoit que l'art. 22 de cet édit prescrivoit, *sous peine de nullité*, l'élection dans le lieu où se faisoit l'enregistrement, c'est-à-dire, dans le lieu où les lettres de ratification devoient être expédiées, et où l'ordre devoit se faire. La mention des noms de baptême, famille, qualité et demeure de l'opposant, étoit aussi exigée, sous la même peine. Or, de même que si cette peine de nullité n'eût pas été prononcée par cet édit, les tribunaux ne l'auroient pas non plus prononcée, de même aussi elle ne devroit pas être infligée sous le Code civil, dès qu'il garde le silence sur la nullité, par la raison que les nullités n'ont point lieu de droit, et qu'elles ne peuvent émaner que de la loi. Si la Cour de cassation n'a pas

De l'effet du défaut d'élection de domicile dans l'arrondissement où l'inscription est prise.

B b 2

cru devoir, dans les derniers temps, annuler les inscriptions, à raison d'omissions ou d'erreurs qui s'y seroient glissées sur d'autres points, ainsi que je l'ai déjà dit, en m'expliquant plus particulièrement sur les formalités des inscriptions, on ne voit pas pourquoi on seroit plus sévère sur l'omission de l'élection du domicile dans l'arrondissement. Tout ce qui devroit résulter de cette omission contre le créancier inscrit, c'est qu'on ne seroit tenu de lui donner aucune des citations et notifications prescrites par la loi, soit pour purger l'immeuble sur lequel l'inscription porteroit, soit pour le faire exproprier, soit pour en partager le prix; en sorte que si le créancier inscrit ne se présentoit pas pour parvenir à la participation de l'ordre, soit qu'il fût convenu entre les créanciers, soit qu'à défaut d'ordre amiable, l'ordre se fît judiciairement, il en résulteroit une déchéance de tout droit, au moins relativement au prix qui seroit à distribuer. Mais s'il se présentoit de lui-même en temps utile, soit pour enchérir sur un acquéreur volontaire, soit pour se faire colloquer dans l'ordre, il n'y auroit nulle raison de lui contester l'exercice de son hypothèque; car, malgré le défaut, dans le bordereau, d'une élection de domicile dans l'arrondissement, les tiers n'en ont pas moins pu connoître l'existence de l'hypothèque, sa cause, sa nature, son importance. Cette opinion a été émise par un auteur versé dans la matière (M. Guichard), dans un passage cité par M. Sirey, *tom.* 10, 2ᵉ *partie, pag.* 250. Elle a été soutenue par d'autres auteurs. La Cour royale de Metz l'a encore adoptée par un arrêt du 2 juillet 1812, rapporté dans le recueil de Denevers, *an* 1813, *pag.* 38, *au suppl.* Cet arrêt est parfaitement motivé. Pour abréger, je renvoie aux motifs qui méritent d'être médités.

Je dois cependant faire observer que, soit dans l'opinion de M. Guichard, soit même dans les motifs de l'arrêt de la Cour royale de Metz, la nullité de l'inscription est écartée, en disant que la peine de l'omission se réduit à ce que, si le créancier inscrit est domicilié hors de l'arrondissement, on se dispensera de lui donner aucune citation ni signification, soit *pour demander la mainlevée de son inscription,* soit pour purger l'immeuble, etc. Mais on ne peut pas identifier la position du débiteur avec celle des tiers. Ces derniers n'ont alors rien à faire. Mais le débiteur ne peut obtenir que dans un tribunal la mainlevée de l'inscription; et pour cela, il faut qu'il la demande sur une assignation donnée aux créanciers inscrits. Donc, il devient indispensable qu'il fasse donner l'assignation au domicile réel, quelque part qu'il soit, n'y en ayant pas d'élu. Ainsi le tort qui résulte contre le débiteur, du défaut d'élection de domicile dans l'arrondissement, est seul grave. Cependant, je pense que, dans la circonstance, il devroit être astreint à donner son assignation au domicile réel, sauf à avoir égard au préjudice qui en résulteroit, lorsqu'il s'agiroit de statuer sur les frais. Il paroîtra toujours trop dur de prononcer la déchéance d'une hypothèque, sur l'omission d'une formalité à laquelle la loi n'attache pas la peine de nullité, et qui ne nuit point aux parties intéressées, ou qui ne peut, tout au plus, que porter à l'une d'elles un préjudice léger, et facilement réparable.

Je regardois cette opinion comme devant être suivie sans difficulté, lorsque j'ai remarqué que le contraire avoit été jugé par un arrêt de la Cour de cassation (section des requêtes), du 2 mars 1816, rapporté dans le même recueil, *an* 1816, *pag.* 465. Cet arrêt formera-t-il une jurisprudence constante, surtout dès qu'il prononce la nullité de l'inscription, non sur la réclamation du débiteur, mais sur celle de deux créanciers inscrits? C'est ce qu'il ne m'appartient ni de prévoir, ni de décider. Au surplus, je prendrai occasion de l'arrêt dont on doit sentir tout le poids, pour faire connoître combien il est important de ne pas omettre, dans l'inscription, outre la mention du domicile réel, l'élection d'un domicile dans un lieu de l'arrondissement.

98. Il n'y avoit pas anciennement une jurisprudence uniforme dans tous les parlemens du royaume, sur la question de savoir si les intérêts ainsi que les dépens devoient être colloqués au même rang que le capital de la créance. On se formera des idées sur l'ancienne jurisprudence à cet égard, d'après les autorités qui sont rapportées dans le Répertoire de jurisprudence, au mot *Hypothèque, sect.* Ire, § 11 *et* 12. Il est cependant vrai que la jurisprudence la plus générale étoit que les intérêts et arrérages de rentes, et même les dépens, suivoient le sort du capital. C'est ce qui se jugeoit dans le ressort du parlement de Paris. Telle étoit la disposition, au moins pour les intérêts auxquels les dépens devoient être assimilés, de la loi 12, § *sciendum*, et de la loi 18, ff. *qui pot. in pign.*

Mais, sous la législation actuelle, l'affirmative ne fait plus de difficulté. Aucune disposition législative ne sépare, du rang d'hypothèque du capital, les intérêts ni les dépens. L'identité d'hypothèque résulteroit même de l'art. 2148, § 4. Cet article exige l'inscription pour le capital des créances

Dans quels cas l'inscription est-elle nécessaire pour les intérêts, et pour quel nombre d'années ? Des dépens.

exprimées dans le titre, comme aussi pour le montant des accessoires de ce capital. Or, on ne voit pas que ces *accessoires* puissent être autre chose que les intérêts et les frais ; et cette idée est généralement reçue. L'objet essentiel est que l'inscription porte particulièrement sur le montant du capital, sur celui des intérêts et des frais. Tout ce qui compose la créance doit être connu des tiers.

Mais, par rapport aux intérêts qui doivent échoir après l'inscription, et qui, autrefois, suivoient le sort du capital, jusqu'au payement, pour quelque nombre d'années qu'ils se fussent accumulés, la publicité de l'hypothèque a apporté un grand changement, comme sur beaucoup d'autres parties. Ce changement est établi par l'art. 2151 du Code. « Le créancier inscrit, y est-il dit, pour un capital portant intérêts ou arrérages, a droit d'être colloqué pour deux années seulement, et pour l'année courante, au même rang d'hypothèque que pour son capital, sans préjudice des inscriptions particulières à prendre, portant hypothèque, à compter de leur date, pour les arrérages autres que ceux conservés par la première inscription.» Ainsi, pour tous les intérêts échus au moment de l'inscription, cette inscription les conserve comme le capital même. L'inscription conserve encore au même rang deux années d'intérêts ou arrérages, à compter de cette inscription, et encore l'année courante, ou la partie de cette troisième année qui courra lors de la collocation. Cet article diffère de l'art. 19 de la loi de brumaire, qui restreignoit cette faveur, art. 19, à deux années d'arrérages. De cette différence de dispositions, il suit que, quand la créance auroit été constituée sous la loi de brumaire, si l'hypothèque en est exercée seulement sous le Code civil, et si le créancier, qui seroit en opposition avec celui qui réclameroit deux ans, et de plus l'année courante, n'avoit acquis des droits que sous le Code civil, l'allocation des intérêts pour lesquels l'inscription seroit prise, devroit être réglée par ce Code, et non par la loi de brumaire. Tel est le résultat des principes posés dans deux arrêts de la Cour de cassation, l'un du 5 mars 1816, l'autre du 16 mars 1820. *Denevers, an* 1816, *pag.* 151, *et an* 1820, *pag.* 282. Ces arrêts ont été rendus, à la vérité, pour le cas d'un privilége de prix de vente ; mais les principes qui y sont admis conduisent à l'opinion que je viens d'émettre, pour le cas où il s'agiroit d'intérêts de créances ordinaires.

Je pense bien que l'inscription qui seroit prise seulement pour le capital et pour les frais et intérêts échus alors, conserveroit de droit les deux

années suivantes et l'année courante après; cependant il est toujours bon
d'en faire mention dans l'inscription, et cela se pratique. Mais, à l'égard
des intérêts qui peuvent échoir ensuite, l'inscription devient nécessaire
pour la conservation de l'hypothèque, au fur et mesure des échéances; et
l'hypothèque, pour chacune de ces années, ne remonte qu'à la date de
l'inscription qui les concerne. La raison en est que ces intérêts, à mesure
qu'ils courent, forment autant de créances successives qui n'ont pu être
connues par la première inscription, et elles doivent l'être dans l'intérêt
des tiers.

Il faut cependant remarquer que, pour prendre ces nouvelles inscriptions, il ne faut pas une nouvelle condamnation des arrérages. Les intérêts
du capital hypothécaire participant toujours au sort de ce capital, ils portent hypothèque comme le capital même, et l'inscription n'est nécessaire,
à leur égard, que pour donner l'efficacité à l'hypothèque dont ils sont revêtus, comme pour toutes les créances hypothécaires en général.

99. On a élevé la question de savoir si l'art. 2151 du Code s'applique, on
non, aux intérêts ou arrérages de rentes provenant de créances hypothécaires antérieures à la loi du 11 brumaire an 7; de manière que, pour ces
intérêts ou arrérages, des inscriptions prises tous les dix ans, par suite de
l'art. 37 de cette loi, et dont la première auroit été prise dans les délais qui
y sont fixés et qui sont prorogés par des lois suivantes, suffiroient pour
assurer l'hypothèque de la créance à tous ces intérêts ou arrérages, à
quelque époque qu'ils remontassent.

L'art. 2151 du Code s'ap-plique-t-il aux arrérages de créances antérieures à la loi de bru-maire an 7?

La négative paroît avoir été décidée par un arrêt de la Cour de cassation, du 13 thermidor an 12, rapporté par M. Merlin, *Rép. de jurispr.*,
au mot *Hypothèque*, sect. 2, § 2, *art.* 14, n° 1er. Il suppose aussi que la
question a été ainsi décidée. Mais, malgré cet arrêt, cette question ne
laisse pas d'être délicate, et de souffrir beaucoup de difficulté. On ne
peut pas plus dire qu'il y ait rétroactivité dans l'art. 1651 du Code civil, et
dans l'art. 19 de la loi de brumaire, qui y étoit conforme à une nuance
près qui est ici indifférente, et sur laquelle je m'explique ailleurs, qu'il y
en a dans la loi qui a prescrit la nécessité de l'inscription des anciennes
hypothèques pour être conservées. L'inscription pour les intérêts à venir,
indépendamment des deux années et de la courante, a eu pour motif la
crainte d'une collusion entre le créancier et le débiteur, qui auroit pour
objet de répéter, au préjudice des autres créanciers, des intérêts qui

auroient pu être payés, et dont les quittances seroient perdues ou supprimées. Les intérêts à venir sont comme une espèce de créance ajoutée à la première, qui est le capital; et la loi a pu établir une règle sur cette nouvelle créance qui étoit sous son empire, n'étant pas échue auparavant. On peut donner pour principe, comme je le dis ailleurs, que, par cela seul que la créance en capital est soumise à l'inscription, les intérêts à venir le sont aussi, de la manière dont la loi l'a voulu.

D'ailleurs, on ne peut pas dire que la question ait été jugée précisément par l'arrêt du 13 thermidor an 12 ; car il est motivé simplement sur ce qu'il s'agissoit d'intérêts échus avant la promulgation de la loi du 11 brumaire, et il est ajouté : « Et que, d'ailleurs, il n'y a point eu de contestation sur la quotité de ces intérêts, ni en cause principale, ni en cause d'appel. » Ainsi je pense toujours que l'art. 19 de la loi de brumaire, et l'art. 2651 du Code civil, s'appliquent aux anciennes créances, comme à celles qui ont pris naissance depuis l'une ou l'autre de ces deux lois. Il est au moins prudent d'agir en ce sens.

Difficulté élevée sur la manière d'entendre les deux années et la courante.

100. Si le créancier inscrit avoit été payé de deux ou même de plusieurs années qui auroient suivi immédiatement l'inscription, comme cela arrive souvent, et s'il ne s'étoit fait des arrérages qu'après l'échéance de deux années, quel seroit alors l'effet de l'inscription qui n'auroit pas été renouvelée? Il est constant qu'elle conserveroit deux de ces années postérieures, et celle qui courroit au moment où le payement s'effectueroit. On sent que cette année courante n'a jamais pu être que la dernière, c'est-à-dire, celle dans laquelle se fait le payement, parce qu'on ne peut pas s'inscrire pour une année d'intérêts ou d'arrérages, avant qu'elle soit échue. La Cour royale de Riom avoit jugé, par un arrêt du 16 décembre 1813, que les années conservées par l'art. 2151, par l'effet de l'inscription, étoient limitativement les trois premières années qui avoient suivi immédiatement l'inscription; mais cet arrêt a été cassé, dans l'intérêt de la loi, par un arrêt du 27 mai 1816, recueilli par Denevers, an 1816, pag. 276. On consultera avec fruit le réquisitoire de M. Mourre, procureur général, qui contient le développement des principes qui ont fait la base de l'arrêt.

La nécessité de cette inscription existe-t-elle à l'égard du tiers détenteur ?

101. Il s'est encore présenté la question de savoir si, dans le cas où l'inscription est nécessaire pour conserver les intérêts ou arrérages, comme accessoire hypothécaire, cette nécessité existe non-seulement à l'égard des créanciers, mais encore par rapport au tiers acquéreur qui ne purge pas.

Je

Je crois qu'on doit se décider contre le tiers détenteur. De la manière dont est conçu l'art. 2151, l'inscription n'a pour objet que le rang de l'hypothèque pour le capital et pour les arrérages ; *a droit d'être colloqué.... au même rang d'hypothèque ;* et un droit de préférence ne concerne que des créanciers qui viennent à un ordre. D'un autre côté, l'art. 2168 porte que le tiers détenteur qui ne veut purger, s'il ne délaisse pas, est tenu de payer *tous les intérêts et capitaux exigibles.* Il n'y a aucune distinction à faire sur ce qui est exigible.

102. Mais il faut excepter des règles posées sur la nécessité de l'inscription, pour les intérêts à mesure de leurs échéances, le cas où il y a une adjudication judiciaire de l'immeuble grevé d'hypothèque, et frappé d'inscription ; tous les intérêts et arrérages qui courent à compter de cette adjudication, sont conservés sans nouvelle inscription. Il étoit impossible de le mieux établir que ne l'a fait M. Fouquet, procureur général à la Cour royale de Rouen, en portant la parole, lors d'un arrêt rendu par suite du renvoi d'une affaire, fait à cette Cour par celle de cassation, laquelle présentoit une autre question importante que je traite au chapitre IIe, où il s'agit de *l'hypothèque judiciaire.* Je rapporte les expressions de ce magistrat, parce qu'on y voit une explication lumineuse des principes de la matière. « Quant aux intérêts échus depuis l'adjudication, disoit-il, en droit les intérêts ont les mêmes titre, privilége et hypothèque que le principal. Nos nouveaux Codes ont introduit une autre règle, à raison des fraudes qu'on eût pu commettre en dissimulant des payemens d'intérêts déjà faits par le débiteur ; fraudes qui ne pouvoient se présumer par rapport aux intérêts échus depuis l'adjudication. Nos lois nouvelles n'ont reconnu d'hypothèque que sur les immeubles réels ; elles n'ont établi la formalité de l'inscription pour les hypothèques que sur l'immeuble du débiteur ; après l'adjudication, cet immeuble du débiteur n'existe plus, et les intérêts postérieurs ne sont dus au créancier que *comme un accessoire légitime, naturellement inséparable du principal.* Après l'adjudication, les inscriptions seroient impossibles, par cela seul qu'elles ne porteroient plus sur un immeuble. Dans l'hypothèse contraire, il faudroit faire des significations et notifications de ces inscriptions nouvelles, et un second état d'ordre ; ce qu'aucune loi n'a admis. Le point en question se trouve surabondamment décidé et confirmé par l'art. 770 du Code de procédure, qui n'est pas, à cet égard, introductif d'un droit nouveau,

Tome I.   C c

[Marginal note:] De l'inscription pour les intérêts après l'adjudication. *Quid*, en cas de transcription de la vente volontaire ?

mais purement interprétatif et déclaratif. » On voit ces réflexions et l'arrêt conforme du 28 juin 1810, dans le recueil de Denevers, *an 1810, p. 141, au suppl.*

Il n'est pas inutile de se mettre sous les yeux les motifs de cet arrêt, en cette partie, avec d'autant plus de raison qu'ils sont très-précis. « Sur le deuxième chef relatif aux intérêts échus depuis l'adjudication, vu l'article 19 de la loi de brumaire an 7, l'article 2151 du Code civil, les art. 757, 767 et 770 du Code de procédure civile; — Et attendu qu'en équité et en raison, et d'après les seules règles du droit commun, l'adjudicataire qui jouit des fruits doit les intérêts moratoires du prix de son adjudication; et que pour ces intérêts, il n'a pu être pris inscription ni contre le débiteur dépouillé de l'immeuble, ni contre l'adjudicataire qui a purgé ce même immeuble. » On voit aussi le même arrêt dans le recueil de Sirey, *an 1810, partie 2ᵉ, pag. 397.*

A ces réflexions, on peut ajouter que lorsqu'il y a eu une adjudication, on doit moins voir, entre les mains de l'adjudicataire, les intérêts du capital inscrit, que ceux du montant de la collocation; que ces intérêts devant courir contre l'adjudicataire, au profit des créanciers colloqués, indépendamment du montant de leur collocation, ces créanciers se trouveroient en perte d'une portion des intérêts que la loi leur assure, si l'adjudication ne les conservoit pas sans nouvelle inscription.

Il en est de même du cas de la vente volontaire, suivie de transcription. S'il y a un ordre judiciaire, l'adjudicataire doit également les intérêts du montant de l'adjudication, à compter de l'adjudication même, sans qu'il soit besoin d'inscriptions de la part des créanciers. C'est, au surplus, ce que j'explique plus particulièrement dans le second chapitre de la 2ᵉ partie, où je développe les résultats des art. 757, 767 et 770 du Code de procédure, que je combine avec l'art. 19 de la loi de brumaire an 7, et l'art. 1251 du Code civil. Je me borne actuellement à établir le principe posé par cet article 2151, et à indiquer les exceptions dont il est susceptible.

Le vendeur est-il soumis à l'inscription pour la conservation des intérêts du prix de la vente ? Quid des autres priviléges ?

103. On a élevé la question de savoir si le privilége du vendeur, pour le principal de sa créance, s'étend seulement à deux années d'intérêts, avec l'année courante, ou s'il s'étend, au contraire, à tous les intérêts quelconques, échus après l'inscription prise personnellement par le vendeur, ou après l'inscription d'office, sans qu'il soit besoin de nouvelles inscriptions à mesure des échéances. Cette question souffre des difficultés sérieuses, quoiqu'il eût

semblé d'abord qu'elle n'en fût pas susceptible. La Cour de cassation, par un arrêt du 5 mars 1816, s'étoit décidée pour cette dernière extension de privilége, sans qu'il fût besoin d'inscription à mesure des échéances. Un arrêt contraire de la Cour royale de Rennes, du 2 avril 1814, fut cassé ; mais la Cour royale d'Angers, à laquelle le fond fut renvoyé, adopta l'opinion de celle de Rennes, par un arrêt du 12 juillet de la même année. Denevers, *an* 1816, *pag.* 151, *et* 122, *au suppl.*

Il est permis d'émettre un avis, surtout dans une pareille divergence d'opinions. Or, il me paroît difficile de ne pas adopter la décision de la Cour royale d'Angers. Elle est fondée sur des motifs qui entrent entièrement, et dans la lettre, et dans l'esprit de la loi ; et je suis convaincu que, ces motifs étant connus, la Cour de cassation, qui se plaît, dans toutes les circonstances, à diriger la jurisprudence par les dispositions de la loi, en seroit touchée.

Voudroit-on invoquer l'équité en faveur du privilége du vendeur ? Mais qu'on y prenne garde, *l'équité* se borne à chercher dans l'esprit du législateur ce qu'il n'a pas exprimé dans la loi ; aller au delà, ce seroit donner dans l'arbitraire. Or, ici, il y a une loi précise. L'art. 2151 porte que le créancier inscrit pour un capital *produisant intérêts ou arrérages*, a droit d'être colloqué pour deux années seulement, et pour l'année courante, *au même rang d'hypothèque* que pour son capital, etc.

La Cour de cassation a tiré de ces mots, *au même rang d'hypothèque*, l'induction que le législateur n'avoit pas entendu appliquer la disposition de l'article aux priviléges, qui, à proprement parler, n'ont pas de rang. Mais une pareille induction seroit trop foible pour appuyer une décision. Le mot *hypothèque* revient seul, dans une multitude d'articles, soit du Code civil, soit de la loi de brumaire an 7 ; et cependant, sous le même mot, il ne faut entendre, quelquefois, ni un privilége ni une hypothèque légale ; comme il faut aussi y entendre, d'autres fois, l'hypothèque légale et le privilége qui, au surplus, affecte, comme l'hypothèque, dans un sens général, l'immeuble sur lequel il porte. Pour se reconnoître, en pareil cas, il faut faire les distinctions convenables d'après d'autres articles, et en suivant l'esprit de la législation. Or, tout indique que l'art. 2151 s'applique au privilége du vendeur, comme aux hypothèques ordinaires, parce que ce privilége doit être *inscrit*.

Une réflexion va démontrer cette vérité, en même temps qu'elle servira à réfuter plusieurs autres raisonnemens. Dans l'état actuel de la jurisprudence, le droit d'un vendeur se conserve de deux manières : ou par l'inscription, ou, à défaut d'inscription, par la résolution de la vente. La première marche n'est autre chose que l'exercice du privilége sur l'immeuble vendu pour le prix de la vente; et si, comme cela est reconnu par l'arrêt même de la Cour de cassation, ce privilége ne peut être conservé que par l'inscription, ou par la transcription qui en tiendroit lieu, on ne voit pas pourquoi il échapperoit à la disposition de l'art. 2151. Or, c'est principalement le cas dont il s'agit.

La transcription, dit-on, ou l'inscription, ont un effet rétroactif au contrat de vente. Cela est vrai; mais la transcription n'a pas moins eu pour but de faire connoître ce qui devoit être l'objet du privilége et ce qui devoit être conservé; et il n'y auroit de conservé que ce qui seroit énoncé, comme étant dû, dans l'inscription ou dans la transcription qui en tiendroit lieu. On ne pourroit se prévaloir d'une erreur contre les créanciers inscrits ou contre un tiers acquéreur. Il est dit, dans l'art. 2103, que les créanciers privilégiés sur les immeubles sont, 1°. le vendeur sur l'immeuble vendu, pour le payement du prix, etc. L'art. 2108 attribue à l'inscription d'office, qui est une suite de la transcription, la conservation des créances résultantes *de l'acte translatif de propriété, etc.* Dans tout cela, on ne voit que le capital de la créance, comme pour tous les créanciers hypothécaires, et non les intérêts indéfiniment. Le vendeur n'a donc pas pour les intérêts au moins indéfiniment, et pour le prix, un seul et même privilége. Les intérêts n'ont jamais pu être la même chose que le capital, ou, ce qui est de même dans l'espèce, le prix. L'idée contraire résisteroit à la nature des choses et à la signification respective des mots.

En revenant au second cas ci-dessus indiqué, qui seroit celui de la conservation du droit du vendeur, par la résolution de la vente, à défaut d'inscription, la difficulté seroit la même, quoiqu'elle se présentât sous une face différente. Quand on supposeroit que le vendeur pût demander la résolution de la vente à raison du défaut de payement d'intérêts, surtout si ce capital n'étoit pas exigible, ce qui, sans contredit, ne seroit pas sans difficulté, pense-t-on que le vendeur eût alors le droit de répéter sur l'immeuble vendu, au préjudice des créanciers inscrits, sur l'acquéreur direct et sur un second acquéreur, quinze, vingt ans d'intérêts du prix de la vente, sans avoir pris des inscriptions? Qui ne verroit là un renversement de la base fondamentale de la loi, qui est la publicité! On ne pourra que s'égarer, quand on voudra sortir de son esprit et de son système. Pour se décider sur la question, il ne faut pas considérer le droit du vendeur contre son acquéreur direct. Il faut s'arrêter sur les tiers créanciers ou acquéreurs ; et alors on aperçoit d'autres principes. On peut consulter encore des observations judicieuses, faites à ce sujet par M. Persil, qui avoit connu le premier arrêt de la Cour de cassation, et celui de la Cour royale d'Angers. *Rég. hypot.*, *art.* 2151, *n°* 8. Ce qui vient d'être dit s'applique, par les mêmes motifs, aux prêteurs des sommes destinées au payement du prix des ventes.

Je dois avouer qu'au moment où j'émettois l'opinion ci-dessus, je ne connoissois pas un arrêt de la Cour de cassation, du 1er mai 1817, quoiqu'il eût été rendu avant l'époque où j'ai commencé ce Traité. L'ayant remarqué dans le recueil de Denevers, *an* 1817, *pag.* 241, je dois m'empresser de le faire connoître. L'arrêt de la Cour royale d'Angers a subi le même sort que celui de la Cour royale de Rennes. On sent tout le poids de l'arrêt de la Cour de cassation, étant rendu sur une question aussi controversée, en sections réunies, et M. le garde des sceaux présidant. Il a encore été précédé d'une très-forte discussion de M. Mourre, procureur général en cette Cour, qui doit être méditée.

Au surplus, il arrivera toujours des divergences d'opinions sur les questions douteuses et embarrassantes ; ces divergences tiendront aux principes d'interprétation qu'on se formera sur la loi. Ceux qui, dans le doute, et j'avoue que je suis de ce nombre, pensent que la route la plus sûre est de se rapprocher du système de la publicité, qui est celui de la loi, et qui en forme l'esprit, pourront voir différemment que ceux qui voudront résoudre ces doutes par l'application des lois anciennes, soit romaines, soit françaises, auxquelles on doit croire que la loi hypothécaire a entendu porter de grandes modifications, en introduisant la publicité. Dans le premier sens, on est principalement touché de l'intérêt des tiers, qui, dans les vues du législateur, devient l'intérêt public ; dans le second, on risque de s'occuper plus d'intérêts particuliers ; et la conservation de ces intérêts long-temps négligés, peut ouvrir beaucoup de fraudes au préjudice des tiers.

Je dois ne pas passer sous silence que l'auteur du recueil annonce que la cause a été renvoyée devant la Cour royale de Paris ; mais je ne connois pas d'arrêt rendu sur la question par cette Cour, au moins d'après ce renvoi.

Je dois encore faire observer que, d'après un passage de la discussion de M. Mourre, *pag.* 275 *du recueil*, l'arrêt devroit concerner uniquement le prix des ventes, et ne devroit pas s'appliquer aux intérêts dus pour soultes entre copartageans, d'après une différence que fait ce magistrat entre le privilége de ces deux créances. Suivant l'opinion du même magistrat, l'arrêt ne devroit pas non plus s'appliquer aux intérêts de sommes dues à des architectes ou maçons, dont il est question dans l'art. 2110.

De l'inscription pour les intérêts des hypothequcs légales.

104. La théorie que je viens d'expliquer ne doit point s'appliquer aux hypothèques légales des femmes et des mineurs sur les biens des maris ou des tuteurs. Il y en a une raison décisive; c'est qu'à la différence du cas des priviléges sujets à l'inscription dont je viens de parler, ces hypothèques légales en sont affranchies. Elles existent, indépendamment de l'inscription, à compter de leur date. On ne peut faire, pour les intérêts, une exception à cet affranchissement, quand la loi n'établit pas cette exception. L'inscription n'est nécessaire, à l'égard de ces hypothèques, que pour se faire connoître, lorsqu'il s'agit de participer à l'ordre. Un arrêt de la Cour de cassation, du 4 frimaire an 14, *Denevers, an* 1806, *pag.* 154, avoit prononcé, dans ce cas, la restriction des intérêts à deux ans. Mais M. Tarrible, qui a examiné cette question avec soin, *Rép. de jurispr.*, au mot *Inscript. hypot.*, § 5, n° 14, dit très-judicieusement que la cause qui donna lieu à cet arrêt avoit pris naissance sous l'empire de la loi du 11 brumaire an 7, qui soumettoit à l'inscription l'hypothèque légale des femmes, tout aussi rigoureusement que les hypothèques ordinaires; et c'est principalement, ajoute-t-il, sur les changemens opérés en ce point par le Code civil, qu'il a fondé son opinion. On sent que, par une suite de ce qui vient d'être dit, l'art. 2151 s'applique à toutes les créances qui ont une hypothèque légale que la loi soumet à l'inscription, ainsi qu'aux créances hypothécaires, conventionnelles ou judiciaires, et de plus aux créances qui ont un privilége que la loi assujettit à la même formalité de l'inscription.

Quid des créanciers et légataires du défunt, respectivement aux créanciers de l'héritier ?

105. Les principes qui viennent d'être exposés sont étrangers aux créanciers et légataires d'un défunt, lorsqu'ils sont en présence de l'héritier ou de ses créanciers. Ils peuvent alors réclamer la totalité de leurs créances ou de leurs legs, tant en capitaux qu'en intérêts, sans exception. L'inscription à laquelle ils sont soumis par l'art. 2111 du Code, n'a pour objet que la conservation du droit de demander la séparation du patrimoine

du défunt d'avec celui de l'héritier. Lors donc qu'on est à l'exercice de ce droit, le créancier du défunt réclame une propriété qui n'appartient pas à l'héritier ou à ses créanciers qui le représentent; ou au moins cette propriété ne leur appartient qu'à la charge de payer les créanciers et les legs, ainsi que les intérêts qui suivent les capitaux. Ce n'est alors qu'une question de propriété, et non une discussion entre créanciers.

106. Venons à la durée de l'inscription et à ce qui concerne son renouvellement. Il est dit dans l'art. 2154 du Code civil : « Les inscriptions conservent l'hypothèque et le privilége pendant dix années, à compter du jour de leur date ; leur effet cesse si ces inscriptions n'ont été renouvelées avant l'expiration de ce délai. » Le résultat de cette disposition est que l'inscription périmée est comme si elle n'eût jamais existé. L'hypothèque reste bien, parce que, comme nous l'avons dit ailleurs, autre chose est l'hypothèque, autre chose est l'inscription. Celle-ci est seulement nécessaire pour donner l'efficacité à l'hypothèque et lui faire prendre rang. Le créancier peut donc toujours prendre une nouvelle inscription, même jusqu'à l'expiration de la quinzaine qui suit la transcription du contrat de vente; ce temps étant passé, l'inscription ne peut plus être prise. Mais, dans toutes les positions possibles, cette nouvelle inscription n'a d'effet et ne donne rang à l'hypothèque que du jour qu'elle est prise. Quelque simples que paroissent les dispositions de cet article 2154, elles sont cependant devenues susceptibles de difficultés, même sérieuses, et sous plusieurs rapports.

Je vais m'expliquer d'abord sur trois de ces difficultés qui sont les plus importantes. J'examinerai, en premier lieu, comment ce délai de dix ans doit être compté ; en second lieu, je dirai quel est le moment où l'inscription devient inutile, lorsqu'il arrive des procédures en expropriation, contre le débiteur, sur les immeubles grevés de l'hypothèque; en troisième lieu, je m'expliquerai sur la nécessité du renouvellement, lorsqu'il y a transcription, de la part de l'acquéreur, de la vente de l'immeuble qui a été frappé de l'inscription.

107. Ce n'est pas, à beaucoup près, une question oiseuse que celle de savoir comment les dix années de la durée de l'inscription doivent être comptées. J'ai remarqué que, depuis plus de trois siècles, la supputation des délais prescrits par les lois a été une matière à difficultés et à contestations. Je puis rappeler ce que disoit M. Henrys, *liv.* 4, *quest.* 32, en

De la durée de l'inscription et de son renouvellement.

Comment doit-on compter les dix ans de la durée de l'inscription ?

parlant des oppositions aux décrets, *qu'on sait le moins ce qu'on pratique le plus.* Ce qui confirme cette vérité, c'est qu'un arrêt de la Cour royale de Paris, du 21 mai 1814, a jugé qu'une inscription ayant été prise le 12 mai 1799, avoit pu être valablement renouvelée le 13 mai 1809; et qu'un arrêt de la Cour royale de Colmar, du 30 juillet 1813, a décidé qu'une inscription prise le 24 mai 1799, n'avoit pu être valablement renouvelée le 24 mai 1809; qu'elle auroit dû l'être le 25. Ces deux arrêts sont rapportés dans le Journal du Palais, tom. 3, de 1814, pag. 343 et 364. Les décisions de ces arrêts sont évidemment contradictoires. Il y a plus; c'est que je pense que chacune d'elles est contraire aux règles. On sent donc qu'un développement est nécessaire.

Ce qui a été la source de beaucoup d'erreurs à cet égard, c'est la confusion qu'on a faite de trois cas qui sont bien différens, et qui sont soumis à des règles bien distinctes.

Il faut distinguer, en effet, 1°. le cas où la loi accorde un délai, à compter d'une époque qu'elle fixe; 2°. celui des assignations données en justice; 3°. celui de la prescription d'une action, soit pour le payement d'une somme, soit pour la revendication d'un immeuble.

Quoiqu'il ne s'agisse ici que du premier cas, je m'expliquerai cependant sur les deux autres, afin de parvenir plus sûrement à une solution.

Les docteurs ont anciennement été partagés sur la question de savoir comment le délai donné par les Coutumes, ou par les ordonnances, ou même par le juge, devoit être compté. Devoit-on y comprendre, ou non, le jour auquel le terme commençoit? C'est ce qu'on entendoit par ces expressions : *An dies termini computetur in termino?* Les plus grands jurisconsultes se sont déterminés à dire que ce jour ne devoit pas y être compris. Dumoulin a dit, sur les art. 10 et 11 de la Coutume de Paris, nos 1, 2 et 3 : *Quamvis, de jure, regulariter, tempus statim currat de momento ad momentum, tamen consuetudine communiter observatur ut dies à quo præfigitur terminus, non computetur in termino.* Il donne pour exemple le délai de trois mois, accordé à un appelant pour relever son appel au parlement. Il suppose que l'appel ait été interjeté le dernier jour de juillet, et que l'intimé obtînt des lettres de désertion (suivant l'usage du temps) le dernier jour d'octobre, et il décide que les lettres de désertion, dans ce cas, seroient prématurées, quoiqu'il y ait trois mois du dernier juillet au dernier octobre; mais il se fonde sur ce qu'on ne

doit

doit pas comprendre, dans le délai, le jour où l'appel a été interjeté. Mornac avoit adopté cette décision sur la loi 8, ff. *si quis cautionibus*. Guypape, qui avoit écrit avant eux, l'avoit aussi embrassée, *quest.* 270. M. l'avocat général Talon expliqua le principe avec une nouvelle précision, en portant la parole lors d'un arrêt du 23 mars 1656, rapporté au Journal des audiences : il disoit qu'il falloit distinguer le terme *à quo* du terme *ad qvem;* que le premier n'étoit point compris dans le délai donné, et que le second devoit l'être : l'arrêt fut conforme. Tout cela s'explique encore par le jour ajouté, par la Coutume de Paris, à l'an dans lequel le retrait devoit être exercé. Duplessis, *pag.* 276, *édit. de* 1709, dit que cette addition eut pour motif de faire *cesser cette fameuse question, si le jour du terme étoit compris dans le terme.*

Ce seroit tomber dans une erreur, si l'on assimiloit le délai, pour le renouvellement de l'inscription, au délai en matière d'assignation. La maxime, *dies termini non computatur in termino,* est totalement étrangère à ce dernier délai. Cette maxime ne se rapporte qu'au jour de départ d'un délai; c'est le *dies à quo præfigitur terminus,* comme s'explique Domoulin; elle ne s'observe que dans les délais prescrits par les lois et par les jugemens, qui sont autres que ceux des assignations. Si, pour les délais relatifs aux assignations, on ne compte ni le jour de l'assignation, ni celui de son échéance, c'est parce que ce délai est ainsi fixé avec précision dans l'art. 1033 du Code de procédure. « Le jour de la signification, y est-il dit, *ni celui de l'échéance,* ne sont jamais comptés pour le délai général fixé pour les ajournemens, les citations, sommations et autres actes, *faits à personne ou domicile.* » L'ordonnance de 1667, *art.* 6, *tit.* 3, avoit la même disposition. La différence entre les délais des assignations et les autres délais est remarquée par Dunod, *des prescript.*, *part.* 2e, *ch.* 1er, *pag.* 118. Il est dit dans le Code de procédure, *art.* 157, que l'opposition à un jugement ne sera recevable que pendant huitaine, *à compter du jour de la signification à avoué.* Or, il n'y a qu'un seul jour qui doive être mis hors du délai de huitaine, qui est celui de la signification du jugement, parce qu'il n'y a, dans ce cas, ni *assignation* ni jour *d'échéance.* Un jugement étant signifié le 1er juillet, l'opposition devroit être formée le 9, et elle viendroit à tard le 10. Il y a des auteurs qui, en s'expliquant sur la question, et en comparant au délai relatif au renouvellement de l'inscription celui des assignations, on donné comme maxime, *dies termini non computantur in termino ;* Jousse même est de ce nombre. Mais c'est dénaturer toutes les idées ; la véritable maxime est *computatur, etc.*, ce qui est bien différent.

L'arrêt dela Cour royale de Colmar est fondé, non-seulement sur l'article 2154 du Code civil, mais encore sur les articles 2260 et 2261, où il est dit : « La prescription se compte par jours, et non par heures. Elle est acquise, *lorsque le dernier jour du terme est accompli.* » Il résulteroit de l'application des deux derniers articles, à la manière de fixer le délai dans le cas dont il s'agit, si cette application étoit juste, qu'il y auroit eu encore une plus grande erreur dans l'arrêt de la Cour royale de Paris. Cette Cour a pensé, comme on l'a déjà vu, qu'une inscription prise le 12 mai 1799, avoit pu être valablement renouvelée le 13 mai 1809; et, suivant le mode de calculer établi par l'arrêt de la Cour royale de Colmar, une inscription de cette date auroit dû être renouvelée le 11 mai 1809. Mais la manière de calculer adoptée par la Cour royale de Colmar est-elle juste? et est-ce bien le cas de se déterminer, dans l'espèce, par les articles 2260 et 2261 ? Je ne le pense pas.

Pothier, *Traité de la prescription*, n° 102, disoit que la durée de l'action, lorsqu'il s'agissoit d'un droit-réel, devoit être comptée comme elle l'est par l'art. 2260 du Code civil. Il prétendoit qu'il n'en étoit pas de même lorsqu'il s'agissoit d'une action personnelle que des créanciers ont contre leurs débiteurs. On peut voir les motifs sur lesquels il fondoit cette distinction. Je crois qu'elle ne devroit point être adoptée actuellement, d'après l'art. 2261 du Code, et surtout d'après l'art. 2262, où il est dit que toutes les actions, *tant réelles que personnelles*, sont prescrites par trente ans, etc. Cette disposition a eu pour objet de faire cesser les difficultés qui s'étoient élevées anciennement à ce sujet.

Mais il ne s'agit point ici d'une *action*, d'un droit qui *se prescrit par trente ans*, ou par un autre nombre d'années. Le défaut du renouvellement de l'inscription n'emporte pas la déchéance de l'hypothèque; il en change seulement le rang. La loi ne fait qu'établir un délai dans lequel ce renouvellement doit avoir lieu; et il résulte de l'art. 2154, que ce renouvellement doit se faire dans les dix ans, à compter du jour de la date de l'inscription. Or, c'est lorsque la loi s'explique ainsi, que l'on n'a jamais compris dans le délai le jour qu'elle fixe pour le départ du délai même. M. l'avocat général Talon disoit qu'à l'égard du premier terme, qui est celui *à quo*, quoique la jurisprudence fût anciennement différente, tous les docteurs *ont convenu en ce point que la particule* DU *, qui répond à la préposition* A *, est exclusive du jour du terme, et, par conséquent, qu'il n'est point entendu compris dans le terme ;* mais qu'à l'égard du jour *ad quem*, ils sont tous demeurés d'accord qu'il étoit compris dans le terme et en faisoit partie. Que résulte-t-il de cette idée ? C'est que le jour duquel on compte doit être considéré comme une limite ou point de départ, qu'il ne faut point comprendre dans la durée du temps fixé. Il n'y a rien de plus juste, si l'on applique cette idée à l'espèce en question. L'inscription a bien, sans contredit, son effet pour le jour même auquel elle est faite ; et la loi a entendu qu'elle eût son effet pendant dix ans après, en sorte que cet effet cesse le dernier jour de ces dix ans. Cela revient à ce que dit encore Mornac, d'après Tiraqueau, sur la loi 1re du même titre du Digeste ci-dessus cité : *Putatque diem termini, seu assignationis, non computari in termino, quia de proximis sequentibus diebus intelligi semper debet.* Il est bien dit dans l'art. 2154 : « Leur effet cesse, si ces inscriptions n'ont été renouvelées avant l'expiration de ce délai. » Mais ce mot, *avant*, laisse toujours subsister la question de savoir si la loi comprend le jour de l'inscription dans les dix ans, ou si elle ne l'y comprend pas. Il n'y a point de différence entre le mode de préfixion du délai de l'opposition à un jugement, et celui dont il s'agit ; et cependant l'opposition, qui n'est recevable que pendant huitaine, à compter du jour de la signification à avoué, est reçue le neuvième jour. D'ailleurs, dans le doute, la loi devroit être interprétée plutôt dans le sens de la conservation du droit, que dans celui de sa déchéance.

Ainsi, je crois qu'on devroit admettre qu'une inscription du 12 mai 1799 eût pu être renouvelée avec effet le 12 mai 1809, mais non le 13. J'ai remarqué, dans une infinité de circonstances, et dans l'opinion même des Cours, que c'étoit ainsi que le délai prescrit par l'art. 2154 étoit entendu. Je citerai pour exemple un arrêt de la Cour de Bruxelles, du 20 février 1811, et un autre de la même Cour, du 26 juin 1813. Il n'y avoit cependant pas cette question à juger ; mais l'on y déterminoit néanmoins la durée de l'inscription. Il est dit dans le premier : « Attendu que l'inscription dont il s'agit a été requise le 30 *janvier* 1799, et qu'ainsi le délai de dix ans, depuis sa date, n'expiroit que le 30 *janvier* 1809. » On voit, dans le second, qu'une inscription ayant été prise le 17 décembre 1800, la dixième année du jour où elle avoit été prise devoit expirer le 17 décembre 1810. *Denevers, an* 1815, *suppl.*, *pag.* 19 *et* 21.

Les mêmes principes sont utiles pour déterminer le délai de deux mois d'affiche, énoncé dans l'art. 2194 ; et il s'en tire la conséquence que les droits qui résultent de la durée de l'affiche sont acquis le dernier jour des deux mois qui suivent celui où l'affiche a été faite, lequel est le seul qui ne soit pas compris dans le délai. Dans la supputation de ce délai on ne doit avoir égard ni à l'inégalité du nombre des jours, qui peut se trouver dans les mois, ni au jour intercalaire de l'année bissextile, ni à la distinction des jours fériés ou non fériés qui se trouvent dans le cours du délai.

Mais ce qui vient d'être dit sur la manière de compter le délai de dix ans, me paroît susceptible d'une modification que la justice commande. Il est constant qu'on ne peut prendre aucune inscription les jours de dimanches et autres jours fériés. Cela est dit dans le cours de ce Traité. Or, supposons que le dernier jour des dix ans, en les comptant d'après les règles que j'ai développées, se trouvât être un de ces jours, ce jour de-vroit-il être compté dans le délai, de manière que la nouvelle inscription qui seroit prise le lendemain ne donnât rang à l'hypothèque que du jour de la date de l'inscription? Je ne le pense pas, et je crois que l'inscription prise le lendemain du jour férié, qui seroit le dernier des dix ans, opé-reroit la continuation de l'effet de l'ancienne prescription, et conserveroit l'hypothèque à la date de cette même inscription.

Je fonde cette décision sur ce qu'on ne peut pas imputer à négligence ce qui n'a pu être fait, par une circonstance indépendante de celui qui devoit agir. Ce seroit pousser trop loin la sévérité que de prétendre que le créancier auroit dû prévoir cet inconvénient, et de le rendre victime du défaut d'inscription avant l'arrivée du jour férié. On exigeroit alors qu'il eût fait plus que la loi ne veut. On peut rappeler, au moins par analogie, les dispositions des ordonnances qui portent que lorsqu'une assignation échoit à un jour férié, le jour de la comparution est renvoyé au lendemain.

Quelle est l'époque à laquelle l'ins-cription re-çoit son effet, en cas de poursuites en expropria-tion contre le débiteur? 108. Je viens au second cas que j'ai prévu, qui est relatif à l'expro-priation sur le débiteur de l'immeuble grevé d'hypothèque. Il s'agit de déterminer quel est le point de la procédure en expropriation, auquel l'inscription alors existante, parce qu'elle remonte à moins de dix ans, atteint son but, en sorte que son droit soit irrévocablement acquis, et qu'elle n'ait plus besoin d'être renouvelée. Cette détermination est d'au-tant plus difficile que la loi n'est pas rédigée de manière à éloigner, à cet égard, toute divergence d'opinions, et qu'encore il n'y a aucun arrêt qui ait fixé, d'une manière positive, cet instant décisif. Cependant un arrêt de la Cour de cassation, du 25 avril 1808, a posé un principe sage qui doit toujours servir de guide. Ce principe est que le renouvellement d'une inscription ne devient nécessaire que dans le cas où cette inscription *n'auroit pas produit son effet légal avant l'expiration du délai de dix années;* mais que si, avant l'expiration de ce délai, le créancier en a fait usage pour établir son concours ou sa propriété d'hypothèque, à l'égard des autres créanciers du débiteur commun, alors le renouvellement de l'inscription ne peut être nécessaire, ni même utile, puisque, dans ce cas, *l'inscription elle-même n'a plus d'objet.* De ce principe ainsi posé, la Cour de cassation a tiré la conséquence que, dans le cas d'une vente par expropriation forcée, l'inscription hypothécaire produit son effet *dès le jour où l'adjudication de l'immeuble est annoncée et publiée par les affiches imprimées, puisque ces affiches doivent contenir l'état des inscriptions existantes sur l'immeuble au jour du commandement;* puisqu'ensuite c'est conformément à ces affiches, et d'après le certificat du conservateur des hypothèques, *énonçant toutes les inscriptions existantes sur les biens aliénés à cette même époque,* que s'établit l'ordre entre les créanciers, et que se fait la distribution du prix des immeubles adjugés.

Mais on ne connoîtroit pas parfaitement l'esprit de cet arrêt, si on s'en tenoit à ces premières dispositions. Dans l'espèce de l'arrêt, la procédure avoit été bien plus avancée. Il y avoit eu vente des immeubles, et un procès verbal d'ordre ouvert le 14 janvier 1806 et signifié le 21 du même mois. L'inscription qui étoit attaquée étoit du 27 ventôse an 5 (19 mars 1796). Or, de cette époque à la date de la signification du procès verbal d'ordre, il ne s'étoit pas écoulé dix ans. De plus, le créancier inscrit s'étoit présenté à l'ordre en vertu de son inscription. De là la Cour de cassation tiroit encore la conséquence que le rang que cette inscription assignoit au créancier *dans le procès verbal d'ordre,* ainsi que la priorité d'hypothèque qui devoit en résulter, étoient pour lui *des droits irrévocablement acquis.* La Cour de cassation s'est donc décidée sur deux circonstances, dont l'une qui étoit la signification du procès verbal d'ouverture de l'ordre, pouvoit et devoit même être plus déterminante que l'autre. D'ailleurs, il faut remarquer que, dans l'espèce de cet arrêt, il s'agissoit d'une procédure en expropriation dont les actes étoient antérieurs à la promul-

gation du livre 5e du Code de procédure civile. Ainsi, tout ce qui reste de
certain de cet arrêt, c'est le principe que le renouvellement de l'inscription ne devient plus nécessaire *lorsqu'elle a produit son effet légal.* Mais
il s'agit toujours d'indiquer ce point.

La Cour d'appel de Bruxelles, par un arrêt du 20 février 1811, l'avoit
fixé dans l'accomplissement de l'acte prescrit par l'art. 696 du Code de
procédure civile. Cet acte est l'enregistrement en marge de la saisie, au
bureau de la conservation, de la notification qui est prescrite par l'article
précédent ; et cette notification est celle qui a été faite aux créanciers
inscrits de l'exemplaire du placard imprimé, aux termes de l'art. 684.
Mais cette Cour prit ensuite une décision différente, par un autre arrêt
du 26 juin 1813. Elle jugea que le terme auquel l'inscription recevoit son
effet légal étoit l'adjudication de la chose hypothéquée. Encore même
peut-on douter si cette Cour n'a pas pensé que ce même effet légal ne
devoit être produit que par le procès verbal d'ouverture d'ordre, dans
lequel le créancier inscrit auroit figuré. On voit d'abord que l'arrêt est
fondé sur ce que « le droit réel d'hypothèque n'a produit son effet que
par *la vente d'hypothèque* qui en est la cause finale ; d'où il résulte qu'aussi
long-temps que cette vente n'a pas été effectuée, l'existence du droit sus-
énoncé est asservie aux conditions imposées par la loi. » Mais il y a
ensuite un nouveau motif, qui est que « la notification de la saisie qui
ne caractérise pas l'exercice de l'action hypothécaire, et ne constitue
qu'une simple formalité, ne renferme pas un contrat judiciaire entre les
créanciers inscrits, relativement à leur rang respectif en ordre d'hypothèque, *lequel contrat existe seulement dans l'ordre qui s'ouvre après
l'adjudication définitive* de l'hypothèque, afin d'en distribuer le prix entre
les créanciers inscrits. » Il faut observer que, dans l'espèce de l'arrêt, la
notification du placard aux créanciers, et l'enregistrement de cette notification au bureau des hypothèques, avoient eu lieu avant l'expiration des
dix années, à compter de la date de l'inscription : mais ce n'étoit qu'après
cette expiration, sans renouvellement, que l'adjudication avoit été faite ;
en sorte qu'on ne peut pas bien discerner si c'est par cette raison seule
que l'inscription a été annulée, ou si elle ne l'auroit pas été, quand les
dix ans n'auroient expiré qu'après l'adjudication, mais avant l'ouverture
de l'ordre.

Il faut cependant sortir de cet état d'incertitude. Or, je crois que le but de l'inscription est rempli, et qu'elle reçoit son effet légal par l'adjudication; en sorte que si, à cette époque, l'inscription remonte à moins de dix ans, le renouvellement en devient inutile. C'est seulement jusqu'à cette époque qu'elle a dû être entretenue par un renouvellement avant l'expiration des dix ans. Je fonde cette opinion sur le principe même énoncé dans l'arrêt du 26 juin 1813, qui est que le droit réel de l'hypothèque a produit son effet par la vente du fonds qui en est grevé. Le but de l'hypothèque est, sans contredit, le payement de la créance, ou, à défaut de payement, la vente de l'immeuble qui y est soumis. Lors donc que l'immeuble est vendu, l'objet de l'hypothèque est rempli. L'hypothèque se convertit en action sur le prix, laquelle action est une suite nécessaire de l'adjudication. On ne voit pas qu'après cette adjudication, il y ait rien à faire pour conserver l'hypothèque, comme droit réel sur l'immeuble. Il ne reste que l'exercice de l'action sur le prix, selon le rang de l'hypothèque qui demeure fixé par la date de l'inscription. Cette action est bien dépendante de l'effet de l'inscription, puisque la validité ou l'invalidité de l'inscription doit être examinée à l'époque de l'ordre; mais l'action n'existe pas moins, par la raison que l'inscription, dès l'instant de l'adjudication, est restée dans la plénitude des droits qu'elle avoit conférés.

Mais cette plénitude de droits n'auroit pu être acquise par l'enregistrement prescrit par l'art. 696 du Code, ainsi que la Cour d'appel de Bruxelles l'avoit d'abord décidé par l'arrêt du 20 février 1811.

A la vérité, il est dit dans l'art. 696 qu'après l'enregistrement qui y est prescrit, la saisie ne pourra plus être rayée que du consentement des créanciers, ou en vertu de jugemens rendus contre eux. Mais il ne suit pas de là que le débiteur soit dessaisi. Le contraire résulte de la combinaison des art. 693 et 694. On y voit que le débiteur peut arrêter toutes les poursuites en consignant une somme suffisante pour acquitter en principal, intérêts et frais, les créances inscrites. Mais il est dit que cette consignation n'aura cet effet qu'autant qu'elle sera faite *avant l'adjudication*. La dépossession n'est opérée contre le débiteur que par l'adjudication. C'est ce qui résulte d'un arrêt de la Cour de cassation, du 6 février 1815.

Le droit réel de l'hypothèque subsiste donc jusqu'à l'adjudication, et jusque là il doit être conservé par des inscriptions en vigueur. L'ordre qui se fait dans la suite n'ajoute rien aux droits déjà acquis aux créanciers. Il n'opère que la division du prix; il règle les effets de ces droits; mais ces droits mêmes prennent leur fondement ailleurs que dans l'ordre; ils le prennent dans l'existence de l'inscription, avec effet, au moment de l'adjudication. On ne conçoit donc pas qu'il soit nécessaire de renouveler une inscription dont les dix ans expireroient entre l'adjudication et l'ouverture de l'ordre, puisque l'adjudication dépouille le débiteur de la propriété; et il est, sans contredit, superflu de prendre une inscription sur celui qui n'est plus ni propriétaire de l'immeuble, ni débiteur du prix, puisque ce prix est dû par l'adjudicataire. L'adjudication investit l'adjudicataire de la propriété, au nom et dans l'intérêt des créanciers. Dès le moment de l'adjudication, l'immeuble est affranchi de l'hypothèque; ce qui revient à ce qu'on voit dans le droit romain, *pignus luitur*. Tous les droits sont convertis en action sur le prix. Loyseau, *de l'action hypothécaire, liv.* 3, n⁰ 18, dit que le meilleur expédient qu'on ait trouvé pour *purger les hypothèques* a été *l'usage des criées et décrets*. Or, l'adjudication n'est-elle pas ce qu'on appeloit le *décret* sous l'ancienne législation? Le *décret* n'étoit pas plus *l'ordre* que l'adjudication ne l'est. Cette observation seule sembleroit déterminante.

J'ai vu faire une différence sur l'effet de l'enregistrement prescrit par l'art. 696, entre le créancier poursuivant et tout autre créancier inscrit non poursuivant. On prétendoit qu'au moins, à l'égard du créancier poursuivant, son droit à l'ordre, en vertu de son inscription, devroit subsister, quand même les dix années de son inscription expireroient après cet enregistrement. Mais il est impossible d'établir aucune distinction, à ce sujet, entre le créancier poursuivant et les autres créanciers inscrits. Il y en a une raison bien simple; c'est que la qualité de poursuivant ne change point la qualité de créancier. Le créancier poursuivant doit, comme tous les autres, pour se présenter utilement à l'ordre, avoir une inscription également régulière, et attributive des mêmes effets. Ce qui le prouve, c'est qu'un créancier, pourvu qu'il ait un titre authentique et exécutoire, ainsi que cela résulte de l'art. 2215 du Code civil, et des art. 673 et 675 du Code de procédure, peut poursuivre, quoique non inscrit, l'expropriation contre le débiteur. Le titre, sans être suivi de l'inscription, a toujours l'exécution parée (1).

Il faut cependant remarquer que si, d'après les art. 692, 693 et 694, il y

_____

(1) Sur les quatre arrêts que je viens de citer, on peut voir Denevers, an 1808, pag. 177; an 1815, pag. 243, et au suppl., pag. 19 et 21.

avoit, de la part du débiteur, consignation suffisante, soit avant, soit après l'enregistrement énoncé dans l'article 696, consignation dont les exemples sont très-rares, si même il y en a, alors l'inscription auroit atteint son effet légal. Le but de l'hypothèque seroit rempli, au moins quant aux inscriptions qui, lors de la consignation, remonteroient à moins de dix ans; il ne pourroit plus être question d'adjudication; il ne s'agiroit que de procéder à un ordre. Mais cette consignation n'existant pas, l'inscription n'obtient son effet légal que par l'adjudication; en sorte que jusque là elle doit être entretenue par le renouvellement.

Après avoir ainsi traité et résolu la question, les recueils de jurisprudence ont fait connoître un arrêt de la Cour de cassation, du 31 janvier 1821, qui confirme les principes que j'ai développés. *Denev., an* 1821, *pag.* 160. Je me borne à en rapporter les motifs : « Attendu, 1°. que la disposition de cet article (2154) est absolue, et tient essentiellement à l'ordre public; qu'il en résulte que, jusqu'à ce que les inscriptions aient produit leur effet, elles doivent être renouvelées dans le délai prescrit: faute de quoi, les parties qui contracteroient sous la foi de la péremption, ne pouvant et ne devant consulter que le registre des inscriptions et des renouvellemens, pour connoître celles existantes, pourroient être induites en erreur, et devenir victimes de leur confiance. Attendu, 2°. que la saisie immobilière, la dénonciation qui en est faite au saisi, ni la transcription et l'enregistrement de ces actes au greffe et au bureau des hypothèques, ne donnent aux inscriptions, ni une publicité, ni un effet capable de remplir le but du renouvellement.»

Il n'est pas dit dans l'arrêt que l'inscription n'auroit atteint son effet que par l'adjudication, et que le renouvellement n'eût pas dû être nécessaire après, jusqu'au procès verbal d'ouverture de l'ordre; mais je crois que cela résulte suffisamment de ce que j'ai déjà dit. D'ailleurs, la Cour de cassation n'avoit pas à juger cette question : les dix ans de l'inscription étoient expirés avant l'adjudication. Mais ce qu'il est essentiel de remarquer, c'est que la question a été ainsi jugée, quoique les créanciers qui succombèrent eussent eux-mêmes fait saisir réellement l'immeuble.

C'est encore après avoir traité la question, et après y avoir fait l'addition qu'on vient de lire, du résultat de l'arrêt de la Cour de cassation, du 31 janvier 1821, que le recueil de Sirey, *an* 1821, 2e *partie, pag.* 182, a fait connoître un arrêt de la Cour royale de Paris, du 19 août 1820, qui a décidé la question par les mêmes principes qui font la base de

Tome I.   E e

la dissertation à laquelle j'ai cru devoir me livrer. La rédaction de cet arrêt est extrêmement soignée : tous ses considérans méritent d'être médités. Pour abréger, je n'en rapporterai que deux.

« Considérant que c'est uniquement à l'ordre, et sur l'extrait délivré au poursuivant ordre de toutes les inscriptions existantes au moment de l'adjudication, comme le veut l'art. 752 du Code de procédure civile, que les inscriptions produisent leur effet légal et définitif, par l'examen et la discussion que chaque inscription y subit; de même que c'est avec le concours de tous les créanciers inscrits, et en connoissance de cause, que le droit de chacun à la distribution, et son rang dans cette distribution, sont alors irrévocablement réglés et fixés par la justice;

» Considérant que, dans l'espèce, l'inscription de l'agent du trésor, en date du 24 juillet 1806, n'ayant point été renouvelée avant l'expiration des dix années de sa date, s'est trouvée périmée et comme n'ayant jamais existé *à l'époque du jugement d'adjudication, du 5 février* 1818, et de l'ouverture de l'ordre du 15 mai suivant; et que c'est en se conformant à la disposition impérieuse et sainement entendue de la loi sur le renouvellement des inscriptions, que les premiers juges ont rejeté de l'ordre la créance dont l'agent judiciaire du trésor demandoit la collocation, etc. »

Enfin, après tout ce qui vient d'être dit, j'ai eu connoissance de l'arrêt de la Cour de cassation, du 9 août 1821, qui a rejeté le pourvoi contre celui de la Cour royale de Paris, du 19 août 1820. *Voyez le continuateur de Denev.*, *an* 1821, *p.* 495. L'arrêt de la Cour de cassation est très-important; et pour bien se pénétrer des principes qu'il a consacrés, et des observations dont il est susceptible, il est indispensable de se le mettre sous les yeux.

« Considérant que l'art. 2154 du Code civil statue que l'effet des inscriptions hypothécaires cesse, si elles n'ont pas été renouvelées dans les dix ans; que cette loi tient à l'intérêt général et à l'économie du système hypothécaire français sur la publicité des hypothèques, laquelle ne peut résulter que du registre du conservateur et des inscriptions y insérées; qu'aussi l'on ne trouve dans les nouveaux Codes aucune exception en vertu de laquelle les créanciers inscrits soient dispensés de l'obligation du renouvellement, lorsque le délai expire après la saisie immobilière dénoncée au saisi, son enregistrement au bureau du conservateur, et la notification des placards aux créanciers sus-énoncés; d'où la conséquence que tout créancier soumis par la loi à l'obligation d'inscrire, qui se présente à l'ordre avec une inscription non renouvelée dans le délai légal, ne peut s'étayer de cette inscription comme d'un titre valable et efficace ; — Et, *attendu* que l'on ne peut pas soutenir raisonnablement que les actes de procédure dont l'on vient de faire mention, et surtout la notification des placards faite aux créanciers inscrits avant l'expiration des dix années, opère une espèce de contrat judiciaire entre eux, à la faveur duquel la prescription ait été interrompue, et le renouvellement soit devenu inutile ; car on ne peut voir autre chose, dans de pareils actes, que des formalités préliminaires à la vente des biens ; et il est évident que ni l'enregistrement de la saisie au bureau du conservateur, ni la notification des placards, n'emportent pas une reconnoissance du droit réel d'hypothèque et du rang de chacun des créanciers à qui la notification est faite ; — *Attendu* que la discussion et la véritable litiscontestation sur ces points ne commencent que lors de l'ouverture de l'ordre, époque à laquelle chacun des créanciers doit présenter des titres réguliers ; — *Attendu*, enfin, qu'il est constant, en fait, que l'agent du trésor s'est présenté à l'ordre avec une inscription qui se trouvoit déjà périmée à l'époque du jugement d'adjudication, du 5 février 1818, et de l'ouverture de l'ordre, du 15 mai suivant ; — *Rejette.* »

Si l'on fait bien attention au dispositif de cet arrêt, on est convaincu qu'il n'en résulte autre chose, ainsi que de l'arrêt de la même Cour, du 31 janvier 1821, si ce n'est que l'enregistrement de la saisie réelle, et même celui de la notification du placard indicatif de la première publication du cahier des charges, ne dispensent pas du renouvellement décennal de l'inscription. Mais ces arrêts, ainsi que l'observe l'auteur du recueil, sur le dernier du 9 août 1821, ne font pas connoître, d'une manière assez précise, le moment où une inscription hypothécaire doit être réputée avoir produit son effet, et où cesse, par conséquent, pour le créancier, l'obligation de la renouveler. La Cour de cassation n'avoit pas à juger que l'inscription eût atteint son effet légal au moment de l'adjudication, puisque dans l'espèce sur laquelle elle avoit à statuer, c'étoit dans l'intervalle de la notification du placard à l'adjudication qu'étoient expirés les dix ans, à compter de l'inscription prise par le trésor public. On doit donc en conclure que la question de savoir si l'adjudication est, ou non, le terme auquel cesse la nécessité du renouvellement de l'inscription, reste encore entière. Cependant ce sont les arrêts seuls de la Cour de cassation qui laissent dans l'incertitude; car il sembleroit, d'après l'arrêt de la Cour royale de Paris, du 19 août 1820, que dès l'instant de l'adjudication, finit l'obligation du renouvellement. Or, d'après les motifs que j'ai déjà exposés, et jusqu'à ce qu'il se soit formé, à ce sujet, une jurisprudence constante, je crois devoir persister dans la fixation de ce terme; en sorte que le renouvellement ne devient plus nécessaire dans l'intervalle de l'adjudication à l'ouverture de l'ordre.

Il est vrai que l'auteur du recueil dont j'ai tiré l'arrêt du 9 août 1821, ne croit pas devoir se rendre à cette décision. Mais nous ne saurions adopter les motifs qu'il en donne: il suppose que l'ordre peut ne se faire que très-long-temps après l'adjudication; et il trouve fort extraordinaire que, dans ce cas, des créanciers puissent venir à l'ordre, munis d'inscriptions qui remonteroient à plus de dix ans. Il n'y a rien là d'extraordinaire, s'il est vrai, comme je crois l'avoir établi, que dès l'instant de l'adjudication l'exercice de l'hypothèque est terminé; que l'ordre n'est qu'une suite, une exécution de l'adjudication, et qu'il se fait d'après l'état de choses existant lors de l'adjudication, d'après les droits respectivement acquis à cette époque.

Enfin, mon travail étant en cet état, et ce § 3 étant à l'impression, il a été rendu, par la Cour royale de Riom, 1re *chambre civile*, un arrêt prononcé, après en avoir délibéré, à l'audience du 4 mars 1822, qui juge la question en thèse.

Dans l'espèce de cet arrêt, Joseph Vacher avoit été exproprié de ses biens, sur saisie immobilière, à la requête des héritiers Flat. L'inscription de ces héritiers sur les biens de leur débiteur, étoit du 7 septembre 1807. L'adjudication des biens se fit le 3 février 1817. Cette inscription étoit alors en vigueur, puisqu'il ne se seroit écoulé dix ans qu'au 7 septembre 1817. Mais ces dix ans étoient expirés avant l'ouverture de l'ordre, sans qu'il y eût en un renouvellement de l'inscription.

Lorsqu'il fut question de procéder à l'ordre, Antoinette Touset, femme de Joseph Vacher, s'y présenta, et demanda à être colloquée à la date de son contrat de mariage, qui étoit du 30 pluviôse an 8, pour ses répétitions, dont les unes étoient vraiment dotales, et dont les autres étoient purement paraphernales. (Les époux avoient été mariés sous le régime dotal.) Les héritiers Flat contestèrent l'allocation qui avoit été faite, par les premiers juges, au profit de la femme Vacher, de ses répétitions extradotales, par préférence à leurs créances. Ils soutinrent que, pour les droits de cette nature, la femme étoit soumise à la formalité de l'inscription; qu'il n'y avoit affranchissement de l'inscription que pour la dot et les conventions matrimoniales. Cette femme avoit bien pris une inscription pour ses droits, soit dotaux, soit extradotaux; mais c'étoit seulement au mois de novembre 1821, au moment même de l'ouverture de l'ordre. Or, cette inscription étoit impuissante, comme tardive, à l'égard de celle des héritiers Flat, puisque celle-ci étoit du 7 septembre 1807. L'épouse Vacher établit, comme moyen principal de sa cause, que l'hypothèque légale des femmes existoit, indépendamment de toute inscription, tant pour les droits extradotaux ou paraphernaux que pour les droits dotaux; ce qui devint la matière d'une forte discussion. Mais elle soutint en la Cour, pour neutraliser l'effet de l'antériorité de l'inscription des héritiers Flat, que cette inscription devoit être regardée comme si elle n'eût jamais existé, parce qu'elle étoit périmée: elle soutint qu'il étoit indifférent qu'elle fût en vigueur au 3 février 1817, époque de l'adjudication; qu'il suffisoit, pour qu'elle eût perdu tout son effet, qu'elle remontât, lors de l'ouverture de l'ordre, à plus de dix ans, sans avoir été renouvelée. Ce système de défense fit naître une seconde question également importante.

Ces deux questions furent jugées par le même arrêt. Je rends le dispositif de l'arrêt, relatif à la première question, au chapitre 3 de cette première partie, où je traite des *hypothèques légales*; et attendu l'importance de la seconde, dont il s'agit ici, je vais transcrire les motifs de l'arrêt qui la concernent.

« En ce qui touche la seconde question qui s'est élevée sur l'appel, qui est de savoir si l'inscription prise par les héritiers Flat sur les biens de Joseph Vacher, le 7 septembre 1807, doit être déclarée comme non avenue, parce qu'elle étoit périmée à l'époque de l'ouverture de l'ordre; — Considérant qu'il y a sur cette matière un principe constant, établi par les arrêts de la Cour de cassation, que le renouvellement de l'inscription devient inutile, dès l'instant qu'elle a atteint son effet légal; — Considérant que, lorsqu'il s'agit d'expropriation des biens du débiteur, l'inscription a nécessairement atteint cet effet légal, dès l'instant de l'adjudication; que c'est seulement jusque là que doit se continuer l'exercice de l'hypothèque de la part des créanciers; — Qu'en effet, la vente judiciaire sur expropriation est l'unique but de l'hypothèque; que, dès le moment de cette vente, l'immeuble est purgé de toutes les hypothèques qui se convertissent en actions sur le prix; — Que l'ordre pour la distribution de ce prix, à quelque époque qu'il ait lieu, n'est que l'exécution de l'adjudication, lors de laquelle tout est consommé; — Que si, à l'époque de l'ordre, il s'agit de déterminer le montant des créances, cette détermination se fait d'après les droits acquis à chacun des créanciers au moment de l'adjudication, lors de laquelle ces droits sont irrévocablement fixés; — Qu'on ne conçoit pas la nécessité de s'inscrire sur un débiteur qui a cessé d'être propriétaire de l'immeuble hypothéqué, lequel a passé sur la tête de l'adjudicataire, qui en est propriétaire pour et au nom des créanciers, qui doivent et ne peuvent que s'en partager le prix; — Attendu, enfin, que l'adjudication étant du 3 février 1817, l'inscription des héritiers Flat étoit alors en vigueur, puisqu'elle est du 7 septembre 1807; etc.»

Une inscription prise pour la première fois, après l'adjudication, seroit sans effet.

109. De ce qui vient d'être dit, il se tire la conséquence que l'inscription qui seroit prise, pour la première fois, par un créancier, viendroit à tard, si elle étoit prise seulement après l'adjudication. L'exercice de tous droits réels d'hypothèque est consommé dès l'instant de l'adjudication, et il ne peut l'être qu'en faveur des créanciers inscrits à cette époque, et exclusivement à tous autres. L'immeuble est devenu la propriété des créanciers inscrits, sauf le partage du prix entre eux, ne pouvant pas se partager l'immeuble. On ne peut prendre une inscription sur le débiteur, à raison de l'héritage adjugé, puisqu'il n'en est plus propriétaire, ainsi que je l'ai déjà dit. En vente volontaire, la transcription (sauf la quinzaine, d'après l'art. 834 du Code de procédure) purge les hypothèques non inscrites auparavant; et comment n'en seroit-il pas de même de l'adjudication! Elle emporte évidemment tout à la fois le dessaisissement de la propriété contre le débiteur, et la purgation des hypothèques non inscrites. C'est par suite de cette idée que, lors de la discussion, à la section de législation du Tribunat, de l'art. 752 du Code de procédure civile, dans lequel il est dit que le poursuivant prendra l'ordonnance du juge commis, qui ouvrira le procès verbal d'ordre, auquel sera annexé un extrait délivré par le conservateur, de toutes les inscriptions existantes, cette section désiroit qu'on ajoutât à ce mot *existantes*, ceux-ci, *au moment de l'adjudication*, pour rappeler, disoit-elle, qu'il ne peut y avoir d'inscription utile après l'adjudication. Cette addition ne fut point rejetée. La suite de la discussion apprend que la section du Tribunat, croyant améliorer la loi, avoit proposé huit nouveaux articles, dans l'un desquels (art. 776 *quinque*) étoit l'addi-

tion dont je viens de parler : «Seront colloquées, en troisième rang et dans l'ordre de leurs inscriptions, les créances hypothécaires, *pourvu que les inscriptions aient été faites avant l'adjudication*.» La proposition de ces articles étoit précédée d'observations qui venoient à leur appui ; l'addition est justifiée, et l'orateur du Tribunat l'érige en principe dans son discours. Il donne à entendre pourquoi les additions proposées par le Tribunat ne devinrent pas autant de dispositions législatives. Ce n'étoit pas qu'elles ne fussent justes ; mais elles auroient pu produire une superfluité qui eût pu induire en erreur sur leur application. « Lorsqu'il s'agit, disoit-il, de certaines questions qui sont soumises aux hypothèses, aux circonstances qui peuvent varier à l'infini, une trop grande prévoyance du législateur pourroit le faire tomber *dans des limitations injustes*. La loi devient alors d'autant meilleure, qu'elle laisse aux tribunaux une certaine latitude sur l'application de règles fondamentales qui ne peuvent être méconnues (1).» Il n'y a rien de plus juste en effet, dans une infinité de cas, et notamment dans celui dont il s'agit. Il y auroit eu de l'inconvénient à insérer dans l'article 752 les mots, *au moment de l'adjudication*. Une disposition aussi absolue auroit fait supposer la nécessité d'une inscription existante en ce moment, pour toutes hypothèques quelconques, même pour les hypothèques légales affranchies d'inscription ; car on sent bien que j'ai entendu faire exception, pour ces hypothèques, à la règle que je viens d'établir. Ces inscriptions peuvent arriver à temps, avant la confection de l'ordre. L'adjudicataire peut même, comme l'acquéreur volontaire qui a transcrit, les provoquer avant la confection de l'ordre, ainsi que je m'en explique ailleurs. Dans une matière aussi compliquée, il faut faire, relativement à plusieurs articles, une application distributive des règles, selon les circonstances et les différences d'hypothèses. Certains articles renferment des principes particuliers, et il faut les concilier avec ceux qui présentent des principes généraux.

110. J'ai donné une assez grande étendue à la discussion des deux questions qui font l'objet des deux numéros précédens, et qui se rattachent au même principe. Ces deux questions en étoient susceptibles. Cependant je ne puis pas m'assurer d'avoir donné une solution sûre. Les progrès

Les difficultés sur les deux n^{os} précédens sont si sérieuses, qu'elles font désirer une disposition législative.

_____

(1) Sur tout ce qui vient d'être dit, voyez l'excellent ouvrage de M. Locré, *Esp. du Code de procédure*, tom. 3, sur les art. 752 et 755.

de la jurisprudence sont bien parvenus au point d'établir que l'inscription n'atteint pas son effet légal, par l'enregistrement exigé par l'article 696 du Code de procédure; mais elle ne fournit pas de documens suffisans pour déterminer si l'instant où cet effet légal est atteint, est celui de l'adjudication, ou celui de l'ouverture de l'ordre. Le Tribunat a bien émis l'avis que cet instant devoit être celui de l'adjudication; mais cet avis n'a pas été érigé en principe par la loi même, sans qu'il paroisse néanmoins qu'il ait été rejeté.

On peut encore ajouter une nouvelle réflexion, qui est que le jugement d'adjudication peut être attaqué par la voie de l'appel, pour lequel on a trois mois, comme dans les cas ordinaires. Il est possible que le jugement soit annulé; et on sent que, d'après ces circonstances qui me semblent n'avoir pas été prévues, les difficultés s'augmenteroient encore. Car, dans le temps plus ou moins long qui peut s'écouler entre l'adjudication et l'arrêt qui statueroit sur l'appel et même entre une première adjudication et une nouvelle, si la première étoit annulée, les dix ans dans lesquels une inscription auroit été prise peuvent expirer. Il me semble que, pour être conséquent avec le principe qui seroit admis que l'adjudication est le terme auquel l'inscription reçoit son effet légal, il faudroit dire que, dans le cas de l'appel du jugement d'adjudication, et si, par suite de cet appel, ce jugement étoit infirmé, cet effet légal ne seroit atteint qu'au moment de la seconde adjudication. La raison en est que l'appel suspend l'exécution, et que l'infirmation doit faire considérer le jugement infirmé, comme n'ayant dû produire aucun effet, et même comme n'ayant jamais existé. Cependant on devroit dire que si, sur l'appel, le jugement d'adjudication étoit confirmé, et que quand les dix ans d'une inscription expireroient entre le jugement d'adjudication attaqué et l'arrêt confirmatif, l'inscription auroit atteint son effet légal, dès l'instant même du jugement d'adjudication. Cela seroit fondé sur le principe général, que la confirmation d'un jugement attaqué par la voie de l'appel a un effet rétroactif au jour même du jugement confirmé.

Mais ce ne sont là que des avis. L'intérêt personnel fera toujours naître des divergences d'opinions; et je ne puis m'empêcher de manifester le désir que, si jamais la loi est revisée, une disposition législative indique le point auquel l'inscription a atteint son but, et reçoit son effet légal; si ce point est ou l'acte énoncé dans l'art. 696 du Code de procédure, ou le

jugement

jugement d'adjudication, ou enfin le procès verbal d'ouverture de l'ordre. En attendant, je ne puis que dire que la prudence veut que les créanciers entretiennent la vigueur des inscriptions jusqu'à cette dernière époque (1).

111. Dans tout ce que j'ai dit sur la question de savoir quel est le point auquel on ne peut plus prendre une inscription avec effet, ou de l'acte énoncé dans l'art. 696 du Code de procédure, ou de l'adjudication, ou enfin du procès verbal d'ouverture d'ordre, je supposois que le titre constitutif d'hypothèque étoit antérieur à la saisie immobilière. Mais cette discussion mène à une autre question importante : elle consiste à savoir si, après une saisie immobilière, et après la dénonciation de cette saisie au débiteur, celui-ci peut conférer une hypothèque, et si le créancier peut faire inscrire cette hypothèque avec effet.

Un particulier peut-il conférer hypothèque sur les immeubles saisis, après que la saisie lui a été dénoncée ?

Le siége de la difficulté est dans l'art. 692 du Code de procédure. Il y est dit : « La partie saisie ne peut, à compter du jour de la dénonciation à elle faite de la saisie, aliéner les immeubles, à peine de nullité, et sans qu'il soit besoin de la faire prononcer. » On peut rapprocher cet article de l'article 2124 du Code civil, qui porte que les hypothèques conventionnelles ne peuvent être consenties que par ceux qui ont *la capacité d'aliéner* les immeubles qu'ils y soumettent. On peut conclure de ce rapprochement que le saisi qui se trouve dans la position indiquée par l'article 692 du Code de procédure, est privé de la faculté d'hypothéquer l'immeuble saisi, par cela seul qu'il est privé de celle de l'aliéner, l'une de ces facultés paroissant être subordonnée à l'autre.

Ce qui prouveroit que cette question présente des difficultés, c'est que les auteurs qui, de ma connoissance, l'ont traitée, sont divisés d'opinions. M. Tarrible, *Rép. de jurispr.*, au mot *Saisie immobilière*, § 6, *art.* 1er, n° 14, semble supposer que le débiteur saisi peut hypothéquer ; que cette nou-

_____

(1) Je dois cependant observer que, lorsque je désirois l'intervention de l'autorité du législateur, j'étois livré à mes propres réflexions en écrivant la dissertation qui est au n° 108. Ce n'est qu'après cette dissertation que j'ai connu les arrêts de la Cour de cassation, des 31 janvier 1821, et 9 août suivant, ainsi que celui de la Cour royale de Paris, du 19 août 1820, dont j'ai fait mention à la suite de cette dissertation. Ce n'est encore qu'après, qu'a été rendu l'arrêt de la Cour royale de Riom, du 4 mars 1822. Il peut se faire que les difficultés ne soient plus aussi considérables, d'après ces arrêts ; néanmoins elles sont encore assez embarrassantes, pour laisser désirer qu'elles soient aplanies par l'autorité du législateur.

Tome I.　　　　　　　　　　　　　　　F f

velle hypothèque ne nuit point aux créanciers qui resteroient comme chirographaires, et qui ne doivent venir que par contribution, puisque leur droit auroit toujours été le même, avant comme après cette nouvelle hypothèque, leur qualité de créanciers chirographaires n'en étant pas changée. M. Delaporte, *tom.* 2, *pag.* 299, en parlant de l'art. 692, fait remarquer que le mot *aliéner* y est pris dans la signification propre, c'est-à dire, qu'il n'exprime que le transport de la propriété. M. Pigeau, *tom.* 2, *pag.* 219, est du même avis. Mais M. Carré, dont l'opinion a du poids, est d'un avis contraire. Suivant lui, l'art. 692 du Code de procédure, en interdisant au saisi la faculté d'aliéner, lui a, par cela même, interdit la faculté d'hypothéquer. Il se fonde sur l'art. 2124 du Code civil, qui assimile parfaitement l'hypothèque conventionnelle à la vente volontaire. Il se fonde encore sur l'art. 2146 du même Code.

Je ne saurois approuver l'opinion de M. Carré. Quant à l'art. 2146, il me paroît inapplicable à l'espèce. Cet article n'est relatif qu'aux faillis; et l'on ne peut certainement comparer un débiteur saisi à un particulier qui a été déclaré en faillite : il y a loin de l'un à l'autre. Par rapport à l'argument tiré de l'art. 2124, je ne le crois pas juste. Dans le n° 31 et suivans, j'ai bien professé le principe, d'après cet art. 2124, et d'après les lois romaines, que la faculté d'hypothéquer étoit une conséquence de celle d'aliéner; mais en quel sens m'en suis-je expliqué? C'est principalement dans le sens de la *capacité* relative aux personnes, telles que les mineurs, les interdits, les femmes mariées. Mais hors des questions concernant cette capacité, et lorsqu'il est démontré que le législateur a voulu prendre le mot *aliéner* dans sa signification propre et absolue, abstraction faite du mot *hypothéquer*, il faut alors examiner et apprécier la loi sous un autre point de vue. Or, il me paroît indubitable que, sous ce rapport, l'art. 2124 ne peut servir de commentaire à l'art. 692. Sans doute, en considérant l'interdiction d'aliéner comme portant sur la chose, en principe général, il devient certain qu'il en est de même de la faculté d'hypothéquer. Ainsi, les choses qui ne sont point dans le commerce, ou qui n'appartiennent point à celui qui s'oblige, ne peuvent être hypothéquées; mais c'est ce qu'on ne peut dire du débiteur saisi : il est toujours propriétaire. S'il est démontré que la loi le prive, dans un cas, de la faculté d'aliéner, par des motifs qui sont étrangers à la faculté d'hypothéquer, il faut restreindre l'interdiction au cas particulier qui a été l'objet de l'attention du législateur, et ne pas lui donner de l'extension.

Or, il n'est pas douteux que si l'art. 692 a interdit la vente conventionnelle de l'immeuble saisi, c'est seulement parce que cette vente arrêteroit une procédure commencée sans que le débiteur se fût libéré, et qu'il faudroit souvent en recommencer une nouvelle contre l'acquéreur, qui, à son tour, pourroit encore arrêter une nouvelle saisie, en revendant l'immeuble à un autre ; ce qui pourroit multiplier à l'infini les procédures, et par conséquent les frais. Tout cela est si vrai, que si le débiteur ou l'acquéreur payent tous les créanciers inscrits, ou consignent le montant des créances inscrites, la vente, quoique faite après la dénonciation de la saisie, n'en est pas moins valable. Tout cela écarte l'application de l'art. 2124.

D'ailleurs, les motifs qui ont déterminé le législateur à ôter au débiteur la faculté d'aliéner l'immeuble saisi, n'existent pas pour faire interdire une constitution d'hypothèque, qui n'apporte aucun obstacle à la marche de la procédure en expropriation forcée, et qui ne fait non plus aucun tort aux créanciers inscrits. Pour ce qui est de l'intérêt des créanciers chirographaires, le législateur ne pouvoit les avoir en vue dans l'art. 692, puisque, d'après les articles suivans, la vente de l'objet saisi est valable, même après la dénonciation, pourvu que les créanciers inscrits soient payés.

Enfin, ce qui achève de prouver que, dans le langage de la loi, l'interdiction d'aliéner n'emporte pas toujours, et nécessairement, l'interdiction d'hypothéquer, c'est que, d'après l'art. 443 du Code de commerce, les hypothèques consenties par le failli dans les dix jours de l'ouverture de la faillite, sont nulles de plein droit ; et que, d'après l'art. 444 du même Code, les aliénations d'immeubles, faites à la même époque, sont seulement susceptibles d'être annulées pour cause de simulation et de fraude.

On pourroit cependant attaquer la constitution d'hypothèque faite par le débiteur saisi, après la dénonciation de la saisie, s'il étoit parfaitement établi qu'il y eût déconfiture à son égard, et qu'il y eût des circonstances de dol et de fraude ; et, à ce sujet, il me suffit de renvoyer à ce que je dis dans le § suivant, sur l'état de *déconfiture*, par opposition à celui de faillite. Mais je traite ici la question dans le point de droit, abstraction faite des circonstances.

Après avoir donné cette décision, j'ai connu l'arrêt de la Cour royale de Paris, du 19 août 1820, que j'ai cité à la suite de la dissertation qu'on lit au n° 108. Cet arrêt important juge que l'inscription doit être entretenue par le renouvellement, jusqu'à l'adjudication qui suit l'expropriation

forcée. Et l'établissement de cette décision a amené, dans les motifs de
l'arrêt, une énonciation de principes, qui vient à l'appui de mon opinion.
« Considérant, y est-il dit, que la saisie immobilière, et la dénonciation qui
en est faite au débiteur, ne détruisent pas le droit de propriété de ce débiteur, mais apportent seulement des modifications au libre exercice de son
droit ; qu'il conserve toujours la faculté *d'emprunter, d'hypothéquer*, même
d'aliéner valablement l'immeuble saisi, si, avant l'adjudication, l'acquéreur consigne, aux termes de l'art. 693 du Code de procédure civile, somme
suffisante pour désintéresser les créanciers inscrits lors de l'aliénation. »

Quelle est l'époque à laquelle le renouvelle-ment de l'ins-cription de-vient inutile, dans le cas de la vente volontaire suivie de transcrip-tion ?
112. J'examine la troisième question que j'ai annoncée au n° 106. Elle
concerne le cas de la vente volontaire de l'immeuble grevé d'hypothèque,
qui seroit suivie de la transcription de la part de l'acquéreur.

On tomberoit dans une grande erreur si on comparoit, quant aux effets,
la transcription du contrat de vente aux lettres de ratification qui avoient
lieu sous l'édit de 1771. Les oppositions existantes lors du sceau des lettres
de ratification, recevoient irrévocablement leur effet. Ces lettres n'étoient
scellées qu'à la charge de ces oppositions ; et ces oppositions étoient converties en actions sur le prix. Aussi faut-il faire attention que sous cet
édit, les enchères, s'il devoit y en avoir, précédoient les lettres de ratification ; et, dans ce cas, le plus haut enchérisseur, qui n'auroit pas été
l'acquéreur, se faisoit autoriser par la justice à obtenir en son nom des
lettres de ratification. Il ne s'agissoit plus alors que de consigner. Mais il
n'en est pas de même dans les principes de la législation établie par le
Code civil. La transcription n'est, d'après l'article 2182 du Code civil,
qu'un acte préparatoire pour parvenir à la purgation des hypothèques.
On est convaincu de ce qui vient d'être dit, en rapprochant les articles 6
et 7 de l'édit de 1771, de cet article 2182. La transcription ne change
point l'état de choses qui existoit auparavant, en ce sens que l'acquéreur n'est pas plus obligé d'acquitter les créances inscrites, qu'il ne l'étoit
déjà ; tandis que sous l'édit de 1771, le sceau des lettres et les oppositions
dont elles étoient chargées formoient un contrat entre les créanciers
opposans et l'acquéreur, ou le plus haut enchérisseur, en cas d'enchères.
La transcription produit cependant bien un effet, qui est d'arrêter le
cours des inscriptions, ou, au moins, de borner ce cours à l'expiration
de la quinzaine ; et, sous ce rapport, on dit que la transcription purge
les hypothèques pour lesquelles il n'y a point eu d'inscription avant

la transcription, ou dans la quinzaine après. Mais cela est étranger aux inscriptions existantes lors de la transcription, ou à l'expiration de la quinzaine. Il faut, à l'égard de ces inscriptions, un état de choses autre que celui qui résulte de la simple inscription, pour qu'il se forme un contrat entre l'acquéreur et les créanciers inscrits, et qu'il en résulte l'inutilité d'un renouvellement d'inscription. Or, ce nouvel état de choses ne pourroit résulter que de la notification qui auroit été faite par l'acquéreur aux créanciers inscrits, du contrat de vente et de la transcription, aux termes de l'art. 2183. Tel est l'avis de M. Persil, *Rég. hypoth.*, *article* 2154, n°s 4 *et* 5, et de M. Battur, *Traité des hypothèques*, tom. 1er, *pag.* 459. « Si, dit M. Battur, dont je rapporte les expressions, parce que je n'aurois pu que les répéter, au lieu de dénoncer son acquisition aux créanciers inscrits, l'acquéreur s'est borné à transcrire, la situation des créanciers inscrits n'est point changée. Tant que le certificat des inscriptions n'est pas délivré, *et que la dénonciation n'est point faite*, l'inscription doit être renouvelée, et dans l'intérêt *du tiers acquéreur*, et dans celui des *créanciers*, puisque les uns et les autres pourroient croire que cette inscription est irrévocablement anéantie, et que le conservateur lui-même ne seroit point tenu de la porter dans l'état des inscriptions existantes. La péremption en pourroit donc être opposée, soit par les *créanciers inscrits*, soit par le *tiers acquéreur*. »

Je sais que plusieurs personnes, et plus encore à Paris que dans les provinces, sont imbues de l'idée que le renouvellement de l'inscription devient inutile, dès qu'elle existoit dans toute sa vigueur à l'époque de la transcription, quoique les dix ans expirent entre cette transcription et la notification aux créanciers. Certaines font une distinction entre le cas où il y a eu concours des créanciers inscrits, dont les uns ont laissé périmer leurs inscriptions, et dont d'autres les ont maintenues par le renouvellement; et le cas où il n'y a qu'un créancier ou même plusieurs, dont l'inscription existoit lors de la transcription, et qu'ils ont laissé périmer, sans le concours d'autres créanciers; en sorte que l'acquéreur se trouve seulement en face de ces derniers créanciers. Au premier cas, on convient que lorsqu'il y a une notification de la part de l'acquéreur, les créanciers inscrits, lors de cette notification, doivent avoir, seuls, droit au prix, exclusivement aux créanciers dont les inscriptions seroient périmées à cette époque. Mais on soutient que quand il n'y auroit point eu de notification, et s'il ne reste que des créanciers dont les inscriptions sont périmées avant que cette notification ait lieu, les créanciers conservent toujours, malgré cette péremption, un droit de suite sur l'immeuble. On se fonde sur ce que, dans ce cas, l'acquéreur est lié envers ces créanciers, puisqu'il a connu ou dû connoître les inscriptions, et qu'il n'a pu ensuite se libérer envers le débiteur qui a vendu, au préjudice de ces inscriptions.

Mais toutes ces idées ne peuvent se concilier avec les principes de la matière.

A l'égard des créanciers entr'eux, relativement à leurs intérêts respectifs, la question ne peut faire de doute. La préférence entre ces créanciers ne peut se régler que par le rapport d'inscriptions qui aient acquis leur effet légal. Or, si les inscriptions sont en vigueur à l'époque des notifications de la part de l'acquéreur, elles ont acquis leur effet légal. Ce qui produit cet effet légal, c'est le contrat qui se forme dès lors entre l'acquéreur et les créanciers inscrits.

Mais si les inscriptions, périmées à l'époque des notifications, ne peuvent produire aucun effet, par rapport aux créanciers dont les inscriptions sont en pleine vigueur au moment de ces notifications, elles ne peuvent pas avoir plus d'effet, respectivement à l'acquéreur qui ne notifie pas. Elles ne le lient en aucune manière ; et elles ne sauroient l'empêcher de se libérer, s'il n'y avoit pas de saisies et arrêts, entre ses mains, de ce qu'il pourroit devoir. En sorte qu'il ne peut être poursuivi à raison d'un droit réel sur l'immeuble, parce que ce droit n'existe plus dès l'instant de la péremption des inscriptions.

Pour se convaincre de cette vérité, il suffit de remonter à un principe aussi simple qu'incontestable. Ce principe est qu'il n'y a d'hypothèque, proprement dite, et par conséquent droit de suite sur l'immeuble, que quand l'hypothèque a son efficacité par l'inscription. S'agit-il de poursuivre un tiers détenteur, qui ne veut pas transcrire pour parvenir à la purgation des hypothèques, les créanciers peuvent le forcer à payer ou à délaisser, par la sommation qu'ils peuvent lui faire, d'après les art. 2169 et 2183. Mais ce droit appartient aux seuls créanciers inscrits; ces articles ne peuvent être séparés des art. 2166 et 2167, dont ils ne sont que les conséquences. Or, il est dit dans l'art. 2166 : « Les créanciers ayant privilége ou hypothèque INSCRITE sur un immeuble, le suivent, en quelques mains qu'il passe, etc. » On lit dans l'art. 2167 : « Si le tiers détenteur ne remplit pas les formalités qui seront ci-après établies, pour purger sa propriété, il demeure, PAR L'EFFET SEUL DES INSCRIPTIONS, obligé, etc. » S'agiroit-il d'exercer une action hypothécaire qui, ainsi que je l'établirai dans la section Ire du premier chapitre de la seconde partie, est devenue inutile par le seul effet de l'inscription, et qui ne peut avoir lieu actuellement que pour l'interruption de la prescription de l'hypothèque, il est encore incontestable que cette action ne peut être exercée que par un créancier hypothécaire *inscrit*.

L'acquéreur qui est dans le cas dont il s'agit, n'est pas dans la position du tiers détenteur dont je viens de parler, puisqu'il a fait transcrire son contrat d'acquisition ; mais c'est par cela même qu'il a fait faire cette transcription, qu'il est dans une position bien plus avantageuse. En effet, de la réunion de la transcription, et de la péremption qui survient en suite de l'inscription existante lors de la transcription, il en résulte un affranchissement de l'hypothèque dont l'inscription est périmée. Cela est incontestable, parce que la conséquence certaine de l'art. 2154 est que toute inscription périmée perd tout son effet, de la même manière que si elle n'avoit jamais existé. C'est par l'effet d'une saine interprétation de cet article, que l'inscription conserve son effet sans renouvellement, dès le moment qu'étant en vigueur elle a atteint son effet légal. Mais c'est uniquement dans ce cas ; et dans l'espèce dont il s'agit, l'inscription n'a pu acquérir son effet légal. Il est de toute impossibilité de lui donner cet avantage, par le seul effet de la transcription. Cet acte, purement matériel, ne change pas la position de l'acquéreur, et ne forme aucun contrat entre lui et les créanciers inscrits alors.

Il suffit donc, pour que l'acquéreur qui a simplement transcrit conteste des inscriptions périmées après cette transcription, et pour qu'il puisse se refuser à toutes poursuites dirigées contre lui en vertu de telles inscriptions, qu'il y ait intérêt. J'ai ici en vue un intérêt légitime, car j'entends certainement repousser jusqu'à l'ombre même d'une pratique de fraude. Or, cet intérêt est sensible. Dès l'instant de l'expiration des dix ans, l'immeuble qu'il a acquis est dégrevé de l'hypothèque. Car il n'y a pas de différence entre une hypothèque pour laquelle on auroit pris une inscription existante à l'époque de la transcription, mais dont les dix années expireroient avant la notification aux créanciers, et toute autre hypothèque pour laquelle on n'auroit pas pris inscription avant la transcription, ou au moins avant l'expiration de la quinzaine suivante. L'acquéreur, dès le moment que les dix années de l'inscription sont expirées, se voit à l'abri des chances des surenchères, et d'une dépossession, par l'effet d'une adjudication judiciaire qui pourroit en être la suite.

Mais il y a un rapport sous lequel il peut exister pour lui un plus grand intérêt. Cela arriveroit si, au moment de l'acquisition, et avant la transcription, il avoit payé tout ou partie du prix. Il faut bien convenir que, dans l'esprit de la loi, l'acquéreur est présumé n'avoir point payé, respectivement aux créanciers; mais ce n'est là qu'une présomption qui doit céder à la vérité. S'il a payé tout ou partie du prix, on sent que, par la péremption de l'inscription, qui, d'ailleurs, fait présumer l'extinction de la créance, il est délivré des inquiétudes qu'il pourroit avoir sur le sort d'un recours en garantie contre son vendeur.

Ce n'est pas tout; il peut y avoir eu plusieurs ventes successives depuis la première vente faite par celui sur lequel portent les inscriptions; et il peut se faire qu'il n'y ait pas eu de transcription de chacune de ces ventes. Ces exemples ne sont pas rares, dans les provinces surtout, où les ventes se font presque toujours isolément, sans rappeler les précédentes; de manière que la transcription du dernier contrat ne peut s'appliquer qu'à ce seul contrat. Or, on conçoit combien les précédens acquéreurs qui auroient payé tout ou partie du prix de leurs acquisitions, auroient intérêt à faire valoir la péremption des inscriptions qui auroient été existantes à l'époque de la transcription. Les créanciers qui les auroient prises seroient réduits aux ressources des saisies et arrêts entre les mains de l'acquéreur, comme débiteur, n'y ayant pas d'autres créanciers dont les inscriptions seroient en vigueur. Mais le droit qui résulteroit de la faculté de faire des saisies et arrêts est bien différent de celui que donnent des inscriptions en vigueur.

Sous l'édit de 1771, l'acquéreur qui avoit payé le prix de sa vente, en tout ou en partie, et qui obtenoit ensuite des lettres de ratification, pouvoit, avant qu'elles fussent expédiées, former lui-même opposition pour la sûreté de sa garantie, à raison du recouvrement de ce qu'il avoit payé, et il avoit une hypothèque sur l'immeuble qu'il avoit acquis, à dater du contrat de vente, parce qu'alors l'hypothèque étoit générale; elle existoit sans stipulation et sans spécialité; il avoit le droit de faire valoir l'invalidité des autres oppositions, parce qu'il y avoit en lui deux qualités, celle d'acquéreur et celle de créancier. Or, on ne voit pas pourquoi il n'en seroit pas de même actuellement, quoique l'acquéreur ne puisse pas prendre d'inscription

cription pour ce qu'il auroit payé sur le prix. L'intérêt reste, et cet intérêt se réunit au droit qui se tire de l'art. 2154.

Au surplus, en ce qui concerne les droits respectifs des créanciers, je crois pouvoir dire que la Cour royale de Paris, d'après un arrêt du 29 août 1815, rapporté par Sirey, *tom.* 16, 2e *partie, pag.* 176, a jugé que la notification de la part de l'acquéreur aux créanciers inscrits, étoit le seul instant où les inscriptions eussent acquis leur effet légal, et non celui de la transcription. Dans l'espèce de cet arrêt, le sieur Demay, créancier hypothécaire du sieur Durand, avoit pris inscription le 16 messidor an 11, correspondant au 15 juillet 1803. L'immeuble hypothéqué avoit été vendu par le sieur Durand en l'an 13. L'acquéreur n'avoit fait transcrire son contrat que le 15 juin 1809; il l'avoit notifié le lendemain aux créanciers inscrits. Un ordre avoit été ouvert le 27 août 1813. Le sieur Demay s'y présenta, et demanda la collocation de sa créance, à la date de son inscription. Deux créanciers contestèrent cette demande, sur le fondement que l'inscription avoit plus de dix ans de date, lors de l'ouverture de l'ordre, qu'elle étoit périmée, et qu'en conséquence, le sieur Demay avoit perdu son rang. Ce moyen de défense fut accueilli par le premier tribunal; mais, sur l'appel, le jugement fut infirmé. « Considérant, est-il dit dans l'arrêt, que les ventes dont il s'agit ont été opérées dans les dix années de la date de l'inscription de Demay, et que *les notifications pour purger ont eu lieu dans le même laps de temps.* » Ce n'est pas la transcription qui a décidé, mais bien les notifications.

113. Mais ce qui vient d'être dit est susceptible d'une modification très-importante. On ne pourroit en faire l'application à l'égard des acqué-reurs successifs de l'immeuble, et des créanciers personnels de ces mêmes acquéreurs. Ainsi, supposons que *Pierre* eût vendu à *Jacques* un immeuble moyennant 50,000 fr., et qu'il y eût des créanciers de *Pierre*, dont les inscriptions fussent encore en vigueur, parce qu'elles auroient moins de dix ans au moment où *Jacques* auroit fait notifier son contrat d'acquisition et la transcription à ces mêmes créanciers de *Pierre*; tous ces créanciers auroient droit de suivre l'immeuble sur *Jacques*, par les raisons qui viennent d'être déduites. Ils conserveroient ce droit, sans être obligés au renouvellement de leurs inscriptions, même à l'égard d'autres créanciers de *Pierre*, qui auroient renouvelé leurs inscriptions avant l'expiration de dix ans; ce renouvellement ne donneroit à ceux-ci aucun avantage sur les

Marginal note: Modification importante sur la résolution de la question.

Tome I.   G g autres. Les droits restent tels qu'ils sont fixés au moment de la notification de la vente aux créanciers de *Pierre*.

Supposons actuellement que *Jacques* eût revendu le même immeuble à *Paul*, et que celui-ci l'eût encore revendu à *Jean;* supposons encore que d'abord *Paul*, et ensuite *Jean*, eussent conféré successivement des hypothèques sur le même immeuble dont ils étoient devenus propriétaires, il naîtroit alors un nouvel ordre de choses. Ces acquéreurs successifs ou leurs créanciers respectifs, dans leur intérêt particulier, et pour se procurer la stabilité, les uns de leurs acquisitions, les autres de leurs créances, se présenteroient au bureau de la conservation des hypothèques, pour prendre connoissance des inscriptions qui pourroient frapper sur l'immeuble qui devroit leur être transmis ou hypothéqué. Ils doivent savoir que l'immeuble peut être grevé non-seulement des hypothèques existantes sur le propriétaire actuel, mais encore de celles existantes sur les précédens propriétaires. Celui qui doit recevoir une hypothèque sur l'immeuble, demandera donc l'extrait des inscriptions qui auroient pu être prises par les créanciers de ces anciens propriétaires, dont il indiquera les noms au conservateur. Mais il saura aussi que pour que ces inscriptions grèvent l'immeuble, leur date ne doit pas remonter à plus de dix ans; et, en conséquence, il se bornera à la connoissance des inscriptions qui auroient été prises dans ce délai. Quant à l'acquéreur, il devra sentir qu'il ne suffit pas qu'il n'y ait point d'inscription en vigueur, au moment de la transcription, et que ce qu'il aura à faire avec son vendeur dépend de l'état des inscriptions qui se trouveront prises avant l'expiration de la quinzaine, à compter de cette transcription.

Mais si, par rapport à celui qui doit devenir créancier du dernier propriétaire, il ne se trouve que des inscriptions sur les anciens propriétaires, qui seroient périmées; et si, relativement à l'acquéreur de ce dernier propriétaire, il n'y a pas d'inscriptions en vigueur de la part des créanciers de ces anciens propriétaires, au moment de l'expiration de la quinzaine qui aura suivi la transcription, alors toutes les anciennes inscriptions ne peuvent lier ni le créancier, ni cet acquéreur. Il suit de là que les créanciers de *Pierre*, inscrits sur l'immeuble acquis par *Jacques*, seroient sans droit de suite sur cet immeuble, à l'égard des acquéreurs ou des créanciers des propriétaires postérieurs, si ces créanciers de *Pierre* n'avoient pour eux que leurs inscriptions sur *Pierre*, quoiqu'elles fussent en vigueur à l'époque des notifications à eux faites par *Jacques;* ces inscriptions n'auroient d'effet, en faveur des créanciers de *Pierre*, que contre *Jacques* et les créanciers de ce dernier. On voit donc combien il est toujours prudent qu'on renouvelle les inscriptions sur le débiteur, avant l'expiration des dix ans (1).

114. On ne peut prendre, avec effet, une inscription après l'ouverture d'une succession, lorsqu'elle n'est acceptée ensuite que sous bénéfice d'inventaire, ou qu'elle devient vacante. On ne peut aussi prendre, avec effet, une inscription sur les biens d'un débiteur qui tombe en faillite, après l'ouverture de la faillite, et même dans les dix jours précédens. C'est ce que je dis dans le § suivant. Quelques auteurs en ont conclu que si les dix ans de la date de l'inscription ne sont pas expirés, soit au moment de l'ouverture de la succession acceptée sous bénéfice d'inventaire, soit lorsque la faillite arrive, alors l'inscription a reçu son effet légal, et qu'il devient inutile de la renouveler après. Ils ont comparé ces deux cas à celui où, lorsqu'il s'agit de poursuites en expropriation faites contre le débiteur, l'inscription auroit atteint son effet légal dès l'instant de l'adjudication, ou de l'ouverture de l'ordre. Ils les ont encore comparés à celui où, s'agissant de vente volontaire, l'inscription auroit atteint le même effet légal, dès l'instant des notifications faites par l'acquéreur aux créanciers inscrits. Mais cette opinion ne peut être admise.

Quel est le motif de la dispense du renouvellement de l'inscription, dans les deux derniers cas que je viens de rappeler? C'est que le but de toute hypothèque, à défaut de payement de la part du débiteur, est d'avoir droit de suite sur tous les immeubles soumis à l'hypothèque. Ainsi, lorsque dans les poursuites quelconques exercées sur ces immeubles, il arrive un instant où l'hypothèque inscrite atteint son but, où son effet est rempli, alors une nouvelle inscription devient parfaitement inutile. Il pourroit même se faire qu'elle ne pût point être prise sur le vrai propriétaire; ce qui arriveroit après l'adjudication.

Mais ce motif est étranger au cas de la succession bénéficiaire ou va-

De la nécessité du renouvellement de l'inscription en vigueur au moment de l'ouverture de la faillite du débiteur, ou de l'ouverture d'une succession qui devient bénéficiaire ou vacante.

_____

(1) M. Persil, au lieu que j'ai indiqué dans le n° précédent, fait une hypothèse pour parvenir au même résultat. J'ai cru devoir donner quelque étendue de plus à celle que je présente. Mais comme, dans une matière abstraite, les hypothèses frappent plus ou moins les lecteurs, selon la manière dont elles sont énoncées, on pourra consulter celle de M. Persil.

cante. L'héritier sous bénéfice d'inventaire peut être autorisé par la justice
à vendre des biens de la succession; et, dans cette circonstance, les hypothèques devroient être connues. Or, c'est ce qui deviendroit impossible, si les inscriptions avoient plus de dix ans de date, et si elles n'avoient
pas été renouvelées. D'ailleurs, l'héritier bénéficiaire peut être déclaré
pur et simple; cette déclaration auroit un effet rétroactif au jour de l'ouverture de la succession. Il pourroit vendre, il pourroit hypothéquer ; et
les tiers devroient connoître les inscriptions.

Le même motif ne peut pas plus s'appliquer au cas de la faillite. Le
failli est bien dessaisi de l'administration de ses biens, mais il ne l'est pas
de la propriété; il peut faire annuler les premières poursuites faites contre
lui, et obtenir la révocation de tous les jugemens qui auroient pu être
rendus. Sans cela même, il peut encore être autorisé à vendre, ou les
créanciers peuvent vendre, en vertu de sa procuration. On peut voir là-
dessus la savante analise faite par M. Locré, sur l'art. 442 du Code de commerce, *Esp. du Code de commerce, tom. 5, et surtout à la pag.* 128 *et suiv.*

Aussi la question a été décidée dans le sens dans lequel je viens de
m'expliquer, par un arrêt de la Cour de cassation, du 7 juin 1817. *Denev.,
même année, pag.* 388. L'arrêt est ainsi motivé : « Que ni la loi de brumaire an 7, ni l'article 2146 du Code civil, ne défendent ni ne dispensent
de renouveler les inscriptions, lorsque le débiteur est tombé en faillite, ou
que sa succession est prise sous bénéfice d'inventaire, et qu'ainsi ces événemens ne suffisent pas pour prolonger l'effet des inscriptions. » On ne
voit, ni dans l'arrêt, ni dans la discussion qui l'a préparé, des motifs précis
tirés de l'esprit de la loi ; mais je ne conçois pas qu'il puisse y en avoir
d'autres que ceux que j'ai exposés (1). Voyez un arrêt de la Cour royale

_____

(1) Je dois dire que, dans l'espèce de cet arrêt, il s'agissoit d'une succession échue à
un mineur ; et on pourroit dire que dans ce cas, comme dans celui d'une succession
acceptée sous bénéfice d'inventaire par un majeur, une inscription ne peut être prise
avec effet après l'ouverture de la succession. Cependant j'ai adopté une opinion
contraire dans le § suivant. J'ai pensé que le principe établi par l'article 2146, ne
concernoit que les successions acceptées par les majeurs sous bénéfice d'inventaire, et
qu'il ne pouvoit s'appliquer au cas d'acceptations forcées sous bénéfice d'inventaire,
lorsqu'il étoit question de successions échues à des mineurs. Je ne crois pas qu'on
puisse rien induire de cet arrêt contre mon opinion. La succession étoit ouverte en 1791 ;
et plusieurs circonstances tendoient à faire considérer cette succession du même œil
que si elle eût été acceptée sous bénéfice d'inventaire par un majeur.

de Dijon, du 26 février 1819, et un autre de celle de Limoges, du 26 juin 1820, rendus dans les mêmes principes. *Denev.*, *an* 1821, *pag.* 69, *suppl.*

115. Ce même arrêt, du 7 juin 1817, a jugé qu'une action hypothécaire, intentée contre un tiers détenteur, ne dispensoit pas du renouvellement de l'inscription à son égard, et que, dans cette circonstance, il avoit purgé l'hypothèque par la transcription de son titre. Voici, à ce sujet, les motifs de l'arrêt : « Qu'on ne peut dire que cette inscription avoit produit son effet légal, par cela seul qu'un jugement du 25 pluviôse an 13 avoit déclaré la maison dont il s'agit affectée et hypothéquée à la créance du demandeur. Ce jugement avoit bien l'effet d'interrompre la prescription de l'hypothèque, mais il n'ajoutoit d'ailleurs aucun nouveau droit à celui que le demandeur avoit déjà sur ladite maison. Il ne faisoit donc pas produire à l'inscription un effet légal ; il ne pouvoit donc dispenser le demandeur de renouveler cette inscription, s'il vouloit conserver son hypothèque contre le tiers acquéreur, qui avoit toujours dans la loi un moyen capable de la purger, si elle cessoit d'être inscrite. »

L'action hypothécaire intentée contre un tiers détenteur dispense-t-elle, à son égard, du renouvellement de l'inscription ?

Cette décision est une conséquence du principe que, lorsque, sous quelque régime hypothécaire qu'on se soit trouvé, la loi prescrit un acte avec des formes particulières, pour l'établissement ou la conservation de l'hypothèque, on n'a jamais pu y suppléer par tout autre acte quelconque, pas même à l'égard de l'acquéreur, par une action hypothécaire, quand elle auroit été suivie d'un jugement. Cela avoit lieu sous l'édit de 1771 ; l'opposition ne pouvoit être suppléée par une action de cette nature. Telle est l'opinion que j'avois adoptée dans mon Commentaire sur l'art. 15 de cet édit, n° 5. L'un des rédacteurs du Répertoire de jurisprudence, au mot *Déclaration d'hypothèque*, avoit d'abord été d'un avis contraire ; mais, dans une addition postérieure, l'auteur même de l'ouvrage professa l'opinion que l'action hypothécaire ne pouvoit tenir lieu de l'opposition au sceau des lettres de ratification. Il en étoit ainsi, quand même il y auroit eu une opposition, mais qui auroit été périmée par le laps de trois ans

Par une suite du même principe, un arrêt de la Cour de cassation, du 12 octobre 1808, *Sirey, an* 1808, *pag.* 543, a jugé que la transcription d'un contrat de vente antérieur à la loi du 11 brumaire purgeoit l'immeuble, même des créances pour lesquelles il y avoit eu, en l'an 6, une action en déclaration d'hypothèque. Tel étoit le résultat de la combinaison des art. 3 et 28 de cette loi. Il y avoit, dans l'espèce de cet arrêt, des circonstances les plus fortes qui établissoient que l'acquéreur avoit connu la créance, et qu'il s'étoit montré disposé à accéder, en ce qui le concernoit, à l'effet de la demande hypothécaire. La Cour dont l'arrêt fut attaqué, l'avoit motivé sur ce que la transcription avoit été faite *de mauvaise foi*. Mais l'arrêt de la Cour de cassation porte que « l'effet de la transcription est de purger l'immeuble acquis, de toutes hypothèques judiciaires ou conventionnelles, non inscrites avant ladite transcription, sans que la loi en excepte même celles dont l'acquéreur *a pu avoir la connoissance légale à l'époque où il a rempli cette formalité* (1). » Il doit en être absolument de même sous le Code civil. Il n'attache la publicité, et par conséquent la conservation de l'hypothèque, qu'à l'inscription, sans distinction. Actuellement la déclaration d'hypothèque a un autre objet, même à l'égard du tiers détenteur, ainsi que je l'observerai dans la seconde partie, quand j'expliquerai les principes relatifs à la position du tiers détenteur qui ne purge pas. L'inscription la rend inutile, et l'unique but de cette déclaration est d'interrompre la prescription de l'hypothèque contre le tiers détenteur qui ne fait pas transcrire ; mais après la transcription, l'inscription devient indispensable.

Résultat de l'avis du Conseil d'état, du 22 janvier 1808, sur le renouvellement des inscriptions.

116. Il y a des cas dans lesquels les inscriptions peuvent n'être pas prises directement par les personnes dans les intérêts desquelles elles sont prescrites ; et il s'étoit élevé des questions très-importantes pour déterminer comment et par qui ces inscriptions devoient être renouvelées. Toutes ces difficultés ont été levées, d'une manière précise, par un avis du Conseil d'état, du 22 janvier 1808. Cet avis contient un développement de réflexions très-utiles pour se pénétrer de l'esprit de la loi sur des points importans. Il doit être médité : pour abréger, je me bornerai à en présenter les dispositions principales.

Il en résulte, 1°. que toute inscription, sans exception, doit être renouvelée avant l'expiration du laps de dix années.

---

(1) Aussi un arrêt de la Cour d'appel de Turin, du 16 mars 1811, rapporté par Denevers, même année, page 176, au suppl., a jugé que l'acquéreur peut arguer de nullité les inscriptions, même quoiqu'il ait connu positivement les dettes inscrites avant la transcription. Cela tient au principe général que, lorsque la loi a établi une forme spéciale sous laquelle un particulier doit avoir connoissance d'un fait, lorsqu'il s'agit de la conservation, de la transmission ou de la révocation d'une propriété, cette connoissance ne peut résulter légalement que de l'acte prescrit par la loi pour la procurer.

2°. Que lorsque l'inscription a été nécessaire pour opérer l'hypothèque, le renouvellement est nécessaire pour sa conservation;

3°. Que lorsque l'hypothèque existe indépendamment de l'inscription, et que celle-ci n'est ordonnée que sous des peines particulières, ceux qui ont dû la faire doivent la renouveler sous les mêmes peines. Ainsi, en ce qui concerne les femmes mariées, les mineurs, les maris et les tuteurs, qui, aux termes de l'art. 2136 du Code, sont obligés eux-mêmes de rendre ces hypothèques publiques par l'inscription sur leurs biens, sont tenus de renouveler l'inscription avant l'expiration des dix années de leurs dates, sous les mêmes peines sous lesquelles les inscriptions ont dû primitivement être prises. Ces peines sont celles du stellionat et de la contrainte par corps;

4°. Que lorsque l'inscription a dû être faite d'office par le conservateur, elle doit être renouvelée par le créancier qui y a intérêt. Ceci concerne le vendeur et le prêteur dont il est parlé dans l'art. 2108 du Code.

Jusque-là, l'avis du Conseil d'état contient une interprétation exacte des articles du Code civil, relatifs aux inscriptions. L'impossibilité de charger le conservateur des hypothèques de ces renouvellemens, y est parfaitement démontrée.

Quant à l'obligation imposée aux conservateurs des hypothèques par l'art. 7 de la loi du 5 septembre 1807, relative aux droits du trésor public, sur les biens des comptables, de faire une inscription, au nom du trésor public, sur ceux des comptables énoncés dans cet article, il y a une règle différente à suivre : les conservateurs sont, pour le renouvellement, comme ils l'étoient pour l'inscription, les agens du trésor public qu'ils représentent. Aussi résulte-t-il de l'avis du Conseil d'état, qu'ils doivent faire le renouvellement sous la surveillance de l'administration.

Il reste encore une observation à faire, concernant les inscriptions que les conservateurs eux-mêmes sont tenus de prendre sur les biens qui font l'objet de leurs cautionnemens. L'art. 7 de la loi du 21 ventôse an 7 leur impose l'obligation de faire l'inscription de leur cautionnement; et il y est ajouté qu'elle subsistera pendant toute la durée de leur responsabilité, *sans avoir besoin d'être renouvelée.* Ces expressions ne pouvoient plus se concilier avec les dispositions du Code civil, qui, respectivement aux tiers, exige impérieusement la connoissance de toutes inscriptions prises dans l'intérêt du trésor public, et qui limite la durée de ces inscriptions à dix ans. Elles ne pouvoient non plus se concilier avec les principes de la loi du 5 septembre 1807. Ainsi, d'après l'interprétation de la législation, qui résulte, en cette partie, de l'avis du Conseil d'état, et d'après le principe qui y est posé, que toute inscription doit être renouvelée avant l'expiration du laps de dix années, les conservateurs sont tenus de renouveler eux-mêmes leurs inscriptions avant l'expiration de ce terme.

Des formes du renouvellement de l'inscription.

117. Pour que le renouvellement de l'inscription se fasse avec effet, on sent qu'il faut une nouvelle inscription qui, comme la première, fasse connoître tout ce que la loi exige; en sorte que les formes de l'inscription nouvelle doivent être les mêmes que celles de la première, selon que l'hypothèque est spéciale, générale ou légale. On peut ajouter au montant de la créance et de ses accessoires les intérêts échus depuis la première inscription; mais, pour ces intérêts, l'hypothèque ne prendra rang que du jour de la nouvelle, à l'exception de deux années et de l'année courante, ainsi que je l'ai déjà expliqué dans le présent §, à moins que l'on eût déjà pris des inscriptions pour ces intérêts à mesure de leurs échéances, pour lesquels il y auroit alors hypothèque, à compter de chacune de ces inscriptions.

Mais il arrive souvent que dans l'intervalle de dix ans, il y a des changemens. L'inscription nouvelle doit être subordonnée à ces changemens. L'objet essentiel est de donner toujours les connoissances exigées par la loi, et sur lesquelles je me suis expliqué dans le § précédent. S'il y avoit eu cession ou subrogation de la créance, il faudroit non-seulement que l'inscription nouvelle, prise à la diligence du cédataire ou du créancier subrogé, fît parfaitement connoître ce dernier, ainsi que la cession ou subrogation, mais qu'encore l'inscription embrassât la créance telle qu'on avoit dû en donner connoissance par la première inscription. On peut consulter, à ce sujet, un arrêt de la Cour de cassation, du 14 janvier 1818. *Denev.*, *an* 1818, *pag.* 91. Le sieur Danglemart, subrogé à une ancienne créance appartenante au sieur Sailhard, pour laquelle il y avoit eu une inscription prise par ce dernier le 23 floréal an 7, avoit pris, le 23 mai 1807, une nouvelle inscription conçue en ces termes : « Pour sûreté de la somme de....... et pour sûreté *de la subrogation dans l'effet de l'inscription prise le 23 floréal an 7, vol.* 6, *n°* 145, au profit de Jean-Pierre Sailhard, contre les sieur et dame Duval-Duménil, résultante d'une obligation passée devant Me Trianon et son confrère, notaires à Paris, le 10 mai 1807. » Le

sieur

sieur Danglemart prit encore une autre inscription le 18 juillet 1811; mais, à cette époque, il s'étoit écoulé plus de dix ans depuis l'inscription du 23 floréal an 7, qu'il avoit entendu renouveler par celle du 23 mai 1807. Cette dernière inscription fut annulée; en sorte que l'inscription du 23 floréal an 7 se trouva périmée. Le motif de la nullité de l'inscription du 23 mai 1807, fut qu'elle ne contenoit pas un renouvellement de l'inscription du 23 floréal an 7. On ne pouvoit, en effet, la considérer que *comme une simple mention de subrogation*, ainsi que cela fut dit par les parties intéressées, d'après la discussion des moyens qui précède l'arrêt.

§ IV.

Des cas où l'on ne peut prendre inscription, ou acquérir hypothèque avec effet, à raison de la position du débiteur, ou de l'état de sa succession.

SOMMAIRE.

118. *Des inscriptions prises dans les dix jours de la faillite.*
119. *Des inscriptions prises dans cet intervalle pour les hypothèques antérieures à la loi de brumaire.*
120. *Des inscriptions sur les successions bénéficiaires ou vacantes.*
121. *Exception, à ce sujet, pour les hypothèques antérieures à la loi de brumaire.*
122. *Les principes ci-dessus doivent-ils s'appliquer aux successions échues aux mineurs.*
123. *Les principes relatifs aux faillites sont-ils applicables au cas de l'insolvabilité ou déconfiture d'un débiteur non commerçant?*
124. *De l'inscription prise sur celui qui a fait cession de biens.*
125. *En est-il des inscriptions prises en cas de faillite, pour priviléges ou hypothèques légales, comme pour les inscriptions prises pour les autres créances?*
126. *De l'application du principe aux hypothèques légales.*
     Tome I.   H h

127. *De l'inscription que les agens et les syndics des faillites sont char-gés de faire, par les art. 499 et 500 du Code de commerce.*

128. *De l'effet des demandes formées contre l'héritier, sous le rapport de l'hypothèque, sur les biens de la succession. Nouvelle difficulté que présente l'art. 2146.*

129. *De l'effet des hypothèques obtenues par les créanciers de la succes-sion contre l'héritier, sur ses biens personnels.*

130. *Comment peut avoir lieu l'exécution contre l'héritier, sur les biens de la succession, des titres déjà exécutoires contre le défunt?*

Des inscrip-tions prises dans les dix jours de la faillite.

118. Suivant l'ancienne législation, on ne pouvoit se faire constituer une hypothèque par un failli, ni passer avec lui aucun contrat obliga-toire, non-seulement après l'ouverture de la faillite, mais encore dans les dix jours qui la précédoient. Telle étoit la disposition d'une déclaration du Roi, du 18 novembre 1702. Elle annuloit toutes obligations passées et toutes sentences rendues à ces deux époques. Le mauvais état des affaires du débiteur étoit réputé connu dans les dix jours antérieurs à l'ouverture légale de la faillite; et la nullité de ce qui se faisoit dans ces dix jours étoit l'effet d'une présomption *juris et de jure*, qui produisoit cette nullité par le seul fait, sans qu'elle dût être soutenue d'aucune preuve.

Ces principes ont été admis par la nouvelle législation. C'est ce qu'on voit dans l'art. 11 de la première loi rendue sur cette matière, qui est celle du 9 messidor an 3, et dans l'art. 5 de la loi du 11 brumaire. Les mêmes principes ont été confirmés par l'art. 2146 du Code civil, et par l'art. 443 et suivans du Code du commerce. Les articles de ce dernier Code ont ce-pendant apporté quelques modifications, relativement aux actes translatifs de propriété et aux actes de commerce qui seroient passés dans les dix jours antérieurs à l'ouverture de la faillite. Il me suffit ici d'y renvoyer.

Ces principes sont fondés sur ce que la faillite ouverte et déclarée fixe les droits des créanciers du failli au même état où ils étoient lors de l'ou-verture de la faillite, et dix jours avant l'époque à laquelle elle est pré-sumée connue. Dès ce moment le débiteur, d'après l'art. 442 du Code de commerce, est dessaisi de plein droit de l'administration de tous ses biens. Tout ce qu'il fait est suspect; on a tout lieu de craindre qu'il ne cherche à favoriser quelques-uns de ses créanciers au préjudice des autres, ou qu'il ne prenne des mesures frauduleuses pour soustraire ses biens aux poursuites de tous. Enfin, les créanciers sont assimilés à des associés dont la condition est la même, et qui ne peuvent se nuire respectivement. Ainsi, en combinant l'article 2146 du Code civil avec l'art. 443 du Code de commerce, on ne peut pas plus donner, par l'inscription, l'efficacité à une hypothèque antérieure aux dix jours qui précèdent l'ouverture de la faillite, lorsque l'inscription est prise dans ces dix jours, qu'on ne peut acquérir une hypothèque même, dans cet intervalle.

119. Il faut cependant remarquer une modification importante à ce principe, relativement aux hypothèques qui auroient été acquises avant la publication de la loi de brumaire an 7. C'est que, pour ces hypothèques, on a pu prendre avec effet une inscription, même après l'ouverture de la faillite, et à plus forte raison dans les dix jours qui l'ont précédée. Cette modification a éprouvé d'abord des difficultés; mais depuis longtemps elle n'en fait plus. La raison en est que c'est seulement dans le titre 1er que la loi de brumaire contient des dispositions sur les hypothèques et priviléges pour l'avenir, et que ce n'est que sous ce titre, article 5, qu'elle prescrit l'inscription avant les dix jours qui précèdent la faillite; tandis que les dispositions de la même loi, en ce qui concerne les hypothèques du passé, sont consignées dans le titre 3, et qu'on n'y voit point la nécessité de l'inscription avant les dix jours antérieurs à la faillite. D'ailleurs, il eût été injuste d'assujettir aux mêmes règles une inscription qui se prend en vertu d'un titre passé sous le Code civil, qui est le complément nécessaire pour acquérir hypothèque, et l'inscription pour une hypothèque ancienne existant par elle-même, sans la formalité de l'inscription qui étoit alors inconnue. C'eût été entacher la loi du vice de la rétroactivité. Autre chose est *acquérir* une hypothèque nouvelle, autre chose est *conserver* une hypothèque anciennement acquise.

Cette question est discutée et décidée en ce sens par M. Chabot (de l'Allier), *Questions transitoires, tom. 1er, pag.* 100 *et suiv.* Il se fonde sur des arrêts de la Cour de cassation, des 18 février et 5 avril 1808. J'ajoute que la question a été jugée de même par deux arrêts remarquables de la même Cour, rendus après l'impression de cet ouvrage de M. Chabot. Ils l'ont été, l'un le 15 décembre 1809, sous la présidence de M. le Grand-Juge ministre de la justice, y ayant eu une première cassation et renvoi à une autre Cour; l'autre le 4 décembre 1815. Ces deux arrêts sont dans le

Des inscriptions prises dans cet intervalle pour les hypothèques antérieures à la loi de brumaire.

H h 2

recueil de Denevers, *an* 1810, *pag.* 21, *et* 1816, *pag.* 82 : en sorte qu'il y a, sur ce point de droit, une jurisprudence certaine (1).

On sent bien, d'après ce qui vient d'être dit, que les créances hypothécaires, antérieures à la loi de brumaire, peuvent également être inscrites, avec effet, sur les biens d'un failli sous le Code civil, comme elles auroient pu l'être sous la loi même de brumaire, afin de conserver ces hypothèques. Le Code civil doit être considéré, sous ce rapport, du même œil que la loi de brumaire, pour la conservation de ces anciennes hypothèques par l'inscription. Les arrêts, quoique rendus pour des inscriptions prises sous la loi de brumaire, décident la question pour celles prises sous le Code; les motifs sont les mêmes. Il y a plus, ces hypothèques étant une fois conservées à leur date, par l'inscription prise dans le délai prescrit par la loi de brumaire, pour l'inscription des hypothèques anciennes, ou dans ceux établis par les lois postérieures qui l'ont prolongé, ont pu être renouvelées avant l'expiration des dix ans. Ce renouvellement a dû avoir son effet, même quand il auroit eu lieu sous le Code civil, dans les dix jours avant la faillite du débiteur. C'est aussi ce que M. Chabot a judicieusement observé, *loco citato*, *pag.* 104.

Des inscriptions sur les successions bénéficiaires ou vacantes.

120. Il est également certain qu'une inscription ne pourroit être prise, avec effet, sur une succession qui auroit été acceptée sous bénéfice d'inventaire, ou qui seroit vacante. Cette vacance pourroit arriver, soit parce que les héritiers y auroient renoncé, et qu'en conséquence il auroit été nommé un curateur à la succession vacante; soit parce qu'il ne se présenteroit aucun héritier, qu'il n'y en auroit point de connus ; ce qui pourroit encore donner lieu à la nomination d'un curateur. L'acceptation bénéficiaire et la vacance de la succession fixent les droits respectifs des créanciers; ces droits ne peuvent plus varier : il en est de ce cas comme de celui de la faillite. Pourroit-on acquérir des droits contre un héritier

(1) On peut voir l'arrêt du 15 décembre 1809, dans les Questions de droit de M. Merlin, 3e édition, aux mots, *Inscription hypothécaire*, § 3. Il y est rapporté, ainsi que ses conclusions, avec tous les détails qu'il est possible de désirer. Cet arrêt étoit rapporté dans plusieurs ouvrages, et notamment dans le Répertoire de jurisprudence, aux mêmes mots, *Inscription hypothécaire*. M. Merlin corrige des inexactitudes qui s'y étoient glissées; mais ces inexactitudes deviennent indifférentes, relativement à ce que je dis sur la question. Je la fais suffisamment connoître en indiquant le principe, et en renvoyant aux sources où les arrêts sont transcrits littéralement.

bénéficiaire qui n'est qu'un simple administrateur tant que cette qualité dure, qui ne peut vendre les biens de la succession qu'avec des formalités et sous l'autorité de la justice? qui ne peut point payer, à son gré, un des créanciers de la succession préférablement aux autres? qui est obligé, en faisant ces payemens, de suivre l'ordre des priviléges et des créances, sans quoi il y auroit une action en révocation des payemens, en faveur des créanciers auxquels ces payemens feroient préjudice? Pourroit-on encore acquérir des droits contre un curateur nommé à une succession vacante, qui toujours, ou au moins presque toujours, n'est qu'un vain fantôme que la nécessité des circonstances oblige de créer? Cela tient encore à ce qu'une succession acceptée sous bénéfice d'inventaire, ou qui est répudiée, est considérée comme étant en état de déconfiture ou d'insolvabilité; et que, de tout temps, lorsqu'un particulier étoit tombé dans cet état, lorsque cet état étoit reconnu, il ne pouvoit être acquis sur ces biens un droit au profit d'un de ses créanciers, au préjudice des autres. L'acquisition des droits particuliers n'auroit dépendu, en pareille circonstance, que du plus ou moins d'adresse ou de vigilance de certains créanciers, ce qui exclut la bonne foi qui doit régner dans les conventions, et dans l'obtention des jugemens. En un mot, une succession bénéficiaire ou vacante et sous la main de la justice, et dès lors tous les droits des créanciers deviennent égaux.

C'est d'après tous ces anciens principes qu'a été rédigé l'art. 2146 du Code civil. Il y est dit d'abord que les inscriptions ne produisent aucun effet, si elles sont prises dans le délai pendant lequel les actes faits avant l'ouverture des faillites sont déclarés nuls. Il est ensuite ajouté : « Il en est de même entre les créanciers d'une succession, si l'inscription n'a été faite par l'un d'eux *que depuis l'ouverture, et dans le cas où la succession n'est acceptée que par bénéfice d'inventaire.* » Ayant été admis en principe, dans notre législation, que l'inscription donne seule l'efficacité à l'hypothèque, qu'elle en est le complément, le législateur, dans cet article, a fait porter sur l'inscription prise aux époques, et dans les circonstances qui y sont énoncées, la même invalidité dont les anciennes lois et la jurisprudence frappoient l'hypothèque qui auroit été, ou donnée, ou obtenue, aux mêmes époques et dans les mêmes circonstances, en un temps où l'hypothèque étoit constituée par le titre même, sans le secours de l'inscription.

Cet art. 2146 ne fait pas mention de la succession vacante; et quelques auteurs en avoient conclu que l'article s'appliquoit seulement à la succession bénéficiaire; mais il est de toute évidence que le législateur a entendu comprendre dans ses dispositions la succession vacante, comme la succession bénéficiaire: il y avoit même de plus fortes raisons pour le premier cas que pour le second. Aussi, dans l'ancienne jurisprudence, les mêmes principes s'appliquoient à l'un et à l'autre; et M. Merlin a souvent assimilé ces deux cas. C'est ce qu'on voit notamment dans un discours qu'il prononça lors d'un arrêt de la Cour de cassation, du 4 thermidor an 12, dont je parlerai dans un moment. « Et l'on sent, disoit-il, que ce que l'art. 2146 dit d'une succession acceptée par bénéfice d'inventaire, doit, *à bien plus forte raison*, être étendu à la succession qui est totalement abandonnée, et à laquelle la justice est forcée d'établir un curateur.»

Mais respectivement, soit à la succession bénéficiaire, soit à la succession vacante, cet art. 2146 présente une difficulté sérieuse. D'abord, il est sans aucun doute que l'inscription prise après l'acceptation de la succession bénéficiaire, comme après la vacance et contre un curateur qui seroit nommé, seroit absolument sans effet. L'esprit de l'article se manifeste trop, à cet égard, pour qu'il puisse s'élever la moindre difficulté. Mais cet article a-t-il voulu que l'inscription, pour être valable, fût antérieure aux dix jours qui précéderoient immédiatement l'acceptation sous bénéfice d'inventaire ou la vacance? En d'autres termes, de même que l'art. 2146, par sa combinaison avec l'art. 443 du Code de commerce auquel il se réfère, exige, pour la validité de l'inscription, qu'elle soit prise avant les dix jours qui précèdent l'ouverture de la faillite, de même aussi, lorsqu'il s'agit d'une succession bénéficiaire ou vacante, faut-il que l'inscription, pour avoir son effet, soit faite avant les dix jours qui précèdent l'acceptation sous bénéfice d'inventaire, ou l'époque à laquelle la succession devient vacante? Telle est la question délicate que fait naître l'art. 2146.

L'ancienne jurisprudence, en ce qui concerne la validité de l'hypothèque sur une succession acceptée sous bénéfice d'inventaire, ou devenue vacante, présente peu de moyens pour qu'on puisse décider par des analogies la question dont il s'agit. En effet, dans les anciens auteurs on ne voit guère autre chose, si ce n'est le principe énoncé d'une manière vague et générale, que l'hypothèque ne pouvoit être obtenue ni accordée sur

une succession acceptée sous bénéfice d'inventaire, ou régie par un curateur nommé, si elle étoit vacante.

Je dois dire, cependant, qu'il paroîtroit que, d'après une jurisprudence
particulière qui s'étoit formée au parlement de Flandres, pour que l'inscription eût son effet, elle devoit être faite antérieurement aux dix jours qui
précédoient immédiatement l'époque de l'acceptation sous bénéfice d'inventaire, ou celle de la vacance de la succession. C'est ce qu'observoit
M. Merlin, en portant la parole, lors de l'arrêt de la Cour de cassation, du
4 thermidor an 12, rapporté, avec son discours, dans ses *Questions de
droit*, aux mots *Succession vacante*, § 1er. Néanmoins, on voit encore, d'après
ce qu'il disoit, que cette jurisprudence ne s'étoit pas soutenue dans ce
parlement. Au surplus, cette jurisprudence particulière et isolée ne pouvoit être regardée que comme une exception aux principes généraux
observés dans le reste du royaume. Il faut donc recourir à d'autres bases
pour se décider sur ce qu'a voulu l'art. 2146 du Code civil.

Comparons les termes des lois nouvelles, antérieures néanmoins au Code
civil, aux dispositions de cet art. 2146. Il étoit dit dans la loi du 9 messidor
an 3, art. 11 : «Les jugemens rendus dans les dix jours antérieurs à la faillite,
banqueroute ou cessation publique de payement d'un commerçant, ne
sont point susceptibles d'hypothèque. » On lit dans l'art. 12 : « Ne sont
pareillement susceptibles d'aucune hypothèque les condamnations obtenues
contre *l'hérédité acceptée sous bénéfice d'inventaire*, ou *le curateur à la
succession vacante*. » Il est aisé de voir que cet article frappoit seulement
de nullité l'hypothèque qui auroit été obtenue contre l'héritier bénéficiaire,
ou contre le curateur à la succession vacante, ou qui auroit été accordée
pour eux ; en sorte que s'il étoit survenu une hypothèque dans l'intervalle
de l'ouverture de la succesion à l'acceptation bénéficiaire, ou à la vacance
de la succession, quelle que fût l'époque où cette hypothèque arrivât,
dans ce même intervalle, c'est-à-dire, que ce fût avant ou pendant les dix
jours qui auroient précédé l'acceptation bénéficiaire ou la vacance, l'hypothèque devoit avoir son effet ; car, étant dit dans l'article précédent, relativement à la faillite, que l'hypothèque étoit nulle, si elle étoit prise
pendant les dix jours antérieurs à la faillite, comment supposeroit-on que
la disposition concernant cette nullité dans ce cas, étant si présente à l'esprit du législateur, il n'eût pas mis pour condition de la validité de l'hypothèque concernant la succession acceptée sous bénéfice d'inventaire, ou

devenue vacante, que cette hypothèque remonteroit au delà des dix jours qui auroient précédé l'acception bénéficiaire, ou la vacance? Le législateur comparoit l'état de déconfiture ou d'insolvabilité de la succession, qui résultoit de ce qu'elle étoit acceptée par bénéfice d'inventaire, ou de ce qu'elle devenoit vacante, au même état d'insolvabilité qui résulte de l'ouverture de la faillite. Mais il ne vouloit pas soumettre les créanciers à la nécessité de prendre ou obtenir l'hypothèque avant les dix jours antérieurs à l'acceptation bénéficiaire ou à la vacance, comme il avoit voulu soumettre les créanciers, pour le cas de la faillite, à la nécessité d'avoir une hypothèque qui remontât au delà des dix jours antérieurs à l'ouverture de la faillite.

La loi de brumaire an 7 avoit gardé le silence sur ce qui concernoit les successions bénéficiaires ou vacantes. L'article 5 de cette loi répétoit seulement la disposition de l'art. 11 de la loi du 9 messidor an 3. Cependant il étoit difficile, ainsi que l'observe M. Merlin, de tirer de ce silence l'induction que le législateur eût entendu donner un effet indéfini à toute inscription qui auroit été prise sur une succession bénéficiaire ou vacante. Mais alors il n'auroit plus été question que de suivre, pour l'inscription prise dans ces deux circonstances, les mêmes principes admis dans l'ancienne jurisprudence pour l'hypothèque obtenue sur une succession acceptée sous bénéfice d'inventaire, ou contre le curateur nommé à la succession vacante. Et dès lors, il est vrai de dire que l'inscription prise avant l'acceptation bénéficiaire, ou avant la vacance, eût été valable, quelle que fût l'époque où l'inscription eût été prise, entre l'ouverture de la succession et son acceptation bénéficiaire, ou la vacance.

Venons à l'art. 2146 du Code civil. D'abord, il n'y est pas dit un mot de la fixation de l'inscription, antérieurement aux dix jours qui précéderoient l'acceptation bénéficiaire de la succession ou la vacance, quoique dans le même article les dix jours antérieurs à la faillite, en le combinant avec l'art. 443 du Code de commerce, formassent une époque prohibée relativement à l'inscription. On ne peut tirer aucune induction de ce que, dans la première partie de l'art. 2146, où l'on avoit en vue la faillite, on n'y parle pas précisément des dix jours, et de ce qu'il y est seulement dit « si elles sont prises dans le délai *pendant lequel les actes faits avant l'ouverture des faillites sont déclarés nuls.* » Il y a toujours une prohibition de s'inscrire non-seulement après l'ouverture de la faillite, mais encore dans

un

un délai antérieur qui devoit être déterminé. Cette détermination, qui devoit être faite dans le Code de commerce, importoit peu lorsqu'on rédigeoit l'art. 2146; et d'ailleurs elle étoit déjà faite à ces dix jours dans les lois antérieures au Code civil.

Ensuite, quand on en vient dans le même article 2146 à la succession acceptée par bénéfice d'inventaire, qu'y dit-on? « Il en est de même entre les créanciers d'une succession, si l'inscription n'a été faite par l'un d'eux que *depuis l'ouverture, et dans le cas où la succession n'est acceptée que par bénéfice d'inventaire.* » Le législateur a-t-il voulu dire, par ces expressions, que l'inscription seroit faite dans un temps déterminé, au delà des dix jours qui précéderoient l'acceptation bénéficiaire ou la vacance? Il est difficile de se décider pour l'affirmative. Outre l'induction qui se tire du silence de la loi sur la détermination d'une époque antérieure aux dix jours, à laquelle l'inscription eût dû être faite dans le cas de l'acceptation bénéficiaire ou vacante, comme pour le cas de la faillite, les règles grammaticales résistent à ce qu'on adopte la comparaison qu'on voudroit faire, en tout sens, du cas de l'acceptation bénéficiaire ou de la vacance d'une succession, au cas de la faillite, c'est-à-dire, à ce que l'inscription, dans un cas comme dans l'autre, fût prohibée dans les dix jours précédens. Le législateur permet l'inscription après l'ouverture de la succession; mais il l'annule aussitôt dans un seul cas, qui est celui où, après cette ouverture, la succession *n'est acceptée que par bénéfice d'inventaire.* Donc l'inscription est nulle, à quelque époque qu'elle soit prise, après l'ouverture de la succession, par cela seul que, dans la suite, la succession est acceptée sous bénéfice d'inventaire, ou qu'elle devient vacante.

Telle est aussi la manière dont M. Merlin entendoit la disposition de cet article 2146. On ne pouvoit appliquer cet article à la question qu'il discutoit, parce qu'elle avoit pris naissance à une époque antérieure à la promulgation du Code civil. « Mais, disoit-il, cette difficulté n'en seroit pas une, si nous devions nous en rapporter à la disposition de l'art. 2146 du Code civil. Suivant cet article, *les inscriptions ne produisent aucun effet,* non-seulement lorsqu'elles *sont prises dans le délai pendant lequel les actes faits avant l'ouverture des faillites sont déclarés nuls,* mais encore lorsqu'elles ont été prises postérieurement à l'ouverture d'une succession *qui n'est acceptée que par bénéfice d'inventaire....* Ainsi, d'après l'esprit de cet article, il suffiroit qu'on n'eût pris inscription que depuis l'ouverture de la succession, pour qu'elle dût rester sans effet; et il n'importeroit qu'au moment où elle a été prise la succession ne fût pas encore répudiée; il n'importeroit qu'à ce moment un curateur n'y fût pas encore établi : elle n'en auroit pas moins été annulée par le seul fait de la nomination subséquente d'un curateur à cette succession; elle n'en seroit pas moins devenue caduque, *même dans le cas où le curateur à cette succession n'eût été nommé que vingt, trente ou quarante jours après.* » M. Merlin, revenant encore, dans la suite, à la comparaison de l'ancienne jurisprudence à la disposition de l'art. 2146, et faisant toujours marcher d'un pas égal et la vacance et l'acceptation bénéficiaire, s'explique ainsi : « Voilà bien le même principe qui se retrouve dans l'art. 2146 du Code civil; et si ce principe étoit indistinctement vrai dans notre ancienne jurisprudence, il en résulte nécessairement que les inscriptions prises sur les biens d'un débiteur, après sa mort, devoient toujours demeurer sans effet lorsqu'elles étoient suivies, soit de la répudiation absolue de tous ses héritiers, soit de leur acceptation par bénéfice d'inventaire, *quelle que fût d'ailleurs l'époque de cette répudiation absolue et de cette acceptation.* »

J'ai vu citer l'arrêt du 4 thermidor an 12, comme ayant jugé que l'inscription devoit avoir son effet, si, quoique faite après l'ouverture de la succession, elle l'avoit été antérieurement aux dix jours qui précéderoient l'acceptation bénéficiaire de la succession; et que l'inscription ne devoit être nulle qu'autant qu'elle ne précéderoit pas les dix jours antérieurs à l'acceptation ou à la vacance. Mais cela n'a pu être dit que par l'effet d'une méprise. Il est bien vrai que le jugement contre lequel on s'étoit pourvu en cassation, avoit annulé l'inscription, « parce qu'elle avoit été faite dans les dix jours de la faillite du débiteur; qu'en effet, cette inscription a été prise le 8 pluviôse an 7, tandis que six jours après, c'est-à-dire, le 14 pluviôse, sa succession a été abandonnée, et sa faillite réputée ouverte, tant par la renonciation de la veuve à la communauté, que par l'apposition des scellés qui a été faite ledit jour, et qui fut suivie de la convocation des créanciers et de la nomination du curateur. » Mais la Cour de cassation, en annulant l'inscription, ne se détermina pas par le motif qu'elle avoit été prise dans l'intervalle de dix jours avant l'abandon de la succession. Il y est dit simplement : « Attendu, d'autre part, que lorsque Prévot a pris inscription le 8 pluviôse an 7, la déconfiture de la succession du débiteur étoit constante;

que, dans cet état, *aux termes de la jurisprudence ancienne, aucun créancier ne pouvoit faire sa condition meilleure au préjudice des autres ;* d'où il suit que le jugement attaqué, en déclarant nulle et sans effet l'inscription prise par Prévot dans cette circonstance, n'a violé aucune loi.» Dans l'esprit de la Cour de cassation, il ne pouvoit être question de l'application de la loi de brumaire qui gardoit le silence sur la difficulté, en sorte qu'elle devoit être résolue d'après les anciens principes. Il ne pouvoit être question non plus de l'art. 2146 du Code civil, puisque l'affaire qui étoit jugée avoit pris naissance avant la promulgation de ce Code. L'inscription fut annulée par cela seul qu'il y avoit eu abandon de la succession ; et elle l'eût été quand elle auroit été prise antérieurement aux dix jours qui précédoient cet abandon. Cela résulte des conclusions de M. Merlin, si l'on rapproche de ces conclusions le dispositif de l'arrêt. Il pensa que le jugement attaqué n'avoit violé aucune loi en prononçant la nullité de l'inscription, et qu'il avoit au contraire bien jugé, *quoique par de mauvais motifs.*

Je dois ajouter qu'il seroit difficile de croire que le législateur ait entendu que l'inscription seroit nulle, si elle étoit prise dans les dix jours qui précéderoient l'acceptation de la succession par bénéfice d'inventaire, ou la vacance ; et qu'elle seroit valable si, quoique prise après l'ouverture de la succession, elle avoit une date antérieure à ces dix jours. La raison en est que tout créancier qui voudroit s'écarter des règles de la délicatesse, pourroit, à son gré, se donner une inscription antérieure à ces dix jours. Il y parviendroit en engageant l'héritier par des voies intéressées, ou autrement, à retarder soit l'acceptation bénéficiaire, soit la renonciation à la succession jusqu'à l'expiration de dix jours, à partir de l'inscription. Car, tant qu'il n'y a point d'adition d'hérédité, et que les choses sont entières, il est indifférent, dans l'intérêt de l'héritier, qu'il tarde plus ou moins à accepter sous bénéfice d'inventaire, ou à répudier ; au lieu qu'il n'en est pas de même pour le cas de la faillite. On ne peut pas faire avancer ou retarder une faillite à son gré.

Enfin, la règle que l'inscription seroit sans effet, étant prise après l'ouverture de la succession, soit avant, soit après les dix jours qui précéderoient l'acceptatoin bénéficiaire ou la vacance, se concilie avec les principes de la matière. Ecoutons là-dessus ce que disoit M. Merlin dans le même discours : « A la vérité, par la règle *le mort saisit le vif,* l'héritier acquiert de plein droit la propriété et la possession de tous les biens du défunt ; mais il faut pour cela qu'il le veuille, et qu'il en manifeste la volonté par une déclaration expresse, ou par le fait ; car *nul n'est héritier qui ne veut.* Et si, au lieu d'accepter la succession à laquelle il est appelé, il la répudie, les effets de la répudiation se reportent au moment même du décès ; il est censé n'avoir jamais été saisi de rien ; et la succession est considérée comme vacante, et abandonnée *dès le premier instant de son ouverture.* Par la même raison, s'il accepte sous bénéfice d'inventaire, cette acceptation rétroagit *jusqu'à l'ouverture de l'hérédité* ; et c'est comme héritier bénéficiaire qu'il est réputé avoir recueilli les biens *dès le principe.* Ainsi, dans l'un et l'autre cas, la succession est censée avoir été en déconfiture *du moment où elle a été ouverte.* Dans l'un et l'autre cas, toute acquisition d'hypothèque est devenue impossible à compter de ce moment. Dans l'un et l'autre cas, il est indifférent qu'une hypothèque ait été prise *avant ou dans les dix jours* qui ont précédé, soit la répudiation, soit l'acceptation sous bénéfice d'inventaire. »

Exception, à ce sujet, pour les hypothèques antérieures à la loi de brumaire.

121. Mais on doit appliquer au cas de la succession bénéficiaire ou vacante, la même exception que celle que j'ai déjà expliquée pour le cas de la faillite, relativement aux créanciers qui avoient une hypothèque antérieure à la promulgation de la loi de brumaire ; il y a les mêmes raisons de se décider. C'est ce qui a été jugé, pour ce cas particulier, par trois arrêts de la Cour de cassation. Le premier est du 17 décembre 1807 ; le second du 5 septembre 1810, et le troisième du 4 juillet 1815 (1). Ce dernier arrêt est d'autant plus important qu'il a jugé la question dans la circonstance d'une succession vacante avant la loi de brumaire, sur laquelle il avoit été pris des inscriptions sous l'empire du Code civil, en 1813 et 1814. Cette décision confirme ce que j'ai dit dans le n° précédent, qu'il n'y avoit pas de différence à faire entre la vacance d'une succession et son acceptation par bénéfice d'inventaire. Il faut cependant remarquer que, quand l'inscription est prise après le délai prescrit pour l'inscription des anciennes hypothèques, par la loi de brumaire et par les lois postérieures qui l'ont prolongé, et par conséquent sous le Code civil, elle ne confère hypothèque qu'à compter de sa date. On rentre alors dans les règles générales, concernant

(1) Recueil de Denevers, an 1808, pag. 6, au suppl. ; an 1810, pag. 512 ; an 1815 pag. 559.

toutes inscriptions quelconques, abstraction faite des cas de faillite, de succession bénéficiaire ou vacante. C'est encore ce qui résulte du dispositif de cet arrêt du 4 juillet 1815.

122. M. Persil, *Régime hypot.*, sur l'art. 2146, n° 13, agite la question de savoir si les principes que je viens d'exposer doivent s'appliquer ou non aux successions échues aux mineurs, dès qu'elles ne peuvent être acceptées que sous bénéfice d'inventaire. Il se décide pour l'affirmative, et voici ses motifs : « Il paroît sans doute y avoir des raisons puissantes pour proposer des modifications : mais la loi est là ; elle ne distingue pas, nous ne pouvons pas distinguer plus qu'elle. Le législateur savoit que les mineurs ne pouvoient jamais accepter que sous bénéfice d'inventaire ; et s'il n'a pas fait d'exception en faveur des créanciers de ceux-ci, c'est qu'il a voulu les traiter comme les autres. »

Les principes ci-dessus doivent-ils s'appliquer aux successions échues aux mineurs?

Cet estimable auteur a parfaitement senti la difficulté ; mais je ne saurois partager son avis. Il a vu des doutes ; et, à mon sens, il a été trop timide sur la solution de la question. Je pense que les principes dont il s'agit ne peuvent s'appliquer à une succession qui seroit acceptée par un mineur, ou plutôt pour lui, ce qui ne peut se faire que sous bénéfice d'inventaire. Lorsque le législateur a dit dans l'art. 2146 du Code, *et dans le cas où la succession n'est acceptée que sous bénéfice d'inventaire*, il me paroît évident qu'il n'a eu en vue que le cas des acceptations faites par des majeurs, sous ce titre de bénéfice d'inventaire. Quelle en est la raison ? C'est que dans ce cas, l'insolvabilité de la succession se présume. Cette présomption se tire de la précaution prudente que prend un majeur, contre l'ordre ordinaire des choses, d'éviter la confusion de ses biens avec ceux du défunt, et d'éloigner de lui l'obligation de payer les dettes *ultrà vires*. Ce majeur agit volontairement ; mais ce motif de la loi est étranger à une succession dévolue à un mineur. La loi établit, art. 461, uniquement à raison de l'état de minorité, la nécessité d'une acceptation sous bénéfice d'inventaire ; ou, pour mieux dire, elle donne à toute acceptation de succession de la part d'un mineur, le caractère d'acceptation sous bénéfice d'inventaire. Ce caractère est indépendant de la volonté du mineur. Il faut d'ailleurs faire attention au résultat de l'art. 461. Il y est dit : « Le tuteur ne pourra accepter ni répudier une succession échue au mineur, sans une autorisation préalable du conseil de famille : l'acceptation n'aura lieu que sous bénéfice d'inventaire. » Si le tuteur n'est pas autorisé à répudier, l'acceptation en devient une conséquence ; et de là il résulte, quoique l'acceptation doive avoir lieu sous bénéfice d'inventaire, une exclusion de l'idée que la succession soit en état d'insolvabilité ou de déconfiture. Or, c'est seulement de cet état que naît le principe de la nullité de l'inscription.

On peut dire encore que, malgré la disposition de l'art. 461 du Code civil, qui au fond est très-sage, ce qui concerne l'acceptation des successions échues aux mineurs, ne diffère pas essentiellement de ce qui existoit sous l'ancienne législation. L'autorisation du conseil de famille étoit nécessaire pour que le tuteur pût répudier une succession. Mais, quand ce n'étoit pas le cas de la répudiation, la succession étoit acceptée par le mineur, ou pour lui, comme le faisoient les majeurs. Cependant le mineur pouvoit toujours revenir contre l'acceptation, même contre celle qui lui auroit été personnelle, dans les dix ans à compter de sa majorité ; ce qui, quant au résultat, revenoit à l'état actuel des choses. Le mineur pouvoit toujours se jouer de sa qualité ; et, néanmoins, on n'appliquoit pas aux successions qu'il recueilloit, le principe relatif aux successions échues aux majeurs, qu'ils n'acceptoient que sous bénéfice d'inventaire. On ne peut donc motiver un changement sous la législation actuelle.

Au surplus, la difficulté mérite de fixer l'attention du législateur, si la loi est revisée. On ne doit pas mettre des entraves inutiles à la conservation des hypothèques, et en multiplier les déchéances.

Les principes relatifs aux faillites sont-ils applicables au cas de l'insolvabilité ou déconfiture d'un débiteur non commerçant ? 123. C'est une question importante et qui mérite d'être examinée, que celle de savoir si les lois relatives aux faillites, quant à la validité ou nullité de l'inscription, sont appliquables à l'état d'insolvabilité dans lequel on prétendroit que seroit tombé un débiteur non commerçant ; état qui a toujours été connu sous le nom de *déconfiture*. Il y avoit déconfiture, d'après ce qui est dit dans l'art. 180 de la Coutume de Paris, et dans l'art. 449 de la Coutume d'Orléans, qui y est conforme, lorsque les biens tant meubles qu'immeubles du débiteur ne suffisoient pas aux créanciers apparens. Alors, en cas de saisie des meubles, le créancier saisissant n'avoit aucune préférence sur les autres créanciers, contre la règle générale. Ils venoient tous par contribution, au sou la livre, sur les biens meubles du débiteur. Il y avoit bien aussi contribution sur les immeubles, mais ce ne pouvoit être que dans le cas où tous les créanciers eussent été chirographaires ; parce que les hypothèques et les priviléges étoient toujours conservés. Ainsi, la *déconfiture* ne signifioit autre chose que *l'in-*

solvabilité; mais cet état de déconfiture ou d'insolvabilité n'étoit pas toujours reconnu et avéré. Souvent il étoit seulement soupçonné ; et ce qui le prouve, ce sont les termes *créanciers apparens* dans lesquels s'exprimoient les Coutumes de Paris et d'Orléans, qui faisoient le droit commun de la France, excepté dans les pays où il y avoit des lois et des coutumes contraires : il y étoit dit que, s'il s'élevoit entre les créanciers *apparens* des contestations sur la suffisance ou insuffisance des biens, les premiers en diligence devoient cependant avoir les deniers des meubles par eux arrêtés ou exécutés, en baillant par eux caution de les représenter, *en cas que les biens du débiteur ne fussent pas suffisans.* Pothier, sur l'art. 447 de la Coutume d'Orléans, note 5, explique les motifs de cette législation. Elle avoit pour but, disoit-il, d'éviter les fraudes et collusions : un débiteur déconfit, à qui la loi ne permet pas de favoriser, en ce cas, un de ses créanciers plus que les autres, pourroit avertir le créancier qu'il voudroit favoriser, de saisir ses effets. Pour éviter cette collusion, la Coutume refuse la préférence au premier saisissant, dans le cas de la déconfiture.

Mais voit-on dans tout cela une marque caractéristique que pût avoir cet état de déconfiture ou d'insolvabilité, d'après laquelle on n'eût point pu recevoir une hypothèque par titre sur les immeubles d'un particulier ? On n'aperçoit rien dans l'ancienne législation qui pût servir, à ce sujet, de guide sûr. Il y a donc lieu de penser qu'un simple état, tel que celui auquel, sous cette ancienne législation, on avoit donné le nom de *déconfiture,* ne rendoit pas une hypothèque nulle, au moins de droit. Un particulier peut être insolvable ; on peut ignorer cet état d'insolvabilité, lui prêter de bonne foi, et prendre de même une inscription sur ses immeubles. Il y a une grande différence entre un négociant ou marchand et un particulier qui ne l'est pas. Le négociant a un caractère d'homme public : le crédit est l'âme de son commerce ; l'exercice de son état est l'objet d'une surveillance particulière de la loi sous plusieurs rapports. Le maintien ou l'affoiblissement de ce crédit sont épiés, et peuvent être reconnus sous plusieurs signes qui sont étrangers à tout particulier qui n'est ni commerçant ni négociant. Celui qui prêteroit, ou prendroit inscription sur le négociant ou marchand, dans les dix jours qui précéderoient la faillite, est présumé avoir prévu l'événement. Or, on ne peut faire les mêmes suppositions à l'égard des créanciers de tout particulier étranger au négoce ou au commerce.

Aussi, cette idée de nullité d'inscription, à raison d'un simple état d'insolvabilité plus ou moins établi, ne peut résulter d'aucun article de notre législation. Il étoit dit dans l'art. 11 de la loi du 9 messidor an 3, que les jugemens rendus dans les dix jours antérieurs à la *faillite*, *banqueroute* ou cessation de payemens d'un *commerçant*, ne sont point susceptibles d'hypothèque. L'art. 5 de la loi de brumaire fut ainsi conçu : « L'inscription qui seroit faite dans les dix jours avant la faillite, banqueroute ou cessation publique de payemens *d'un débiteur*, ne confère point hypothèque. » La substitution de ces mots, *d'un débiteur*, à ceux-ci, *d'un commerçant*, qui se trouvoient dans l'art. 11 de la loi du 9 messidor an 3, a pu faire soupçonner que la loi de brumaire se rapportoit à tout débiteur quelconque, commerçant ou non ; ce qui auroit pu donner l'idée de la *déconfiture* ou simple insolvabilité vraie ou présumée. Mais cette conséquence n'eût pas été fondée, parce que toujours est-il vrai que cet article 5 étoit conçu dans l'idée de *faillite, banqueroute ou cessation de payemens ;* et il y a là des caractères propres que ne peut avoir la déconfiture. Enfin, l'art. 2146 du Code civil parle clairement de faillites et de succession acceptée sous bénéfice d'inventaire. Les art. 442 et suivans du Code de commerce ont en vue la faillite ; et une faillite a, suivant la même loi, un caractère légal par la déclaration de l'époque où elle est ouverte. Il y a plus : il n'y a de faillite proprement dite que pour un commerçant, d'après l'art. 437. Il est donc vrai de dire que la législation ne peut s'appliquer qu'à une faillite proprement dite, ou à une succession bénéficiaire ou vacante. Ce sont les seuls cas désignés par la loi ; en sorte que, si on vouloit appliquer les dispositions législatives que je viens d'indiquer, à l'état qu'on désignoit anciennement par la dénomination de *déconfiture*, on se trouveroit sans bases fixes ; et certainement on ne peut créer des nullités qui sont assimilées à des dispositions pénales, lorsqu'elles ne sont pas établies par la loi.

Il est parlé, à la vérité, de la *déconfiture*, dans les art. 1276, 1446, 1865, 1913 et 2032 du Code civil ; mais, en se pénétrant des dispositions de ces articles et de leur objet, on est convaincu que le législateur n'a pas entendu confondre la faillite et la déconfiture ; que la faillite reste toujours avec ses règles particulières, et que, dans l'esprit de ces articles, l'état de *déconfiture* n'est autre chose que l'état d'*insolvabilité*. Ce dernier état devoit nécessairement être pris en considération par le législateur dans quelques circonstances,

tances, parce qu'il n'appelle que trop souvent des fraudes de la part d'un débiteur, soit pour frustrer tous ses créanciers quelconques, soit pour en favoriser quelques-uns au préjudice des autres; et parce qu'encore cet état, quand on le soupçonnoit, devoit autoriser certaines poursuites, de la part des créanciers, pour la conservation de leurs droits. Mais le législateur n'a déterminé aucune règle de laquelle on puisse induire la nullité des hypothèques conférées, ou des inscriptions prises avant qu'il y ait une insolvabilité évidente et incontestable.

D'ailleurs, si l'on devoit assimiler l'état de *déconfiture* de tout particulier non commerçant à celui de *faillite*, qui ne peut s'appliquer qu'au commerçant, il faudroit en conclure que toutes ventes, quittances ou hypothèques consenties par celui qui, sans être commerçant, tomberoit en *déconfiture*, dans les dix jours antérieurs à l'époque où cet état de déconfiture seroit constaté, seroient nulles comme celles qui seroient faites par le failli dans les dix jours antérieurs à l'ouverture de la faillite. Mais il seroit bien difficile d'aller jusque-là, dès qu'aucune loi ne prononce cette nullité dans ce cas. On sait que, surtout en matière de nullités, il ne doit pas se faire d'extension d'un cas à un autre. Ce principe doit encore être rigoureusement suivi, lorsqu'il s'agit d'exceptions. Les dispositions réglées par la loi pour le cas de la faillite, peuvent être regardées comme des exceptions aux règles générales; et l'on sait que l'exception doit toujours être bornée au cas pour lequel elle est établie.

Je connois trois arrêts de Cours d'appel, rendus sur la question de savoir si les règles relatives à la faillite devoient s'appliquer à l'insolvabilité ou déconfiture de tout débiteur quelconque, commerçant ou non. Le premier est du 17 février 1810, rendu par la Cour de Bruxelles; le deuxième, du 23 mars 1811, rendu par la même Cour; le troisième, du 24 mars 1812, rendu par la Cour de Rennes. Mais dans les deux premiers, il est impossible de voir une application sûre des principes concernant les faillites et l'état de déconfiture, quoiqu'on y voie une tendance à établir une similitude entre ces deux cas. Les décisions portées par ces deux arrêts, sont néanmoins très-justes; mais ce ne peut être que par la considération des circonstances, abstraction faite du plus ou moins de défaut de justesse de l'application des principes d'un cas à un autre. Quant à l'arrêt de la Cour de Rennes, il mérite une attention toute particulière. On y voit une exposition exacte des principes sur cette matière. La faillite et la déconfiture y sont très-bien dis-

Tome I.   K k

tinguées ; et s'il doit y avoir lieu à la nullité des actes dans le cas de la déconfiture, ce n'est pas par les mêmes principes, ni de la même manière, que la nullité doit être prononcée pour le cas de la faillite.

Mais ce qui doit fixer les idées à cet égard, c'est un arrêt de la Cour de cassation, du 2 septembre 1812. Dans l'espèce de cet arrêt, un créancier attaquoit de nullité une vente d'immeubles faite par son débiteur, qui n'étoit ni marchand, ni banquier. Il se fondoit sur ce qu'à l'époque où cette vente avoit été faite, le vendeur étoit en état de déconfiture, et par conséquent incapable d'aliéner ses biens, suivant les lois relatives aux faillites. Le créancier avoit succombé à la Cour de Nanci ; et le pourvoi contre l'arrêt de cette Cour fut rejeté par celle de cassation. « Attendu, porte l'arrêt, qu'en déclarant que les lois concernant les faillites n'étoient pas applicables à N........ qui n'étoit ni marchand, ni négociant, ni banquier, l'arrêt n'a pu violer ces lois *qui ne règlent pas* les engagemens contractés par des particuliers non marchands (1). »

Ainsi, tous les actes qu'on attaque de nullité pour cause de l'état de déconfiture ou d'insolvabilité, rentrent dans le droit commun, d'après lequel tout ce qui est fait en fraude des créanciers est nul ; et le caractère de la fraude est nécessairement soumis aux circonstances. Mais on ne peut pas dire qu'une inscription prise dans les dix jours antérieurs à l'état de déconfiture évidemment reconnu, soit nulle de droit.

De l'inscription prise sur celui qui a fait cession de biens.

124. Venons au cas d'une cession de biens, soit volontaire, soit judiciaire, de la part d'un débiteur obéré. Relativement à cette question, il faut distinguer le négociant ou commerçant, du particulier qui ne l'est pas. Quant au négociant ou commerçant, une cession volontaire et acceptée, comme celle qui seroit demandée en justice, a un caractère de faillite ; et dès lors on doit lui appliquer toutes les règles relatives aux faillites. Mais il n'en est pas de même du simple particulier de qui la cession de biens seroit acceptée, ou qui demanderoit à y être reçu judiciairement. L'une ou l'autre de ces deux circonstances prouve bien le dérangement de ses affaires ; elle est ordinairement une preuve d'insolvabilité ; mais il ne s'ensuit pas qu'il doive être traité comme un négociant ou marchand constitué en état de faillite, et qu'une inscription, prise sur lui dans les dix jours avant la cession, soit

_____

(1) Sur les quatre arrêts que je viens de citer, voyez Sirey, an 1810, part. 2, p. 235 ; Denevers, an 1812, p. 624, et p. 54, suppl. ; et an 1813, p. 3, suppl.

nulle de droit. Ceci rentre dans ce que je viens de dire sur le cas de déconfiture ou d'insolvabilité. L'état des affaires de ce particulier non commerçant peut être inconnu. On peut être de bonne foi en prenant hypothèque ou inscription, même dans ces dix jours. La loi n'établit pas, dans ce cas, une fraude présumée de droit, et qui donne lieu, *de plano*, à la nullité de l'inscription prise à cette époque. Le Code civil contient un titre sur la *cession de biens ;* il parle ailleurs de la faillite. Le Code de commerce contient encore un titre sur la *cession de biens ;* et nulle part le législateur n'a assimilé, au moins sous le rapport dont il s'agit, le particulier qui n'est ni négociant, ni commerçant, à celui qui exerce cet état, et qui devient failli.

On pourroit opposer à ce que je viens de dire, que le Code de commerce, au liv. 3, tit. 2, *de la cession de biens*, donne la qualité de *failli* à celui qui fait ou qui demande cette cession. Mais ce n'est pas une raison pour en conclure que tout cessionnaire doive être considéré comme proprement *failli*, dans le sens que l'art. 2146 du Code civil et l'art. 443 du Code de commerce attachent à cette dénomination. Si on se pénètre de la législation, on est convaincu que la désignation de *failli*, que celle de *banqueroutier*, ne conviennent qu'aux négocians ou commerçans. « Sera poursuivi comme *banqueroutier simple*, est-il dit dans l'art. 586 du Code de commerce, et pourra être déclaré tel, le *commerçant failli* qui se trouvera dans l'un ou plusieurs des cas suivans, etc. » On lit dans l'article 593 : « Sera déclaré banqueroutier frauduleux *tout commerçant failli* qui se trouvera, etc. » Les dispositions de ces articles et de ceux qui les suivent, sont aussi de nature à ne pouvoir concerner que les négocians ou marchands qui tombent en état de faillite. Il faut faire attention que le commerçant *failli* peut être admis à la cession de biens comme le particulier qui ne l'est pas : celui-ci peut avoir contracté des dettes qui emportent la contrainte par corps ; tel, par exemple, qu'un médecin qui auroit souscrit des lettres de change, et ce sera principalement pour se dégager de cette contrainte par corps qu'il demandera à être admis au bénéfice de la cession de biens ; mais il n'a point pour cela la qualité ni le caractère de *commerçant failli*. Il faut, en un mot, s'attacher à l'article 437 du Code de commerce, qui porte : « Tout *commerçant failli*, qui cesse ses payemens, est en état de faillite. » Cet article régit toutes les dispositions du livre 3, *des faillites et des banqueroutes ;* et en rapprochant cet article et ses dispositions de l'art. 2146 du Code civil, on est

K k 2

convaincu que cet article s'applique uniquement, ainsi que l'art. 443 du Code de commerce, aux *commerçans faillis*, et non à tous autres, quoique admis au bénéfice de la cession de biens. Ce qui achève de le prouver, c'est que l'art. 2146 a pris pour base de la nullité des inscriptions, le cas où *elles sont prises dans le délai pendant lequel les actes faits avant l'ouverture des faillites sont déclarés nuls.* Le législateur, en prononçant cette nullité, n'a eu dans la pensée qu'un *négociant ou marchand failli.*

Je crois donc qu'il seroit difficile de regarder comme nulle de droit, une inscription prise contre un débiteur qui fait cession de biens, dans les dix jours qui précèdent cette cession. Je pense que, comme en matière de déconfiture, le sort des inscriptions prises avant la cession, ou avant la demande tendante à y être admis, doit dépendre des principes généraux en matière de fraude, dont l'application est soumise aux circonstances.

En est-il des inscriptions prises en cas de faillite, pour privilèges ou hypothèques légales, comme pour les inscriptions prises pour les autres créances ?

125. Lorsque j'ai dit, plus haut, que les inscriptions prises dans les dix jours de la faillite étoient nulles, ainsi que celles prises après l'ouverture d'une succession, quand elle n'étoit acceptée ensuite que sous bénéfice d'inventaire, ou qu'elle devenoit vacante, je ne me suis expliqué que relativement aux hypothèques ordinaires. Mais en est-il de même à l'égard des privilèges et des hypothèques légales pour lesquels il auroit été pris des inscriptions dans les mêmes circonstances ? Cette question est importante : elle présente des difficultés sérieuses, en sorte qu'elle demande d'être examinée.

L'art. 2146 du Code civil comprend, dans la même nullité, *le privilége ou hypothèque* pour lequel les inscriptions auront été prises. L'art. 443 du Code de commerce porte : « Nul ne peut acquérir *privilége* ni *hypothèque* sur les biens du failli, dans les dix jours qui précèdent l'ouverture de la faillite. » En prenant ces articles dans un sens absolu, il faudroit conclure que les principes qui y sont consignés s'appliquent à tous les priviléges, comme à toutes les hypothèques indistinctement. Mais cette conclusion résisteroit à d'autres principes établis dans la législation sur cette matière; et il devient indispensable de les concilier avec les dispositions de ces deux articles de loi. Je m'expliquerai d'abord sur ce qui concerne les priviléges, et ensuite sur ce qui regarde les hypothèques légales.

Par rapport aux priviléges, il y en a qui sont conservés sans inscription; il y en a d'autres qui sont soumis à une inscription qui doit être prise dans un délai plus ou moins long. Or, en ce qui concerne les priviléges affranchis de la formalité de l'inscription, il est de toute évidence que les créanciers auxquels ils appartiennent, peuvent se présenter, avec le même avantage, après l'ouverture de la faillite comme auparavant.

Relativement aux priviléges soumis à la formalité de l'inscription, il faut distinguer : ou au moment de l'ouverture de la faillite ou de l'ouverture de la succession acceptée sous bénéfice d'inventaire ou qui est devenue vacante, le créancier étoit encore dans le délai qui lui étoit accordé pour prendre son inscription, ou ce délai étoit expiré. Au premier cas, il est sans difficulté que le créancier peut exercer son privilége à la date à laquelle il remonte d'après la loi, parce que jusqu'à l'expiration du délai dans lequel l'inscription pouvoit être faite, le privilége a subsisté tel que la loi l'avoit créé. Au second cas, le privilége n'a pu être conservé en remontant à la date du fait auquel la loi l'a appliqué; il ne peut prendre rang que comme hypothèque du jour de l'inscription. La raison en est qu'aux termes de l'art. 2113, l'expiration du délai, sans inscription prise, a fait dégénérer le privilége en simple hypothèque sur la chose sur laquelle le privilége frappoit. L'inscription n'a pu alors avoir pour objet qu'une hypothèque ; et cette hypothèque rentre dans les principes relatifs à toutes les hypothèques en général, pour le cas de l'ouverture de la faillite, et pour celui de l'ouverture de la succession qui est ensuite acceptée sous bénéfice d'inventaire, ou qui devient vacante. L'hypothèque continue bien d'être légale en ce sens qu'elle existe comme auparavant, sans stipulation et sans jugement de condamnation ; mais sous le rapport des droits qui y sont attachés, cette hypothèque est assujettie au droit commun.

En suivant les distinctions que je viens de faire, l'inscription, pour les priviléges établis par les articles 2109 et 2111 du Code civil, qui n'auroit pas été faite dans le délai fixé par la loi, et qui ne le seroit qu'aux époques dont il s'agit, auroit le sort de toutes autres inscriptions d'hypothèques ordinaires faites aux mêmes époques (1). Il en seroit de même du privilége énoncé dans l'art. 5 de la loi du 5 septembre 1807, relative aux droits

_____

(1) Sur le privilége énoncé dans l'art. 2109 du Code civil, qui est celui des soultes et retours de lots entre cohéritiers et copartageans, voyez ce que j'ai dit, *Traité des donations*, tom. 1ᵉʳ, *pag.* 672 *et* 673, 2ᵉ *édit.*

du trésor public sur les biens des comptables, lequel est déclaré commun au trésor de la couronne, par un avis du Conseil d'état, du 25 février 1808. On devroit enfin considérer du même œil celui énoncé dans l'art. 3 de la loi du même jour 5 septembre, relative au mode de recouvrement des frais de justice au profit du trésor public, en matière criminelle, correctionnelle et de police.

Mais le principe de déchéance ou de réduction de l'effet de l'inscription de privilége, dans les cas dont il est question, ne peut concerner ni le privilége des créances énoncées dans l'art. 2101 du Code civil, puisque ce privilége est affranchi d'inscription par l'art. 2107, ni celui qui est établi dans l'art. 2110, qui concerne les architectes, entrepreneurs, maçons, etc. Il y est bien dit qu'ils conserveront leur privilége à la date de l'inscription du procès verbal qui constate l'état des lieux ; mais il n'y a pas un délai prescrit par la loi dans lequel cette inscription doive être faite, sous peine de conversion du privilége en simple hypothèque. On comprend que je parle de constructions qui auroient été faites avant une faillite que les constructeurs ne prévoyoient pas, et qui, par cette raison, ne sauroient être victimes d'un défaut d'inscription antérieure à l'ouverture de la faillite, ou même aux dix jours qui l'auroient précédée. Leurs constructions sont un fait matériel qui assure leur créance avec son privilége. Je ne m'explique pas sur des constructions qui seroient faites en vertu d'un marché arrêté après l'ouverture de la faillite ou dans les dix jours précédens, parce que ce fait ne peut se présumer. On sent qu'il n'y a point non plus de déchéance par le défaut d'inscription contre le privilége du vendeur et du prêteur, qui est établi par l'art. 2108, puisqu'il n'y a point de délai fixé pour l'inscription.

C'est ce défaut de fixation de délai, qu'on remarque, soit dans la loi de brumaire, soit dans le Code civil, qui a donné lieu à tant d'extension au mode de conservation du privilége du vendeur, dont je parle dans la section IIIe du chapitre Ier de la seconde partie. L'inscription ne constitue point le privilége, comme elle constitue l'hypothèque ; elle ne lui donne point rang du jour qu'elle est prise, comme elle le fait à l'égard de l'hypothèque ; le privilége existe par la nature seule de la créance, et l'inscription n'est qu'une formalité *pour lui donner effet, et non pour le créer*. Il est donc évident que le créancier qui prend une inscription pour un pareil objet, ne fait que remplir une formalité pour *conserver* un droit, et non pour en *acquérir* un (1). D'ailleurs, comment pourroit-on annuler une inscription prise pour la conservation du privilége du prix d'une vente, par la raison que, par événement, d'après la fixation de l'époque de l'ouverture d'une faillite, cette inscription auroit été prise dans les dix jours qui l'auroient précédée, puisque, ainsi que je le dirai dans la suite, le vendeur qui n'auroit pris aucune mesure pour la conservation de son privilége sur le prix, pourroit, d'après la jurisprudence qui s'est établie, demander, à défaut de payement du prix, la résolution de la vente et la revendication de l'immeuble vendu?

Cependant, l'arrêt du 16 juillet 1818, que j'ai remarqué en note, paroît avoir jugé que l'inscripiion prise pour un privilége de vente, dans les dix jours avant l'ouverture de la faillite, devoit être nulle, d'après l'art. 2146 du Code. Mais cet arrêt ne doit pas être considéré comme faisant jurisprudence sur ce point. Les circonstances ont nécessairement influé sur la décision. En effet, le créancier, pour faciliter des emprunts aux débiteurs, avoit consenti à la radiation d'une inscription ancienne, prise en l'an 13. Ensuite, en jugeant qu'une nouvelle inscription étoit nulle, on décida en même temps qu'il étoit non recevable à demander la résolution de la vente, parce qu'il étoit réputé avoir renoncé à ce droit, pour avoir assisté à la vente par expropriation forcée, et qu'il s'étoit présenté à l'ordre pour être colloqué sur le prix; en sorte qu'il paroîtroit que ce créancier auroit été privé de tout droit quelconque. Il seroit inutile de faire des observations sur cette décision en elle-même; il me suffit de pouvoir dire que l'arrêt ne juge point la question en thèse.

J'observe néanmoins qu'il seroit à propos que les priviléges qui devoient être inscrits dans un délai fixé par la loi, mais qui ne seroit pas expiré aux époques mentionnées dans l'art. 2146, le fussent toujours avant l'expiration de ce délai, quoique postérieurement à ces époques.

126. Je viens aux hypothèques légales. Il faut encore distinguer entre ces hypothèques celles qui sont affranchies de l'inscription, et celles qui sont soumises à cette formalité.

De l'application du principe aux hypothèques égales.

(1) Je dois dire que j'emprunte ici les expressions qu'on trouve dans une discussion qui a précédé un arrêt de la Cour de cassation, section des requêtes, du 16 juillet 1818, *Denevers, an* 1818, *pag.* 5_8, parce que les idées en sont parfaitement exactes. Je les développe plus particulièrement au lieu que je viens d'indiquer.

Quant aux premières, elles peuvent être exercées, abstraction faite de tout ce qui tient à l'ouverture de la faillite. Ce n'est pas l'inscription qui leur donne l'existence ou l'efficacité ; elles existent dans tous leurs effets, avec toute latitude, indépendamment de la formalité de l'inscription, en remontant aux faits auxquels la loi les applique. L'inscription n'est pas nécessaire pour leur donner un rang. Si on prend cette inscription, c'est parce qu'il arrive des circonstances où on doit les faire connoître. Cela est même nécessaire, lorsqu'il s'agit de venir à un ordre sur les biens du débiteur.

Mais par rapport aux hypothèques qui, quoique légales, sont soumises à l'inscription, et pour lesquelles il n'y a aucun délai accordé, dans lequel l'inscription doive être prise, il résulte de tout ce qui a déjà été dit, que l'hypothèque ne prenant rang que du jour de l'inscription, ce rang ne s'établit qu'autant que cette inscription est prise en temps utile, comme toutes les inscriptions en général. La légalité de ces hypothèques ne leur attribue d'autre avantage que celui d'exister, par la force de la loi, sans stipulation, sans jugement de condamnation, et de porter, par l'effet de la généralité, sur tous les biens présens et à venir : mais, étant soumises à la publicité par l'inscription, et la loi ne leur donnant rang que du jour de cette inscription, elles tombent, par cela seul, dans la règle des hypothèques en général.

De l'inscription que les agens et les syndics des faillites sont chargés de faire, par les art. 499 et 500 du Code de commerce.

127. L'art. 499 du Code de commerce impose aux agens et aux syndics nommés aux faillites, de requérir l'inscription aux hypothèques sur les immeubles des débiteurs du failli, si elle n'a été requise par ce dernier, et s'il a des titres hypothécaires. L'art. 500 dit qu'ils seront tenus de prendre inscription au nom de la masse des créanciers, sur les immeubles du failli, dont ils connoîtront l'existence. Chacun de ces articles règle des formes particulières pour ces inscriptions.

Les dispositions de ces deux articles sont infiniment sages : le premier article a pour but de conserver les hypothèques qui pourroient appartenir au failli, et qui pourroient être purgées à son préjudice, à défaut d'actes conservatoires qu'on ne doit pas attendre d'un homme en faillite. L'objet du second est de conserver à la masse entière des créanciers, les créances que chacun d'eux pourroit ignorer. Les agens et syndics étant réputés s'être procuré des renseignemens propres à ce sujet, d'après les premières notions qu'ils sont obligés de se former sur l'état des affaires du failli, et sur la connoissance

noissance des titres, devoient naturellement être chargés de ces inscriptions. L'art. 5oo a encore un autre objet important. Le failli peut avoir des propriétés éloignées de son domicile; son état de faillite pourroit être inconnu, et des tiers pourroient être victimes de leur bonne foi, en traitant avec le failli. Cependant, la nature de toutes les hypothèques individuelles ne change pas; tout se confond dans la masse. Les effets opérés sur la fixation des créances, par l'ouverture de la faillite, restent toujours. Aussi, d'après le sens dans lequel cet article doit être entendu, un arrêt de la Cour royale de Dijon, du 26 février 1819, et un autre de la Cour royale de Limoges, du 26 juin 1820, ont jugé qu'une inscription prise par des syndics d'une faillite, en vertu de ce même article, n'opéroit pas le renouvellement de l'inscription d'un des créanciers, qui devoit se faire avant les dix ans de sa date; que ce créancier auroit dû lui-même renouveler son inscription. On remarque ce passage du jugement du tribunal civil de Limoges qui fut confirmé par l'arrêt : « L'inscription prise en vertu de l'art. 5oo du Code de commerce, n'a d'autre objet que de rendre plus notoire l'état de la faillite, et d'empêcher que les immeubles puissent être vendus à l'insçu et au préjudice de la masse; mais elle ne conserve à chaque créancier que *les droits qu'en définitif il peut avoir*, sans qu'il en résulte aucune préférence. Ainsi, cette inscription n'a pour objet ni de conférer une hypothèque déjà acquise et non inscrite avant la faillite, ni de proroger le délai de dix ans, lorsque l'hypothèque inscrite n'a pas été renouvelée à temps. » Les mêmes idées résultent de l'arrêt de la Cour royale de Dijon. Ces deux arrêts sont dans le Recueil du continuateur de Denevers, *an* 1821, *pag.* 69, *suppl.* On peut voir, sur le sens de cet art. 5oo, le Cours de droit commercial de M. Pardessus, *tome* 3, *pag.* 280, et l'Esprit du Code de commerce par M. Locré, sur cet art. 5oo.

J'observe que presque toutes les législations hypothécaires présentent l'exemple de semblables mesures. Il étoit dit dans l'art. 18 de l'édit de 1771 : « Les syndics et directeurs de créanciers unis pourront s'opposer audit nom; et, par cette opposition, ils conserveront les droits de tous lesdits créanciers. » Cet article étoit conforme à l'art. 2 de l'édit de février 1683, portant règlement pour la vente des offices et distribution du prix, et à l'article 2 de la déclaration du 17 juin 1703, relative à la même matière. Les auteurs apprennent encore que ces mesures avoient pour motif d'éviter les frais des oppositions multipliées qui auroient été formées sous le nom de chaque créancier, ce qu'on peut appliquer aujourd'hui aux inscriptions.

De l'effet des demandes formées contre l'héritier, sous le rapport de l'hypothèque sur les biens de la succession.
Nouvelle difficulté que présente l'article 2146.

128. Il y a, sur cette matière, un principe important duquel découle un grand nombre de conséquences qui s'appliquent à plusieurs parties de la législation, et, dès lors, il mérite une grande attention. Ce principe est que les créanciers du défunt, qui sont simplement chirographaires, ne peuvent obtenir des hypothèques sur les biens de la succession, au préjudice des autres créanciers chirographaires. Plusieurs auteurs ont développé les fondemens de cette proposition ; je me contente de citer Lebrun , qui a traité particulièrement cette matière, *Traité des successions*, *liv.* 4 , *chap.* 2, *sect.* 1re, *n*^os 12 *et suiv.* En parlant de la séparation du patrimoine du défunt d'avec celui de l'héritier, qui est accordée aux créanciers du défunt contre ceux de l'héritier, et en examinant la question de savoir si cette séparation appartient réciproquement aux créanciers de la succession et à ceux de l'héritier, cet auteur est obligé d'invoquer le principe que je viens d'indiquer. « Dans le droit romain, dit-il, les seuls créanciers du défunt pouvoient demander cette séparation, qui leur étoit accordée sur ce fondement, que la mort fixe l'état des biens et des dettes d'un homme; c'est pourquoi aussi, *dans notre droit*, ceux qui sont simples créanciers *chirographaires*, lors de la mort de leur débiteur, ne peuvent jamais devenir créanciers *hypothécaires de sa succession*, mais seulement de son héritier.» Il y revient au n° 16 : « Car, comme il vient d'être touché, l'état des affaires du défunt étant réglé par sa mort, et étant assez à propos de dire que, de ce moment, *ses biens ni ses dettes ne peuvent plus augmenter ni diminuer*, ce seroit injustement que, malgré ses créanciers, l'héritier confondroit le tout, en s'immisçant dans les biens, sans compte ni mesure; et voilà ce que l'on permet aux créanciers du défunt d'empêcher, en demandant, en temps et lieu, la séparation des biens.»

Il s'agit là, à la vérité, de la séparation des patrimoines entre les créanciers du défunt et ceux de l'héritier, pour éviter les suites de la confusion qui s'opéreroit par l'adition d'hérédité de la part de l'héritier. Mais on sent que, par le résultat du même principe, les droits respectifs entre les créanciers du défunt, doivent rester tels qu'ils étoient sur ses biens , à l'époque du décès du débiteur; autrement, le plus adroit des créanciers chirographaires du défunt, celui qui, à raison de son habitation , sauroit la mort plutôt que des créanciers éloignés, deviendroit créancier hypothécaire sur les biens de la succession, en obtenant des condamnations, ce qui est contraire à la bonne foi qui doit régner dans la fixation des droits sur les propriétés, et dans l'obtention des jugemens.

Denisart, qui apporte ordinairement beaucoup de justesse d'esprit et de lucidité dans ce qu'il a écrit sur la jurisprudence, confirme ce principe, au mot *Hypothèque*, n°s 45 et 46 : « Quand la reconnoissance, dit-il, d'un écrit privé ne se fait que contre l'héritier de celui qui l'a souscrit, elle peut bien constater le droit du créancier sur la succession du débiteur, pour lui faciliter son payement sur les biens de la succession, par préférence aux créanciers de l'héritier : cette reconnoissance peut même donner hypothèque au créancier du défunt, sur les biens personnels de l'héritier. Mais, relativement aux autres créanciers chirographaires de la succession, celui qui a fait reconnoître son titre, *n'a aucune préférence;* le droit des uns et des autres *s'étant trouvé égal au moment de la mort du débiteur commun,* l'antériorité ou la postériorité des reconnoissances ou des condamnations ne change point leurs qualités de créanciers chirographaires. » Cet auteur compare ce cas à celui de la reconnoissance ou vérification faite avec un curateur à la succession vacante. Ces reconnoissances, dit-il, ou vérifications n'emportent point hypothèque sur les immeubles de la succession; et celui qui a la plus ancienne condamnation contre le curateur, n'a point d'avantage contre les autres.

C'est ainsi que la question a été jugée par un arrêt de la Cour de cassation, du 19 février 1818, section des requêtes. Cet arrêt mérite la plus grande attention; il est rapporté par Denevers, *même année, pag. 668.* Dans l'espèce de cet arrêt, le sieur le Cavelier, banquier à Rouen, étoit décédé le 23 février 1810. Sa succession fut acceptée purement et simplement par deux héritiers majeurs et par un héritier mineur. Il fut bientôt reconnu que les biens ne suffisoient pas pour acquitter les dettes. Les sieurs Gihoul, Roussel et Berthelot, créanciers de cette succession, demandèrent à être placés au nombre des créanciers hypothécaires, en vertu de jugemens qu'ils avoient obtenus *depuis la mort du sieur le Cavelier,* et d'inscriptions qu'ils avoient prises en exécution de ces jugemens. Les autres créanciers s'y opposèrent, et soutinrent que les sieurs Gihoul, Roussel et Berthelot n'avoient pu acquérir d'hypothèque après la mort du débiteur commun. Un jugement du tribunal de première instance de Rouen les déclara, en effet, simples créanciers chirographaires. Le juge-

ment fut confirmé sur l'appel, par un arrêt de la Cour royale de la même
ville, du 17 mars 1817. Les termes de cet arrêt méritent d'être pesés:
« Si on érigeoit en principe, y est-il dit, le système des appelans, il en
résulteroit qu'après une succession ouverte, le droit d'hypothèque appartiendroit aux créanciers qui, étant les plus alertes, arriveroient les premiers dans le sanctuaire de la justice, et deviendroit pour eux le prix de
la course, dernière circonstance, dans laquelle les créanciers du lieu de
l'ouverture de la succession auroient un avantage de position insurmon-
table, par rapport aux externes, en ce qu'ils pourroient obtenir une hypothèque judiciaire, avant même que les porteurs d'effets de Marseille et
de Hambourg eussent connoissance de la mort du débiteur commun ; et,
d'ailleurs, *que deviendroient, dans ce cas, les créances à terme ?* » Cette
dernière réflexion est profonde et extrêmement judicieuse. On sait, en
effet, qu'il y a des cas où, d'après la législation, on ne peut obtenir d'hypothèque avant l'expiration du terme.

L'arrêt de la Cour de cassation qui rejeta le pourvoi contre celui de la
Cour royale de Rouen, a confirmé plus directement le principe. « Attendu,
y est-il dit, que c'est une maxime de tous les temps et de tous les lieux,
que la mort fixe le sort des créanciers et l'état des biens de la personne
décédée, et qu'ainsi, *il n'est pas au pouvoir des créanciers chirographaires*
d'une succession de se convertir en créanciers hypothécaires. »

Mais la solution de cette question amène une nouvelle difficulté sur la
manière d'entendre l'art. 2146 du Code civil. On a vu que, d'après cet
article, le créancier qui a simplement une hypothèque sur les biens du défunt, ne peut pas prendre, avec effet, une inscription après l'ouverture de
la succession, *dans le cas où la succession n'est acceptée que par bénéfice*
d'inventaire. On pourroit opposer que le créancier qui a bien une hypothèque antérieure au décès du débiteur, mais qui n'a pas pris une inscription sur les biens avant le décès, ne peut être considéré, par rapport
aux autres créanciers chirographaires de la succession, que comme
créancier chirographaire. L'hypothèque, diroit-on, n'a pas reçu son efficacité, par l'inscription, avant le décès du débiteur. On pourroit, en suivant ce raisonnement, en conclure que ce même créancier ne pourroit
pas prendre une inscription utile après la mort du débiteur, et sur ses
biens, même quand la succession seroit acceptée d'une manière absolue ;
puisque, d'après le principe ci-dessus développé, un créancier chirogra-

phaire de la succession ne peut, lors même que l'héritier accepte la succession indéfiniment, obtenir une hypothèque sur les biens de la succession,
et se convertir en créancier hypothécaire, au lieu de simple créancier
chirographaire, tel qu'il étoit avant le décès du débiteur.

Mais ce raisonnement seroit vicieux, et la conséquence seroit fausse.
On ne doit pas comparer un créancier qui a une hypothèque sur les biens
de son débiteur, et qui peut ne pas avoir pris son inscription, parce qu'il
aura été prévenu par la mort de ce débiteur, à un créancier qui n'a pas
d'hypothèque, qui est purement chirographaire, et qui voudroit obtenir
une condamnation hypothécaire contre les biens de la succession, en la
personne de l'héritier. Le créancier qui a une hypothèque sur les biens
de son débiteur, et avant la mort de celui-ci, n'est privé de la faculté de
s'inscrire avec effet, après l'ouverture de la succession, que dans un seul
cas, qui est celui où, après l'inscription, la succession n'est acceptée que
sous bénéfice d'inventaire, ou, comme je l'ai dit, dans le cas où la succession deviendroit vacante. Or, par la force de l'argument *à contrario*,
la faculté de s'inscrire subsiste si la succession est acceptée purement et
simplement. C'est alors une suite de l'hypothèque déjà existante. Il est
dans l'esprit de la loi que cette hypothèque reçoive son complément par
l'inscription, sur la succession, comme elle auroit pu le recevoir sur le
débiteur s'il ne fût pas décédé, ainsi que cela est permis par l'art. 2149
du Code civil. Quelle en est la raison? C'est que la succession étant acceptée entièrement par une adition parfaite d'hérédité, le créancier est
réputé de bonne foi, lorsqu'il prend son inscription après l'ouverture de
la succession. Il y a continuité de propriété comme il y a continuation de
personne. L'héritier pur et simple est la continuation de la personne du
défunt. L'état d'insolvabilité de la succession résulte de l'acceptation sous
bénéfice d'inventaire, ou de ce qu'elle devient vacante. C'est la présomption de la connoissance de cet état d'insolvabilité qui annule l'inscription,
comme elle l'annulle dans le cas de la faillite; et c'est parce que tout cela
n'existe pas lorsque la succession est acceptée purement et simplement,
que le créancier qui a une hypothèque avant le décès du débiteur, peut
lui donner son complément avec effet par l'inscription, quoiqu'elle soit
prise après ce décès. D'ailleurs, on ne doit pas facilement augmenter les
difficultés de compléter l'hypothèque par l'inscription. Il est dans l'ordre
de se renfermer dans les cas prévus par la loi.

De l'effet
des hypothè-
ques obte-
nues par les
créanciers de
la succession
contre l'héri-
tier, sur ses
biens person-
nels.

129. Mais quel est l'effet de l'hypothèque obtenue par les créanciers de la succession contre l'héritier, sur les biens personnels de celui-ci! Il est sans difficulté que les créanciers du défunt, soit hypothécaires, soit simplement chirographaires, peuvent obtenir une hypothèque sur les biens personnels de l'héritier, par suite ou d'une condamnation contre cet héritier, ou d'une obligation ou reconnoissance de sa part de la dette du défunt : mais l'hypothèque ne prendra rang, respectivement aux autres créanciers personnels de cet héritier, que du jour de l'inscription qui aura été prise sur ses biens, en vertu de la condamnation ou de la reconnoissance. Tels étoient les anciens principes. Ils sont enseignés par Lebrun, *des successions*, *liv*. 4, *chap*. 2, *sect*. 1re, *n*° 36; par Basnage, *des hypoth*., *chap*. 5; par Pothier, *Introd. Cout. d'Orl.*, *tit*. 20, *n*° 20; et par d'Héricourt, *Vente des imm.*, *chap*. 11, *sect*. 2, *n*° 26.

Le motif pour lequel cette hypothèque ne commence, sur les biens de l'héritier, que du jour de la condamnation obtenue contre lui, ou du jour de sa reconnoissance, est qu'en principe un débiteur ne peut hypothéquer que ses biens propres, et non ceux de ses héritiers; qu'il n'y a point, dit Lebrun, n° 37, d'après les lois romaines et la jurisprudence des arrêts, d'hypothèque, ni expresse, ni tacite, dans l'adition d'hérédité; elle n'emporte qu'une simple obligation personnelle. L'hypothèque obtenue contre l'héritier sur ses propres biens, par les créanciers de la succession, reste à l'égard de ses créanciers personnels; parce que, comme je le dirai dans la suite, les créanciers de la succession peuvent bien demander la séparation du patrimoine du défunt, de celui de l'héritier; mais les créanciers de l'héritier n'ont pas le droit de demander la séparation du patrimoine de ce dernier, d'avec celui de la succession.

Comment
peut avoir
lieu l'exécu-
tion contre
l'héritier, sur
les biens de
la succession,
des titres déjà
exécutoires
contre le dé-
funt ?

130. Enfin, lorsque le créancier a un titre qui étoit exécutoire contre le défunt, il peut le mettre à exécution contre l'héritier personnellement. Il n'est plus nécessaire, comme on le pratiquoit anciennement, au moins dans les pays coutumiers, de le faire déclarer exécutoire contre l'héritier, ce qui étoit parfaitement inutile, d'après la règle *le mort saisit le vif*. Telle est la disposition de l'art. 877 du Code civil. On peut donc en tout état exercer telles poursuites qu'on avisera sur les biens de la succession. On peut prendre une inscription sur ces mêmes biens, pourvu que le débiteur décédé soit désigné, ainsi que l'exige l'art. 2149 du Code.

Cependant l'art. 877 veut que l'exécution ne puisse être poursuivie que huit jours après la signification des titres à la personne ou au domicile de l'héritier. L'opinion générale est que cette signification qui, au surplus, ne tiendroit pas lieu du commandement dans les cas où il est requis par la loi, puisse avoir son effet, quoiqu'elle soit faite dans les délais accordés à l'héritier pour faire inventaire et pour délibérer, sauf à ne faire les poursuites qu'après l'expiration de ces délais, d'après l'art. 797. Mais on sent bien que c'est seulement par rapport aux poursuites judiciaires que la signification des titres est nécessaire. Elle ne ne l'est pas respectivement à l'inscription qu'on ne peut comprendre dans ces poursuites. L'inscription peut être prise sans ce préalable.

§ V.

De quelques questions transitoires sur les cas où l'on a pu prendre, ou non, des inscriptions hypothécaires.

SOMMAIRE.

131. *De la loi du 9 messidor an 3, en tant qu'elle se rattache à celle de brumaire.*

132. *De la loi du 27 septembre 1790, et de ses suites, relativement à l'hypothèque.*

133. *Conséquence de la même loi du 27 septembre 1790, quant à la transmission de la propriété.*

134. *Du sort des oppositions aux lettres de ratification, depuis la promulgation de la loi de brumaire.*

135. *Du sort des inscriptions prises sur les émigrés. Dispositions de la loi du 16 ventôse an 9.*

136. *L'inscription prise sur un émigré, en vertu de la loi du 11 brumaire an 7, a-t-elle dû être renouvelée en vertu de la loi du 16 ventôse an 9?*

137. *Les émigrés, rayés provisoirement seulement, ont pu prendre inscription sur leurs débiteurs.*

138. *La loi du 16 ventôse an 9 est absolument étrangère aux hypothèques sur les biens des condamnés.*

139. *Du sort des inscriptions conservatoires, prises pour garantie de ventes antérieures à la loi de brumaire.*

De la loi
du 9 messidor
an 3, en tant
qu'elle se rat-
tache à celle
de brumaire.

131. JE n'entends pas grossir ce Traité de discussions sur des questions transitoires; je crois que ce seroit inutile. Je donne cette dénomination de *transitoires* à des questions dont l'origine remonte aux lois antérieures à celle de brumaire an 7, ou qui, quoiqu'elles aient pris naissance sous cette loi, se compliquent, par un mélange, avec des lois qui ont été l'effet de circonstances qui tiennent à des événemens politiques. Je m'expliquerai cependant sur quelques-unes de ces questions, parce qu'elles sont telles qu'elles se présentent encore, et que certaines ont donné lieu à des arrêts récens. Ayant entrepris un traité sur cette matière, je dois, pour le rendre aussi complet qu'il m'est possible, faire connoître ce qu'il est utile de savoir, au moins au moment où j'écris. J'ai encore un autre motif, qui est que j'en prendrai occasion pour faire remarquer les points de contact les plus essentiels entre les législations anciennes et la nouvelle.

La loi du 9 messidor an 3, fut la première qui établit la publicité de l'hypothèque. Ce fut par le moyen de l'inscription. Mais, dans toute cette loi, on voit dominer le principe que j'ai déjà eu occasion de poser, que l'hypothèque existe indépendamment de l'inscription, mais que sans cette inscription elle est inerte et inefficace. On y voit, de plus, ce principe que si l'hypothèque n'est pas régulièrement constituée suivant la loi existante au moment où elle prend naissance, l'inscription ne peut lui donner effet, et elle participe à la nullité même de l'hypothèque. On peut voir, entre autres articles, les 19e et 255e.

Cette loi portoit, article 1er, qu'à compter du 1er nivôse, lors prochain, l'hypothèque auroit lieu, et seroit réglée suivant les principes et le mode d'exécution qui y étoient déterminés. Mais ce terme du 1er nivôse fut successivement prorogé par plusieurs lois, et notamment par celles des 21 nivôse, 19 prairial an 4, et 27 vendémiaire an 5. Il résultoit des lois des 21 nivôse et 19 prairial, que les inscriptions pourroient toujours être faites conformément à ce qui étoit prescrit en cette partie par la loi du 9 messidor an 3, et que même les hypothèques pouvoient être purgées par l'observation des formes prescrites par l'art. 105 de la même loi, jusqu'à l'établissement du nouveau régime hypothécaire, qui devoit être celui

qui

qui fut organisé par la loi de brumaire. La validité de ces inscriptions résultoit même de l'art. 37 de cette dernière loi. Il y étoit dit que les droits d'hypothèque ou priviléges existans lors de la publication de la présente, qui n'auroient pas encore été inscrits *en exécution et dans les formes de la loi du 9 messidor an 3*, le seroient, pour tout délai, dans les trois mois qui suivroient cette publication. C'étoit dire assez que les inscriptions qui auroient été prises en vertu de la loi du 9 messidor an 3, l'avoient été valablement; et que même après la promulgation de la loi de brumaire, elles conserveroient leur effet pendant dix ans, comme toutes autres inscriptions.

Cependant il fut élevé, à ce sujet, des difficultés; mais elles furent résolues par un arrêt de la Cour de cassation, du 8 floréal an 13. *Denevers, même année, pag.* 433. On peut y voir les distinctions sur lesquelles on se fondoit pour rendre l'inscription inutile, et qui furent rejetées. Je dois faire observer qu'il résultoit des lois de nivôse et de prairial an 4, que la purgation des hypothèques, relativement aux aliénations, pouvoit toujours s'opérer jusqu'au nouveau régime introduit par la loi de brumaire an 7, par les formes établies par l'édit de 1771; et les oppositions aux lettres de ratification pouvoient être faites tant entre les mains des anciens conservateurs que des nouveaux. (Art. 3 de la loi du 19 prairial.)

132. Mais il y avoit des provinces françaises dans lesquelles, même avant la loi de brumaire an 7, les actes notariés et publics n'emportoient pas hypothèque. Ils ne procuroient que l'action personnelle; et ils n'étoient revêtus de l'hypothèque que par l'accomplissement de certaines formalités connues sous différentes dénominations. On voit bien que je veux parler des pays désignés anciennement sous le nom de pays de nantissement. Le régime féodal et censuel, à l'exercice duquel tenoient ces formalités, ayant été supprimé, il fallut y suppléer par d'autres formalités, qui furent même plus simples et plus commodes que les précédentes. Tel fut l'objet de la loi du 27 septembre 1790. En voici la disposition.

De la loi du 27 septembre 1790, et de ses suites relativement à l'hypothèque.

« A compter du jour où les tribunaux de district seront installés dans les pays de nantissement, les formalités de saisine, dessaisine, deshéritance, adhéritance, vest, devest, reconnoissance échevinale, mise de fait, main assise, plainte à la loi, et généralement toutes celles qui tiennent au nantissement féodal ou censuel, seront et demeureront abolies; et jusqu'à ce qu'il en ait autrement été ordonné, la transcription des grosses des contrats d'aliénation ou d'hypothèque en tiendra lieu, et suffira en conséquence pour consommer les aliénations et les constitutions d'hypothèque, sans préjudice, quant à la manière d'hypothéquer les biens, de l'exécution de l'art. 35 de l'édit du mois de juin 1771, et de la déclaration du 27 juin 1772, dans les pays de nantissement où elles ont été publiées. »

Cette transcription se faisoit, d'après l'art. 4, par les greffiers des tribunaux de district de la situation des biens, avec les formes qui y sont prescrites. Les dispositions de cette loi ont été exécutées jusqu'à la promulgation de la loi du 11 brumaire, qui leur a substitué un nouveau régime hypothécaire, modifié par le Code civil. Cette loi de brumaire abrogea en conséquence, dans son art. 56, la loi du 9 messidor an 3, une du même jour, qui en étoit une suite, relative aux déclarations foncières, ainsi que toutes les lois, coutumes et usages antérieurs relatifs à cette matière.

La loi de septembre 1790 opéra un grand changement en cette partie, puisque, dès sa promulgation, il n'y eut de véritable hypothèque dans les pays de nantissement, que celle qui résultoit de la transcription du titre telle qu'elle y est prescrite; et de cela même il se tira cette conséquence importante, que les hypothèques constituées par les titres passés dans ces pays, pendant tout le temps que cette loi a dû être exécutée (1), ne purent être inscrites avec effet, même sous la loi de brumaire, sans cette transcription préalable à laquelle on a donné le nom de *réalisation du contrat*. Cela tient toujours à ce principe qu'il faut une hypothèque régulièrement constituée, et qu'elle soit ensuite publique par l'inscription. C'est ce qui a été jugé par trois arrêts de la Cour de cassation : l'un du 4 thermidor an 12; l'autre du 28 décembre 1808, et le troisième du 17 mai 1810. *Rép. de jurispr.*, au mot *Hypothèque*, sect. 2, § 2, art. 16, n° 1er; *Denevers*, an 12, *pag.* 550; an 1809, *pag.* 28, *et an* 1810, *pag.* 553.

Mais il n'y auroit point d'hypothèque, malgré la formalité de la transcription faite en vertu de la loi de septembre 1790, si, dans le titre constitutif de l'engagement, on avoit constitué une hypothèque générale de biens présens et à venir, sur des biens situés dans des pays de nantissement. La raison en est que, d'après le principe de la publicité, une

---

(1) Cette loi n'a cependant pas dû être suivie dans tous les pays dits de nantissement. L'ancien usage ne s'étoit conservé que dans le ressort du parlement de Flandre et du conseil provincial d'Artois, où l'édit de 1771 n'étoit pas exécuté. Voyez là-dessus le Répertoire de jurisprudence, au mot *Hypothèque*, sect. 1re, § 3, n° 14, et § 13, n° 8.

pareille hypothèque, qui ne pouvoit compatir avec ce principe, y étoit inconnue. On n'y admettoit que l'hypothèque spéciale, sauf les cas où les statuts y admettoient l'hypothèque légale. Tout cela avoit lieu, même quoique les obligations notariées eussent été passées dans les parties du royaume où l'hypothèque générale étoit de droit commun. Aussi voit-on, dans les arrêts que je viens de citer, que cette circonstance étoit un motif de plus pour le rejet des inscriptions.

Il faut faire une remarque essentielle : c'est que lorsqu'on a pris une inscription en vertu d'une transcription ou réalisation de titre conforme aux dispositions de la loi de septembre 1790, il n'a pas suffi qu'il y ait eu une inscription prise en vertu du titre constitutif de la créance, il a été encore nécessaire que l'inscription rappelât spécialement la transcription, parce que cette transcription conférant seule l'hypothèque, elle devenoit le fondement de l'inscription, et toute inscription doit faire connoître aux tiers tout ce qui constitue régulièrement l'hypothèque. Tout cela rentre dans ce que j'ai eu occasion de dire, que lorsque le titre constitutif de la créance est nul, et que, pour se procurer un titre valable, on a recours au remède de la ratification, l'inscription doit être prise non-seulement en vertu du titre primitif, mais encore en vertu de l'acte de ratification. Il y a encore quelqu'affinité entre ce cas et celui de la subrogation à l'effet d'une créance. L'inscription doit faire connoître le titre et la subrogation. Tout cela prouve une coïncidence de principes, sous tous les régimes hypothécaires, sur ce qui constitue la publicité de l'hypothèque.

Mais ces réalisations ou transcriptions de titre, en ce qui concernoit les acquisitions, n'opéroient pas la purgation des hypothèques existantes alors. Le but de cette formalité, comme celui des anciennes qu'elle remplaçoit, étoit seulement de consommer l'aliénation, de dessaisir le vendeur et de saisir l'acquéreur ; et, quant aux hypothèques, cette dessaisine empêchoit seulement le vendeur d'en constituer à l'avenir. Mais les hypothèques anciennes subsistoient, et elles ne pouvoient être éteintes que par les voies ordinaires. De là il résultoit une conséquence importante, qui est qu'un créancier antérieur à la transcription de la vente du fonds hypothéqué, faite dans les formes prescrites par la loi du 27 septembre 1790, pouvoit prendre utilement une inscription, même après la loi du 11 brumaire an 7, lorsque l'acquéreur n'avoit pas fait transcrire d'après les formes prescrites par l'art. 44 de cette loi, ou par l'art. 105 de la loi du 9 messidor

M m 2

an 3, sauf à ne donner rang à l'hypothèque que du jour de l'inscription, d'après le principe général. C'est ce qui a été jugé par un arrêt de la Cour de cassation, du 20 frimaire an 14. *Denevers, an 1806, pag.* 62.

Consé- quence de la même loi du 27 septembre 1790, quant à la trans- mission de la propriété.

133. On avoit élevé la question de savoir si la loi du 27 septembre 1790 étoit applicable, ou non, aux contrats d'aliénations qui étoient antérieurs à la promulgation de cette loi. L'affirmative a été jugée par un arrêt de la Cour de cassation, du 5 janvier 1818. *Denevers, même année, pag.* 68. La formalité de la deshéritance consolidoit seule la propriété sur la tête de l'acquéreur. Jusque-là, comme je l'ai déjà dit, l'acquéreur n'étoit réputé avoir qu'une promesse de vendre, et il n'avoit que l'action tendante à faire remplir la formalité de la deshéritance, ou des dommages-intérêts. Or, la transcription du contrat de vente antérieure à la loi, faite postérieure- ment, produisoit l'effet même de la deshéritance, quoique le vendeur fût demeuré en possession de l'immeuble. L'arrêt l'a ainsi décidé pour une vente du 19 février 1788, transcrite le 30 juillet 1791. Il a aussi jugé que la prescription que pouvoit invoquer le vendeur à raison de sa possession, et d'après le silence de l'acquéreur, ne couroit qu'à compter du jour de la transcription, et non du jour où la possession avoit commencé. La raison en est que, du jour de la transcription qui tenoit lieu de deshéritance, l'acquéreur étoit considéré comme possesseur réel du fonds. L'arrêt est rendu dans le sens que l'on ne devoit avoir aucun égard à la prescription de l'action personnelle qui avoit couru contre l'acquéreur, parce que, dès le moment de la transcription, il ne devoit plus être question de cette action *personnelle* qui avoit été remplacée par l'action *réelle*. Il résulta de là que l'acquéreur pouvoit, dès ce jour, réclamer le désistement de l'immeuble par une action *réelle* qui, suivant l'art. 1er, chap. 107 des Chartes du Hainault, ne se prescrivoit que par vingt-un ans : cet espace de temps ne s'étoit pas écoulé entre la date de la transcription et celle de la revendication de l'immeuble.

Du sort des oppositions aux lettres de ratifica- tion, depuis la promulga- tion de la loi de brumaire.

134. Lorsqu'il avoit été formé opposition aux lettres de ratification, établies par l'édit de 1771, et quand il auroit été obtenu des lettres de ratification, dès l'instant de la promulgation de la loi de brumaire an 7, le créancier oppo- sant devoit prendre une inscription pour la conservation de son hypothèque, l'inscription étant devenue le seul moyen d'obtenir cette conservation; et si elle étoit prise dans le délai prescrit pour les anciennes créances, par l'art. 37 de la loi de brumaire, l'inscription conservoit l'hypothèque au

rang qu'elle avoit auparavant. Ce n'eût été que dans le cas où elle n'eût
pas été prise dans le délai, qu'elle n'avoit rang que du jour de sa date.

Il y a plus : c'est que, lorsque l'acquéreur qui avoit obtenu des lettres
de ratification, revendoit l'héritage, et lorsque le second acquéreur avoit
encore obtenu des lettres de ratification sur son acquisition, qui, comme
les premières, auroient été chargées des anciennes oppositions, les créanciers du premier vendeur devoient prendre inscription contre le nouvel
acquéreur; et l'inscription sur ce nouvel acquéreur devoit toujours être
prise dans le délai porté par le même art. 37 de la loi de brumaire. Sans
cette nouvelle inscription sur l'acquéreur, les créanciers personnels de
celui-ci, quoique inscrits après les créanciers du vendeur, leur auroient
été préférés. Tout cela n'étoit pas sans de grandes difficultés; et on y
voit principalement la preuve des inconvéniens graves qui résultent du
passage d'une ancienne législation à une nouvelle. Ces questions eussent
pu être décidées de manière à faciliter la conservation des anciennes hypothèques dont je viens de parler; et cela eût été à désirer. Mais on n'inséra
pas dans la loi de brumaire des dispositions assez étendues pour produire
cet effet. On put en avoir l'intention dans l'art. 49; mais cet article devint
la matière d'une foule d'interprétations; et ce fut par suite de ces interprétations, qu'il se forma une jurisprudence, dont ce que je viens de dire
est le résultat.

La question fut ainsi jugée par un arrêt de la Cour de cassation, du
13 thermidor an 12, rapporté avec le discours de M. Merlin, Répert. de
jurisprud., au mot *Hypothèque, sect. 2, § 2, art. 14, n° 1er*; et par un
autre arrêt de la même Cour, du 13 décembre 1808, qu'on voit dans
Sirey, *an 1809, 1re partie, pag.* 69. Il y a très-peu d'années que j'ai eu
occasion de remarquer, relativement à une ancienne affaire de ce genre,
dont la poursuite étoit suspendue ou abandonnée, qu'une inscription fut
prise utilement, dans la circonstance dont il s'agit. Le même cas peut
se présenter encore; et c'est un des motifs qui m'ont déterminé à faire
connoître la question.

135. Lorsqu'il se forma des listes d'émigrés, la nation s'étant emparée   Du sort des
de leurs biens, les vendit francs de toute hypothèque, et elle se chargea   inscriptions
de payer leurs créances, d'après des modes de liquidation qui furent   prises sur les
établis. De la manière dont étoient conçues les lois sur cette matière, les   émigrés. Dis-
                                                                              positions de
créanciers avoient juste sujet de regarder comme inutiles toutes opposi-   la loi du 16
                                                                              ventôse an 9.

tions qu'ils auroient pu faire aux lettres de ratification, d'après l'édit de 1771, et mêmes toutes inscriptions qui auroient pu être prises en vertu de la loi du 11 brumaire an 7. En effet, les lois relatives à l'émigration obligeoient les créanciers des émigrés à faire le dépôt de leurs titres aux secrétariats des administrations, en attendant la liquidation. On peut voir, notamment à ce sujet, la loi du 25 juillet 1793, sect. 5, art. 16. Mais ces temps désastreux commençant à disparoître, la rigueur de ces lois s'étant adoucie, on conçut l'espérance d'obtenir des éliminations et des radiations sur la liste des émigrés : il en arriva plusieurs, et tout indiquoit qu'elles seroient suivies de beaucoup d'autres. Les émigrés étant réintégrés dans la possession de leurs biens, au moins de ceux non vendus, il s'ensuivoit qu'ils devoient être chargés du payement des créances dont le remboursement ni même la liquidation n'avoit pu s'opérer. C'est ce qui résultoit expressément de l'arrêté du gouvernement, du 13 floréal an 11. Il fallut donc pourvoir aux mesures qu'avoient à prendre les créanciers : on devoit régler leur sort, selon qu'ils prendroient ces mesures, si déjà elles n'étoient prises, ou qu'ils les négligeroient. Tel fut le but de la loi du 16 ventôse an 9, qui a eu des conséquences très-importantes sur cette matière, et dont l'exécution a laissé des traces qui se remarquent encore.

Il seroit inutile de rapporter ici toutes les dispositions de cette loi. Je ne ferai connoître que les plus essentielles, et qui sont les plus propres à en faire saisir l'esprit. Il est dit dans l'art. 1er, que les délais accordés par les art. 37 et 47 du titre 3 de la loi du 11 brumaire, et par les lois des 16 pluviôse et 17 germinal même année, pour l'inscription des droits d'hypothèque ou de privilége, sont prorogés en faveur des créanciers hypothécaires d'individus portés sur la liste des émigrés, et dont les biens avoient été séquestrés. L'art. 2 porte que lesdites inscriptions pourront être faites par ces créanciers, dans les trois mois, à partir du jour où la radiation du prévenu d'émigration aura été légalement constatée. Suivant l'art. 3, la radiation résultoit de la prononciation par les préfets de la mainlevée du séquestre. Il est dit dans l'art. 6, que tout porteur de créance spécifiée en l'art. 1er, qui se sera fait inscrire dans le délai fixé par les art. 2 et 5, conservera ses droits à la date de ses titres. Il est bon de remarquer que, d'après l'esprit de ces dispositions, les créanciers des émigrés furent regardés comme ayant un droit préexistant à cette loi. Il en résultoit que ce droit avoit pu même les autoriser à s'inscrire, mais que le droit qui pouvoit résulter des inscriptions hypothécaires, avoit dû être suspendu jusqu'aux radiations des inscriptions sur la liste des émigrés. Les progrès que fit la jurisprudence en cette partie, allèrent jusqu'à faire ériger en principe que la loi du 25 juillet 1793, sect. 5, art. 16, qui ordonnoit le dépôt des titres de créances pour obtenir la liquidation, avoit *dispensé* seulement les créanciers des émigrés de former des oppositions pour la conservation de leurs droits, et ne leur avoit pas *défendu* d'en prendre. On pensa que cet état de choses étoit resté le même sous l'empire des nouvelles lois sur les hypothèques, jusqu'à cette loi du 16 ventôse an 9, qui leur impose l'obligation de s'inscrire dans le délai qui y est énoncé. Tel est l'esprit qui est présumé avoir dicté cette loi, d'après les motifs d'un arrêt de la Cour de cassation, du 3 octobre 1814, dont j'aurai bientôt occasion de parler.

L'exécution de cette loi donna lieu à quelques difficultés. Il s'éleva d'abord la question de savoir si l'inscription prise en vertu de cette même loi, dans les trois mois qui avoient suivi la radiation légalement constatée, avoit donné pour date à l'hypothèque celle du contrat, quoique l'obligation fût postérieure à l'inscription du débiteur sur la liste des émigrés. La Cour de cassation jugea l'affirmative, par un arrêt du 28 juin 1808. Le motif de l'arrêt fut que la mort civile, prononcée contre les émigrés par la loi du 28 mars 1793, ne leur interdisoit que les actes dérivant du droit de cité, et non ceux dérivant du droit naturel et des gens, *tels que les acquisitions et obligations*. Cet arrêt est une conséquence d'un autre arrêt de la même Cour, du 28 frimaire an 13, qui avoit jugé, par les mêmes principes de droit public, qu'une vente faite par un émigré, avant sa radiation définitive, étoit valable, et qu'il ne pouvoit y avoir qu'une nullité relative à l'intérêt national (1).

Il a été question de savoir si un créancier avoit pu valablement prendre une inscription sur un émigré avant la radiation définitive, mais après sa radiation provisoire. La Cour de cassation s'est décidée pour l'affirmative, par un arrêt du 2 août 1814. L'arrêt est fondé sur ce qu'aucune loi ne défendoit aux créanciers des émigrés rayés provisoirement, de prendre des inscriptions sur les biens de ces émigrés, *quoique les biens fussent*

(1) Voyez Denevers, an 13, p. 178, et an 1808, p. 368; Sirey, an 1809, 1re partie, p. 84, et la table des matières, p. 57, n° 480.

sous le séquestre national; qu'à la vérité, l'effet de l'inscription étoit subordonné au cas de la restitution des biens, mais que, le cas arrivant, *l'inscription étoit valable.*

La même Cour est encore allée plus loin, par un arrêt du 3 octobre suivant. Elle a décidé que le créancier d'un émigré avoit pu prendre une inscription sur son débiteur, avant toute amnistie et toute radiation, et avant un envoi en possession des biens qui étoient sous le séquestre lors de l'inscription. On a jugé que les inscriptions prises sur les émigrés avant la loi de ventôse, n'étoient pas nulles, mais incapables seulement de produire leur effet, tant que dureroit l'état de choses qui maintiendroit la propriété de l'émigré, débiteur de l'inscrivant, sous la main de la nation; qu'il étoit indifférent que l'inscription eût été prise avant la loi du 16 ventôse an 9, ou avant l'expiration des trois mois de grâce accordés aux créanciers des émigrés par cette même loi. *Denev.*, an 1814, *p.* 476 *et* 607.

L'inscription prise sur un émigré, en vertu de la loi du 11 brumaire an 7, a-t-elle dû être renouvelée en vertu de la loi du 16 ventôse an 9 ?

136. Dès que, d'après les principes que je viens d'exposer sur cette matière, la loi du 16 ventôse an 9 n'établissoit pas un nouveau droit sur la faculté de prendre des inscriptions hypothécaires de la part des créanciers d'émigrés; que ce droit devoit être considéré comme préexistant, et qu'il ne s'agissoit que de déterminer un nouveau délai dans lequel les créanciers qui ne s'étoient pas déjà inscrits, seroient tenus de remplir cette formalité, on devoit naturellement en venir à regarder comme suffisante une inscription qui auroit été déjà prise en vertu de la loi du 11 brumaire an 7. Cette loi n'étoit pas rendue dans l'esprit d'un renouvellement d'inscription, mais bien dans celui d'une nécessité de s'inscrire par forme de prorogation du délai accordé, pour les anciennes hypothèques, par l'art. 37 de la même loi. C'est aussi ce qui a été jugé par un arrêt de la Cour royale de Montpellier, du 29 mars 1813. *Denevers, même année, pag.* 85, *suppl.* Lors de cet arrêt, on opposoit au créancier qui avoit pris l'inscription, une décision rendue par le ministre de la justice, et par celui des finances, le 16 novembre 1810. Cette décision prononçoit la nullité des inscriptions qui avoient été prises pendant l'émigration du débiteur, qui, depuis, avoit été rayé de la liste des émigrés; elle est rapportée dans le Journal de l'enregistrement, an 1811, n° 469, art. 4051, pag. 235 et 236. Mais la Cour royale de Montpellier pensa, et avec raison, que des décisions ministérielles ne peuvent influer sur les tribunaux, relativement aux actions entre particuliers; que, d'ailleurs, cette décision avoit

avoit pu n'être rendue que sous le rapport de l'intérêt national dont il ne s'agissoit pas. Aussi cette dernière idée est-elle manifestée dans l'arrêt de la Cour de cassation, du 28 frimaire an 13, que j'ai déjà eu occasion de citer.

On sent facilement que des inscriptions prises, soit avant, soit après la loi du 16 ventôse an 9, lors même qu'elles auroient été prises en vertu de cette dernière loi, devoient avoir la primauté sur les hypothèques légales des femmes qui n'auroient pas pris des inscriptions, ainsi que les y obligeoit la loi du 11 brumaire. C'est encore ce qui résulte de l'arrêt de la Cour royale de Montpellier.

On verra, dans le § II de la section III, n° 168, les principes admis sur la solidarité d'hypothèque que pouvoient réclamer les créanciers des émigrés.

137. Dès qu'il étoit reçu, par la jurisprudence des arrêts que je viens de rapporter, qu'on pouvoit prendre des inscriptions sur des émigrés, sauf la suspension seulement de l'effet de ces inscriptions, jusqu'à la restitution qui leur seroit faite de leurs biens, il devoit s'en tirer la conséquence qu'eux-mêmes, lorsqu'ils étoient rayés provisoirement, ou amnistiés, quoiqu'ils n'eussent pas obtenu la délivrance du certificat de leur amnistie, avoient le droit de prendre sur leurs débiteurs des inscriptions qui n'étoient que des actes conservatoires. C'est aussi ce qui a été jugé par un arrêt de la Cour de cassation, du 5 septembre 1810. *Denevers*, *an* 1810, *pag.* 512. Je renvoie aux motifs de l'arrêt, qui sont intéressans sur cette matière.

Les émigrés, rayés provisoirement seulement, ont pu prendre inscription sur leurs débiteurs.

138. Dans le principe, les biens des condamnés par les tribunaux révolutionnaires, étoient confisqués au profit de l'Etat. Mais la loi du 21 prairial an 3 ordonna que ces biens seroient restitués à leurs familles. Ainsi, dès ce moment, la propriété de ces biens appartenoit aux familles, et, par conséquent, les inscriptions hypothécaires devinrent le seul moyen de conserver les hypothèques sur ces biens. Il ne devoit donc y avoir d'autre règle à suivre pour les hypothèques anciennes, que les délais accordés, en général, par les art. 37 et 39 de la loi du 11 brumaire an 7.

La loi du 16 ventôse an 9 est absolument étrangère aux hypothèques sur les biens des condamnés.

Cependant, quelques créanciers d'anciens fermiers généraux ou régisseurs comptables condamnés, qui négligèrent de prendre des inscriptions sur les biens de ces derniers, prétendirent, quoiqu'il ne fût question que de créances particulières et ordinaires, qu'ils en avoient été dispensés jusqu'à la loi du 16 ventôse an 9, et qu'il leur avoit suffi de prendre des

Tome I.   N n

inscriptions dans le délai accordé par cette loi. Ils assimiloient la position des créanciers de ces condamnés à celle des créanciers des émigrés. Ils fondoient cette prétention sur l'article 7 de la loi du 21 prairial an 3. Cet article portoit que néanmoins le séquestre seroit maintenu sur les biens des ci-devant fermiers généraux et des régisseurs comptables. Mais cette prétention fut rejetée par un arrêt de la Cour de cassation, du 26 avril 1813. Le motif en fut que la loi du 16 ventôse an 9 ne fait aucune mention, dans tout son contexte, des condamnés ni de leurs biens ; que si, par l'article 7 de la loi du 21 prairial an 3, le séquestre avoit néanmoins été maintenu sur les biens des ci-devant fermiers généraux, ce séquestre n'avoit plus été, ainsi que l'indiquent les expressions mêmes de cet article, qu'un séquestre purement administratif et provisoire ; que ce séquestre concernant uniquement l'intérêt national, ne pouvoit être un obstacle à l'exercice des droits des particuliers créanciers. Au surplus, tout séquestre sur les biens des ci-devant fermiers généraux avoit été définitivement levé par un arrêté des consuls, du 25 brumaire an 9. Voyez Denevers, an 1815, pag. 494 (1).

Du sort des inscriptions conservatoires, prises pour garantie de ventes antérieures à la loi de brumaire.

139. Une des questions transitoires les plus importantes qui s'élèvent sur cette matière, est celle de savoir si un acquéreur d'immeubles, dont la vente est antérieure à la loi du 11 brumaire an 7, peut, pour sa garantie, en cas de recherches pour créances, ou en cas d'éviction, si la propriété étoit reconnue, dans la suite, n'avoir pas appartenu au vendeur, prendre des inscriptions sur tous les autres biens provenans de celui-ci, en vertu de l'hypothèque générale qui, suivant la législation en vigueur lors de la vente, avoit lieu de plein droit. La question seroit la même quand cette hypothèque générale auroit été stipulée. Cette stipulation, qui étoit ordinaire, et comme de style, n'ajouteroit rien à l'hypothèque de droit (2). Doit-on autoriser légèrement de pareilles inscriptions, et sans entrer en connoissance de cause? Si cela étoit, un particulier qui auroit acquis pour dix ou vingt mille francs

---

(1) Si on veut connoître d'autres arrêts rendus sur des questions de cette nature, on peut consulter M. Merlin, *Rép. de jurispr.*, au mot *Hypothèque*, sect. 2, § 2, et ses Questions de droit, auxquelles il renvoie quand il faut. Mais il y en a plusieurs qui présentent actuellement peu d'intérêt. J'ai déjà dit que je me bornois à ce qui ne paroissoit être le plus utile.

(2) J'avois traité la question dans mon Commentaire sur l'édit de 1771, article 15, pag. 250 de la 2e édition. Je la traite d'après de nouvelles réflexions.

d'immeubles, pourroit, à son gré, et sans un intérêt réel, empêcher le vendeur ou ses héritiers auxquels ils resteroit 200,000 francs d'immeubles provenans du vendeur, de vendre ces immeubles ; ou, au moins, les ventes qu'ils voudroient en faire seroient considérablement entravées par ces inscriptions, ce qui leur causeroit un très-grand préjudice. On voit encore, en effet, un grand nombre de familles gémir sous le poids de cette faculté de s'inscrire, même quoiqu'elle soit sans objet. Un usage aussi pernicieux mérite certainement d'être examiné, et on doit chercher un remède à un aussi grand mal ; car ce seroit contre l'esprit du régime hypothécaire, qu'une pareille faculté de s'inscrire pût exister indistinctement.

Il est vrai que, d'après les principes de la matière, lorsqu'il s'agit d'inscriptions pour des créances conditionnelles ou éventuelles, l'acquéreur ou ses héritiers qui prendroient une inscription conservatoire pour cette garantie, ne pourroient pas toucher eux-mêmes les prix des ventes, lorsqu'il se feroit un ordre. Les créanciers postérieurs en hypothèque pourroient les recevoir en donnant caution, ou en prenant d'autres mesures pour assurer la restitution du prix à distribuer à l'acquéreur ou à ses héritiers, s'il y avoit lieu par événement. Mais il est aisé de sentir que cette mesure présente l'inconvénient le plus grave et le plus nuisible au vendeur ou à ses ayans droit, et qu'elle seroit encore très-pénible pour les créanciers.

L'établissement d'une législation nouvelle ne doit pas changer la position des parties qui ont contracté auparavant : le sort d'aucune ne doit en être aggravé. La justice exige qu'alors on consulte les intérêts respectifs des parties, et qu'on les concilie. Les sûretés doivent être accordées de la même manière qu'elles existeroient si le contrat eût été passé sous la législation qui a succédé à une précédente. Quand une vente se fait sous la législation hypothécaire actuelle, qui a établi un mode particulier de purgation des hypothèques, l'acquéreur a toutes ses sûretés dans les formes établies pour opérer cette purgation, et qu'il ne dépend que de lui de pratiquer. S'il acquiert une propriété reconnue pour appartenir à son vendeur, il peut, en faisant transcrire, et en prenant les mesures que nécessitent les inscriptions, s'il y en a, ou les enchères, s'il en survient, obtenir la purgation des hypothèques ; il peut même purger toutes les hypothèques légales, connues ou inconnues, en pratiquant les formes prescrites, pour ce cas, par le Code civil, et par les règlemens qui l'ont suivi. Mais il ne pourroit pas lui-même prendre une inscription pour la garantie de sa vente, en cas de recherche ou d'éviction ; il ne pourroit s'inscrire, pour cette garantie, que sur des immeubles autres que ceux vendus, qu'il auroit fait hypothéquer avec une affectation spéciale pour cette garantie ; et une pareille garantie avec hypothèque spéciale, ne se stipule ordinairement que lorsqu'il y a des dangers connus. Or, voilà la position dans laquelle doit être placé celui qui a vendu avant l'édit de 1771, qui est la première loi qui ait établi un mode particulier de purgation des hypothèques, inconnu auparavant.

On sent combien celui qui auroit vendu avant 1771, ou ses héritiers, auroient à souffrir d'être soumis, en vertu de l'hypothèque générale qui avoit lieu anciennement de droit, pour toutes sortes d'engagemens, et, par conséquent, pour la garantie de la vente, aux mêmes désavantages qu'ils auroient, si, en vendant sous le Code civil, la vente eût été faite avec une garantie en cas de recherches ou éviction, à laquelle on eût spécialement affecté des immeubles autres que les biens vendus. Avant l'édit de 1771, l'hypothèque générale sur les biens présens et à venir, qui étoit attachée, par la loi, à toutes sortes d'engagemens, n'étoit utile à l'acquéreur que dans le cas où il survenoit un danger de recherche ou éviction ; et l'acquéreur ne s'en servoit que dans ce cas. Ce n'étoit qu'alors, et surtout s'il étoit recherché judiciairement, qu'il exerçoit un recours contre son vendeur, et qu'il assignoit les acquéreurs postérieurs en déclaration d'hypothèque. Mais lorsque le premier acquéreur ne pouvoit concevoir raisonnablement aucune crainte sur l'effet de son acquisition, il gardoit le silence, et le vendeur n'étoit soumis à aucune action en garantie. L'édit des criées de 1551, avoit prévu, dans l'art. 16, les entraves qu'éprouveroient les adjudications sur saisie réelle, par l'effet des oppositions (remplacées par les inscriptions) qui auroient pu être formées pour garanties éventuelles. Cette loi distinguoit le cas où le procès, à raison de la garantie, étoit déjà intenté, de celui où il n'y avoit pas d'instance commencée. Au premier cas, elle ordonnoit que le procès fût vidé préalablement par le tribunal même devant lequel les poursuites se faisoient, et auquel le procès relatif à la garantie réclamée étoit évoqué. Au second cas, cette loi vouloit qu'il fût passé outre à l'adjudication, à la charge par les créanciers opposans, postérieurs, de donner bonne et suffisante caution de rendre les deniers qu'ils auroient reçus, à celui qui auroit

formé opposition pour raison de la garantie, et qui se seroit trouvé antérieur en hypothèque. Mais cette loi n'étoit pratiquée, à cet égard, qu'autant qu'on auroit pu présumer quelques recherches qui auroient rendu
nécessaire l'exercice de l'action en garantie, et qu'il y eût eu une crainte
apparente d'éviction. S'il en eût été autrement, un particulier qui auroit
vendu une partie quelconque de ses biens, se seroit vu entravé dans la
disposition de tout le reste, en un temps où les décrets volontaires devinrent communs. On sait que leur but étoit d'obtenir la purgation d'hypothèques inconnues, à peu près comme l'étoit celui de l'édit de 1771,
qui fut substitué à ces décrets volontaires qu'il abrogea.

Cela étant, si un acquéreur antérieur à l'édit de 1771, ou même à la
loi de brumaire, ou si les héritiers de cet acquéreur, prenoient une inscription sur une vente faite sous le Code civil, pour la garantie de la vente
ancienne ; s'il étoit reconnu que l'ancien vendeur étoit réellement propriétaire de l'objet qu'il auroit aliéné ; si on réclamoit une garantie par
la voie de l'inscription, sur l'unique fondement de l'hypothèque générale,
qui avoit lieu lors de la vente; si aucune circonstance n'indiquoit le moindre danger pour recherches de créances, ou pour éviction de la propriété,
dans cette position, le représentant de l'ancien vendeur qui auroit fait la
nouvelle vente, seroit fondé à repousser l'effet de cette inscription, et à
en demander la mainlevée. Il pourroit se placer dans la même position
où il seroit, si la vente à l'occasion de laquelle l'inscription seroit prise,
eût été faite sous le Code civil même. Il diroit, avec raison, qu'il ne doit
pas souffrir du changement de législation et de jurisprudence ; qu'on ne
pourroit, sans injustice, le mettre dans la même position de celui qui
vendroit, sous le Code civil, avec une garantie particulière pour laquelle
d'autres biens que ceux vendus seroient spécialement affectés ; que le
premier vendeur a vendu dans les mêmes idées dans lesquelles se font
les transmissions de propriété, par vente, sous le Code civil, et que les
principes qui règlent les ventes doivent être les mêmes.

Ainsi, s'il y avoit eu sur l'ancienne vente des lettres de ratification
obtenues sous l'édit de 1771, qui eussent été scellées sans opposition,
ou si cette ancienne vente eût été transcrite sous la loi de brumaire ou
sous le Code civil, et sans qu'aucune inscription fût survenue, l'inscription prise pour la sûreté de cette vente ancienne, deviendroit sans objet,

et la demande en mainlevée en seroit fondée. S'il n'avoit été rien fait de tout cela, ceux sur lesquels frapperoit l'inscription pour la garantie, pourroient requérir que celui qui auroit acquis de leur auteur, ou ses héritiers, fissent transcrire, et demander la mainlevée de l'inscription prise pour la garantie, si la transcription de l'ancienne vente n'étoit frappée d'aucune inscription sur le vendeur.

Il est vrai que l'acquéreur ou ses héritiers pourroient dire qu'il ne suffit pas, pour qu'ils soient désintéressés, d'avoir purgé d'hypothèques les immeubles acquis; qu'ils peuvent être évincés de la propriété, et que cette propriété ne peut être purgée par la transcription, et par ce qui peut s'ensuivre; en sorte que le risque de l'éviction reste. Ils pourroient ajouter encore, en se livrant à tous les calculs que pourroit suggérer l'imagination, que des causes d'éviction pourroient demeurer inconnues pendant plus de trente ans, même pendant plus de cent ans, à raison de longues minorités qui se succéderoient dans les familles qui pourroient avoir droit à la propriété. Avec ces allégations, quoiqu'elles ne fussent justifiées en aucune manière, ils auroient le droit de couvrir d'inscriptions conservatoires, pour leur garantie, tous les biens qui proviendroient du vendeur originaire, et même à chaque ordre qui s'en feroit successivement, en abusant du principe de l'indivisibilité de l'hypothèque.

Mais je ne crois pas qu'une pareille prétention dût être accueillie. Une action aussi terrible, aussi importante par ses suites, ne peut être admise qu'autant qu'elle est fondée sur un intérêt réel. Il est donc indispensable que l'ancien acquéreur ou ses héritiers établissent quelque risque qu'ils auroient à courir, à raison de la propriété. S'ils n'y parviennent pas, la radiation de leur inscription doit être ordonnée. Cette opinion est fondée sur l'esprit du régime hypothécaire, qui a été de favoriser la circulation des immeubles, bien loin d'y apporter des entraves. Elle peut encore être établie, au moins par analogie, sur l'art. 1653 du Code civil. Il y est dit : « Si l'acheteur *est troublé*, ou *a juste sujet de craindre* d'être troublé par une action, soit hypothécaire, soit en revendication, il peut suspendre le payement du prix jusqu'à ce que le vendeur ait fait cesser le trouble, si mieux n'aime celui-ci donner caution, etc. » Or, il se fait une comparaison exacte d'un acquéreur qui est dans cette position, avec l'acquéreur dont l'acquisition est antérieure à l'édit de 1771, ou à la loi de brumaire;

chacun d'eux, dans le cas qui le concerne, agit pour ne pas demeurer sans ressource, s'il survenoit des recherches hypothécaires, ou une éviction. Si donc celui qui voudroit retenir le prix de son acquisition, ne pouvoit le faire qu'autant qu'il seroit troublé, ou qu'il seroit établi qu'il auroit *juste sujet de craindre* qu'il le fût, ne doit-on pas dire aussi qu'un ancien acquéreur ou ses héritiers ne pourroient couvrir d'inscriptions conservatoires les biens provenans du vendeur, qu'autant qu'ils seroient troublés, ou qu'ils auroient juste sujet de craindre de l'être. L'esprit qui a dicté l'art. 1653 du Code civil, se reporte sur la décision de la question. De simples allégations ne suffisent donc pas ; il faut des preuves ou au moins de forts indices, capables de motiver une juste crainte ; et, dans ce dernier cas encore, la justice doit faciliter le vendeur originaire ou ses héritiers dans les moyens de lever les obstacles.

Je ne dois cependant pas dissimuler que Renusson, dans son Traité de la *subrogation, chap.* 5, *pag.* 97, *n°* 54, dit que l'action en garantie d'un acquéreur antérieur étoit *ouverte* dès le moment que le vendeur aliénoit des immeubles. L'acquéreur antérieur, suivant cet auteur, pouvoit faire assigner l'acquéreur postérieur, pour voir déclarer les héritages acquis, affectés à la garantie de ce premier acquéreur. Mais ce que disoit cet auteur ne se pratiquoit pas ordinairement : cette assignation en déclaration d'hypothèque devenoit même inutile, puisque la prescription de la demande en garantie n'auroit commencé à courir que du jour du trouble réel, et même de l'éviction consommée. D'ailleurs, ce cas ne peut être comparé à celui où des inscriptions seroient prises pour la garantie d'une ancienne vente, sous la législation actuelle qui a produit tant de changemens dans cette matière. Cette ancienne déclaration d'hypothèque, qui n'auroit pu être considérée que comme une forme, n'auroit pas éloigné un acquéreur quand même il auroit pu la prévoir, s'il n'eût pas conçu de justes craintes d'être recherché ; au lieu que les inscriptions prises pour la garantie d'une ancienne vente, jettent le trouble et le désordre dans les affaires du vendeur ou de ses héritiers.

Enfin, la question dont il s'agit s'est présentée sous le régime de l'édit de 1771 ; et elle a été jugée par les parlemens, dans le sens de l'opinion que j'émets. Il est bon de faire connoître un arrêt du parlement de Paris, du 5 mai 1785, quoique j'en aie cité l'espèce dans mon Commentaire sur cet édit de 1771, parce que cet ouvrage n'est pas actuellemnnt au pouvoir de beaucoup de jurisconsultes. Cet arrêt fut rendu , en grande connoissance de cause, entre des parties de la province d'Auvergne. Je l'ai lu dans le temps, ayant alors en mon pouvoir la procédure sur laquelle il étoit intervenu. Le sieur de Macon avoit acheté une dîme de la dame de Gironde. Son contrat contenoit défense de le déposer au bureau des hypothèques. Dans la suite, la dame de Gironde ou ses héritiers vendirent la terre de Buron au sieur de Verdonnoit. Celui-ci déposa son contrat, obtint des lettres ; et, entre autres oppositions, il y en eut une du sieur de Macon pour sa garantie. Le sieur de Macon fut assigné en mainlevée par les héritiers de la dame de Gironde. Il se défendit en disant que n'ayant pu, d'après son contrat, obtenir des lettres de ratification, il avoit été bien fondé à former opposition pour sa garantie ; que, d'ailleurs, pouvant être évincé, même malgré des lettres de ratification qu'il obtiendroit, son opposition étoit bien fondée dans tous les cas. Les héritiers de la dame de Gironde consentirent que le sieur de Macon obtînt des lettres, malgré la clause du contrat de vente. En conséquence de ce consentement, ils obtinrent mainlevée de l'opposition du sieur de Macon, dans le cas où il ne surviendroit pas des oppositions aux lettres de ratification qu'il seroit obligé d'obtenir sur son contrat de vente, lequel il lui seroit permis d'exposer, dans un délai qui lui fut accordé à cet effet. L'arrêt jugea encore que, dans ce cas, l'acquéreur opposant étoit obligé de prendre ces lettres de ratification à ses frais, et non aux frais du vendeur.

M. Corail de Sainte-Foi, qui avoit fait des observations en forme de questions sur le même édit de 1771 , cite, *pag.* 130, un arrêt du parlement de Toulouse, où il exerçoit la profession d'avocat, du 31 août 1784, et un autre du parlement de Rouen, du 18 mars 1779, qui avoient jugé que l'acquéreur antérieur n'étoit pas recevable à former opposition pour sa garantie. Cet auteur dit que, dans l'espèce de l'arrêt du parlement de Toulouse, le vendeur *étoit garçon ;* et il remarque que, lors de la plaidoirie, on citoit un arrêt du parlement de Paris, du 19 juillet 1781 , rendu entre le sieur Estele et le sieur Lagorée, par lequel une opposition pour une simple garantie avoit été confirmée. Mais il ajoutoit que l'opposant soutenoit qu'*il couroit le plus grand péril d'être évincé, si le sieur Lagorée venoit à mourir, parce qu'il devoit les dots de deux femmes riches qu'il avoit successivement épousées, et que l'insuffisance des biens qui lui restoient pour en répondre, étoit notoire.* L'exception faite par cet arrêt, à raison de circonstances particulières, confirme le principe général.

Je

Je dois encore avouer qu'il sembleroit que le contraire auroit été jugé par un arrêt de la Cour de cassation, du 15 avril 1806, *section des requêtes,* rapporté dans le recueil de Denevers, *même année, pag.* 360. Il s'agissoit de savoir si l'acquéreur d'un immeuble, même après avoir purgé cet immeuble de toutes hypothèques, par des lettres de ratification scellées sans opposition, pouvoit prendre inscription sur les biens affectés par le vendeur à la garantie, tant des hypothèques que de l'éviction ou de tout trouble quelconque ; et l'affirmative fut adoptée. Mais, dans l'espèce de cet arrêt, il y avoit des circonstances qui faisoient sortir de la thèse générale, et qui amenoient une décision particulière. Il étoit dit, dans une vente qui étoit faite de la terre de Landelle, que les vendeurs, qui étoient deux époux, « s'obligeoient, conjointement et solidairement, et sans division, de garantir, fournir et faire valoir en exemption et franchise de toutes dettes, hypothèques, dot, douaires, donations, substitutions, troubles, éviction, et de tous empêchemens quelconques, sous hypothèque de tous leurs biens meubles et immeubles présens et à venir. » Il étoit ajouté que, dans le cas où les vendeurs achèteroient la terre de Grenteville, « ils feront l'emploi des 107,000 fr. (prix de la vente), *pour sûreté, par privilége spécial,* de la garantie qu'ils promettent à l'acquéreur de la terre de Landelle, et qu'au moyen de cet emploi, la terre de Grenteville sera et *demeurera* hypothéquée à la sûreté et garantie qui lui èst promise par les vendeurs, *avec privilége spécial.* » La terre de Grenteville fut acquise avec stipulation d'emploi, et avec l'affectation d'hypothèque pour sûreté et garantie de la première vente. Des lettres de ratification, sur la vente de cette terre de Grenteville, furent scellées sans opposition. Ce fut sur cette même terre que frappa l'inscription de l'acquéreur de la terre de Landelle. Des clauses aussi extraordinaires annonçoient des craintes sur la solidité de l'acquisition de cette terre. On voit la terre de Grenteville frappée *d'un privilége spécial* pour la garantie de la première vente. De pareilles clauses ont pu être considérées sous un point de vue différent que la simple hypothèque générale de droit, ou même la stipulation de cette hypothèque qui n'auroit rien ajouté à la force de la loi qui la suppléoit. Ce n'est pas que, d'après tous les autres faits énoncés dans le récit que contient le recueil, il ne soit permis de penser que l'inscription étoit sans fondement ; mais la discussion ne paroît pas avoir reçu le développement dont elle étoit susceptible. On n'a pas fait entrevoir les graves inconvéniens qui résulte-

Tome I.   O o

roient de la faculté qui seroit accordée aux anciens acquéreurs de s'inscrire sur tous les biens des vendeurs, pour une garantie qui devient sans objet. dès qu'il n'existe aucun sujet de craindre des recherches et une éviction. On n'a vu dans l'espèce de l'arrêt qu'une question particulière, étrangère à l'intérêt général des familles; en sorte que je crois pouvoir dire, sous tous les rapports, que cet arrêt, d'ailleurs isolé, n'a pas jugé *in terminis* la question que j'ai présentée, et qu'il ne sauroit fixer une jurisprudence.

L'étendue de la dissertation ne doit point étonner. Elle m'a paru nécessaire sous un double rapport. La question en elle-même est importante ; l'expérience me l'apprend. D'ailleurs, il se présente, même d'après les dispositions de quelques articles du Code civil, de sérieuses difficultés sur des questions qui sont analogues à celle que je viens de traiter : je les prévois dans le cours de l'ouvrage ; et je renvoie alors, pour abréger, à cette dissertation.

J'ai encore eu occasion de remarquer, relativement à des conventions faites sous la législation actuelle, qu'il y a certaines inscriptions prises en vertu d'affectation spéciale, quelquefois même sur des cautions, à raison de recherches que l'acquéreur redoutoit. Les vendeurs n'avoient pas eu la précaution de stipuler que la mainlevée de l'inscription auroit lieu, lorsque la circonstance qui l'avoit motivée viendroit à cesser. Or, dans ces cas qui sont assez fréquens, on peut se guider par les principes que je viens de développer.

Mon travail étant en cet état, et ce Traité étant même soumis à l'impression, j'ai eu connoissance d'un arrêt de la Cour royale de Limoges, du 9 mai 1812, qui a jugé la question en thèse, d'après les mêmes principes que j'ai exposés. La rédaction de cet arrêt qui est rapporté par Sirey, *vol. de* 1812, 2ᵉ *partie*, *pag.* 409, vaut, seule, un traité sur la question. Je crois devoir le faire transcrire à la suite de ma dissertation. Il suffit pour faire connoître les faits sur lesquels il a été rendu : on peut, d'ailleurs, les consulter dans le recueil.

« Considérant que le sort d'une inscription, pour recours de garantie au cas d'éviction, doit se décider par les risques auxquels l'acquéreur peut être exposé, à raison des charges ou des vices de la chose vendue dont le vendeur n'a pas donné connoissance lors du contrat de vente ; que, quand il y a péril démontré d'une éviction à laquelle l'acquéreur peut être exposé, il y auroit iniquité de donner mainlevée de l'inscription ; mais qu'il y auroit pareillement iniquité, en l'absence de tout danger, de laisser subsister une inscription qui n'est alors qu'un acte vexatoire, sans but comme sans utilité; — Considérant que Jean-Baptiste Nicot, vendeur au contrat de vente du 29 janvier 1791, tenant le bien du Gondaud à titre d'héritier testamentaire d'Etienne Nicot, étoit bien grevé de substitution par le testament du 24 décembre 1780; mais que les substitutions ayant été abolies par la loi du 28 octobre 1792, et ledit Jean-Baptiste Nicot ayant survécu à cette loi, il a été déchargé de rendre le bien du Gondaud à ceux qui, cessant cette loi, étoient appelés à le recueillir par l'effet de la substitution, et qu'il est ainsi devenu propriétaire incommutable du bien du Gondaud; que la loi elle-même garantit le sieur Parant, propriétaire actuel, de toutes évictions fondées sur la substitution, comme elle en garantissoit Jean-Baptiste Nicot, son vendeur, précédent propriétaire; — Considérant que le sieur Parant n'oppose et n'articule aucuns autres moyens apparens d'éviction; qu'il faudroit néanmoins qu'il articulât quelques cas positifs de droits de tiers préexistans à la vente, qui pussent un jour donner lieu à l'éviction; que s'il n'en articule point, c'est qu'il y a raison de croire qu'il n'en peut pas articuler; — Considérant que, le 25 floréal an 5, le sieur Parant a obtenu, sur le contrat du 29 janvier 1791, des lettres de ratification qui ont été scellées sans opposition; que, depuis le 29 janvier 1791 jusqu'à ce jour, le sieur Parant a joui du bien du Gondaud paisiblement et sans trouble de la part de qui que ce soit; — Considérant que s'il est constant, dans le ressort du ci-devant parlement de Bordeaux, qu'il faut trente ans, même avec le titre, pour prescrire la propriété, il ne l'est pas moins que l'on peut, pour rendre la prescription complète, joindre sa possession à celle de son auteur, si l'on a eu la chose à titre de legs, donation ou achat, pourvu que l'une et l'autre ne soient point vicieuses, que la possession n'ait pas été interrompue et occupée intermédiairement, c'est-à-dire, entre la possession de celui qui prétend prescrire et celle de son auteur, que l'on ait possédé comme maître avec les qualités requises pour prescrire, et que l'auteur ait été dans le même cas, que le titre vienne de l'auteur même dont on veut joindre la possession à la sienne; que toutes ces circonstances se réunissent en faveur du sieur Parant, sur le bien du Gondaud, qu'il jouit paisiblement en vertu de son tire; que Jean-Baptiste Nicot, son vendeur, a paisiblement joui en vertu du testament de 1777, et par la faveur de la loi; qu'Étienne Nicot, son auteur, a également eu une possession paisible; qu'en joignant à sa possession celle d'Étienne et de Jean-Baptiste Nicot, le sieur Parant réunit sur sa tête plus de trente années de prescription, ce qui le met à l'abri d'éviction de la part de tous ceux qui prétendroient droit à la propriété du Gondaud; — Considérant que l'action en garantie dure bien trente ans, qui courent du jour de la demande en éviction, et non de la date du contrat; et qu'en ce sens, il paroîtroit que l'action de garantie n'est pas prescrite, mais qu'il est superflu de raisonner de la durée de l'action en garantie, lorsqu'il est évident que la possession du sieur Parant, celle de son vendeur et celle de l'auteur de son vendeur lui ont procuré une prescription plus que suffisante, puisqu'elle est plus que trentenaire, qui le met à l'abri d'éviction, qui ne permet pas d'admettre qu'il puisse être obligé d'exercer un recours en garantie; — Considérant que le bien du Gondaud étant, par les lettres de ratification scellées sans opposition, affranchi de toutes dettes et hypothèques, et par là de tous droits réels et fonciers que des tiers pourroient prétendre, il n'est pas juste de laisser subsister des inscriptions gênantes pour les héritiers Nicot, en même temps qu'elles sont sans avantage pour le sieur Parant; — La Cour réformant, ordonne la radiation des inscriptions, etc. »

Il est encore parvenu à ma connoissance un arrêt de la Cour de Riom, 2e chambre, rendu le 25 prairial an 13, entre le sieur Choussy et un particulier auquel il avoit fait une vente bien avant la loi de brumaire an 7, qui, en confirmant un jugement du tribunal d'Ambert, avoit jugé la question en thèse, d'après les mêmes principes. L'arrêt est fondé sur ce qu'il n'existoit aucune recherche hypothécaire, et sur ce qu'il n'y avoit aucune crainte apparente d'éviction.

SECTION III.

Des objets qui sont, ou non, susceptibles d'hypothèque. De l'indivisibilité de l'hypothèque et de la solidarité qui en résulte.

§ 1ᵉʳ.

Des objets susceptibles, ou non, d'hypothèque.

SOMMAIRE.

155. *L'action rescisoire emporte-t-elle l'extinction des hypothèques ? Le créancier hypothécaire peut-il, pour conserver son hypothèque, rembourser le supplément du juste prix, aux dépens de l'acquéreur soumis à l'action rescisoire ?*

156. *De tous autres droits qui opèrent la revendication de l'objet hypothéqué.*

157. *Un droit d'hypothèque n'est plus susceptible d'hypothèque par lui-même. De la contribution en sous-ordre.*

158. *Des droits successifs. Observations sur la transcription des ventes qui en sont faites. Sens de l'art. 2205 du Code civil. De la fixation de l'hypothèque du créancier d'un cohéritier aux immeubles qui forment son lot.*

159. *De l'effet de l'hypothèque dont est grevée la portion d'un cohéritier dans une succession indivise, lorsqu'il doit des jouissances à ses cohéritiers.*

160. *Des rentes foncières ou constituées à prix d'argent, créées depuis la loi de brumaire an 7.*

161. *Des rentes foncières ou constituées à prix d'argent, créées avant la loi de brumaire.*

162. *Du droit de percière ou de champart.*

163. *Des actions ou intérêts dans les compagnies de finances. D'un droit de péage.*

164. *Des actions de la banque de France.*

165. *Des rentes sur l'État. Des majorats.*

166. *Des navires et autres bâtimens de mer.*

Principe général sur ce qui est, ou non, susceptible d'hypothèque. 140. IL y a, sur cette matière, un principe élémentaire, qui est que rien ne peut être hypothéqué de ce qui n'est point dans le commerce. L'art. 2118 du Code civil, en déclarant susceptibles d'hypothèque les biens immobiliers, ajoute, *qui sont dans le commerce.* Telle a été, en effet, la condition exigée par toutes les législations pour la validité de l'hypothèque. Une foule de lois romaines rappellent ce principe, et le rattachent à celui que j'ai déjà expliqué dans le § III de la section Ire du présent chapitre, qui est que l'on ne peut hypothéquer que ce qu'on peut vendre, la faculté d'hypothéquer étant subordonnée à celle d'aliéner. Loi 1re, ff. *quæ res. pign.*

L. 9, *eod.*, *de pignor. et hypoth.*; et Denis Godefroi, sur cette dernière loi.

Je croirois sortir de mon sujet si j'entreprenois d'expliquer quelles sont les propriétés qui sont, ou non, dans le commerce, et qui, par conséquent, peuvent ou non être vendues. Cela ne tient pas aux principes particuliers de la matière des hypothèques, mais bien aux principes généraux du droit; d'ailleurs, ces principes qui ont été érigés en lois par plusieurs articles du Code civil, ont encore été exposés par plusieurs auteurs; ils sont tellement élémentaires, si connus et même usuels, qu'il est difficile de se méprendre sur leur application. J'expliquerai donc seulement quels sont ceux des objets qui, étant d'ailleurs dans le commerce, sont ou non susceptibles d'hypothèque.

Pour se former des idées précises à ce sujet, il faut combiner tout le chapitre 1er, tit. 1er du liv. 2 du Code civil, et surtout l'art. 526, avec les articles 2118 et 2119 du même Code. Le chapitre que je viens d'indiquer contient la classification qui devoit être faite des propriétés, en meubles, en immeubles et en droits immobiliers. On y voit ce qui est immeuble par sa nature, ce qui est meuble naturellement, mais qui prend le caractère d'immeuble par sa destination, et enfin, quelles sont les choses qui deviennent immeubles par l'objet auquel elles s'appliquent.

Mais, dans tous les objets énoncés dans ce chapitre, quoique plusieurs soient réputés immobiliers, il faut déterminer ce qui est proprement susceptible d'hypothèque. C'est aussi ce que la loi a fait dans l'art. 2118. Il y est dit : « Sont seuls susceptibles d'hypothèque, 1°. les biens immobiliers qui sont dans le commerce, et leurs accessoires réputés immeubles; 2°. l'usufruit des mêmes biens et accessoires pendant le temps de sa durée. » De cette disposition il résulte que les objets qui sont vraiment meubles en eux-mêmes, mais qui sont réputés immeubles par destination, ne sont tels qu'accidentellement et momentanément; en sorte que si ces objets sont séparés des immeubles à la nature desquels ils participoient par l'effet de leur adhésion, ils reprennent leur qualité de meubles, et dès lors ils sont soustraits à l'hypothèque sous laquelle ils étoient compris avant leur séparation. Ils deviennent meubles comme tous autres meubles men- blans et effets purement mobiliers, qui ne sont point susceptibles d'hypothèque, d'après l'art. 2119, qui est conçu en ces termes : « Les meubles n'ont pas de suite par hypothèque. »

Je dois cependant faire observer que ce que je viens de dire souffre
quelques exceptions. Il peut y avoir des objets mobiliers de leur nature,
mais immeubles par adhésion, qui, quoique retirés ou arrachés momentanément, pour leur propre conservation, mais avec le dessein de les re-
placer selon leur première destination, seroient toujours réputés immeubles, et, par conséquent, soumis à l'hypothèque; c'est toujours la
destination qui conserve l'immobilisation. On peut consulter, à ce sujet,
Pothier, dans ses notes sur les art. 352 et suivans de la Coutume d'Orléans (1). Un arrêt de la Cour de cassation, du 4 février 1817, qu'on trouve
dans le recueil de Denevers, *même année, pag.* 115, a jugé que les ton-
neaux qui servoient dans une brasserie à transporter la bière chez les particuliers, doivent être considérés comme immeubles par destination, et
sont toujours soumis aux hypothèques comme la brasserie. Cela a été ainsi
décidé, même dans le cas d'une vente isolée, faite après la mort du débiteur,
poursuivie par un curateur nommé à sa succession vacante.

On peut dire encore qu'une hypothèque donnée sur un domaine frappe
sur tous les bestiaux qui le garnissent, et sur tous les autres objets qui,
d'après l'art. 524 du Code civil, deviennent immeubles par destination,
sans qu'il soit nécessaire qu'il y en ait une stipulation expresse. La *raison*
en est que l'accessoire suit toujours de droit le principal. Il en doit être
de même des accessoires d'une maison, immobilisés par l'art. 525 du même
Code. La Cour royale de Riom, 1re chambre, a jugé, par un arrêt du
31 août 1820, que les bestiaux d'un domaine, même les moutons et brebis
qui étoient compris dans le cheptel fait au fermier ou métayer du domaine,
étoient compris de droit dans la saisie immobilière de ce domaine, et dans
l'adjudication, quoique dans l'une et dans l'autre on eût gardé le silence
sur les gros bestiaux et sur les bêtes à laine. Cela tient au même principe

_____

(1) Le désir d'instruire a porté ce savant auteur à entrer dans les plus petits détails
à ce sujet. Il dit que les fleurs sont censées faire partie de la terre qui les a produites,
ou qui les nourrit; même, ajoute-t-il, les ognons qui en ont été tirés pendant l'hiver,
pour y être replantés, conservent leur nature d'héritage, *à cause de leur destination.* A
l'égard des fleurs et arbustes qui sont dans des vases ou des caisses, il n'est pas douteux,
dit cet auteur, que ce sont des meubles. J'ai vu quelque part que l'on doit considérer
comme faisant partie de l'immeuble les échalas, quoique séparés des ceps, lorsqu'ils
sont conservés en tas pour servir à la même destination au travail prochain des vignes.
Ce qu'il y a de vrai, c'est que cela doit être, par les mêmes raisons déduites par Pothier.

qui

qui vient d'être exposé. L'art. 2204 du Code civil, duquel on tiroit une induction contraire, confirme plutôt ce principe qu'il ne le détruit. Ce qui
prouve encore ce qui vient d'être dit, c'est qu'il est constant en jurisprudence que l'état prescrit pour une donation entre-vifs de meubles, par
l'art. 948 du Code civil, n'est pas nécessaire pour les objets mobiliers de
leur nature, soit bestiaux ou autres, mais qui deviennent accessoires de
l'immeuble donné.

Mais il est essentiel de remarquer qu'il y a des droits qui sont incorporels, et qui néanmoins ont le caractère de *droits réels immobiliers*,
et qui sont susceptibles d'hypothèque, comme ce qui est proprement immeuble. Il faut se garder de confondre ces *droits réels immobiliers* avec
certains autres droits que la loi déclare être immeubles par l'objet auquel
ils s'appliquent, qui ne sont cependant pas susceptibles d'hypothèque,
tels que les actions qui tendent à revendiquer un immeuble dont il est
parlé dans l'art. 529 du Code civil. Tout ce qui a un caractère d'immeuble,
par opposition à ce qui est seulement meuble, n'est pas pour cela susceptible d'hypothèque.

Ainsi, par *droits réels immobiliers* qui sont susceptibles d'hypothèque,
on doit entendre des droits qui, quoiqu'incorporels, affectent tellement
l'immeuble qu'ils ne peuvent en être détachés, qu'ils participent de sa
nature, et qui forment des propriétés particulières qui peuvent être jouies
par tous autres que par le propriétaire même de l'immeuble qui en est grevé.

Un droit de pacage qu'auroit un particulier sur des propriétés rurales
appartenantes à un individu, un droit de glandée, un droit d'usage pour
chauffage dans des forêts, peuvent être mis dans la classe des droits réels
immobiliers. Ils sont ordinairement attachés à un corps de domaine et le
suivent. Un droit dont les exemples ne sont pas rares, qui consisteroit
à faire moudre à un moulin tous les grains à l'usage des personnes qui
habiteroient telle maison ou tel domaine, tous ces droits, et autres semblables, sont autant de *droits réels immobiliers* qui, comme l'immeuble
même qu'ils frappent, sont susceptibles d'hypothèque. On peut appliquer
à ces droits les termes de l'art. 2181 du Code civil, où il est dit : « Les
contrats translatifs de la propriété d'immeuble, ou *droits réels immobiliers*,
que les tiers détenteurs voudront purger de priviléges et hypothèques,
seront transcrits, etc. »

Ainsi, d'après cette dernière remarque, si l'on combine les art. 2118

Tome I. P p

et 2181, on doit considérer comme objets susceptibles d'hypothèque, 1°. les immeubles proprement dits; 2°. leurs accessoires réputés immeubles; 3°. les droits réels immobiliers, de la nature de ceux que je viens d'indiquer.

141. L'art. 2119 a fait disparoître d'anciens usages qui prenoient leur source dans le droit romain, et qui s'étoient conservés dans quelques parties de la France, où les meubles étoient encore susceptibles d'hypothèque. Cette législation étoit infiniment vicieuse; elle étoit contraire à la nature des choses. On sent en effet combien il étoit difficile de fonder, avec quelque stabilité, une hypothèque sur des objets sujets à dépérir, et qui pouvoient disparoître si facilement.

La Cour de cassation a jugé, par un arrêt du 17 mars 1807, rapporté par Denevers, *même année, pag.* 158, qu'on ne pouvoit pas réclamer, sous l'empire de la loi de brumaire (ce qui doit s'appliquer au Code civil), l'affectation hypothécaire sur des objets mobiliers pour des créances anciennes qui, d'après ces Coutumes particulières, telle que celle de Bretagne, emportoient hypothèque sur les meubles comme sur les immeubles. La difficulté consistoit en ce qu'il sembloit que c'étoit donner un effet rétroactif à la loi. Mais il paroissoit aussi que telle avoit été l'intention du législateur. La Cour de cassation jugea qu'il résultoit de la combinaison des diverses dispositions de la loi de brumaire, et de son ensemble, ce qu'on peut dire encore du Code civil, que les hypothèques sur les meubles n'avoient plus lieu *tant pour le passé que pour l'avenir* (1). On ne conçoit pas d'ailleurs, relativement aux meubles, la possibilité de l'inscription. Cette inscription est exigée, à la vérité, par rapport à d'autres objets qui, anciennement, étoient susceptibles d'hypothèque, et qui ont cessé de l'être par les dispositions des lois nouvelles, tels que les rentes dont je parlerai dans la suite. Mais dans ce cas, quoique ces objets fussent des droits incorporels, immeubles seulement par fiction, l'inscription étoit possible. Ainsi, de la disposition de l'art. 2118 du Code civil, il se tire une conséquence impor-

---

(1) Les magistrats ne doivent jamais se permettre de donner un effet rétroactif aux lois, *art. 2 du Code civil;* mais ils y sont forcés, lorsque la loi elle-même est rétroactive dans sa disposition. Le principe que les lois ne doivent point agir sur le passé, est consigné dans la loi 7, au Code *de legibus.* Mais on y voit cette modification : *Nisi nominatim et de præterito tempore et adhuc pendentibus negotiis gestum sit.* Le législateur doit être très-discret sur les rétroactivités : aussi les exemples en sont heureusement très-rares.

tante, et qui fera la base principale de tout ce que j'aurai à dire dans ce §;
c'est qu'après les biens immobiliers, et leurs accessoires réputés immeubles, il n'y a que l'usufruit de ces mêmes objets qui soit susceptible
d'hypothèque, pendant le temps de sa durée.

142. Mais de ce qu'en général les immeubles sont les seuls objets susceptibles d'hypothèque, et que les lois n'y ont assujetti les fruits que tant
qu'ils sont pendans par racine, il ne faut pas en conclure que ces fruits,
même après leur perception, ou les sommes qui les représentent, ne
puissent pas être poursuivis de la part des créanciers inscrits sur l'immeuble qui les a produits, pour être distribués entre eux, selon le rang de
leurs hypothèques. C'étoit un principe ancien que les fruits ou des sommes
qui les représentent, étoient immobilisés en faveur des créanciers. D'Héricourt, *de la vente des immeubles, chap.* 11, *n*° 1er, donnoit comme un
principe admis sans aucune difficulté en pratique, que « l'ordre est un
jugement qui fixe le rang dans lequel les créanciers qui ont formé opposition au décret, doivent être payés sur les deniers provenans du prix
du fonds vendu, *et sur ceux qui sont entre les mains du commissaire aux
saisies réelles, provenans des baux judiciaires des mêmes biens*, suivant
l'ordre des priviléges et des hypothèques, ou comme créanciers chirographaires, pour ceux qui n'ont point d'hypothèque. » Pothier, *Introd. au
titre* 21 *de la Cout. d'Orléans, n*^{os} 123 *et* 124, disoit que l'ordre est le
rang dans lequel le saisissant et chacun des opposans doivent être payés
sur le prix de l'adjudication, *et sur les revenus perçus depuis la saisie
réelle, par le commissaire.* Les créanciers, ajoutoit-il, doivent être payés
par ordre de leurs priviléges et hypothèques, *sur les revenus* comme sur le
prix de l'adjudication : car, par la saisie de l'héritage, *ils ont acquis le droit
d'en jouir en déduction de leurs créances*, selon leur rang.

Parmi nous, le même principe émane de l'art. 2166 du Code civil. Cet
article accorde au créancier inscrit un droit de suite sur l'immeuble grevé
de l'hypothèque, *en quelques mains qu'il passe.* De là il résulte qu'après
l'inscription, et toutes les fois que l'hypothèque est exercée sur l'immeuble,
personne ne peut en jouir au préjudice des créanciers. Les fruits deviennent, comme le fonds même, l'objet de l'hypothèque, et le gage de la créance.
Les sommes qui les représentent, doivent, comme le prix de l'immeuble
même, être distribuées selon le rang des hypothèques.

Je dis que cette affectation des fruits ou des sommes qui en sont pro-

*De l'im-
mobilisation
des fruits, ou
des sommes
qui les repré-
sentent, en
faveur des
créanciers.
Explication
des principes
à ce sujet.
Des cas aux-
quels ils s'ap-
pliquent.*

venues en faveur des créanciers, n'a lieu que lorsqu'il y a de leur part un exercice de l'hypothèque. A ce sujet je dois remarquer, pour éviter toute confusion dans les idées, que l'inscription seule n'est pas, à proprement parler, un acte de l'exercice de l'hypothèque ; elle n'a pas le caractère de tout ce qui est poursuite de l'hypothèque ; elle est seulement un signe de l'existence de l'hypothèque pour avertir les tiers. Mais cette hypothèque n'est point encore en mouvement, puisque l'inscription peut être effacée par l'acquittement ou par l'extinction de la créance. Ce mouvement ne commence qu'aux poursuites, dont l'objet est de parvenir au délaissement ou à l'expropriation de l'immeuble hypothéqué, afin d'opérer le payement de la créance, qui a été le but de l'hypothèque. En sorte que l'inscription seule n'empêche nullement que le débiteur n'ait la pleine propriété de l'immeuble qu'il a hypothéqué, et qu'il ne jouisse de tous les droits attachés à la propriété. Cette idée est la clef de plusieurs principes en cette matière, et elle mérite une attention particulière. Ainsi, hors du cas de l'exercice de l'hypothèque dans lequel je viens de m'en expliquer, et si, par exemple, il s'agissoit de saisies et arrêts qui eussent été faites de fermages échus avant qu'une saisie immobilière eût été dénoncée, on devroit procéder entre les créanciers saisissans comme on le fait ordinairement en matière de saisies et arrêts de sommes mobilières.

La conséquence du principe que je viens d'exposer, et qui dérive de l'art. 2166 du Code civil, se trouve dans l'art. 689 du Code de procédure : « Les fruits échus depuis la dénonciation au saisi (exigée par l'article 681) seront immobilisés, pour être distribués avec le prix de l'immeuble *par ordre d'hypothèques.* » Si les immeubles saisis ne sont pas loués ou affermés, l'art. 688 veut que le saisi en reste en possession jusqu'à la vente, comme séquestre judiciaire, à moins qu'il ne soit autrement ordonné par le juge, sur la réclamation d'un ou plusieurs créanciers. L'art. 691 règle ensuite l'effet du bail de ferme, dans le cas où il en existeroit un au moment de la saisie. Si le bail n'a pas de date certaine avant le commandement, la nullité pourra en être prononcée, si les créanciers ou l'adjudicataire le demandent. Si le bail a une date certaine, les créanciers pourront saisir et arrêter les fermages, et, dans ce cas, il en sera des loyers ou fermages *échus depuis la dénonciation faite au saisi*, comme des fruits *mentionnés en l'art.* 689.

J'ai dû rapprocher ces trois articles, 688, 689 et 691 du Code de procédure, de l'art. 2166 du Code civil, pour établir ce principe important de l'immobilisation des fruits, comme étant une suite de l'immeuble grevé d'hypothèque. On voit encore que, par une conséquence de l'immobilisation des fruits ou des sommes qui les représentent, le débiteur ne peut rien faire qui nuise, à cet égard, aux créanciers. Il ne peut point préjudicier à leur droit par un bail de ferme qui auroit les caractères de la fraude, qui seroit fait à longues années, et qui contiendroit l'acquittement des fermages par anticipation. Or, sous le rapport de l'effet des baux de ferme, dans le cas dont il s'agit, l'art. 691 est devenu le sujet de difficultés sérieuses. Elles se lient trop fortement avec le principe de l'immobilisation des fruits, pour ne pas m'expliquer en même temps sur ces difficultés.

On sent combien on devoit porter de soins et d'attention à déterminer l'effet que devoit avoir un bail de ferme fait par un débiteur, dans les circonstances dont il s'agit. On conçoit avec quelle facilité ce débiteur, en abusant de ce que l'hypothèque ni l'inscription ne le dépouillent pas de la propriété, pourroit affoiblir le gage des créances, par un bail de ferme fait à longues années, surtout si ce bail contenoit la quittance par anticipation des fermages pour toute la durée du bail. Au moment où il se verroit menacé d'une poursuite en expropriation, il pourroit, en faisant un pareil bail de ferme, affecter à son profit particulier une partie même de la propriété qu'il auroit hypothéquée; manœuvre qui tourneroit évidemment au préjudice des créanciers. Sous l'ancienne législation, il y avoit un principe qui prévenoit de pareils inconvéniens. Les baux de ferme ne pouvoient excéder neuf ans; et le payement des fermages ne pouvoit être fait par anticipation, au préjudice des tiers, que pour un an. C'étoit un moyen d'empêcher des fraudes. Mais on ne trouve pas le même remède dans notre législation actuelle; elle n'a point limité la durée des baux de ferme, et on n'y voit pas la défense d'anticiper de plus d'un an le payement des fermages, relativement aux tiers.

Quel est le résultat de l'article 691 du Code de procédure? Cet article a d'abord en vue l'époque à laquelle un bail de ferme, fait par le débiteur, pourroit devenir suspect. Cette époque est celle du commandement. Si le bail de ferme n'a pas une date certaine avant le commandement, la loi le réprouve comme frauduleux, la nullité pourra en être prononcée; si, au contraire, le bail a une date certaine avant ce commandement, alors les créanciers sont réduits à la faculté de faire saisir et arrêter les loyers ou fermages ; et, dans ce cas, d'après le principe de l'immobilisation des fruits, dès le moment de l'exercice de l'hypothèque, il en sera des loyers ou fermages échus *depuis la dénonciation faite au saisi*, comme des fruits mentionnés en l'art. 689, c'est-à-dire, que ces loyers et fermages seront distribués avec le prix de l'immeuble *par ordre d'hypothèques*.

Mais lorsqu'il est dit dans cet article que, dans le cas où le bail de ferme a une date certaine avant le commandement, les créanciers *pour-ront saisir et arrêter les loyers ou fermages*, l'article suppose nécessai-rement que le bail ne contient point quittance, par anticipation, des loyers ou fermages, et qu'ils doivent être au pouvoir du locataire ou du fermier. Cependant le payement, par anticipation, peut avoir été stipulé dans le bail à ferme ou à loyer, lors même qu'il a une date certaine avant le com-mandement ; et, dans ce cas, le bail devra-t-il toujours avoir son exécution ? Comment réparer le préjudice qui en résultera pour les créanciers qui n'auront pas la faculté de saisir et arrêter des loyers ou fermages dont le fermier ou locataire paroîtroit s'être libéré ? Telle est la difficulté dont on ne trouve la solution ni dans cet art. 691, ni dans aucun autre.

Cette difficulté a été le sujet d'une forte sollicitude de la part du Tribunat, lors de la rédaction du Code de procédure. M. Tarrible a en-suite manifesté la même sollicitude dans une discussion qu'il a établie, à ce sujet, dans son article inséré au Répertoire de jurisprudence, aux mots *Tiers détenteurs*, n° 4. Pour tâcher de prévenir les fraudes, la sec-tion de législation du Tribunat proposoit d'insérer deux articles à la suite de l'art. 691. Le premier étoit ainsi conçu : « Pour quelque temps qu'aient été faits les baux à ferme ou à loyer, ils seront exécutés pour tout le temps qui aura été convenu, si, à l'époque où ils ont été faits, il n'y avoit pas d'inscription hypothécaire sur les immeubles. Dans le cas où il y auroit une ou plusieurs inscriptions à ladite époque, leur durée sera toujours restreinte, relativement à l'adjudicataire, au temps de la plus longue durée des baux, suivant l'usage des lieux, à partir de l'adjudication, sauf tout recours contre le saisi. »

Le second article portoit : « Dans le cas où, lors des baux à ferme ou à loyer, il y auroit eu des inscriptions hypothécaires sur les immeubles, les payemens faits par anticipation par les fermiers ou locataires, ne vaudront contre les créanciers et l'adjudicataire, que pour l'année dans laquelle l'ad-judication est faite. »

On voit que, dans le système du Tribunat, l'époque de l'inscription étoit choisie pour déterminer la présomption de la fraude, tandis que, d'après l'esprit de l'art. 691, c'étoit seulement l'époque du commandement qui devoit fixer les idées sur la fraude.

M. Tarrible se décide dans le sens des deux articles proposés par le Tribunat. Il convenoit que ces deux articles n'avoient pas été adoptés ; mais, disoit-il, leurs dispositions, surtout pour ce qui concerne l'anticipation, étoient si justes et si sages, que leur rejet ne peut guère être attribué qu'à l'opinion où devoit être le Conseil d'état, que les autres dispositions des Codes suffisoient pour atteindre le même but. M. Tarrible, en suivant son idée, se livre à une discussion étendue, à laquelle je me contente de renvoyer, pour établir comme positif le principe que la prolongation du bail de ferme à longues années et le payement par anticipation doivent être annulés, comme portant atteinte au droit du créancier résultant de son hypothèque inscrite. Il compare ces deux cas à celui d'un usufruit constitué au profit d'un tiers sur l'immeuble hypothéqué, lequel usufruit pourroit être suivi, sans contredit, par l'exercice de l'hypothèque, comme pourroit l'être la propriété même.

Mais écoutons ce que dit M. Locré, dans son ouvrage intitulé : *Esprit du Code de procédure*, ouvrage qui contient une analise aussi exacte des discussions qui eurent lieu lors de la rédaction de ce Code, que celle qu'il avoit déjà faite des discussions qui avoient préparé le Code civil. Il s'en explique, tome 3e, sur l'art. 691. Il est essentiel de remarquer que l'ouvrage de M. Locré a paru après l'impression du Répertoire de jurisprudence, où étoit inséré l'article de M. Tarrible. M. Locré rapporte les deux articles proposés par le Tribunat. Il fait connoître les motifs sur lesquels ils étoient fondés. On pénètre facilement ces motifs. Le bail de ferme, qui auroit eu une date certaine, ayant été fait même avec quittance des fermages par anticipation, à une époque où il n'y auroit point eu d'inscriptions, les créanciers n'avoient pas à s'en plaindre, puisqu'à cette époque le propriétaire pouvoit disposer librement de l'immeuble ; il auroit pu le vendre ou l'hypothéquer avec effet. Au lieu que si le bail de ferme étoit fait après que des inscriptions auroient été prises, ce bail de ferme devenoit suspect, étant fait pour longues années, et avec anticipation de payement des fermages. N'y eût-il pas anticipation de payement, la longue durée du bail devoit gêner un adjudicataire. Y auroit-il anticipation de payement, la longue durée du bail, sans payement d'un prix annuel, diminuoit la valeur de l'immeuble.

Et que dit ensuite M. Locré? « Ces dispositions (contenues dans les deux articles proposés) auroient trop gêné les transactions et l'usage de la propriété. *On a donc persisté* à ne regarder comme suspects que les baux faits *depuis le commandement*, et l'on s'est borné à autoriser la saisie des loyers et fermages. Au reste, chacun sait que s'il y avoit fraude, les créanciers pourroient aller plus loin, car le dol est excepté de toutes les règles. » On connoît, en effet, à ce sujet, la disposition des lois romaines, celles de l'art. 1167 du Code civil et de l'art. 445 du Code de commerce. On sent toute l'impression que doit faire l'analise présentée par M. Locré. On y voit la véritable cause du rejet des deux articles proposés par le Tribunat.

Quelle est donc la conséquence qu'on doit tirer de l'art. 691? C'est que par cela seul que le bail à ferme ou à loyer a une date certaine avant le commandement fait au débiteur, ce bail, quand il contiendroit même la stipulation de payemens faits par anticipation, ne seroit point nul de droit. Mais aussi tous les moyens de nullité, à raison du dol et de la fraude, sont réservés aux créanciers et à toutes parties intéressées. Les tribunaux ne pourront qu'être sévères lorsqu'il s'agira d'apprécier, d'après les faits qui pourront se présenter, un bail de ferme fait dans une semblable circonstance, surtout avec anticipation de payemens.

Je n'ai eu en vue, jusqu'à présent, relativement aux fraudes dont un bail de ferme peut être infecté, que le cas où l'exercice de l'hypothèque tendoit à l'expropriation forcée, parce que c'est celui dans lequel la fraude de la part d'un débiteur est plus à craindre, et où elle se pratique, en effet, plus communément. Cependant, abstraction faite d'un bail de ferme, et de l'application des dispositions des art. 688, 689 et 691 du Code de procédure, il pourroit arriver qu'une vente qui seroit faite par un débiteur contînt des clauses qui préjudicieroient aux créanciers inscrits sur l'immeuble vendu ; et alors on doit se décider par les principes généraux établis en matière de fraude, parce que toujours les cas de fraude sont exceptés des dispositions des lois.

Ainsi, d'après l'art. 692 du Code de procédure, la vente de l'immeuble saisi seroit nulle, si elle étoit postérieure à la dénonciation qui auroit été faite au débiteur, de la saisie. Cependant, suivant l'art. 693, elle peut

être

être valable, sous des conditions qui , lorsqu'elles sont exécutées, excluent toute idée de fraude.

A l'égard d'une vente qui seroit faite par le débiteur, même lorsqu'il existeroit des inscriptions, il est de toute évidence que l'existence de ces inscriptions n'influe en aucune manière sur l'effet de la vente. Il ne pourroit y avoir quelques clauses préjudiciables aux créanciers, que sous le rapport des intérêts du prix. Or, rien n'empêche que l'acquéreur ne paye les intérêts du prix au vendeur. Il ne les devroit que dans deux cas aux créanciers, malgré toute clause contraire qui seroit insérée dans la vente. Cela arriveroit, 1°. si, avant toutes mesures pour purger, il étoit fait une sommation à l'acquéreur, aux termes de l'art. 2176 du Code civil : dès cette époque, le tiers détenteur devroit les jouissances, et ces jouissances doivent être représentées par les intérêts; 2°. si, n'y ayant pas de sommation, l'acquéreur prenoit les mesures pour purger, en observant les formalités prescrites par l'art. 2183 du même Code. Il est obligé, dans ce cas, d'après l'art. 2184, d'offrir d'acquitter sur le champ le prix de la vente, et il seroit contradictoire qu'il ne dût pas les intérêts de ce prix à compter de cette offre. On ne pourroit tirer aucune induction de la disposition de l'art. 691 du Code de procédure, pour justifier, dans le cas de la vente, un payement par anticipation des intérêts du prix au préjudice des créanciers. Il s'agit de cas différens, et, sur une pareille matière, il ne doit point se faire d'extension d'un cas à un autre. Cela est d'autant plus vrai, pour le cas de la vente, que la présomption est toujours au moins, au regard des créanciers, que l'acquéreur est saisi du prix de la vente, et que s'il s'en est libéré, il n'a entendu le faire que sous la condition qu'il ne laisseroit pas de le rapporter aux créanciers avec les intérêts, à compter de l'époque à laquelle ils devroient courir à leur profit.

Il est utile de connoître, sur cette matière, un arrêt de la Cour de cassation, du 3 novembre 1813, rapporté par Denevers, *même année*, p. 556. On y verra la confirmation des principes sur l'immobilisation des fruits en faveur des créanciers, et on s'y formera des idées sur les fraudes qui peuvent être commises pour empêcher l'effet de cette immobilisation.

Dans l'espèce de cet arrêt, le sieur Binda, débiteur de la dame de Montaleuge, avoit, par actes notariés, des 1er et 7 février 1809, cédé à celle-ci, en payement, tous les loyers qui seroient dus au débiteur, jusqu'au mois de septembre 1810, par les locataires d'une maison qui lui appartenoit.

Tome I.   Q q

La dame de Montaleuge fit notifier de suite l'acte de cession aux locataires. Mais par acte notarié, du 3 novembre de la même année 1809, le sieur Binda vendit sa maison au sieur Merletti, moyennant 15,000 fr. L'acquéreur promit de payer aux créanciers du vendeur, d'après un jugement d'ordre, le prix de son acquisition, avec les intérêts qui commenceroient à courir du jour de la vente, en compensation des loyers que cet acquéreur seroit en droit de percevoir à compter du même jour. Le sieur Merletti fit transcrire son contrat d'acquisition, et le fit notifier aux créanciers inscrits. Il avoit payé les intérêts du prix, à compter de son acquisition, aux créanciers, avec subrogation. L'ordre s'ouvrit. La dame Montaleuge et le sieur Merletti réclamèrent respectivement, par préférence l'un sur l'autre, les loyers, même échus postérieurement à la vente, savoir, la dame Montaleuge, comme en ayant été saisie en vertu de sa cession notifiée, et le sieur Merletti, par droit d'hypothèque sur ces mêmes loyers, comme étant subrogé aux droits des créanciers inscrits. La prétention du sieur Merletti fut accueillie. Pour abréger, je renvoie à la discussion rapportée dans le recueil, et je donnerai seulement les principaux motifs de l'arrêt. « Attendu qu'il résulte de la disposition de l'art. 2166, que les créanciers qui ont acquis privilége et hypothèque sur l'immeuble, ont droit non-seulement sur le prix de l'aliénation de cet immeuble, mais encore sur les intérêts du prix, à compter du jour de l'aliénation. Qu'en effet, à compter de l'aliénation faite par le débiteur, ou prononcée contre lui, le prix entier de la vente volontaire ou de l'adjudication forcée, appartient et doit être distribué aux créanciers inscrits jusqu'à concurrence de leurs créances, et que ce prix se compose non-seulement de la somme principale qui a été fixée pour l'aliénation, mais encore des intérêts à échoir, *qui sont un accessoire du principal;* d'où il suit que les créanciers inscrits ont droit à ces intérêts, nonobstant toutes ventes ou cessions anticipées qui pourroient avoir été faites par le débiteur, ou de ces intérêts ou des revenus qui les représentent; qu'autrement le débiteur qui seroit menacé d'une expropriation forcée, ou qui auroit l'intention de vendre, pourroit impunément porter préjudice aux droits de ses créanciers inscrits, et s'enrichir à leurs dépens, en consentant des ventes ou cessions à prix comptant des revenus de l'immeuble hypothéqué, pour un grand nombre d'années à échoir. Qu'aussi l'art. 2091 dispose expressément que l'antichrèse qui a été consentie par le débiteur, ne préjudicie point aux droits que des tiers pourroient avoir sur le fonds de l'immeuble remis à titre d'antichrèse, et que l'antichrèse n'étant autre chose que la cession des fruits d'un immeuble, il est évident que la cession des revenus qui ne doivent échoir qu'après l'aliénation de l'immeuble, ne peut, pas plus que l'antichrèse, être opposée aux tiers qui ont des droits hypothécaires sur l'immeuble aliéné. »

Lorsque je me suis déterminé à rapporter cet arrêt de la Cour de cassation, c'est principalement pour établir le principe de l'immobilisation des fruits, et pour prouver que cette immobilisation pouvoit se faire dans le cas d'une vente volontaire, comme dans celui de l'expropriation par saisie immobilière. Cependant, d'après les expressions un peu trop générales des motifs de cet arrêt, on pourroit croire que, dans le cas de la vente volontaire, l'immobilisation des fruits peut avoir lieu indéfiniment en faveur des créanciers inscrits, à compter de la vente même. Mais on ne doit pas prendre ces expressions à la lettre. Il ne se fait point d'immobilisation des fruits à partir de la vente: les inscriptions seules ne peuvent porter atteinte au droit de propriété du vendeur, d'après lequel il peut disposer des fruits, et l'acquéreur qui le représente a les mêmes droits. L'immobilisation, dans le cas de la vente volontaire, ne peut s'opérer que lorsqu'il y a des actes qui constatent l'exercice de l'hypothèque de la part des créanciers. Il s'en trouvoit dans l'espèce de l'arrêt; en sorte que la généralité de ces motifs doit être modifiée par les circonstances qui peuvent donner lieu à l'immobilisation. Voyez, au surplus, ce que je dis dans la section IV du 1ᵉʳ chap. de la 2ᵉ partie, où je traite la question de savoir de quel jour l'acquéreur qui prend les mesures pour purger les hypothèques, doit aux créanciers inscrits les intérêts du prix de la vente.

143. Par rapport à l'emphytéose, on doit faire attention à une différence qui existe entre la loi de brumaire et le Code civil. Cette loi, art. 6, indiquoit également, comme immeuble susceptible d'hypothèque, la jouissance *à titre d'emphytéose*, et l'usufruit pendant sa durée, tandis que l'art. 2118 du Code civil garde le silence sur la jouissance à titre d'emphytéose. De là il résulte que les jouissances d'un fonds donné par bail d'emphytéose, qui ne pourroit être qu'une espèce de bail de ferme à longues années, et moyennant des charges d'implantations ou améliorations, qui ne sont pas celles ordinaires des baux de ferme, ne seroient pas un objet susceptible d'hypothèque. Il faudroit, en pareil cas, suivre les règles des saisies de fruits. Le droit du fermier ou du locataire, de quelque durée

De l'emphytéose.

que soit le bail, n'est pas un droit dans la chose, *jus in re*, mais seulement une action personnelle contre le propriétaire, *ut præstetur ipsi frui licere*. Et les fruits étant perçus devenant meubles, le droit du fermier ne tend qu'à acquérir des meubles, et dès lors il n'est qu'un droit mobilier.

De l'hypo-
thèque sur
un usufruit.
De la conso-
lidation de
l'usufruit à
la nue pro-
priété seule-
ment hypo-
théquée. De
l'alluvion.

144. Quant à l'usufruit, il a, de tout temps, été susceptible d'hypothèque, parce qu'à la différence du droit de jouir de la part d'un fermier, il est un droit réel, *jus in re*, et, par conséquent, il est un droit immobilier. Aussi l'usufruit est-il, comme les immeubles, susceptible d'une poursuite en expropriation (art. 2204 du Code civil). Tout cela est si vrai, qu'il a été décidé par le grand-juge ministre de la justice, et par le ministre des finances, dans des instructions des 7 et 22 mars 1807, que l'inscription ne devoit point être prise d'office pour la conservation d'un usufruit réservé par le vendeur ou par le donateur. Ces instructions sont motivées sur ce que l'usufruit n'est pas une *créance*, mais une propriété *immobilière*, *un droit réel;* et que l'acquéreur ne peut transmettre à des tiers plus de droit qu'il n'en a lui-même. Il y est dit que cela doit également être observé dans le cas de la réserve des droits *d'usage et d'habitation* en faveur du vendeur ou du donateur, quoique ces droits soient des servitudes personnelles et incessibles. Ces instructions sont rapportées par Sirey, *an* 1809, *pag.* 229, 2ᵉ *partie*.

Il y a une remarque importante à faire, qui est que lorsque la nue propriété d'un immeuble a été hypothéquée à une époque où l'usufruit appartenoit à une autre, lorsque cet usufruit, par la mort de l'usufruitier, ou par la cession faite par celui-ci au propriétaire, se consolide à la propriété, l'hypothèque, quoique constituée seulement sur la nue propriété, porte sur la propriété pleine, c'est-à-dire, sur ce qui étoit auparavant nue propriété et usufruit. Telle est la disposition de la loi 18, ff. *de pignorat. act.*, § 1ᵉʳ : *Si nuda proprietas pignori data sit, ususfructus, qui postea adcreverit, pignori erit.* Mornac, sur cette loi, rappelle cette maxime, *quod accedit pignori, pignus est.* Le droit incorporel immobilier étant réuni à l'immeuble auquel il s'appliquoit, il ne reste qu'une seule chose, qui est l'immeuble même dégagé de toute charge.

Il en est de même, et par une raison semblable, de ce qui accroît et s'unit à l'immeuble hypothéqué, par l'effet de l'alluvion qui fait le sujet de l'art. 556 du Code civil. *Eadem causa est alluvionis*, dit la loi 18 ci-dessus citée, après avoir parlé de la consolidation de l'usufruit à la propriété.

Telle est encore la disposition de la loi 16, ff. *de pignor. et hypoth.* : *Si fundus hypothecæ datus sit, deinde alluvione major factus est ; totus obligabitur.* Il faut remarquer que l'alluvion profite à l'usufruitier, comme au propriétaire, même d'après l'art. 596 du Code civil, et par conséquent l'augmentation survenue par l'effet de l'alluvion entre dans l'hypothèque sous laquelle étoit l'usufruit.

Il peut s'élever la question de savoir si l'usufruit d'une propriété déjà hypothéquée, étant une fois consolidé à cette propriété, le propriétaire débiteur peut ensuite faire revivre cet usufruit en faveur de tout autre, et ne laisser sous le joug de l'hypothèque que la nue propriété qui en étoit seulement grevée. On doit se décider pour la négative. La consolidation de l'usufruit à la propriété a formé de ces deux objets un tout qui, dès ce moment, a été soumis à l'hypothèque ; et cette hypothèque, une fois existante, n'a pu être détruite ni atténuée par le seul fait du débiteur, au préjudice du créancier. Le droit de consolidation ou réunion a profité tant à l'un qu'à l'autre, selon leurs intérêts respectifs. Il n'y a plus de différence entre ce cas et celui où la propriété pleine et entière auroit été hypothéquée, lorsqu'il n'y avoit aucun droit d'usufruit établi en faveur d'un autre. L'hypothèque de la nue propriété a pu être faite dans la perspective de l'augmentation de sûreté de cette hypothèque, par la réunion de l'usufruit. En un mot, l'art. 617 du Code civil prononce l'extinction de l'usufruit par la consolidation ou la réunion sur la même tête des deux qualités d'usufruitier et de propriétaire.

145. Mais les principes relatifs à la consolidation de l'usufruit à la nue propriété déjà hypothéquée, ne sont pas les mêmes que ceux par lesquels on doit se décider, dans le cas où celui qui auroit seulement hypothéqué l'usufruit deviendroit ensuite propriétaire du fonds par acquisition ou autrement. Il n'y a pas de réciprocité entre le cas de la consolidation de l'usufruit à la propriété, et celui de la réunion de la propriété entre les mains de celui qui n'en auroit auparavant que l'usufruit ; en sorte que, si un particulier a hypothéqué seulement l'usufruit qui lui appartenoit d'un immeuble, la réunion qui se fait après entre ses mains de la propriété, ne fera pas porter sur cette propriété, soit l'affectation spéciale, soit les inscriptions qui frappoient seulement l'usufruit. Et pour que le créancier eût une hypothèque sur la propriété, il lui faudroit une affectation spéciale de cette propriété, et une inscription particulière en

Du cas où celui qui a hypothéqué seulement l'usufruit devient ensuite propriétaire du fonds.

conséquence de cette affectation. Ce ne seroit que respectivement à une hypothèque légale qu'il n'y auroit aucune précaution à prendre dans ce cas, puisque, de sa nature, elle frappe tous les biens présens et à venir du débiteur. Il en seroit de même pour une hypothèque générale, telle que l'hypothèque judiciaire, lorsqu'il y auroit une inscription sur tous les biens présens et à venir qui écherroient au débiteur dans l'arrondissement où l'inscription seroit prise.

Je vais simplifier le motif de cette décision. L'extension de l'hypothèque sur la propriété, à l'usufruit qui s'y consolide, prend son principe dans la nature de l'usufruit respectivement à la propriété. L'usufruit qui appartient à un tiers sur une propriété, et qui vient à cesser, se réunit à la propriété par une espèce d'accession qui, pour être purement civile, n'existe pas moins que si elle étoit naturelle. L'usufruit, quoiqu'il soit un droit dans la chose, et quoiqu'il soit déclaré immobilier par l'objet auquel il s'applique, n'est pas la chose même. La chose subsiste toujours, quoi que devienne l'usufruit. La réunion de cet usufruit à la chose en augmente la valeur; mais cette chose existe toujours, indépendamment de cette valeur, et elle est toujours une nature de propriété qui a été toute autre chose que l'usufruit avec lequel elle n'étoit pas confondue. L'usufruit n'a plus de valeur quand il s'éteint; la chose qui y étoit sujette s'augmente de cette valeur, et elle reste sous l'hypothèque dont elle étoit empreinte avec cette addition de valeur. Il en est de ce cas, comme de celui de l'extinction d'une charge ou d'une servitude à laquelle l'immeuble hypothéqué seroit sujet : l'hypothèque suit l'immeuble hypothéqué dans le nouvel état où il se trouve, soit par l'effet d'augmentations, soit par l'effet de diminutions qui seroient survenues. Lorsque la loi 18, ff. *de pign. act.*, que j'ai déjà citée, veut que l'usufruit qui s'éteint se range sous l'hypothèque sous laquelle étoit la chose hypothéquée, elle indique ce motif: ce motif est l'accroissement de l'usufruit au fonds; et elle compare ce cas à celui de l'alluvion; elle identifie la cause de ces deux accroissemens : *eadem causa est alluvionis.* Or, on sent bien qu'on ne peut pas conclure de ce qu'il se fait accroissement de l'usufruit à la propriété, qu'il se fasse accroissement de la propriété à l'usufruit. On ne conçoit de réunion que de ce qui n'existoit pas auparavant, ou qui n'avoit qu'une existence momentanée, à une chose qui a une existence permanente.

Que de-
vient, dans

146. Dans ce cas, l'usufruit reste tel qu'il étoit lorsqu'il a été hypothéqué.

Si le débiteur refuse à celui auquel il avoit déjà hypothéqué l'usufruit, une affectation spéciale sur la nue propriété qui, depuis, est entrée dans son domaine, ou si même il affecte spécialement par hypothèque cette nue propriété à tout autre, il est sensible que l'usufruit continue, comme auparavant, de former l'assiette de la première hypothèque, pour tout le temps pour lequel il devoit durer. Autre chose est l'usufruit, autre chose est la nue propriété : ces deux choses ont été très-distinctes dès l'instant que l'usufruit a été séparé de la propriété. Il est incontestable que le propriétaire d'un fonds peut valablement constituer un droit d'usufruit sur ce même fonds, par des actes ordinaires, autres que des dispositions gratuites. Telle est la disposition précise de la loi 3, ff. *de usufructu*, et du § 1er du tit. 4 des Institutes, liv. 2. On peut voir encore Vinnius sur ce §, n° 2. Cela étant, on ne conçoit pas comment celui qui, de simple usufruitier qu'il étoit, devient ensuite propriétaire, ne seroit pas obligé de laisser l'usufruit grevé de l'hypothèque qu'il auroit déjà assise sur ce même usufruit. L'hypothèque reste, quels que soient les changemens qui surviennent, tant que ces changemens ne tiennent qu'à la volonté du débiteur. Celui-ci ne peut atténuer l'hypothèque qu'il a donnée, soit directement, soit indirectement. Mais aussi on sent qu'une hypothèque qui ne portoit d'abord que sur l'usufruit, ne s'étend pas de droit sur la propriété qui n'en étoit pas grevée. Cette hypothèque ne pourroit être obtenue que par l'action en supplément d'hypothèque, dans les cas où la loi accorde cette action.

On ne peut pas opposer contre l'opinion que je viens d'émettre, la disposition de l'art. 617 du Code civil, où il est dit que l'usufruit est éteint par la consolidation ou réunion sur la même tête des deux qualités d'usufruitier et de propriétaire. On ne doit voir là qu'une règle générale d'accroissement de l'usufruit à la propriété; mais cette règle est indépendante du cas où il s'agiroit de détruire un droit acquis à un tiers.

147. Les dispositions de l'art. 546 du Code civil peuvent être très-utiles pour fixer les idées sur le droit de suite de l'hypothèque, selon les modifications que subit l'objet hypothéqué. Il est dit que la propriété d'une chose, soit mobilière, soit immobilière, donne droit sur tout ce qu'elle produit, et sur ce qui s'y unit *accessoirement*, soit *naturellement*, soit *artificiellement*. L'hypothèque devant suivre la condition de la chose hypothéquée, puisqu'elle est un droit réel dans cette chose, *jus in re*, doit nécessairement se modifier comme la chose même se modifie. Et si ce qui s'unit par ac-

ce cas, l'usufruit hypothéqué ?

Du changement qu'éprouvent les objets hypothéqués, tant en propriété qu'en usufruit.

cession à la propriété, tombe sous le joug de l'hypothèque, comme l'étoit la propriété même, il s'en tire naturellement la conséquence que ce qui se désunit de la propriété, et cesse d'en faire partie, cesse aussi d'être assujetti à l'hypothèque.

Ainsi le sol d'une terre hypothéquée, venant à être couvert de bâtimens, ces bâtimens deviennent soumis à l'hypothèque comme le sol même. Si la maison hypothéquée est brûlée ou détruite, l'hypothèque reste néanmoins sur le sol. La loi 21, ff. de *pign. act.*, en a une disposition précise. *Domo pignori data, et area ejus tenebitur, et contra jus soli sequetur ædificium.* Les lois 16, § 4, et 29, § 2, ff. *de pign. et hypoth.*, s'expliquent dans le même sens. Des arbres en futaie d'une forêt hypothéquée, sont-ils coupés et séparés du sol, ils cessent de faire partie de l'hypothèque, et prennent un caractère mobilier; l'hypothèque reste seulement sur le sol. Il en est de même pour tous les arbres et fruits quelconques; ils sont soumis à l'hypothèque tant qu'ils sont pendans par les racines; ils se mobilisent quand ils en sont séparés. Les créanciers ont néanmoins le droit d'en suivre le prix dans certains cas dont il a déjà été parlé. Les matériaux provenans de la maison détruite ou brûlée qui auroit été hypothéquée, et les arbres qui seroient détachés d'une forêt aussi soumise à l'hypothèque, en seroient affranchis, quand même ils serviroient à la construction de nouveaux bâtimens sur un autre sol non hypothéqué. Il ne faut pas tant considérer, en pareil cas, l'identité de la matière que la désunion, le déplacement qui en sont faits, et le changement de forme qu'ils subissent. Ces circonstances forment un obstacle absolu à la continuation de l'hypothèque. Suivant le droit romain, ainsi que je l'ai dit ailleurs, les meubles pouvoient être hypothéqués. Or, si des arbres coupés dans une forêt sur laquelle une hypothèque eût été établie, avoient été employés à la construction d'un vaisseau, ce vaisseau n'étoit cependant pas soumis à l'hypothèque; *quia aliud sit materia, aliud navis*, disoit le jurisconsulte Cassius, dans la loi 18, ff. *de pign. act.*

Mais il faut observer qu'il y a quelques différences, relativement au changement d'état des lieux, entre le cas où l'hypothèque auroit été constituée par le propriétaire du fonds, et celui où une hypothèque auroit été établie par un usufruitier seulement sur son usufruit. L'usufruit s'éteint lorsqu'il arrive certains changemens dans les objets qui y étoient soumis, d'après les art. 623 et 624 du Code civil. Et l'on sent que l'hypothèque qui porte sur un droit d'usufruit, doit avoir le même sort que ce droit.

Il est rare que, par rapport à la consistance et à la conservation de l'usufruit, il s'élève, en cas de changement des objets qui y seroient soumis, des difficultés autres que celles qui y sont prévues par l'art. 617 du Code civil, *dernier* §, et par les art. 623 et 624. Il peut cependant s'en présenter de nouvelles. Ce seroit trop m'allonger que de les suivre. Je vais indiquer une source dans laquelle on pourra puiser, au besoin, une foule de décisions. Je veux parler de Lacombe, au mot *Usufruit*, sect. 6. Cet auteur donne des moyens de décider un grand nombre de questions à ce sujet, en citant les lois romaines et une multitude d'autorités. Il distingue au n° 4, les cas essentiels qui peuvent établir une différence dans les décisions. Il s'explique sur l'extinction de l'usufruit, soit qu'elle arrive par le fait de l'usufruitier, soit qu'elle ait lieu par suite d'accidens. Je joins à ces autorités ce qu'ont dit Duperrier, tom. 1$^\text{er}$, pag. 311, Bretonier sur Henrys, tom. 2, pag. 542, et surtout ce que dit Mornac sur la loi 10, ff. *quibus mod. usuf. amitt.* Il y enseigne, d'après des arrêts précis, que l'usufruit établi sur une maison seroit éteint, en cas d'écroulement de la maison, quand même celui qui auroit constitué l'usufruit la feroit reconstruire. Il dit qu'il n'en seroit pas de même, dans ce cas, du droit d'habitation qui, au surplus, n'est pas susceptible d'hypothèque. Mais l'art. 625 du Code civil porte que les droits d'usage et d'habitation s'établissent et se perdent de la même manière que l'usufruit. Je remarque qu'il faut craindre de s'égarer en se livrant aux décisions nombreuses du droit romain sur cette matière, dont plusieurs seroient contraires à nos mœurs et à nos usages. Mornac en fait l'observation sur le *dernier* § de cette loi 10. On doit donc modifier les anciennes décisions par le Code civil, et n'admettre que celles qui, étant justes en elles-mêmes, peuvent se concilier avec notre législation actuelle.

148. J'ai eu en idée jusqu'à présent les simples changemens arrivés aux objets hypothéqués, abstraction faite des événemens qui en augmentent l'étendue, ou qui la diminuent, ce qui, comme on le sent facilement, est bien différent.

De l'augmentation en étendue survenue aux objets hypothéqués, et de leur diminution.

Il faut distinguer les augmentations qui sont la suite d'événemens indépendans de la volonté du débiteur dont les immeubles sont hypothéqués, de ceux qui sont de son fait.

Les premières peuvent être l'effet d'alluvions ou d'autres accroissemens, tels que ceux qui seroient produits par des transports subits et apparens

Tome I.   R 2

de terrains déplacés par une rivière ou un fleuve, par des atterrissemens, îles ou îlots. Je me suis déjà expliqué sur un accroissement qui résulteroit d'une alluvion proprement dite, voulant suivre la comparaison qu'une loi romaine faisoit de ce cas à celui de l'accroissement de l'usufruit à la propriété qui, seule, auroit été hypothéquée. Je n'entrerai pas dans des explications sur les autres accroissemens dont je viens de parler, pas plus que sur les diminutions que pourroient causer les mêmes événemens. On ne peut douter que l'hypothèque, ainsi que je l'ai déjà observé, ne se modifie comme la propriété même sur laquelle elle est imprimée. Le droit du propriétaire, dans les cas dont il s'agit, sera donc la mesure du droit attaché à l'hypothèque.

Or, le droit de propriété dans ces cas, qui a été traité par plusieurs auteurs anciens, qui a même été le sujet des dispositions d'une foule de lois romaines, est réglé avec toute la précision possible dans les art. 556 et suivans du Code civil, jusques et compris l'art. 564. Il suffit d'y renvoyer pour la solution des difficultés relatives à cette matière.

J'ai vu élever la question de savoir si, lorsque l'accessoire devient tellement considérable, dans les cas dont il s'agit, qu'il peut être regardé comme un nouveau fonds, cet accessoire doit être regardé comme ayant été frappé de l'hypothèque. La question fut agitée au Conseil d'état, lors de la discussion de l'art. 2133. *Voyez les Confér. du Code civil, tom.* 7, *pag.* 172. Mais il ne fut rien décidé à cet égard; et cette question n'est résolue par aucun article particulier. Je crois qu'il est plus sûr de s'en tenir au principe, que l'hypothèque suit la modification de la propriété hypothéquée. C'est même ce que parut dire, lors de la discussion, M. Tronchet, qui renvoya aux diverses dispositions du Code civil, à ce sujet, qui sont celles des articles que j'ai indiqués. Le mode produit par les changemens dont il s'agit, n'est qu'accidentel et momentané. Les choses peuvent revenir comme elles étoient auparavant. L'état de diminution peut rester; et il est juste, à raison de cette considération, que l'hypothèque profite, comme la propriété, de l'augmentation. L'accessoire ne doit pas être réglé par son étendue, respectivement à l'objet principal, mais bien par sa nature qui ne varie pas; en sorte qu'il ne seroit pas prudent qu'on prît une hypothèque sur l'accessoire qu'on croiroit être un fonds nouveau, si l'on agissoit dans l'idée qu'on dût avoir sur cet accessoire une hypothèque au préjudice de celle qu'un autre particulier auroit déjà acquise sur l'immeuble tel qu'il étoit avant la réunion de l'accessoire.

Quant aux augmentations d'étendue qui proviennent du fait du débiteur, elles n'entrent sous le joug de l'hypothèque que lorsqu'elle est générale. Mais il n'en est pas de même lorsqu'il s'agit d'une hypothèque spéciale qui se renferme toujours dans les objets qui lui sont affectés. Ainsi, en cas de construction d'un bâtiment réuni à une maison hypothéquée spécialement, laquelle construction seroit faite sur un sol qui ne seroit point hypothéqué, il est sensible que ce nouveau bâtiment ne seroit point compris dans l'hypothèque. Cependant si la réunion étoit telle qu'il en résultât une espèce d'incorporation, et une impossibilité de séparer les deux objets, sans nuire à leur valeur, alors le créancier qui auroit une hypothèque sur le sol sur lequel l'addition de construction auroit été faite, pourroit exercer son droit d'hypothèque sur cette addition, par l'effet d'une ventilation qui détermineroit un prix proportionnel pour la partie ancienne et pour la partie ajoutée. Ce parti est commandé par des idées naturelles de justice et d'équité; et on doit se décider ainsi, par analogie avec les art. 563, 572, 573 et 575 du Code civil.

De ce qui vient d'être dit, il se tire la conséquence que si le propriétaire augmente un domaine hypothéqué par des acquisitions, ces acquisitions ne sont point comprises dans l'hypothèque spéciale dont le domaine auroit été grevé. Il y a plus; c'est que, quand l'acquisition porteroit sur un immeuble limitrophe de celui qui auroit été hypothéqué, et même quand cette acquisition auroit été réunie et englobée avec l'immeuble déjà hypothéqué, dans une même enceinte fermée non-seulement de haies, mais même de murs, l'hypothèque ne s'étendroit jamais au delà des limites de ce qui lui auroit été soumis. Il est bien dit, dans l'art. 1019 du Code civil, que si un testateur a augmenté l'enceinte d'un enclos qu'il auroit légué, le légataire profitera de l'augmentation de l'enceinte. Mais on ne peut pas appliquer cette disposition législative à l'espèce. Le légataire profite de l'augmentation, parce qu'on présume que telle a été la volonté du testateur, qui a voulu léguer la chose dans l'état où elle étoit au moment de sa mort. Mais, à l'égard de l'hypothèque, elle ne peut frapper que sur la chose d'abord affectée. L'état de réunion dans lequel se trouvent les deux immeubles, n'empêche pas qu'ils ne soient distincts l'un de l'autre, et soumis à des hypothèques diverses. Telle est l'observation judicieusement faite par M. Persil, *Rég. hypoth.*, art. 2133, n° 6.

149. Il y a d'autres augmentations qui portent uniquement sur la va-

De la simple augmen-

leur de l'objet hypothéqué. Renfermées dans le sol hypothéqué, elles en suivent le sort. Ainsi, des clôtures en haies ou en murs, des chaussées ou digues faites pour préserver l'objet hypothéqué des dégâts des eaux, même quand ces digues seroient construites sur une rivière ou ruisseau au delà des limites qu'avoit la chose hypothéquée, suivent la propriété et l'hypothèque, parce qu'elles en sont toujours les accessoires. Tout cela rentre dans la disposition de l'art. 2133 du Code civil, où il est dit : « L'hypothèque acquise s'étend à toutes les améliorations survenues à l'immeuble hypothéqué. »

150. Mais si les diminutions survenues à la chose hypothéquée étoient telles que la valeur en fût considérablement affoiblie, et qu'elle devint insuffisante pour la sûreté de l'hypothèque, alors il s'ouvriroit en faveur du créancier une action tendante à obtenir ou le remboursement de sa créance, ou un supplément d'hypothèque. Tel est le résultat de l'art. 2131 du Code civil.

Il en seroit de même du cas où la valeur de l'objet hypothéqué diminueroit par l'effet de dégradations qui y seroient commises par le débiteur, comme s'il s'agissoit de vignes arrachées, de forêts, de hautes futaies dévastées ou abattues. C'est au débiteur à conserver l'hypothèque dans un état tel qu'elle soit toujours une sûreté suffisante de la créance, et le droit du créancier est encore plus favorable, lorsqu'il s'ouvre par le fait du débiteur que lorsqu'il prend sa cause dans des événemens indépendans de sa volonté. Mais, au fond, l'action est la même; et telle doit être la conséquence de ces expressions de l'art. 2131, *eussent péri ou éprouvé DES DÉGRADATIONS*.

151. Les servitudes ou services fonciers devoient naturellement être classés dans les choses qui sont immeubles par l'objet auquel elles s'appliquent, ainsi que cela a été fait par l'art. 526 du Code; mais ils ne sont pas pour cela susceptibles d'hypothèques, puisqu'ils sont exclus de la possibilité d'être hypothéqués par l'art. 2118. Une servitude ne peut, en effet, être mise au nombre de propriétés, dans le vrai sens de cette expression, puisque, d'après la définition qu'en donne l'art. 637, elle est seulement une charge imposée sur un fonds, pour l'usage et l'utilité d'un héritage appartenant à un autre propriétaire. On retrouve les mêmes idées dans l'article 686. De là il résulte que, lorsqu'un particulier a imposé sur son fonds une servitude en faveur d'un autre, si dans la suite il vend ou il hypothèque

le même fonds, il ne peut le faire qu'avec les charges déjà existantes, parce que nul ne peut céder à autrui plus de droit qu'il n'en a lui-même.

Mais supposons que la servitude s'éteigne après que le fonds qui y étoit sujet aura été hypothéqué, le débiteur pourroit-il la faire revivre ensuite au préjudice de l'hypothèque acquise? Je crois qu'on peut se décider pour la négative, par les mêmes raisons que j'ai déjà déduites pour établir que le débiteur ne peut faire revivre, au préjudice de l'hypothèque sur la propriété, un usufruit qui y auroit été consolidé.

152. Il a fallu de tous temps que les actions immobilières, c'est-à-dire, celles qui tendent à revendiquer un immeuble, fussent distinguées des actions purement mobilières. Cette différence de nature et de caractère se présente d'abord par l'objet de tendance de ces actions. C'étoit aussi une ancienne maxime : *Actio tendens ad mobile est mobilis, ad immobile est immobilis.* Cette distinction étoit surtout importante sous l'ancienne législation. On sait que nos Coutumes avoient établi différentes sortes d'héritiers, sur lesquelles elles varioient plus ou moins. Les propres, les meubles, les acquêts, revenoient à des héritiers tous différens. Il y avoit des dettes mobilières et des dettes immobilières qui suivoient certains de ces biens exclusivement à d'autres. On sent donc que les actions qui tendoient à la revendication d'un immeuble devoient revenir à celui qui auroit eu, à titre de succession, l'immeuble même. Quoique l'ordre des successions soit infiniment plus simple dans notre législation actuelle, il n'a pas moins fallu distinguer les actions qui tendent à la revendication d'un immeuble, de toutes autres actions purement mobilières. Cette distinction étoit nécessaire, soit pour déterminer le mode de les exercer, relativement à la compétence des tribunaux où elles doivent être portées, soit parce que plusieurs dispositions, à titre gratuit ou à titre onéreux, ne peuvent recevoir une sage exécution que par la distinction de ce qui est vraiment meubles ou effets mobiliers, de ce qui ne l'est pas; soit enfin parce que souvent ces actions immobilières influent sur l'exécution des actes d'aliénation dont elles amènent même la résolution, et donnent lieu, par conséquent, à une organisation législative pour en régler les effets, ainsi qu'on le verra dans la suite.

Ces actions, à raison de leur caractère particulier, auroient pu anciennement devenir l'objet d'une hypothèque. Mais la législation actuelle ayant établi des principes si différens sur les hypothèques, cela est devenu impossible. Ces actions ne peuvent être, de leur nature, le fondement d'une

Des actions qui tendent à revendiquer un immeuble.

hypothèque; elles n'ont pas une assiette fixe, elles ne forment pas un corps; et toute notre législation est conçue dans le sens qu'une hypothèque ne peut porter que sur un objet corporel, ou sur un des droits *réels immobiliers*, dont j'ai parlé au n° 140. Il n'y a que des objets de cette nature qui puissent être indiqués d'une manière positive, et devenir la matière d'une inscription. D'ailleurs, le résultat de ces actions étant incertain, et n'étant déterminé que par la réalisation et la mise en possession du fonds à la revendication duquel elles tendent, elles ne peuvent, avant cet événement, devenir le sujet d'une hypothèque et d'une inscription; elles ne peuvent être soumises à des enchères et à une adjudication, qui sont accidentellement nécessaires pour opérer une purgation d'hypothèque. Ce n'est pas que ces actions n'aient un caractère d'immeubles; mais elles n'ont ce caractère, comme il est dit dans l'art. 526 du Code civil, que par l'objet auquel elles s'appliquent, ce qui les distingue des meubles ordinaires; mais elles sont incorporelles; elles s'exercent, se conservent et produisent leur effet, autrement que par des transmissions à titre d'immeubles, qui devroient être suivies de tout ce qu'entraîne la vente des immeubles proprement dits. Enfin, d'après la combinaison que nous avons déjà présentée de la disposition de l'art. 526 du Code civil, avec celle de l'art. 2118, les actions qui tendent seulement à la revendication d'un immeuble sont exclues de la possibilité d'être hypothéquées.

De l'action en réméré. De l'action en rescision. Explication de l'art. 2125 du Code civil, et de ses suites.

153. Ainsi une action en réméré, une action en rescision d'une vente pour cause de lésion, une action pour cause de nullité, ne sont point susceptibles d'être hypothéquées. Celle en rescision pour lésion l'est encore moins que les deux autres, puisque l'acquéreur contre lequel elle seroit exercée auroit droit de s'en rédimer, en suppléant en argent le juste prix. Telle est la disposition de la loi 2, au Code *de rescind. vendit.*, dont les principes ont été adoptés par l'art. 1681 du Code civil. D'après cette faculté accordée à l'acquéreur, l'exercice de l'action en rescision ne conduiroit pas nécessairement à la possession de l'immeuble. C'est aussi par ce motif qu'un arrêt de la Cour de cassation, du 14 mai 1816, rapporté par Denevers, *même année*, *pag.* 419, a jugé qu'une action rescisoire, pour cause de lésion dans une vente, n'étoit susceptible ni d'hypothèque, ni d'une expropriation forcée. Tout droit qui ne peut être la matière d'une expropriation forcée, ne peut aussi, par corrélation, être le sujet d'une hypothèque.

Tous ces principes se confirment par la disposition de l'art. 2125 du Code civil. Il est ainsi conçu : « Ceux qui n'ont sur l'immeuble qu'un droit suspendu par une condition, ou résoluble dans certains cas, ou sujet à rescision, ne peuvent consentir qu'une hypothèque soumise aux mêmes conditions ou à la même rescision. » Il est sensible que le législateur a considéré comme pouvant entrer dans le commerce, et par conséquent comme susceptible d'hypothèque, et de transmission par vente ou autrement, un immeuble joui à titre de propriété, quoique la propriété fût résoluble, par suite d'une action qui produiroit cet effet. Cette idée mène à celle que le législateur n'a pas voulu faire porter l'hypothèque sur l'action résolutoire, mais seulement sur le fonds qui y étoit soumis, et qu'il a déclaré qu'alors l'hypothèque, imposée sur le fonds par celui qui n'en auroit qu'une propriété résoluble, suivroit le sort de cette propriété ; en sorte que l'hypothèque se réduiroit à ce que deviendroit la propriété ainsi hypothéquée, par l'effet de l'action résolutoire ou rescisoire. Cette action reste toujours entre les mains de celui à qui elle appartient, comme ressource non-seulement pour lui, mais encore pour ses créanciers ; mais elle ne peut être utilisée par la voie d'une assiette ou affectation d'hypothèque sur elle-même. Elle peut être exercée par celui à qui elle appartient ; elle peut l'être par un créancier qui l'achète : un créancier, comme exerçant les droits de son débiteur, peut se faire autoriser en justice à la former. Ces moyens rendent ceux qui y ont recours, propriétaires à l'instant de tous les droits que l'action peut produire, quel qu'en soit le résultat. L'hypothèque imprimée sur l'immeuble par celui qui le possédoit sous une condition résolutoire, ou sous une condition suspensive et dont l'événement est incertain, se mesure sur le droit qui reste après l'exercice de l'action, ou après l'événement.

On ne pourroit pas empêcher un créancier d'exercer, comme faisant valoir les droits de son débiteur, l'action en rescision pour lésion, en se fondant sur l'art. 1166 du Code civil, qui excepte des droits qu'un créancier peut exercer pour son débiteur, ceux qui sont exclusivement attachés à la personne. Je renvoie à ce que je dis là-dessus, au n° 44, *pag.* 79 et 80.

Il reste encore à faire des observations, qui sont même très-importantes, pour saisir parfaitement le sens et les conséquences de l'article 2125. J'agirai plus méthodiquement, et je me ferai mieux entendre, en rapportant ce qui a été dit relativement aux dispositions de cet article, par

M. Tarrible, *Répert. de jurispr.*, au mot *Hypothèque*, sect. 2, § 5, art. 5, *n*° 5. Cet auteur admet d'abord le principe que je viens de développer, que les actions qui tendent à la revendication d'un immeuble, ne sont point en elles-mêmes susceptibles d'hypothèque ; il dit ensuite que, pour ce qui concerne ces actions, il faut distinguer celles qui sont fondées sur le droit absolu de propriété, d'avec celles qui émanent du droit de recouvrer une propriété aliénée. Il commence par un exemple qui est relatif au premier cas : « Le propriétaire d'un immeuble a été dépossédé par violence, depuis plus d'un an et jour : un héritier légitime, dont l'existence étoit ignorée, reparoît, et trouve les biens de la succession dans les mains d'un héritier plus reculé, et non successible : il est clair que le propriétaire dépossédé et cet héritier reconnu, ont, chacun de son côté, une action fondée sur le pur droit de propriété, pour revendiquer les immeubles qui leur appartiennent. » L'auteur ne peut entendre que, dans ces cas, celui à qui appartient l'action puisse imprimer l'hypothèque sur l'action, en la considérant comme immobilière, puisqu'il ne cesse de soutenir, et avec raison, que les actions de cette nature ne sont point susceptibles d'hypothèque ; que l'hypothèque doit toujours porter sur un immeuble. Il a donc été d'avis que, dans les circonstances dans lesquelles se trouve le véritable propriétaire, il peut hypothéquer l'immeuble. Cette conséquence résulte nécessairement de la manière dont il s'explique. Dans ces cas, dit-il, le demandeur qui intente l'action est déjà propriétaire du fonds revendiqué ; sa propriété est fondée sur des titres que nous supposons incontestables. *Il ne demande au défendeur que le délaissement du fonds, ou l'abandon de la simple possession.* Il est impossible de ne pas adopter, pour les cas en question, l'opinion de l'auteur. C'est le propriétaire même de l'immeuble qui l'hypothèque.

J'ajoute qu'on peut dire de même pour le cas où le vrai propriétaire se seroit laissé déposséder momentanément, par l'effet d'une complainte possessoire, qui auroit été dirigée contre lui par un particulier qui pourroit invoquer une possession d'an et jour. L'exercice de cette complainte n'a trait qu'à la possession, et n'affecte pas la propriété. L'art. 2129 du Code civil exige, pour la validité de l'hypothèque spéciale, qu'elle frappe les biens *actuellement appartenans au débiteur ;* mais il n'est question là que de la propriété ; et autre chose est la *propriété*, autre chose est la *possession*. Si la propriété existe, la possession, au moins de droit, n'en

2.

a jamais été séparée. On sent bien que s'il arrivoit, par événement, que la propriété n'appartînt pas à celui qui l'auroit hypothéquée, l'hypothèque s'évanouïroit ; mais la possibilité de cet événement ne détruit pas l'hypothèque en elle-même. Elle conserve tout son effet, si la propriété reste à celui qui a hypothéqué. Cela rentre dans le principe général auquel sont soumises toutes les hypothèques quelconques. La propriété cessant en faveur de celui qui a hypothéqué, quelle qu'en soit la cause, toutes les hypothèques disparoissent (1).

M. Tarrible vient ensuite à l'action du vendeur lésé, tendante à faire rescinder la vente ; à l'action du vendeur sous faculté de réméré, tendante à exercer le rachat. Ce sont les actions que l'auteur avoit déjà désignées ainsi, *qui émanent du droit de recouvrer une propriété aliénée.* L'auteur admet que, soit l'une, soit l'autre de ces actions, ne peuvent faire elles-mêmes la matière d'une hypothèque, toujours d'après le principe général, que les actions, quoique tendantes à la révocation d'un immeuble, ne peuvent être affectées à une hypothèque. Mais aussi l'auteur admet que le particulier à qui appartient, soit l'action en rescision, soit l'action en réméré, peut hypothéquer l'immeuble même sur lequel ces deux actions peuvent être dirigées. Il se fonde sur l'art. 2125. Après en avoir rapporté la disposition, voici ce qu'il dit :

« Cela posé, nous raisonnons ainsi : L'action en elle-même n'est pas susceptible d'hypothèque ; mais l'immeuble qui en est l'objet, peut très-bien être grevé d'hypothèque par celui auquel l'action appartient.

» L'action en elle-même, disons-nous, n'est pas susceptible d'hypothèque ; elle n'est qu'un droit incorporel, qui n'est ni ne peut être *un bien immobilier.* Bien plus, il est des cas où l'action, dans son issue, ne produit que des sommes pécuniaires qui, certainement, ne peuvent jamais devenir le siége d'une hypothèque. Telle est l'action en rescision de la vente d'un immeuble, pour cause de lésion de plus des sept douzièmes, lorsque l'acquéreur se détermine, comme il en a le droit, à suppléer le juste prix.

» L'immeuble, au contraire, qui fait l'objet de l'action, est la véritable matière passible d'hypothèque. Il peut être hypothéqué directement par

(1) Au surplus, on peut voir tout ce que je dis sur des questions de la nature de celle-ci, au n° 51, *pag.* 95 *et suiv.*

celui auquel l'action appartient, sauf les modifications qui peuvent résulter de la nature de l'action, ou de sa cause. Le propriétaire, dont le titre de propriété est bien établi, et qui n'a à recouvrer que la possession, peut établir une hypothèque actuelle et positive sur l'immeuble à revendiquer, et cette hypothèque ne sera subordonnée à aucune condition. Un immeuble vendu sous faculté de réméré, ou au-dessous des cinq douzièmes de sa valeur, peut être aussi hypothéqué directement par le vendeur. Mais comme la résolution de la vente et le retour de la propriété dans la main du vendeur, sont subordonnées à diverses conditions, telles que l'exercice de l'action dans les délais prescrits, le remboursement préalable des sommes reçues par le vendeur, l'existence de la lésion, l'adhésion de l'acquéreur à la rescision de la vente et au délaissement de l'immeuble, l'hypothèque consentie par le vendeur sur cet immeuble sera nécessairement soumise aux mêmes conditions. »

C'est toujours avec timidité que je combats quelques-unes des opinions de M. Tarrible. Mais après beaucoup de réflexions, il m'est impossible d'être de son avis sur celle-ci. Je pars du principe incontestable que, pour pouvoir hypothéquer, il faut être propriétaire. Or, le droit de propriété de l'immeuble sur la vente duquel on peut exercer une action en rescision pour lésion, ou sur lequel on peut exercer une action en réméré, ne peut être considéré comme reposant sur la tête de celui auquel l'une ou l'autre de ces actions peut appartenir.

Celui qui a dans la pensée l'exercice d'une action en rescision pour lésion, peut-il être considéré comme propriétaire de l'immeuble à l'occasion duquel cette action s'exerceroit? c'est ce qu'il est impossible de soutenir. Cette action, qui d'ailleurs doit être exercée dans un délai très-court, est un être de raison tant que le succès n'en est pas assuré par son admission. Fût-elle encore fondée, elle ne tend pas nécessairement à la propriété, puisque l'acquéreur peut s'en rédimer en suppléant le juste prix; ce qui, dès lors, fait dégénérer l'action en une somme d'argent, qui incontestablement ne peut être susceptible d'hypothèque. Celui à qui cette action peut appartenir, n'est donc pas propriétaire de l'immeuble; le vrai propriétaire de cet immeuble est celui qui l'a acheté; lui seul peut l'hypothéquer, sauf la résolution de l'hypothèque, s'il doit y avoir lieu.

Doit-on considérer d'un autre œil l'action en réméré? je ne le pense pas. La propriété de l'immeuble vendu sous la condition du réméré, réside également sur la tête de l'acquéreur. L'art. 2125 le désigne comme en étant propriétaire, puisque cet article veut qu'il puisse hypothéquer l'immeuble, et que, d'après l'esprit de notre législation qui se puise dans plusieurs articles du Code civil, la faculté d'hypothéquer tient essentiellement à la propriété. D'après l'art. 2124, il n'y a que celui qui peut aliéner, qui ait la capacité d'hypothéquer. La possibilité de la résolution de l'hypothèque n'empêche pas l'existence de l'hypothèque ; et on ne peut soutenir que cette possibilité ait l'effet de faire reporter sur la tête de celui à qui appartient l'action en réméré, qui encore n'existe que pendant cinq ans, la faculté d'hypothéquer. Le propriétaire de l'immeuble sous la condition du réméré, est tellement propriétaire, qu'il peut vendre, que son acquéreur peut soumettre sa vente à la transcription, et prendre toutes les mesures indiquées par la loi pour appeler la purgation des hypothèques imposées sur l'immeuble, sauf l'événement de l'action en réméré qui pourroit être exercée. On ne conçoit pas que le droit de propriété d'un immeuble, considéré en lui-même dans son intégralité, puisse appartenir à plusieurs personnes. Le titre de la propriété doit être fixé sur une tête ou sur une autre. Le contraire est impossible ; et c'est cependant ce qu'il faudroit admettre dans le système que je combats.

L'erreur dans laquelle je pense que M. Tarrible est tombé, dérive du double sens dans lequel il a entendu l'art. 2125. Il suppose que cet article attribue deux facultés d'hypothéquer l'immeuble : l'une à celui qui peut exercer l'action en rescision ou celle en réméré ; l'autre au propriétaire, c'est-à-dire, à celui qui a acheté l'immeuble, lequel peut être grevé de ces deux actions. Il admet que, de même que les hypothèques stipulées par l'acquéreur sont soumises à l'effet que pourroient avoir l'action en rescision et celle en réméré, de même aussi les hypothèques qui seroient imprimées sur l'immeuble par celui qui pourroit avoir l'action en rescision, ou à qui appartiendroit l'action en réméré, subsisteroient, quoique leur effet dépendît du résultat de ces deux mêmes actions.

Mais il est impossible d'adopter cette interprétation. Rapportons les termes de l'article : « Ceux qui n'ont sur l'immeuble qu'un droit suspendu par une condition, ou résoluble dans certains cas, ou sujet à rescision, ne peuvent consentir qu'une hypothèque soumise aux mêmes conditions ou à la même rescision. » Pour peu qu'on se pénètre de cette disposition de l'article, on est convaincu que le législateur n'a admis qu'une seule faculté d'hypothéquer, et que l'acquéreur de l'immeuble est le seul auquel cette faculté soit atribuée; en sorte que le vendeur en est exclus. Le législateur concentre la faculté d'hypothéquer dans un seul individu. Quel est-il? c'est celui qui a acquis l'immeuble. N'importe la modification du droit de propriété, et par conséquent de l'hypothèque, qui peut ensuite arriver par l'effet des circonstances indiquées dans l'article. Ces expressions, *suspendu par une condition, ou résoluble dans certains cas, ou sujet à rescision*, se réfèrent au droit sur l'immeuble ; et dans l'esprit du législateur, il est impossible que ce droit sur l'immeuble n'ait pas été appliqué à celui qui est acquéreur de l'immeuble sous ces conditions. La propriété est autre chose que les actions qui peuvent accidentellement la modifier.

. Pesons encore ces termes, *suspendu par une condition*. Ils supposent le cas où un particulier auroit une propriété, mais en même temps le cas où cette propriété devroit cesser, et devroit passer à une autre personne; ce qui arriveroit, par exemple, si cette personne survivoit à celui à qui la propriété auroit d'abord été assurée. Or, pourroit-on dire que, dans une pareille circonstance, la personne qui, par événement, pourroit avoir l'immeuble qui, sans cet événement, doit rester définitivement dans le domaine de celui à qui il a été donné, fût en droit de constituer une hypothèque sur l'immeuble? Il faudroit cependant aller jusque-là, dans le système de M. Tarrible : mais je pense que c'est ce qui ne peut être admis. Sans doute, si la condition qui révoque la propriété s'accomplit, les hypothèques constituées sur l'immeuble par celui qui en est actuellement propriétaire, ne pourront nuire à la personne en faveur de qui la condition a été imposée. Mais jusque-là, la faculté d'hypothéquer n'est attribuée qu'au propriétaire actuel dont le droit est soumis à la condition, bien que suspensive. C'est à lui que peuvent s'appliquer les expressions, *suspendu par une condition*. On ne peut les appliquer à celui qui peut avoir la propriété, accidentellement et dans un cas prévu. Ce n'est pas lui qui détient l'immeuble *sous une condition suspensive;* et la loi n'accorde de faculté d'hypothéquer qu'à celui qui est dans cette position. La propriété qui, dans le cas de l'accomplissement de la condition, reviendroit à la personne appelée éventuellement à la recueillir, seroit bien grevée de ses hypothèques personnelles, si elles étoient légales ou judiciaires, parce que ces hypothèques portent, de leur nature, sur tous les biens présens et à venir ; mais avant l'événement, cette même personne ne peut hypothéquer la propriété spécialement, parce que pour constituer cette hypothèque, il faut être propriétaire *actuellement*, dit l'art. 2129, sauf la résolubilité que peut opérer l'événement, d'après l'art. 2125.

Cependant, l'hypothèque spéciale pourroit avoir lieu sur le bien qui reviendroit, par l'événement, à celui qui seroit appelé conditionnellement à le recueillir, s'il y avoit une hypothèque constituée dans les termes et avec les conditions exigées par l'art. 2150 du Code civil. Mais on sent que cette hypothèque se rattache à d'autres principes, et qu'il n'y a rien là de contradictoire avec l'opinion que j'ai émise. Ce qui exclut toute idée de contradiction, c'est que, dans ce dernier cas, il devroit être pris une inscription dès le moment que le bien écherroit éventuellement à celui qui auroit ainsi constitué une hypothèque. Voyez ce que je dis, à ce sujet, au n° 62, *pag.* 133 *et suiv.*

En revenant à l'hypothèque que peut constituer celui à qui l'immeuble a été vendu sous une faculté de réméré, on sent qu'il peut se présenter un double concours de créanciers hypothécaires sur cet immeuble. Il peut se présenter des créanciers auxquels le propriétaire de l'immeuble auroit consenti des hypothèques avant la vente qu'il en a faite, et des créanciers auxquels l'acquéreur grevé des conditions et des événemens énoncés dans l'art. 2125, auroit aussi donné des hypothèques après son acquisition. On sent que les difficultés se compliquent sur les droits respectifs, et sur les différens remboursemens qui doivent être faits. Ce concours ne pouvant arriver que très-rarement, je crois pouvoir me dispenser d'entrer dans des détails. On peut être facilement guidé, à cet égard, par les principes généraux. Au surplus, je puis renvoyer à ce qu'en dit M. Tarrible, *loco citato*, et, de plus, aux mots *Privilége de créance*, sect. 4, § 5, n° 5. Je dois néanmoins observer que M. Tarrible suppose, respectivement à celui qui a vendu, deux sortes de créanciers hypothécaires sur l'immeuble, savoir, ceux à qui il a donné des hypothèques avant la vente de l'immeuble, et ceux à qui il en a conféré après cette vente. Ce procédé étoit conforme à son système. Mais comme, d'après tout ce que j'ai dit, je pense que les hypothèques consenties après la vente sont nulles, je ne dois admettre que le concours de deux sortes de créanciers. Ces créanciers sont ceux qui ont reçu des hypothèques de la part du vendeur avant la vente, et ceux à qui il en a été consenti par l'acquéreur après son acquisition. Je crois donc devoir exclure du concours, des créanciers hypothécaires du vendeur, postérieurs à la vente qu'il a faite.

De tout ce qui a été dit, il résulte que la principale et la plus sûre ressource des créanciers d'un débiteur à qui appartient l'exercice, ou d'une
action rescisoire, ou d'une action en réméré, est d'exercer ces actions mêmes,
ou comme cessionnaire du débiteur, ou au nom de ce dernier.

Fragilité
d'une hypo-
thèque éta-
blie sur un
immeuble
soumis à une
faculté de ra-
chat.
Précaution
à prendre
dans ce cas.

154. On sent combien est fragile une hypothèque établie sur un immeuble
acquis par le débiteur sous une faculté de réméré. En effet, le vendeur sous
la réserve de cette faculté, peut l'exercer à tout instant, ou judiciairement,
ou de concert avec l'acquéreur. Il peut remettre à celui-ci la somme qui
formoit le prix de la vente, et lui faire raison de toutes celles dont le remboursement est une condition de l'exercice de cette faculté. Tout cela peut
être fait à l'insçu du créancier hypothécaire de l'acquéreur; car rien n'oblige
le vendeur qui suit l'exécution des clauses du contrat de vente, et qui ne doit
les suivre qu'à l'égard de l'acquéreur, d'appeler le créancier hypothécaire
de ce dernier à ce remboursement. Dès lors, l'hypothèque devient sans fondement; elle suit le sort de la vente.

Le créancier voudroit-il prétendre que le vendeur doit consigner ce qu'il
doit, par suite de l'exercice de la faculté de réméré? Mais rien ne l'y oblige.
L'inscription, qu'il peut d'ailleurs ignorer, ne le lie en aucune manière. On
ne voit qu'un seul remède à cet inconvénient : ce seroit qu'à l'instant même
de l'obligation portant constitution de l'hypothèque, le créancier la fît notifier au vendeur, et que cette notification contînt une opposition à ce que
le vendeur se libérât du prix de la vente, si le rachat avoit lieu au préjudice
du créancier. L'opposition contiendroit, en même temps, une saisie et arrêt
du prix et des sommes dont le remboursement seroit dû à l'acquéreur.

Il faut encore remarquer que, pour que cette mesure fût essentiellement
utile au créancier, il faudroit qu'il fût seul. Car s'il y avoit d'autres créanciers de l'acquéreur qui eussent fait faire, entre les mains du vendeur, une
semblable opposition et saisie-arrêt, ce seroit seulement le cas de venir par
concurrence, au marc le franc des créances, sur les sommes saisies. Ceux
des créanciers saisissans qui seroient hypothécaires, ne pourroient pas réclamer ces sommes par ordre d'hypothèque. Il s'agiroit d'objets mobiliers
qui ne donneroient point prise à une préférence selon le rang des inscriptions. Il ne pourroit se faire une exception à la règle, quoique ces sommes
arrivent en remplacement de l'immeuble; aucune loi n'autorise une exception, dans ce cas. L'hypothèque spéciale ne peut frapper qu'un immeuble,
et encore un immeuble certain.

155. On a mis en doute si l'exercice de l'action en rescision pour lésion, qui fait passer le fonds vendu au pouvoir du vendeur, emportoit extinction des hypothèques créées sur ce fonds par l'acquéreur. Pothier, *Introd. au tit. 20 de la Cout. d'Orl.*, n° 57, établit parfaitement l'affirmative. Il démontre que l'opinion de Balde doit prévaloir sur celle de Barthole, qui avoit soutenu la négative. Pothier se fonde sur ce que, dans ce cas, le droit de l'acquéreur se résout *ex causa antiqua et necessaria*, sans qu'il y ait rien de son fait. L'acquéreur a bien le droit de retenir le fonds, en suppléant le juste prix ; mais, dit Pothier, ce n'est pas avoir un vrai pouvoir de le retenir, que d'être obligé, pour le retenir, à l'acheter plus cher qu'on n'a voulu l'acheter. Basnage, *Traité des hypoth.*, *chap.* 7, avoit décidé la question dans le même sens. Ainsi, il en est dans ce cas comme dans celui où le vendeur rentre dans le bien qu'il a vendu, par l'exercice de la faculté de rachat ; il le reprend exempt de toutes les charges et hypothèques dont l'acquéreur l'auroit grevé. *Art.* 1673 *du Code.*

L'action rescisoire emporte-t-elle l'extinction des hypothèques ?

Le créancier hypothécaire peut-il, pour conserver son hypothèque, rembourser le supplément du juste prix de l'acquéreur soumis à l'action rescisoire ?

Je pense cependant que le créancier auquel l'acquéreur qui se trouve soumis à une action en rescision a hypothéqué le fonds, doit avoir la faculté, pour la conservation de son hypothèque, et en exerçant les droits de son débiteur, de rédimer l'héritage hypothéqué de l'action rescisoire, en remboursant le supplément du juste prix ; et qu'encore il doit avoir son recours, pour la restitution de ce supplément, contre son débiteur. Tout cela résulte, par argument, de la disposition de l'art. 1681 du Code, qui accorde ces deux droits au tiers possesseur de l'héritage sur lequel s'exerce l'action en rescision. Je me fonde encore sur la différence qui existe entre les principes actuels et les principes anciens, relativement à l'hypothèque. L'affectation spéciale de l'hypothèque, qui est actuellement de nécessité, resserre l'hypothèque et la fait porter sur le fonds hypothéqué, à l'exclusion de tous autres immeubles du débiteur, qui dans les principes anciens étoient également soumis à l'hypothèque, parce qu'elle étoit alors générale. Et de là il résulte que celui qui a constitué cette hypothèque, est plus particulièrement tenu, pour maintenir la bonne foi du contrat, d'accorder à son créancier tous les moyens possibles de conserver l'héritage hypothéqué, qui est devenu son unique gage. D'ailleurs, l'acquéreur qui a hypothéqué, ne peut raisonnablement se présenter comme victime d'avoir été obligé de payer ce qu'il a acquis d'après sa juste valeur. On sent que le créancier qui fait ce remboursement, outre son hypothèque sur le fonds, acquiert sur ce même fonds le privilége du vendeur, à raison de la portion du prix de la vente qu'il a payée.

De tous autres droits qui opèrent la revendication de l'objet hypothéqué.

156. Les principes que je viens d'exposer s'appliquent également à tous autres droits et actions qui opèrent la revendication de la propriété qui auroit été hypothéquée. Je veux parler du cas où la revendication a lieu par un événement tenant à une condition, ou expresse, ou tacite et légale ; comme si les biens qui seroient hypothéqués étoient provenus de dispositions faites à titre gratuit. On sent que la propriété pourroit être révoquée, ou par l'effet d'un retour conventionnel ou légal, ou à raison de survenance d'enfans, ou pour cause d'ingratitude. L'art. 2125 du Code civil s'applique parfaitement à ces cas, comme à ceux que j'ai déjà indiqués. Le Code civil règle, d'une manière précise, les conditions sous lesquelles la propriété peut être révoquée, selon la nature des causes qui y donnent lieu. Il y a des cas où la révocation s'opère sans aucune charge ; il y en a d'autres où elle ne peut avoir lieu que sous la condition de certains remboursemens. Je m'éloignerois de mon sujet, si j'entrois là-dessus dans des détails. Je me borne à renvoyer aux principes que j'ai développés, *Traité des donat. et testam.*, tom. 1er, 2e édit., p. 382, 387 et 388. Je m'y explique sur les art. 954, 958 et 963, qui concernent la révocation des donations, par survenance d'enfans, pour cause d'ingratitude, ou pour cause d'inexécution des conditions sous lesquelles la disposition auroit été faite. Je renvoie également à ce qui est dit dans le même ouvrage, à l'égard du retour conventionnel, *pag. 160 et suiv.*, et au *tom. 2, pag. 539 et suiv.* Pour ce qui regarde le retour légal, à titre de succession, on peut voir ce qu'en a dit M. Chabot (de l'Allier) sur l'art. 747 *du titre des successions.* Basnage, *Traité des hypoth., chap.* 7, et d'Héricourt, *de la vente des immeubles, chap.* 11, sect. 2, n° 10, avoient traité cette matière ; mais les décisions qu'ils donnent doivent être modifiées par les principes introduits par le Code civil.

Un droit d'hypothèque n'est plus susceptible d'hypothèque par lui-même.
De la contribution en sous-ordre.

157. D'après les principes anciens, si différens des principes actuels, le droit d'hypothèque étoit lui-même susceptible d'hypothèque. *Pignus pignori dari potest.* C'est ce que dit Pothier, d'après la loi 1re, au Code *si pign. pign.*, *Introd. au tit. 20 de la Cout. d'Orl.*, et *Traité de l'hypoth., chap.* 1er, *sect.* 2, § 1er. Cette proposition ne peut plus être admise dans notre législation. On ne conçoit pas facilement que ce qui étoit purement l'hypothèque, pût devenir le sujet d'une nouvelle hypothèque ; et peut-

être

être la loi que je viens de citer ne s'applique-t-elle, dans sa première partie, qu'au cas où un débiteur auroit mis un objet en gage entre les mains de son créancier, et où celui-ci auroit fait passer le même objet, au même titre de gage, entre les mains d'un particulier dont il auroit été débiteur. Quoi qu'il en soit, il faut saisir le développement que Pothier donne à sa proposition. Ce développement conduit à l'explication des règles du *sous-ordre*, et à une décision qui, aujourd'hui, ne peut être adoptée, quoiqu'elle fût juste d'après les principes de son temps.

Pothier dit : « Quoique les créances mobilières, que j'ai contre des tiers, ne soient pas par elles-mêmes susceptibles d'hypothèques envers mes créanciers, néanmoins le droit d'hypothèque que j'ai sur les immeubles de mon débiteur, pour raison de quelqu'unes de ces créances, est hypothéqué à mes créanciers, auxquels j'ai obligé tous mes biens; c'est pourquoi si, quelqu'un de ces immeubles ayant été vendu par décret, je suis colloqué par ordre d'hypothèque, sur le prix, pour ma créance mobilière, mes créanciers hypothécaires, qui auront formé *opposition en sous-ordre*, toucheront, *par ordre d'hypothèque*, la somme pour laquelle j'ai été colloqué. » Il donne, avec quelqu'étendue, les raisons de cette décision, *Introd. au tit.* 21, n° 142. Pour abréger, je les réduis à ceci : c'est qu'un droit d'hypothèque qu'a un créancier dans les biens de son débiteur, saisis réellement, étant un droit dans des héritages, et, par conséquent, immobilier, est lui-même hypothéqué aux droits d'hypothèque de ses propres créanciers, en suivant, d'après Pothier, la règle *pignus pignori dari potest*. L'auteur conclut de là que lorsque les créanciers de celui qui avoit un droit d'hypothèque sur un débiteur, formoient une opposition en sous-ordre, avant la délivrance du décret, ils saisissoient réellement le droit d'hypothèque qui étoit hypothéqué au créancier leur débiteur; et de cette première conséquence, il vient à celle-ci, que l'effet de cette saisie est de donner à ces créanciers le droit de recevoir, en place de leur débiteur personnel, la somme pour laquelle celui-ci seroit colloqué sur les biens saisis, chacun selon le rang de l'hypothèque qu'il avoit dans le droit d'hypothèque appartenant à leur débiteur, dont cette collocation est le prix.

Voilà les principes qui régloient anciennement l'effet des oppositions en sous-ordre. Or, ces principes ne peuvent plus être suivis aujourd'hui, d'après la disposition de l'art. 778 du Code de procédure civile, où il est dit : « Tout créancier pourra prendre inscription pour conserver les droits

de son débiteur ; mais le montant de la collocation du débiteur sera distribué, *comme chose mobilière*, entre tous les créanciers inscrits ou opposans, avant la clôture de l'ordre. » Ainsi, il n'y a actuellement, dans ce
cas, qu'une distribution par contribution, et non par *ordre d'hypothèque*,
comme cela se pratiquoit anciennement. La raison de ce changement tient
au principe actuel, qu'il n'y a plus d'hypothèque sur une autre hypothèque,
pas plus que sur d'autres actions simplement immobilières. La distribution,
par ordre d'hypothèque, du prix du fonds, ne peut être que le résultat de
l'hypothèque avec inscription sur le fonds même. Les créanciers venant
à contribution, aux termes de cet art. 778, exercent simplement, comme
créanciers non hypothécaires, un droit sur une chose mobilière, appartenante à leur débiteur, et qui est réputée saisie par eux, en vertu de
leur inscription en sous-ordre.

Des droits
successifs.
Observa-
tions sur la
transcription
des ventes
qui en sont
faites. Sens
de l'art. 2205
duCode civil.
De la fixa-
tion de l'hy-
pothèque du
créancier
d'un cohéri-
tier, aux im-
meubles qui
forment son
lot.

158. Mais il ne faut pas confondre des droits successifs avec des actions
tendantes à une revendication d'immeubles, qui, d'après ce qui a été déjà
dit, ne pourroient être susceptibles d'hypothèque. Des droits successifs
sont des objets corporels immobiliers, puisqu'ils ont pour résulat la transmission des immeubles qui composent une succession. A la vérité, elle
peut aussi être composée de mobilier ; mais il n'y a qu'une liquidation qui
doit en être faite, qui puisse déterminer s'il y a du mobilier, et ce que peut
être ce mobilier, comparativement aux immeubles qui en dépendent. Or,
jusqu'à cette liquidation, rien n'empêche la transcription de la vente des
droits successifs et tout ce qui s'ensuit pour parvenir à la purgation des
hypothèques. Ce qui a lieu pour le cas de la vente de toute une succession, doit aussi évidemment être admis pour le cas de la vente ou cession
faite par un cohéritier, de ses droits ou d'une portion déterminée dans
une succession : les motifs sont les mêmes.

Mais il y a à faire, à ce sujet, des observations importantes.

En premier lieu, l'acquéreur d'une succession, lorsqu'il n'y a pas de
convention contraire dans le titre translatif, devient personnellement tenu
du payement des dettes de la succession, quoique néanmoins l'obligation
du même payement reste sur la tête du vendeur ou cédant. Or, il répugne
aux principes que celui qui est déjà obligé personnellement au payement
des dettes auxquelles des biens sont sujets, puisse se racheter de son
obligation personnelle, en faisant transcrire son contrat, et en observant
ce qui doit avoir lieu ensuite, dans les cas ordinaires. On ne peut purger

que des dettes hypothécaires auxquelles on n'est pas personnellement obligé, qui portent uniquement sur la chose, et qui ne peuvent être suivies sur un tiers, que par l'effet de la détention.

Cependant on sent qu'il est dans l'ordre que le tiers acquéreur puisse au moins purger, par l'effet de la transcription, les dettes hypothécaires qui étoient personnelles à son vendeur ou cédant. Il y a visiblement un intérêt, et il n'y a rien là de son fait. Il y a plus ; on peut dire encore qu'il a droit et intérêt de purger les anciennes hypothèques qui avoient été imprimées sur les biens de la succession vendue, par les anciens propriétaires, antérieurs au vendeur, dont celui-ci n'auroit pas été tenu personnellement, et dont il n'auroit pas reversé l'obligation sur l'acquéreur ou cessionnaire. Par rapport à l'héritier qui vend seulement sa portion personnelle dans une succession, on peut lui appliquer, relativement à sa portion, ce que j'ai dit pour la vente de toute une succession ; et de plus, on pourroit dire qu'il faudroit distinguer l'obligation personnelle, attachée à sa qualité d'héritier, de l'obligation hypothécaire, par l'effet de laquelle on pourroit, à raison de son indivisibilité, lui demander au delà de ce qu'il devroit simplement pour sa portion personnelle, et que la transcription devroit garantir celui qui fait transcrire, de cet excédant.

En second lieu, il est essentiel de remarquer, relativement à la détermination de l'effet que doit avoir la cession de la portion seulement d'un cohéritier, que les hypothèques des créanciers de chacun des cohéritiers se restreignent aux seules choses qui échoient dans le lot de leur débiteur, et qui sont susceptibles d'hypothèques ; qu'elles s'évanouïssent et s'éteignent entièrement, lorsqu'il n'est échu au lot de leur débiteur, que des choses mobilières, et non susceptibles d'hypothèques ; et qu'en conséquence, chacun des cohéritiers n'est nullement tenu des hypothèques des créanciers de ses cohéritiers, sauf l'intervention des créanciers d'un cohéritier, au partage, pour la conservation de leurs droits, en empêchant qu'on ne fasse tomber dans le lot de leur débiteur, rien que des choses mobilières, non susceptibles d'hypothèque. J'ai développé les anciens principes sur cette question, qui ont préparé la disposition de l'art. 883 du Code civil, Traité des donations, *tome 2, pag. 242 et suiv.* Je me contente d'y renvoyer pour abréger.

J'observe qu'il en seroit de même dans le cas d'une licitation. Ce cas est assimilé à celui du partage, par l'art. 883 du Code civil ; mais je pense

T t 2

que cet article doit être restreint au cas de la licitation judiciaire, lors de
laquelle un des cohéritiers se rend adjudicataire : car si la vente par licitation est faite à un étranger, alors ce n'est plus un partage entre cohéritiers, mais une aliénation faite par chaque héritier, de sa part indivise
dans la masse de la succession, et, en conséquence, les créanciers de
chaque héritier peuvent exercer leurs droits hypothécaires sur le prix de
la vente, jusqu'à concurrence de ce qui revient à leur débiteur. C'est ce
qu'observe judicieusement M. Chabot (de l'Allier), dans son Commentaire
sur l'art. 882 du Code civil, n° 5, et sur l'art. 883, n° 3. Aussi, dans l'ouvrage que j'ai déjà indiqué, je m'étois expliqué à l'occasion d'une licitation
judiciaire qui avoit eu lieu entre une sœur et un frère qui s'étoit rendu
adjudicataire; et si j'ai cité des autorités conformes pour d'autres cas, on
y verra que c'est avec une grande défiance.

Mais il faut faire une remarque importante, qui est une conséquence
de ce qui vient d'être dit. Il peut arriver qu'un cohéritier qui jouit de
toute la succession avant le partage, ou qui, même, ne jouit que d'une
portion, mais toujours avant un partage, hypothèque, même spécialement,
un immeuble dépendant de la succession, le regardant comme son bien
propre, ou comme devant tomber dans son lot, lors du partage; si cet
héritage ne tombe point dans son lot, par l'effet du partage, alors cette
hypothèque devient absolument sans effet, et elle n'est pas même transférée, du droit, sur les autres immeubles qui écherroient, par le partage,
à ce cohéritier. La raison en est simple, c'est qu'il n'y a d'hypothèque
que celle qui est constituée spécialement sur un immeuble; et que, par
les conséquences de l'art. 2166 du Code civil, on ne peut suivre, par la
voie hypothécaire, en quelques mains qu'ils passent, que les immeubles
sur lesquels on a *privilége ou hypothèque inscrite*. Ce seroit seulement
dans le cas d'une hypothèque légale ou judiciaire qui embrasseroit tous
les biens du cohéritier débiteur, que tous les immeubles quelconques qui
écherroient à son lot, seroient hypothéqués.

Il n'est pas inutile de faire une observation sur un droit qu'auroit l'acquéreur de la portion des droits successifs d'un cohéritier, dans le cas où
un créancier voudroit faire procéder à l'expropriation de la portion d'un
ou de plusieurs des autres cohéritiers. Il est dit, dans l'art. 2204 du Code
civil, que le créancier peut poursuivre l'expropriation des biens immeubles
de son débiteur, et d'un droit d'usufruit qui lui appartiendroit. Mais l'ar-

ticle 2205 apporte une modification à cette règle générale, en ces termes :
« Néanmoins, la part indivise d'un cohéritier dans les immeubles d'une succession, ne peut être mise en vente par ses créanciers personnels, avant le
partage ou la licitation qu'ils peuvent provoquer, s'ils le jugent convenable,
ou dans lesquels ils ont le droit d'intervenir, conformément à l'art. 882,
au titre *des successions.* » Le sens de cet article a quelquefois embarrassé.
Sa disposition étoit-elle applicable au créancier de la succession, comme
à celui d'un des héritiers seulement? On sent que, dans les principes de
justice, cette disposition ne pourroit concerner que le créancier personnel
d'un des héritiers, et non celui de la succession ; en sorte que c'est seulement dans le cas de la saisie immobilière, de la part d'un créancier personnel d'un des héritiers, que le partage peut être préalablement demandé
à l'effet de déterminer sa portion dans les biens indivis, et que cette faculté cesse, lorsque la saisie part d'un créancier de la succession. Alors
tous les biens de la succession sont également affectés à la créance qui donne
lieu à la saisie ; tous les héritiers sont également débiteurs, et le partage
ou la licitation sont des opérations étrangères à l'exercice du droit du créancier. Cela a été ainsi jugé, et avec raison, par un arrêt de la Cour d'appel
de Bruxelles, du 4 mars 1810, rapporté par Denevers, *an* 1811, *p.* 181,
sup. L'auteur du recueil a cité deux arrêts semblables rendus par la Cour
royale de Paris, les 1er juin 1807 et 10 mai 1810. On sent que le cédataire
peut réclamer le même droit qu'auroit celui des héritiers qu'il représente,
en cas de saisie de la portion revenant à un autre cohéritier de la part
d'un créancier personnel de ce dernier. Je pense que les créanciers du cohéritier qui seroit dans une position à pouvoir réclamer préalablement le partage des objets indivis, pourroient exercer le même droit, d'après la maxime
creditor in universum jus debitoris succedit.

   On pourroit agiter la question de savoir si tout ce que je viens de dire,
pour le cas de la portion indivise d'un cohéritier dans une succession, devroit
être également observé, s'il s'agissoit de la portion d'un copropriétaire, dans
un objet simplement indivis entre lui et ses autres copropriétaires, sans
qu'il fût question de succession.

   Ghewiet, dans ses Institutions du droit belgique, *part.* 2, *tit.* 5, *art.* 16,
enseigne bien le principe que je viens de poser, pour le cas d'une hypothèque prise sur les biens d'une succession ; il dit bien qu'alors l'hypothèque est transférée sur la part échue par le partage au cohéritier débi-

teur qui a consenti l'hypothèque, pourvu que ce partage soit fait comme il appartient, et sans fraude. Il se fonde sur un arrêt du parlement de Flandres, de 1678, qui l'a ainsi décidé. Mais, à l'article précédent, il dit le contraire pour le cas d'une hypothèque constituée sur un fonds simplement possédé par indivis. Il décide que, dans ce cas, l'hypothèque ne se transfère pas sur la part de celui qui l'a constituée; de sorte que l'on ne peut dire que toutes les autres parts soient devenues libres. Cet auteur fonde cette distinction sur une jurisprudence introduite au même parlement de Flandres, et de plus sur la disposition de la loi 7, § *dernier*, ff. *quib. modis pign. vel hypoth. solvit.*, qui y est en effet précise.

Mais cette distinction paroît n'avoir jamais été suivie dans la jurisprudence française. Suivant la loi ci-dessus citée, ainsi que suivant quelques autres du droit romain, l'hypothèque constituée par un cohéritier comme par un simple copropriétaire par indivis, abstraction faite d'une succession, devroit s'étendre sur chaque partie de l'objet indivis ou de la succession, proportionnellement à ce qui y seroit revenu au copartageant, ou au cohéritier qui auroit constitué l'hypothèque. Mais on a cru devoir s'écarter en France de la disposition de ces lois romaines, pour éviter les inconvéniens auxquels elles donnent lieu. C'est ce que Domat a parfaitement démontré, *Lois civiles*, liv. 3, tit. 1er, sect. 1re, n° 15, et dans une note savante qui est à la suite. Il établit la question pour le cas de l'héritage commun par indivis entre deux ou plusieurs personnes, comme entre des associés, ainsi que pour le cas d'une succession indivise entre des cohéritiers. Basnage, qui s'explique très-bien à ce sujet, et dans le même sens que Domat, *chap.* 4, n° 2, n'a pas fait de différence entre une succession indivise, et tout autre objet indivis entre des copropriétaires, abstraction faite de toute qualité d'héritiers. L'injustice de faire porter l'hypothèque contractée par un des cohéritiers, sur toutes les parties de la succession, ce qui grèveroit infiniment des cohéritiers, est la même pour l'indivision hors le cas de succession. Aussi Basnage parle des *cohéritiers ou associés*. Au surplus, je n'insiste point sur ce qui concerne les conséquences de l'art. 2205 du Code civil. Elles tiennent à l'expropriation qui n'est pas proprement la matière que je traite en ce moment. Je renvoie, sous ce rapport, aux notes de M. Pailliet sur cet article : elles sont propres à en faciliter l'intelligence et l'application.

De l'effet de l'hypothè·   159. De ce qui vient d'être dit, il résulte bien que le partage fixe l'hypothèque des dettes passives personnelles de chacun des héritiers, sur leur lot, parce que le partage a un effet rétroactif au jour de l'ouverture de la succession; cela résulte encore de la règle *le mort saisit le vif.* Mais cette détermination de l'hypothèque devient le sujet d'une attention sérieuse de la part des cohéritiers, dans le cas où leur cohéritier dont la portion, dans les biens indivis, a été frappée d'hypothèque, jouit, ou de tous les biens, ou d'une partie supérieure à sa portion. Dans ce cas, il contracte envers ses cohéritiers l'obligation de leur restituer leurs portions des fruits perçus, depuis l'époque à laquelle cette perception a commencé. Lorsqu'ensuite on vient au partage, le cohéritier qui a perçu ces fruits, peut, sans contredit, se libérer en argent du montant des jouissances qu'il doit; mais, lorsqu'il n'a point d'argent pour opérer cette libération, ses cohéritiers prennent des immeubles de la succession, qui auroient dû entrer dans la formation de son lot, et ce que jusqu'à concurrence des sommes qu'il doit. Ne pouvant rapporter, ou, pour mieux dire, payer, il prend moins. Mais, si les cohéritiers trouvent leur avantage dans cette opération, on sent que les créaneiers du cohéritier redevable des jouissances, et qui s'en acquitte de cette manière, peuvent y perdre. Le fonds grevé d'hypothèques passeroit ainsi au pouvoir des cohéritiers qui ne peuvent venir, sous ce rapport, qu'en qualité de créanciers; et les hypothèques imprimées sur la portion du cohéritier diminueroient nécessairement; elles pourroient même être entièrement absorbées, selon le montant des restitutions de fruits qui seroient dues par le cohéritier grevé de ces hypothèques. Cette opération peut-elle se faire au détriment des créanciers hypothécaires du débiteur qui devroit les jouissances? Cette question, comme on le sent, mérite d'être examinée.

que dont est grevée la portion d'un cohéritier dans une succession indivise, lorsqu'il doit des jouissances à ses cohéritiers.

Le point essentiel est de se former des idées sur la nature du droit qu'ont les cohéritiers contre celui d'entre eux qui doit des jouissances. Or, sous quelque point qu'on considère ce droit, il se réduit à une simple action en restitution de fruits; et on ne sauroit y voir un droit de propriété sur la portion du cohéritier, qui est grevée d'hypothèque. J'ai vu faire quelquefois une mauvaise application, au moins à mon avis, de la règle *fructus augent hæreditatem*, qui se puise dans la loi 20, § 2 et 5, ff. *de hæredit. petit.*, et encore dans les lois 9 et 17, au Code *famil. ercisc.* Tout ce qui résulte de ces lois, c'est que tout ce qui avoit pu provenir comme profit, à l'occasion des objets appartenans au défunt, faisoit partie de ses biens, et pouvoit être réclamé par les voies particulières admises en matière de partage par le droit romain, pour être soumis à la division, en quelques mains et en quelque part qu'on le trouvât. C'est alors l'exercice d'un droit de propriété. Ce qui vient à l'appui de cette interprétation, c'est ce qu'on lit dans la loi 20, § 3, *sive ante aditam, sive post aditam hæreditatem accesserint (fructus)*. Des héritiers ne peuvent avoir perçu des fruits comme héritiers avant l'ouverture de la succession, *ante aditam hæreditatem;* c'est ce qu'on voit de suite dans la même loi, *sed et partus ancillarum sine dubio augent hæreditatem*. La même induction se tire de ce qui est dit dans la loi 25, ff. *eod. titul.*, § 20, *augent hæreditqtem gregum et pecorum partus;* et de ces termes de la loi 26, *quòd si oves natæ sunt, deindè ex his aliæ, hæ quoque quasi augmentum, restitui debent.*

Mais on ne voit nulle part dans le droit romain, ni dans le droit français, que les jouissances perçues par un des cohéritiers, de la totalité des biens de la succession, ou d'une partie qui excéderoit sa portion, pussent donner lieu, de droit, à une adhésion ou réunion de la portion en nature de ce cohéritier, aux portions des autres, jusqu'à concurrence de la valeur de ces jouissances. Partout il n'est question que de restitution, et les principes relatifs aux restitutions de fruits, lorsqu'il s'agit de possesseurs de bonne ou de mauvaise foi, sont appliqués aux héritiers qui ont été en possession des biens de la succession, comme aux autres possesseurs. C'est ce qu'on voit dans le *Traité des successions* de Lebrun, *livre 2, chap. 7, sect.* 1re, dans les additions d'Espiard du Saux sur cet auteur, et dans les Lois civiles de Domat, *liv. 3, tit. 5, sect. 3, n° 9.*

Sans doute, lorsqu'il s'agit d'une liquidation de partage et d'une composition de lots, rien n'empêche un délaissement d'immeubles de la part du cohéritier qui a joui au delà de sa portion, pour tenir lieu des jouissances, dès que ce cohéritier ne peut les payer en numéraire, comme il auroit droit de le faire, ce qui prouve qu'il n'y a eu ni adhésion, ni réunion de sa portion aux autres. Mais ce mode ne peut avoir lieu que de ce cohéritier à l'égard des autres héritiers; et il ne peut en être de même respectivement aux créanciers du cohéritier, qui se présenteroient au partage, ainsi qu'ils en ont le droit, pour la conservation de leurs créances. Aucune loi, aucune disposition du Code civil, n'attribue ni hypothèque, ni privilége aux héritiers sur la portion de l'un d'eux, pour la restitution de ces jouissances. Celui-ci ne peut y être tenu, suivant le droit, qu'en vertu d'un

quasi-contrat

quasi-contrat. Ainsi, les créanciers du cohéritier qui seroit débiteur des jouissances, quoiqu'ils fussent même simples chirographaires, pourroient venir pour leurs créances, en concurrence et par contribution avec les cohéritiers créanciers des jouissances, sur le prix des immeubles mêmes qui devroient former la portion du débiteur de ces jouissances, comme sur le surplus de ses biens. Mais on sent tout l'avantage du créancier hypothécaire du cohéritier qui auroit joui, lequel créancier auroit pris une inscription sur la portion de ce dernier dans les biens indivis, soit que l'inscription eût été prise en vertu d'une hypothèque spéciale, soit qu'elle l'eût été en vertu d'une hypothèque générale, telle qu'une hypothèque judiciaire. Cette inscription auroit averti que cette portion étoit affectée en nature, et intégralement, par préférence à tout autre droit qui n'auroit été muni d'un privilége ou d'une hypothèque antérieure. Ce qui vient d'être dit, devroit également avoir lieu pour une hypothèque légale, qui frapperoit les biens du cohéritier qui devroit une restitution de jouissances ; parce que l'hypothèque, quoique non inscrite, et qu'on a dû prévoir, a le même effet que l'hypothèque spéciale ou judiciaire inscrite, en remontant au fait qui a donné naissance à cette hypothèque légale.

Tels sont les principes qui doivent avoir lieu, surtout sous un régime hypothécaire, dont l'objet a été particulièrement de veiller à la conservation des droits des tiers. S'il en étoit autrement, on sent combien on pourroit commettre de fraudes au préjudice de ces derniers, par des suppressions de baux de ferme, de quittances, ou en tenant secrètes d'autres conventions dont le résultat pourroit être une libération des jouissances.

Cette discussion apprend à des cohéritiers et à tous copartageans, les risques qu'ils courent en laissant prolonger la jouissance de l'un d'eux, et l'intérêt qu'ils ont d'accélérer le partage des biens indivis. Elle peut encore donner un avis utile à des particuliers qui formeroient entre eux une association sur des objets de commerce, d'industrie et d'exploitation. On sent l'intérêt qu'ils peuvent avoir d'assurer à la société, par des inscriptions prises sur les immeubles des associés, la rentrée des sommes qui doivent y être mises, et de celles qui pourroient être dues par suite de recettes ou administrations.

160. Avant la promulgation de la loi du 11 brumaire an 7, les rentes foncières étoient réputées presque généralement immeubles. Les rentes constituées à prix d'argent n'étoient réputées telles que dans quelques Coutumes,

Des rentes foncière sou constituées à prix d'argent, créées depuis

ou dans le ressort de quelques parlemens où cette jurisprudence s'étoit
formée. Les premières étoient susceptibles d'hypothèque dans presque
toute la France, et les secondes l'étoient dans les pays où elles étoient réputées immeubles. Pothier, dans son Introduction générale aux Coutumes,
qui précède son ouvrage sur la Coutume d'Orléans, n° 54, explique parfaitement les raisons qui les ont respectivement fait déclarer meubles ou
immeubles. Il y est dit aussi, n° 55, pourquoi on avoit cru devoir donner
aux rentes viagères le caractère d'immeubles. Mais, d'après l'art. 7 de la loi
de brumaire, toutes ces rentes qui seroient créées à l'avenir ont dû être
regardées simplement comme meubles, et elles n'ont plus été susceptibles
d'hypothèque. La disposition de cet article a été confirmée par l'art. 529,
2ᵉ § du Code civil, qui porte : « Sont aussi meubles, par la détermination
de la loi, les rentes perpétuelles ou viagères, soit sur l'état, soit sur des
particuliers. » Elle l'a été encore plus particulièrement par l'art. 2118, qui
exclut toutes ces rentes de la possibilité d'être hypothéquées, en faisant
porter cette possibilité uniquement sur les biens immobiliers qui sont dans
le commerce, sur leurs accessoires réputés immeubles, et sur l'usufruit des
mêmes biens et accessoires, pendant le temps de sa durée. Il n'y a aucune
distinction à faire entre les rentes foncières, soit en argent, soit en denrées,
et celles constituées à prix d'argent : les lois n'ont point distingué. Celle
de brumaire est générale ; elle a fondé l'abolition de la qualité d'immeubles
qu'avoient les rentes, sur ce qu'elles avoient été déclarées rachetables par
les lois précédentes ; et l'art. 530 du Code civil prononce cette faculté de
rachat pour toutes rentes quelconques, sauf une modification du délai dans
lequel le rachat pourra avoir lieu, lequel ne peut excéder trente ans.

161. Mais, quant aux rentes créées avant la loi de brumaire, soit foncières, soit constituées à prix d'argent, cette loi, pour qu'il n'y eût pas
d'effet rétroactif, leur a conservé, pour l'avenir, le caractère d'immeubles
qu'elles avoient auparavant, au moins en ce qui concernoit les hypothèques
qui y avoient été imposées ou particulièrement, ou par l'effet de l'hypothèque générale qui avoit lieu avant cette loi. Cela devoit d'autant plus être,
que la loi du 29 décembre 1790, quoiqu'elle établît le rachat des rentes
foncières, ce qui en opéroit la mobilisation, conserva néanmoins leur nature
immobilière, sous certains rapports, dans le tit. 5 ; et elle prescrivit, dans
le tit. 6, des mesures pour la conservation des hypothèques sur les rentes.
Le vœu de la loi de brumaire résulte des mots *à l'avenir*, qui sont dans

l'art. 7, et de plus des art. 42 et 47, qui s'expliquent sur les mesures à prendre pour la conservation de ces hypothèques par la voie de l'inscription. Enfin, le silence seul du Code civil sur la conservation des hypothèques imposées sur les anciennes rentes, emporteroit la confirmation des dispositions de la loi de brumaire. Mais l'art. 655 du Code de procédure civile ne permet pas de douter de l'intention du législateur, puisqu'il y est dit, à l'occasion de la distribution du prix des rentes par contribution, qui doit avoir lieu actuellement, *sans préjudice néanmoins des hypothèques établies antérieurement à la loi du 11 brumaire an 7.*

Ces hypothèques sur les rentes anciennes sont absolument assimilées à celles qui existoient, avant la loi de brumaire, sur les immeubles ordinaires, quant au mode de les conserver par l'inscription ; de sorte que si l'inscription n'avoit pas été prise dans les délais prescrits par cette loi, et prorogés par des lois postérieures (ce qui fait en tout sept mois), elle auroit pu l'être après, et elle pourroit l'être encore sous le Code civil. Mais elle ne conserveroit pas l'hypothèque à son ancienne date ; cette hypothèque ne prendroit rang que du jour de l'inscription tardive, comme il en seroit d'une pareille inscription sur de vrais immeubles, ainsi que je m'en suis déjà expliqué dans les § 2 et 4 de la section précédente.

On avoit élevé quelques difficultés sur l'effet des inscriptions tardives, en ce qui concernoit les hypothèques anciennes sur les rentes ; mais toutes les idées sont fixées par un arrêt de la Cour de cassation, du 30 août 1807, rapporté par Denevers, *même année*, pag. 546. Cet arrêt fait disparoître toute différence, en cette partie, entre les anciennes hypothèques sur les rentes, et les anciennes hypothèques sur les immeubles proprement dits. Cependant quelques personnes avoient renouvelé ces difficultés, et elles se fondoient sur un autre arrêt de la même Cour, du 20 frimaire an 14. Mais M. Chabot (de l'Allier), *Quest. trans.*, au mot *Hypothèques*, § 4 et 5, a réfuté, dans une dissertation lumineuse à laquelle il me suffit de renvoyer, parce qu'il me paroît impossible de ne pas s'y rendre, les inductions que l'on vouloit tirer, en ce sens, de cet arrêt du 20 frimaire an 14. Il a prouvé que l'on devoit s'en tenir à la jurisprudence établie par celui du 30 août 1807.

L'art. 42 de la loi de brumaire porte que les inscriptions, pour les droits d'hypothèque, ou privilège acquis, avant sa promulgation, sur les rentes foncières et constituées, seront prises, savoir, sur les rentes foncières, au bureau des hypothèques de la situation des immeubles sur lesquels elles ont été créées, et sur les rentes constituées, au bureau du dernier domicile du créancier de ces rentes. Cet article fait disparoître la nécessité où l'on étoit anciennement de former opposition dans le lieu des bureaux où certaines rentes étoient payables, telles que celles sur le Roi, sur l'hôtel de ville de Paris, sur des corporations, etc. La disposition de l'art. 50 rentre dans les mêmes idées. De là il résultoit que les transcriptions des ventes des rentes foncières anciennes devoient être faites au bureau de la situation des immeubles sujets à la rente, et que les transcriptions des actes de mutation des rentes constituées anciennes devoient se faire au bureau du domicile des créanciers ou propriétaires vendeurs de ces rentes. Telle est aussi la disposition de l'art. 45 de la même loi. On sent que ces dispositions, auxquelles il n'a été dérogé par aucune autre loi, doivent encore être suivies.

Je ne me suis occupé jusqu'à présent des rentes anciennes, que sous le rapport de la conservation des hypothèques dont elles étoient empreintes, comme réputées immeubles en faveur des créanciers de ceux qui en sont propriétaires. Mais il faut les considérer sous un autre aspect, qui est celui des mesures à prendre pour conserver ces mêmes rentes, respectivement à ceux qui les doivent.

Or, pour que ces rentes anciennes, comme celles créées postérieurement à la loi de brumaire, soient conservées sur les biens de ceux qui les doivent, il faut l'inscription sur ces biens de la part du créancier de la rente, comme pour toutes autres créances de la part des créanciers. Il ne doit pas y avoir d'exception pour les rentes antérieures à la loi de brumaire. Quoique cette loi ait conservé les hypothèques dont elles étoient empreintes auparavant, on sent que, sous le rapport de la conservation des rentes mêmes, l'inscription étoit nécessaire sur les biens de ceux qui en étoient débiteurs, comme elle l'est pour les créances mobilières ordinaires. C'est un des points jugés en thèse par un arrêt de la Cour de cassation, du 29 juin 1813, rapporté dans le recueil de Denevers, *an* 1815, *pag.* 113, qui a décidé plusieurs questions importantes sur la nature et la mobilisation des redevances foncières. Cela résulte aussi d'un arrêt de la Cour royale de Nismes, du 23 frimaire an 14, rapporté dans le même recueil, *an* 1806, *pag.* 68, *suppl.;* et c'est ce qui se pratique journellement. On sent qu'en cas de négligence, de la part du créancier de la rente, de prendre inscription sur les biens qui y sont sujets, le créancier du propriétaire de la rente pourroit prendre cette inscription au nom de ce propriétaire, ou en son nom comme créancier. Il est d'autant plus important que les biens du débiteur de la rente soient frappés d'inscription, que ce débiteur pourroit rembourser avec sûreté le capital au propriétaire de la rente, au préjudice d'une inscription qui seroit faite seulement sur ce dernier par un de ses créanciers. L'inscription sur la rente, soit foncière, soit constituée, n'équivaudroit pas à une inscription, soit sur le débiteur de la rente, soit sur ses biens. Tout cela avoit été prévu par les art. 2 et 5 du titre 6 de la loi du 29 décembre 1790. Dans cette vue, ces articles prescrivoient des précautions auxquelles je renvoie pour abréger. Mais celles que je viens d'indiquer, suffisent ; et encore, au besoin, le créancier du propriétaire de la rente pourroit former, entre les mains du débiteur de cette rente, une opposition au remboursement du capital.

Je dois cependant remarquer que la Cour de cassation, *section des requêtes*, semble avoir jugé, par un arrêt du 23 décembre 1806, rapporté par Denevers, *an* 1807, *pag.* 35, qu'on pouvoit acquérir une hypothèque sur une maison par l'intermédiaire de l'hypothèque sur une rente constituée, à laquelle cette maison étoit hypothéquée. Mais cet arrêt est rendu dans des circonstances si particulières, que je crois devoir me dispenser d'entrer dans la discussion de son résultat ; et je pense devoir m'en tenir à ce que je viens de dire, et à l'observation que j'ai faite dans un des numéros précédens de ce §, qu'un droit d'hypothèque n'est plus susceptible d'hypothèque, car l'espèce qui se présentoit lors de cet arrêt pourroit rentrer dans cette question.

Quant aux formalités à suivre, lorsque la saisie des rentes devient nécessaire, elles sont tracées dans le titre 10 du liv. 5 du Code de procédure civile. Il n'y a d'autre distinction que celle que fait l'art. 655, en ce qu'il n'y a de distribution du prix, par contribution, que pour les rentes créées postérieurement à la loi de brumaire, et que la distribution, selon l'ordre des hypothèques, est conservée à l'égard de celles qui ont été créées avant cette loi.

Il s'est élevé la question de savoir si la procédure établie par ce tit. 10 ci-dessus, peut avoir lieu pour les rentes viagères, comme pour les autres rentes. Quelques auteurs ont même été divisés sur cette question ; mais je pense que c'est avec raison que l'affirmative a été adoptée par un arrêt de la Cour royale de Caen, du 21 juin 1814, qui est dans le Recueil de Denevers, *an* 1815, *pag.* 2, *suppl.*

Je termine par une observation relativement aux rentes anciennes, distinguées sur le nom de rentes foncières, qui étoient susceptibles d'hypothèques ; c'est qu'on ne doit pas mettre dans cette catégorie les rentes foncières qui étoient rachetables. Ce point n'étoit pas autrefois sans difficulté. Denisart, aux mots *Rentes foncières,* disoit bien que ces rentes étoient foncières de la même manière que celles qu'on n'auroit pas pu racheter ; il en donnoit pour raison que la faculté de racheter étoit une qualité accidentelle, qui n'en changeoit pas la nature ; mais d'après des arrêts que cet auteur cite dans une édition postérieure, il paroît ne plus tenir à cette opinion. D'ailleurs, M. Tronchet, dont l'opinion est d'un grand poids, lors d'une discussion qui s'éleva au Conseil d'état, sur la question de savoir si on inséreroit dans le Code civil les articles 530 et suivans, soutenant l'inutilité de cette législation sur les rentes, disoit que si, pour corriger l'inconvénient de leur existence, on les déclare rachetables après un terme, *on les dépouille de leur caractère de rente foncière :* en sorte que tout ce qui a été dit ci-dessus sur les rentes foncières, constituées avant la loi de brumaire, ne doit s'appliquer qu'aux rentes foncières irrachetables.

Du droit de percière ou de champart. 162. On pourroit demander si un droit de *percière* ou de *champart*, créé, soit avant la loi de brumaire, soit depuis et sous le Code civil, est susceptible ou non d'hypothèque, comme objet immobilier. Ce droit étoit encore connu dans certaines Coutumes, sous le nom de *terrage, agrier, carpot.* On pourroit dire pour l'affirmative, que ce droit diffère, sous quelques rapports, de la rente foncière. Ce droit ne consiste pas, en effet, en une prestation annuelle, portable à celui à qui il appartient, ce qui est le caractère de la rente foncière constituée, soit en denrées, soit en argent. L'exercice de ce droit consiste à pouvoir se transporter sur le fonds, lors de la moisson, et y prendre la portion de récolte en nature, selon la quotité réglée par le titre. Ce droit, diroit-on, ne peut exister sans l'idée de la propriété pleine et entière du fonds, au moins jusques et à concurrence de la portion de récolte qu'il donne droit de percevoir ; que c'est aussi par cette raison, sans doute, que Dumoulin, sur la Coutume de Paris, *partie* 2, *tit.* 2, n°s 2 *et* 3, l'appelle *campi pars.* On pourroit ajouter que celui qui est propriétaire de ce droit, a la faculté de surveiller à la culture, afin qu'elle produise en récolte le résultat convenable et ordinaire ; qu'il peut s'opposer aux dégradations, et demander non-seulement des dommages-intérêts, mais encore la résiliation du bail de concession, attendu son inexécution de la part de celui à qui il a été fait, ou de tout autre détenteur.

Néanmoins nous pensons que ce droit ne peut être regardé comme un droit immobilier, susceptible d'hypothèque ; il a été déclaré rachetable, par l'article 1ᵉʳ du tit 1ᵉʳ de la loi du 29 décembre 1790. D'après les articles 7 et 42 de la loi de brumaire, la mobilisation des rentes foncières a pris son principe dans la faculté de rachat, qui en avoit été ordonnée par les lois précédentes. Il n'est pas même parlé, dans ces articles, des rentes foncières seulement ; il y est ajouté, *et les autres prestations* que la loi a déclarées rachetables. Enfin, il résulte de l'esprit du Code de procédure civile, notamment de l'art. 530, que toutes prestations quelconques, quels qu'en soient la nature et le mode, constituées par suite de la tradition d'un fonds, sont toujours rachetables, ce qui leur donne un caractère d'objet mobilier ; et les termes de l'art. 2118 emportent l'exclusion de la possibilité d'hypothéquer de tels objets ; en sorte que le droit dont il s'agit, doit être assimilé à la rente foncière, pour la nature, et pour le mode de conservation.

163. Il est dit dans l'art. 529 du Code civil : « Sont meubles..... les actions ou intérêts dans les compagnies de finances, de commerce ou d'industrie, encore que des immeubles dépendans de ces entreprises appartiennent aux compagnies : ces actions ou intérêts sont réputés meubles à l'égard de chaque associé seulement, tant que dure la société. » Cet article éprouve des difficultés dans la pratique : quant à moi, j'avoue que je ne les trouve pas sérieuses.

Il faut d'abord remarquer comment étoit conçu l'article, devenu le 529, lorsqu'il fut soumis à la discussion. Il y étoit dit : « Sont meubles...... *les actions dans les compagnies* de finance, de commerce ou d'industrie, encore que des immeubles dépendans de ces entreprises appartiennent aux compagnies, etc. » Qu'on fasse bien attention qu'il étoit seulement dit, *les actions dans les compagnies*, etc., tandis que, lors de la rédaction définitive, il fut dit, *les actions ou intérêts*, etc. On doit remarquer encore que, lors de la rédaction définitive, il fut ajouté ces termes essentiels, qui ne se trouvoient pas dans la première rédaction : « Les actions ou intérêts *sont réputés meubles* à l'égard de chaque associé seulement, *tant que dure la société.* » On sent que l'addition des mots *ou intérêts*,

Des actions ou intérêts dans les compagnies de finances.

D'un droit de péage.

et des autres expressions que je viens de rapporter, a eu une cause qu'il faut rechercher. Or, on s'en fait une idée précise, en se pénétrant des deux discussions qui eurent lieu au Conseil d'état, le 20 vendémiaire an 12 et le 4 brumaire suivant, lesquelles discussions doivent être rapprochées l'une de l'autre. On y voit que M. Tronchet, notamment, prétendit qu'il ne falloit pas confondre l'action avec l'intérêt dans une entreprise ; que l'intérêt rend associé et copropriétaire, et que l'action ne rend que commanditaire, et ne donne droit qu'à la somme qu'on a fournie. On en concluoit qu'en principe, le droit résultant de l'intérêt est immeuble, et que l'action n'est meuble que lorsqu'elle ne rend pas copropriétaire des immeubles, et ne soumet pas aux demandes qui peuvent être faites contre la société.

La suite de la discussion, qu'il seroit inutile que je rapportasse en entier, apprend que cette distinction fut adoptée, et que c'est ce qui donna lieu aux changemens importans que j'ai fait observer. Mais il n'en résulte pas qu'on ait entendu que les parts dans *l'intérêt* de l'entreprise devinssent de suite immobilières, tandis que les *actions* seroient seulement mobilières : on entendit que tant les parts dans les intérêts, que les actions, seroient réputées meubles. La raison en fut que, comme le disoit M. Treilhard, aucun des individus qui composent le corps de l'association, n'est propriétaire des immeubles ; que les immeubles ne sont que des accessoires de la société, et, en quelque sorte, des instrumens de l'entreprise ; que quant aux actions, elles sont mobilières, et qu'il est nécessaire de leur conserver cette qualité, parce qu'il importe d'en faciliter la circulation ; que cependant on pouvoit abuser du principe, pour prétendre que les immeubles auxquels des actions donnent droit, doivent, même après la dissolution de la société, être réputés de la même nature que les actions ; *et pour prévenir cette fausse conséquence, on a dû exprimer que la fiction ne dureroit qu'autant que la société.*

Ainsi, en se pénétrant bien de la discussion qui a préparé l'art. 529, tel qu'il est rédigé, on est convaincu que, d'après l'esprit et la lettre de cet article, toutes actions sur les produits d'une association de finances, de commerce ou d'industrie, qui est propriétaire d'immeubles, quelle que soit l'origine de ces actions, qu'elles tiennent à un intérêt dans l'entreprise, ou à de simples droits aux produits, sont purement mobilières, tant que l'association dure ; et que c'est seulement lorsqu'elle cesse, que
les

les immeubles qui en faisoient l'instrument ou la garantie, reprennent leur caractère originaire d'immeubles, et sont susceptibles de l'hypothèque sur chacun de ceux qui y ont des portions.

Cet art. 529 étant ainsi entendu, il est difficile d'adopter la décision prise par la Cour royale de Paris, par un arrêt du 17 février 1809, rapporté par Sirey, *même année, 2e partie, pag. 249.* Il s'agissoit de savoir si on devoit regarder comme meubles ou immeubles des parts dans les produits du droit de péage qui se perçoit sur les marchandises qui sont transportées sur le canal de Briare, en conséquence d'une association ancienne, autorisée par le Souverain. La propriété du canal avoit été délaissée à cette association qui remontoit au règne d'Henri IV. Des priviléges particuliers lui avoient été concédés par le Roi, qui créa à son profit le droit de péage. La question étoit de savoir si ces parts de produit devoient être vendues comme meubles ou comme immeubles; ce qui auroit emporté celle de savoir si elles étoient ou non susceptibles d'hypothèque, et si les ventes qui en seroient faites, devoient ou non être soumises à la transcription et à l'inscription. La Cour royale les considéra comme immeubles; elle se fonda sur ce que tous les associés à ce canal étoient copropriétaires; que le canal et autres immeubles, loin d'être une simple dépendance de la société, en étoient au contraire la chose principale et le fondement; que le droit de péage n'en étoit que le produit. Je crois pouvoir dire que ces motifs sont contraires à l'esprit qui a présidé à la rédaction de l'art. 529. Les motifs du tribunal de la Seine, qui avoit décidé différemment, et qu'on voit dans le recueil, rentrent absolument dans cet article. J'y renvoie pour abréger. Les motifs de la Cour royale peuvent être conformes aux principes généraux de la matière; mais l'art. 529 est le résultat d'un droit particulier qui tient à la nature de l'objet auquel il s'applique : il devient indispensable de le suivre, quels que soient les principes généraux. Toute législation se compose de règles et d'exceptions. Il est vrai que la Cour royale de Paris ajoutoit à ses premiers motifs, qu'il s'agissoit, d'ailleurs, d'un partage entre cohéritiers, et des droits des créanciers; mais ce motif ne pouvoit déterminer la décision qui a été prise. Quoique ces actions se trouvent dans une succession, et qu'il y ait des créanciers chirographaires et des créanciers hypothécaires entre lesquels la question s'élève, cette circonstance est indifférente; la nature des actions est la même. La mort d'un des propriétaires d'actions ne dissout pas la société; elle reste,

Tome I.   X x

et les actions qu'on peut vendre passent dans le commerce avec les mêmes droits qu'elles attribuoient auparavant. Ces droits se trouvent toujours, d'après leur nature, sur les immeubles, lorsque l'association se dissout : c'est seulement alors que cesse la fiction établie par la loi, relativement aux actions ou intérêts. Il n'y a que les actions relatives à ces canaux, qui ont été immobilisées, qui peuvent être considérées comme immeubles, et qui sortent de l'application de l'art. 529 du Code civil. J'ignore que les actions du canal de Briare aient été immobilisées ; ce qui ne pourroit avoir eu lieu que depuis l'arrêt de la Cour royale de Paris, du 17 février 1809. Au surplus, il étoit utile de connoître les principes relatifs à l'intelligence de l'art. 529 du Code civil.

Après avoir ainsi traité la question, et mon ouvrage étant à l'impression, j'ai eu connoissance d'un arrêt de la Cour royale de Toulouse, du 31 juillet 1820, qui la résout dans les mêmes principes. Cet arrêt, qui est rapporté par M. Laporte (continuateur de Denevers), *an 1821, pag.* 87, *au suppl.*, est d'autant plus important qu'il fait l'application de ces principes à l'hypothèque même la plus favorable, puisqu'il s'agissoit d'une hypothèque légale réclamée par l'épouse de l'un des associés. Il est encore remarquable par la solidité de ses motifs. Les faits étant exposés dans le recueil, d'une manière si précise qu'ils ne sont point susceptibles d'analise, je transcrirai, d'après le recueil, les faits avec l'arrêt.

« Une société commerciale s'étoit formée, en l'an 11, entre les frères *Guibert* et le sieur *Sol*, ce dernier en qualité d'associé commanditaire. L'année suivante, l'un des frères Guibert se rendit adjudicataire d'un immeuble, dont le prix fut acquitté avec les deniers de la société.

» Postérieurement, les sieurs Guibert et compagnie ont fait faillite ; un concordat a été passé avec leurs créanciers ; et le sieur Sol, chargé d'opérer la liquidation de la société, a fait vendre l'immeuble qu'elle avoit acquis précédemment.

» Alors les dames Guibert ont produit à l'ordre ; elles ont prétendu que la loi accordoit à la femme une hypothèque sur tous les biens de son mari sans exception, soit qu'il les possédât en commun avec des tiers, soit qu'il en fût seul propriétaire ; elles ont réclamé, en conséquence, le bénéfice de leur hypothèque légale.

» Le sieur Sol s'est opposé à cette prétention ; il a fait remarquer qu'en aucun cas les immeubles sociaux ne pouvoient être frappés des hypothè-

ques personnelles aux divers associés, tant que la société n'étoit pas dissoute
et le partage effectué ; il s'est prévalu de l'opinion de M. Goupil-Préfeln, qui,
dans son rapport au Tribunat, s'exprime ainsi sur l'art. 529 du Code civil :
« Chacun des sociétaires ou des intéressés ne pourroit, sans doute, *hypo-*
» *théquer* sa portion virile dans ses immeubles ; et son droit se borne à de-
» mander, soit son dividende, d'après le contrat de société, soit, lors de la
» liquidation de la société, sa part afférente dans l'association ; mais, tant
» que dure la société, il n'est pas propriétaire de sa portion dans l'immeuble
» dont il ne peut user, mais de sa portion dans la valeur de cet immeuble.»

» Le 9 juin 1818, jugement par lequel le tribunal civil de Toulouse sur-
seoit à la décision du procès, sous le prétexte qu'il ne peut acquérir des
connoissances suffisantes pour statuer sur les contredits qu'après que la
liquidation de la faillite sera terminée.

» Appel de la part du sieur Sol. Sur cet appel est intervenu l'arrêt qui suit :

» Attendu qu'il est constant, *en fait*, que l'immeuble sur lequel les
dames Guibert prétendent avoir une hypothèque légale, fut acquis pendant la durée, au nom et pour le compte de la société de commerce connue
sous le nom de *Guibert frères, cousins et compagnie;* que ledit immeuble
fut payé des deniers sociaux, et que, lorsqu'il a été vendu au nom et
pour le compte de la société, cette société, quoique dissoute, duroit encore,
sous ce rapport que la liquidation n'étoit pas faite, que les créanciers
n'étoient pas payés, qu'aucun partage n'avoit été ni pu être effectué, et
qu'ainsi l'état de communauté et d'indivision entre associés subsistoit toujours ; — Attendu, dès lors, *en droit*, qu'il est incontestable que l'hypothèque légale des dames Guibert, à elles concédée par la loi sur les biens
de leurs maris, n'a jamais frappé ni pu frapper la maison sociale dont il
s'agit ; en effet, l'hypothèque légale de la femme ne peut frapper que des
biens immobiliers appartenant au mari et qu'il pourroit hypothéquer lui-
même ; il n'en est pas ainsi des droits du mari qui se trouve membre d'une
société de commerce, sur les biens de cette société ; car, d'une part, et
suivant l'art. 1860 du Code civil, « l'associé qui n'est point administrateur
» ne peut aliéner ni engager les choses, même mobilières, qui dépendent
» de la société ; » d'autre part, d'après l'art. 529 du même Code, « les actions
» ou intérêts dans les compagnies de commerce, encore que des immeubles
» dépendant de ces entreprises appartiennent à ces compagnies........ sont
» réputés *meubles* à l'égard de chaque associé seulement, tant que dure la

X x 2

» société. » Or, ces derniers mots doivent être entendus de manière que les créanciers personnels d'un associé n'aient pas plus de droit que lui, et que la règle est applicable tant que le partage des effets sociaux n'est pas effectué. S'il en étoit autrement, la condition fondamentale du contrat de société, qui est que cette société soit contractée pour l'intérêt commun des parties, seroit journellement violée, puisque l'un des associés solidaires pourroit grever de ses propres dettes des immeubles qui n'étoient destinés qu'à garantir les dettes sociales. En outre, les principes sur les effets du partage des successions, qui, aux termes de l'art. 1872 du Code civil, sont applicables aux partages entre associés, seroient ouvertement méconnus; car, d'après ces principes, l'immeuble licité ou échu au lot de l'un des co-partageans, est censé n'avoir jamais appartenu aux autres copartageans. Cette sage fiction de la loi ne se réaliseroit jamais, si les hypothèques acquises contre l'un des associés continuoient de grever l'immeuble qui ne lui est échu ni par la voie de licitation, ni par la voie du sort. L'abus seroit bien plus criant, si, comme on le veut dans l'intérêt des dames Guibert, leurs hypothèques pouvoient frapper l'immeuble social vendu pour les besoins de la société, et détourner à leur profit un prix qui ne seroit pas suffisant pour payer les dettes de la société. Il en résulteroit que l'un des associés ne contribueroit pas au payement des dettes sociales; qu'il prendroit une portion de l'actif là où l'actif peut à peine combler le passif, ou plutôt que son créancier, son ayant-cause, feroit ce qu'il ne pouvoit pas faire lui-même. Un tel système est contraire à toutes les idées reçues en matière de société, de communauté d'intérêts; et la demande des dames Guibert en allocation sur le prix d'un immeuble social est évidemment mal fondée. — Disant définitivement droit aux parties, réformant le jugement du 9 juin 1818, déclare qu'il n'y avoit pas lieu à surseoir au jugement du procès; et, faisant ce qu'auroient dû faire les premiers juges, statuant au fond, rétractant, quant à ce, l'ordonnance du juge-commissaire, rejette les deux demandes en allocation formées par les dames Guibert, et déclare n'y avoir lieu de les allouer, pour le montant de leurs hypothèques légales, sur le prix de la maison dont il s'agit. »

Des actions de la banque de France. 164. Il y a des biens qui, de leur nature, sont meubles, mais que le législateur, dans des vues politiques, et par exception aux principes généraux de la matière, ainsi que je l'ai déjà dit, déclare immeubles. C'est alors une immobilisation fictive, qui équivaut à une immobilisation réelle, en se conformant aux règles établies pour ce cas. Telles sont les actions de la banque de France. Voici ce que porte l'art. 7 du décret du 16 janvier 1808, qui arrête définitivement les statuts de cette banque, en conséquence de lois antérieures, et, par exprès, de l'article 22 de celle du 22 avril 1806 : « Les actionnaires qui voudront donner à leurs actions la qualité d'immeubles, en auront la faculté; et, dans ce cas, ils en feront la déclaration, dans la forme prescrite par les transferts. Cette déclaration une fois inscrite sur le registre, les actions immobilisées resteront soumises au Code civil et aux lois de privilége et d'hypothèque, comme les propriétés foncières : elles ne pourront être aliénées, et les priviléges et hypothèques être purgés, qu'en se conformant au Code civil et aux lois relatives aux priviléges et hypothèques sur les propriétés foncières. » Il n'en est pas de ces actions comme de plusieurs immobilisations fictives d'objets qui, anciennement, ne pouvoient être considérés comme immeubles.

165. L'art. 529, § 2, déclare meubles les rentes perpétuelles ou viagères, *soit sur l'état*, soit sur les particuliers; mais celles sur l'état peuvent être immobilisées en un cas, qui est celui de la formation d'un majorat, dans lequel ces rentes, ainsi que les actions de la banque de France, peuvent être admises. Telle est la disposition de l'art. 2 du décret du Ier mars 1808. Mais ces rentes venant même à composer un majorat, et par conséquent à être immobilisées, n'en deviennent pas plus susceptibles d'être hypothéquées, parce que, suivant les art. 41 et suivans du même décret, les biens affectés aux majorats ne peuvent être ni aliénés, ni frappés de privilége ou d'hypothèque. A l'occasion du majorat qui devoit être établi, à titre de munificence royale et nationale, si justement méritée, en faveur de M. le duc de Richelieu, on avoit insinué, dans les séances de la Chambre des députés, des 25, 28 et 29 janvier 1819, que les majorats étoient abolis par la Charte, quoique leur existence fût supposée par l'art. 896 du Code civil; mais cette prétention fortement et justement combattue, et surtout par M. le garde des sceaux (M. le comte de Serres), n'a eu aucune suite. Je me borne à ces observations sur cette matière, parce qu'il est aisé de sentir que ce qui concerne les majorats doit encore être l'objet d'une organisation nouvelle, et qu'il ne peut y avoir, quant à présent, sur cette partie, ni législation suffisamment établie, ni jurisprudence assez formée.

166. Les navires et autres bâtimens de mer ont été, de tout temps, le

Des rentes sur l'état.
Des majorats.

Des navires

et autres bâti-
mens de mer. sujet de lois particulières, soit relativement à la fixation de leur qualité de meubles ou immeubles, soit par rapport aux formes sous lesquelles ils pouvoient être saisis judiciairement, et vendus. L'organisation du commerce maritime fut le sujet de l'ordonnance de 1681, qui est distinguée parmi celles qui ont honoré le siècle de Louis XIV, et qui ont toujours servi de type aux lois postérieures, rendues sur les mêmes matières. Lorsqu'on s'occupoit du Code civil, on songeoit à insérer une législation maritime dans le Code de commerce ; et il fut dit, dans l'art. 2120, qu'il n'étoit rien innové aux dispositions des lois maritimes, concernant les navires et bâtimens de mer. Cette législation maritime se trouve dans le livre 2 du Code de commerce. L'art. 190 déclare *meubles* les navires et autres bâtimens de mer. Cela résultoit déjà de la définition générale de ce qui est meuble, établie par l'art. 528 du Code civil ; les priviléges, leur conservation, les formalités pour les saisies et pour les ventes, sont ensuite réglés par le Code de commerce. On sent que cette matière ne doit pas entrer dans un Traité des hypothèques ; elle seroit plutôt l'objet d'un ouvrage sur les expropriations. Il me suffit de renvoyer aux titres du Code de commerce qui s'en expliquent, et aux ouvrages qui ont paru sur la législation commerciale, et notamment à celui de M. Pardessus. On consultera aussi avec fruit la savante analise sur le Code de commerce, de M. Locré, *Esp. du Code de comm.*, tom. 3, *pag. 2 et suiv.* Néanmoins j'en dis un mot, en traitant des priviléges.

------

§ II.

De l'indivisibilité de l'hypothèque, et de la solidarité qui en résulte. De la réduction des hypothèques conventionnelles.

SOMMAIRE.

167. *De l'indivisibilité de l'hypothèque.*
168. *De la modification du principe de la solidarité, qui eut lieu relativement aux personnes qui avoient émigré.*

189. *De la réduction de l'hypothèque conventionnelle et générale, anté-rieurement à la loi de brumaire.*

190. *Du cas où une hypothèque générale est modifiée par un traité pos-térieur.*

De l'indi-
visibilité de
l'hypothè-
que.

167. L'INDIVISIBILITÉ a été, de tout temps, un des principaux carac-tères de l'hypothèque. Cette indivisibilité avoit été admise dans le droit romain, et elle a été ensuite adoptée dans le droit français. Il n'y avoit pas un praticien qui, mêlant le latin avec le français, ne sût dire, l'hy-pothèque est indivisible, *est tota in toto, et tota in quâlibet parte.* Les résultats de cette règle sont parfaitement exprimés, et en peu de mots, dans la loi 8, ff. *de distract., pign. et hypoth. Creditoris ARBITRIO per-mittitur, ex pignoribus sibi obligatis quibus velit distractis, AD SUUM COMMODUM pervenire.* Ainsi, la loi ne prescrit, en général, aucun ordre successif dans l'exercice du droit d'hypothèque.

On peut donc dire qu'en matière de contrats il y a deux espèces de solidarité, savoir : la solidarité personnelle et la solidarité hypothécaire. La première consiste en ce que, lorsque plusieurs personnes se sont obligées solidairement au payement d'une somme, mais sans hypothèque, le créancier peut se faire payer, par chacun d'eux, de la totalité de la somme et des intérêts qui en sont dûs, sauf l'exercice de l'hypothèque qui seroit acquise dans la suite, toujours pour la totalité de la créance, sur les immeubles appartenans à l'un des débiteurs solidaires, en vertu de condamnations ultérieures. Quant à la solidarité hypothécaire, elle peut exister, abstraction faite de toute action personnelle, sur les héri-tages qui, dès le principe, ont été grevés de l'hypothèque pour la sûreté de la créance. Alors chaque partie de ce qui a été hypothéqué, soit qu'il y ait un seul immeuble, soit qu'il y en ait plusieurs, peut être poursuivie par la voie hypothécaire, sur tout détenteur quelconque. Tel est le résultat de l'art. 2114 du Code civil, où il est dit que l'hypothèque est de sa na-ture indivisible, et qu'elle subsiste en entier sur tous les immeubles affectés, sur chacun et sur chaque portion de ces immeubles. Elle les suit dans quelques mains qu'ils passent. Le même principe se retrouve dans l'art. 2166.

De la mo-
dification du
principe de la

168. Le principe de la solidarité, lorsqu'elle doit avoir lieu, ou par la loi, ou par la convention, est tellement sacré qu'il n'a pu être détruit

dans

dans des circonstances où ce qu'on appelle une force majeure fait tout fléchir. Ce principe fut cependant modifié par l'effet de cette force ma- jeure; mais il fut reconnu et proclamé hautement, et exécuté, avec autant d'avantage qu'il étoit possible, en faveur des créanciers. Lorsque les biens des émigrés furent confisqués, il fut dit, dans les lois relatives à l'émi- gration, et notamment dans celle du 1er floréal an 3, art. 112, que les créanciers sur les biens indivis avec des émigrés seroient liquidés comme les autres créances existantes sur ces derniers, mais *pour la portion seu- lement qui concerne la nation.* En sorte qu'il résulta de là que la solida- rité de l'action hypothécaire étoit bien abolie, mais que c'étoit seulement envers la nation, et non en faveur des copossesseurs ou copartageans de biens indivis avec elle.

solidarité, qui eut lieu relativement aux person- nes qui avoient émi- gré.

Le lien de la solidarité fut rompu respectivement à la nation ; mais il subsista, dans toute sa force, pour la totalité de la créance contre les copro- priétaires ou cohéritiers des émigrés. La totalité de la créance put être réclamée contre eux, sur les seules portions de biens qui leur étoient échues. Les copartageans ou leurs ayans cause, non émigrés, ont plusieurs fois essayé de se soustraire à cette solidarité, pour ne payer que leur por- tion de la créance, en proportion de leur émolument dans les biens hypo- théqués, et se dégager du payement qui avoit dû être à la charge de la nation. Mais toutes ces tentatives ont été vaines : la solidarité a été main- tenue, dans ce cas, par un arrêt de la Cour de cassation, du 5 nivôse an 13, même quoiqu'on reprochât au créancier d'avoir négligé de suivre la liquidation de sa créance. On y voit rapporter un arrêt semblable, du 14 nivôse an 10. C'est toujours pour maintenir le lien de la solidarité, autant que cela étoit possible, malgré l'événement de cette force majeure, qu'un arrêt de la même Cour, du 6 mai 1818, a jugé que l'effet de l'in- divisibilité de l'hypothèque est tel, que, dans le cas où la nation, devenue propriétaire d'une partie de l'immeuble hypothéqué, a vendu cette por- tion franche et quitte d'hypothèques, le créancier a le droit de poursuivre, pour la totalité de sa créance, les autres détenteurs de l'immeuble, qui n'étoient tenus qu'hypothécairement, sauf le recours de ceux-ci contre qui il appartient. De ces deux arrêts, on peut en rapprocher un autre de la même Cour, du 30 avril 1806, qui a jugé que l'émigré rayé de la liste, pouvoit, pour le payement d'une créance qu'il avoit souscrite personnel- lement avec l'hypothèque de ses biens, être poursuivi personnellement et

Tome I. Y y

hypothécairement, pour la totalité de la créance, sur les biens qui n'avoient pas été vendus et qui lui restoient, malgré la vente qui avoit été poursuivie par la nation, des autres biens, quelque considérables qu'ils fussent; en sorte que cette question, qui a souffert des difficultés, n'en éprouve plus aujourd'hui (1). Mais on sent que pour suivre l'hypothèque sur les immeubles, contre celui qui a été rayé de la liste des émigrés, lorsqu'un tiers en est détenteur, il faut que l'hypothèque ait été conservée par l'inscription; et, à ce sujet, on peut voir ce que je dis sur les inscriptions contre les émigrés, comme sur celles par eux prises, dans le § 5 de la section précédente.

Points essentiels relatifs à la solidarité de l'hypothèque.

169. Il y a peu de principes aussi féconds en conséquences que celui de la solidarité des engagemens; mais cette partie n'entre pas, au moins en entier, dans la matière que je traite. Les principes de la solidarité, soit entre les créanciers, soit entre les débiteurs, sont l'objet des § 1er et 2 de la section 4, tit. 3, liv. 3 du Code civil. On voit dans la section 5, les règles qui concernent les obligations divisibles et indivisibles. Ces obligations sont différentes des obligations solidaires, proprement dites. Cependant, dans certains cas, elles se règlent par les mêmes principes. Les règles essentielles sur les obligations divisibles et indivisibles sont tracées dans cette section. L'intelligence en devient plus facile lorsqu'on se pénètre de ce que Pothier a dit sur cette matière, dans son *Traité des obligations*, part. 2, *chap.* 4, où il a analisé, avec précision et avec des modifications utiles, le savant Traité de Dumoulin, *de dividuo et individuo*. Je dois me renfermer principalement dans les suites de la solidarité de l'hypothèque, et surtout dans ce qui concerne son indivisibilité.

Il y a trois points essentiels sur lesquels portent les questions relatives à cette indivisibilité : le premier est relatif aux actions hypothécaires, par lesquelles les héritiers des débiteurs, qui ont contracté solidairement, peuvent être attaqués; le second a trait aux actions hypothécaires qu'on peut exercer contre tous détenteurs quelconques d'immeubles hypothéqués, abstraction faite de toute obligation personnelle, et surtout lorsqu'il s'agit de se procurer le payement des redevances auxquelles les immeubles sont

---

(1) On peut voir, sur ces trois arrêts, le recueil de Denevers, an 13, pag. 270; an 1806, pag. 381, et an 1818, pag. 380.

assujettis; le troisième concerne les cas où des hypothèques générales concourent sur les mêmes biens avec des hypothèques spéciales.

170. Je crois devoir m'attacher à déterminer l'action qui peut être exercée, soit personnellement, soit hypothécairement, contre les héritiers des débiteurs, en remontant aux principes; car je dois avouer que les auteurs, en général, ont enseigné comme règles ce qui n'est que l'effet des règles mêmes.

Les héritiers du débiteur ne peuvent être attaqués que personnellement pour leur part et portion, et hypothécairement pour le tout. Fondement de cette règle.

Un héritier ne peut jamais être tenu que personnellement des dettes du défunt, et non par la voie hypothécaire sur ses propres biens. Il y en a une raison simple, qui est qu'un débiteur n'a jamais pu obliger les biens de ses héritiers, mais seulement les siens propres. On ne peut obliger que ce qui est à soi. *Ea*, dit la loi 29, ff. *de pign. et hypoth.*, *quæ ex bonis defuncti non fuerunt, sed posteà ab hærede ejus, ex aliâ causâ, acquisita sunt, vindicari non possunt à creditore testatoris.* C'est ce qui a fait dire par Bartole, sur cette loi : *Obligatio facta à défuncto non porrigitur ad bona ejus hæredis.* Mais quant à l'action hypothécaire, elle peut s'exercer contre les héritiers, sur les biens provenans de la succession, qui sont hypothéqués, et contre chacun d'eux, lorsqu'ils en sont en possession : cette action peut même être exercée pour la totalité de la créance, ou pour ce qui en reste dû, quelque foible que soit la partie de ces biens hypothéqués. Cela est fondé sur l'indivisibilité de l'hypothèque. *Est tota in toto, et tota in qualibet parte.* Tels sont les fondemens de la règle ancienne, confirmée par l'article 873 du Code civil, que *les héritiers sont tenus des dettes et charges de la succession, personnellement* POUR LEUR PART ET PORTION VIRILE, ET HYPOTHÉCAIREMENT POUR LE TOUT.

Pothier, *Traité des obligations*, n°s 299 et 300, fait dépendre la division de la dette entre les héritiers du débiteur, de la division de la créance entre les héritiers du créancier. Mais je ne crois pas que ce raisonnement soit propre à donner des idées parfaitement exactes. La division entre les héritiers du créancier dérive de ce qu'ils deviennent autant de propriétaires particuliers de la créance, chacun pour sa portion. L'exercice du droit même dont ils sont investis par la loi, exige cette division : *Nomina pleno jure dividuntur.* Mais la division de la dette entre les héritiers du débiteur, en faisant abstraction de l'hypothèque imposée, du vivant du défunt, sur ses biens, tient au principe que le défunt n'a pu hypothéquer les biens de ses héritiers. De ce que dit Pothier, il n'en résulte autre chose, si ce n'est, comme il le dit lui-même, que chacun des héritiers du créancier ne peut demander que sa portion de la créance, à moins qu'il n'ait une procuration de ses cohéritiers, et que chacun des héritiers du débiteur peut se libérer en offrant sa portion de la dette.

On sent que si un particulier a contracté une obligation solidaire avec d'autres personnes, de manière que le créancier eût pu réclamer contre lui la totalité de la somme, ce créancier pourroit également demander cette totalité aux héritiers de ce particulier, parce qu'ils sont tenus de ses faits ; mais il n'y auroit contre eux, relativement à la totalité de la créance, que l'action personnelle, chacun pour leur part et portion virile (c'est-à-dire, pour leur portion héréditaire), et l'action hypothécaire *pour le tout*, respectivement aux immeubles hypothéqués en faveur du créancier, dont ils seroient en possession, ou qui seroient échus à leur lot. Cette action contre ces héritiers n'auroit cependant lieu que sous la réserve de leur recours contre leurs cohéritiers, et de plus contre les héritiers des autres débiteurs solidaires.

On conçoit encore que les engagemens de ceux qui succèdent aux héritiers du débiteur avant l'acquittement de la créance, sont réglés de la même manière, respectivement aux créanciers, que les engagemens directs des héritiers auxquels ils ont succédé. C'est ce qu'explique très-bien M. Chabot (de l'Allier), dans son Commentaire sur l'art. 873 du titre *des successions*, du Code civil.

De quelques Coutumes où il y avoit une législation contraire. Observations sur la question de rétroactivité.

171. Il y avoit cependant quelques Coutumes dans lesquelles, en vertu d'une législation particulière, on suivoit un usage différent relativement aux engagemens des héritiers. La Coutume d'Amiens, art. 159, et celles de Sens et de Melun admettoient la solidarité, même personnelle, contre les héritiers des débiteurs, en faveur des créanciers, sauf le recours des héritiers entre eux. Ce n'est pas tout ; en Normandie, le seul fait de l'acceptation de l'hérédité du débiteur imposoit à ses héritiers une obligation personnelle et solidaire de payer toutes les dettes du défunt ; chaque héritier étoit présumé avoir succédé seul, et on lui imposoit l'obligation de payer la totalité des dettes de la succession, sauf son recours contre ses cohéritiers pour ce qui excédoit sa portion. C'est ce qu'atteste Basnage, *chap.* 4, *n°* 2, *chap.* 9 *et* 13. Tel étoit le résultat de l'art. 130 d'un règlement de 1666, connu sous le nom de *placités* de Normandie, qui avoit force de loi. Ce n'est pas sans raison que cette législation étoit fortement

critiquée. Elle est contraire à cet ancien principe généralement soutenu, qu'un débiteur ne peut hypothéquer les biens de son héritier. Celui-ci peut se dégager des dettes en répudiant la succession; et quand il l'accepte, il ne peut s'obliger que pour la portion sur laquelle porte son adition, au moins en ce qui concerne l'action personnelle. Telles sont les premières notions de la justice; et l'intérêt public veut qu'on facilite les aditions d'hérédité au lieu d'en détourner.

Mais il peut s'élever dans ces Coutumes une question de rétroactivité sur les effets de cette législation. On conçoit qu'on doit la suivre contre des héritiers, lorsque la succession s'est ouverte avant la promulgation du Code civil; autrement on donneroit un effet rétroactif à la disposition de ce Code. Aussi j'ai remarqué un arrêt de la Cour de cassation, du 2 février 1813, rapporté par Denevers, *an* 1815, *pag.* 543, qui a appliqué les placités de Normandie, relativement à une succession ouverte au mois de mai 1792, à un héritier qui, quoiqu'il eût des cohéritiers, avoit été attaqué seul et solidairement pour le payement d'une rente. Mais, lorsqu'il s'agit d'une obligation souscrite, avant la promulgation du Code civil, par un particulier qui ne décède qu'après, il y auroit lieu de penser que ses héritiers ne doivent être soumis aux actions, pour raison de ses dettes, que conformément aux dispositions du Code civil. Il n'y a point alors de rétroactivité, parce qu'il est de règle que les lois qui doivent régler les droits, les qualités et les obligations des héritiers, sont celles qui sont en vigueur à l'époque de l'ouverture de la succession. Le changement de lois ne tient en rien au fait des héritiers.

172. De ce qui vient d'être dit sur la nature des engagemens des héritiers, relativement au payement des dettes, il résulte que, de même qu'un des héritiers du débiteur qui ne posséderoit aucun immeuble de la succession, ne pourroit être exposé à aucune action hypothécaire, mais seulement à une action personnelle, proportionnellement à sa part dans la succession, de même aussi, si cet héritier abandonne les immeubles qui seroient échus à son lot, dans le cas où il y auroit eu un partage, ou qui seroient encore dans la succession non divisée, il devient absolument dégagé de toute action hypothécaire. Cela est ainsi, parce qu'il est de la nature de cette action qui est réelle, et qui a pour objet de forcer au délaissement des immeubles hypothéqués, qu'elle ne puisse avoir lieu que contre ceux qui les possèdent et qui peuvent les délaisser. Dans ce cas, il ne reste contre l'héritier que

L'héritier du débiteur peut se soustraire à l'action hypothécaire par l'abandon de l'immeuble hypothéqué.

l'action personnelle. C'est ce qu'enseigne Pothier, dans son *Traité des successions*, *chap.* 5, *art.* 4. Il se prononce fortement contre un usage ancien suivi du temps de Loyseau, qui, en conséquence, avoit émis une opinion contraire. Il est constant que l'opinion de Pothier étoit généralement suivie en jurisprudence. Aussi ce savant auteur, qui traite cette question sous un nouveau jour, *Introd. au tit.* 20 *de la Coutume d'Orléans, n*° 52, dit que l'on étoit revenu aux principes qu'il exposoit, et qu'on avoit abandonné ceux de Loyseau. Enfin, c'est ce qui a été jugé en thèse par un arrêt de la Cour de cassation, du 26 vendémiaire an 11, rapporté par Denevers, *même année, pag.* 88. A la vérité, cet arrêt a été rendu d'après les anciens principes de la Coutume de Paris ; mais on s'apercevra aisément que ces principes sont absolument ceux du Code civil. « Considérant, est-il dit dans les motifs de l'arrêt, que le cohéritier n'étant tenu envers le créancier, solidairement et hypothécairement, à la totalité de la dette *qu'à raison de cette détention*, son obligation pour le tout cesse à l'instant où cesse sa détention, soit par *déguerpissement*, soit par *vente forcée* ou même *volontaire*, ce qui ne préjudicie point au créancier, puisqu'il a toujours son action sur la chose et sur le détenteur, et la faculté de surenchérir. »

Ainsi l'héritier, sous le rapport du délaissement hypothécaire, se trouve dans le cas des art. 2168, 2169, 2170, 2172 et 2173 du Code civil. A la vérité, les art. 2170 et 2172 n'accordent la faculté du délaissement par hypothèque, qu'au tiers détenteur qui n'est pas *personnellement obligé à la dette ;* et on pourroit dire que cette obligation personnelle existe contre l'héritier : mais cette objection ne seroit pas fondée. La loi a entendu parler d'une obligation qui auroit été contractée par un tiers, par suite d'une transaction particulière. Or, un héritier ne peut être considéré sous ce rapport. Son obligation est seulement une suite de sa qualité d'héritier, dans laquelle on ne peut voir un engagement proprement dit, puisqu'il ne doit pas toute la dette comme la devroit un particulier qui en auroit personnellement contracté l'obligation ; qu'il n'en doit qu'une partie uniquement déterminée par la loi. Il faut donc, pour être privé de la faculté du délaissement par hypothèque, un contrat qui émane d'une volonté particulière et précise, et qui impose une obligation en nom propre.

L'héritier peut se soustraire à l'action hypothécaire par   173. Par une suite de ces principes, l'héritier étant dans la catégorie de tout détenteur, et ayant satisfait à la loi, en payant sa portion personnelle, comme héritier, peut, en conséquence de l'art. 2173, délaisser par hypothèque les immeubles qu'il possède, provenans de la succession, même quand il auroit été condamné hypothécairement pour la totalité de la créance. Il y a plus ; l'héritier qui a payé sa portion personnelle, et qui posséderoit des immeubles provenans de la succession, ne devant alors être regardé que comme simple détenteur, d'après ce que je viens de dire, pourroit, aux termes de l'art. 2170, empêcher qu'on ne vendît ces immeubles sur lui, jusqu'à ce qu'on eût discuté les autres immeubles de la succession, possédés par les autres héritiers. Ceux-ci tiennent lieu alors, à son égard, des principaux obligés dont il est parlé dans cet article 2170. Tel est l'avis de M. Chabot (de l'Allier) sur l'art. 873 du Code civil. Après y avoir réfléchi, et d'après le nouveau développement que je viens de donner à la question, il m'est impossible de ne pas adopter son opinion.

le délaissement, même quand il auroit été condamné hypothécairement pour le tout. Il peut user du bénéfice de la discussion.

174. Le cohéritier qui, par la force de l'hypothèque imprimée sur les biens de la succession qu'il possède, a été obligé de payer au delà de sa portion personnelle, a un recours, pour cet excédant, contre ses cohéritiers, ainsi que contre les légataires universels, à raison de la part pour laquelle ils doivent y contribuer. C'est ce que veut l'art. 873.

Du recours d'un des héritiers qui a payé la dette, contre les autres.

Le mode de ce recours est réglé par les art. 875 et 876. Art. 875 : « Le cohéritier ou successeur à titre universel, qui, par l'effet de l'hypothèque, a payé au delà de sa part de la dette commune, n'a de recours contre les autres cohéritiers ou successeurs à titre universel, que pour la part que chacun d'eux doit personnellement en supporter, même dans le cas où le cohéritier qui a payé la dette *se seroit fait subroger aux droits des créanciers ;* sans préjudice néanmoins des droits d'un cohéritier qui, par l'effet du bénéfice d'inventaire, auroit conservé la faculté de réclamer le payement de sa créance personnelle, comme tout autre créancier. » Article 876 : « En cas d'insolvabilité d'un des cohéritiers ou successeurs à titre universel, sa part dans la dette hypothécaire est répartie sur tous les autres, au marc le franc. »

Tels étoient les anciens principes qui sont enseignés par Pothier, sur l'art. 558 de la Coutume d'Orléans, auquel les dispositions du Code civil sont conformes. Cet auteur explique très-bien le motif qui a fait exclure la solidarité de l'action entre cohéritiers, quand même celui d'eux qui auroit payé au delà de sa portion se seroit fait subroger aux droits du créancier. Cependant M. Chabot, sur l'art. 875, n° 1ᵉʳ, fait une observation judicieuse : il dit que la subrogation que se fait consentir l'héritier qui est obligé de payer la totalité de la dette, ne lui est pas entièrement inutile. S'il ne peut se servir de l'hypothèque qui appartenoit au créancier, à l'effet de contraindre chacun des cohéritiers hypothécairement pour le tout, il peut au moins s'en servir à l'effet de contraindre, sur les biens hypothéqués, chacun des détenteurs pour sa part et portion; et il est ainsi préféré sur ces biens aux créanciers chirographaires.

Quant à l'exception faite dans la dernière disposition de l'art. 875, relativement à l'héritier sous bénéfice d'inventaire, elle est le résultat de l'article 802 du Code. Cet héritier ne confondant point ses biens personnels avec ceux de la succession, peut, comme un étranger pourroit le faire, réclamer, même entièrement, le payement de ce qu'il a acquitté pour la succession, ainsi que les créances personnelles qu'il auroit eues contre le défunt. Il peut demander ce payement par l'action personnelle et par l'action hypothécaire.

De l'héritier pur et simple qui est, en même temps, créancier personnel et hypothécaire du défunt.

175. Mais doit-on suivre ce qui vient d'être dit, lorsque l'un des héritiers, même pur et simple, étoit personnellement créancier du défunt avant l'ouverture de la succession? Alors cet héritier peut-il poursuivre ses cohéritiers, qui sont détenteurs aussi-bien que lui, d'immeubles de la succession, non-seulement pour leurs parts et portions de la dette, mais même hypothécairement pour le tout, en déduisant sa part afférente, à raison de la confusion qu'il s'en feroit en sa personne, et de plus la portion qu'il devroit supporter, relativement à l'insolvabilité d'un ou plusieurs des cohéritiers? Cette question, après avoir été controversée entre Lebrun, *des success., liv. 4, chap. 2, sect.* 1re, *n°* 43, et son annotateur, l'a été encore entre M. Toullier et M. Chabot. Ce dernier se décide pour l'affirmative. Je dois ajouter que Pothier, note 2e, sur l'art. 358 de la Coutume d'Orléans, s'étoit prononcé pour la négative. Il me paroît constant que ce cas n'est plus le même que celui prévu par l'art. 875 du Code. Dans cet article, il n'est question que du cohéritier qui seroit devenu créancier, après l'ouverture de la succession, par acquisition ou subrogation; et alors il est exclu de l'action solidaire, hypothécaire, à raison de sa qualité de coobligé comme cohéritier, qui le fait assimiler à un associé qui agiroit contre ses associés; tandis que, dans l'espèce, le cohéritier ayant été créancier du défunt avant l'ouverture de la succession, exige sa propre créance, et ne doit point de subrogation contre lui-même. Il se trouve

dans

dans le principe général que les cohéritiers ne confondent point leurs droits entre eux.

Ce principe n'est nullement en opposition avec ceux du Code civil; il est au contraire corroboré par la disposition de l'art. 875 de ce Code. En effet, cet article parlant seulement du cas du cohéritier qui se fait céder une créance, ou qui la paye après l'ouverture de la succession, il en résulte que sa disposition est étrangère au cas où il s'agit d'une créance existante sur la tête du cohéritier, du vivant du défunt. On ne peut faire extension d'un cas à un autre, lorsqu'il y a disparité d'espèce, et des raisons différentes de se décider; il est donc difficile de ne pas adopter l'opinion de M. Chabot.

Mais il faut convenir que cette question est presque oiseuse; et c'est aussi par cette raison que je n'entre pas dans d'autres détails. En effet, la prétention de l'héritier qui est dans le cas dont il s'agit, doit naturellement s'élever avant le partage de la succession; et alors, ainsi que l'observe l'annotateur de Lebrun, quelque créance que les cohéritiers puissent avoir *sur la succession, ou du chef de la succession*, ils n'ont entre eux qu'une action en partage. Ce ne seroit donc que dans le cas où, après un partage consommé, la demande de l'héritier seroit formée, n'ayant pu l'être auparavant. Mais dans ce cas, qui ne peut arriver que très-rarement, il faudroit suivre l'opinion de Lebrun, qui est exactement fondée en raison et en principes; elle est conforme à une ancienne jurisprudence qui n'a reçu aucune dérogation par le Code civil.

176. Tout ce que je viens de dire, relativement à la solidarité qui existe entre des cohéritiers, me paroît suffire par rapport à mon objet. Les autres questions qui peuvent s'élever, rentrent dans la matière des obligations en général. Je ferai seulement remarquer la disposition de l'art. 1301 du Code civil, où il est dit que la confusion qui s'opère dans la personne du *créancier* (1), ne profite à ses codébiteurs solidaires que pour la portion dont il étoit débiteur.

Du cas de la confusion qui s'opère par la réunion des qualités de créancier et de débiteur.

_____

(1) M. Pailliet, sur cet article 1301, observe qu'il falloit *débiteur* au lieu de *créancier;* qu'il suffit de lire l'article pour en être convaincu. On voit que le législateur a entendu parler du cas où l'un des débiteurs solidaires deviendroit héritier du créancier. Le titre de *créancier* a pu se présenter à l'esprit au premier abord; mais la vérité est qu'il eût été bien plus exact de dire *débiteur*. Cette idée résulte de la manière dont M. Maleville s'ex-

De la soli-
darité des
rentes fon-
cières; de
celles créées
ancienne-
ment.

177. Je viens à ce qui concerne la solidarité des rentes foncières. Il convient de distinguer les rentes qui existoient anciennement, de celles qui n'ont été constituées que depuis le Code civil.

Quant aux premières, elles étoient immobilières, irrachetables de leur nature, à moins qu'il n'y eût une stipulation contraire; encore cette faculté même se prescrivoit par trente ans. Ces rentes étoient susceptibles d'hypothèque, parce qu'elles représentoient les fonds; elles étoient un droit réel que le bailleur, par l'acte de concession, se retenoit dans l'héritage. Il étoit de la nature particulière de ces redevances, que le preneur étoit censé ne s'y obliger que pour le temps pendant lequel il posséderoit les fonds; en sorte qu'il pouvoit, à sa volonté, se décharger de la rente en faisant l'abandon de ces fonds, abandon qui est si connu dans l'ancienne législation, sous le nom de *déguerpissement.* Il n'y étoit cependant reçu qu'en payant tous les arrérages qui avoient couru pendant sa possession, et en laissant le fonds en bon état, ou avec les améliorations qui auroient été convenues.

Mais cette faculté de déguerpir avoit lieu très-rarement, parce qu'on stipuloit ordinairement, contre le preneur à rente, la clause de *garantir, fournir et faire valoir.* Il résultoit de cette clause, que la rente devoit toujours être servie par le preneur et ses héritiers. Ce n'étoit pas seulement le fonds sujet à la rente, qui étoit hypothéqué au service de la rente; cette hypothèque frappoit tous les biens provenus du preneur à rente, en quelques mains qu'ils passassent, parce que, d'après l'ancienne législation, elle étoit générale; et alors se reproduisoient tous les principes relatifs à l'action personnelle et à l'action hypothécaire. On voyoit naître une foule de difficultés sur la fixation des cas dans lesquels ces deux actions pouvoient être exercées.

A l'égard des tiers détenteurs des fonds, celui qui n'avoit aucune connoissance de la rente pouvoit évidemment déguerpir, lorsqu'il étoit poursuivi pour la payer. Cette faculté appartenoit encore au tiers détenteur qui avoit acquis, même à la charge de la rente, à moins qu'on ne lui eût fait connoître toutes les clauses énoncées dans le bail à rente, desquelles seroit résultée l'interdiction de déguerpir, et qu'il ne se fût obligé spécialement

---

prime sur cet article. Il n'en fait cependant pas l'observation. La lecture de ce que dit Pothier, *des obligat.*, n° 609, *sur la fin*, facilite l'intelligence de cet article 1301.

d'acquitter de l'effet de ces clauses le preneur ou ses héritiers. Le déguerpissement ne rendoit pas, pour cela, le créancier de la rente, propriétaire du fonds. Il ne pouvoit le devenir qu'en faisant prononcer la résolution du bail à rente contre le preneur ou ses héritiers. Il pouvoit encore leur dénoncer le déguerpissement, et les faire condamner à continuer le payement de la rente. Je ne donne ici qu'une légère idée des principes sur cette matière. Ils sont développés par Loyseau, dans son Traité du *déguerpissement*. Ils le sont encore par nombre d'auteurs plus modernes, et surtout par Pothier, *Introd. au tit.* 19 *de la Cout. d'Orl.*, *chap.* 2.

Mais cette matière a subi un grand changement par deux lois, l'une du 29 décembre 1790, l'autre du 20 août 1792. La première déclare toutes ces rentes rachetables; la seconde, *titre* 2, a prononcé l'extinction de la solidarité de l'hypothèque à laquelle elles étoient soumises par les lois précédentes. Il est cependant essentiel de remarquer que cette extinction de la solidarité est subordonnée à la condition d'une vérification contradictoire entre le créancier de la rente et ceux qui possèdent divisément les fonds qui la doivent. Cette vérification doit avoir pour résultat la fixation de la portion des fonds que chacun doit posséder à l'avenir, et la quotité proportionnelle de la redevance qui doit être imposée sur chaque portion. C'est seulement après cette opération qui doit se faire aux frais des débiteurs de la rente, que toute solidarité cesse. Dès cet instant, chaque détenteur doit uniquement sa portion. Celle de chacun des autres détenteurs a cessé d'être sa dette. Il ne peut être recherché pour cette portion, ni personnellement, ni hypothécairement. La division de l'immeuble sujet à la rente, emporte la division de l'action contre les personnes, et en même temps l'extinction de la solidarité hypothécaire. Je fais cette observation, parce que j'ai vu élever des doutes à ce sujet. Mais, jusqu'à l'opération dont il vient d'être parlé, les anciens principes relatifs au mode de poursuite pour le payement de la rente, doivent être suivis. Il faut observer que ces mesures ont été déclarées communes aux rentes dues au trésor public, par un avis du Conseil d'état, du 24 fructidor an 12.

Le résultat de ces lois a été de dénaturer entièrement ces rentes. Elles sont rentrées, depuis, dans la classe des objets purement mobiliers. L'hypothèque, qui en faisoit la garantie, a dû être conservée par la voie de l'inscription, comme pour les créances ordinaires. Je me suis suffisamment expliqué à ce sujet, dans le § précédent, n° 161.

De la soli-
darité des
rentes fon-
cières créées
depuis le
Code civil.
178. Par rapport aux rentes foncières qui seroient créées depuis le Code civil, elles ne peuvent plus être comparées à ce qu'étoient les anciennes rentes foncières dont je viens de parler; elles ne sont point susceptibles d'hypothèque, ainsi que je le dis dans le § précédent, n° 160. La Cour royale de Nismes s'exprimoit avec une exacte précision, lorsqu'elle disoit, dans son arrêt du 23 frimaire an 14, que j'ai eu naguères occasion de citer, que « le cessionnaire d'un bien-fonds qui a été ou seroit donné à rente foncière, en a actuellement la propriété, *la dominité*, et que le propriétaire de la rente n'a plus qu'une créance mobilière sur le bien qui a fait, dans le temps, l'objet de la concession; qu'il doit prendre inscription sur les biens de son débiteur, et qu'il n'a que la voie de l'expropriation; qu'il n'est plus créancier que d'une dette non exigible, à la vérité; mais que, dans le cas prévu par l'art. 2184 du Code, il est autorisé à réclamer le capital de sa créance. » Ces propositions sont autant de principes, dont les conséquences se tirent aisément. Il ne peut être question actuellement de déguerpissement proprement dit, mais seulement du délaissement par hypothèque, dans le cas où il a lieu d'après la loi.

Mais ce qu'il est essentiel de remarquer, c'est que les mesures établies par la loi du 20 août 1792, pour détruire la solidarité qui avoit lieu pour les rentes foncières anciennes, et que je viens d'expliquer dans le n° précédent, seroient inadmissibles pour les rentes créées depuis le Code civil. Ces mesures étoient extraordinaires; elles étoient hors du droit commun, et l'on ne peut les étendre à ce qui a été fait sous le Code civil, qui est conçu dans des idées différentes : en sorte que les principes de solidarité, établis par ce Code, doivent être suivis à l'égard de ces rentes, pour le temps de leur durée, comme pour toutes les autres créances hypothécaires. Cette opinion seroit également fondée pour les rentes foncières qui auroient pu être constituées dans l'intervalle de la loi du 20 août 1792 à la promulgation du Code civil. Aucune loi n'empêchoit alors la constitution des rentes foncières. L'art. 1er de la loi du 29 décembre 1790 défendoit seulement d'en créer à l'avenir de *non remboursables*. M. Merlin, *Rép. de jurispr.*, aux mots *Rente foncière*, § 2, art. 1er, n° 7, cite des lois rendues dans cet intervalle, qui ont autorisé des communes à en constituer de pareilles, sous la simple faculté du rachat; et, à l'art. 2, le même auteur, après avoir rapporté les dispositions de la loi du 20 août 1792, relatives au mode d'affranchissement de la solidarité, dit, et avec raison, que ces dispositions ne sont pas applicables aux rentes foncières qui auroient été créées depuis cette loi.

179. Je passe au troisième objet que j'ai déjà annoncé comme un des plus importans sur l'indivisibilité de l'hypothèque. Il s'est élevé, par suite de ce principe d'indivisibilité, plusieurs difficultés dont la solution a paru embarrassante : je veux parler du cas où des hypothèques générales se trouvent en concours, sur les mêmes immeubles, avec des hypothèques spéciales. Pour discuter avec plus de méthode les questions que ces difficultés peuvent faire naître, je vais les traiter successivement : je présenterai des exemples auxquels j'appliquerai les principes qui les concernent.

De plusieurs difficultés auxquelles donne lieu le principe de l'indivisibilité de l'hypothèque, et surtout le concours des hypothèques générales avec les hypothèques spéciales. Premier exemple.

PREMIER EXEMPLE. Un créancier a une hypothèque générale, soit légale, soit judiciaire, sur deux domaines appartenans à un particulier, et qui sont situés dans deux arrondissemens différens : un autre créancier a une hypothèque spéciale, mais seulement sur un de ces domaines, et postérieure en date à la première. Un ordre s'ouvre sur l'expropriation du domaine grevé de l'hypothèque spéciale ; cet ordre se met à fin, et le créancier qui a l'hypothèque générale, absorbe la totalité du prix qui étoit à distribuer. Dans la suite, un ordre s'ouvre sur l'expropriation du domaine situé dans l'autre arrondissement ; le créancier qui avoit l'hypothèque spéciale sur le premier domaine, dont le prix est absorbé, et qui dès lors devient sans effet, a-t-il un droit quelconque sur le prix du second domaine, qui est à distribuer entre des créanciers qui ont des hypothèques spéciales sur ce même domaine ? Ce créancier peut-il faire valoir, par forme de subrogation, les droits qu'auroit pu exercer sur le second domaine, comme sur le premier, le créancier qui avoit l'hypothèque générale antérieure, et qu'il a fait peser en entier sur le premier domaine ? En d'autres termes, le créancier qui a une hypothèque générale, peut-il, à son gré, choisir, pour l'exercice de son hypothèque en entier, un des biens du débiteur, quel que soit le tort qui résulte de ce choix, pour les créanciers qui ont des hypothèques spéciales sur ce bien, et qui n'en ont pas sur les autres qui sont encore grevés d'autres hypothèques spéciales ?

M. Tarrible a traité cette question dans son article *Transcription*, inséré dans le Répertoire de jurisprudence, § 6, n° 5. Le cas qu'il a prévu n'est pas exactement le même ; mais il est tellement semblable, qu'il est absolument susceptible des mêmes principes que celui pour lequel je m'ex-

plique. Si je choisis celui-ci, c'est parce que je l'ai vu se présenter à la
Cour royale de Riom. M. Tarrible traite la question avec sa sagacité ordinaire; et vivement pénétré du tort qui résulte de cet état de choses pour
le créancier spécial qui est éconduit par l'effet de l'hypothèque générale,
il cherche un moyen d'équité, qui puisse s'accordèr avec les principes du
droit, pour tâcher de l'en dédommager. Après quelques essais, il croit
trouver ce moyen, au moins par analogie, dans les articles 540 et 541 du
Code de commerce; il finit par conclure que, « dans le cas supposé, le
créancier ayant hypothèque conventionnelle sur l'immeuble vendu le premier, devra *acquérir une subrogation légale* aux droits du créancier judiciaire, sur les autres immeubles du débiteur, à concurrence de la part
contributive que chaque immeuble auroit dû supporter dans la dette judiciaire, selon la proportion de leurs valeurs respectives. »

Quelque déférence que j'aie pour les opinions de ce magistrat, je pense
qu'il est impossible que celle-ci soit admise. On ne voit pas que le créancier éconduit, lors du premier ordre, par la préférence qui étoit due au
créancier dont l'hypothèque est légale ou judiciaire, puisse faire valoir
aucune sorte de subrogation aux droits de ce dernier. Il est constant qu'il
n'y a que deux sortes de subrogations; savoir, la subrogation *légale* et la
subrogation *conventionnelle*. Tel est le résultat des articles 1249, 1250 et
1251 du Code civil. Or, il est évident que, dans notre espèce, il n'y a
aucune de ces subrogations.

Il ne s'en tire aucune, même par analogie, des articles du Code de
commerce, invoqués par M. Tarrible. Le résultat de ces articles est que,
lorsqu'en cas de faillite du débiteur, les créanciers hypothécaires ont
participé à la distribution du prix de la vente du mobilier, en proportion
de leurs créances, concurremment avec les créanciers chirographaires,
et qu'ils viennent ensuite à la distribution du prix de la vente des immeubles hypothéqués, les créanciers hypothécaires, qui seront utilement colloqués pour la totalité de leurs créances, devront en déduire ce qu'ils
auront reçu dans la masse chirographaire. La loi ordonne la réversion de
ces sommes déduites, à la masse chirographaire, au profit de laquelle il
en sera fait distraction. Or, cette disposition tient à des principes absolument étrangers à la question dont il s'agit. Si un débiteur failli laisse
du mobilier et des immeubles grevés d'hypothèques, sa fortune se divise
naturellement en deux masses, celle du mobilier et celle des immeubles.

Les droits des créanciers ne sont point les mêmes sur ces deux masses. Les créanciers hypothécaires peuvent bien exercer leurs droits sur les mobilier, concurremment avec les créanciers chirographaires, au marc le franc, lorsque l'ordre du prix de la vente du mobilier précède celui du prix de la vente des immeubles. La raison en est que tous les biens quelconques du débiteur leur sont obligés, et qu'ils ne peuvent être contraints d'attendre, pour recevoir tout ou partie de ce qui leur est dû, l'ordre du prix de la vente des immeubles, dont le sort est incertain. Mais il n'est pas moins vrai que la masse mobilière est une masse distincte, dans laquelle les créanciers chirographaires ont un droit égal à celui des créanciers hypothécaires, et sur laquelle tous doivent venir par contribution, tandis que les créanciers hypothécaires ont seuls droit aux immeubles ; et encore si le prix de ces immeubles n'est pas entièrement absorbé par les créanciers hypothécaires, les créanciers chirographaires viennent au partage du restant, toujours par contribution. Or, il faut faire attention que la réversion ordonnée par l'art. 541, à la masse mobilière, dans le cas qui y est prévu, n'est qu'une suite immédiate du droit qu'ont les créanciers chirographaires sur cette masse mobilière. Ils tiennent ce droit d'eux-mêmes ; il est inhérent à leur qualité de créanciers ; ils ne demandent et ne prennent que ce qui est à eux ; ils n'ont besoin d'invoquer, et ils n'invoquent, en effet, aucune sorte de subrogation. Cependant M. Tarrible avance que « ce retour ne peut avoir son fondement que dans *une espèce de subrogation légale*, qui s'opère, de droit, en faveur de la masse chirographaire, ou des créanciers qu'elle représente, pour les indemniser, etc. » Mais c'est parce que cette majeure est dénuée de fondement, parce qu'on y prend un droit pour un autre, que la conclusion tombe.

D'ailleurs, on ne conçoit pas la subrogation qui fait le fondement de l'opinion de M. Tarrible. Lorsqu'il a été procédé à l'ordre, sur le prix de la vente qui a été absorbé par le créancier qui a l'hypothèque générale, et sans la participation, bien entendu, des créanciers qui ont des hypothèques sur l'autre domaine sur lequel le créancier qui a succombé au premier ordre n'a point d'hypothèque spéciale, tout est consommé. Il y a plus ; le créancier qui a l'hypothèque générale peut être payé par suite de sa collocation ; son inscription seroit alors radiée. Il n'existe donc plus ni droit, ni créance. Et comment pourroit-on être subrogé à ce qui n'existe pas ? On sent encore que les créanciers inscrits sur le second domaine, sur lequel viendroit exercer des droits le créancier inscrit seulement sur le premier domaine, et dont l'inscription seroit devenue sans effet, seroient dans l'impossibilité d'examiner si tout ce qui a été fait lors du premier ordre est légal, ou non; si le créancier primé par celui qui avoit une hypothèque générale a veillé, ou non, à la conservation de ses droits. Il ne pourroit plus être formé de tierce opposition. On ne peut plus examiner si ce n'eût pas été le cas de faire une enchère sur l'objet vendu, pour augmenter le gage des créanciers. Voilà autant de réflexions subsidiaires qui viennent à l'appui du moyen de droit qui s'élève contre l'opinion de M. Tarrible; lequel moyen de droit seroit d'ailleurs seul décisif.

Au surplus, on ne peut pas dire que la loi présente, à ce sujet, une lacune. En indiquant les moyens d'établir les hypothèques, elle fait sentir les risques qu'on peut courir. Le créancier, dans l'espèce en question, a à s'imputer de n'avoir pas plus étendu l'assiette de son hypothèque, qu'il pouvoit rendre générale. Je dis qu'il pouvoit la rendre *générale* par le fait, en faisant comprendre dans l'hypothèque, nominativement et spécialement, tous les immeubles du débiteur, ou au moins le plus grand nombre. Il a dû prévoir que ceux qui le primoient, en vertu d'hypothèques légales ou judiciaires, pourroient exercer ces hypothèques, d'après le principe de l'indivisibilité, sur le bien sur lequel il se contentoit d'une hypothèque spéciale. En un mot, il est dit, dans l'art. 2115 du Code civil, que l'hypothèque n'a lieu que dans les cas et suivant les formes autorisées par la loi. Or, la loi n'autorise pas l'hypothèque par voie de subrogation, au moins dans le cas dont il s'agit; et celui qui use du droit d'indivisibilité n'est pas présumé commettre une fraude.

Je ne me fonderai pas sur l'arrêt de la Cour royale de Riom, rendu, dans l'espèce que j'ai annoncée, entre le sieur Paultrier et les sieurs Leymerie et autres, le 2 décembre 1819, parce qu'il ne juge pas précisément la question. On s'est déterminé par des circonstances particulières. J'observerai néanmoins qu'il en résulte la confirmation d'un jugement du tribunal civil d'Issengeaux, du 30 novembre 1818, qui avoit rejeté, en droit, une demande en subrogation formée par le sieur Paultrier, dans le sens de l'opinion de M. Tarrible, sur laquelle il se fondoit. Je dois cependant faire remarquer qu'un des motifs de l'arrêt de la Cour royale, étoit que le sieur Paultrier auroit dû demander au tribunal de Saint-Etienne, où s'étoit fait le premier ordre, la subrogation aux droits des créanciers dont les hypo-

thèques

thèques étoient générales, et qui le primoient. Mais on sent, d'après ce qui vient d'être dit, que la question de savoir si cette subrogation pouvoit lui être accordée, n'eût pas été sans de grandes difficultés. Les tribunaux peuvent-ils ordonner une subrogation qu'aucune loi n'autorise? car cette subrogation ne résulte en aucune manière de l'art. 1251 du Code civil.

Au surplus, toutes ces difficultés n'arriveroient pas, si celui qui prêteroit à un mari ou à un tuteur, vouloit prendre les précautions que la loi indique pour sa sûreté; il ne courroit alors aucun risque. Ces précautions sont simples; elles consistent dans une réduction d'hypothèques qu'on exigeroit d'un mari ou d'un tuteur avec lequel on contracteroit. Il resteroit des biens libres et dégagés de toutes hypothèques. Ces biens seroient connus, et l'hypothèque qu'on prendroit sur ces mêmes biens seroit à l'abri de toute atteinte. Je répète ici ce que je dis dans quelques autres passages de ce Traité, qu'en suivant la loi, les risques disparoissent, et on a à s'imputer de n'avoir pas usé des ressources qu'elle procure.

Je dois ajouter encore que le créancier qui se trouveroit éconduit par sa faute, pourroit la réparer en remboursant la créance pour laquelle il y auroit l'hypothèque légale ou judiciaire, qui deviendroit si gênante pour lui. Ce remboursement emporteroit une subrogation légale, d'après l'article 1251 du Code civil, § 1er. Mais la réduction des hypothèques, exigée par le créancier avant de contracter, est le moyen le plus simple et le plus pratiquable, puisque la fortune du créancier hypothécaire spécial ne lui permettroit pas souvent de faire le remboursement de la créance à laquelle seroit attachée l'hypothèque générale, pour obtenir une subrogation légale. Sur l'avantage que présente la réduction des hypothèques légales, j'ai seulement indiqué celui qui prêteroit à un mari ou à un tuteur. Je ne parle pas de celui qui voudroit acquérir de l'un ou de l'autre, parce qu'il a un moyen que n'a pas le créancier, qui est celui de pouvoir purger ces hypothèques, et de se retenir jusque-là le prix de l'acquisition.

180. DEUXIÈME EXEMPLE. Cependant, s'il s'agissoit d'un seul ordre qui se fît, du prix provenant des immeubles du débiteur, à un seul tribunal, et entre ses créanciers réunis en masse, dont quelques-uns auroient des hypothèques générales, soit légales, soit judiciaires, et dont d'autres auroient seulement des hypothèques spéciales primées par les premières, alors on pourroit prendre un tempérament qui concilieroit, autant que possible, tous les intérêts; et on sent qu'il faut toujours, lorsque les prin-

Deuxième exemple.

cipes le permettent, recourir aux remèdes qu'indique un sentiment de justice et d'équité. On trouve dans le recueil de Sirey, *tom.* 17, 2ᵉ *partie*, *pag.* 597, un arrêt de la Cour royale de Paris, du 31 août 1810, qui peut servir de guide sur ces sortes de difficultés.

Dans l'espèce de cet arrêt, la dame veuve de la Rochefoucauld couvroit de son privilége, comme venderesse, tous les biens ou la majeure partie des biens d'un sieur Goesson, ce qui n'est pas parfaitement expliqué dans le récit de l'espèce de l'arrêt, mais ce qui est, au surplus, indifférent pour la décision. Le sieur Goesson, postérieurement à l'établissement du privilége, donna plusieurs hypothèques spéciales à un grand nombre de créanciers. Ceux-ci firent saisir et vendre tous ses immeubles. Un ordre s'ouvrit devant le tribunal de première instance de Paris. La dame de la Rochefoucauld, qui avoit pourvu à la conservation de son privilége qui portoit sur plusieurs immeubles, indiqua l'immeuble sur lequel elle vouloit que portât sa collocation en entier. On sent qu'elle avoit droit et intérêt de ne pas être payée partiellement et sur plusieurs bordereaux de collocation, sauf, disoit-elle, aux créanciers à reporter ensuite fictivement ce privilége sur le prix des autres immeubles, *au marc le franc de leur valeur.* Il y eut plusieurs contestations entre les autres créanciers, respectivement à leurs créances, et il est inutile que je les rappelle. La créance même de la dame de la Rochefoucauld éprouva quelques critiques, sur lesquelles les créanciers succombèrent. Mais il ne paroît pas qu'on contestât ses conclusions, ni qu'on fît des observations sur le reversement fictif de son privilége, dont je viens de parler. Le tribunal de première instance, en adoptant tous les moyens de la dame de la Rochefoucauld, ordonna ce reversement, et l'arrêt confirma ce jugement en cette partie.

Il devroit en être de même, dans le cas où, sans qu'il y eût des créanciers privilégiés, il y en auroit dont les créances eussent hypothèque générale, lesquels seroient en concours avec des créanciers qui auroient seulement des hypothèques spéciales. Je suppose que ces créanciers dont les uns avoient l'avantage de l'hypothèque générale, et dont d'autres auroient seulement une hypothèque spéciale, fussent en présence devant le même tribunal, sur un ordre général du prix de la vente de tous les immeubles du débiteur; je m'explique encore dans l'idée que cet état de choses existe, soit qu'il n'eût été ouvert d'abord qu'un seul ordre, soit qu'il en eût été ouvert deux, mais qui auroient été joints. On sent la

différence qu'il y a entre cet exemple et le premier. Dans le premier
exemple, deux ordres s'ouvrent, non simultanément, mais successivement et en deux tribunaux différens. D'après la confection du premier
ordre, où a figuré le créancier qui avoit une hypothèque spéciale sur le
bien qui en étoit l'objet, et qui n'a pu être colloqué dans cet ordre, tout
est consommé ; il demeure irrévocablement sans droit sur les autres immeubles situés dans un autre arrondissement, sur lesquels il n'a pas
d'hypothèque spéciale, et pour lesquels un ordre s'ouvre dans la suite ;
au lieu que, dans le second exemple, il n'y a qu'un seul ordre pour tous
les biens, au même tribunal ; tous les créanciers sont en présence ; ils veil-
lent tous réciproquement à la conservation de leurs droits. Rien ne s'oppose donc à ce que, d'après les différentes combinaisons qui peuvent se
présenter, on saisisse les moyens de concilier tous les intérêts des parties ;
et les circonstances facilitent l'usage de ces moyens, ce qui ne peut arriver
dans l'espèce qui fait le fondement du premier exemple.

181. TROISIÈME EXEMPLE. C'est aussi dans ces idées qu'a été rendu un   Troisième
exemple.
arrêt de la même Cour royale de Paris, du 10 mars 1809, quoiqu'il l'ait
été dans une espèce qui présente quelques nuances, relativement à celle
de l'arrêt du 51 août 1810. Il est rapporté par Sirey, *an 1809, 2ᵉ partie,
pag. 315*. En 1789, les administrateurs de l'hospice des incurables de
Paris avoient donné à bail à vie, au sieur Paschal, un bâtiment et un
terrain situés à Paris. Ce bail avoit été fait moyennant 1,600 fr. par an,
et à la charge de faire plusieurs constructions importantes sur ce terrain.
Tous les biens présens et à venir du sieur Paschal furent affectés à l'exécution de ses engagemens. Il vendit aux sieurs Soubirau et Berthole d'autres immeubles que ceux contenus dans le bail à vie, fait par l'hospice.
Il avoit satisfait à ses engagemens, relativement à ce bail à vie, de manière
que les droits de l'hospice et les arrérages qui pouvoient être dus étoient
bien plus qu'assurés par l'état des bâtimens donnés à vie. Plusieurs de ces
bâtimens avoient été cédés, avec affectation au service de la rente de 1,600 fr.
Les ventes des autres biens soumis à l'hypothèque générale furent trans-
crites, et il s'ouvrit un ordre sur les prix qui en provenoient. Les créanciers opposèrent à l'hospice qui demandoit à être colloqué, que les biens
qui formoient les objets du bail à vie, étoient, au moyen des constructions
faites par les preneurs, d'un produit bien supérieur au prix annuel du bail ;
qu'ainsi l'hospice ayant dans sa chose un gage suffisant, il n'avoit point

d'intérêt. Cette prétention fut accueillie par l'arrêt confirmatif en cette partie du jugement du tribunal de première instance. « Attendu, porte l'arrêt, que les maisons situées à Paris, acquises par Soubirau et Berthole, n'ont jamais fait partie des terrains donnés à bail à vie, par les hospices, à Paschal; que l'hospice a un gage plus que suffisant pour répondre de l'exécution des clauses du bail à vie, dans les constructions et revenus des maisons bâties sur les terrains par lui baillés à vie, et sur lesquels il a *un privilége*, ce qui rend inutile l'examen *de son hypothèque générale* sur les maisons vendues à Berthole et Soubirau, puisqu'il est sans intérêt à leur égard, etc. » Ainsi cet arrêt a jugé, d'après le texte même qu'en donne l'auteur du recueil, que le créancier qui a une hypothèque générale sur les biens de son débiteur pour sûreté de toutes les clauses du contrat, et qui de plus a un privilége sur certains immeubles, ne doit pas (lorsque les immeubles affectés au privilége lui offrent un gage plus que suffisant) être colloqué dans l'ordre du prix des autres biens vendus.

Je ne puis cependant m'empêcher de remarquer que les décisions de ce genre tiennent beaucoup aux circonstances ; que le principe de la généralité et de l'indivisibilité de l'hypothèque doit toujours être respecté, et que la restriction qu'on en feroit ne pourroit être justifiée qu'autant que, comme dans l'espèce de cet arrêt du 10 mars 1809, il seroit parfaitement établi que le privilége seroit plus qu'assuré par la valeur et l'état des fonds sujets à la redevance, qu'on peut encore combiner avec la durée de cette même redevance. Il n'y a pas même dans ces décisions une dérogation, à proprement parler, au principe de l'indivisibilité de l'hypothèque. Il ne faut y voir que l'application d'un autre principe consacré de tout temps par l'équité, qu'on ne doit pas tolérer l'exercice d'un droit rigoureux, lorsqu'il est en pure perte pour celui qui l'exerce, et qu'il nuit considérablement à un autre.

Au surplus, pour ne pas blesser le principe de l'indivisibilité de l'hypothèque, pour la conservation duquel il faut toujours pencher, on pourroit encore, selon les circonstances, ne faire toucher le prix aux créanciers inscrits sur les biens sur lesquels porteroit l'hypothèque générale de celui qui a un privilége sur d'autres immeubles, que sous la condition de fournir une caution de rapporter, dans la suite, le montant des collocations, s'il y avoit lieu. C'est un moyen de concilier tous les intérêts, sans porter atteinte au principe de l'indivisibilité.

182. Pour rendre justice à tous les créanciers hypothécaires, quoiqu'il y ait concurrence d'hypothèques, soit légales ou générales, avec des hypothèques spéciales, il y a un principe bien simple à saisir, c'est que, comme je l'ai observé dans le discours préliminaire, suivant l'esprit et la marche de la loi, rien n'empêche un débiteur, quoique ses biens soient déjà grevés d'hypothèques légales ou générales, de les grever encore d'hypothèques spéciales, lorsque, soit le débiteur, soit son créancier, pensent que les biens sont suffisans pour faire face aux premières hypothèques générales comme aux nouvelles hypothèques spéciales (1). De même aussi, s'il n'est pas question d'hypothèques générales, rien n'empêche un débiteur de donner successivement sur le même immeuble plusieurs hypothèques spéciales, lorsqu'on a l'idée que sa valeur peut suffire à toutes.

Principe à l'aide duquel on peut rendre justice à tous les créanciers hypothécaires qui sont en concurrence. Quatrième exemple.

Dans la seconde hypothèse, il ne peut y avoir de difficultés. Les hypothèques spéciales sont colloquées et ne peuvent l'être que par ordre de leurs dates. S'il y a un déficit de fonds pour remplir la dernière, le créancier a à s'imputer sa propre imprudence. Cela seul fait sentir l'avantage qu'il y a d'avoir la première hypothèque spéciale sur un fonds. Il n'est donc pas étonnant que, lorsqu'une somme est confiée à un particulier, selon certaines circonstances, à la charge d'en faire un emploi en immeubles ou en hypothèques, on stipule souvent que l'emploi se fera *par première hypothèque.*

Mais dans la première hypothèse, il se présente plus de difficultés; il est cependant possible, avec du soin et de l'attention, de les applanir. Pour me faire entendre, je dois poser un exemple. Supposons que la fortune du débiteur consistât en trois immeubles qui fussent chacun en valeur de 10,000 f. Je désigne le premier immeuble par la lettre *A*, le second par la lettre *B*, le troisième par la lettre *C*. Admettons qu'il y ait sur ces trois immeubles une hypothèque générale qui seroit la première de toutes en date, dont le montant seroit de 20,000 francs : supposons que quand cette hypothèque générale existoit, le débiteur eût hypothéqué spécialement l'immeuble *B* à Paul, le 1er janvier, pour 10,000 fr., et qu'il eût ensuite hypothéqué, aussi spécialement, à Pierre, le domaine *C*, le 1er mars,

(1) Mais il n'y a rien de plus sûr que de ne prêter aux maris ou aux tuteurs qu'après des réductions des hypothèques légales, ainsi que je ne cesse de l'observer, surtout s'il y a quelques doutes sur la moralité de l'emprunteur.

pour pareille somme de 10,000 fr. Il est évident que, sur cette masse d'immeubles valant 30,000 fr., le créancier qui a une hypothèque générale dont le montant est de 20,000 francs, doit être colloqué préférablement aux deux autres créanciers. Mais si on lui faisoit prendre sa créance de 20,000 fr. sur le domaine *A*, et en même temps sur le domaine *B*, cette opération produiroit une grande injustice, et ce seroit encore sans intérêt pour ce créancier de 20,000 francs. Il en résulteroit que *Paul* qui a une première hypothèque spéciale, après l'hypothèque générale, sur le domaine *B*, perdroit son hypothèque, et que *Pierre* qui auroit une hypothèque spéciale sur le domaine *C*, la conserveroit en entier, quoique cette hypothèque fut postérieure en date à celle de *Paul*. Rien n'empêche, pour éviter cette injustice, qu'on ne fasse porter l'hypothèque générale, d'abord sur l'immeuble *A*, et ensuite sur l'immeuble *C*, afin de laisser subsister pour *Paul*, son hypothèque sur l'immeuble *B*, puisque cette hypothèque est antérieure en date à celle de *Pierre* sur l'immeuble *C*. Ce tempérament seroit fondé tout à la fois sur l'équité et sur l'esprit même de la loi. On sent que tous créanciers qui, comme *Paul*, ont dû plus sûrement compter sur la solvabilité du débiteur, lorsqu'ils lui prêtoient, parce que ses biens étoient moins épuisés par les hypothèques, doivent être préférés à ceux qui n'auroient prêté qu'après eux, et qui devoient compter, avec moins de sûreté qu'eux, sur la rentrée de leur créance, puisqu'ils sont présumés avoir connu toutes les hypothèques qui précédoient.

183. C'est seulement en pratiquant ainsi, qu'on peut empêcher le succès des moyens injustes et frauduleux, dont on a vu des exemples. En effet, l'expérience a appris que, dans ce cas de concours d'hypothèques générales et spéciales, l'adresse et la cupidité se sont exercées quelquefois à faire jouer, à leur gré, les ressorts du système hypothécaire, pour se tirer d'une mauvaise place où l'on se trouvoit par la nature des choses, afin de s'en procurer une meilleure, au préjudice d'un créancier qui l'occupoit légitimement et de bonne foi. Il pourroit résulter de ces combinaisons astucieuses, que, par l'effet de l'abus du principe de l'indivisibilité, une hypothèque générale seroit déplacée, de telle manière qu'un créancier, premier en hypothèque spéciale sur un immeuble particulier, se verroit primé par un créancier aussi spécial sur le même immeuble, quoique postérieur en date. On sent encore que je ne puis me faire saisir qu'en présentant une hypothèse; c'est aussi ce que je vais faire.

Paul est propriétaire de deux domaines ; l'un *A*, l'autre *B*. Le domaine *A*
produit, par suite d'expropriation, 120,000 f. ; le domaine *B* produit 20,000 f.
Ces deux domaines sont grevés d'une hypothèque légale de 40,000 fr., et,
en second ordre, d'une hypothèque générale aussi de 40,000 fr. En cet
état, *Paul* avoit donné, en 1809, une hypothèque spéciale à *Jacques*, sur
le domaine *B*, de la somme de 20,000 fr. En 1810, il avoit donné à *Pierre*
une hypothèque spéciale, tant sur le domaine *A* que sur le domaine *B*, de
la somme de 60,000 fr. On voit là des biens en valeur de 140,000 francs,
hypothéqués à des créances qui montent à 160,000 francs, en sorte qu'il
devient nécessaire qu'il y ait sur l'un des créanciers une perte de 20,000 fr.
Un ordre s'ouvre sur l'adjudication. On sent, au premier coup d'œil, la
marche naturelle à suivre sur la collocation. L'hypothèque légale doit être
remplie par 40,000 fr. à prendre sur le prix du domaine *A*. L'hypothèque
générale doit l'être ensuite, pour une pareille somme de 40,000 francs à
prendre sur le prix du domaine *A* ; en sorte qu'il restera sur la totalité du
prix de ce domaine 40,000 fr. L'hypothèque de *Jacques*, qui est de 20,000 fr.,
doit être acquittée sur le prix du domaine *B*, qui est de pareille somme,
puisqu'il est le premier créancier hypothécaire spécial en date sur ce domaine. Quant aux 40,000 fr. restans sur le prix du domaine *A*, ils doivent
revenir à *Pierre*, pour le remplir de son hypothèque spéciale assise, mais
postérieurement à celle de *Jacques*, sur le domaine *A*, et de plus sur le
domaine *B*. Il y a un déficit sur lui de 20,000 fr., dont il est en perte,
puisque, au lieu de 60,000 fr. dont il est créancier, il n'en touche que
40,000. Cela tient à la nature des choses et à sa propre imprudence.

Mais s'il plaisoit au créancier qui auroit l'hypothèque légale de 40,000 fr.,
ou à *Pierre* qui pourroit colluder avec ce créancier, et qui achèteroit son
consentement, de vouloir, en abusant de l'indivisibilité de l'hypothèque,
faire porter 20,000 fr., moitié de cette créance légale, sur le prix du domaine *B*, qui seroit dès lors absorbé, et ne faire porter sur le domaine *A*,
que 20,000 fr., faisant l'autre moitié de cette créance légale, qu'en résulteroit-il ? *Jacques* seroit sans répétition sur le prix du domaine *B*, qui est
le seul sur lequel il ait une hypothèque spéciale, et, par conséquent, il
perdroit sa créance ; tandis que le domaine *A*, se trouvant dégrevé, par
cette opération, de 20,000 fr., relativement à l'hypothèque légale, il resteroit de libre, sur le prix de ce domaine, 20,000 fr., outre les 40,000 fr.
qui restoient déjà, après y avoir pris les 40,000 fr. entiers, montant de

l'hypothèque légale. Cette somme de 20,000 fr., ainsi que la première de 40,000 fr., pourroit être réclamée par *Pierre*, en vertu de son hypothèque spéciale sur le domaine *A*, sur lequel *Jacques* n'en a pas, l'hypothèque de celui-ci, qui est de 20,000 francs, étant restreinte sur le seul domaine *B*. Dès lors *Jacques* se verroit déchu de sa créance, quoiqu'il eût, pour sa sûreté, une hypothèque plus ancienne que celle de *Pierre*.

Croiroit-on qu'il se soit présenté dans les tribunaux une prétention fondée sur un retour aussi astucieux? cependant on en trouve un exemple dans un arrêt de la Cour royale de Paris, du 28 août 1816, qui est dans le recueil du continuateur de Denevers, *an 1817, pag. 85, au supplément*. L'espèce qui y est rapportée ne fournit pas des détails suffisans pour qu'elle se présente aux yeux et à l'esprit sans quelque effort d'attention, le montant des créances respectives, et les valeurs de chacun des biens, n'y étant pas indiqués. C'est pour y suppléer, que je me suis fait un thème particulier sur lequel j'ai fondé l'hypothèse que je viens de présenter; mais tout ce que je dis se trouve conforme, en résultat, à la chose jugée par cet arrêt. Il a écarté, comme on devoit s'y attendre, une prétention élevée par un sieur Chesjean, semblable à celle que j'ai supposée de la part de *Pierre*, qui auroit acquis, en réalité ou en apparence, les droits constitutifs de l'hypothèque légale. L'arrêt ne donne point de motifs, parce qu'il confirme simplement un jugement du tribunal de Joigny. C'est dans ce jugement que se trouvent les motifs qui ont déterminé la décision; ils ne laissent rien à désirer; ils contiennent un développement si lumineux, non-seulement des principes qui concernent particulièrement la question, mais encore des vues générales du législateur, sur l'ordre dans lequel doivent être payés des créanciers qui se trouvent en concurrence d'hypothèques générales et spéciales sur des immeubles, que je crois devoir rapporter le jugement en entier. On y voit à combien de fraudes le système qui a été rejeté pourroit donner lieu.

« Considérant que le nouveau système hypothécaire a pour base fondamentale de faire jouir les créanciers hypothécaires des avantages qui peuvent résulter de la priorité, de la publicité et de la spécialité des hypothèques; que, dans ce système, on admet la concurrence des hypothèques spéciales avec les hypothèques légales et judiciaires, qui, de leur nature, sont générales; que, dans l'art. 2134 du Code civil, le législateur a consacré en principe, qu'entre les créanciers, les différentes hypothèques, consé-

quemment

quemment les hypothèques spéciales ou générales, n'ont de rang que du jour de l'inscription; qu'ainsi il entre dans l'esprit de la loi, qu'aucun créancier, postérieur en date par son inscription, ne puisse être préféré à celui qui le précède dans le rang des hypothèques; — Considérant que si, d'après l'art. 2114 du même Code, l'hypothèque, qui est un droit réel sur les immeubles affectés à l'acquittement d'une obligation, est, de sa nature, indivisible, et subsiste en entier sur les immeubles affectés, et sur chaque portion de ces immeubles, le sens et le but de cette disposition sont qu'aucune transmission de tout ou de partie de l'immeuble hypothéqué, ne puisse s'opérer qu'à la charge de l'acquittement de la totalité de l'obligation, mais n'exclut pas la possibilité d'affecter à l'acquit de nouvelles créances le prix d'immeubles déjà grevés par l'effet de l'hypothèque générale; que les hypothèques ultérieures, conférées par une stipulation de spécialité, doivent recevoir leur pleine et entière exécution, lorsqu'il existe un moyen de désintéresser les premiers créanciers, et qu'il ne s'élève des débats, comme dans l'espèce, qu'entre le créancier intermédiaire et un troisième créancier postérieur, qui voudroit limiter l'effet de la première hypothèque générale, et l'empêcher de frapper sur les biens qui lui sont hypothéqués spécialement; que, dans cette matière, la règle la plus sûre qu'on doive suivre, et qui se trouve implicitement tracée dans l'article 2134 précité, c'est de donner la préférence à l'hypothèque la plus ancienne, pour limiter et restreindre en sa faveur l'effet de l'hypothèque générale, conformément à la règle de droit, *qui potior est tempore, potior est jure;* — Considérant que le système présenté par Chesjean, offre une contradiction manifeste, puisque, d'un côté, en s'appuyant sur le principe de l'indivisibilité de l'hypothèque, il voudroit néanmoins restreindre l'hypothèque générale d'Aversenne et de la femme Laferrière, en l'empêchant de frapper sur les biens qui sont hypothéqués à lui Chesjean; et que, d'un autre côté, il s'oppose à la restriction admise en faveur des héritiers Lapreuscrie, dont l'hypothèque a une priorité de quinze mois sur la sienne, quoiqu'en admettant cette dernière restriction, le droit d'Aversenne et de la femme Laferrière se trouve complètement conservé, et leurs créances entièrement solues et acquittées dans le projet d'ordre; — Considérant que l'adoption du système de Chesjean pourroit ouvrir le champ le plus vaste à la fraude; qu'en effet, si, ce qu'on est bien éloigné de soupçonner, Ragon-Laferrière, en haine des héritiers Ragon-Lapreuscrie, et dans l'intention de leur enlever le gage

Tome I.   B b b qu'il leur a donné, avoit rangé, sans bourse déliée, ou pour une avance très-modique, Chesjean au nombre de ses créanciers hypothécaires, il en résulteroit donc que, par un concert frauduleux, il pourroit faire disparoître aujourd'hui le gage donné aux héritiers Lapreuserie, dans un temps où la fortune immobilière de lui Ragon-Laferrière présentoit une valeur double des charges dont elle se trouvoit alors grevée; qu'ainsi, un système qui pourroit conduire à de pareils résultats, et engendrer une fraude aussi scandaleuse et aussi révoltante, doit être rejeté; — Considérant enfin que c'est à Chesjean à s'imputer de n'avoir pas examiné avec assez d'attention le tableau hypothécaire de celui avec qui il vouloit traiter, avant de lui ouvrir un crédit aussi considérable; que si c'est de sa part un défaut de prudence, il ne peut en rendre victimes les héritiers Lapreuserie; que s'il a connu les droits incontestables de ces derniers, avant de faire son avance de fonds, et s'il a dès lors calculé qu'en achetant à vil prix les droits de la femme Laferrière qu'il avoit pour obligée, il lui devenoit facile de primer indirectement les héritiers Lapreuserie, et de leur enlever le gage que Ragon-Laferrière leur avoit donné quinze mois auparavant; il doit encore s'imputer une spéculation qui, par son caractère et sa nature, devoit un jour lui enlever la faculté de se plaindre de ce qu'il n'en recueille pas le fruit; le tribunal déclare Chesjean mal fondé dans sa critique de la collocation provisoire des héritiers Lapreuserie, et maintient cette collocation, ainsi et de la manière qu'elle a été faite dans le projet d'ordre, etc. »

Rejet du système du partage, au marche franc, entre les hypothèques spéciales qui se trouvent en concours avec des hypothèques légales ou générales.

184. J'avois écrit tout ce qu'on vient de lire sur les difficultés qui s'élèvent en cas de concours des hypothèques spéciales avec des hypothèques légales ou générales; le Traité étoit même non-seulement terminé, mais encore l'impression en étoit commencée, lorsque j'ai remarqué un arrêt de la Cour de cassation, du 16 juillet 1821, qui est très-important. Il est rapporté par Sirey, *vol. de* 1821, 1re *partie, pag.* 360, et par le continuateur de Denevers, *même année, pag.* 433. J'aurois voulu pouvoir me dispenser, pour abréger, de rapporter les faits qui ont constitué l'espèce sur laquelle cet arrêt a été rendu; mais je m'y vois obligé, parce qu'à la suite de l'arrêt, j'aurai des observations à faire, qui ne pourroient être appréciées que par la connoissance de ces faits. Cependant je ne rapporterai pas les moyens respectivement opposés par les parties, qui ont été développés avec étendue, et, à ce qu'il paroît, d'après des mémoires imprimés. Je me bornerai à ce qu'on doit savoir sur les faits; je les prends dans le recueil de Denevers.

« Par contrat de mariage du 26 janvier 1807, le sieur Solignac reconnut en dot à la demoiselle Raynal, devenue depuis son épouse, une somme de 37,525 fr.

» Plus tard, et par acte notarié du 9 décembre 1814, il contracta envers le sieur Broussous une obligation de 28,000 fr., pour sûreté de laquelle il hypothéqua spécialement sa maison d'habitation, un jardin y attenant, et une prairie appelée Ville-Rousset ; le tout situé à Mende. A cette époque, ses biens n'étoient frappés d'aucune autre hypothèque que de l'hypothèque générale de sa femme.

» Indépendamment des biens qu'il possédoit dans l'arrondissement de Mende, département de la Lozère, le sieur Solignac en avoit encore dans l'arrondissement de Chanac, même département.

» Le 2 novembre 1815, il emprunta du sieur Ignon une somme de 13,253 fr., pour le payement de laquelle il hypothéqua spécialement, 1°. un corps de domaine appelé de Ramades ; 2°. le pré de Ville-Rousset et sa maison d'habitation, déjà hypothéqués au sieur Broussous ; 3°. un pré, jardin et bâtiment ayant fait partie de l'enclos des Cordeliers ; tous ces biens situés dans l'arrondissement de Mende ; 4°. enfin, un pré appelé le Chambon, situé dans l'arrondissement de Chanac.

» Les immeubles situés dans l'arrondissement de Mende étoient tous grevés d'hypothèques spéciales antérieures.

» Les affaires du sieur Solignac s'étant dérangées, ceux de ses biens qui étoient situés dans l'arrondissement de Mende furent saisis et judiciairement vendus. Il en fut fait quatre lots, ainsi qu'il suit :

» La maison, le jardin y attenant et le pré de Ville-Rousset, spécialement hypothéqués au sieur Broussous, formèrent le premier lot, et furent adjugés au prix de 45,500 fr. ;

» Le second lot, composé du domaine de Ramades, fut adjugé à 50,000 fr. ;

» Le troisième lot, adjugé à 10,200 fr., comprenoit l'enclos et maison des Cordeliers ;

» Et le quatrième, consistant en un pré situé à la Champ, fut adjugé au prix de 1,050 fr.

» Prix total, 106,750 fr.

» Un ordre ayant été ouvert pour la distribution de ces sommes, le juge commissaire dressa un état provisoire de collocation, par lequel la dame Solignac, épouse du saisi, fut placée au premier rang pour la somme de

39,305 fr., montant de sa dot et accessoires; et il fut dit que cette somme seroit prise, savoir : 19,549 fr. sur le montant du second lot; 8,260 fr. sur celui du premier; 1,042 fr. sur le quatrième lot, et le surplus sur le montant du troisième.

» Après la dame Solignac, le juge commissaire colloqua le sieur Broussous pour la somme de 31,343 fr., montant de sa créance en capital et intérêts; cette somme à prendre sur le prix de l'adjudication du premier lot, qui lui étoit spécialement affecté.

» Différens autres créanciers furent colloqués sur le prix des autres lots, et sur ce qui restoit du prix des premier et second lots.

» Enfin, le sieur Ignon fut colloqué pour la somme de 13,253 fr., montant du capital et des intérêts de son obligation; mais les fonds manquèrent sur lui.

» Le sieur Ignon réclama contre cet état de collocation; il prétendit qu'au lieu de répartir la créance de la femme, comme l'avoit fait le juge commissaire, il falloit en faire la répartition au marc le franc sur tous les biens vendus, eu égard à leur valeur. En suivant cette règle, le prix du premier lot, amoindri par le prélèvement d'une plus forte somme du chef de la femme, se seroit trouvé insuffisant pour acquitter la créance du sieur Broussous; et comme celui-ci n'avoit d'hypothèque que sur les immeubles qui composoient ce lot, une partie de cette créance eût été perdue, et le sieur Ignon auroit profité du vide qu'elle auroit laissé, attendu que le prix des immeubles qui lui étoient affectés se seroit trouvé frappé, dans une moindre proportion, par l'hypothèque générale, qu'ils ne l'étoient d'après l'état de collocation provisoire dressé par le juge commissaire.

» Le tribunal civil de Mende n'accueillit point cette prétention; il maintint, quant à ce, le système de collocation du juge commissaire. Mais comme les biens vendus étoient insuffisans pour solder et la créance entière de la femme, et un créancier à hypothèque spéciale antérieure à Ignon, le tribunal, par jugement du 8 juillet 1817, autorisa ce créancier à prendre le montant de sa créance sur l'allocation faite à la dame Solignac, et renvoya celle-ci à prendre sur les biens de son mari, situés dans l'arrondissement de Chanac, tout ce qui lui resteroit dû pour le complément de sa dot (1). Parmi les créanciers colloqués, il y en avoit qui l'étoient

(1) On ne distingue pas cette circonstance dans le recueil de Sirey. Mais je dois croire

pour des pensions viagères; le jugement autorisa le sieur Ignon à retirer les capitaux affectés à ces rentes des mains de l'adjudicataire, en déduction de sa créance, à la charge de servir lui-même les arrérages de ces pensions. Enfin, le jugement ajouta que si, pour le complément de la dot de la dame Solignac, il manquoit des fonds sur le prix des biens de Chanac, dont le sieur Ignon étoit devenu acquéreur, il suppléeroit à ce déficit, comme étant le créancier dernier inscrit, et prenant part sur le prix des immeubles de l'arrondissement de Mende.

» Le sieur Ignon et quelques autres créanciers interjetèrent appel de ce jugement. La dame Solignac n'en appela pas. Le sieur Ignon reproduisit son système de répartition de l'hypothèque générale de la dame Solignac, au marc le franc, sur tous les biens vendus.

» Mais la Cour royale de Nismes a condamné ce système, comme l'avoit fait le tribunal de première instance; et, par arrêt du 30 juin 1818, elle a ordonné que le jugement dont étoit appel recevroit son effet.

» Voici les motifs qui ont déterminé son arrêt : « Attendu que, par le résultat de l'ordre intervenu sur la distribution du prix des biens du sieur Solignac, la créance procédant de la dot de son épouse, et pour laquelle elle avoit une hypothèque générale, se trouvant utilement allouée sur le prix de partie des mêmes biens, sans aucune réclamation de sa part envers cette allocation, le sieur Ignon, qui n'avoit qu'une hypothèque postérieure à celle-ci sur les mêmes biens, n'est ni recevable, ni fondé à se plaindre de ce qu'on ne l'a pas fait porter sur d'autres biens également hypothéqués à cette créance; que, forcé de convenir que l'hypothèque générale est un droit réel et indivisible, qui peut être exercé sur la totalité et sur chaque partie des immeubles affectés pour la totalité de la dette, il ne peut se prévaloir de ce qu'il se trouve, par l'exercice de ce droit, privé lui-même de l'utilité d'un gage qu'il savoit bien pouvoir être absorbé par cette hypothèque générale; qu'il a d'autant moins raison de s'en plaindre, qu'il

---

que l'auteur de ce recueil, dont l'exactitude est connue, a entendu la rendre ou ne pas la dissimuler, en disant, après avoir donné les dispositions du jugement : « Le jugement, dans son dispositif, fait quelques changemens à la collocation arrêtée par le juge commissaire ; mais il est inutile de les rapporter, puisqu'ils ne favorisent nullement les prétentions du sieur Ignon.» D'ailleurs, de ce que cette circonstance m'a frappé d'après mes idées particulières, ce n'est pas une raison pour que l'auteur du recueil ait dû l'être.

voudroit faire reverser les effets de cette allocation sur le prix d'un immeuble, qui déjà étoit grevé d'une hypothèque spéciale en faveur d'un précédent créancier, à l'époque où il a contracté lui-même avec ce débiteur, et à laquelle il n'a pas pu ignorer que la valeur de tous les biens de ce débiteur étoit déjà absorbée par l'existence, soit de l'hypothèque générale, soit de l'hypothèque spéciale dont ils étoient grevés, et qu'il seroit souverainement injuste d'attribuer à celui qui n'a contracté que lorsqu'il savoit que le débiteur n'avoit plus aucune sûreté à donner, une préférence qui devoit plutôt appartenir à celui qui n'avoit prêté ses fonds que sous la foi d'un gage plus que suffisant pour le payer, dans un temps où les biens libres de son débiteur étoient aussi bien plus que suffisans pour faire face à l'hypothèque générale dont ils étoient grevés; qu'admettre un système contraire seroit ouvrir un libre cours à la fraude, en mettant un débiteur, déjà insolvable, à même de paralyser en partie l'hypothèque spéciale qu'il auroit donnée à un créancier légitime, par la supposition d'un nouveau créancier auquel il donneroit aussi, en hypothèque spéciale, un autre immeuble déjà absorbé par l'hypothèque générale, pour établir le concours de celle-ci, et faire supporter partie de ses effets par l'immeuble primitivement hypothéqué, et retirer ainsi le prix d'une sorte de stellionat qu'il pourroit impunément commettre. »

Sur le pourvoi du sieur Ignon, est intervenu l'arrêt de rejet qui suit : « Attendu qu'il résulte de l'arrêt attaqué, que l'inscription hypothécaire du sieur Ignon, sur les biens dont le prix a été distribué, est postérieure à toutes celles des créanciers qui ont été colloqués avant lui dans la distribution de ce prix; — Attendu qu'aucune loi, dans le concours de l'hypothèque générale avec les hypothèques spéciales, n'impose aux juges l'obligation de faire, sur les biens spécialement hypothéqués, la répartition de l'hypothèque générale au marc le franc de leur valeur; — Attendu, d'ailleurs, qu'une pareille répartition, si elle étoit admise en principe, pourroit devenir, pour un débiteur de mauvaise foi, qui auroit des créanciers à hypothèque générale et des créanciers à hypothèque spéciale, *un moyen de frustrer ceux-ci d'une partie de leurs légitimes créances*, en contractant postérieurement des dettes simulées, et y affectant les biens qui leur étoient déjà spécialement hypothéqués; que s'il est de la nature de l'hypothèque spéciale de restreindre son effet à l'immeuble qui en est l'objet, il est aussi, dans l'esprit général du système hypothécaire, d'avoir égard à l'antériorité des droits acquis, parce que le créancier qui a prêté le dernier, a eu bien moins de raison que tous les autres de croire à la solvabilité du débiteur commun; d'où il suit, qu'en faisant la répartition de l'hypothèque générale de la dame Solignac, sur les biens dont le prix étoit à distribuer, de manière à donner effet aux hypothèques spéciales, selon l'ordre de leur date, la Cour royale de Nismes non-seulement n'a violé aucune loi, mais s'est au contraire conformée aux véritables principes de cette matière. »

Je crois pouvoir dire que l'arrêt de la Cour royale de Nismes, celui de la Cour de cassation, et le jugement du tribunal de Joigny, que j'ai rapporté dans le n° précédent, forment un corps de doctrine sur les principes généraux de la matière, et, en venant à la question particulière dont il s'agit, ils indiquent les moyens les plus sages de concilier les droits des créanciers qui ont une hypothèque ou légale ou générale, avec ceux des créanciers qui ont seulement des hypothèques spéciales. Cependant tout ce que j'ai dit dans les nᵒˢ précédens, sur cette importante question, ne devient pas à beaucoup près inutile. L'arrêt de la Cour de cassation vient à l'appui des opinions que j'avois émises. On ne sauroit trop multiplier les essais et les exemples sur une matière aussi compliquée, et où tant de sortes d'espèces peuvent se rencontrer.

Il résulte de tout ce qui précède, et surtout de l'arrêt de la Cour de cassation, que les créanciers qui ont une hypothèque ou légale ou générale, doivent être payés par préférence à ceux qui ont seulement des hypothèques spéciales. Mais aussi le droit de ces derniers est réglé de manière que ceux d'entre eux qui, dans l'intention des parties comme dans l'esprit de la loi, ont dû être payés les premiers, parce que les premiers ils ont affecté les immeubles, ont, en effet, la préférence sur ceux qui n'ont acquis des hypothèques que postérieurement. L'idée de subrogation légale, dont le système avoit été proposé par M. Tarrible, et que j'avois combattue, n° 179, en rendant justice à la pureté de l'intention, a été rejetée, parce qu'elle ne pouvoit se concilier avec les principes de la matière.

L'arrêt de la Cour de cassation, et les décisions qui l'ont précédé, donnent les moyens de surmonter la grande difficulté qui se présentoit sur l'application que les créanciers qui avoient des hypothèques générales auroient voulu faire de ces hypothèques sur tels ou tels immeubles, au point d'absorber, sur le prix de ces mêmes immeubles, les premières hypothèques spéciales qui y auroient été imprimées, et de laisser libres, en faveur d'autres créanciers, des immeubles sur lesquels ceux-ci auroient des hypothèques spéciales, mais qui seroient postérieures.

On ne peut se dissimuler que le principe de l'indivisibilité de l'hypothèque reçoit, par les décisions que je viens de rapporter, une modification, respectivement aux hypothèques légales ou générales. On a déjà vu, au commencement de ce §, n° 167, que, suivant le droit romain, le créancier hypothécaire, dont l'hypothèque étoit générale de sa nature, n'étoit astreint à aucun ordre successif dans l'exercice du droit d'hypothèque : ce créancier pouvoit la faire porter, à son gré, sur tout héritage quelconque, qui auroit été compris dans cette hypothèque, de préférence à tous autres. Tel étoit le résultat de la loi 8, ff. *de distract. pign.* La direction de l'hypothèque étoit soumise à la volonté arbitraire du créancier, *creditoris arbitrio.* Mais la modification nouvellement établie est une amélioration qui s'approprie d'ailleurs à notre système hypothécaire; elle est heureuse en ce que, sans détruire le principe de l'indivisibilité, elle rentre dans des idées d'équité et dans l'esprit de la loi. On ne doit jamais tolérer un mode particulier de l'exercice d'un droit, lorsqu'il nuit à autrui, sans profiter à celui qui choisit ce mode plutôt que tout autre qui tendroit également à la conservation de ses intérêts.

Je dois néanmoins faire une observation à ce sujet. On vient de voir, dans l'espèce de l'arrêt de la Cour de cassation, et d'après le jugement du tribunal de première instance de Mende, que, pour que la collocation laissât moins de vide pour les créanciers qui n'avoient que des hypothèques spéciales, la dame Solignac fut renvoyée pour un restant de sa créance, lequel, au surplus, paroissoit modique, à se pourvoir sur les biens situés dans l'arrondissement de Chanac, qui étoit tout autre que celui où se faisoit l'ordre. Ce dernier étoit celui de Mende : la dame Solignac ne s'en plaignoit pas. D'ailleurs, tout indique que le recouvrement de ce restant de créance étoit assuré. Mais pourroit-on bien admettre une pareille mesure, contre le gré du créancier qui auroit une hypothèque générale ? n'y auroit-il pas à craindre que ce ne fût un peu trop s'écarter du principe de l'indivisibilité ? On sent la différence qu'il y a entre les cas où les biens affectés aux hypothèques sont dans un seul arrondissement, et où l'ordre se fait au seul tribunal de cet arrondissement, et le cas où il y auroit des biens situés dans des arrondissemens différens, ce qui nécessiteroit un ordre dans chacun des tribunaux de ces arrondissemens. J'ai fait remarquer les suites
de

de cette différence, aux n°s 179 et 180, en m'expliquant sur le 1er et le 2e des exemples que j'ai présentés. La modification à laquelle on a eu nouvellement recours ne seroit-elle pas plus heureusement établie, et d'une manière plus conforme aux principes, si, dans le cas d'une volonté exprimée par le créancier qui auroit l'hypothèque générale, on le colloquoit sur les biens situés dans un seul arrondissement, toujours dans les proportions les plus favorables aux créanciers dont les hypothèques seroient seulement spéciales? N'y auroit-il pas quelque dureté à renvoyer, contre son gré, le créancier dont l'hypothèque seroit générale, à se pourvoir, même pour une partie de sa créance, quoique modique, sur les biens situés dans un autre arrondissement, surtout si cet arrondissement étoit éloigné? C'est une idée qu'il ne m'appartient que de soumettre aux tribunaux. D'ailleurs, une décision, en pareil cas, peut dépendre des circonstances et des consentemens que les parties intéressées pourroient donner, et que souvent leur intérêt bien entendu commande.

Mais tout ce que j'ai dit, les décisions même des tribunaux, connues jusqu'à présent, ne détruisent pas entièrement cette idée, que le concours des hypothèques générales avec les hypothèques spéciales, fera toujours naître de grandes difficultés et de véritables dangers pour ceux qui prêtent à des maris ou à des tuteurs, sous une hypothèque spéciale. Nous avons des guides pour se tirer, le mieux qu'il est possible, de ces difficultés, lorsqu'elles se présentent; mais il est bien plus sage d'empêcher qu'elles ne naissent. Je dois donc rappeler le conseil que j'ai déjà donné, de ne prêter à un mari dont les biens sont soupçonnés d'être grevés d'une hypothèque légale, surtout si elle est considérable, qu'autant qu'il aura été fait une réduction ou restriction de cette hypothèque légale, sur certains biens du mari, de manière que les autres soient libres, et susceptibles d'être affectés, sans crainte, à des hypothèques spéciales. Cette réduction devient une espèce de spécialisation de l'hypothèque légale, dont il est aisé de sentir l'utilité; c'est le seul moyen d'être à l'abri de recherches et de procès, parce qu'il est toujours très-difficile de sonder avec sûreté des hypothèques légales. Telle est la ressource que le législateur indique dans l'intérêt des maris, et dans celui de ceux qui veulent contracter avec eux. Cette opération est simple et peu dispendieuse. Je ne doute pas qu'il n'ait été dans la pensée du législateur, que l'habitude s'en formeroit. Combien on s'éviteroit de sollicitudes, si on prenoit cette mesure plus souvent

Tome I.   C c c qu'on ne le fait? On sent que la même précaution doit encore avoir lieu dans le cas où l'on contracte avec ceux qui sont chargés de tutelle, ou qui l'ont été. La même mesure est aussi indiquée par la loi pour cette circonstance; elle l'est encore pour le cas de l'hypothèque judiciaire qui, de sa nature, est générale : elle résulte de l'art. 2161 du Code civil.

Il n'y auroit que la préoccupation et l'irréflexion qui pourroient faire naître un sujet de blâme contre la loi, dans la nécessité de prendre ces précautions. Jamais la législation ancienne ne présenta de tels avantages. Les hypothèques légales existoient; elles pouvoient être suivies d'hypothèques ordinaires, qui, comme ces hypothèques légales, étoient générales; mais, par surcroît d'inconvéniens, toutes ces hypothèques étoient occultes. On contractoit dans les ténèbres, et de là une multitude de procès. Les précautions admises par notre législation actuelle font tout connoître; et tout risque disparoît, toute crainte cesse.

Du cas où, à l'occasion d'une hypothèque spéciale, il survient une hypothèque judiciaire.

185. Il peut arriver que des circonstances fassent sortir des bornes dans lesquelles une hypothèque spéciale auroit été circonscrite; elle peut se porter, par extension, sur d'autres immeubles que ceux qui auroient été hypothéqués. Cela arriveroit, par exemple, si, à l'occasion de l'exécution de l'acte obligatoire par lequel l'hypothèque spéciale auroit été consentie, il s'élevoit des difficultés qui donnassent lieu à un procès, et qu'il intervînt des condamnations, desquelles il résulteroit une augmentation plus ou moins considérable de la même créance.

Ce seroit très-improprement qu'on diroit qu'alors l'hypothèque spéciale est convertie en une hypothèque judiciaire, qui, dès lors, seroit générale. Ce seroit se livrer à de fausses idées, et s'éloigner du vrai point de décision des difficultés qui peuvent naître de cette position. Je rappelle ici le principe que j'ai posé dans le n° 62, que les hypothèques ne doivent point être confondues, et que l'une de leurs espèces ne peut être convertie en une autre. Il en résulte que, dans l'hypothèse que je viens de présenter, il y aura deux hypothèques bien distinctes, dont chacune doit toujours être renfermée dans son espèce particulière; savoir, l'hypothèque spéciale qui ne peut avoir d'autre assiette que sur le fonds énoncé dans l'obligation et dans l'inscription prise en vertu de cette même obligation, et l'hypothèque générale qui existera seulement en vertu du jugement ou de l'arrêt survenu depuis. Cette hypothèque générale pourra porter sur tous les autres immeubles du débiteur, mais elle n'aura d'effet sur ces immeubles, que du jour de la nouvelle inscription qui devra être prise. En sorte que si le créancier qui seroit dans cette position, se trouvoit en concours avec d'autres créanciers qui auroient des inscriptions postérieures, pour hypothèques spéciales sur les immeubles sur lesquels porteroit l'inscription prise pour l'hypothèque générale, il est évident qu'ils auroient le droit de restreindre l'effet de cette inscription au montant de l'augmentation de la créance, qui résulteroit du jugement et de l'arrêt; laquelle inscription n'auroit pu être prise que jusqu'à concurrence de cette augmentation.

Il y a dans le recueil de Denevers, *an* 1808, *pag.* 182, un arrêt de la Cour de cassation, du 4 avril 1808, qui est rendu dans une espèce qui a quelque analogie avec l'hypothèse que je viens de présenter. Mais l'arrêt ne préjuge rien sur la distinction de ces deux hypothèques, et sur leurs effets respectifs; il décide seulement que celui qui avoit l'hypothèque générale à la suite de l'hypothèque spéciale, avoit pu faire vendre des biens du débiteur, autres que ceux qui avoient été hypothéqués spécialement, parce que ces derniers étoient reconnus insuffisans *pour solder la totalité de la créance.* La difficulté n'existoit qu'entre le créancier et le débiteur.

Il y a plus; c'est que s'il étoit vérifié que les biens qui seroient affectés spécialement fussent suffisans pour le payement de la créance établie par l'obligation, et en même temps pour l'acquittement du montant de l'augmentation de cette créance qui résulteroit du jugement ou de l'arrêt, les créanciers qui auroient des hypothèques spéciales sur les objets sur lesquels frapperoit l'hypothèque générale, mais qui seroient postérieures, seroient fondés, ainsi que le débiteur, à demander que le créancier qui auroit l'hypothèque générale, exerçât tous ses droits préalablement sur les objets qui lui auroient été spécialement affectés, sauf à venir ensuite, en cas d'insuffisance, sur les biens grevés de l'hypothèque générale. Cependant, si la prétention s'élevoit sur l'ouverture d'un ordre, à l'occasion des biens frappés de l'hypothèque générale, on devroit prendre les précautions nécessaires, soit en obligeant les créanciers postérieurs à rapporter, d'après l'événement, les sommes pour lesquelles ils seroient colloqués, soit de toute autre manière, selon les circonstances, pour que le créancier qui auroit l'hypothèque générale, pût revenir utilement sur le prix provenu des immeubles sur lesquels il auroit exercé des poursuites, à raison de cette hypothèque, si le prix provenu de l'objet spécialement hypothéqué étoit insuffisant pour la totalité de la créance. En se fixant sur la corrélation de ces deux hypothèques, et sur leur origine, l'hypothèque générale ne peut être considérée que comme subsidiaire à l'hypothèque spéciale, pour le seul cas d'insuffisance de cette hypothèque.

Je ne chercherai pas à appuyer mon opinion sur l'analogie qu'il peut y avoir entre le cas dont il s'agit, et celui prévu par le droit romain, de l'hypothèque spéciale accordée à un créancier en même temps que l'hypothèque générale. On sait qu'alors l'immeuble spécialement hypothéqué devoit être discuté avant d'exercer l'hypothèque générale. On pourroit répondre que, dans ce cas, il n'y avoit qu'une seule créance; et que, dans le cas dont il s'agit, il y en a une survenue à la suite de l'autre; que l'hypothèque générale est née de la force des choses, par le fait du débiteur, et que le créancier ne peut pas plus être privé de son hypothèque générale pour l'augmentation de là créance, que de l'hypothèque spéciale pour la créance même. Mais mon opinion peut être fondée sur un principe d'équité, qui dérive de la loi même. En procurant tous les moyens d'assurer les créances, elle ne veut pas qu'un créancier porte gratuitement le trouble et le désordre dans les affaires du débiteur, et donne lieu à des frais qui entraîneroient sa ruine, et entraveroient le recouvrement des autres créances.

Il existe un cas où il se présente un mode particulier d'indivisibilité d'hypothèque, même lorsque l'immeuble a été grevé successivement de deux hypothèques spéciales. J'ai traité la question qui peut s'élever à ce sujet, au n° 61.

Du cas de concours des hypothèques générales pour rentes constituées, foncières et viagères, avec des hypothèques spéciales. 186. Le principe de l'indivisibilité de l'hypothèque a souvent donné lieu à de graves difficultés, lorsque des hypothèques générales pour des rentes, soit perpétuelles, constituées à prix d'argent, soit foncières, soit enfin viagères, se sont trouvées en concours avec des hypothèques spéciales. Ces difficultés se présentent encore lorsque ce sont des hypothèques générales pour des créances conditionnelles ou éventuelles, qui concourent avec les hypothèques spéciales pour sommes exigibles à l'instant. La solution de ces difficultés demande quelques explications; et il convient de distinguer chacun de ces objets.

Quant aux rentes constituées, il doit en être comme pour les créances ordinaires, tant pour celles constituées anciennement que pour celles qui ne l'auroient été que postérieurement au Code civil. Toutes ces rentes, d'après les dispositions de la loi de brumaire et celles du Code civil,

ont perdu, ainsi que je l'ai déjà dit, le caractère d'immeubles qu'elles
avoient anciennement, au moins dans certaines provinces; elles ne sont
plus par elles-mêmes susceptibles d'hypothèque; elles sont devenues de
simples créances particulières : il n'y a d'autre différence que relativement
à l'étendue de l'hypothèque. La spécialité est nécessaire pour les rentes
créées depuis la promulgation du Code civil, comme pour toutes les autres
créances. Il y avoit l'hypothèque générale pour les rentes anciennes; et
dès lors, en ce qui concerne la poursuite de l'hypothèque et la collocation
dans un ordre, il en est de ces rentes comme de toutes les autres créances
pour lesquelles cette hypothèque générale existe; en sorte que l'on peut
leur appliquer, selon la position dans laquelle on se trouve, les principes
déjà exposés relativement au concours des hypothèques générales avec des
hypothèques spéciales.

Par rapport aux rentes foncières, créées avant la loi du 29 décembre 1790,
elles sont de la même nature que les rentes constituées à prix d'argent, dont
je viens de parler; les mêmes causes les ont rendues des objets mobiliers.
Les rentes foncières, créées depuis la loi de brumaire et sous le Code
civil, peuvent donner lieu à trois sortes de poursuites; 1°. par la résiliation
du bail à rente et la revendication des immeubles qui en font l'objet, à
défaut de payement des arrérages, surtout s'il y a des stipulations à ce
sujet dans le contrat; 2°. par la voie de l'expropriation; 3°. en cas d'expropriation de la part d'un tiers créancier, par l'action qui résulte de
l'hypothèque et de la demande en collocation dans un ordre; car on sent
que depuis le Code civil, la sûreté de la prestation de la rente foncière
exige, à l'égard des tiers, la stipulation d'une hypothèque spéciale qu'on
doit faire porter naturellement sur l'immeuble concédé à rente, et qui doit
être suivie d'inscription. On peut cependant étendre l'hypothèque spéciale sur d'autres immeubles appartenans au débiteur. Sous tous ces rapports, il est difficile de prévoir des difficultés sérieuses, quel que soit le
concours d'autres créanciers du débiteur de la rente.

Mais il peut n'en être pas de même de la rente foncière créée avant
la loi du 29 décembre 1790, par la raison que l'obligation du payement
de cette rente aura été contractée avec l'hypothèque générale qui avoit
lieu alors, et qui seroit conservée par des inscriptions. Si, dans un ordre
qui seroit ouvert du prix provenant d'héritages autres que ceux compris
dans la concession à titre de rente, le créancier de la rente se présentoit

pour être colloqué, soit pour le capital, soit pour des arrérages, préférablement à des créanciers qui auroient des hypothèques spéciales sur les mêmes biens, mais postérieures, en inscriptions, à celles de cette hypothèque générale, c'est alors que les difficultés s'élèveroient. Or, je pense qu'il faudroit se décider dans les mêmes idées que j'ai développées dans le n° précédent, relativement au concours d'une hypothèque spéciale avec une hypothèque générale sur la tête du même créancier, lesquelles hypothèques dériveroient de la même créance les motifs de décision sont les mêmes. On sent combien il seroit injuste que les créanciers qui auroient des hypothèques spéciales, postérieures à l'hypothèque générale, fussent privés de tous droits sur les fonds qui auroient été sujets à l'hypothèque générale, et cela par l'effet de la présence du créancier de la rente qui auroit cette hypothèque générale, et que néanmoins ils n'eussent aucune ressource sur l'immeuble qui auroit été concédé en rente, et sur lequel il n'y auroit point en leur faveur de constitution d'hypothèque ni d'inscription. On sait, en effet, qu'ordinairement on ne prête pas sur l'assurance d'un fonds grevé d'une rente conservée. On conçoit encore que si, d'après des combinaisons qu'il est difficile que la prévoyance embrasse, l'on étoit dans une position telle que du prix d'un immeuble sur lequel un ordre s'ouvriroit, il n'en restât que pour le payement d'une partie du capital d'une rente perpétuelle, constituée à prix d'argent, ou d'une rente foncière, le créancier seroit obligé de recevoir le payement partiel, nonobstant le principe général que le créancier ne peut être tenu de recevoir partiellement sa créance. Cette division devient l'effet d'une nécessité qui tient à la nature des choses. Le créancier n'a que le droit de toucher le surplus de sa créance sur un autre ordre qui s'ouvriroit dans la suite, sauf ses actions personnelles contre son débiteur.

Venons au cas du concours de l'hypothèque générale existante à raison d'une rente viagère, soit que ce fût parce qu'elle auroit été créée avant la loi de brumaire, c'est-à-dire, lorsque l'hypothèque générale étoit de droit, soit parce que cette hypothèque auroit été établie sous le Code civil, sur tous les biens présens du débiteur énoncés nominativement dans le contrat de constitution de la rente, sur chacun desquels il auroit été pris des inscriptions. Il y a, pour ce cas, plus de difficultés que pour les deux premiers sur lesquels je viens de m'expliquer.

Non-seulement les rentes constituées à prix d'argent, mais encore les rentes viagères étoient purgées par le décret forcé, par le décret volontaire, et ensuite, sous l'édit de 1771, par les lettres de ratification. En conséquence, toutes ces rentes étoient remboursables, et ceux à qui elles étoient dues étoient colloqués pour les capitaux, comme pour les arrérages, sur le prix des ventes ou des adjudications, à la date des hypothèques. Cependant, à l'égard de la rente viagère, le capital ne pouvant en être pris que suivant sa valeur à l'époque de la confection de l'ordre, et cette valeur ayant diminué, par l'accroissement de l'âge ou des infirmités du créancier, depuis la constitution de la rente, il s'en faisoit une diminution proportionnelle, et elle n'étoit remboursée qu'en une somme estimée suffisante pour acquérir au créancier une rente viagère de pareille somme. C'est ce qu'atteste Pothier, *du contrat de constitution, etc., chap.* 8, *n°* 231.

Mais ces principes sont entièrement changés par le Code civil, relativement à la rente viagère. Ce changement résulte de l'art. 1978. Il y est dit : « Le seul défaut de payement des arrérages de la rente (viagère) n'autorise point celui en faveur de qui elle est constituée, à demander le remboursement du capital, ou à rentrer dans le fonds par lui aliéné ; il n'a que le droit de saisir et de faire vendre les biens de son débiteur, et de faire ordonner ou consentir, sur le produit de la vente, l'emploi d'une somme suffisante pour le service des arrérages. » D'après cet article, en le combinant surtout avec l'art. 1979, le remboursement ne peut être fait par le débiteur contre le gré du créancier ; et celui-ci ne peut le réclamer contre le gré du débiteur ou de ses autres créanciers qui sont à ses droits (1).

Il est bien vrai que, d'après l'art. 2184 du Code, le nouveau propriétaire doit déclarer, par l'acte de notification aux créanciers, qu'il est prêt à acquitter *sur-le-champ* les dettes et charges hypothécaires, jusqu'à concurrence seulement du prix, *sans distinction des dettes exigibles ou non exigibles.* Il étoit de l'intérêt du créancier, qu'il ne fût pas obligé de suivre son hypothèque sur les biens du débiteur, autres que ceux sur lesquels un ordre s'ouvriroit ; et il étoit dans l'intérêt du débiteur qu'il ne restât pas obligé,

_____

(1) Voyez dans le recueil de Denevers, an 1807, pag. 45, un arrêt de la Cour de cassation, du 12 janvier 1807, qui a prononcé la résiliation d'un bail à rente viagère, conformément aux anciens principes, parce que le contrat et la demande étoient antérieurs au Code civil.

après cet ordre, au payement de la créance non exigible. C'est pourquoi, dans la nouvelle législation établie par le Code civil, on a abandonné les idées de Loyseau, *du déguerpissement*, *liv.* 3, *chap.* 9, n°s 4, 5, 6 et 7. Cet auteur vouloit que, même en matière de décret, les rentes fussent acquittées par l'adjudicataire, comme elles l'étoient auparavant par le débiteur. Il regardoit cette mesure comme étant aussi juste qu'utile pour ce dernier. Cependant l'opinion de Loyseau n'étoit pas suivie dans l'ancienne jurisprudence. Lors du Code civil, le législateur a voulu que l'immeuble hypothéqué devînt libre par l'absence des enchères, après la notification faite aux créanciers pour les provoquer,, ou, en cas d'enchères, après l'adjudication faite avec les formes de l'expropriation forcée. Ainsi, on doit croire que, dans cet art. 2184, le législateur n'a pas voulu comprendre le cas où l'immeuble seroit grevé d'une hypothèque pour rentes viagères. Il faut nécessairement combiner cet article, ainsi que l'art. 2186, avec l'article 1978 ; et cette combinaison repousse cette idée. La rente viagère, par sa nature, fait exception à toutes les autres dettes non exigibles, ou seulement dues à terme. La Cour royale de Paris a jugé, à la vérité, par un arrêt du 5 février 1814, rapporté par Denevers, *an* 1815, *pag.* 29, que l'acquéreur qui fait les notifications aux termes de l'art. 2184, doit indiquer un taux aux rentes viagères, qui fait partie du prix de la vente. Je m'explique, à cet égard, dans la 2e partie, chap. Ier, sect. IV. Mais cette indication ne peut jamais être nécessaire que pour la détermination des enchères, à l'égard des créanciers qui voudroient enchérir ; et cet arrêt ne préjuge point la nécessité du remboursement de la rente viagère à celui qui en est créancier.

J'observe que, quoique l'exposition que je viens de faire paroisse concerner seulement le cas de la purgation des hypothèques, par suite d'enchères sur une vente volontaire, il en est cependant de même pour le cas de la purgation des hypothèques, par suite d'une expropriation faite par un créancier, parce qu'il y a identité de motifs.

Si donc le créancier d'une rente viagère se présente à l'ordre du prix d'un immeuble hypothéqué à sa rente, concurremment avec d'autres créanciers qui auroient des hypothèques postérieures, le capital ne pouvant être remboursé, il devient indispensable de laisser toucher par les créanciers postérieurs une partie du prix, jusqu'à concurrence d'une somme qui puisse fournir en revenus la prestation annuelle de la rente, sauf à faire profiter

les

les créanciers de la propriété franche et libre de ce capital, au décès du créancier de la rente, par imputation sur leurs créances. Mais ces créanciers ne peuvent toucher qu'en donnant toutes les sûretés convenables pour la prestation annuelle de la rente, par un emploi, ou en fournissant caution. Pothier, *loco citato*, s'en explique ainsi : C'est ce qui s'est toujours pratiqué et se pratique encore. On peut voir un arrêt de la Cour royale de Besançon, du 16 messidor an 13, rapporté par Denevers, *an* 1806, *p.* 201, *au suppl.;* l'arrêt de la Cour de cassation, du 12 juin 1809, qui rejette le pourvoi par lequel il avoit été attaqué, *an* 1807, *pag.* 345; et un autre arrêt de la même Cour, du 4 frimaire an 14, rapporté au même recueil, *même année*, *pag.* 154.

Au surplus, on sent bien qu'il n'est pas nécessaire qu'il y ait une uniformité sur la nature et la forme des sûretés qui doivent être données au créancier de la rente; elles peuvent varier suivant les circonstances relatives à l'intérêt de ce créancier, et à celui des autres créanciers. Ils peuvent encore convenir de mesures qui peuvent être accueillies par les tribunaux, quand ils les trouvent utiles et sages. Un arrêt de la Cour royale de Caen, du 18 mai 1813, rapporté dans le recueil de Denevers, *an* 1815, *pag.* 4, *au suppl.*, a jugé qu'il ne peut pas être ordonné que, *nonobstant l'opposition des créanciers postérieurs*, l'acquéreur gardera en ses mains, pour servir la rente viagère, une somme représentant le capital au denier vingt; que le service de la rente doit être adjugé au rabais (ainsi que les créanciers le demandoient), à la charge par l'adjudicataire de fournir hypothèque suffisante. On ne voit rien dans cette décision qui contrarie les principes; et elle concilie tous les intérêts.

Mais il faut pousser plus loin les hypothèses. Supposons que, d'après l'ordre des hypothèques qui concourroient, le prix de l'immeuble à distribuer, et qui seroit touché par les créanciers postérieurs sous les soumissions dont je viens de parler, ne fût pas suffisant pour produire un revenu analogue à la totalité de la prestation annuelle de la rente; il est sensible que, dans ce cas, il ne pourroit être fourni de sûreté que jusqu'à concurrence de ce que les créanciers postérieurs toucheroient, et que ce seroit seulement dans cette proportion que les créanciers acquitteroient la rente annuellement, sauf au créancier de la rente à exercer telle action qu'il aviseroit contre le débiteur personnel de la rente, ou à se pourvoir successivement sur les autres immeubles du débiteur qui lui seroient hypothé-

Tome I.   D d d qués, jusqu'à ce qu'il eût toutes les sûretés nécessaires pour l'acquit entier de la rente. Ce procédé seroit imposé par la nécessité.

Mais dans ce cas, et même encore dans celui où, lors d'un premier ordre, on auroit fourni au créancier de la rente toutes les sûretés nécessaires pour qu'elle fût acquittée en entier, ce créancier pourroit-il se présenter à tous les autres ordres qui se feroient successivement du prix des autres biens du débiteur, pour demander, en vertu de l'indivisibilité de l'hypothèque, à être colloqué non-seulement pour ce qui pourroit rester à assurer du capital de la rente, mais encore pour la totalité de ce capital ! En entrant non-seulement dans un esprit de justice et d'équité, mais encore dans les principes du Code civil, on doit se décider pour la négative. L'indivisibilité de l'hypothèque, ainsi que l'hypothèque même, ne peut avoir pour objet que la sûreté du créancier à qui elle est donnée. Elle ne peut donc s'étendre au delà de cette sûreté, quand elle existe. Dès le moment que le créancier est désintéressé, l'indivisibilité de l'hypothèque et l'hypothèque même doivent cesser. Et dès ce même moment, les créanciers postérieurs qui, d'après l'esprit de la législation hypothécaire, ont pu compter sur le gage de leur créance, lorsque les créances antérieures devenoient complétement assurées, rentrent dans l'exercice libre de leurs hypothèques. Ainsi le droit du créancier de la rente viagère se termine au moment où se rencontrent toutes les sûretés nécessaires pour l'acquittement annuel de sa rente.

Cependant on pourroit tirer des inductions contraires d'un arrêt de la Cour de cassation, du 18 mai 1808, rapporté dans le recueil de Denevers, *même année, pag.* 255. Dans l'espèce de cet arrêt, il s'agissoit, non d'une rente viagère, mais d'une rente perpétuelle, constituée à prix d'argent, sous une hypothèque générale. Il y eut d'abord une expropriation d'une partie des biens grevés de l'hypothèque ; elle fut suivie d'un ordre dans lequel les créanciers de la rente furent colloqués pour une partie seulement de leur créance. Il ne pouvoit y avoir lieu au payement réel de la somme colloquée, parce que, d'après les art. 15 et 30 de la loi du 11 brumaire an 7, relative aux hypothèques, et l'art. 35 de la loi du même jour, relative à l'expropriation, sous lesquelles les contrats avoient été faits, l'adjudicataire, comme l'acquéreur volontaire, pouvoit jouir des mêmes termes et délais qu'avoient les précédens propriétaires ; ce qui est changé par le Code civil. Sous ce rapport, on pourroit comparer cette rente perpétuelle, au remboursement de laquelle l'adjudicataire pouvoit être forcé, à la rente viagère. Il se fit, dans la suite, un second ordre ; et alors il y eut une collocation pour la partie restée due de la rente, qui n'avoit pu d'abord être colloquée utilement. Enfin, sur un troisième ordre, les créanciers de cette rente se présentèrent encore pour demander à être colloqués pour la totalité des mêmes capitaux non exigibles, *pour le montant de leur collocation, resté entre les mains des adjudicataires jusqu'au remboursement de leur créance ; sauf, en cas de remboursement, à faire profiter de leur collocation les créanciers sur lesquels les fonds se trouveroient manquer, et qui seroient colloqués subsidiairement et conditionnellement, jusqu'à concurrence des capitaux aliénés.* Les créanciers de la rente fondoient leur demande en collocation intégrale, lors du troisième ordre, sur ce que celles qu'ils avoient obtenues sur le prix des premières ventes, ne pouvoient être un obstacle à une nouvelle collocation, *puisque leurs capitaux ne leur avoient pas été remboursés, et que l'adjudicataire étoit autorisé à continuer la rente.*

Cette prétention fut repoussée, comme subversive du régime hypothécaire, tant par les tribunaux de première instance, que par la Cour d'appel ; mais elle fut accueillie par la Cour de cassation, qui cassa l'arrêt de la Cour d'appel. On pourra lire avec fruit la forte discussion à laquelle cette prétention donna lieu : elle se trouve dans le recueil. Pour abréger, je dirai seulement que l'arrêt de la Cour de cassation est fondé sur le principe de l'indivisibilité de l'hypothèque, et sur ce que, dans l'espèce, il n'y avoit pas de remboursement effectif qui, seul, peut emporter l'extinction de la créance ; et qu'une seule collocation pour le payement à venir, ne pouvoit avoir l'effet d'un payement, parce que la collocation non effectuée ne peut être considérée que comme une délégation imparfaite d'un tiers, de la part du débiteur, qui ne peut libérer celui-ci.

Mais, en premier lieu, si on se pénètre de la force des moyens contraires que la discussion fait connoître, et que je ne pourrois rapporter sans trop m'allonger, on verra que la décision de la Cour de cassation peut éprouver des difficultés. En second lieu, et indépendamment de cette réflexion, l'espèce de l'arrêt n'est pas exactement la même que celle dont je m'occupe. La rente perpétuelle, qui a un capital fixe, dure jusqu'au rachat, et ne peut s'éteindre que par un remboursement effectif, qui peut ne se faire que dans un temps très-reculé. La rente viagère, au contraire, qui, dans les vrais principes, n'est assujettie à aucun taux, et n'est point remboursable, s'éteint par la mort du créancier. Il peut donc être raisonnable de soutenir que les sûretés, dans ces deux espèces, ne sauroient être exigées de la même manière. Mais s'il est nécessaire, comme on n'en sauroit douter, que l'immeuble grevé de l'hypothèque pour la sûreté de la rente viagère, en soit dégagé, comment pourroit-on y parvenir autrement qu'en prenant les mesures que j'ai indiquées? Il en est de ce cas comme de celui des créances conditionnelles et éventuelles, dont je vais m'occuper dans le n° suivant. Les principes concernant ce dernier cas, tendent à renforcer ceux qui sont relatifs à celui dont il est ici question. Si le créancier de la rente viagère ne peut demander la résiliation du contrat de constitution, et le remboursement du capital qui auroit formé le prix de cette constitution, lorsque le débiteur fournit toutes les sûretés nécessaires pour que la rente soit servie, ainsi que cela résulte de l'art. 1977 du Code, pourquoi le créancier de cette rente viagère auroit-il à se plaindre contre les créanciers du débiteur, lorsque la justice, en procédant à la confection des ordres, procure les mêmes sûretés? S'il en étoit autrement, celui à qui il seroit dû une rente viagère de 1,000 fr. par an, qui pourroit être servie par une somme assurée de 20,000 fr. mise en revenus, pourroit rendre indisponible, de la part d'un débiteur, une fortune de plus de 200,000 fr.

Enfin, la Cour royale de Paris a jugé la question en thèse, dans le sens de l'opinion que je viens d'émettre, par un arrêt du 31 juillet 1813, rapporté dans le recueil de Denevers, *an* 1815, *pag.* 43, *au suppl.* Je renvoie à l'arrêt et à sa discussion. Je pense que l'arrêt est rendu dans des principes d'équité et de justice. L'auteur du recueil annonce que cette Cour a cru devoir juger comme elle l'avoit fait par son arrêt, qui fut cassé par celui de la Cour de cassation, du 18 mai 1808, sur lequel je viens de m'expliquer; mais, comme je l'ai déjà dit, il n'y avoit pas identité d'espèce. Le dernier arrêt concernoit une rente viagère, et le premier étoit relatif à une rente perpétuelle. L'arrêtiste semble aussi avoir senti la différence. *Il n'en est peut-être pas ainsi*, dit-il, *relativement aux rentes viagères.*

Au surplus, tout ce que je viens de dire, fera sentir combien il est important que celui qui constitue sur ses biens une rente viagère, prenne de précautions pour ne pas tomber dans le dédale de difficultés que je viens de faire entrevoir. Il y parviendra en renfermant les limites de l'hypothèque dans des immeubles suffisans pour en répondre, et en n'affectant pas ces immeubles à d'autres hypothèques.

Je dois observer qu'il s'est élevé un grand nombre de difficultés, relativement à toutes les espèces de rentes, constituées, foncières ou viagères, sur les cas où on pouvoit en demander le remboursement ou la résiliation. Mais ce sont autant de questions particulières, concernant uniquement la législation des rentes, abstraction faite de la législation hypothécaire. Je crois devoir m'abstenir de les traiter. Je vais néanmoins indiquer, en note, plusieurs arrêts qui ont décidé ces questions, et dont on pourra s'aider au besoin (1).

J'observe que la Cour royale de Paris a jugé, par un arrêt du 21 janvier 1814, rapporté par Denevers, *an* 1815, *pag.* 49, *au suppl.*, que le créancier d'une rente perpétuelle est en droit d'exiger son capital, lorsque l'immeuble, sur lequel il avoit une hypothèque spéciale, a été vendu moyennant un prix inférieur à sa créance, et qu'il se trouve ainsi exposé à recevoir un remboursement partiel, quand le nouveau propriétaire voudra purger son acquisition. Mais on sent facilement que ce cas particulier ne doit porter aucun changement aux explications dans lesquelles je suis entré, où il a été principalement question du concours d'hypothèques générales avec des hypothèques spéciales.

187. Les principes que j'ai déjà développés peuvent s'appliquer aux créances conditionnelles ou éventuelles, dont les hypothèques, soit générales, soit spéciales, concourent avec des hypothèques pour créances ordinaires.

Du concours des hypothèques pour créances conditionnelles ou éventuelles, avec d'autres hypothèques

Il ne faut jamais perdre de vue ce principe important sur cette matière, que les voies de purgations d'hypothèques, introduites par la loi, doivent les purger toutes, quel qu'en soit l'objet. Il y a cependant une différence relativement au mode d'extinction. Lorsque les hypothèques ont pour cause des créances simples, je veux dire, qui sont dues d'une manière absolue, elles ne disparoissent que par l'acquittement effectif; mais lorsqu'elles ont été soumises à une condition ou à un événement, qui en rendent l'acquittement impossible, *actu*, alors elles sont détachées de l'immeuble par une

---

(1) Voyez le recueil de Denevers, an 1815, pag. 76 et suiv., au suppl.; an 1816, pag. 111, aussi au suppl.; an 1817, pag. 434; an 1818, pag. 611; an 1819, pag. 83 et 412. Voyez encore des arrêts particuliers sur cette matière, dans le même recueil, an 1810, pag. 165, au suppl.; Sirey, an 1809, 2ᵉ part., pag. 402; Denevers, an 1810, pag. 41 et 105, au suppl.; an 1811, pag. 26, au suppl.; an 1814, à la table, aux mots *Rente constituée,* au 1819, pag. 21 et 162.

collocation de sûreté, si je puis m'exprimer ainsi, qui rende cet acquittement certain, s'il doit s'opérer. Dans ce dernier cas, le payement ne peut
s'effectuer au moment de l'ordre; il s'effectue seulement dans la suite,
selon l'accomplissement de la condition, ou selon l'événement; et on
peut dire qu'alors le payement s'effectue, moins en vertu de l'hypothèque
qui n'existe plus, qu'en vertu du droit qui est assuré au créancier sur le
prix de la vente, déposé entre les mains d'un tiers, lequel forme la garantie de l'hypothèque, et la remplace.

Ainsi, lorsqu'après la vente, il arrive une inscription pour une créance
de la nature de celles dont je viens de parler, le vendeur doit faire cesser
l'effet de cette inscription à l'égard de l'acquéreur, en donnant caution pour
la garantie de la créance, ou en faisant un emploi en fonds certain, qui en
réponde. Si, après que l'acquéreur aura rempli les formalités pour parvenir
à la purgation des hypothèques, il se présente d'autres créanciers inscrits,
en ce cas, on ordonne, en faisant l'ordre, que les créanciers, postérieurs
en hypothèque, toucheront ce qui leur sera dû, mais à la charge d'en
rapporter le montant, s'il y a lieu, au créancier conditionnel ou casuel;
et ces créanciers doivent donner bonne et suffisante caution, ou toutes
autres sûretés, suivant ce qui est réglé par la justice, pour la restitution
de ce qu'ils auront touché, selon l'événement.

On ne conçoit pas qu'il puisse être pris, en ce cas, d'autres mesures :
cela s'est pratiqué de tout temps. On trouve le principe de cette pratique
dans la loi *Grege* 13, ff. *de pign. et hyp.*, § 5, *si sub conditione.* Elle reconnoît l'impossibilité d'acquitter la créance qui est seulement conditionnelle; elle ne veut cependant pas que le créancier soit privé de l'effet de
l'action qui résulte de son hypothèque, mais elle prescrit d'y suppléer
par des cautions qu'on est tenu de fournir. *Ideòque, arbitrio judicis, cautiones interponendæ sunt.* Telles sont les idées dans lesquelles a été conçu
l'article 16 de l'édit des criées de 1551, qui fut fait pour tâcher d'obvier
aux difficultés dont la matière des hypothèques et des expropriations a toujours été susceptible. Il y est dit qu'il sera passé outre sur les oppositions
(remplacées par les inscriptions) pour créances du genre de celles dont
il s'agit, *à la charge que les opposans postérieurs seront tenus obliger et
hypothéquer tous et chacun leurs biens, et bailler caution idoine et suffisante, de rendre et restituer les deniers qui par eux seront reçus, à l'opposant ou opposans, pour raison de ladite garantie, qui seroient trouvés
être précédens en hypothèque auxdits opposans, auxquels la distribution*

auroit été faite. Tel est aussi le sens dans lequel s'explique Domat, *Lois civiles*, dans une note, à la suite du n° 17, *liv.* 3, *tit.* Ier, *sect.* 3.

Je crois donc pouvoir donner pour règle, que toutes les formes prescrites par la loi pour la purgation des hypothèques, étant observées, les hypothèques des créances qui, de leur nature, ne sont point remboursables, sont purgées par la collocation à l'ordre, quoique non suivies de payement effectif, *actu*, mais dont l'effet est assuré par toutes les précautions suffisantes, comme les hypothèques pour créances exigibles le sont par le payement qui a eu lieu en conséquence de la collocation. Cette règle tend à simplifier notre régime hypothécaire.

188. La suite des matières que j'ai traitées jusqu'à présent n'a guère été susceptible d'une explication sur la réduction de l'hypothèque conventionnelle. Je dois en dire un mot avant de terminer ce §. *De la réduction de l'hypothèque conventionnelle.*

Il est sans difficulté que le débiteur ne peut pas demander la réduction de l'hypothèque conventionnelle qu'il a donnée. L'art. 2161 du Code permet bien la réduction pour les hypothèques générales, mais il en excepte formellement les hypothèques conventionnelles. On sent facilement que le législateur a eu pour motif que la convention des parties, qui fait leur loi, ne peut être violée.

J'ai cependant eu occasion d'indiquer quelques cas dans lesquels la réduction de l'hypothèque peut être demandée, quoiqu'elle prenne son principe dans la convention. Mais il s'agissoit alors d'exceptions auxquelles donnoient lieu des circonstances particulières; et je suis ici sur la règle générale.

189. Quelques personnes avoient pensé d'abord que le débiteur pouvoit demander la réduction d'une hypothèque conventionnelle, donnée avant la promulgation de la loi de brumaire, et qui, d'après les lois du temps, étoit générale. On se fondoit sur ce qu'une semblable hypothèque, quoique conventionnelle, étoit générale, et que l'art. 2161, en exceptant de la faculté de la réduction les hypothèques conventionnelles, avoit entendu celles qui seroient stipulées à l'avenir, c'est-à-dire, les hypothèques spéciales; et que la faculté de la réduction ayant été introduite par ce même article pour les hypothèques générales, cette disposition devoit s'appliquer à l'hypothèque ancienne qui étoit générale, quoique conventionnelle. *De la réduction de l'hypothèque conventionnelle et générale, antérieure à la loi de brumaire.*

Mais cette prétention ne pouvoit se soutenir. Avant les nouvelles lois hypothécaires, il n'étoit pas question de réduction d'hypothèque, et on n'auroit pu la demander. L'hypothèque conventionnelle, avec son attribut de généralité, s'étoit conservée dans son essence, franche de toute faculté de réclamer la réduction. Comment donc pourroit-on exercer un droit tendant à la diminuer en vertu du Code civil? Il est sensible que ce seroit lui donner un effet rétroactif, ce qui ne se peut. C'est aussi ce qui a été jugé par un arrêt de la Cour royale d'Agen, du 4 fructidor an 13, et par un autre de la Cour royale de Caen, du 16 février 1808. Le premier est rapporté dans le recueil de Denevers, *an* 1806, *pag.* 198, *suppl.*; le second dans le même recueil, *an* 1809, *pag.* 40, et par Sirey, *an* 1809, 2ᵉ *part.*, *pag.* 29.

Du cas où une hypothèque générale est modifiée par un traité postérieur.   190. On a vu présenter le cas où, à la suite d'une hypothèque légale ou générale, constituée avant le Code civil, il survenoit un acte par lequel on transigeoit sur la créance ancienne qui étoit modifiée. Il faudroit alors distinguer si la transaction étoit telle, qu'il y eût novation à l'exécution de l'ancien acte, et à l'hypothèque ancienne; en sorte que, par le nouvel acte ou traité qui seroit passé sous le Code civil, il fût établi une nouvelle hypothèque restreinte sur certains immeubles, et qui seroit par conséquent spéciale; alors il est bien évident que l'hypothèque auroit perdu le caractère d'hypothèque légale ou générale qu'elle avoit auparavant, qu'elle deviendroit purement conventionnelle et spéciale; et dès lors, il ne pourroit être question de réduction pour cette hypothèque. Mais si, d'après le résultat du nouvel acte ou traité, l'hypothèque ancienne, soit légale, soit simplement générale, n'étoit pas innovée, et surtout si, par la transaction, le débiteur consentoit une hypothèque générale sur ses biens présens et à venir pour l'exécution de cette transaction, dans ce cas, il faudroit toujours voir, malgré le nouvel acte, la même hypothèque qui existoit anciennement. Il n'y auroit de différence que sur le montant de la créance qui pourroit être augmenté ou diminué, et dès lors, d'après les principes ci-dessus exposés, le débiteur ne pourroit point réclamer la réduction de l'hypothèque. La différence du montant de la créance n'en amèneroit pas une sur le droit de demander la réduction.

Cependant, on remarque dans le recueil de Denevers, *an* 1806, *p.* 200, *au suppl.*, un arrêt de la Cour royale d'Aix, du 11 fructidor an 12, qui sembleroit avoir jugé le contraire, et qui, quoiqu'il n'y eût point de novation relativement à l'hypothèque, a accordé la faculté de la faire réduire. Mais j'aurois de la peine à me rendre à cette décision; elle fait au moins beaucoup de difficultés. On peut, au surplus, consulter l'arrêt et peser les motifs.   Lorsque

Lorsque je m'occuperai de l'hypothèque légale, j'examinerai si les hypothèques légales des femmes, des mineurs et des interdits, constituées
avant le Code civil, pourroient être réduites sur la demande qui en seroit
faite, d'après les principes admis par le Code civil pour les mêmes hypothèques établies, ce Code étant en vigueur.

CHAPITRE II.

DE L'HYPOTHÈQUE JUDICIAIRE.

191. JE diviserai ce chapitre en deux paragraphes. Dans le premier, Division de ce chapitre.
je traiterai des hypothèques qui sont imprimées par des jugemens qui
émanent des tribunaux français, ou des décisions arbitrales rendues en
France.

Dans le second, j'expliquerai la jurisprudence relative à l'hypothèque
qui peut résulter des jugemens des tribunaux étrangers, ou de décisions
arbitrales, rendues par des arbitres choisis en pays étranger.

§ Ier.

Des hypothèques qui émanent de jugemens rendus par des tribunaux français, ou de décisions arbitrales rendues en France.

SOMMAIRE.

192. *De l'hypothèque judiciaire dans le droit romain et dans le droit
français.*

193. *Effet de la généralité de l'hypothèque judiciaire, quant à la forme
sous laquelle elle peut être inscrite.*

194. *Peut-on prendre inscription en vertu des jugemens avant leur signification à avoué, ou à personne ou domicile ?*

195. *Du cas d'un jugement par défaut sur une demande en reconnoissance d'écriture d'une promesse sous seing privé. Du cas de la
dénégation d'écriture.*

Tome I. E e e

De l'hypo-
thèque judi-
ciaire dans le
droit romain
et dans le
droit fran-
çais.

192. Pour peu que l'on connoisse les antiquités romaines sur les hypothèques, on est convaincu de la vérité de ce que dit Basnage, *des hypothèques*, chap. 4, n° 3 : « Que les jurisconsultes romains avoient admis quatre espèces d'hypothèques : la conventionnelle, qui procédoit de la convention des parties ; la légale, qui étoit introduite par la loi, et que par cette raison on appeloit aussi tacite ; le gage du prêteur, qui étoit lorsque par la contumace ou la fuite du débiteur, son créancier étoit envoyé en la possession de ses biens ; et le gage judiciaire, qui étoit lorsqu'en vertu d'une sentence et pour l'exécution d'icelle, le créancier se faisoit envoyer en la possession des biens de celui qu'il avoit fait condamner, afin d'être payé de ce qui lui étoit dû. De ces quatre espèces d'hypothèques, ajoute l'auteur, nous n'en avons retenu que trois, le gage judiciaire contenant celui du prêteur. »

Mornac, sur la loi 26, ff. *de pign. act.*, assimile le gage prétorien ou judiciaire à la saisie réelle. *Vernaculo nostro forensi dixerimus NUNC SAISIE RÉELLE.* Un auteur bien plus moderne, mais dont l'opinion est toujours d'un grand poids, se rapproche de cette idée, *Rép. de jurisp.*, au mot *Hypothèque*, sect. Ire, § 6, n° 1. L'hypothèque judiciaire, dit-il, est purement de notre droit français; *elle étoit inconnue dans le droit romain;* car il ne faut pas la confondre avec le gage judiciaire qui est reçu parmi nous. Le gage judiciaire ne s'acquéroit, dans le droit romain, que par la saisie des biens du débiteur, faite par un exécuteur ou un appariteur que le magistrat commettoit à cet effet. On entend de même parmi nous, continue-t-il, par gage judiciaire, les immeubles saisis réellement, à l'administration desquels il a été établi un commissaire, et dont il a été fait des baux en justice. Les meubles deviennent de même, par la saisie et l'établissement du gardien, un gage judiciaire.

Mais ces propositions ne sont pas parfaitement exactes. Le gage prétorien fut fondu dans le gage judiciaire, parce que l'un et l'autre émanoient de l'autorité du juge. L'auteur de la glose sur la loi 2, au Code *de prætor. pign.*, le dit en un latin plus expressif qu'élégant : *Largo modo utrumque posse dici judiciale, cùm utrumque ipsorum detur à judice.* Il y avoit dans le principe quelques différences entre l'un et l'autre, dont l'explication seroit plus curieuse qu'utile. Toujours est-il vrai que le *pignus judiciale* dans lequel fut compris dans la suite le *pignus prætorium*, et qui ne pouvoit avoir lieu sans une sentence préalable de condamnation, étoit proprement une hypothèque judiciaire. On ne peut en douter d'après les lois Ire et 2e, au Code *de prætorio pignore*, et d'après la loi Ire, *si in causa jud.* On sait que dans le droit romain les mots *pignus* et *hypotheca* étoient devenus synonymes : *Inter pignus et hypothecam (quantùm ad actionem hypothecariam attinet) nihil interest*, est-il dit dans les Institutes, liv. 4, tit. 6, § 7. Aussi Justinien, dans les lois que je viens d'indiquer, présente le gage judiciaire comme une véritacle hypothèque qu'il rapproche de l'hypothèque conventionnelle. *Veteris juris dubitationem decidentes ad duplum genus HYPOTHECARUM respeximus, unum quidem quod ex conventionibus et pactis hominum nascitur, aliud quod à judicibus datur, et prætorium nuncupatur.* Ce qu'il y a de remarquable pour se bien pénétrer de l'esprit du droit romain, c'est ce que dit encore le même empereur, que l'hypothèque judiciaire a eu pour objet de suppléer, en faveur du créancier, l'obligation volontaire à laquelle le débiteur se seroit refusé par un sentiment d'injustice. *Nam invicem justæ obligationis, succedit ex causa contractus auctoritas jubentis.* Et telle est encore la véritable idée qu'on doit se former, dans le droit français, de l'hypothèque judiciaire. Cette hypothèque a donc été toute autre chose que la vente par suite de saisie réelle, pour laquelle il y a d'autres titres dans le droit romain. Il s'agissoit alors d'en venir à la vente des objets hypothéqués, laquelle étoit le but de toute hypothèque, lorsque l'acquéreur ne se libéroit pas. C'étoit alors le *jus distrahendi pignoris, si debitor frustretur neque pignus luat.*

Sans doute, pour qu'il y eût hypothèque judiciaire, ou *pignus judiciale*, il falloit une dépossession du débiteur, et une mise en possession, de la part du créancier, en vertu de l'ordonnance du juge: *Sciendum est, ubi jussu magistratûs pignus constituitur, non aliàs pignus constitui, nisi ventum fuerit in possessionem*, dit la loi 26, ff. *de pign. act.* Jusqu'à ce qu'il y eût une mise en possession, ordonnée par le juge en faveur du créancier, et effectuée, le jugement de condamnation ne donnoit qu'une action personnelle appelée en droit *in factum vel ex judicato*, ainsi que l'ont remarqué, d'après des textes de droit romain, Néron et Girard, annotateurs de l'ordonnance de Moulins, sur l'art. 53. Mais cette dépossession n'étoit qu'une forme au moyen de laquelle l'hypothèque judiciaire étoit légalement constituée. Cela n'étoit pas étonnant, puisqu'ainsi que je l'ai dit dans le Discours préliminaire, l'hypothèque ne se formoit anciennement que par une tradition vraie ou feinte, qui tenoit à ce qui existoit sous le nom de *mancipatio*, et que, dans des temps bien postérieurs, le débiteur, pour mieux assurer l'hypothèque conventionnelle, se dépossédoit de l'objet hypothéqué en faveur du créancier, qui se retenoit les fonds si le payement n'arrivoit pas dans le temps convenu.

Le *pignus prætorium* ou *judiciale* étoit si bien une hypothèque judiciaire, que, dans le concours d'un créancier qui avoit simplement obtenu une sentence de condamnation avec un autre créancier qui seroit allé plus loin, et qui auroit obtenu la mise en possession des biens du débiteur, ce dernier étoit préféré. *Similiter in concursu pignorum judicialium, non qui prior sententiam obtinuit, utiquè potior est; sed is qui prior ex judicati causa pignus accepit, quoniam sibi vigilavit.* Ce n'est pas tout: si plusieurs créanciers avoient obtenu en même temps l'envoi en possession des biens d'un débiteur, ils venoient tous par concurrence: *Similiter cùm multi cre-*

*ditores rei servandæ causa in possessionem mittuntur, per idemque est
jus omnium.* C'est ce que dit Hotman, d'après une foule de textes du droit
romain, dans son commentaire sur le titre du Digeste, *qui pot. in pign.,*
pag. 82 *et* 83, *édit. in-*12 *de* 1576. On conçoit les mêmes idées à la lecture
des Pandectes de Pothier, *lib.* 20, *pag.* 556, *n°* 2, et *pag.* 571, *art.* 2.
On les retrouve encore dans plusieurs passages de Néguzantius.

Ainsi, la différence qu'il y a entre le droit romain et le droit français,
relativement à l'hypothèque judiciaire, consiste en ce qu'en France le jugement de condamnation suffit pour imprimer l'hypothèque, sans qu'il soit
besoin, comme dans le droit romain, d'exécution et d'appréhension de fait.
C'est ce qui fut établi par l'art. 53 de l'ordonnance de Moulins, de 1566,
qui fit cesser les anciens usages qui émanoient du droit romain, et qui
apporta un grand changement, en cette partie, dans notre législation.

Une seconde différence non moins essentielle est que, dans le droit romain, l'hypothèque judiciaire étoit toujours spéciale : elle ne pouvoit
frapper que les immeubles dont la mise en possession étoit ordonnée. On
sent que cela tenoit à la nature des formes dont je viens de parler. Cette
restriction de spécialité avoit lieu lors même que, dans le droit romain, l'hypothèque conventionnelle étoit générale, quand il fut admis qu'elle pouvoit
être formée, *nudo consensu,* sans les anciennes formalités qu'on y laissa
tomber en désuétude; au lieu qu'en France, depuis l'ordonnance de Moulins, l'hypothèque judiciaire a toujours été générale, c'est-à-dire, qu'elle
a toujours embrassé les biens présens et à venir.

On peut rapprocher les formes du nantissement qui avoit lieu dans la
Belgique et dans quelques Coutumes de France, des formes relatives à
l'envoi en possession, dans le droit romain, pour l'hypothèque judiciaire.
Ce rapprochement se fait bien plus naturellement, et d'une manière plus
propre à l'intelligence du régime hypothécaire, que celui qui a été fait
par Mornac, du gage prétorien ou judiciaire à la saisie réelle. Le nantissement n'étoit au fond qu'un envoi en possession de l'objet hypothéqué,
fait par fiction. Etant constaté sur des registres publics, il en résultoit la
publicité de l'hypothèque qui, parmi nous, s'opère par l'inscription, qui
est une formalité bien plus simple.

193. Il devenoit nécessaire de laisser, dans la législation nouvelle, à l'hypothèque judiciaire, le caractère de généralité qu'elle a toujours eu. L'hypothèque spéciale est plus avantageuse au débiteur; mais il a à s'imputer

Effet de la généralité de l'hypothèque judiciaire,

quant à la forme sous laquelle elle peut être ins-crite. de n'avoir pas satisfait aux engagemens qu'il avoit contractés sans prendre la précaution d'en circonscrire l'hypothèque. Tout ce qu'on a pu faire dans l'intérêt des tiers, et c'est un grand avantage pour eux, a été de soumettre cette hypothèque judiciaire à la publicité par la voie de l'inscription.

Mais le caractère de généralité, laissé à l'hypothèque judiciaire, n'a-t-il pas dû introduire une différence dans le mode d'inscription de cette hypothèque? Il est dit, dans l'art. 2123 du Code, que cette hypothèque peut s'exercer sur les immeubles actuels du débiteur, *et sur ceux qu'il pourra acquérir.* De ces termes est née la question de savoir si le créancier peut, par une seule inscription, grever tout à la fois non-seulement les immeubles qui appartiennent alors au débiteur, dans l'arrondissement au bureau duquel l'inscription est prise, mais encore tous ceux qui lui appartiendront dans la suite, et qui seront situés dans le même arrondissement; si, en un mot, on peut agir comme on feroit pour une hypothèque légale, ou si, relativement aux biens à venir, l'inscription doit nécessairement être prise successivement et à mesure des acquisitions qui seroient faites de ces biens par le débiteur, ou à mesure qu'ils lui écherroient par succession ou autrement. La question n'étoit pas sans difficulté : aussi ai-je remarqué que les personnes qui ont traité la matière, ont été divisées sur la solution.

Cependant, en se pénétrant de l'esprit de la législation, qui se puise dans plusieurs articles du Code, on est convaincu que le législateur a entendu que tous les biens présens et à venir du débiteur ont pu être grevés simultanément, dans chaque arrondissement, par une seule ins-cription. Cette opinion se fonde sur ce que l'hypothèque judiciaire a un caractère bien déterminé *d'hypothèque générale.* Ce caractère de généra-lité résulte d'abord des termes mêmes de l'art. 2123 : « *Elle peut s'exercer sur les immeubles actuels du débiteur, et sur ceux qu'il pourra acquérir.*» Il est impossible de ne pas voir là une impression d'hypothèque, qui se forme, à l'instant du jugement, sur tous les biens quelconques, tant sur les biens présens que sur ceux à venir. Cette généralité se puise encore dans les termes de l'art. 2148, § 5. Après y avoir dit que l'inscription contiendra l'indication de l'espèce et de la situation des biens sur lesquels le créancier entend conserver son privilége ou son hypothèque, il y est dit, par forme d'exception : « Cette dernière disposition n'est pas néces-» saire dans le cas des hypothèques *légales ou judiciaires.* A défaut de » convention, une seule inscription, pour les hypothèques, frappe tous

» les immeubles compris dans l'arrondissement du bureau. » Cet article prouve que, dans la pensée du législateur, l'hypothèque judiciaire et l'hypothèque légale sont absolument assimilées, au moins sous le rapport de la comprise, soit dans l'hypothèque, soit dans l'inscription, de tous les biens présens et à venir. Enfin, à quoi bon obliger le créancier à ne prendre des inscriptions qu'à mesure que les biens écherroient au débiteur? pourquoi l'assujettir à une surveillance pénible et accompagnée de dangers? pourquoi l'exposer à devenir victime de l'adresse de créanciers qui pourroient même lui être postérieurs en hypothèque, et qui, se tenant plus alertes sur les opérations du débiteur, ou sur les successions qui lui écherroient, obtiendroient une préférence injuste, par une inscription antérieure, surtout s'ils habitoient le lieu du domicile du débiteur, et si le premier créancier en étoit éloigné! De ce qu'une seule inscription gréveroit tout à la fois les biens présens et à venir du débiteur, les tiers ne peuvent en souffrir : il suffit, pour leur intérêt, que l'inscription leur apprenne que tous les biens à l'occasion desquels ils voudroient traiter, ont été frappés de l'hypothèque.

Ce qui embarrassoit sur la solution, c'est qu'on opposoit qu'il en seroit de même dans le cas de l'art. 2130. L'art. 2129 prescrit les règles de la spécialité pour l'hypothèque conventionnelle; il se termine par ces termes : *Les biens à venir ne peuvent pas être hypothéqués.* Il est ensuite dit dans l'art. 2130, que, néanmoins, si les biens présens et libres du débiteur sont insuffisans pour la sûreté de la créance, il peut, en exprimant cette insuffisance, consentir que chacun des biens qu'il acquerra par la suite, y demeure affecté à mesure des acquisitions.

Mais la comparaison qu'on feroit de cette stipulation d'hypothèque à l'hypothèque judiciaire ne pourroit se soutenir (1).

En premier lieu, la stipulation de l'hypothèque des biens que le débiteur pourroit acquérir dans la suite, est une dépendance de l'hypothèque conventionnelle, et, par conséquent, spéciale; elle a donc dû être soumise aux mêmes règles que l'hypothèque spéciale, au moins en ce qui concerne l'inscription.

En second lieu, la nécessité de l'inscription, à mesure qu'il échoit des

(1) Voyez le n° 62.

biens postérieurement à l'obligation, résulte de ce qu'il est dit dans l'article 2130, que le débiteur pourra consentir que *chacun* des biens qu'il acquerra par la suite, demeure affecté *à mesure des acquisitions.* La loi ne pouvoit pas dire plus énergiquement, que, quoique l'hypothèque résulte de l'obligation, elle ne s'appliquera néanmoins aux biens à venir, et partiellement, qu'à chaque moment où ils écherront au débiteur. La différence qui existe entre ces termes et ceux des art. 2123 et 2148, ci-dessus rapportés, est si grande, que cette différence suffiroit seule pour établir une décision contraire. Cette différence est une preuve incontestable que l'hypothèque judiciaire a un caractère de généralité que n'a pas la stipulation d'hypothèque sur les biens à venir, particulièrement tolérée dans l'art. 2130.

Il faut bien convenir que l'art. 2161, qui prescrit le mode de l'action en réduction des hypothèques, dans le cas d'excès de la valeur des biens, comparativement à ce qui est dû, peut s'appliquer au cas prévu par l'article 2130, comme à l'hypothèque judiciaire. Il y est dit : « Toutes les fois que les inscriptions prises par un créancier qui, d'après la loi, auroit droit d'en prendre *sur les biens présens ou sur les biens à venir* d'un débiteur, sans limitation, seront portées sur plus, etc. » Et dans le cas de l'art. 2130, comme dans celui de l'hypothèque judiciaire, le créancier a droit de s'inscrire sur les biens présens et sur les biens à venir. Mais de ce que la règle de la réduction est commune à ces deux sortes d'hypothèques, il ne sauroit s'en tirer la conséquence d'une identité de principes, pour en conclure que, dans les deux cas, une première inscription puisse grever simultanément les biens présens et à venir. Cette faculté ne concerne que l'hypothèque judiciaire, et elle est étrangère à l'hypothèque stipulée dans le cas prévu par l'art. 2130.

Enfin, la question a été jugée en thèse, par rapport à l'hypothèque judiciaire, par un arrêt de la Cour de cassation, section civile, du 3 août 1819, *Denev.*, *an* 1819, *pag.* 561. Il a consacré l'opinion qu'une seule inscription, prise par le créancier qui a une hypothèque judiciaire, peut comprendre, avec effet, tous les biens présens et à venir, qui sont dans l'arrondissement d'un même bureau, et qu'il n'a pas été dans le vœu de la loi, qu'il y eût, dans ce cas, des inscriptions successives, au fur et à mesure des acquisitions nouvelles que pourroit faire le débiteur. Je me contente de renvoyer aux motifs de l'arrêt, qui renforcent les principes que j'avois
exposés

exposés avant d'en avoir eu connoissance. Il y a lieu de penser qu'on ne verra plus élever la question.

194. Suivant l'art. 11 du titre 55 de l'ordonnance de 1667, lorsqu'il étoit question d'arrêts et sentences contradictoires, rendus à l'audience, ils avoient leur effet, relativement à l'hypothèque, du jour où ils étoient rendus, quoiqu'ils n'eussent point été signifiés. Par rapport à ceux donnés par défaut à l'audience, ainsi que pour ceux rendus sur procès par écrit (qui alors se rendoient en la Chambre du conseil), ils n'avoient leur effet, toujours en ce qui concerne l'hypothèque, que du jour qu'ils avoient été signifiés à procureur. Quelques ordonnances plus anciennes s'étoient expliquées à cet égard, mais avec moins de précision, au moins quant à la date de l'hypothèque que devoient produire les jugemens par défaut; en sorte que je crois qu'il est inutile d'y remonter. L'art. 53 de l'ordonnance de Moulins vouloit seulement que, du jour de la condamnation donnée en dernier ressort, et du jour de la prononciation, le droit d'hypothèque fût acquis sur les biens du condamné. On peut voir, au surplus, ce qui a été dit par Rodier, sur l'art. 11 de l'ordonnance de 1667, ci-dessus cité, et sur l'art. 17 du titre 27.

Les principes, à cet égard, ne sont plus les mêmes; ils sont au moins bien différens de ceux admis par l'ordonnance de 1667. Ces changemens résultent de ce que, sous notre législation, l'hypothèque ne prenant rang que du jour de l'inscription, il a fallu donner à un créancier des moyens de ne pas devenir victime de la mauvaise foi d'un débiteur qui auroit pu employer des mesures frauduleuses pour faire retarder une inscription, et rendre une condamnation sans effet. Aussi l'article 2123 est conçu bien différemment. « L'hypothèque judiciaire, y est-il dit, résulte des jugemens, soit contradictoires, soit par défaut, définitifs ou provisoires, en faveur de celui qui les a obtenus. » Ainsi, d'après une disposition aussi absolue, l'hypothèque émane des seuls jugemens. La loi n'impose aucune condition pour que l'hypothèque ait lieu; elle garde le silence sur la signification, soit à avoué, soit à personne ou domicile. On pouvoit faire le même raisonnement sur l'art. 3 de la loi du 11 brumaire an 7, qui disoit simplement: « L'hypothèque existe pour une créance résultante d'une condamnation judiciaire. »

Des textes aussi précis ne peuvent permettre d'élever aucune difficulté. Il est bien dit dans l'art. 147 du Code de procédure civile: « S'il y a avoué

Tome I.   F f f

Peut-on prendre inscription en vertu de jugemens, avant leur signification à avoué, ou à personne ou domicile?

en cause, le jugement ne pourra être exécuté qu'après avoir été signifié à
avoué, *à peine de nullité.* Les jugemens provisoires et définitifs, qui pro-
noncent des condamnations, seront en outre signifiés à la partie, à personne
ou domicile; et il sera fait mention de la signification à l'avoué. » Il est
encore dit, dans l'art. 155, que les jugemens par défaut ne seront pas exécutés avant l'échéance de la huitaine de la signification à avoué, s'il y a
eu constitution d'avoué; et de la signification à personne ou domicile, s'il
n'y a pas eu constitution d'avoué. Mais on ne pourroit induire de la disposition de ces articles, qu'on ne peut prendre inscription en vertu d'un jugement, soit par défaut, soit provisoire, soit définitif, avant qu'il soit signifié
ou à avoué, ou à personne ou domicile. Une inscription n'est certainement
pas une exécution du jugement, dans le sens de ces art. 147 et 155 du
Code. On doit entendre par exécution d'un jugement, des actes de contrainte, exercés contre le condamné, tels que saisie mobilière, saisie immobilière ou emprisonnement. Mais une inscription est un acte purement
conservatoire. Il a ce caractère par sa nature : on le lui voit donner, dans
toutes les occasions, par les arrêts. Un arrêt de la Cour royale de Paris,
du 23 août 1808, *Sirey, an* 1809, *pag.* 12, 2ᵉ *part.*, a jugé dans le sens
qu'une inscription étoit *un acte conservatoire*, et qu'elle avoit pu être prise
par un émigré rayé provisoirement. Un autre arrêt de la Cour de cassation, du 5 septembre 1810, *Denevers, an* 1810, *pag.* 513, a décidé formellement qu'une inscription n'est en soi *qu'une mesure purement conservatoire.* L'inscription acquiert bien, à la vérité, au créancier qui la prend,
un avantage qui n'existe pas encore; mais cet avantage n'est pas l'hypothèque, c'est seulement l'efficacité de l'hypothèque; et l'objet qu'il s'agit
de conserver est tel, qu'il deviendroit absolument nul, s'il dépendoit d'un
débiteur d'empêcher le seul moyen de le conserver. Ce débiteur est, d'ailleurs, de mauvaise foi, lorsqu'il veut, par un appel dont le sort est incertain, anéantir provisoirement un droit fondé sur un acte judiciaire qui existe
certainement, quoique cet acte ne soit pas irréfragable.

Aussi, la Cour de cassation a rendu, le 21 mai 1811, *Denevers, même
année, pag.* 288, un arrêt par lequel il a été jugé, sous la loi de brumaire,
qu'on avoit pu prendre une inscription en vertu de jugemens par défaut,
même avant qu'ils eussent été signifiés. On trouve dans le même recueil,
an 1812, *pag.* 31, *suppl.*, un arrêt de la Cour royale de Besançon, du
12 août de la même année 1811, qui est conforme. Il a été rendu sous le

Code civil; les principes sont les mêmes. Les discussions qui précèdent ces arrêts, n'apprennent pas qu'on eût fait valoir l'objection tirée des dispositions des art. 147 et 155 du Code de procédure. Mais j'ai vu cette objection ailleurs. Je la remarque encore dans des observations faites par l'auteur du recueil, à la suite de l'arrêt; et j'ai cru utile d'ajouter de nouveaux moyens aux réflexions par lesquelles il la combat.

Mais, pour prendre une inscription, il faut que le jugement soit enregistré et expédié. On ne conçoit même pas que, sans l'enregistrement et l'expédition, le conservateur des hypothèques reçût le bordereau, et fît l'inscription.

195. Les principes sont les mêmes dans le cas d'un jugement qui tient une promesse pour reconnue. Le jugement contradictoire ou par défaut donne l'hypothèque du jour de sa date, et sans que, pour cela, il soit besoin d'aucune signification; en sorte que l'inscription peut être prise avant la signification.

Du cas d'un jugement par défaut sur une demande en reconnoissance d'écriture d'une promesse sous seing privé. Du cas de la dénégation d'écriture.

Un arrêt de la Cour de cassation, du 13 février 1809, rapporté par Sirey, *même année, part.* 1re, *pag.* 134, et par Denevers, *pag.* 83, a bien décidé qu'un jugement par défaut, portant qu'une écriture sur billet étoit tenue pour reconnue, ne portoit hypothèque que du jour de la signification; mais il est important de remarquer que l'affaire sur laquelle l'arrêt fut rendu, avoit pris naissance sous l'empire de l'ordonnance de 1667, et la Cour de cassation crut, et avec raison, devoir se décider sur la question, d'après les principes de cette ordonnance, dont j'ai rapporté les dispositions au n° précédent. Ce qui prouve que la question eût été décidée différemment, s'il se fût agi d'un jugement rendu sous le Code civil, et même sous la loi de brumaire an 7, conçue dans les mêmes principes, c'est un des motifs de l'arrêt du 5 septembre 1810, que je viens de citer. Il y est dit: « Attendu que les jugemens rapportés par les sieurs Jean et André Cornu, contre le sieur Lane de Varcilles, sont postérieurs à la loi du 11 brumaire an 7. »

Je dois remarquer que, suivant l'art. 92 de l'ordonnance de 1539, l'hypothèque prenoit date, dans le cas dont il s'agit, du jour de la sentence par défaut, comme si la *scédule* eût été confessée. Cet article ne faisoit pas dépendre l'hypothèque de la signification sur laquelle il gardoit le silence; mais la Cour de cassation pensa, ainsi que l'avoit fait la Cour royale de Riom, qui avoit rendu l'arrêt contre lequel on s'étoit pourvu, que l'ordonnance de 1667, *art.* 11 *du tit.* 35, avoit dérogé à l'ordonnance de 1539.

L'arrêt fut encore rendu dans le sens que cet arrticle de l'ordonnance de
1667 portoit indistinctement sur le cas d'un jugement par défaut, qui auroit
ordonné que la promesse étoit tenue pour reconnue, comme sur un jugement qui eût prononcé une condamnation. Ainsi, d'après la disposition
absolue de l'art. 2123 du Code civil, le jugement par défaut, qui tiendroit
la promesse pour reconnue, comme celui qui constateroit contradictoirement la reconnoissance, confère hypothèque à l'instant; et l'inscription
peut être prise sans attendre la signification.

Mais lorsque le débiteur dénie la signature qui lui est attribuée, ce
qui est le cas prévu par l'art. 195 du Code de procédure, alors il devient
impossible de prendre une inscription, ou au moins cette inscription ne
pourroit être prise que du moment où la signature seroit reconnue pour
véritable, aux termes de l'art. 213, par suite des procédures prescrites, dans
ce cas, par l'art. 195 et par les suivans. On peut tirer l'induction qu'en
cas de désaveu, l'hypothèque ne prend naissance qu'au résultat de la vérification, de ces termes de l'art. 2123 du Code civil: « Elle (l'hypothèque)
» résulte aussi des reconnoissances *ou vérifications* faites en jugement des
» signatures apposées à un acte obligatoire sous seing privé.» La date de la
vérification, qui suppose un désaveu, n'est pas la même chose que la date
de la reconnoissance.

Il étoit dit dans l'art. 93 de l'ordonnance de 1539: «Si aucun est ad-
journé en connoissance de scédule, compare ou conteste déniant sa scédule, et si, par après, est prouvée par le créancier, l'hypothèque courra
et aura lieu *du jour de ladite négation et contestation.*» C'est aussi ce qui
s'est pratiqué jusqu'à la loi de brumaire an 7. Mais depuis, et sous le Code
civil, cet article de l'ordonnance de 1539 n'a pu recevoir d'application.
L'inscription ne peut être prise qu'autant que l'hypothèque la précède;
et pour qu'il y ait une hypothèque, il doit y avoir un titre, n'importe que
l'effet de ce titre puisse être révoqué dans la suite. Or, dans le cas de la
dénégation de l'écriture ou de la signature apposée à un billet, il n'y a
point de titre ni provisoirement, ni définitivement. Cette résolution est le
résultat de la différence qui existe entre l'hypothèque occulte et l'hypothèque publique.

Ce qui vient d'être dit s'applique au cas d'un billet souscrit par un
défunt, et dont le payement est réclamé contre ses héritiers. On voit, dans
les art. 1322, 1323 et 1324 du Code civil, les différences qui existent entre

le cas où l'on fait assigner, en reconnoissance d'écriture ou signature, celui
même que l'on prétend être l'auteur de la promesse sous seing privé, et
le cas où la reconnoissance est demandée aux héritiers de ce dernier. Si
les héritiers avouent l'écriture et signature, il y aura une hypothèque sur
les biens personnels de ces héritiers, et même sur les biens du défunt(1).
S'il y a un désaveu de la part des héritiers, on sent que toute hypothèque
est suspendue, comme dans le cas du désaveu de celui même qu'on prétendroit être l'auteur de la promesse.

Il est dit, dans l'art. 1323, que celui auquel on oppose un acte sous
seing privé, est obligé d'avouer ou de désavouer formellement son écriture
ou sa signature, et que ses héritiers ou ayans cause peuvent se contenter
de déclarer qu'ils ne connoissent point l'écriture ou la signature de leur
auteur. Dans le cas de cette déclaration, comme dans le cas du désaveu de
la part de l'auteur de la promesse, la vérification doit en être ordonnée,
d'après l'article 1324. On sent facilement la raison de cette différence. On
connoît sa propre signature, on doit la reconnoître ou la désavouer : au
lieu qu'on peut de bonne foi ne pas connoître celle de ses auteurs.

Cependant, on ne doit pas toujours prendre à la lettre les termes dans
lesquels les héritiers sont tenus de s'expliquer d'après la loi. Il peut y avoir
des circonstances dans lesquelles les tribunaux pourroient, comme à l'égard
de celui qu'on diroit avoir signé la promesse, ordonner que, dans un délai,
des héritiers seroient tenus de déclarer s'ils reconnoissent les écriture et
signature d'une promesse, qu'on prétendroit avoir été apposée par leur auteur, et n'ordonner la vérification que faute par les héritiers de s'expliquer.
Cela arriveroit, par exemple, si, dans le cours d'une instance, il y eût eu
quelque tergiversation de la part des héritiers; s'ils avoient laissé entrevoir
qu'ils reconnoissoient que l'écriture ou signature fût du fait de leur auteur.
Un arrêt de la Cour de cassation, du 17 mai 1808, a rejeté le pourvoi contre
un arrêt de la Cour royale de Paris, qui avoit ordonné une déclaration, à
l'égard d'héritiers, dans les termes que j'ai déjà rapportés. Je me borne à
renvoyer à l'arrêt, s'agissant de circonstances particulières, pour lesquelles
je le cite comme exemple. Voyez *Denevers*, an 1808, *pag.* 357.

_____

(1) Il faut cependant remarquer que cette hypothèque sur les biens du défunt ne pourroit avoir lieu au préjudice des créanciers du défunt, ou des légataires qui pourroient
demander la séparation du patrimoine du débiteur décédé, d'avec celui de ses héritiers.
Voyez ce que je dis, partie 2ᵉ, chap. 1ᵉʳ, section 3, § 6, sur cette séparation de patrimoines.

196. L'ordonnance de Moulins fut amendée par une déclaration rendue, sur les remontrances du parlement de Paris, le 10 juillet 1566. Par l'art. 11 de cette déclaration, porté en interprétation de l'art. 53 de cette ordonnance, il fut dit : « L'hypothèque sur les biens du condamné aura lieu et effet du jour de la sentence, *si elle est confirmée par arrêt*, ou que d'icelle n'y ait appel.» Cette disposition est évidemment juste, et elle se concilie parfaitement avec notre législation, surtout d'après tout ce qui vient d'être dit. Ainsi l'inscription peut être prise malgré l'appel, sauf à en demander, dans la suite, s'il y a lieu, la radiation ou la restriction. Cela se pratique journellement, et cette radiation ou cette restriction sont ordonnées par la Cour d'appel, quand on y conclut. Cette demande évite une assignation et un nouveau jugement, afin de les faire prononcer.

Quelques auteurs avoient élevé, à ce sujet, une difficulté vraiment étonnante. Ils prétendoient que lorsque le jugement étoit réformé en une partie des sommes dont la condamnation étoit prononcée, l'hypothèque, pour le restant de la condamnation, cessoit de remonter au premier jugement, et ne prenoit date que du jugement ou de l'arrêt rendu sur l'appel. M. Maleville, sur l'art. 2123 du Code civil, et M. Persil, *Rég. hypoth.*, sur le même article, n° 2, se sont élevés contre cette opinion. J'ajoute qu'elle a été aussi repoussée par Pothier, *Introd. au tit. 20 de la Cout. d'Orléans*, n° 17. Il est impossible de ne pas adopter cet avis. L'inscription qui auroit été prise en vertu du jugement, devroit donc conserver son effet jusqu'à concurrence de ce qui resteroit dû d'après la réduction ordonnée sur l'appel. On ne concevroit pas que le titre subsistant pour une partie, il n'en fût pas de même de l'inscription qui en est un accessoire.

Ce qui vient d'être dit pour le cas de l'appel, doit également être suivi pour celui de l'opposition; il y a même raison. Mais il y a une remarque essentielle à faire à ce sujet : c'est que l'art. 156 du Code de procédure veut que les jugemens par défaut, rendus contre des parties qui n'auront pas constitué d'avoué, soient signifiés avec des formalités particulières; et il est ajouté que les jugemens seront exécutés dans les six mois de leur obtention, *sinon seront réputés non avenus*. L'art. 159 fixe le mode légal d'exécution. Il s'est élevé la question de savoir si cet art. 156 pourroit être appliqué au cas d'un jugement par défaut, qui tient une promesse sous seing privé pour reconnue. Celui qui l'avoit obtenu, et auquel on opposoit la péremption du jugement par le défaut d'exécution dans les

six mois, disoit que l'art. 156 étoit étranger à la question, par la raison
qu'un pareil jugement n'étoit pas, à proprement parler, un jugement de
condamnation, et qu'il n'étoit pas susceptible des voies d'exécution dont
parle l'art. 159. Par un arrêt confirmatif, la Cour royale de Grenoble décida que le jugement de reconnoissance d'écriture dont il s'agissoit,
n'ayant reçu aucune exécution dans les six mois de son obtention, devoit,
aux termes de l'art. 156, être réputé non avenu; qu'en fait de jugement
par défaut, on ne peut faire aucune distinction entre un jugement de
reconnoissance d'écriture et un jugement de condamnation, dès que l'article 156 n'en fait aucune; que d'ailleurs le jugement en question, contenant une condamnation de dépens, pouvoit être suivi d'une saisie quelconque; et que ne renfermât-il qu'une simple reconnoissance, il pouvoit
autoriser une saisie-arrêt à fins conservatoires; qu'ainsi l'inscription, prise
plus de six mois après l'obtention de ce jugement, et à une époque où
celui qui l'avoit obtenu, n'avoit plus ni titre, ni hypothèque, devoit également être réputée non avenue. La Cour de cassation, par un arrêt du
22 juin 1818, rejeta le pourvoi. Les motifs sont que les jugemens avoient
été rendus par défaut; qu'ils avoient prononcé des condamnations qui pouvoient être exécutées dans la forme prescrite par l'art. 159, et que rien
n'établissoit qu'ils eussent reçu aucune exécution dans les six mois de
leur date. On voit qu'en résumé ces motifs sont ceux du premier arrêt.
Voyez *Denevers, an* 1818, *pag.* 626.

Il résulte de cet arrêt, que l'on ne peut, en vertu d'un jugement par
défaut, prendre une inscription lorsque le jugement n'a point été exécuté
dans les six mois de son obtention. On doit aller plus loin; on doit penser
que l'inscription qui auroit été prise avant l'expiration des six mois, deviendroit sans effet par le défaut d'exécution, parce que l'inscription n'est
pas un acte d'exécution dans le sens et l'esprit de l'art. 159. Il en scroit
de ce cas comme de celui de la radiation qui auroit été faite d'une inscription, en vertu d'un jugement par défaut. Il a été jugé, avec raison,
par la Cour d'appel de Trèves, par un arrêt du 10 août 1810, que cette
radiation ne tenoit pas lieu d'exécution, et n'empêchoit pas la péremption
du jugement. Ces actes faits hors la présence du défaillant sont ignorés
de lui; et l'art. 159 exige des actes d'exécution qu'il ait connus. Voyez
Denevers, an 1811, *pag.* 145, *au suppl.* Il est si vrai que l'inscription
n'empêche pas la péremption du jugement, qui est une espèce de pres-

cription, qu'elle n'interrompt pas la prescription, en général, à l'égard du débiteur. *Art.* 2180 *du Code civil.*

Après avoir ainsi émis mon opinion, j'ai remarqué un arrêt de la Cour de cassation, du 19 décembre 1820, *Denev.*, *an* 1821, *pag.* 296, qui confirme cette opinion en un sens, et qui l'infirme en un autre. Il la confirme en ce qu'il juge qu'une inscription prise dans la huitaine d'un jugement par défaut, portant reconnoissance d'écriture au profit du créancier, est valable, parce qu'elle est un acte conservatoire : il l'infirme en ce que l'arrêt juge que cette inscription a conservé son effet, quoiqu'il se fût écoulé six mois, à compter de la signification du jugement, sans qu'il y eût eu aucune exécution de ce jugement, parce que l'inscription devoit être considérée elle-même comme un acte d'exécution du jugement.

L'arrêt, en ce dernier sens, détruira difficilement les difficultés. On doutera toujours que l'art. 159 du Code de procédure, n'attribuant le caractère d'exécution qu'à un acte *duquel il résulte nécessairement que l'exécution du jugement ait été connue de la partie défaillante*, on puisse considérer, sous ce point de vue, une inscription qui n'est pas nécessairement connue du débiteur défaillant, et qui aussi, par cette raison, ne relève pas la prescription. On sentira donc aisément qu'il sera toujours prudent, pour empêcher la péremption du jugement, et pour conserver l'effet de l'inscription, d'exécuter le jugement par une des voies indiquées par cet art. 159, avant l'expiration des six mois, à compter de la date du jugement.

De l'influence de l'incompétence du tribunal qui auroit prononcé la condamnation, ou qui auroit tenu la promesse pour reconnue.

197. On peut élever la question de savoir s'il auroit pu être pris une inscription dans le cas où l'on opposeroit l'incompétence du tribunal qui auroit prononcé le jugement en vertu duquel on auroit pris une inscription.

Il convient de distinguer. S'il s'agissoit d'un jugement qui eût prononcé une condamnation sur le fond d'une demande, l'inscription pourroit toujours être prise, et son sort dépendroit entièrement de celui du jugement qui seroit attaqué. On sent que l'inscription crouleroit avec le jugement qui lui serviroit de fondement. D'Héricourt, *Traité de la vente des immeubles*, *chap.* 11, *sect.* 2, *n°* 30, explique, à cet égard, l'ancienne jurisprudence d'une manière qui peut être utile sous la nouvelle législation. « C'est même un usage certain, disoit-il, que la sentence rendue par un juge incompétent de connoître d'une affaire, donne hypothèque au créancier du jour qu'elle est intervenue, quand la partie a procédé volontairement

ment devant le juge incompétent, ou si le condamné n'a point comparu, quand il ne s'est pas pourvu dans le temps prescrit par l'ordonnance, pour faire infirmer la sentence qui a été rendue contre lui. » Il paroît que M. Persil a eu la même opinion, *Régime hypoth.*, *art.* 2123, *n^o* 3.

Mais supposons que le créancier du montant d'une promesse sous signature privée, se contente de faire citer le débiteur devant un juge ou devant un tribunal, simplement en reconnoissance de cette promesse, sans assignation en condamnation de la créance; que ce juge ou ce tribunal se bornassent à donner un défaut, dont le profit seroit que l'écriture ou la signature seroient tenues pour reconnues; qu'en vertu de ce jugement, il eût été pris une inscription, et que, dans la suite, le débiteur eût été condamné, par tout autre juge ou par tout autre tribunal, au payement de la créance, l'inscription auroit-elle effet du jour de sa date, si le juge ou le tribunal qui auroit dit, par défaut, que les écriture ou signature seroient tenues pour reconnues, et qu'elles porteroient hypothèque, étoient absolument incompétens; s'ils l'étoient, par exemple, *ratione materiæ?* On sent que cette question ne seroit pas à beaucoup près sans difficulté.

C'étoit anciennement un principe, que tout juge étoit compétent pour la reconnoissance d'une écriture ou signature, ou pour les tenir pour reconnues. Il n'y avoit d'exception à cette règle, qu'à l'égard des juges ecclésiastiques, qui n'avoient qu'une juridiction personnelle, sans territoire ni pouvoir sur les biens. Cela n'étoit pas étonnant, d'après l'art. 92 de l'ordonnance de 1539. Il étoit dans l'esprit de cette ordonnance, de favoriser tous les moyens d'obtenir une hypothèque de la part du créancier, en vertu d'une promesse sous seing privé. Un créancier pouvoit faire citer le débiteur, quelque part qu'il eût été, même lorsqu'il étoit en voyage, et le débiteur pouvoit être traduit par-devant tout juge quelconque séculier du lieu où il se trouvoit. L'action en reconnoissance de l'écriture, quoique son but fût de se procurer l'hypothèque, n'étoit néanmoins que préparatoire, respectivement au fond de la créance, dont on pouvoit ensuite demander le payement; mais il falloit alors que cette demande fût formée devant le juge compétent. C'est aussi d'après ces idées qu'il étoit dit, dans cet article 92, que la personne citée *ne pouvoit alléguer aucune incompétence.* Il faut cependant remarquer que le juge, quel qu'il fût, compétent ou non, devant lequel on demandoit simplement la reconnoissance, pouvoit en donner acte, et, en cas de défaut, pouvoit ordonner que les écriture ou signature seroient tenues pour reconnues; mais s'il y avoit dénégation des écriture ou signature, il étoit obligé de renvoyer devant le juge compétent pour la vérification.

Mais je ne pense pas que tout cela puisse être observé actuellement. Tout jugement relatif à une reconnoissance d'écriture, lorsque la demande en reconnoissance forme une demande principale, est une opération judiciaire; c'est pourquoi, dans le cas dont il s'agit, le jugement par défaut, qui tient les écriture ou signature pour reconnues, imprime une hypothèque judiciaire. Or, cette hypothèque, comme la condamnation au fond, ne peut émaner que d'un juge compétent. On sent néanmoins que si la reconnoissance étoit demandée incidemment à un procès qui seroit pendant, ou qui auroit dû être porté, par suite de circonstances, à un tribunal autre que celui du domicile du débiteur, alors ce tribunal deviendroit le tribunal compétent. L'art. 1322 du Code civil le fait ainsi supposer. Il y est dit, *l'acte sous seing privé reconnu par celui auquel on l'oppose.* Ces mots, *auquel on l'oppose,* annoncent un action judiciaire déjà formée.

D'ailleurs, cet article coïncide absolument avec l'art. 193 du Code de procédure, qui présente nécessairement cette idée. Ce même art. 1322 du Code civil prévoit ensuite le cas où un jugement par défaut tient l'écriture pour reconnue; et il y est dit alors, *ou légalement tenue pour reconnue.* Ce mot *légalement* n'a pas été mis sans intention; et tout jugement rendu par un juge incompétent, ne peut être considéré comme légal. Quand il est dit, dans l'art. 193 du Code de procédure, que, lorsqu'il s'agira de reconnoissance et vérification d'écritures privées, le demandeur pourra, sans permission du juge, faire assigner à trois jours pour avoir acte de la reconnoissance, ou pour faire tenir l'écrit pour reconnu, on doit supposer que le législateur a eu en vue le juge compétent, parce que tel est le principe général. Ce principe général résulte des art. 168 et suivans du Code de procédure. D'après l'art. 170, l'incompétence ne se couvriroit pas par le consentement même de la partie, si cette incompétence existoit *ratione materiæ.* On pourroit donc distinguer l'effet de la condamnation définitive, de celui du jugement par défaut, qui auroit tenu les écriture ou signature pour reconnues, et prétendre qu'on n'auroit pu prendre inscription qu'en vertu de la condamnation définitive, et non en vertu du premier jugement par défaut. Il est donc prudent, en pareille circonstance, de traduire celui contre lequel on veut obtenir la reconnoissance d'une promesse sous seing privé, devant le véritable juge ou tribunal du domicile, je veux dire devant le juge de paix, lorsque la somme n'excède pas le taux de sa compétence, et, dans le cas contraire, devant le tribunal civil.

Quant aux reconnoissances qui seroient faites devant notaires, d'actes sous seing privé, elles se rattachent à l'hypothèque conventionnelle; et je m'en suis expliqué ailleurs.

198. Mais peut-on demander la reconnoissance d'une promesse avant le terme de l'échéance? Dans les anciens principes, l'affirmative étoit sans difficulté : c'est ce qu'enseignoit Rodier, sur l'art. 6 du titre 12 de l'ordonnance de 1667, question 2, où il explique les anciens usages relatifs à cette partie. Ces principes ont été maintenus, sous la loi de brumaire et sous le Code civil, jusqu'à la loi du 3 septembre 1807, contre la décision de quelques Cours royales, par trois arrêts de la Cour de cassation, des 3 février 1806, 15 janvier et 17 mars 1807. Denevers, *an* 1806, *pag.* 92; et 1807, *pag.* 114 *et* 154. Mais cette législation a été considérablement modifiée par cette loi du 3 septembre; il y est dit, art. 1er, que lorsqu'il aura été rendu un jugement sur une demande en reconnoissance d'obligation sous seing privé, formée avant l'échéance ou l'exigibilité de ladite obligation, il ne pourra être pris aucune inscription hypothécaire en vertu de ce jugement, *qu'à défaut de payement de l'obligation, après son échéance ou son exigibilité*, à moins qu'il n'y ait eu stipulation contraire. L'article suivant indique les cas dans lesquels les frais du jugement et ceux de l'enregistrement seront à la charge du créancier, ou à celle du débiteur. Il est dans l'esprit de cette loi, que l'hypothèque résulte du jugement même, qu'elle existe dans ce jugement, mais qu'elle ne puisse recevoir son efficacité que par l'inscription. Cette inscription ne peut être prise qu'après l'échéance; en sorte qu'il ne faut pas de nouveau jugement pour pouvoir la prendre.

Un des motifs de la loi est que le débiteur qui contracte une obligation à terme, est présumé n'avoir pas voulu se soumettre à une hypothèque : cette présomption ne cesse que par la stipulation contraire. Il y a eu encore un autre motif, ainsi que l'observe judicieusement M. Favard, *Traité des hyp.*, *pag.* 12 ; c'est que le législateur a voulu empêcher qu'on éludât la spécialité attachée à l'hypothèque conventionnelle. On auroit traité sous seing privé; et, par l'effet d'un jugement de reconnoissance, le créancier auroit obtenu une hypothèque générale sur les biens du débiteur.

Quand peut-on demander la reconnoissance d'une promesse avant le terme de l'échéance ?

G g g 2

420 TRAITÉ DES HYPOTHÈQUES,

·On sent facilement que cette loi ne peut porter aucune atteinte aux inscriptions prises antérieurement à sa promulgation, pour des créances non échues, en vertu de reconnoissances ou de jugemens qui tiendroient les écriture ou signature pour reconnues.

Des lettres de change et effets de commerce faits avec échéance à terme. 199. Mais il y a une observation importante à faire sur cette matière ; c'est qu'il existe une déclaration du 2 janvier 1717, dont les dispositions intéressoient le commerce. Cette déclaration vouloit qu'on ne pût obtenir aucune condamnation avant l'échéance des billets, lettres de change, et de toute autre sorte de billets et promesses passés par marchands, négocians, banquiers et autres particuliers faisant trafic et commerce de denrées et marchandises. Elle privoit de l'hypothèque toutes ces condamnations. La même déclaration portoit encore qu'aucune hypothèque n'avoit pu, ni ne pourroit être, à l'avenir, valablement acquise par aucun acte de reconnoissance, fait par-devant notaires, au greffe ou autrement, en quelque sorte que ce fût, desdits billets, lettres et promesses, avant l'expiration du terme auquel le payement devoit être fait. L'objet de cette déclaration étoit de prévenir le discrédit des commerçans. La faculté de poursuivre avant l'échéance des termes auroit nui d'ailleurs à ceux qui n'auroient pu se pourvoir que dans la suite contre le débiteur.

Il s'étoit élevé la question de savoir s'il résultoit de la loi de brumaire an 7, et du Code civil, une dérogation à cette loi. La Cour de cassation, section des requêtes, se décida pour l'affirmative, par un arrêt du 6 avril 1809, rapporté par Sirey, *même année, pag.* 182, et par Denevers, *idem, pag.* 118. La jurisprudence qui pouvoit résulter de cet arrêt, n'avoit cependant pas un caractère de certitude, d'après les motifs des deux premiers, des 3 février 1806 et 15 janvier 1807, que j'ai cités dans le n° précédent. Ces arrêts sembloient laisser subsister une différence entre les promesses ordinaires et les effets de commerce ; mais la loi du 3 septembre 1807 fait cesser toute difficulté à ce sujet, puisqu'elle produit l'effet qu'avoit la déclaration du 2 janvier 1717.

Le rapprochement de cette déclaration, de la loi du 3 septembre 1807, donne cependant lieu à une difficulté. Cette dernière loi refuse seulement l'hypothèque aux jugemens rendus sur une demande en reconnoissance avant l'échéance des effets, à compter de leur date ; et elle n'accorde cette hypothèque qu'en cas du défaut de payement après l'échéance. Cette même loi ne statue rien sur les reconnoissances volontaires qui seroient

faites avant l'échéance ; en sorte que, pour les dettes ordinaires, s'il existoit des reconnoissances volontaires, elles emporteroient hypothèque du
jour de leur date, si elles contenoient la spécialité.

Mais comme, d'après la déclaration du 2 janvier 1717, l'hypothèque
étoit refusée aux reconnoissances même volontaires des effets de commerce,
faites avant l'échéance, sauf au créancier à user, après l'échéance, des
voies prescrites par les ordonnances pour acquérir une hypothèque sur
les biens du débiteur, on pourroit dire que cette déclaration doit conserver
son effet pour ces cas de reconnoissances volontaires d'effets de commerce
avant l'échéance, quoique, pour les dettes ordinaires, ces reconnoissances
volontaires puissent se faire avant l'échéance, et qu'elles aient l'effet d'imprimer l'hypothèque, si elles contenoient la spécialité.

Je pense que cette proposition ne seroit pas fondée. Pour l'établir, on
pourroit invoquer les motifs d'intérêt pour le commerce, qui ont pu,
dans le temps, donner lieu à cette déclaration. On pourroit faire remarquer l'espèce de doute que présentent les deux arrêts de la Cour de cassation, des 13 février 1806 et 15 janvier 1807, sur la question de savoir
si la déclaration du 2 janvier 1717 étoit ou non abolie par la nouvelle législation ; néanmoins nous pensons qu'on doit embrasser la décision de l'arrêt
du 6 avril 1809. Voici les raisons sur lesquelles cette opinion nous paroît
devoir être soutenue.

D'un côté, de quoi s'agit-il ici ? d'un mode de constitution d'hypothèque.
Or, relativement à tout ce qui est constitution d'hypothèque, toutes les
lois anciennes sont abolies par la nouvelle législation ; cela est incontestable. La déclaration de 1717 est donc comprise dans cette abolition, ainsi
que cela est dit dans l'arrêt du 6 avril 1809. Ce seroit introduire une dan-
gereuse confusion, que de suivre tout à la fois les lois anciennes et les
lois nouvelles, quoique les dispositions n'en fussent pas les mêmes, et que
les premières ne pussent se concilier avec les dernières. Celles-ci doivent
modifier les anciennes. Les principes admis par la déclaration de 1717 ne
se retrouvent dans aucun de nos Codes. On ne peut pas dire qu'ils aient
été conservés par la loi du 3 septembre 1807, puisque cette loi ne contient
ni disposition, ni exception relativement à la reconnoissance volontaire
des effets de commerce avant l'échéance.

D'un autre côté, les motifs qui déterminèrent la déclaration de 1717 ne
subsistent plus sous la législation nouvelle. La circonstance que l'hypo-

thèque étoit occulte, pouvoit inspirer des craintes que des créanciers trop confians ne fussent trompés; mais cet inconvénient disparoît actuellement par la nécessité de rendre l'hypothèque publique par la voie de l'inscription. Enfin, l'orateur du gouvernement, qui présenta la loi du 3 septembre 1807, parla bien de la déclaration de 1717, comme ayant pu influer sur cette loi ; mais il ne la rappelle que sous le rapport de la reconnoissance poursuivie en justice, en quoi la loi devenoit concordante avec la déclaration de 1717 ; et rien n'annonce qu'on ait eu l'intention de laisser subsister la déclaration, quant aux reconnoissances volontaires avant l'échéance.

Il ne reste donc aux créanciers, autres que celui qui obtient une reconnoissance volontaire, soit d'effets de commerce, soit de promesses ordinaires, que la ressource des moyens de fraude, selon les circonstances qui sont indiquées par le Code de commerce. On ne peut pas créer d'autres nullités, quels que soient les moyens sur lesquels on voudroit les établir. La seule déchéance du bénéfice du terme contre le débiteur, est celle qui est prononcée par l'art. 1188 du Code civil. Il y est dit : « Le débiteur ne peut plus réclamer le bénéfice du terme, lorsqu'il a fait faillite, ou lorsque, par son fait, il a diminué les sûretés qu'il avoit données, par le contrat, à son créancier. » Encore faut-il que, dans ce dernier cas, le créancier se fasse autoriser par la justice à prendre inscription avant l'échéance, afin d'éviter le refus que pourroit faire le conservateur, de faire l'inscription d'après le bordereau (1).

Résulte-t-il une hypothèque judiciaire d'une adjudication faite sur enchères, de l'autorité d'un tribunal ou d'un commissaire du tribunal ?

200. D'après des dispositions du Code civil et du Code de procédure, il y a plusieurs cas où, abstraction faite d'une saisie immobilière, il se fait des adjudications d'immeubles par-devant un tribunal, ou par-devant

(1) On a toujours réclamé la condamnation d'effets de commerce devant les tribunaux, sans demander préalablement la reconnoissance de l'écriture ou signature. Mais en cas de dénégation, la vérification étoit renvoyée devant les tribunaux ordinaires. Cette règle subsiste encore, art. 427 du Code de commerce. Anciennement on pouvoit réclamer les payemens des effets de commerce devant les tribunaux de commerce, sans qu'ils fussent enregistrés ; mais il n'en est plus de même, d'après la loi du 28 avril 1816, art. 50 et 77. L'enregistrement doit être fait même avant que l'huissier donne l'assignation. Un huissier, pour y être contrevenu, a été condamné en l'amende. Un enregistrement postérieur à l'assignation ne suffit pas. Arrêt de la Cour de cassation, du 7 novembre 1820. Denev., an 1821, pag. 204.

un de ses membres, qui est nommé commissaire pour recevoir les enchères et faire l'adjudication ; quelquefois même le tribunal ordonne que
les enchères seront reçues en l'étude d'un notaire qui est commis, et
l'adjudication s'y fait au dernier enchérisseur. On peut voir un autre exemple d'une semblable adjudication, dans l'art. 747 du Code de procédure
civile : il y est question de la conversion d'une saisie immobilière en une
adjudication soumise à bien moins de formes. Il s'est présenté la question
de savoir quel étoit le genre d'hypothèques qui pouvoit résulter de l'obligation contractée par l'adjudicataire, de payer le prix de l'adjudication.

Si l'adjudication se fait devant un commissaire, ou même devant un tribunal, il est de toute évidence qu'il n'en résulte que le seul privilége que
la loi attache au prix d'une vente. On ne peut pas dire qu'il y ait une hypothèque judiciaire, qui seroit générale, sur les biens de l'adjudicataire. Une
pareille hypothèque ne peut résulter que d'une condamnation judiciaire,
aux termes de l'art. 2123 du Code civil; et il est sensible que, dans un acte
de la nature de l'adjudication, il n'y a pas de condamnation qui, d'ailleurs,
ne pourroit pas être prononcée par un membre du tribunal, qui seroit
délégué. Il n'y auroit pas d'hypothèque judiciaire, même quand, dans le
cahier des charges, on auroit mis cette clause : *Qu'outre le privilége que
la loi donne au vendeur, les biens de l'adjudicataire seroient soumis à
une hypothèque générale, comme étant judiciaire, pour le prix de la vente.*
Cette clause, quoique confirmée en forme de condition et d'obligation,
par le jugement d'adjudication, ne pourroit être le germe d'une hypothèque judiciaire. Cela seroit toujours vrai, par la raison qu'il n'y auroit
là ni condamnation, ni matière à condamnation ; il faudroit encore le décider ainsi, par le motif que le tribunal ou le commissaire ne feroient
office que d'un notaire qui recevroit l'engagement. Or, un notaire ne pourroit imprimer une hypothèque judiciaire, qui ne peut être que le sujet,
ou d'une condamnation, ou d'une reconnoissance de signature apposée à
une promesse. Un notaire ne pourroit non plus imprimer une hypothèque
générale. Une pareille hypothèque ne peut jamais résulter d'une convention qui ne peut produire que l'hypothèque spéciale, quand il y a affectation de l'immeuble.

Mais si l'adjudication étoit faite devant un notaire commis, rien n'empêcheroit que, sur la demande des parties intéressées, il fût stipulé une
hypothèque spéciale sur des immeubles de l'adjudicataire, autres que celui

qui seroit adjugé, lequel seroit toujours affecté au privilége qui est de droit. Il y auroit même alors un avantage dans cette faculté de stipuler l'hypothèque spéciale, en ce qu'elle ne pourroit l'être devant le tribunal ou le commissaire. L'hypothèque spéciale est exclusivement dans les attributions des notaires. *Art.* 2127.

M. Persil, *Rég. hypoth.*, art. 2123, *n°* 11, décide ainsi la question. Il appuie une décision conforme des rédacteurs du Journal de l'enregistrement : mais il ne limite pas l'application de la décision aux cas que je viens de rappeler ; il la fait simplement *aux jugemens d'adjudication intervenus sur publications volontaires.* Il sembleroit qu'il auroit eu dans la pensée un usage ancien qui s'étoit introduit dans plusieurs parties du royaume, et surtout à Paris, d'obtenir la permission de faire procéder, de l'autorité d'un tribunal, à l'adjudication d'un immeuble qu'il étoit question de vendre volontairement ; laquelle adjudication se faisoit sur enchères, et après des affiches. On est autorisé à le croire, parce qu'il suppose que l'hypothèque seroit stipulée au profit *du vendeur ;* mais ces adjudications ne peuvent plus avoir lieu actuellement, d'après l'art. 746 du Code de procédure, où il est dit : « Les immeubles appartenans à des majeurs, maîtres de disposer de leurs droits, ne pourront, à peine de nullité, être mis aux enchères en justice, lorsqu'il ne s'agira que de ventes volontaires. » Au surplus, la décision auroit toujours lieu relativement à ces adjudications faites avant le Code de procédure, qui contiendroient des clauses telles que celle que nous venons de supposer par forme d'exemples, et sur lesquelles il y auroit à statuer.

Il y a hypothèque judiciaire, quoique les condamnations portées par le jugement soient indéterminées. 201. Il est dit, dans l'art. 2123, que l'hypothèque judiciaire résulte des jugemens, soit contradictoires, soit par défaut, définitifs ou provisoires. Mais pour qu'un jugement en vertu duquel on puisse prendre une inscription, soit réputé définitif, il n'est pas nécessaire qu'il en résulte la condamnation d'une somme fixe et précise. Quel que soit l'objet de l'obligation, disoit M. Tarrible, *Rép. de jurispr.*, au mot *Hypothèque*, sect. 2, § 3, art. 5, n° 3, il consiste à donner ou à faire quelque chose, ou à ne pas la faire : l'effet est le même. Lorsqu'un jugement impose, en effet, une obligation, ou cette obligation consiste à donner une somme déterminée, et alors l'objet de l'hypothèque concomitante ne peut être équivoque ; ou elle consiste à faire ou à ne pas faire quelque chose ; et comme cette obligation, selon l'art. 1141, se résout en dommages-intérêts, en

cas

cas d'inexécution de la part du débiteur, celui-ci se trouvera, en dernière analise, obligé à payer une somme, de la même manière que celui qui est directement condamné à payer une somme fixe; et conséquemment l'hypothèque aura aussi un objet positif.

Ce n'est pas tout : il y a également une hypothèque en vertu de laquelle l'inscription peut être prise, quoique le jugement prononce une condamnation non-seulement indéterminée, et qui assureroit une somme quelconque qui pourroit être plus ou moins considérable, mais encore quand la condamnation oblige à un fait dont le résultat, qui est incertain, pourroit la faire disparoître. Ainsi, un arrêt de la Cour de cassation, du 21 août 1810, a jugé qu'on avoit pu valablement prendre une inscription hypothécaire en vertu d'un jugement qui condamnoit un associé régisseur à rendre compte. *Denev., an* 1810, *pag.* 515. On sent que, par suite d'une reddition de compte, celui qui a été condamné à le rendre, non-seulement peut n'être pas débiteur, mais qu'encore il peut être constitué créancier de celui qui a fait condamner à rendre ce compte. Mais cette condamnation suffit pour autoriser un acte conservatoire tel que l'inscription. L'objet essentiel à remarquer est que l'inscription doit contenir une évaluation de la créance à une somme fixe, sans quoi l'inscription seroit nulle, d'après l'art. 2132 et l'art. 2148, § 4. Aussi, dans l'espèce de l'arrêt que je viens de citer, l'inscription contenoit une évaluation.

Mais le débiteur peut demander la réduction de l'hypothèque, conformément à l'art. 2163 , qui donne ce droit pour toutes créances conditionnelles, éventuelles ou indéterminées.

202. La question de savoir quels sont les actes qui émanent des juges de paix, qui peuvent être considérés comme jugemens emportant hypothèque, et quels sont ceux desquels il résulte seulement une convention pour laquelle on doit obtenir un jugement de condamnation des tribunaux ordinaires, demande une explication. Elle est importante, parce qu'il seroit facile de tomber là-dessus dans des méprises.

Quels sont les actes qui émanent des juges de paix, qui peuvent être considérés comme jugemens emportant hypothèque?

Il faut bien distinguer deux cas; 1°. celui où un juge de paix, comme juge de paix conciliateur, en conséquence de citation donnée à comparoir devant lui, pour éprouver les voies de conciliation, constate, dans un procès verbal, des faits, des aveux desquels il résulte des engagemens;

2°. Le cas où un juge de paix rend un jugement comme juge de paix, comme juge proprement dit, d'après les pouvoirs que lui donne la loi, ou

Tome I.   H h h

que les parties lui confèrent, en conséquence de l'autorisation qui leur est accordée par la loi.

Quant au premier cas, il est sans difficulté que les aveux, conventions et reconnoissances d'engagement, portés par un acte fait devant un juge de paix, lequel acte n'est plus un jugement, mais un procès verbal rédigé par un juge de paix conciliateur, ne peuvent être par eux-mêmes le germe d'une hypothèque. On ne peut, en vertu d'un pareil acte, prendre avec effet une inscription hypothécaire, ni même se livrer à aucun autre acte d'exécution.

Il n'y a dans ce procès verbal que le germe d'un titre de condamnation ; et pour qu'il y ait ce titre de condamnation, qui devienne un titre exécutoire, il faut se pourvoir devant le tribunal civil, pour faire prononcer la condamnation des sommes réclamées, en conséquence du contenu au procès verbal.

L'art. 54 du Code de procédure civile ne laisse, à ce sujet, aucune difficulté, puisqu'il y est dit: « Les conventions des parties, insérées au procès verbal, *ont force d'obligation privée.* » La détermination de cet effet emporte nécessairement l'exclusion d'un droit d'hypothèque.

Relativement au second cas, c'est-à-dire, lorsque le juge de paix juge pour une somme fort au-dessus de la compétence ordinaire et légale attribuée aux juges de paix, et ce, en vertu de pouvoirs à lui donnés par les parties qui se présentent devant lui, conformément à l'art. 7 du Code de procédure civile, auquel étoit conforme, ou à peu près, l'art. 10 de la loi du 26 octobre 1790, alors le jugement qu'il rend a tous les caractères attachés par la loi aux jugemens ordinaires ; et, en conséquence, il imprime l'hypothèque sur les biens de celui qui subit une condamnation.

Quelle en est la raison? C'est qu'alors le juge de paix n'agit pas comme juge de paix conciliateur. Il devient juge de paix ou juge proprement dit. Il ne peut y avoir aucune différence entre un jugement qu'il prononce comme juge, dans les cas où la compétence lui est attribuée directement par la loi, et celui qu'il rend aussi en qualité de juge de paix, c'est-à-dire, de juge proprement dit, sur des sommes qui excèdent la compétence ordinaire des juges de paix, lorsqu'il y a la déclaration ou le consentement des parties, constaté par procès verbal en règle, tel, en un mot, que cela est porté par l'art. 7 du Code de procédure.

Dans ce cas, il existe une véritable compétence, parce qu'elle est attribuée par la loi, au moyen de la déclaration ou réquisition des parties, et que cette extension de compétence est déférée au juge de paix, non comme conciliateur, mais comme juge de paix, comme véritable juge qui doit statuer sur les objets déterminés par la loi, pour être de sa compétence en cette qualité.

C'est ce qu'on trouve lumineusement développé et établi dans une dissertation de M. Merlin, *Répert. de jurisp.*, au mot *Hypothèque, sect.* 2, § 2, *art.* 4.

A la vérité, l'arrêt de la Cour de cassation, du 22 décembre 1806, qui fut rendu sur ces conclusions, n'y fut pas exactement conforme; mais il n'est pas moins vrai qu'il a préjugé la question dans son sens, parce qu'on voit que ce n'est qu'une circonstance particulière qui donna lieu à la différence de décision. On peut voir encore ce qu'il disoit lors d'un arrêt du 6 juillet 1807, rapporté par Denevers, *an* 1807, *pag.* 481. Les affaires dont il s'agit dans ces deux arrêts, avoient pris naissance sous l'empire de la loi du 11 brumaire; mais les principes sont les mêmes sous le Code civil.

Dans les espèces de ces deux arrêts, il s'agissoit de reconnoissances d'écritures et signatures privées, faites devant le juge de paix, pour des objets fort au-dessus du taux de sa compétence. Ainsi, les reconnoissances faites devant le juge de paix, lorsqu'il est investi d'un pouvoir, conformément à l'art. 7 du Code de procédure, portent hypothèque comme toutes condamnations de sommes qu'il prononceroit en vertu du même pouvoir. Alors les parties procèdent *en jugement*, ainsi qu'il est dit dans l'art. 2123 du Code civil.

Il est essentiel de remarquer que, dans le cas dont il s'agit, le juge de paix constitué juge, en conséquence de l'art. 7, même pour des objets qui excèdent le taux de sa compétence, comme juge de paix, peut décider des différens entre personnes qui ne sont point du ressort de sa justice de paix. Le désir de voir éteindre les procès, lui a fait accorder par le législateur cette extension de compétence. On ne peut en douter, d'après la disposition de cet art 7 : « Encore qu'il ne fût le juge naturel des parties, ni à raison du domicile du défendeur, ni à raison de la situation de l'objet litigieux. » Un arrêt de la Cour royale de Colmar, du 25 avril 1817, a appliqué la disposition de l'art. 7 du Code de procédure, au cas où aucune des parties n'étoit justiciable du juge de paix. Il a décidé aussi, et, je crois, avec raison, que le jugement ne pouvoit être attaqué, sur le fondement

que les parties, en saisissant le juge de paix, s'étoient présentées par le
ministère de mandataires, porteurs de procurations sous seing privé, mais
enregistrées. L'arrêt est motivé ainsi : « Que cette circonstance ne peut
atténuer en rien le jugement, puisque les signatures apposées au bas des
procurations n'ont été, à aucune époque, contestées, et qu'aucune disposition de lois n'oblige de se présenter devant un juge de paix, en pareil
cas, avec une procuration notariée; qu'au contraire, ce mode de jugement
ayant spécialement pour objet d'éviter des frais, ce seroit méconnoître la
véritable pensée du législateur, que d'exiger une procuration notariée,
surtout lorsque journellement on se présente devant les juges de paix,
comme tenant bureau de conciliation, avec des pouvoirs sous seing privé. »
Denevers, *an* 1818, *pag.* 25, *au suppl.*

Mais faut-il, dans le second cas dont je viens de parler, les mêmes formes
pour le jugement, que celles établies pour les décisions d'arbitres, c'est-
à-dire, le dépôt de la minute du jugement au greffe du tribunal civil, l'ordonnance d'*exequatur* du président de ce tribunal, et, par conséquent,
l'expédition du jugement par le greffier du même tribunal, ainsi que le
tout est prescrit par les art. 1020 et 1021 du Code de procédure?

Il faut penser que non, et cela pour deux raisons.

1°. Parce que ces formes ne sont établies par aucune loi dans le cas
proposé; et si le législateur l'eût ainsi voulu, il ne se seroit pas contenté
de les exiger particulièrement pour les décisions arbitrales.

2°. Le motif déterminant est que, toujours dans le cas dont il s'agit, le
juge de paix fait fonction de juge; ce n'est pas un arbitre. Son caractère
de juge ne le quitte point; il rend un vrai jugement; et c'est par une conséquence de ce que le jugement imprime l'hypothèque de lui-même, que
ces formes ne sont pas nécessaires. La nécessité de l'observation de ces
formes, impliqueroit contradiction avec l'existence de l'hypothèque qui a
lieu de droit.

Aussi, dans l'espèce sur laquelle s'expliquoit M. Merlin, l'inscription
hypothécaire avoit été prise en vertu du simple jugement du juge de paix;
et on ne songea pas à relever la prétendue nécessité des formes prescrites
pour les décisions arbitrales, dont l'établissement étoit bien antérieur au
Code de procédure.

Voilà les vraies raisons de se décider, sans qu'il soit besoin de recourir à
l'art. 44 sur la loi du budget, du 28 avril 1816. Cet article ne peut influer

sur la question, n'ayant trait qu'à une différence de perception de droits, relativement aux décisions arbitrales, et ne s'étant expliqué et n'ayant dû s'expliquer en aucune manière sur les formes.

Mais il reste deux observations à faire.

La première est que l'application de tout ce que je viens de dire ne se fait que lorsque le juge de paix prononce, non-seulement en vertu des pouvoirs énoncés dans l'art. 7 du Code de procédure civile, mais encore sur un objet qui, par sa nature, soit de la compétence des juges de paix, c'est-à-dire, sur une action mobilière, personnelle, etc. Le jugement seroit vicieux, s'il portoit sur un pétitoire, sur une matière criminelle, en un mot, sur tout ce qui seroit hors de la compétence du juge de paix, *ratione materiæ*. L'extension de la compétence reste toujours limitée dans les objets de la compétence même. C'est ce qu'a très-bien expliqué M. Merlin, dans la dissertation ci-dessus citée.

La seconde observation est qu'il est indispensable que tout ce qui se fait d'après l'art. 7 du Code de procédure civile, conserve toujours le caractère de jugement proprement dit, émanant d'un juge.

Ainsi, il ne doit point y avoir de compromis hors la présence du juge de paix. On doit se transporter à son audience, lui demander un jugement ; et cette demande doit être constatée par procès verbal.

Il doit y avoir un jugement ou sur-le-champ, ou sur délibéré, ou après des opérations préparatoires qui pourroient être nécessaires; et le jugement doit être prononcé en audience publique, les parties mandées à cet effet.

Le jugement et les actes qui l'ont préparé doivent être transcrits sur le plumitif ou registre d'audience; et l'expédition du jugement doit être faite, par le greffier, sur la minute existante sur le plumitif ou registre, et non sur feuille volante.

Sans tout cela, la décision du juge de paix pourroit perdre le caractère d'un vrai jugement; on pourroit n'y voir qu'une décision arbitrale ordinaire, et on penseroit qu'on a pratiqué des manœuvres pour enlever des émolumens au greffier du tribunal civil, et priver le gouvernement des droits de perception, tels que ceux qui se perçoivent sur les expéditions délivrées par les greffiers des tribunaux civils.

203. Le principe sur l'hypothèque que confèrent les décisions arbitrales, est consigné dans l'art. 2123 du Code civil. « Les décisions arbitrales, y *De l'hypothèque qui émane des*

est-il dit, n'emportent hypothèque qu'autant qu'elles sont revêtues de
l'ordonnance judiciaire d'exécution. » Cette disposition est conforme aux
anciens principes. Ce sera les faire connoître brièvement, avec leurs motifs qui s'appliquent à la législation actuelle, que de transcrire ce que dit,
à ce sujet, Despeisses, *part.* 3e, *sect.* 3e n° 12. Il s'explique d'après les
lois romaines, et en conséquence d'une jurisprudence constante des tribunaux du royaume. « Mais la sentence arbitrale, disoit-il, n'a pas exécution parée, sinon après qu'elle a été autorisée par le juge; et alors elle
est exécutée d'autorité du juge ordinaire qui l'a autorisée, parce que les
arbitres n'ayant pas puissance de juger par l'autorité du prince, mais par
la seule volonté des parties plaidantes qui les ont choisis, *leur sentence
est un acte privé jusqu'à ce qu'elle ait été autorisée;* voire même, bien
que les parties, après la prononciation de la sentence arbitrale, y aient
acquiescé, néanmoins elle ne peut pas être exécutée que de l'autorité du
juge; car toujours la même raison subsiste, que c'est un acte privé. Et
s'il y a appel elle peut encore être exécutée par provision, et sans préjudice de l'appel, de l'autorité du juge d'appel. »

Ainsi, l'hypothèque prend cours du jour de l'ordonnance d'exécution
rendue, ou par le président du tribunal de première instance, ou par celui
de la Cour royale, selon les cas énoncés dans l'art. 1020 du Code de
procédure. L'inscription peut donc être prise en vertu de l'ordonnance
d'exécution; et s'il y avoit appel de la décision arbitrale, ce qui pourroit arriver s'il n'y avòit pas de renonciation à la faculté d'appeler, d'après
l'art. 1010, l'appel ne suspendroit pas le droit de prendre inscription,
sauf la radiation ou la réduction selon l'événement, ainsi que je l'ai déjà
dit pour les condamnations qui émanent des tribunaux.

Serres, *Instit. au droit français, liv.* 3, *tit.* 14, avoit dit que l'hypothèque,
à l'égard des sentences arbitrales, s'acquéroit du jour de l'homologation
(ordonnance judiciaire d'exécution) qui en est faite en justice, *ou du jour
de l'acte de la remise qui en étoit faite entre les mains d'un notaire.* Cet
auteur, d'ailleurs très-instruit, étoit tombé dans l'erreur. D'un côté, c'étoit
confondre les idées sur l'hypothèque conventionnelle et sur l'hypothèque
judiciaire; de l'autre, comment l'hypothèque auroit-elle pu résulter du
simple fait matériel du dépôt d'un acte chez un notaire, sans le consentement des parties, qui est le principe de l'obligation, et, par conséquent,
de l'hypothèque. On a déjà vu d'ailleurs, d'après Despeisses, que l'appro-

bation, de la part des parties, étoit inutile pour l'hypothèque des décisions arbitrales. L'hypothèque a donc toujours été attachée à l'ordonnance d'exécution. Aussi Soutlages, *des hypoth.*, *pag.* 69, et Rodier, sur l'art. 8 de l'ordonnance de 1667, qui, comme Serres, ont écrit d'après les principes et la jurisprudence du parlement de Toulouse, enseignent que l'hypothèque dérivoit de l'ordonnance d'exécution, et rejettent ce que Serres disoit sur l'effet du dépôt de la sentence arbitrale. Cependant on voit encore, quoiqu'avec étonnement, cette difficulté s'élever sous la loi du 11 brumaire an 7. Mais elle fut proscrite par un arrêt de la Cour de cassation, du 25 prairial an 11. Cet arrêt jugea que l'on n'avoit pu prendre inscription qu'en vertu de l'homologation judiciaire d'une sentence arbitrale, rendue par des arbitres de commerce, d'après l'art. 13, tit. 4 de l'ordonnance de 1673, et non en vertu du dépôt qui avoit été fait au greffe de la juridiction consulaire. *Denevers*, *an* 11, *pag.* 303.

Je crois devoir me dispenser de descendre dans des détails sur ce qui tient aux formes qui doivent précéder et accompagner les décisions arbitrales, et à celles qui sont relatives au mode d'exécution; tout cela est réglé dans le livre 3, titre unique du Code de procédure civile. Je me borne à tout ce qui concerne l'hypothèque.

Je dirai cependant un mot sur l'art. 1022, qui a présenté quelques difficultés; il y est dit : « Les jugemens arbitraux ne pourront, en aucun cas, être opposés à des tiers. » On ne doit pas prendre cet article dans le sens que le jugement arbitral ne pourroit pas imprimer une hypothèque, au préjudice des tiers, puisque ce seroit détruire presque entièrement l'effet du jugement arbitral, en le réduisant à une simple condamnation personnelle contre le débiteur ; tandis que les décisions arbitrales ont le même effet, sous tous les rapports, ou, au moins, sous celui de l'hypothèque, que les jugemens rendus par les tribunaux. Le législateur a seulement voulu dire que les tiers avoient le même droit d'attaquer les décisions arbitrales, que celui qui est donné, par la loi, à toutes personnes intéressées, qui n'ont pas été parties dans un jugement rendu par un tribunal, qui pourroit nuire à leurs droits, d'après la maxime si connue au palais, *res inter alios acta alteri non prodest, neque nocet.* M. Persil, *rég. hypot.*, *art.* 2123, n° 15, en a fait l'observation; il a cru devoir l'éclaircir par un exemple auquel il suffit de renvoyer.

204. L'hypothèque judiciaire est générale, c'est-à-dire, qu'elle frappe   L'inscrip-
                                                                                    tion qui est

prise en vertu
de l'hypo-
thèque géné-
rale, suit tous
les biens qui
arrivent dans
la suite au dé-
biteur, quoi-
qu'il cesse de
les posséder.
tous les biens présens et à venir du débiteur, d'après l'article 2123; c'est aussi par une suite de ce principe, que, comme on le voit dans ce §, n° 193, tous les biens présens et à venir peuvent être frappés par une seule ins-cription, prise simultanément sur tous les biens, sans qu'il soit besoin d'inscriptions successives, à mesure qu'il en entrera dans le domaine du débiteur. Cela étant, il faut appliquer à l'hypothèque judiciaire, comme à toute hypothèque générale, les principes que j'ai exposés au n° 52, pag. 108. Ainsi, tout immeuble dont la propriété est acquise au débiteur après l'inscription prise en vertu d'une hypothèque judiciaire, entre sous le joug de cette hypothèque; et cette hypothèque le suit, de quelque manière qu'il sorte de ses mains : mais toutefois faut-il que le débiteur ait possédé l'immeuble, de quelque courte durée qu'ait été la possession, et qu'il l'ait possédé comme propriétaire.

Du cas du mariage du débiteur.

205. L'hypothèque affecte les biens présens et les biens à venir, quel-que caractère d'inaliénabilité qu'ils puissent prendre accidentellement, à raison d'un nouvel état du débiteur. Ainsi, l'hypothèque suit non-seule-ment les immeubles appartenans au débiteur lorsqu'il se marie, mais en-core ceux qu'il pourroit acquérir pendant le mariage, même quoiqu'ils passassent entre les mains de la femme, par un partage de la communauté qu'elle accepteroit. Etant chef et maître de la communauté, il auroit pu revendre ces immmeubles, dont il est propriétaire, en ayant la libre dispo-sition. C'est aussi par cette raison, que, comme on le verra dans la suite, la femme elle-même peut suivre, par l'effet de son hypothèque légale, les biens acquis par le mari pendant le mariage, quoique contracté sous le régime de la communauté; de même, l'hypothèque judiciaire, en vertu de la généralité, affecte les biens dotaux de la femme, non-seulement lors-que le jugement est rendu contre elle, avant qu'elle se marie, mais encore lorsqu'il est rendu pendant son mariage, quoiqu'elle ne pût ni hypothéquer, ni vendre ces biens par acte volontaire, au moins, sans des formalités requises, dans ce cas, par la loi. Lorsqu'elle subit une condamnation judi-ciaire, c'est la justice qui frappe ses biens d'hypothèque, parce que, comme débitrice, elle entre dans la classe de tous les autres débiteurs.

Lorsqu'un
débiteur,
soumis à une
hypothèque
générale,
donne en
échange un
206. Mais les immeubles qu'auroit un débiteur, peuvent cesser de lui appartenir autrement que par des actes à titre onéreux ou à titre gratuit. Il peut se faire qu'il les donne en échange, et qu'il en reçoive d'autres en contre-échange; dans ce cas, il s'élève une question importante : elle consiste

siste à savoir si les immeubles qu'il aura donnés en échange, et ceux qu'il
aura reçus en remplacement par contre-échange, seront également affectés
à l'hypothèque judiciaire, ou à toute autre hypothèque générale, et comment l'hypothèque peut être exercée respectivement aux deux immeubles
échangés.

héritage gre-
vé de cette
hypothèque,
cet héritage
et celui qu'il
reçoit en con-
tre-échange,
demeurent-
ils simultané-
ment grevés
de cette hy-
pothèque gé-
nérale ?

Cette question a été prévue par quelques auteurs; mais elle ne l'a pas
été sous le rapport des distinctions qu'il convient de faire pour bien s'entendre. Ou le créancier commence par exercer son hypothèque sur l'immeuble que son débiteur a donné en échange, ou il exerce d'abord l'hypothèque sur l'immeuble reçu en contre-échange par le débiteur. Au premier
cas, si le tiers détenteur, à titre d'échange, n'a pas pris toutes les mesures
propres à purger les hypothèques qui portoient sur le fonds, ou par la
transcription, à l'égard des créanciers ordinaires, ou, s'il y a à craindre
des hypothèques légales, par les formes établies par la loi pour parvenir à
la purgation de ces sortes d'hypothèques, il est sensible que ce tiers détenteur sera soumis à tout ce qu'impose l'hypothèque, et à toutes ses suites.
Mais aussi il est indubitable qu'il aura un recours à exercer contre celui
avec qui il aura fait l'échange; lequel recours pourra tendre à la résolution
de cet échange, et à la revendication de l'immeuble qu'il aura cédé. Ce
recours seroit fondé sur tous les principes relatifs à la garantie du contrat
d'échange. La propriété cesse d'être acquise à celui qui a reçu en contre-
échange, si la propriété de ce qu'il avoit donné en échange ne reste pas à
l'autre copermutant. Il est dit dans l'art. 1705 du Code civil, qui n'est que
l'expression des anciens principes : «Le copermutant qui est évincé de la
chose qu'il a reçue en échange, a le choix de conclure à des dommages-
intérêts, ou de répéter sa chose. »

Au second cas, c'est-à-dire, si le créancier commence l'exercice de son
hypothèque sur l'immeuble reçu en contre-échange par son débiteur, alors
celui de qui provient cet immeuble doit le revendiquer par la voie de la
distraction, en délaissant en remplacement celui qui lui aura été donné
en échange, et qui sera alors le seul qui demeurera frappé de l'hypothèque. Ce que je viens de dire suppose que l'un et l'autre héritages ne
peuvent être frappés simultanément de l'hypothèque. Or, c'est ce qui paroît
être de toute justice. Au moins, veux-je dire que le créancier peut bien
agir, par déclaration d'hypothèque, sur les deux héritages, puisque, selon
le parti que prendra le tiers copermutant, l'hypothèque peut être exercée

ou sur l'un ou sur l'autre ; mais je ne pense pas que l'hypothèque puisse être consommée en résultat sur les deux héritages simultanément. S'il en étoit autrement, on sent que le créancier auroit une hypothèque double de celle sur laquelle il a dû compter ; et il l'auroit aux dépens du tiers qui auroit donné son immeuble en contre-échange, s'il ne pouvoit conserver ni celui qu'il auroit reçu en échange, ni celui qu'il auroit donné. *Nemo jacturâ alterius locupletari potest.*

Mais supposons que le tiers copermutant eût négligé de former une demande en distraction ; qu'il eût laissé poursuivre la vente et l'adjudication de l'immeuble qu'il auroit donné en contre-échange ; que le prix de l'adjudication ne pût pas faire face à la totalité de la créance, d'après un ordre qui seroit fait, le créancier pourroit-il encore exercer son hypothèque sur l'immeuble qui seroit entre les mains du tiers copermutant, qui l'auroit reçu en échange du débiteur ? Voilà la question importante qui s'élève, et que j'ai en vue. Soulatges, *des hypoth.*, *pag.* 101, dit, à ce sujet, que l'hypothèque générale comprendroit le fonds baillé en contre-échange ; mais il y apporte cette restriction importante. « Ce qui doit être entendu, non que le créancier fût en droit de faire saisir et vendre par décret *les deux fonds échangés*, mais seulement *le fonds baillé en contre-échange*, suivant la maxime, *subrogatum sapit naturam subrogati*. De sorte que, dans ce cas, le fonds baillé en échange seroit libre entre les mains de celui qui l'auroit pris à ce titre. »

Je pencherois pour cette opinion, parce qu'elle est conforme aux principes de droit et à l'équité. On voit dans le Journal des audiences, tom. 2, pag. 52, un arrêt du parlement de Paris, du 14 juillet 1661, qui, quoique rendu dans une espèce qui n'est pas absolument semblable à celle dont il est ici question, a jugé d'après les idées dans lesquelles je viens de m'expliquer. Je crois cependant qu'on devroit y apporter ce tempérament, que si l'héritage reçu en échange par le tiers, étoit d'une valeur supérieure à celui qu'il auroit donné en contre-échange au débiteur, et s'il y avoit eu un retour payé par ce dernier, le créancier pourroit exercer, dans le cas dont il s'agit, son hypothèque sur l'immeuble qui seroit entre les mains du tiers copermutant, jusqu'à concurrence de la plus-value, comparativement à la valeur de l'immeuble donné en contre-échange, et qui auroit été adjugé. On en sent facilement la raison : cette plus-value pour laquelle il y auroit vente, au moyen de la stipulation d'un retour d'échange, étoit soumise à l'hypothèque. Elle y est restée soumise; et on ne peut, à l'égard de cette plus-value, pour laquelle il n'y a aucun remplacement, faire valoir la maxime, *subrogatum sapit naturam subrogati.*

Je ne vois pas que ces raisonnemens puissent être combattus par d'autres plus solides. Il est bien dit dans Denizart, au mot *Echange*, n° 7, que l'immeuble reçu en échange par le débiteur devient affecté à l'hypothèque, et que le créancier n'est pas moins en droit de *former sa demande en déclaration d'hypothèque*, contre celui qui possède l'héritage dont le débiteur étoit propriétaire avant l'échange. On voit encore dans Domat, une note sur le n° 12 de la section 1re du tit. 2, liv. 3, dans laquelle il est dit que, dans le cas de l'hypothèque de tous biens présens et à venir, *l'hypothèque s'étendroit aux deux héritages* (échangés). Mais il est évident que tout cela avoit besoin d'une explication; et j'ai tâché de donner celle qui étoit convenable.

Cependant, je dois dire que la Cour de cassation, *section des requêtes*, par un arrêt du 9 novembre 1815, a jugé dans des idées contraires. Il a décidé que lorsqu'un débiteur dont les biens présens et à venir sont hypothéqués, a fait un échange, l'immeuble qu'il a donné, et celui qu'il a reçu en échange, sont grevés de l'hypothèque, et que le créancier peut les faire discuter successivement. Il est vrai que dans l'espèce de cet arrêt, quoiqu'il s'agît d'une hypothèque légale exercée par une femme, il y avoit eu de sa part une inscription hypothécaire avant l'échange; et il est dit dans le dispositif de l'arrêt: «Attendu que l'échangiste, ainsi qu'un autre acquéreur quelconque, ne peut être à l'abri *des inscriptions hypothécaires, prises sur le fonds acquis, qu'en purgeant le même fonds des inscriptions hypothécaires, suivant les formes voulues par la loi; ce qui n'a pas eu lieu dans l'espèce.*» Denevers, an 1815, pag. 592. Il est difficile d'apercevoir une raison de décider différemment entre le cas où il n'y auroit pas d'inscription avant l'échange, et celui où il en existeroit une, s'agissant d'une hypothèque légale. Mais le préjugé puissant de l'arrêt de la Cour de cassation ne subsiste pas moins.

Au surplus, la connoissance des difficultés qui s'élèvent dans ce cas, apprendra aux acquéreurs, même à titre d'échange, combien il est de leur intérêt d'employer toutes les ressources que la loi leur fournit pour purger toutes hypothèques, soit légales, soit ordinaires, afin de se mettre à l'abri de toutes recherches. L'arrêt de la Cour de cassation que je viens de citer, semble leur en donner le conseil; et j'ai observé plusieurs fois que la loi veille à tous les intérêts; que c'est seulement parce qu'on néglige de prendre les précautions qu'elle indique, qu'on se trouve exposé à des procès souvent ruineux.

Mais tout ce qui vient d'être dit, est étranger au cas de l'échange d'un immeuble qui seroit soumis à une hypothèque spéciale. Alors l'hypothèque reste uniquement sur l'immeuble sur lequel elle a été constituée. La spécialité s'oppose à une idée d'extension de l'hypothèque sur tout autre immeuble, comme à une idée de subrogation d'un immeuble en remplacement d'un autre. Cela résulte de ce qui est dit dans ces passages de Domat et de Soulatges, que j'ai déjà indiqués. Ils s'expliquoient pour une hypothèque spéciale, telle qu'elle avoit lieu d'après les lois romaines; et on sent qu'il doit en être de même dans notre législation, et, à plus forte raison, pour une hypothèque conventionnelle avec spécialité.

§ II.

De l'hypothèque qui peut résulter des jugemens des tribunaux étrangers, ou des décisions arbitrales rendues en pays étranger.

SOMMAIRE.

216. *Un simple usage, ou une loi seulement locale, ne suffisent pas pour donner aux jugemens étrangers l'autorité de la chose jugée.*

217. *Questions relatives à la réunion à la France de plusieurs pays étrangers.*

218. *Des jugemens rendus en faveur de François contre des habitans de pays étrangers qui avoient été réunis à la France.*

219. *Des jugemens obtenus contre des Français par des habitans d'un pays étranger réuni ensuite à la France.*

220. *La séparation politique de pays qui avoient été réunis, ne doit pas déroger aux hypothèques acquises pendant la réunion.*

221. *Question dépendante de ce qui vient d'être dit.*

222. *Réflexions morales et politiques sur la législation relative à l'exécution, en France, des jugemens rendus en pays étrangers, entre un habitant de ces pays et un Français.*

223. *De la réduction de l'hypothèque judiciaire.*

207. JE viens à ce qui concerne les jugemens rendus en pays étranger. Pour se former des idées précises sur cette matière, il est à propos de rapprocher l'art. 121 de l'ordonnance de 1629, de l'art. 2123 du Code civil.

Principes sur l'effet des jugemens rendus en pays étrangers.

Art. 121. « Et nonobstant les jugemens (rendus en royaumes et souverainetés étrangères), nos sujets contre lesquels ils auront été rendus, pourront de nouveau débattre leurs droits comme entiers par-devant nos officiers. »

Art. 2123. « L'hypothèque ne peut pareillement résulter des jugemens rendus en pays étranger, qu'autant qu'ils ont été déclarés exécutoires par un tribunal français, sans préjudice des dispositions contraires qui peuvent être dans les lois politiques ou dans les traités. »

Deux questions se sont d'abord élevées sur la manière d'entendre l'article 2123. La première a été de savoir si de ces termes, « qu'autant qu'ils ont été déclarés exécutoires par un tribunal français, » et en faisant abstraction des lois politiques et des traités qui pourroient ne pas exister, ce qui avoit été jugé en pays étranger devoit être remis en jugement devant un tribunal français ; si, en un mot, on devoit recommencer en France l'instruction de l'affaire comme s'il n'y eût eu auparavant rien de décidé. Et en admettant l'affirmative de cette proposition, il s'élevoit la question de savoir si, le jugement étant rendu en pays étranger entre un étranger et un Français, la faculté de demander en France la révision du jugement et une nouvelle décision de l'affaire sur le fond, étoit respective à l'étranger comme au Français, ou si elle étoit simplement facultative pour le Français, exclusivement à l'étranger.

Quant à la première question, il étoit bien difficile qu'il s'élevât des doutes sérieux. Aussi, on voit ces doutes disparoître dès les premiers pas de la jurisprudence qui s'est formée sur le Code civil. On ne peut douter, d'après les termes de l'art. 121 de l'ordonnance de 1629, que cette loi n'accordât au Français, condamné en pays étranger, la faculté de débattre de nouveau ses droits comme entiers devant un tribunal français. Ce droit étoit même établi, en faveur des régnicoles, bien avant cette ordonnance, puisque d'anciens arrêts rapportés par Mornac et par Trancou, ainsi que par Choppin, sur la Coutume d'Anjou, liv. 3, chap. 3, tit. 3, n°s 11 et 12, l'avoient ainsi jugé. Le même droit a été confirmé par des arrêts du dix-huitième siècle.

A la vérité, l'art. 2123 du Code est conçu dans des termes différens de ceux de l'art. 121 de l'ordonnance; et on n'y voit pas aussi clairement l'idée de la faculté de faire réviser de nouveau en France le jugement déjà rendu ; mais on ne peut douter qu'il n'ait été rédigé dans le même esprit. D'ailleurs, si on ne devoit pas ainsi entendre ces termes de l'art. 2123, *qu'autant qu'ils ont été déclarés exécutoires par un tribunal français*, on ne sauroit bien dire ce qu'ils signifient. Prétendroit-on que le législateur a simplement voulu qu'on obtînt, sur citation, un jugement devant un tribunal français compétent, qui ordonnât, d'une manière absolue, que le jugement rendu en pays étranger fût déclaré exécutoire, sans pouvoir remettre en jugement ce qui auroit déjà été jugé, sans que le Français pût *de nouveau débattre ses droits* comme entiers? Diroit-on que l'unique vue du législateur, dans l'art. 2123, a été de faire porter hypothèque au jugement étranger, abstraction faite de l'idée du droit de le faire réviser par un tribunal français? Mais il n'y auroit presque pas de différence entre cette disposition et celle du même art. 2123, qui porte que *les décisions arbitrales n'emportent hypothèque qu'autant qu'elles sont revêtues de* L'OR-DONNANCE JUDICIAIRE D'EXÉCUTION. La seule différence qu'il y auroit, c'est que, pour le cas de la décision arbitrale, une ordonnance du président du tribunal suffit; au lieu que, pour le cas du jugement étranger, il sembleroit qu'il faudroit un jugement du tribunal français compétent. Mais le jugement déclaratif d'exécution étant forcé, sans révision et sans débats sur la chose jugée, dégénéreroit en simple ordonnance d'*exequatur*. Et on ne concevroit pas même l'objet qu'on auroit eu en établissant une différence, dès qu'elle ne porteroit que sur la forme. En considérant sous ce point de vue les termes de l'art. 2123 du Code, *qu'autant qu'ils ont été déclarés exécutoires par un tribunal français*, on les ramèneroit à une simple disposition d'exécution parée, dont l'objet seroit d'accorder une espèce de *pareatis*. Mais on ne peut attacher cette signification aux termes de l'art. 2123, puisque le mode exécutorial des jugemens étrangers, qui est toute autre chose que l'impression de l'hypothèque, qui est toute autre chose aussi que la faculté de faire remettre en jugement ce qui a été jugé chez l'étranger, est devenu l'objet de l'art. 546 du Code de procédure civile, dont je parlerai dans la suite. En sorte que les principes consignés dans les art. 2123 et 2128 du Code civil, sont étrangers à l'idée d'une simple exécution passive, absolue et indéfinie. On ne peut en faire résulter ce qu'on appeloit anciennement un *visa* ou *pareatis*, qui étoit nécessaire pour les jugemens même des tribunaux français, qu'on vouloit faire exécuter dans le ressort d'autres tribunaux aussi français. C'étoit une formalité vaine, qui a été supprimée par l'art. 547 du Code de procédure civile.

Au surplus, le principe qui tend à établir la faculté de demander en France la révision du jugement rendu en pays étranger, ce qui emporte l'anéantissement de ce jugement, a été confirmé par un arrêt de la Cour de cassation, du 18 pluviôse an 12, rendu sur les conclusions de M. Merlin. On voit ces conclusions, dans toute leur étendue, ainsi que l'arrêt, dans ses *Questions de droit*, au mot *Jugement*, § 14. La même doctrine a été confirmée par nombre d'autres arrêts, que j'indiquerai en m'expliquant sur la seconde question que j'ai déjà annoncée.

208. Cette seconde question consiste à savoir si, le jugement étant rendu en pays étranger, entre un étranger et un Français, la faculté de demander en France la révision du jugement est respective à l'étranger et au Français, ou si elle est restreinte au Français. Cette restriction étoit écrite avec une telle précision, dans l'article 121 de l'ordonnance de 1629, on étoit tellement pénétré, et depuis si long-temps, d'après les arrêts, d'après la doctrine professée par les grands magistrats, et surtout par l'illustre chancelier d'Aguesseau, en plusieurs circonstances, que le droit de faire rejuger ce qui l'avoit été, n'appartenoit qu'aux citoyens français, comme un privilége attaché à ce titre, qu'on crut voir le même esprit dans l'ar-

La faculté de demander la révision, en France, du jugement étranger, est-elle réciproque entre l'étranger et le Français ?

ticle 2123 du Code civil, quoiqu'il fût difficile, et même impossible de l'y trouver. En conséquence, on voyoit se former une jurisprudence qui même a été assez long-temps soutenue, laquelle étoit absolument conforme à ce qui se pratiquoit avant le Code civil, d'après les principes de l'ordonnance de 1629; c'est-à-dire, que le droit de demander la révision du jugement étoit restreint au Français condamné en pays étranger.

Peut-être cette jurisprudence se renforçoit-elle par l'idée présentée depuis plusieurs années à la Cour de cassation, et qui y fut admise, que cette ordonnance avoit été regardée comme loi générale en France; idée qui étoit au moins susceptible de beaucoup de difficultés et d'un grand nombre de restrictions, quant aux lieux où elle pouvoit être exécutée, ainsi que je l'ai observé au n° 14. J'ai extrait les dispositions des arrêts rendus dans les principes de l'ordonnance de 1629. Pour abréger, j'en présenterai le résultat, sans en rapporter les espèces qu'on pourra consulter dans les recueils où ces arrêts sont rapportés. Je me contenterai donc de dire qu'entre autres arrêts qui ont adopté cette manière d'appliquer l'article 2123 du Code, indépendamment de l'arrêt de la Cour de cassation, du 18 pluviôse an 12, dont j'ai déjà parlé, il en existe un de la même Cour, du 7 janvier 1806, portant rejet d'un pourvoi contre un arrêt de la Cour royale de Besançon, du 18 messidor an 12. L'arrêt du 7 janvier 1806 est rapporté par Denevers, *même année, pag.* 113, et par Sirey, *aussi même année, pag.* 129; on le voit aussi dans le Répertoire de jurisprudence de M. Merlin, au mot *Jugement*, § 8, avec le discours qu'il prononça, comme procureur général. Il faut dire que le droit de demander la révision d'un jugement étranger a été rejeté par cet arrêt; mais on y voit, ainsi que dans celui de la Cour royale de Besançon, que ce fut seulement parce que les dispositions de l'art. 121 de l'ordonnance de 1629 ne s'appliquent qu'aux jugemens rendus en pays étranger, *entre un étranger et un Français*, et que, dans l'espèce de l'arrêt, un jugement de Neuchâtel devoit être considéré, à raison de circonstances particulières, comme ayant été rendu *entre deux étrangers*. On entendoit donc, par l'exception, confirmer la règle qui se puisoit dans l'art. 121 de l'ordonnance de 1629, sur la différence à faire entre le Français auquel la faculté de la révision du jugement étranger étoit accordée, et l'étranger auquel elle étoit refusée. On peut consulter un arrêt de la Cour royale de Poitiers, et un autre de la Cour royale de Bruxelles; le premier, du 8 prairial an 13, et le second, du 5

nivôse

nivôse an 14. Ils sont rapportés par Sirey, *an* 1806, *p.* 41, et par Denevers, *p.* 71 *et suiv.* Je renvoie enfin à un autre arrêt de la Cour de cassation, du 27 août 1812, rapporté par Denevers, *même année, p.* 590. Ce qu'il y a de remarquable, pour saisir la pensée des magistrats, c'est ce motif : « *Qu'à la vérité, les articles précités* (art. 2123 et 2128 du Code civil) *n'autorisent pas, en termes exprès, le Français qui a succombé devant le tribunal étranger, à provoquer un nouvel examen du fond, lorsqu'il demande un nouvel examen en France; mais que cette faculté est consignée dans l'art.* 121 *de l'ordonnance de* 1629, *article qui renferme une loi politique, non abrogée par les nouveaux Codes*, etc. »

Mais cette jurisprudence excitoit quelque étonnement dans les esprits de plusieurs magistrats et jurisconsultes, qui voyoient d'un œil différent les dispositions de l'art. 2123 du Code civil. Ils se défioient cependant de leurs propres idées, par l'effet du respect et de la confiance qu'obtiennent si justement les décisions de la Cour de cassation. C'est en cet état que, par un arrêt du 19 avril 1819, cette Cour a jugé que le droit de faire reviser le jugement, appartient à l'étranger comme au Français. L'arrêt est tellement important, que je crois devoir en faire connoître parfaitement l'espèce et les motifs. Je les puise dans le Bulletin des arrêts de cette Cour, où ils sont rapportés avec autant de sûreté que de précision.

« Par un jugement du 14 mai 1814, le tribunal de Boston avoit condamné Parker, *Américain*, à payer à Holker, *régnicole français*, pour solde de liquidation d'une société de commerce, une somme de près de trois millions.

« Parker habitoit en France; il y avoit acquis des propriétés mobilières et immobilières, sur lesquelles Holker avoit demandé au tribunal civil de la Seine de l'autoriser à exécuter le jugement du tribunal de Boston.

« Un jugement du tribunal de la Seine avoit, en effet, déclaré exécutoire celui de Boston; mais il l'avoit déclaré, sans examen, sans connoissance de cause; et, sur l'appel interjeté par Parker, le jugement avoit été infirmé par la Cour royale de Paris, dont l'arrêt étoit motivé :

» Sur ce que l'ordonnance de 1629 posoit en principe général et absolu,
» que les jugemens rendus ès royaumes et souverainetés étrangères, *pour*
» *quelque cause que ce fût*, n'auroient aucun effet en France; que le
» Code civil avoit donné la même latitude à ce principe, en déclarant que
» l'hypothèque ne peut résulter des jugemens rendus en pays étranger,

Tome I.   K k k

» qu'autant qu'ils ont été déclarés exécutoires par un tribunal français ;
» que cette déclaration n'est pas une affaire de pure forme, comme autre-
» fois la concession d'un *pareatis* d'un ressort à l'autre, pour les jugemens
» rendus dans l'intérieur du royaume, mais suppose, de la part du tribu-
» nal français, une connoissance de cause et un examen sérieux de la
» justice du jugement, comme la raison le demande, et qu'il s'est tou-
» jours pratiqué en France, suivant le témoignage des anciens auteurs.

  » Holker s'est pourvu en cassation, et a prétendu que la Cour royale,
en imposant aux juges l'obligation de procéder à l'examen du fond, avant
de déclarer un jugement rendu en pays étranger, exécutoire en France,
lorsqu'il avoit été rendu en faveur d'un Français, avoit faussement inter-
prété l'ordonnance de 1629, et les articles 2123, 2128 du Code civil,
et 546 du Code de procédure civile, et avoit commis un excès de pouvoir.

  » Mais la Cour, après avoir examiné la question avec d'autant plus de
soin qu'elle se trouvoit résolue diversement par les Cours royales, a rejeté
le pourvoi du sieur Holker, par les motifs suivans :

  » Considérant que l'ordonnance de 1629 disposoit, en termes absolus,
et sans exception, que les jugemens étrangers n'auroient pas d'exécution
en France, et que ce n'est que par le Code civil et le Code de procédure,
que les tribunaux français ont été autorisés à les rendre exécutoires;

  » Qu'ainsi l'ordonnance de 1629 est ici sans application;

  » Considérant que les art. 2123, 2128 du Code civil, et 546 du Code
de procédure, n'autorisent pas les tribunaux à déclarer les jugemens rendus
en pays étranger, exécutoires en France, sans examen;

  » Qu'une semblable autorisation seroit aussi contraire à l'institution des
tribunaux, que l'auroit été celle d'en accorder ou refuser l'exécution,
arbitrairement et à volonté;

  » Que cette autorisation, qui, d'ailleurs, porteroit atteinte au droit de
souveraineté du gouvernement français, a été si peu dans l'intention du
législateur, que lorsqu'il a dû permettre l'exécution sur simple *pareatis*
des jugemens rendus par des arbitres revêtus par la loi du caractère des
juges, il a eu le soin de ne confier la faculté de délivrer l'ordonnance
d'*exequatur* qu'au président, et non pas au tribunal, parce qu'un tribunal
ne peut prononcer qu'après délibération, et ne doit accorder, même par
défaut, les demandes formées devant lui, *que si elles se trouvent justes et
dûment vérifiées* (Art. 116 et 150 du Code de procéd.);

» Considérant, enfin, que le Code civil et le Code de procédure ne font aucune distinction entre ces divers jugemens rendus en pays étranger, en permettant aux juges de les déclarer tous exécutoires ;

» Qu'ainsi, ces jugemens étant incontestablement sujets à examen sous l'empire du Code civil, comme ils l'ont toujours été lorsqu'ils sont rendus contre des Français, on ne pouvoit pas décider que tous les autres doivent être rendus exécutoires autrement qu'en connoissance de cause, sans ajouter à la loi, et sans y introduire une distinction arbitraire, aussi peu fondée en raison qu'en principe ;

» Qu'il suit de là qu'en rejetant l'exception de chose jugée, qu'on prétendoit faire résulter d'un jugement rendu en pays étranger, et en ordonnant que le demandeur déduiroit les raisons sur lesquelles son action est fondée, pour être débattue par Parker, et être statué sur le tout en connoissance de cause, la Cour royale de Paris a fait une juste application des art. 2123 et 2128 du Code civil, et 546 du Code de procédure. »

On peut encore recueillir des idées utiles sur la question, dans la discussion qui a préparé l'arrêt de la Cour royale de Paris, du 27 août 1816, qui a été confirmé par cet arrêt de la Cour de cassation. On trouve cette discussion dans Denevers, *an* 1816, *pag.* 128, *au suppl.*

Il est donc sensible, d'après cet arrêt, que, sauf toujours les dispositions des lois politiques et des traités, quand il en existe, desquels on ne doit pas croire que la Cour de cassation ait entendu qu'on pût s'écarter, la faculté de demander la révision du jugement rendu en pays étranger doit être commune à l'étranger qui a succombé, comme au Français qui seroit dans le même cas. Cet arrêt est bien plus conforme à l'art. 2123 du Code civil, qui n'admet pas la distinction arbitraire qui avoit été introduite par la jurisprudence immédiatement précédente.

Des soins que se donne une Cour, de nouvelles méditations auxquelles elle se livre dans la vue d'améliorer la jurisprudence, et de la rendre exactement conforme au texte et à l'esprit de la loi, ne peuvent être qu'un sujet d'éloges. Il n'y auroit qu'une critique injuste qui pût faire remarquer avec aigreur un changement d'opinion. En législation, en jurisprudence, comme dans tout ce qui est l'objet des opérations de l'esprit, ce qui est vrai ne se découvre pas au premier aspect ; et la découverte de la vérité est presque toujours le fruit du temps et des réflexions qui se succèdent.

209. On sent facilement que tout ce qui a déjà été dit sur la faculté de

K k k 2

Les principes sont les

mêmes pour les tribunaux de commerce demander la révision d'un jugement, quand elledoit avoir lieu, doit être observé à l'égard des jugemens rendus par les tribunaux de commerce, comme par ceux rendus par les tribunaux ordinaires. On ne sauroit y voir une différence. Il ne seroit même pas besoin, pour se former des idées à ce sujet, qu'on sût que cela a été ainsi jugé par quelques-uns des arrêts que j'ai rapportés, et par d'autres. C'est notamment un des points jugés par l'arrêt de la Cour de cassation, du 18 pluviôse an 12.

Il est indifférent que ce soit l'une ou l'autre des parties qui ait été demandeur, défendeur ou intervenant. 210. il est encore indifférent, pour que le droit de demander la révision d'un jugement étranger existe, que celui qui réclame cette révision ait été demandeur, défendeur, ou intervenant. C'est encore ce qui a été décidé par le même arrêt: « Considérant, y est-il dit, que les expressions générales de l'art. 121 de l'ordonnance de 1629 (par lequel on se guidoit alors, et qu'il faut actuellement combiner avec l'art. 2123 du Code civil, sainement entendu, d'après l'arrêt de la Cour de cassation, du 19 avril 1819), ne souffrent aucune exception, soit relativement à la nature de l'affaire qui a été portée devant un tribunal étranger, soit relativement à la qualité en laquelle un Français y a été partie ; qu'ainsi on ne peut, pour l'application dudit article, admettre de *distinction*, soit entre le cas où l'affaire sur laquelle est intervenu un jugement étranger, est commerciale ou purement civile, *soit que le François y ait été demandeur, défendeur, ou partie intervenante;* mais que la loi refuse indistinctement toute force exécutoire en France aux jugemens étrangers. »

Conséquences de ce qui vient d'être dit. Des enquêtes faites en pays étranger. 211. De tout ce qui vient d'être dit, il résulte que, sauf l'exécution des lois politiques et des traités par lesquels on doit toujours se diriger, quand il en existe, le jugement rendu en pays étranger doit être déclaré exécutoire en France par un tribunal compétent, et qu'il doit être rendu en connoissance de cause, si, sur la demande en simple exécution, celui contre lequel il a été rendu conclut à la révision du fond. Mais les enquêtes et tous actes juridiques qui auront été faits en pays étrangers pour préparer le jugement qui y a été rendu, devront toujours avoir leur effet en France. On sent combien il seroit injuste de rejeter des preuves et des attestations qui auroient été faites sur les lieux, et qu'on ne pourroit plus se procurer, ou, au moins, que très-difficilement. Ce n'est pas alors déférer à la chose jugée; c'est admettre comme vrais des faits qui doivent guider la décision des magistrats, et dont la certitude ne peut s'établir d'aucune autre manière. On peut voir ce que disoit, à ce sujet, M. Merlin, dans ses Questions de droit, tom. 8, au mot *Suppléant (juge)*, pag. 681, d'après Emérigon, dans son Traité des assurances, *chap.* 4, *sect.* 8.

212. Mais tout ce qui vient d'être dit ne peut s'appliquer, en aucune manière, aux jugemens rendus par les consuls de la nation française, dans les pays étrangers. D'Héricourt en donnoit le motif, qui est également le véritable aujourd'hui. Après avoir dit, *de la vente des immeubles, chap.* 11, *sect.* 2, *n°* 30, que les sentences rendues par des juges d'une domination étrangère, n'emportent point d'hypothèque sur les biens situés en France, il ajoutoit : Ce qui ne s'entend point des consuls de la nation, dans les échelles du Levant, ou dans les autres endroits où il y en a d'établis; car, comme ces officiers ont des provisions du Roi, qu'il les fait juges, et que les appels de leurs jugemens doivent être portés devant les juges de France, les sentences qu'ils rendent emportent hypothèque sur les biens du royaume. Il en est de même des sentences rendues par les juges de France, établis dans les pays de l'Amérique, qui sont sous la domination du Roi. »

Ce n'est point le lieu où l'acte est passé qui doit être considéré; c'est la capacité de l'officier qui en est le ministre. Sur le dernier état des consuls de France, et des chanceliers établis près les consuls dans les pays étrangers, voyez le *Rép. de jurispr.*, aux mots *Consuls français* et *Chanceliers des consuls de France dans les pays étrangers.*

213. A l'égard des jugemens rendus par arbitres, en pays étrangers, entre un Français et un citoyen de ces pays, les principes que je viens de développer sur les jugemens rendus par des tribunaux étrangers, ne les concernent point. On conçoit aisément la différence qu'il y a entre des juges par lesquels deux parties ne peuvent se dispenser d'être jugées, et ceux qui sont de leur choix. La vérité de cette proposition est si évidente, que je pourrois me dispenser d'invoquer des autorités à son appui. Je dirai cependant que la question a été ainsi jugée par un arrêt de la Cour royale de Paris, du 16 décembre 1809, rapporté par Denevers, *an* 1810, *p.* 35, *au suppl.* Je me plais à exposer pour motif ce que disoit judicieusement M. Mourre, alors procureur général près cette Cour. « Pour la sentence arbitrale, ce motif (celui qui auroit concerné la faculté de demander la révision du jugement) s'évanouït. Le juge est du choix de la partie; elle a connu ses principes, ses sentimens, son désir de lui rendre bonne justice; elle s'est décidée, non parce qu'il étoit de telle nation ou de telle autre, mais parce qu'elle l'a cru juste et éclairé. Elle a eu recours, non à

l'autorité, mais à la sagesse; elle lui a donné elle-même le pouvoir dont il avoit besoin. Le compromis est le mandat; la sentence n'en est que l'exécution. » On sent qu'il faut seulement, en pareil cas, que le jugement reçoive d'un tribunal français la force exécutoriale et la vertu de l'hypothèque.

Du mode d'exécution, en France, des jugemens rendus en pays étranger. 214. Il faut en venir au mode d'exécution, en France, des jugemens étrangers contre les Français, ou tous ceux qui résident en France. J'examine la question sous un point de vue général, c'est-à-dire, abstraction faite des effets que doivent avoir ces jugemens, sous le rapport de l'engagement qui doit en résulter, ainsi que du droit qui peut exister de le faire réviser. On sent facilement, surtout d'après ce qui a été dit sur cette matière, le motif de la défense d'exécuter en France un jugement étranger, sans la permission des juges français, qui, en cela, exercent le pouvoir qui leur est délégué par le Souverain, source de toute justice et de toute autorité.

Nul jugement, ni acte, est-il dit dans l'art. 545 du Code de procédure civile, ne pourront être mis à exécution, s'ils ne portent le même intitulé que les lois, et ne sont terminés par un mandement aux officiers de justice. Or, des officiers de justice ne sont jamais tels que, respectivement à leur propre Souverain, ils ne peuvent tenir un pouvoir d'aucun autre.

Le mode d'exécution, sous ce rapport, des jugemens étrangers, en France, est prescrit par l'art. 546 du même Code. « Les jugemens, y est-il dit, rendus par les tribunaux étrangers, et les actes reçus par les officiers étrangers, ne seront susceptibles d'exécution en France, que de la manière et dans les cas prévus par les art. 2123 et 2128 du Code civil. » Il résulte de cette disposition, que l'exécution des jugemens étrangers, en France, ne doit y être permise qu'autant que l'exécution de jugemens rendus en France, est permise par le Souverain des pays étrangers où les jugemens ont été rendus, et de la même manière dont elle l'est. L'exécution est soumise, abstraction faite de ce qui peut avoir lieu pour l'hypothèque et pour la révision des jugemens, à la réciprocité, suivant les lois politiques et les traités.

Quelques exemples de la réciprocité établie à ce sujet. 215. Je ne citerai ici que quelques exemples de cette réciprocité.

D'après les traités conclus entre la France et le Corps helvétique, le 28 mai 1777, et le 3 fructidor an 6, l'hypothèque est conférée aux jugemens rendus dans ces états, sur les immeubles qui y sont respectivement situés ;

et, quant à l'exécution des jugemens émanés des tribunaux helvétiques, elle est attachée à la simple légalisation de l'envoyé de France; de manière que la permission des tribunaux français n'est ni requise, ni nécessaire.

A l'égard des états du roi de Sardaigne, les relations diplomatiques, entre ces états et la France, au moins en ce qui concerne cette partie, sont encore les mêmes que celles qui sont établies par un traité du 24 mars 1760, revêtu de lettres-patentes du 24 août suivant, enregistrées au parlement de Paris, le 6 septembre. L'article que je vais en rapporter, est extrait d'expéditions certifiées, indépendamment de ce qu'on en voit dans les ouvrages de jurisprudence (1).

Art. 22. « Pour étendre la réciprocité qui doit former le nœud de cette correspondance, aux matières contractuelles et judiciaires, il est encore convenu, 1°. que de la même manière que les hypothèques, établies en France par actes publics ou judiciaires, sont admises dans les tribunaux de S. M. le roi de Sardaigne, l'on aura aussi pareil égard, dans les tribunaux de France, pour les hypothèques qui seront constituées à l'avenir par contrats publics, par ordonnances ou jugemens, dans les états de S. M. le roi de Sardaigne; 2°. que pour favoriser l'exécution réciproque des arrêts ou jugemens, les Cours suprêmes déféreront, de part et d'autre, à la forme du droit, aux réquisitoires qui leur seront adressés à ces fins, même sous le nom desdites Cours; enfin, que pour être admis en jugement, les sujets respectifs ne seront tenus, de part et d'autre, qu'aux mêmes cautions et formalités qui s'exigent de ceux du propre ressort, suivant l'usage de chaque tribunal. »

On voit que l'hypothèque est réciproquement admise dans les deux états; et, en ce qui concerne le mode d'exécution des jugemens, il a respectivement lieu entre la France et les états du roi de Sardaigne, d'après les dispositions de cet article, suivant les formes qu'on verra dans la note ci-dessous (2).

_____

(1) Cette convention est rapportée dans l'ouvrage de M. Gaschon, avocat à Paris, intitulé : *Code diplomatique des aubains*, ouvrage infiniment utile sur cette importante matière.

(2) Le Français qui a obtenu un arrêt d'une Cour royale de France, ou même un jugement d'un des tribunaux de son ressort, présente à cette même Cour, par le ministère d'un avoué, une requête par laquelle il demande que, sur le vu de l'art. 22 du traité

Un simple usage, ou une loi seulement locale, ne suffisent pas pour donner aux jugemens étrangers l'autorité de la chose jugée

216. On peut élever la question de savoir si on doit regarder en France, comme ayant l'autorité de la chose jugée, les sentences et les arrêts rendus dans un pays étranger où, soit par l'effet d'une loi locale, soit par un usage particulier, mais sans convention de souverain à souverain, on attribue cette autorité aux jugemens émanés des tribunaux français.

M. Merlin, *Quest. de droit*, au mot *Jugement*, § 15, se décide, et avec raison, pour la négative; il invoque, à ce sujet, une opinion émise par le savant d'Héricourt, dont il rapporte les expressions, à l'occasion d'une hypothèque contestée à la princesse de Carignan, qui a donné lieu à des arrêts rapportés par plusieurs auteurs anciens. On ne peut rien voir de plus

---

du 24 mars 1760, il lui soit accordé des lettres rogatoires qui seront adressées à la Cour supérieure des états de Sardaigne, dans le ressort de laquelle est domicilié celui qui a été condamné par l'arrêt ou jugement rendu en France, afin d'obtenir la permission de cette Cour supérieure des états de Sardaigne, de faire faire toutes les exécutions nécessaires dans son ressort, pour parvenir à contraindre le débiteur au payement du montant des condamnations en principal ou accessoires, prononcées par le tribunal français. L'arrêt ou le jugement est joint à la requête.

Sur l'ordonnance de soit communiqué au procureur général, rendue par le premier président, et sur les conclusions du procureur général, la Cour rend un arrêt qui se délivre en minute à la suite de la requête et des conclusions. Par cet arrêt, la Cour ordonne que les lettres rogatoires sont octroyées, et seront adressées à la Cour supérieure des états de Sardaigne, dans le ressort de laquelle le débiteur est domicilié, à l'effet, par cette Cour, de faire jouir l'impétrant du bénéfice de l'art. 22 du traité du 24 mars 1760, et de permettre, rière son ressort, la mise à exécution de l'arrêt ou du jugement.

En exécution de cet arrêt scellé du sceau de la Cour, cette même Cour adresse séparément ses lettres rogatoires à la Cour supérieure des états de Sardaigne, qu'elles concernent. Il y est dit qu'elle prie et requiert cette Cour de permettre la signification et la mise à exécution du jugement dont il est question, et ce partout et rière son ressort, offrant ladite Cour d'en faire de même, et plus grand, s'il y échet. (C'est pour être parfaitement exact, que je rends ces dernières expressions, parce qu'elles sont d'un style ancien entre les Cours de justice de France et celles des états du roi de Sardaigne, et que ce style s'observe encore.)

Les Cours supérieures des états de Sardaigne suivent la même forme à l'égard des Cours royales de France. L'une de ces formes a été modelée, par convention, sur l'autre. Cette manière de pratiquer est connue depuis long-temps; elle n'a jamais éprouvé de difficulté. Les dernières lettres rogatoires que j'ai vu adresser par la Cour royale de Riom au sénat de Chambéry, sur mes conclusions, étant procureur général, sont du mois de novembre 1818.

J'observe que les arrêts et ordonnances ci-dessus ne sont point sujets à l'enregistrement.

judicieux

judicieux que l'opinion de d'Héricourt sur cette question particulière. Ce qu'il dit est tellement profond, tellement propre à donner des lumières sur les questions importantes de la nature de celles dont il s'agit, qui tiennent au droit public, que je crois devoir le faire transcrire en note (1).

---

(1) « Quels que puissent être les usages de Piémont, ils ne peuvent point influer sur la contestation : il suffit que nos lois rejettent l'hypothèque des contrats passés en pays étranger. Personne n'ignore que l'hypothèque est un droit réel, qui se règle par la loi du lieu où l'on veut l'exercer.

» Mais, dit-on, que deviendra le droit de réciprocité qui doit avoir lieu entre deux états voisins, si l'on rejette, en France, l'hypothèque des contrats passés en Piémont, pendant qu'en Piémont on donne hypothèque aux contrats passés en France?

» Pour faire tomber cette remarque, il suffit d'expliquer ce qui doit être entendu par la réciprocité, et quelles sont ses bornes.

» La règle de la réciprocité prend sa source dans la convention des souverains, et cette convention en fait la base : mais on n'en peut tirer des conséquences qui attaquent l'indépendance des différens souverains.

» Son effet se borne à ce qu'on appelle le droit de *représailles*, c'est-à-dire, à refuser aux Piémontais, en France, ce que la loi de Piémont refuse aux Français.....

» Mais la règle de la réciprocité qui s'observe entre les nations, ne peut obliger les magistrats français à accorder aux Piémontais, contre les lois de l'état, tous les droits qu'on accorde aux étrangers en Piémont, à moins que les deux souverains ne soient convenus de la réciprocité, par un traité conclu entre eux, comme on a fait pour les hypothèques entre la France et la Lorraine.

» S'il en étoit autrement, le souverain cesseroit de l'être dans ses états, dès qu'il seroit obligé d'accorder aux sujets d'un autre état, dans son territoire, tout ce que le souverain de cet autre état y accorde aux étrangers.

» Ainsi, il y a beaucoup de nations qui ne connoissent point le droit d'aubaine; les sujets de ces états peuvent-ils s'en prétendre affranchis en France, où ce droit est en vigueur, parce qu'on ne le pratique point chez eux à l'égard des étrangers? Ainsi, un commerce est interdit en France, mais il est permis dans un autre état; est-ce une raison pour que les sujets de cet autre état viennent le faire en France, malgré nos lois?

» Comme ces interdictions subsistent en France, c'est bien une raison pour que, dans les autres pays, on distingue les Français des autres étrangers, et qu'on leur refuse les faveurs que nous refusons en France aux étrangers. C'est ce qu'on appelle le droit de représailles, qui dérive de la règle de la réciprocité; ce qui n'a rien de contraire à la souveraineté de la France.

» C'est une matière de négociation entre les deux souverains. Ils doivent balancer les avantages qui peuvent leur revenir de la réciprocité. Quand ils la trouvent égale aux deux peuples, ils l'établissent entre les deux états, comme on a fait dans le traité d'Utrecht;

Tome I. L l l

En sorte qu'il n'y a, sur cette matière, d'autre réciprocité que celle qui est fondée sur les lois politiques ou sur les traités. Telle est aussi la disposition textuelle des art. 2123 et 2128 du Code civil, auxquels se réfère l'art. 546 du Code de procédure.

Questions relatives à la réunion à la France de plusieurs pays étrangers.

217. La réunion à la France d'un grand nombre de pays étrangers a donné lieu, sur cette matière, à des questions importantes. Les difficultés se sont présentées sous un double rapport. D'abord des jugemens avoient été rendus en France, en faveur de Français, contre des particuliers qui étoient citoyens des pays qui récemment avoient été réunis à la France. Ces pays avoient, respectivement aux jugemens rendus en France, des prérogatives semblables à celles des Français, par rapport aux jugemens rendus contre eux par les tribunaux de ces mêmes pays étrangers. Ces droits respectifs avoient-ils dû cesser? à quelle époque remontoit cette cessation? et si l'on pouvoit opposer la confusion de ces droits, à compter des époques des réunions d'un pays à un autre, cette confusion avoit-elle un effet rétroactif, de manière à donner aux arrêts ou jugemens antérieurs aux réunions, les mêmes droits, priviléges et prérogatives que si la réunion eût existé au moment où les arrêts et jugemens étoient intervenus?

Ensuite, des jugemens avoient été rendus contre des Français dans des pays anciennement étrangers à la France, et qui lui avoient été nouvellement réunis; ils avoient été rendus en faveur de citoyens de ces mêmes pays étrangers. Les droits que pourroient avoir les Français, s'ils étoient

---

pour établir la réciprocité de l'exemption du droit d'aubaine entre la France et l'Angleterre. Mais quand un état est plus grand que l'autre, ils l'établissent communément entre l'un des deux, et une partie de l'autre état, proportionnée pour la grandeur. (C'est ainsi que par le traité du 21 janvier 1718, entre la France et la Lorraine, la réciprocité d'hypothèque, et d'exécution des contrats et des jugemens, avoit été stipulée, d'une part, pour tous les états du duc de Lorraine, et de l'autre, pour la généralité de Metz seulement.) La représaille est de droit, et chaque souverain peut l'exercer dans ses états, comme il lui plaît; mais la réciprocité dont l'effet s'étend au droit et à la police d'un autre état, est de convention, et elle ne peut s'établir que par un traité entre les deux souverains.

» Sans cela, un petit état seroit le maître de se procurer tels avantages qu'il lui plairoit dans un grand état : il n'auroit qu'à accorder aux sujets de ce grand état, les droits et les priviléges qu'il voudroit procurer aux siens dans un grand état. »

éteints à compter de la réunion, existoient-ils dans leur plénitude, pour les titres antérieurs à cette réunion? Il est utile de connoître la jurisprudence qui s'est formée sur ces questions, parce que les traces de ces réunions ne sont pas entièrement effacées, quant aux affaires qui en sont nées, du genre de celles dont il s'agit.

Pour procéder avec plus de méthode, je discuterai successivement les deux questions que je viens de présenter.

218. Quant aux jugemens rendus en faveur de Français contre des habitans de pays étrangers qui avoient été réunis à la France, la question a été jugée en thèse par un arrêt de la Cour de cassation, du 18 thermidor an 12, qui a donné lieu à un développement lumineux des principes de la matière. Cet arrêt est rapporté avec la discussion par Denevers, *an* 13, p. 42, et plus amplement encore dans les Questions de droit de M. Merlin, au mot *Réunion*.

Des jugemens rendus en faveur de Français contre des habitans de pays étrangers qui avoient été réunis à la France.

L'affaire présentoit un grand nombre de faits. Je ne rappellerai que ceux nécessaires pour l'intelligence de la décision; et, par la même raison, je ne donnerai qu'un aperçu des observations essentielles et des moyens. La dame Champigny, *Française*, se prétendoit créancière de la famille Selys, de Liége, en vertu de deux arrêts du parlement de Paris, de 1782 et 1783. Cette dame ne put obtenir l'exécution de ces arrêts dans le pays liégeois, malgré plusieurs poursuites que je puis omettre. L'inutilité de ces poursuites tint au maintien des priviléges des Liégeois, en ce qui concernoit l'exécution des jugemens rendus contre eux en pays étrangers. Mais en l'an 7, après la réunion du pays liégeois à la France, l'affaire fut reprise par les héritiers de la dame Champigny, devant le tribunal civil du département de l'Ourthe, contre le sieur Selys. D'après la réclamation faite par celui-ci des priviléges des Liégeois, le tribunal rendit un jugement, le 14 floréal an 8, qui, sans s'arrêter aux conclusions des héritiers Champigny, à fin d'exécution des arrêts du parlement de Paris, de 1782 et 1783, ordonna aux parties de plaider au fond. On sent facilement que ce tribunal se décida pour le privilége réclamé par les Liégeois comme par les Français, de soumettre à une nouvelle discussion, devant un tribunal compétent du pays, la chose jugée en pays étranger.

La Cour d'appel de Liége, par arrêt du 15 floréal an 10, confirma ce jugement. Il n'est pas inutile d'en rapporter le dispositif, parce qu'il porte la confirmation, d'après le droit public d'Allemagne, non-seulement du

droit de la nation allemande, et par exprès des Liégeois, à l'égard des jugemens étrangers rendus contre eux, mais encore du droit des Français,
par rapport aux jugemens rendus contre eux hors de France.

« Attendu, est-il dit dans l'arrêt du 15 floréal an 10, que c'est un principe de droit public et des gens, que des jugemens rendus par des juges
d'un pays étranger ne sont pas exécutoires, à moins qu'il ne soit dérogé
à cette règle par un concordat, ou par une réciprocité établie par l'usage (1);
*que les auteurs français et germains attestent unanimement que la juris-
prudence de la France et du pays de Liége étoit conforme à ce principe;*
que Liége, comme partie intégrante de l'empire germanique, étoit dans
le ressort des tribunaux supérieurs de l'empire, dont les attributs étoient
de conserver les droits et priviléges de ses membres, conformément au
rang et à la prééminence de leur état; que les auteurs les plus respectables,
entre autres *Ludolf* et *Lauterbach*, attestent que la pratique des suprêmes
dicastères de l'empire, *n'admettoit l'exécution des jugemens étrangers
QU'APRÈS CONNOISSANCE DE CAUSE;* que Selys avoit donc usé de son droit,
en proposant, devant les tribunaux liégeois, les exceptions de nullité qu'il
se croyoit fondé à opposer à la demande d'exécution des arrêts dont il s'agit,
et que *l'événement qui a réuni les deux peuples, n'ayant porté aucune atteinte aux droits acquis entre particuliers, Selys a conservé le droit de
faire juger le procès pendant entre les parties dans l'état où il se trouvoit.* »

Les héritiers Champigny se pourvurent en cassation contre cet arrêt;
ils opposoient des moyens puisés dans le droit des gens, qui ne pouvoient
tenir contre les principes de droit public et politique, énoncés dans l'arrêt
de la Cour d'appel de Liége; ils se fondoient encore sur d'anciens concordats prétendus passés entre les souverains respectifs des deux pays;
mais l'application en étoit erronée. Ils invoquoient un usage de réciprocité
entre les états Liégeois et la France, qui ne fut point établi. Enfin, quant
au point essentiel dans la cause, qui consistoit à savoir quel effet pouvoit
avoir, sur l'exécution d'arrêts de 1782 et 1783, rendus au parlement de
Paris, la réunion des deux pays, qui leur étoit postérieure, ils disoient
que les arrêts devoient être exécutés dans le pays liégeois, au moins,

---

(1) On vient de voir, au n° 216, que les usages locaux ne serviroient point de règle,
au moins en France; qu'il y faut l'autorité des lois politiques ou des traités.

depuis sa réunion au territoire français. Par l'effet de cette réunion, disoient-ils, ils y sont devenus exécutoires de plein droit. L'obstacle qui en avoit arrêté l'exécution a été levé. La différence de la domination française et de la domination liégeoise n'existant plus, *la justice doit donc reprendre son cours, comme s'il n'eût jamais été suspendu.*

M. Merlin, qui porta la parole, confirma les principes énoncés dans l'arrêt de la Cour de Liége; il modifia cependant ce qui avoit été dit dans l'arrêt de cette Cour, par une différence qui consistoit en ce qu'en France les jugemens rendus en pays étranger contre des Français, ne peuvent être revêtus d'un *pareatis;* qu'ils sont considérés comme non existans; que les parties qui les ont obtenus, ne peuvent en faire aucun usage; qu'il faut qu'elles viennent par nouvelle action, comme si rien n'eût été décidé dans les juridictions étrangères; au lieu qu'en Allemagne, le tribunal à qui l'on s'adresse, avec des lettres rogatoires, pour l'exécution d'un jugement rendu en pays étranger, peut permettre qu'il soit, en effet, exécuté dans son ressort; cependant il ne peut le faire *qu'après avoir pris connoissance de la justice et de la régularité de ce jugement.* Mais, comme l'observoit très-bien M. Merlin, l'une et l'autre manière de procéder ont *nécessairement le même résultat.*

En venant à la question relative à l'effet que devoit avoir la réunion des deux pays, qui consistoit à savoir si cette réunion devoit avoir une rétroactivité, ce magistrat développa des idées, dont il est à propos de se pénétrer, sur cette matière importante et délicate, avec d'autant plus de raison qu'elles ont été adoptées par l'arrêt.

« Mais, disoit-il, par l'effet de la réunion du pays de Liége à la France, les arrêts dont il s'agit sont-ils devenus exécutoires, de plein droit, dans ce pays? ou, dans d'autres termes, la loi du 9 vendémiaire an 4, qui prononce cette réunion, peut-elle avoir un effet rétroactif? Non. Il en est de cette loi comme de toutes les autres; elle ne dispose que pour l'avenir : le passé est hors de son domaine; aussi ne s'en occupe-t-elle pas. Or, ne seroit-ce pas la faire rétroagir sur le passé, que d'ôter au sieur Selys le droit qui étoit acquis avant la réunion, de ne pas exécuter, dans le pays de Liége, les arrêts rendus précédemment contre lui en France? Qu'on dise, tant que l'on voudra, qu'il est aujourd'hui Français, et que ses biens, par cela seul qu'ils sont situés dans le pays de Liége, sont situés sous la souveraineté française; oui, sans doute, il est aujourd'hui Français; mais il ne l'est que relativement aux actes postérieurs à l'époque où il a été revêtu de cette qualité : oui, sans doute, ses biens sont aujourd'hui placés sous la souveraineté française, mais ils ne le sont que pour les effets subséquens à cette nouvelle position. En devenant Français, il a conservé toutes ses propriétés particulières ; il les a conservées avec tous les droits qui les accompagnoient au moment de la réunion ; il les a conservées avec toutes les actions qui lui appartenoient alors pour les réclamer ; il les a conservées avec toutes les exceptions qui, à cette époque, les défendoient contre les attaques auxquelles elles pouvoient être en butte ; et, dès lors, il est évident qu'elles sont demeurées à l'abri des tentatives que l'on eût pu faire auparavant pour les lui enlever, en vertu des arrêts du parlement de Paris. »

Par l'arrêt de la Cour de cassation, le pourvoi fut rejeté. Pour abréger, je crois devoir ne rapporter que le motif qui concerne la question de rétroactivité de la réunion : « Considérant que la réunion postérieure (aux arrêts) du pays de Liége à la France, n'a apporté aucun changement aux droits acquis aux Liégeois; que *ceux-ci ont été réunis avec tous leurs droits, leurs actions et leurs exceptions;* d'où il résulte que le jugement attaqué ne contient aucune contravention aux lois. »

J'ajouterai seulement que l'on s'étoit fait contre Selys un moyen de ce que les poursuites, ou au moins certaines de ces poursuites, qui avoient donné lieu aux arrêts du parlement de Paris, de 1782 et 1783, avoient été de son fait ou de celui de ses auteurs. Mais il fut décidé par l'arrêt que cette circonstance étoit indifférente, et qu'elle ne portoit aucun obstacle à l'exercice du privilége. « Attendu, est-dit dans l'arrêt, que la famille Selys, Liégeoise, obligée de plaider en France, puisqu'elle étoit demanderesse, et que son débiteur demeuroit en France, n'a pas pour cela contracté l'obligation de subir sur ses biens et sa personne, à Liége, l'exécution des jugemens rendus en France. » En quoi cet arrêt est conforme à l'arrêt de la même Cour, du 18 pluviôse an 12, que j'ai rapporté aux n°s 207, 208, 209 et 210, qui a écarté la même distinction.

Des jugemens obtenus contre des Français par des habitans d'un pays étranger réuni en- 219. Quant aux jugemens obtenus contre des Français, par des habitans d'un pays étranger qui a ensuite été réuni à la France, ce qui présente la question en sens inverse de la précédente, on sent que, par analogie, il faudroit décider que, s'il n'y avoit pas eu de réciprocité établie entre la France et le pays étranger qui lui auroit été réuni, la réunion des

suite à la
France.

deux états se seroit faite *avec tous leurs droits, leurs actions et leurs exceptions : ubi eadem ratio, ibi idem jus.*

Il existe, à ce sujet, un arrêt de la Cour de cassation, du 21 novembre 1809, qui sembleroit avoir jugé le contraire. Mais il est essentiel de remarquer qu'il n'a pas jugé la question en thèse; il a été rendu par des motifs particuliers, qui ne dérogent point aux principes admis par ceux rendus précédemment. Il est très-utile de le connoître, soit parce que, comme je l'ai déjà dit, ces questions ne sont pas encore épuisées, soit parce que l'arrêt en lui-même peut encore guider sur l'application des principes généraux de la matière.

Les faits sur lesquels cet arrêt est intervenu, avoient donné lieu à une discussion extrêmement étendue. La raison en est que les parties n'avoient pas d'idées précises sur les moyens auxquels la contestation pouvoit se réduire. Je m'allongerois bien inutilement si je voulois rapporter toute cette discussion. La tâche essentielle que je doive m'imposer, est de lui donner de justes bornes, et de présenter nettement ce qui a été jugé; car, pour le bien concevoir, il faut encore quelque attention.

Le 23 janvier 1806, le sieur *Montz* avoit été exproprié d'une maison située à Paris, sur la poursuite du sieur Sellon d'Allamans, négociant à Genève. Plusieurs créanciers inscrits se présentèrent à l'ordre, notamment le sieur *Sellon* et les sieurs *Tourton* et *Ravel*, banquiers à Paris. Ceux-ci étoient créanciers de *Montz* de sommes considérables, en vertu de jugemens du tribunal de commerce de la Seine, confirmés par un arrêt de la Cour royale de Paris. Ce qu'il est essentiel de faire observer, c'est que la date de leur hypothèque étoit fixée au 7 thermidor an 7.

Il est important de remarquer que le titre de créance du sieur Sellon étoit une obligation de 50,000 francs, passée devant notaire à Genève, le 24 avril 1792, et, de plus, qu'il étoit créancier inscrit antérieurement aux sieurs Tourton et Ravel.

La réunion de Genève à la France avoit été faite par traité du 7 floréal an 6, confirmé par un décret du 28 du même mois. (On voit ce traité de réunion, à cette dernière date, au Bulletin des lois.) On ne cite pas précisément, dans le récit des faits, la date de l'inscription du sieur Sellon, mais on ne peut douter qu'elle ne fût prise après la réunion et après la promulgation de la loi du 11 brumaire an 7, et toujours antérieurement à celle des sieurs Tourton et Ravel.

Ceux-ci contestèrent la préférence réclamée par le sieur Sellon, sur le fondement que son obligation ayant été passée en pays étranger, n'emportoit pas hypothèque sur des biens situés en France.

Le sieur Sellon se défendit par plusieurs moyens. J'abandonne ceux qui étoient opposés sans fondement, tels que celui qui consistoit à soutenir que cette obligation, quoique de 1792, avoit dû, dès cette époque, porter hypothèque de droit sur les biens de France, ce qui étoit contraire aux principes ; ou que si ce n'eût pas été de droit, c'eût dû être, parce qu'il y avoit eu entre les deux pays une réciprocité établie, dont le résultat étoit qu'il avoit pu prendre une inscription *de plano*, ce qui n'étoit point prouvé. J'en viens à son moyen le plus important, qu'il puisoit dans les dispositions des art. 1er et 7 du traité de réunion, du 7 floréal an 6.

Art. 1er. « Les Genevois, tant ceux qui habitent la ville et le territoire de Genève, que ceux qui sont en France ou ailleurs, sont déclarés *Français nés.* »

Art. 7. « Tous les actes publics, soit judiciaires, soit notariés, tous les écrits privés et les livres des négocians ayant date certaine antérieurement à la ratification des présentes, *auront leur force et sortiront tout leur effet suivant les lois de Genève.* Les ventes judiciaires, connues sous le nom de subhastation, qui auront été commencées avant ladite ratification, seront terminées suivant les mêmes lois. Tous ces actes et écrits ne seront soumis à aucun droit résultant des lois françaises, etc. »

Le sieur Sellon présentoit ces articles dans le sens que, d'après la réunion, les titres qui émanoient des autorités de Genève, quelle qu'en fût la date, devoient avoir eu leur effet sur les biens de France, à compter de cette même date, et non pas seulement à compter de la réunion. Il résulte, disoit-il, des dispositions de ces articles, que les actes publics passés à Genève, avant la réunion, sont devenus *authentiques* dans toute la France, dès le moment de la ratification du traité de réunion ; qu'ils ont dû y produire les mêmes effets qu'ils auroient produits à Genève, et que, réciproquement, les actes publics passés en France avant la réunion, quelle qu'en fût la date, ont dû, après la réunion, produire, dans le territoire genevois, les mêmes effets que la loi leur accordoit dans le territoire français.

Cette assertion ainsi présentée, dans cette généralité d'idées, souffroit les plus grandes difficultés. Le sieur Sellon auroit pu, sans blesser son intérêt, s'en tenir à avancer que les actes passés à Genève avoient dû avoir
leur

leur effet, quant à l'hypothèque, au moins à compter de la réunion, de la
même manière que si ces actes avoient été passés après cette réunion ; au
lieu que de la manière dont il s'exprimoit, il sembloit donner à la réunion
un effet rétroactif à la vigueur des actes, sous le rapport même de l'authenticité, à compter de la date même des titres. Sous le point de vue de
la restriction de l'effet des titres au jour de la réunion seulement, il conservoit tous ses avantages, parce que tous ses titres étoient antérieurs à
ceux des sieurs Ravel et Tourton, les titres de ceux-ci étant d'une date
postérieure à la réunion, leur inscription étant également postérieure ;
tandis que l'inscription du sieur Sellon avoit été prise après la réunion,
mais avant celle des sieurs Tourton et Ravel. Il conservoit encore tous ses
avantages, par la raison que, par l'acte de 1792, le sieur Montz avoit obligé
tous ses biens, ce qui, d'après la législation de Genève, conforme aux lois
romaines et à celles de France, les pays de nantissement exceptés, emportoit de droit hypothèque généralement sur tous les biens du débiteur.
Cette hypothèque avoit lieu sans une stipulation précise ; elle devenoit,
par le seul ministère de la loi, un accessoire de l'obligation.

L'affaire ayant été portée au tribunal civil de la Seine, devant lequel
l'ordre avoit été ouvert, ce tribunal reconnut que les actes passés en pays
étranger n'emportoient pas hypothèque en France, et que la réciprocité
dont se prévaloit le sieur Sellon n'étoit nullement établie. Mais il pensa que,
par l'effet de la réunion de Genève à la France, les actes et jugemens passés
et rendus à Genève avoient été investis de la même force d'exécution qui
existoit en France, antérieurement à la réunion ; que tel étoit le sens et
l'esprit de l'art. 7 du traité du 7 floréal an 6, et que, par conséquent,
l'inscription prise par le sieur *Sellon*, depuis la publication faite dans le
pays genevois, des lois sur le régime hypothécaire, en vertu d'un acte notarié, passé à Genève avant la réunion, devoit produire son effet dans toute
la France. Ce tribunal ordonna, en conséquence, par jugement du 30 août
1806, que le sieur Sellon seroit, pour la créance établie par cet acte, colloqué *à la date* du 7 floréal an 6, époque de la réunion de Genève à la
France.

Sur l'appel de ce jugement, la Cour royale de Paris pensa que la réunion
de Genève à la France n'avoit rien changé, pour le temps antérieur, à la
situation des Genevois ; qu'elle leur avoit communiqué tous les droits de
citoyens français *pour l'avenir ;* mais que, *pour le passé*, elle avoit laissé

Tome I.   M m m

subsister en tout point leur ancien état, sans y rien ajouter, sans en rien retrancher; et que c'est là tout ce qu'avoit voulu l'art. 7 du traité de réunion, du 7 floréal an 6, sanctionné par le décret du 28 du même mois. En sorte que cette Cour, par arrêt du 4 août 1807, infirma le jugement, et déclara nulle et sans effet l'inscription prise par le sieur Sellon, en vertu de l'acte passé à Genève.

On aperçoit, d'après cet arrêt, que la question relative à l'interprétation du traité de réunion, du 7 floréal an 6, n'avoit pas été approfondie. Il s'agissoit d'examiner s'il résultoit de ce traité que les titres passés à Genève, avant la réunion, dussent être considérés comme *authentiques*, et si cette authenticité, une fois conférée, n'avoit pas dû prendre son effet au moins à dater de la réunion, si l'on pouvoit voir dans cet ordre de choses une rétroactivité.

Sur le pourvoi contre cet arrêt, il fut cassé, après un long délibéré en la chambre du conseil. Je donnerai des idées suffisantes sur l'arrêt, en rapportant seulement quelques-uns de ses motifs.

« Considérant que, pour la conservation des hypothèques préexistantes, et notamment des hypothèques générales sur les biens présens et à venir du débiteur, dans les lieux où elles étoient admises par les lois anciennes, les art. 37, 38 et 43 de la loi de brumaire, n'ont exigé que leur inscription dans les formes et dans les délais qu'ils ont prescrits ; — Que par l'acte notarié, passé à Genève, le 24 août 1792, *Montz* a promis de restituer à *Sellon* la somme de 50,000 fr., *sous l'obligation de ses biens;* — Que cette clause conféroit au créancier l'hypothèque générale sur tous les biens présens et à venir du débiteur, aux termes de la loi pénultième, au Code *quæ res pignori obligentur;* — Que si l'acte passé à Genève, et la stipulation qu'il renferme, licite et valable en soi, étoit inefficace ou incomplète pour produire une hypothèque sur les biens présens et à venir du débiteur, situés dans l'ancienne France, *en ce que l'acte n'avoit point encore, relativement à ces biens, le caractère d'authenticité nécessaire à cet effet, cet obstacle a cessé dès le moment où l'acte en question a dû être considéré comme authentique en France, soit par l'effet de la réunion de la république de Genève à la France, soit en vertu des art. 1 et 7 du traité de réunion;* —Qu'en *interprétant* ainsi les articles, on ne les *fait pas rétroagir au préjudice de droits antérieurement acquis aux défendeurs* (Tourton et Ravel), *puisque leurs titres sont postérieurs à la réunion;* — Que cette *interpré-*

tation ne tend point à altérer la convention des parties, ni à lui donner plus d'étendue ; *car l'acte passé à Genève emportoit hypothèque sur tous les biens présens et à venir du débiteur ;* — Qu'il suit de là, qu'en décidant que l'acte du 24 avril 1792 n'avoit pu conférer d'hypothèque sur la maison située à Paris, *à compter du traité de réunion des deux états, et qu'en conséquence, le demandeur* (Scllon) *n'avoit pu prendre d'inscription,* l'arrêt dénoncé a violé les art. 1 et 7 du traité, et, par suite, les art. 37, 38 et 43 de la loi de brumaire an 7. »

On voit que cette décision a été uniquement motivée sur l'existence du traité de réunion, du 7 floréal an 6, et sur l'interprétation qu'il s'agissoit de donner à ce traité. En sorte qu'on peut dire que si on avoit pu faire abstraction de ce traité et de son interprétation, la décision de la Cour de cassation eût été semblable à celle de l'arrêt du 18 thermidor an 12, rendu entre une famille française et une famille liégeoise ; et les motifs de l'arrêt du 21 novembre 1809, indiquant qu'il y fut fait une exception au principe précédemment établi, à raison des circonstances particulières, il s'ensuit une nouvelle confirmation de ce principe. Je dois observer que la Cour d'appel de Rouen, à laquelle le jugement de l'affaire fut renvoyé par la Cour de cassation, rendit un arrêt dans le même sens, le 28 juin 1810. Voyez Denevers, *an* 1809, *page* 518, et *an* 1810, *pag.* 141, *au suppl.*

Mais je dois faire remarquer qu'il est possible que les affaires de la nature de celles dont il s'agit dans ce n° et dans le précédent, présentent des circonstances qui seroient susceptibles de l'application de l'arrêt de la Cour de cassation, du 19 avril 1819, dont j'ai parlé au n° 208, lequel arrêt a apporté une modification importante à la jurisprudence qui s'étoit formée auparavant ; et dans ce cas, on devroit combiner les conséquences de cet arrêt avec les espèces qui se présenteroient, et auxquelles l'application pourroit s'en faire (1).

220. Il résulte de ce qui vient d'être dit, que les hypothèques qui, pendant la durée de la réunion à la France d'un pays étranger, ont été acquises

La séparation politique de pays qui avoient été réunis, ne doit pas déroger aux hypothèques acquises pendant la réunion.

---

(1) Si on avoit besoin de connoître les époques des réunions des pays étrangers à la France, et celle de la promulgation des lois françaises qui y auroit été faite, ce qui mèneroit à savoir de quel jour la législation française, et notamment le régime hypothécaire, y eût été en vigueur, on trouveroit dans le Traité des priviléges et hypothèques, de M. Favard, tit. 3, pag. 292, des notions très-utiles à ce sujet.

et conservées sur les biens respectifs des deux états, ont dû rester avec tous leurs effets, même après la séparation politique des deux pays. Une hypothèque une fois acquise en vertu des lois, ne peut être détruite par un fait postérieur indépendant de la volonté des parties intéressées. Ce que la réunion a opéré ne peut être détruit par la séparation. On a déjà vu que, dans le principe général, la réunion n'a point dû avoir d'effet rétroactif; et on sent que la séparation ne doit pas en avoir davantage. La justice et l'intérêt général des citoyens de chacun des deux états qui ont été réunis et ensuite séparés, commandent spécialement l'application du principe qui repousse les rétroactivités, toujours odieuses.

Question dépendante de ce qui vient d'être dit. 221. Sur une question qui est analogue à celle que je viens de traiter, et qui se rattache aux mêmes principes, on voit dans le recueil de Sirey, *tom.* 18, 2e *part.*, *pag.* 172, une décision portée par un arrêt de la Cour royale de Paris, du 29 mars 1817, qui n'est pas sans difficulté. Cet arrêt a jugé, entre la duchesse de Mortemart et le marquis de Croza, qu'un arrêt entre eux rendu en la Cour d'appel de Gênes, le 20 juillet 1812, confirmatif d'un jugement du tribunal de première instance de la même ville, du 11 juin 1804, devoit être considéré comme un arrêt qui eût été rendu dans un pays absolument étranger à la France, quoique, à cette époque du 20 juillet 1812, la ville de Gênes et son territoire fussent réunis à la France, et que la Cour royale de cette ville fût alors Cour française, à l'instar de toutes les autres. En conséquence, l'arrêt de la Cour royale de Paris, en infirmant le jugement du tribunal de première instance de la Seine, décharge la duchesse de Mortemart des condamnations contre elle prononcées; déboute le marquis de Croza de sa demande à fin de continuation de poursuites, sauf à lui à se pourvoir, s'il le juge à propos, par action nouvelle, devant le tribunal français compétent. Les plus graves difficultés se font sentir sur cette décision : l'arrêt est motivé sur ce que, par la réunion du pays gênois au Piémont, la Cour de Gênes est devenue, par rapport à la France, un tribunal étranger, dont les jugemens ne peuvent désormais s'exécuter que par l'autorité du souverain actuel, et seulement sur les terres de sa domination; que le système du marquis de Croza, qui poursuivoit l'exécution de l'arrêt, tendoit à renverser entièrement le principe de l'indépendance des nations et de leur territoire.

Il est bien vrai qu'après l'arrêt de la Cour d'appel de Gênes, du 20 juil-

let 1812, la Ligurie devint étrangère à la France, dès l'instant de sa réunion au Piémont; mais elle ne l'étoit pas au 20 juillet 1812, et de là il
sembleroit résulter que c est la seule époque qu'on doive considérer pour
se déterminer. Alors la Ligurie faisoit partie intégrante des états de France;
les Liguriens étoient Français comme les sujets de l'ancienne France,
sans qu'on doive s'arrêter, pour la question dont il s'agit, aux moyens par
lesquels la réunion de la Ligurie à la France s'étoit opérée, moyens dont
on peut faire ici abstraction. Les Gênois et les Français étoient soumis au
même gouvernement, aux mêmes lois. Puffendorf, *Droit de la nature et
des gens, traduction de Barbeyrac, liv. 7, chap. 5, § 17*, dit que *lorsqu'un royaume devient une province d'un autre, les deux états alors n'en
font plus qu'un.* On pourroit conclure de là que des arrêts de la Cour de
Gênes, qui se rendoient à cette époque, soit entre des Gênois, soit entre
des Gênois et des Français, doivent les lier tous indistinctement, et que,
si l'on vouloit rétracter ces arrêts, de la même manière que ceux qui seroient rendus aujourd'hui dans des pays étrangers, respectivement à la
France, ce seroit donner à la réunion de la Ligurie au Piémont une véritable rétroactivié; ce seroit détruire l'autorité de la chose jugée, et ébranler
les fortunes des particuliers qui ont soumis de bonne foi leurs contestations à des tribunaux dont la compétence ne pouvoit alors faire la matière
d'un doute.

J'ai vu opposer, pour la duchesse de Mortemart, que la révision de
l'arrêt devoit avoir lieu comme pour un arrêt qui seroit actuellement rendu
en pays étranger, par cela seul que le jugement confirmé étoit de 1804,
c'est-à-dire, antérieur à la réunion de la Ligurie à la France. Mais cette
circonstance paroît indifférente, parce que le droit acquis résultoit de
l'arrêt du 20 juillet 1812 : aussi ne voit-on pas ce motif dans l'arrêt de la
Cour royale de Paris. On se fondoit sur ce que tous arrêts et actes des pays
étrangers ne peuvent être exécutés en France, que sous l'autorité et du
commandement du Roi. Il n'y a certainement rien de plus vrai, et c'est
une doctrine que tous les Français se feront honneur de professer. Mais,
comme cela a été dit dans le jugement du tribunal civil de la Seine, le mandement qui est donné aux agens directs de l'exécution, ne peut être soumis
aux tribunaux que pour la contestation qui s'élève sur le moyen d'exécution, mais nullement sur le mérite de la chose jugée.

Il est cependant essentiel de remarquer que, dans l'espèce dont il s'agit, la dame de Mortemart s'appuyoit sur un arrêt de la Cour de cassation, du 18 juin 1815, rendu sur son pourvoi dirigé contre l'arrêt de Gênes, du 20 juillet 1812, et que la Cour de cassation avoit rejeté le pourvoi, «attendu que le pays génois étoit désormais étranger à la France.» Si l'arrêt de la Cour de Gênes, disoit-on pour la duchesse de Mortemart, a été placé par la Cour de cassation, hors des attributions de la juridiction française, il ne peut être exécuté dans l'étendue de cette juridiction.

Mais que conclure de cette circonstance? C'est qu'à l'occasion de la question principale que je traite, il s'en élève une incidente, qui est vraiment délicate et embarrassante. Lorsqu'il existe des arrêts rendus par des Cours de pays qui étoient incorporés à la France, et qui ont cessé de l'être, contre lesquels il y a eu des pourvois en cassation sur lesquels il n'a point été statué, il s'agit de savoir comment ces pourvois doivent recevoir une décision. Cette difficulté est considérable, sans doute; et elle est telle qu'on pourroit dire qu'elle ne peut être levée que par une législation sur ce point. Il faut même convenir que cette difficulté pouvoit faire arrêter ou suspendre une décision sur la demande du marquis de Croza. Mais ce n'est pas positivement la question que je traite. Supposons que des jugemens ou arrêts rendus par des tribunaux réunis à la France, et qui en ont été séparés, aient acquis l'autorité de la chose jugée; qu'ils soient absolument inattaquables, parce qu'on auroit laissé passer les délais de l'appel ou du pourvoi en cassation, ces jugemens ou arrêts doivent-ils, ou non, être considérés, dans l'état actuel, comme ayant été rendus par des tribunaux étrangers? Or, la Cour royale de Paris s'est décidée pour l'affirmative; et on conjecture assez facilement que l'arrêt de la Cour de cassation, du 18 juin 1815, a été rendu dans cet esprit. Mais c'est le cas de douter, la question étant surtout réduite aux termes dans lesquels je viens de l'exposer. On sent que la difficulté peut se présenter relativement à des arrêts rendus par d'autres Cours qui ont été pour la France ce qu'étoit celle de Gênes.

222. La législation relative à l'exécution, en France, des jugemens rendus en pays étrangers, entre un habitant de ces pays et un Français, m'a paru susceptible de réflexions utiles. J'ai renvoyé à les faire en ce moment, pour ne pas interrompre l'exposition que j'ai faite des progrès de la jurisprudence sur cette matière. Ces réflexions concernent plus le législateur que les magistrats et les jurisconsultes.

Réflexions morales et politiques sur la législation relative à l'exécution, en France, des jugemens rendus en pays étran—

Les variations qui se font remarquer dans notre législation à ce sujet, et dont j'ai présenté le tableau, suffisent seules pour prouver qu'on n'étoit pas dans une voie sûre. Un changement continuel de positions prouve le désir d'être mieux. La disposition de l'art. 121 de l'ordonnance de 1629, qui n'accordoit la révision du jugement qu'au Français, n'étant conçue que dans l'esprit d'un intérêt national, blessoit les premières règles de la justice. Lorsqu'il a été question de réformer cette législation, ce qu'on a voulu faire par l'art. 2123 du Code civil, il se présentoit deux partis à suivre. L'un étoit la stabilité absolue et indéfinie des jugemens rendus en pays étranger, entre un Français et un citoyen de ce pays étranger; l'autre étoit la faculté réciproque de demander la révision de ce jugement. On est fondé à dire, d'après l'arrêt de la Cour de cassation, du 19 avril 1819, rapporté au n° 208, que c'est ce système de réciprocité qui a été adopté par le Code civil. Il est bien vrai qu'on a voulu se régler par les lois politiques et par les traités; mais ce parti, qui est comme mitoyen entre les deux extrêmes dont je viens de parler, est purement hypothétique, puisqu'il peut n'y avoir ni lois politiques, ni traités. La législation est donc réduite à ces termes, qu'il faut suivre la réciprocité établie, de gouvernement à gouvernement, par les lois politiques ou les traités, et que, s'il n'y en a point, la faculté de demander la révision du jugement en France, devient commune à l'étranger comme au Français.

Il est impossible de ne pas apercevoir, dans l'une et l'autre de ces deux dernières mesures, de graves inconvéniens. Quant à la première, qui est la réciprocité des droits politiques accordés, de gouvernement à gouvernement, aux sujets de chaque puissance, l'expérience apprend que l'étude et la connoissance des lois politiques et des traités présentent un champ couvert d'épines et d'écueils, qui font souvent le désespoir des hommes les plus habiles. Ces traités se croisent et se neutralisent par des clauses et par des réserves qu'il n'est pas toujours aisé d'apprécier et même d'apercevoir.

A l'égard de la seconde mesure, qui est celle de la faculté réciproque, accordée au Français et à l'étranger qui ont plaidé, de réclamer la révision du jugement en France, lorsqu'il n'y a pas de lois politiques ou de traités par lesquels on puisse se régler, on sent facilement les embarras auxquels elle donne lieu. La position du Français qui est obligé d'exercer en pays étranger une action contre un citoyen de ce même pays étranger, est extrèmement pénible. Il agit avec l'idée que les soins qu'il aura pris, que les efforts qu'il aura faits pour l'exposition et le soutien de ses droits, seront toujours vains, quelle que soit l'issue de son action relativement aux biens que son adversaire aura en France. On voit là une instabilité de décisions judiciaires, qui mène à une involution de procès souvent même interminables, par la difficulté de se procurer en un pays les preuves qui auroient été acquises dans l'autre. Tous ces inconvéniens sont dignes de fixer l'attention du gouvernement.

On est naturellement porté à désirer une législation qui feroit disparoître le système de réciprocité dans l'observation des lois politiques et des traités, ainsi que celui de la faculté réciproque de se pourvoir en révision du jugement en France; une législation dont le résultat seroit la stabilité parfaite et irrévocable des jugemens rendus en pays étranger, considérés au moins comme obligations. On sent, en effet, que relativement à l'hypothèque et à la force exécutoriale en France, il y auroit des mesures à prendre; mais on sent combien, sous ce rapport, ces mesures deviendroient simples, et combien elles seroient restreintes dans leur effet et dans leur exécution. La force de la chose jugée subsisteroit toujours. En prenant le parti que je viens d'indiquer, ce seroit entrer dans des vues morales, politiques et de droit public.

D'abord, on ne doit pas considérer sous le même point de vue les décisions des tribunaux étrangers, et les actes qui émaneroient directement d'une puissance étrangère. L'exécution d'ordres ou actes d'autorité arbitraires, de la part d'un souverain, dans un territoire soumis à une autre puissance souveraine, et contre le gré de cette puissance, seroit évidemment intolérable, et devroit être repoussée par tous les moyens qui sont au pouvoir des souverains. Mais les décisions des tribunaux étrangers, légalement institués, rendues régulièrement, ont bien un autre caractère aux yeux des souverains et des nations. Un magistrat qui portoit la parole, à l'occasion d'un des arrêts que j'ai déjà cités, disoit très-judicieusement: « Autant la politique varie d'état à état, autant la justice est immuable; partout elle a pour objet d'établir l'ordre, de faire respecter les conventions, de réprimer la fraude, et de rendre à chacun ce qui lui appartient. Tandis que la politique ne consulte que les intérêts, la justice n'admet dans sa balance que ce que la raison peut approuver. La mesure des différences qui existent entre l'une et l'autre est de toute la profondeur de l'abîme qui sépare ces deux choses, *force* et *justice*.

H

Il est donc dans la nature des choses, que l'autorité absolue n'excite que de la résistance, tandis que la justice se concilie partout le respect et la soumission; et voilà pourquoi les actes d'autorité d'une puissance ne sont pas tolérés dans les états d'une puissance étrangère, tandis que les œuvres de la justice, marquées du sceau de la sagesse, parcourent la terre sans rencontrer d'obstacles. »

D'un autre côté, tous les individus ne sont-ils pas également soumis aux tribunaux établis dans les pays où ils font leur résidence? On peut rappeler, à cet égard, le principe enseigné par Loiseau, *Traité des seigneuries souveraines*, *chap.* 2, *n*° 40. « Le sujet naturel d'un prince souverain, dit cet auteur, allant résider hors sa souveraineté, n'est plus son justiciable par effet, d'autant que la justice et la seigneurie publiques suivent le territoire et *demeurance des personnes.* » Ce principe est adopté par de Réal, *Science du gouvernement*, *tom.* 5, *pag.* 164. Grotius, *Droit de la guerre et de la paix*, *traduct. de Barbeyrac*, *liv.* 2, *chap.* 11, § 4, *n*° 4, dit que les règlemens, qui tiennent aux lois civiles d'un pays, ont lieu dans les affaires même qui se contractent *entre un étranger et un citoyen;* parce que quiconque traite dans les terres d'un autre état, est tenu, *comme sujet à temps de cet état*, de se soumettre aux lois du pays. Mais ce qui est plus remarquable, c'est que ces principes sont confirmés par Montesquieu, *Esprit des lois*, *liv.* 22, *chap.* 21, où il explique ce qui tient aux lois politiques, et ce qui est du ressort du droit des gens. « Les lois politiques, dit cet illustre publiciste, demandent que tout homme soit soumis aux tribunaux criminels *et civils du pays où il est*, et à l'animadversion du souverain. » La crainte qu'un état de guerre qui surviendroit entre la France et la nation chez laquelle le Français seroit obligé de plaider, ne produisît des passions nuisibles à l'administration de la justice, qui a pour principale base une stricte impartialité, cette crainte, dis-je, plus chimérique que réelle, ne peut justifier un état de choses, dont l'effet le plus certain est d'éterniser tout procès qu'un Français aura contre un étranger. La guerre de nation à nation altère rarement l'impartialité des vrais magistrats et des hommes de bien, lorsqu'il s'agit de prononcer sur les différens d'entre les sujets des puissances belligérantes. Les souverains eux-mêmes en ont donné des exemples éclatans, lorsque les intérêts du trésor public entroient en lutte avec des intérêts privés, à l'égard des sujets des puissances avec lesquelles ils étoient en état de guerre.

Tome I.   N n n

Que l'on ait voulu que des étrangers ne pussent recueillir en France des successions de leurs parens français, des dispositions faites par donations et testamens, qu'autant que, d'après des lois ou d'après des traités politiques de gouvernement à gouvernement, le Français qui seroit dans la même position, auroit les mêmes avantages dans le pays de ces étrangers, cela se conçoit. Il est question là de *droits civils* bien plus importans que ne le sont des intérêts purement personnels; il s'agit de l'intérêt d'un état sur lequel la politique a dû particulièrement veiller. Un état qui souffriroit que des étrangers s'enrichissent de biens et de capitaux qui seroient pris dans son sein, et transportés, en nature ou en valeurs réalisées, dans les pays de ces étrangers, éprouveroit évidemment un préjudice, si, par réciprocité, le citoyen de cet état n'avoit pas, dans les mêmes circonstances, un avantage égal dans les pays des étrangers qui se présenteroient pour recueillir, soit des successions, soit des dispositions à titre gratuit.

Mais ces principes peuvent-ils s'appliquer au cas où il s'agit de la stabilité de jugemens rendus en pays étrangers entre un habitant de ces pays et un Français ? Peut-on y voir les mêmes motifs ? n'est-ce pas un ordre de choses tout différent ?

De la réduction de l'hypothèque judiciaire.

223. Pour suivre l'ordre que je me suis fait de m'expliquer sur la réduction de chaque hypothèque, après avoir traité de chacune d'elles, je dois dire actuellement un mot sur la réduction de l'hypothèque judiciaire.

La réduction peut en être demandée par le débiteur; tel est le résultat de l'art. 2161 du Code civil. Cet article accorde ce droit toutes les fois que le créancier auroit la faculté de prendre des inscriptions sur les biens présens ou sur les biens à venir d'un débiteur, sans limitation convenue. Or, cette faculté est inhérente à l'hypothèque judiciaire. Les articles suivans prescrivent les formes à suivre pour faire ordonner la réduction, comme pour tous les autres cas où elle doit avoir lieu.

Mais peut-on demander la réduction pour les hypothèques judiciaires anciennes ? La négative est hors de doute. Je dis au n° 189, que la réduction ne pourroit être réclamée relativement aux anciennes hypothèques conventionnelles, qui étoient générales; et il y a même raison de se décider à l'égard des hypothèques judiciaires. Le jugement établit en faveur du créancier, le même droit que la convention. L'hypothèque suit, quant aux effets, la législation sous laquelle elle a été établie.

CHAPITRE III.

DES HYPOTHÈQUES LÉGALES.

SOMMAIRE.

224. *Définition de l'hypothèque légale. Idées générales sur les cas où elle
a lieu.*

224. **I**L est dit dans l'art 2117 du Code civil, que l'hypothèque légale
est celle qui résulte de la loi : de là il se tire la conséquence que, pour
que l'hypothèque tacite ou légale existe, il n'est nécessaire, ni de stipulation. ni de jugement de condamnation. Néguzantius, *de pign. et hyp.*,
1mo *membo* 2^æ *partis* , n° 1er, en a donné une définition exacte. *Et primò
præmitte quòd tacita hypotheca dicitur, illa quæ est introducta ex dispo-
sitione legis seu statuti, à partibus non expressa.*

Il y a des différences notables entre la législation ancienne et la nouvelle, relativement aux hypothèques légales. Cette différence prend sa
source dans le principe de la publicité de l'hypothèque L'intérêt des tiers
exigeant cette publicité qui, sous ce rapport, est devenue d'intérêt public, il falloit restreindre, autant qu'il étoit possible, les cas où l'on seroit
dispensé de rendre l'hypothèque publique. Ainsi, sous l'ancienne législation, l'hypothèque légale existoit, non-seulement en faveur des femmes
mariées sur les biens de leurs maris ; des mineurs, des interdits, sur
les biens de leurs tuteurs ou curateurs comptables; mais encore en faveur
des légataires, sur les biens du défunt, et des copartageans, pour les *soultes*
ou retours en partage. La même hypothèque légale étoit encore accordée
contre certains administrateurs comptables, et contre des officiers revêtus
de charges publiques, pour la sûreté des parties intéressées, à raison de
fautes ou de prévarications commises dans l'exercice des fonctions. Elle
étoit admise pour les dommages-intérêts résultant des crimes et délits.
On peut voir l'énumération des cas où cette hypothèque légale avoit lieu,
dans le *Traité de la vente des immeubles,* par d'Héricourt, *chapitre* 11,

*Définition
de l'hypothè-
que légale.
Idées généra-
les sur les cas
ou elle a lieu.*

N n n 2

sect. 2, n° 19, *jusques et compris le* n° 28. Basnage s'en est expliqué dans plusieurs passages. Le droit romain avoit encore admis l'hypothèque tacite ou légale, dans plusieurs autres cas particuliers ; mais ses dispositions à cet égard n'étoient suivies que sur les points sur lesquels les lois et les Coutumes étoient conformes, ou sur lesquels il y avoit une jurisprudence contante des Cours. J'aurai occasion d'en parler dans la suite.

Ce n'est pas que notre législation actuelle n'ait admis quelques-unes de ces hypothèques légales, telles, par exemple, que celles relatives aux legs et aux soultes ou retours en partage. Mais d'après les art. 2109 et 2111 du Code civil, les droits relatifs à ces deux objets sont plutôt des priviléges que des hypothèques légales. Il y a différence dans l'origine des droits, et dans les règles par lesquelles ils doivent être conservés. J'en parlerai dans le chapitre des priviléges. Le trésor public a aussi, tout à la fois, et des priviléges et des hypothèques légales. On sent que chaque chose doit être traitée en son lieu.

Il existoit encore une hypothèque légale en faveur des absens, contre les administrateurs de leurs biens. Cette jurisprudence avoit même été admise, et avoit reçu la force législative, par l'art. 21 de la loi du 11 brumaire an 7. Mais, dans la législation nouvelle, cette hypothèque légale a disparu. La raison s'en trouve dans la différence de cette législation, respectivement à l'ancienne. Si l'on combine plusieurs articles du titre du Code civil, *de l'absence*, et notamment les art. 120, 125 et 127, on voit que la loi, en établissant, dans différens cas, la nécessité de donner des cautions, a suffisamment pourvu à la sûreté des restitutions qui seroient à faire aux absens. D'ailleurs, ces restitutions sont souvent subordonnées à des conditions qui, lorsqu'elles arrivent, font évanouir l'obligation de restituer. Enfin, il étoit important de restreindre le nombre des hypothèques légales. Il n'est pas inutile de remarquer que le droit romain, duquel les hypothèques tacites ou légales tirent leur origine, faisoit une différence relativement aux priviléges entre les absens, de même qu'entre ceux qui avoient été faits prisonniers de guerre chez les ennemis, et les mineurs et interdits. C'est ce que l'on voit dans la loi 22, ff. *de reb. auct., jud. poss.*

Si l'on fait bien attention à l'esprit de notre législation sur les hypothèques légales, on est convaincu que cette espèce d'hypothèques n'a été proprement admise que pour les gestions ou administrations sujettes à comptabilité, dont l'existence devenoit nécessaire dans l'intérêt de la société. Tout le reste a plutôt un caractère de créances qui ne sont cependant pas ordinaires, qui, selon le plus ou moins d'intérêt qu'elles méritent, ont obtenu, dans l'esprit du législateur, plus ou moins de privilége et de faveur. Telle est l'idée que présente l'art. 2121 du Code civil. « Les droits et créances auxquels l'hypothèque légale est attribuée, sont ceux des femmes mariées sur les biens de leurs maris ; ceux des mineurs et interdits sur les biens de leurs tuteurs ; ceux de l'état, des communes et des établissemens publics, sur les biens des receveurs et administrateurs comptables. » Voilà les trois espèces d'hypothèques légales, proprement dites, établies par le Code. Elles sont toujours légales, quoique les moyens de les conserver varient, quant aux formes de l'inscription, et encore relativement à la nécessité ou à l'affranchissement de l'inscription même. On doit se garder de toutes méprises qui tendroient à multiplier le nombre des hypothèques légales. Il faut les restreindre aux faits auxquels elles ont été appliqués par la loi, et de plus, aux personnes contre lesquelles elles ont été établies, et encore à celles en faveur desquelles elles l'ont été. D'où il résulte que les mineurs, les femmes, l'état, les communes, les établissemens publics seroient soumis à l'égard de toutes personnes, autres que celles indiquées dans cet article, aux lois générales en matière d'hypothèque.

Je vais donc m'expliquer sur les hypothèques légales, en suivant l'ordre établi dans l'art. 2121.

Je diviserai ce que je dois en dire, en trois sections.

Je traiterai, 1°. de l'hypothèque légale des femmes sur les biens de leurs maris ;

2°. De l'hypothèque légale des mineurs et des interdits sur les biens de leurs tuteurs ;

3°. Des hypothèques légales de l'état, des communes et des établissemens publics sur les biens des receveurs et administrateurs comptables.

SECTION Ire.

De l'hypothèque légale ou tacite des femmes sur les biens de leurs maris.

§ Ier.

Principes généraux sur cette matière.

SOMMAIRE.

sont affectés à des hypothèques légales, lors même qu'il paroît très-solvable.

252. *Des engagemens de la femme mariée. Elle peut, sous le régime de la communauté, consentir à la radiation des inscriptions qu'elle auroit prises sur les biens de son mari.*

253. *La crainte de l'exercice de l'hypothèque légale de la femme ne peut servir de fondement à une inscription prise sur ses biens, lorsqu'elle seroit elle-même garante de l'exercice de son hypothèque; elle peut alors en demander la radiation.*

254. *De la simple obligation contractée par la femme.*

255. *De la subrogation faite par la femme, à l'effet de son hypothèque légale.*

256. *Il y a deux sortes de subrogations, l'une expresse, l'autre tacite.*

257. *Observations relatives à la préférene accordée à la subrogation sur la simple obligation.*

258. *Règles à suivre sur le cas de la vente consentie solidairement par la femme et le mari.*

259. *Pour que des créanciers de la femme puissent toucher le montant de ses collocations, doit-elle être séparée de biens?*

260. *Le mari ayant vendu les immeubles dotaux de la femme sous le régime dotal, celle-ci peut-elle en réclamer le prix contre les créanciers du mari, et ne pas revendiquer ses biens vendus? Peut-elle exercer ses actions dotales par voie de collocation, du vivant du mari, sans être séparée de biens?*

261. *De quelques questions qui tiennent à la conciliation de l'ancienne législation avec la nouvelle, relativement aux engagemens des femmes mariées.*

262. *Du cas où le statut réel étoit en opposition avec le statut personnel, et de celui où on peut dire actuellement qu'un statut réel est aboli.*

263. *De l'hypothèque légale dans le cas du retour conventionnel, et d'une disposition à charge de rendre les biens.*

Principes du droit romain sur l'hypothèque légale. 225. CETTE matière est si importante, qu'elle a besoin d'être traitée très-méthodiquement. Pour s'en pénétrer, il est indispensable de remonter aux principes du droit romain.

La

La légalité de l'hypothèque des femmes sur les biens de leurs maris, étoit inconnue sous les lois du digeste ; elle tire son origine de la loi unique, au Code *de rei ux. act.*, qui fut reçue en France. Cette loi accordoit cette hypothèque, sans qu'il fût nécessaire qu'il y eût une stipulation expresse ; en sorte qu'elle existoit tacitement, et par la seule force de la loi, à compter du mariage. La même hypothèque avoit aussi lieu, et de la même époque, pour les avantages matrimoniaux, connus dans le droit romain, d'abord sous les expressions *donatio ante nuptias*, et ensuite *propter nuptias*, ainsi qu'on le voit aux Institutes, § 3, *de donat*. Les causes de ce changement de dénomination y sont expliquées. Dans le droit romain, il fut permis d'augmenter la dot après le mariage; mais pour cette augmentation de dot, comme pour celle de la donation à cause de noces, qui pouvoit se faire aussi, la loi 19, au Code *de donat. ant. nupt.*, *vel propter nupt.*, n'accorda l'hypothèque qu'à compter de leurs dates.

Mais l'empereur Justinien alla bien plus loin par la loi *Assiduis*, au Code *qui pot. in pignor.* En se fondant sur des raisonnemens plus dignes d'un rhéteur que d'un législateur, il voulut que l'hypothèque légale, au moins pour la dot, primât les hypothèques de tous les créanciers du mari, antérieurs au mariage, même quand ils auroient été privilégiés. Ce qui fait que Pothier, *Pandect.*, dit de cette loi : *Sanè iniqua prorsus, et à juris principiis absonans, hæc lex meritò dicetur.* Mornac en parle avec improbation, sur la loi 16, ff. *de leg. et senat.* Et tout ce qu'on peut en dire, c'est ce qu'on lit dans la loi 20 du même titre, *non omnium quæ à majoribus constituta sunt, ratio reddi potest.* Cette loi, en ce qui concernoit cette antériorité d'hypothèques, a été généralement rejetée en France ; elle n'a été suivie que dans le ressort du parlement de Toulouse ; encore ne fut-ce qu'avec des modifications assez nombreuses, qui furent introduites par la jurisprudence de ce parlement. Serres, *Instit. au dr. fr.*, *pag.* 569 *et* 570, les explique avec précision. La plus essentielle est la faculté qu'avoit tout créancier hypothécaire, antérieur au mariage, de conserver son hypothèque à sa date, par préférence à celle de la femme, en dénonçant sa créance à celle-ci, lorsqu'elle étoit fiancée, et avant la célébration du mariage. Enfin, c'est pour effacer absolument les traces d'une législation aussi extraordinaire, qu'il est dit dans l'art. 1572 du Code civil : « La femme et ses héritiers n'ont point de privilége, pour la répétition de la dot, sur les créanciers antérieurs à elle en hypothèque. »

Tome I.　　　　　　　　　　　　　　　　　　　　O o o

Affinité de
la légalité de
l'hypothèque
avec l'inalié-
nabilité des
bien dotaux. 226. La légalité de l'hypothèque, pour les droits mobiliers dotaux de la femme sur les biens du mari, avoit trop d'affinité avec l'inaliénabilité de ses biens immeubles, qui avoient le même caractère, pour que l'une n'amenât pas l'autre. Toutes deux avoient pour objet la conservation des dots, et de prémunir les femmes contre les mesures que les maris pourroient prendre pour les dépouiller de leurs biens, et s'en enrichir eux-mêmes. La loi *Julia*, qui avoit paru sous Auguste, et qui n'est connue que par les mentions qui en sont faites dans une foule de lois indiquées par Denys Godefroi, sur la loi unique, au Code *de rei ux.*, § 15 (note B), n'interdisoit pas à la femme d'une manière absolue l'aliénation de ses biens dotaux. Mais leur inaliénabilité, et l'interdiction de les hypothéquer pendant le mariage, furent déterminées d'une manière précise par cette même loi du Code. En se pénétrant de l'ancienne législation romaine, on voit que l'inaliénabilité des biens dotaux, et l'impossibilité de les hypothéquer de la part de la femme, étoient fondées sur ce que le mari étoit maître de la dot; qu'il avoit droit d'en jouir, et que la femme ne pouvoit le priver de ce droit. Mais si on suit les progrès de cette même législation, on est convaincu que, dans le droit romain nouveau, ce fut dans le seul intérêt de la femme qu'elle fut mise dans cet état d'interdiction, *ne fragilitate naturæ suæ in repentinam deducatur inopiam.* D'après les vestiges et les motifs de l'ancien droit, on avoit quelquefois prétendu que la nullité de la vente du bien dotal, ou de l'hypothèque qui y étoit imposée, étoit seulement relative au mari auquel elle ne pouvoit jamais préjudicier; que, lorsqu'il ne s'agissoit plus de l'intérêt du mari, comme, par exemple, lorsqu'il étoit décédé, la femme ne pouvoit s'en prévaloir, après le décès de son mari, à l'égard des tiers avec lesquels elle avoit contracté. Mais cette prétention, contraire aux lois relatives à la matière, sainement entendues, a été rejetée par plusieurs arrêts, et notamment par un des plus remarquables, à ce sujet, rendu par le parlement de Toulouse, le 2 janvier 1637. Il est rapporté par d'Olive, *Quest. not.*, *liv. 3, chap. 29.* Les arrêtistes en rapportent de semblables, rendus par d'autres parlemens de droit écrit. C'est aussi en ce sens que furent saisis les principes du droit romain par les Coutumes qui les admirent. La nullité des dispositions des biens dotaux pendant le mariage, par vente ou par hypothèque, faites avec ou sans le consentement de la femme, fut prononcée indistinctement. C'est ce qu'on

voit notamment dans la Coutume d'Auvergne, qui est du nombre de ces Coutumes, *tit.* 14, *art.* 3.

Dans la législation française, les mêmes principes sont suivis sous le régime dotal. Il n'en est pas de même sous le régime de la communauté. Ce régime emporte plus particulièrement avec lui l'idée d'une association entre les époux, sous le rapport de leur fortune et de leur industrie ; tandis que le régime dotal est conçu, au contraire, dans l'idée d'une exclusion de cette association : la femme n'y a pas les avantages d'une associée, sous ce rapport. Aussi, le principe de l'inaliénabilité du bien dotal a reçu bien moins d'intensité sous le régime de la communauté, puisque le bien dotal peut y être vendu avec le consentement du mari. Sous le régime de la communauté, la fortune de la femme peut être augmentée : sous le régime dotal, les biens de la femme restent les mêmes ; mais ils reçoivent de ce régime des moyens plus sûrs de conservation.

227. Le Code civil a admis des principes très-différens, sous plusieurs rapports, de ceux du droit romain, relativement à la légalité de l'hypothèque des femmes. Cette différence tient, en grande partie, au système de la publicité de l'hypothèque, admise sous notre législation. Il a fallu concilier, sur cette légalité, la faveur due à la femme pour la conservation de ses droits, avec l'intérêt des tiers qui auroient contracté avec le mari. Un examen tout particulier devient indispensable, pour se former de véritables idées sur cette importante partie de notre législation. *Principes du Code civil sur l'hypothèque légale des femmes. Des objets pour lesquels cette hypothèque est affranchie de l'inscription.*

Il est dit d'abord dans l'art. 2121 : « Les *droits* et *créances* auxquels l'hypothèque légale est attribuée, sont ceux des femmes mariées sur les biens de leurs maris ; ceux des mineurs et interdits, etc. » L'art. 2122 porte que l'hypothèque légale frappe sur tous les biens présens et à venir du débiteur ; et il y est ajouté : « Sous les modifications qui seront ci-après exprimées. »

Quelle est la première conséquence qui doit résulter de l'art. 2121? C'est que la femme, pour tous ses droits sur les biens de son mari, a une hypothèque légale, c'est-à-dire, indépendante de l'hypothèque conventionnelle et de l'hypothèque judiciaire. Mais en même temps que la loi attribue cette légalité d'hypothèque à tous les droits de la femme, elle établit une grande différence entre eux, selon leur nature, et selon la nécessité de les faire connoître aux tiers qui contractent avec le mari, autant que cela est possible. Après avoir assujetti, dans l'art. 2134, toutes les hypothèques, soit légales, soit judiciaires, soit conventionnelles, à l'inscription, à compter de laquelle les hypothèques prendroient seulement rang, elle établit, dans l'art. 2135, des exceptions à cette règle générale. L'une est en faveur des mineurs et interdits sur les immeubles de leurs tuteurs : cette hypothèque existe indépendamment de toute inscription, du jour de l'acceptation de la tutelle. L'autre exception est établie en faveur des femmes, et toujours indépendamment de toute inscription. Mais, à cet égard, la loi divise ses dispositions, non-seulement sur les objets pour lesquels l'hypothèque légale doit avoir lieu, mais encore sur les époques auxquelles l'hypothèque doit remonter pour ces divers objets. En sorte que tous les droits des femmes jouissent de la faveur de la légalité de l'hypothèque ; mais, malgré cette hypothèque légale, tous ne jouissent pas également de la faveur d'être affranchis de la formalité de l'inscription. Autre chose est la simple légalité de l'hypothèque ; autre chose est l'affranchissement de l'inscription de cette même hypothèque. Voilà ce qu'il s'agit de discerner, pour bien connoître la loi.

Il y a un point essentiel à remarquer, qui est que cet art. 2135, en ce qui concerne les femmes, doit être appliqué distributivement aux mariages contractés sous le régime dotal, et à ceux contractés sous le régime de la communauté, dans toutes les parties dans lesquelles l'application peut leur en être faite. Il faut remarquer encore, à raison des différences considérables établies par la loi entre ces deux régimes, que le régime de la communauté a lieu de droit, à défaut de convention contraire, art. 1393 : et l'on voit, dans les art. 1391 et 1392, quelles sont les clauses dont la stipulation est nécessaire dans le contrat de mariage, pour que les époux soient réputés mariés sous un régime, ou sous un autre. Il faut de plus rapprocher de ces deux articles, les art. 1540 et 1541. Art. 1540 : « La dot, sous ce régime (dotal) comme sous celui du chap. 2 (régime en communauté), est le bien que la femme apporte au mari pour supporter les charges du mariage. » Art. 1541 : Tout ce que la femme se constitue, ou qui lui est donné en contrat de mariage, est dotal, s'il n'y a stipulation contraire. » Ces deux derniers articles sont communs à tout régime quelconque : ainsi, tout ce que la femme se constitue, ou tout ce qui lui est donné en contrat de mariage, est dotal de droit, s'il n'a été stipulé autrement.

Après ces observations préliminaires, descendons dans les distinctions de l'art. 2135. L'hypothèque affranchie de l'inscription a lieu, à compter du jour du mariage, pour la dot et pour les conventions matrimoniales : l'hypothèque, toujours affranchie d'inscription, a lieu, à compter d'époques différentes, mais postérieures au jour du mariage, pour d'autres droits. Ces droits sont les sommes dotales qui proviennent ou de successions échues à la femme, ou de donations à elle faites pendant le mariage. L'hypothèque, pour ces objets, ne commence qu'à compter de l'ouverture des successions, ou du jour que les donations ont eu leur effet. De plus, la femme a une hypothèque légale, également affranchie de l'inscription, pour l'indemnité des dettes qu'elle a contractées avec son mari, et pour le remploi de ses propres aliénés ; mais c'est seulement à compter du jour de l'obligation ou de la vente.

Ainsi, voilà trois sortes d'objets pour lesquels l'hypothèque légale a lieu en faveur de la femme, sans inscription, sauf la différence des époques. Ces objets sont, 1°. la dot et les conventions matrimoniales ; 2°. les droits à raison de successions à elle échues, ou de donations à elle faites ; 3°. les répétitions pour l'indemnité des dettes contractées avec le mari, et pour le remploi des propres aliénés.

Par *conventions matrimoniales*, on a toujours entendu les avantages faits par le mari à la femme, par le contrat de mariage, et qui ne doivent revenir à celle-ci qu'après la dissolution du mariage, et dans le cas où elle survit au mari. Ces avantages ont toujours été le douaire conventionnel en argent, le préciput qui a toujours eu lieu principalement sous le régime de la communauté, les pensions viagères, gains de survie, et autres dispositions de cette nature. La loi a toujours donné à ces avantages, comme à la dot, la même faveur de l'hypothèque légale sur les biens présens et à venir du mari. Ces avantages ne sont point ouverts tant que le mariage dure ; ils sont incertains ; il n'y a dès lors aucune action à exercer du vivant du mari. Une action de la part de la femme seroit peu décente, et pourroit être une semence de division entre deux époux : elle feroit concevoir l'idée du désir que le mari prédécédât ; ce que les lois romaines rendoient par ces termes, *malum omen augurari*. Aussi l'art. 32 de l'édit de 1771 dispensoit les femmes de l'opposition, qui tenoit lieu alors d'inscription, aux lettres de ratification qui étoient prises sur les ventes des biens de leurs maris, *pour raison des douaires non ouverts ;* et la jurisprudence avoit étendu cette dispense à l'augment de dot, et aux gains de survie, usités dans des pays de droit écrit, et dans certains pays coutumiers, dans lesquels le mot *douaire* ne l'étoit pas. On a déjà vu encore que Justinien, par la loi *Assiduis*, accorda aux femmes l'hypothèque tacite ou légale, non-seulement pour leurs dots, mais encore pour les donations à cause de noces, *donationes ante nuptias*, ou *propter nuptias ;* ce qui étoit un don fait à la femme, *sponsalitia largitas.*

On ne sauroit regarder comme vocabulaire de la loi dont on devroit se servir pour l'explication des mots *et conventions matrimoniales*, les mêmes termes employés dans l'art. 1394, où il est dit : « *Toutes conventions matrimoniales* seront rédigées, avant le mariage, par acte devant notaire. » Il est évident que, dans cet article, il est question des conventions formant un tout, connu vulgairement sous le nom de *contrat de mariage ;* tandis que, dans le sens de l'art. 2135, il s'agit d'une partie seulement des conventions qui sont indépendantes de la dot, et qui désignent des avantages faits à la femme.

Lorsque le législateur a employé le mot *dot*, il l'a fait dans un sens général, et par application aux deux régimes. On dit plus particulièrement *dot*, pour le régime dotal, parce que, sous ce régime, tout ce que la femme porte dans le mariage est sa dot ; c'est uniquement cette dot qu'elle peut se faire restituer dans les cas déterminés par la loi. Si elle a d'autres biens que sa dot ou ses biens dotaux, ils sont une espèce particulière de biens qui n'entrent point dans le mariage, qui demeurent à la disposition de la femme, d'après les clauses particulières de l'acte qui règle les conventions matrimoniales. La faculté de stipuler ces réserves en sa faveur, lui est accordée par l'art. 1542. Tel est le résultat de la combinaison des art. 1542 et 1574. Mais sous ce mot *dot*, on ne doit pas moins comprendre les biens dotaux de la femme sous le régime de communauté. La dot, sous ce régime, se complique infiniment plus que sous le régime dotal, ainsi que je l'expliquerai bientôt. Mais toujours est-il vrai que la femme est dotée dans les deux régimes, sauf les modifications particulières à chaque régime, qui résultent des conventions matrimoniales permises par la loi.

Quant au second objet énoncé dans l'art. 2135, qui consiste dans les droits de la femme, à raison des successions à elle échues, ou de donations à elle faites, ces droits peuvent exister sous quelque régime que ce soit. Et quant à la troisième espèce de droits qui sont relatifs à l'indemnité des dettes contractées avec le mari, et au remploi des propres aliénés, pour peu qu'on connoisse les principes du régime de la communauté, on sait que ces droits sont principalement relatifs à ce régime que le législateur a eu en vue dans cet article, ainsi que le régime dotal.

Il est cependant bon d'observer, pour apprécier les motifs de la loi relativement à la fixation de l'hypothèque de la femme pour ces deux dernières espèces de droits, qu'il y avoit, à cet égard, une grande différence de jurisprudence entre les parlemens du royaume. Les uns suivoient les principes qui sont devenus ceux du Code civil; les autres faisoient remonter l'hypothèque à compter du mariage. On peut consulter là-dessus Mornac, sur la loi 9, ff. *qui pot.*, et d'Héricourt, *de la vente des immeubles, chap.* 11, *sect.* 2, n° 22. Mais cette dernière jurisprudence, contraire aux principes du Code civil, présentoit des abus tels, qu'il étoit étonnant qu'on eût pu y persévérer. Quelques clauses que le contrat de mariage pût renfermer sur ces cas à venir, il n'en résultoit pas une hypothèque *actu;* elle devoit s'ouvrir seulement lorsque les cas arrivoient. D'ailleurs, en faisant remonter l'hypothèque au jour du mariage, il pouvoit en résulter des fraudes évidentes. Avant qu'une succession échût à une femme, ou qu'une donation lui fût faite, avant qu'elle contractât des dettes avec son mari, ou qu'elle aliénât ses propres avec son autorisation, ce qui se faisoit souvent dans l'intérêt du mari qui en profitoit, plusieurs particuliers pouvoient avoir prêté à ce dernier, et ils se voyoient privés de l'antériorité de leur hypothèque, dans laquelle antériorité se trouvoit toute la sûreté de leurs créances. Un créancier bien postérieur, qui auroit eu l'adresse de ne prêter au mari que sous l'obligation ou le cautionnement de la femme dont il pouvoit exercer les droits, primoit, en hypothèque, de plus anciens créanciers que lui. Les acquéreurs du mari, avant ces mêmes époques, étoient encore exposés aux mêmes chances. Cette jurisprudence avoit, de plus, l'inconvénient de mettre les maris en quelque manière sous la tutelle de leurs femmes, *in curatione uxoriâ,* parce que, sans l'obligation de celles-ci, ils ne trouvoient pas à emprunter au besoin. Il paroîtroit même, d'après ce que dit Mornac, que ce fut un arrêt du 17 mars 1608, par lequel cette pernicieuse jurisprudence fut maintenue, et contre lequel il s'élève avec force, qui donna lieu à l'usage de demander, de la part de ceux qui prêtent au mari, l'obligation de sa femme, usage qui s'est assez généralement observé, jusqu'à présent, sous le régime de la communauté.

Examen des raisons qu'on peut opposer contre la restriction qui vient d'être faite à certains objets, de l'affranchissement de l'inscription de l'hypothèque légale.

228. Mais on peut objecter que la dot, les conventions matrimoniales, les droits de la femme à raison de successions échues, ou de donations faites pendant le mariage, d'indemnités pour dettes, ou de remplois de propres aliénés, ne sont pas les seuls objets pour lesquels la loi ait admis, en faveur de la femme, l'hypothèque légale affranchie d'inscription. On peut fonder cette objection sur ce que, dans les art. 2140, 2144, 2193 et 2195, le législateur, en parlant des mêmes droits pour lesquels l'hypothèque légale a été admise sans inscription, s'explique avec plus d'extension que dans l'art. 2135. En effet, il est dit simplement dans cet article, *la dot et conventions matrimoniales*, tandis qu'on lit dans les articles ci-dessus indiqués, *la dot, reprises et conventions matrimoniales*. Ce mot REPRISES, pourroit-on dire, porte sur les droits autres que *la dot et les conventions matrimoniales*, et, par conséquent, sur les biens extradotaux ou paraphernaux.

Cela prouve combien il est nécessaire de se former des idées justes sur ce mot *reprises*, dont j'ai vu souvent abuser. Mais, sous quelque point de vue qu'on le considère, il me paroît impossible de l'appliquer à des biens autres que ceux qui sont purement dotaux. Ce mot *reprises*, employé dans les art. 2140, 2144, 2193 et 2195, n'ajoute rien à ce que le législateur a voulu exprimer dans l'art. 2135, en se tenant même aux expressions *dot et conventions matrimoniales*. Par ce mot *reprises*, il a entendu la dot sous le régime de la communauté, ainsi que les droits énoncés dans les deuxième et troisième parties de l'art. 2135. En sorte que c'est toujours à la dot et à ces droits que se rapporte l'hypothèque légale, affranchie de l'inscription, et non à tous autres.

En effet, sous l'ancienne, comme sous la nouvelle législation, la dot, dans le régime de la communauté, tient à beaucoup plus d'idées, à beaucoup plus de choses que sous le régime dotal. On peut dire que *reprises*, *dot* et *biens dotaux* étoient identiques sous le régime de la communauté. On en est convaincu si on lit une savante dissertation qu'on trouve dans le Journal du palais, tom. 1er, à la date d'un arrêt du 5 avril 1667; si l'on consulte Renusson, *Traité de la comm.*, part. 2, *chap.* 5, *n°* 1er *et suiv.*; l'art.

l'art. 18 du chap. 23 de la Coutume de Nivernais, et le Commentaire de
Coquille sur cet article. Mais on ne peut mieux enseigner la véritable doctrine sur cette matière, qu'en rapportant un passage de M. Tarrible, *Répert. de jurisp.*, aux mots *Inscription hypot.*, § 3, n° 9. Ce qu'il y dit est
particulièrement relatif à la législation établie par le chap. 2 du titre *du
contrat de mariage*, du Code civil. Voici comment s'explique cet estimable auteur :

« Tout ce qui est donné à la femme dans le contrat de mariage, tous
les biens , soit présens, soit futurs, que la femme se constitue dans le
même contrat, forment la dot. Sous le régime dotal, la dot est bornée à
ces biens, puisque tous ceux que la femme peut avoir, et qui ne sont
pas compris dans ces désignations, sont paraphernaux , ce qui signifie
*extradotaux. Mais sous le régime de la communauté, la dot a une bien
plus grande extension ; elle comprend la totalité des biens que la femme
a ou peut acquérir pendant le mariage.* On voit, en effet, dans l'art. 1530,
que, dans le cas lui-même où les époux se marient sans communauté,
cette clause ne donne point à la femme le droit d'administrer ses biens,
ni d'en percevoir les fruits ; mais que ces fruits sont censés apportés au
mari pour soutenir les charges du mariage. La dot, expressément constituée, ne donne au mari d'autre droit que celui de jouir des biens qui en
sont l'objet, pour supporter les charges du mariage : et puisque le mari
a indistinctement le même droit sur les biens constitués, nous avons eu
raison de dire que, *sous le régime de la communauté, tous les biens de
la femme étoient dotaux, du moins par l'effet, s'ils ne le sont pas par la
dénomination.* Il faut néanmoins excepter le cas où les époux ont stipulé
qu'ils seroient séparés de biens : ce cas est soumis à des règles particulières, que nous ferons connoître plus bas. En résumant notre analise,
continue l'auteur, nous reconnoîtrons que, sous le nom de *dot*, doivent
être comprises, savoir, sous le régime de la communauté, *toutes les
sommes appartenantes à la femme, qui ont passé dans les mains du mari,
quelle que soit leur source ;* et, sous le régime dotal, toutes les sommes
qui ont été données à la femme, ou qu'elle s'est constituées nominativement dans le contrat de mariage. Nous reconnoîtrons, par suite, que la
femme doit jouir de l'hypothèque légale sur les biens de son mari, pour
la répétition de toutes ces sommes indistinctement. »

M. Tarrible dit encore, dans un autre passage : « Les *reprises* ont une plus grande latitude, et elles comprennent les sommes que la femme est en droit de répéter sur les biens de son mari, soit à titre de remploi, soit à titre d'indemnité, soit à titre de récompense, quand il y a communauté entre les époux. Il est évident que la femme a *une reprise* sur les biens de son mari, pour le remboursement des sommes à elles appartenantes, qui ont passé dans les mains du mari, ou qui ont été employées, d'une manière quelconque, pour l'utilité de ce dernier. Il en est de même, sous ce régime, dans le cas où les époux ont convenu de se marier sans communauté. *Si le mari a reçu des sommes appartenantes à sa femme, autres que des fruits ou intérêts* qui lui sont acquis irrévocablement, en vertu de son droit de jouissance, ou bien, si la femme elle-même a payé, de ses propres deniers, des dettes de son mari, *toutes ces sommes formeront l'objet d'autant de reprises, pour lesquelles la femme aura une hypothèque légale*, soit parce que cette hypothèque lui appartient, en général, pour *ses reprises*, soit parce que, d'après les explications que nous avons données plus haut, tous ces objets peuvent, sous certains rapports, être regardés comme dotaux. »

De l'exposition de cette doctrine, il résulte que les termes *dot*, *reprises et conventions matrimoniales*, énoncés dans les art. 2140, 2144, 2193 et 2195, s'identifient avec ceux des trois premières parties du § 2 de l'article 2135; et que, par tout cet ensemble, le législateur n'a pu vouloir exprimer que les conventions matrimoniales, la dot ou les droits dotaux, tant sous le régime dotal, que sous celui de la communauté, sauf les différences des époques auxquelles l'hypothèque se rattache, à l'égard des droits dotaux existans sous le régime de la communauté, qui s'exercent sous le nom de *reprises*.

229. De tout ce qui vient d'être dit, il résulte une conséquence importante, qui est que, pour tout ce qui n'est pas dotal, sous quelque régime que ce soit, il y a bien une hypothèque légale en faveur de la femme, d'après l'article 2121; mais que cette hypothèque légale n'existe qu'à la charge de l'inscription, et que, pour ces objets, cette hypothèque n'a rang contre des tiers, que du jour de cette inscription. Cependant cette question a été fortement controversée, ce qui, à mon sens, est étonnant. La Cour royale de Nîmes, par un arrêt du 16 juin 1813; celle d'Aix, par un arrêt du 19 août même année; celle de Grenoble, par deux arrêts des 17 juillet et 24 août 1814; la Cour royale de Toulouse, par un arrêt

du 4 juin 1816, se sont décidées pour l'affirmative; mais la Cour royale de Riom, seconde chambre, a adopté la négative, par deux arrêts des 19 août 1818 et 20 février 1819 (1). Cette diversité d'arrêts annonce combien la question mérite d'être examinée. Mais on sent aussi combien je serai aidé dans cet examen par tout ce que je viens d'établir.

M. Tarrible, *loco citato*, après avoir donné une explication lumineuse de ce que c'étoit que *reprises*, de laquelle explication il résulte qu'il faut voir dans cette expression les droits qui s'incorporent avec la dot ou les biens dotaux de la femme, sous le régime de la communauté; que ce mot *reprises* n'est que le nom de l'exercice de ces mêmes droits ou biens dotaux, en vient aux biens non dotaux de la femme, sous les deux régimes. Ces biens consistent, quant au régime de la communauté, dans ce que la femme prétend lui être dû par le mari, à raison d'objets qui ne sont point entrés dans le mariage, qui ne font partie ni de ses propres, ni de sa dot; comme, par exemple, lorsque les époux se sont mariés avec clause de séparation de biens, ces mêmes biens non dotaux existent, quant au régime dotal, lorsque la femme s'est réservé des paraphernaux. Il examine si, pour ces droits extradotaux, auxquels l'auteur donne le nom de *reprises*, la femme a la même hypothèque légale, affranchie d'inscription, que pour les précédens objets dont il avoit parlé; et il se fait des doutes : ils peuvent venir, dit-il, de ce que, dans ces deux cas, l'administration appartient pleinement à la femme, et de ce que celle-ci n'a pas besoin d'un secours extraordinaire pour l'assurance de la répétition des sommes dont l'emploi a été consenti, et auroit pu être empêché par elle. Les doutes, continue l'auteur, se fortifient par la disposition de l'art. 1577, portant que, si la femme donne sa procuration au mari pour administrer ses biens paraphernaux, avec charge de lui rendre compte des fruits, il sera tenu vis-à-vis d'elle, comme tout mandataire; d'où suit cette conséquence, que la femme, dans ce cas, n'aura pas plus une hypothèque légale sur les biens de son mari, qu'elle ne l'auroit sur les biens de tout autre, auquel elle auroit donné un pareil mandat. Néanmoins M. Tarrible voit dans ces

---

(1) Sur les cinq premiers arrêts, voy. Denevers, an 1814, p. 24 et 79, au suppl.; an 1817, p. 116 et 149, au suppl., et an 1818, pag. 2; Sirey, an 1818, 2e partie, pag. 44; et sur le second arrêt de la Cour royale de Riom, Sirey, tome 20, pag. 275, et le Journal des audiences de cette Cour, à la date de l'arrêt.

créances, quoique extradotales de leur nature, des reprises semblables
aux premières. Il les assimile, il leur donne le même privilége; enfin,
il a cru devoir adopter l'opinion que, pour toutes reprises, pour toutes
créances, pour toutes actions ou répétitions quelconques, la femme a,
sur les biens de son mari, la même hypothèque, le même privilége, que
pour tout ce qui est proprement dot.

Mais, malgré tous les égards dus à une opinion venant de M. Tarrible,
il me paroît impossible d'admettre son avis dans le cas dont il s'agit.

En premier lieu, il est incontestable que la loi française a admis deux
sortes d'hypothèques légales, l'une affranchie d'inscription, l'autre soumise
à la nécessité de cette inscription, à compter de laquelle l'hypothèque
prend seulement rang. Lorsqu'ensuite le législateur en vient à l'art. 2135,
la constitution de cet article, l'esprit qui l'a dicté, le sens des termes qu'il
y a employés, le soin même avec lequel il les a choisis, tout, en un mot,
prouve que cet article est conçu dans un sens d'inclusion de certains droits,
et d'*exclusion* de certains autres. Si le législateur eût entendu accorder
l'hypothèque légale avec affranchissement de l'inscription à tous les droits,
à toutes créances quelconques de la femme, sans distinction, il l'auroit
dit d'un seul mot; il se seroit contenté d'y apporter les idées restrictives,
quant à la date de l'hypothèque, qui font l'objet de la seconde et de la
troisième partie du § 2 de l'art. 2135. Il n'auroit pas pris un langage de distribution, de distinction, d'application particulière des objets qui devoient
jouir de la faveur de l'hypothèque légale, affranchie de l'inscription. Par
cela seul qu'il indique ces objets, il annonce qu'il en existe d'autres auxquels il refuse le même privilége.

En second lieu, le mot *dot*, venant, sous un rapport positif, à la pensée,
rappelle naturellement ce qui lui est directement opposé, c'est-à-dire, les
biens *extradotaux*; cependant le législateur s'en tient à ce mot *dot*, et
ne songe pas même aux biens *extradotaux ou paraphernaux*: et l'on voudroit que ces biens fussent entrés dans ses vues comme la *dot!* Suivant
toutes les règles d'interprétation, on ne peut supposer que le législateur ait
entendu comprendre dans la *dot*, ce qui est hors la *dot*. S'il y a ensuite
quelque mot, autre que celui de *paraphernaux*, de *droits réservés* à la
femme, qui puisse, d'après l'ensemble de la législation, se rapprocher de
la dot, au moins sous un des régimes, qui puisse même signifier cette dot,
en la considérant dans ses résultats, dans ses effets, sous ce régime, n'est-

ce pas suivre les règles d'une saine logique, que de rapporter cette expression à la dot qui a déjà occupé le législateur, que de la regarder comme le développement de ce qu'il a déjà dit, et toujours dans le même sens dans lequel il s'est déjà expliqué?

Mais une réflexion bien simple prouvera jusqu'à l'évidence ce qu'on vient d'avancer. La loi, dans les art. 1540 et 1541, trace une forte ligne de démarcation entre ce qui est *dot*, et tout ce qui est *extradotal*, sous quelque régime que ce soit. La *dot* est le bien que la femme apporte au mari, *pour supporter les charges du mariage*. Il n'y a de *dot* que ce que la femme *se constitue*, ou qui lui est donné *en contrat de mariage ;* et, pour qu'il y ait des biens extradotaux, il faut qu'il y ait *stipulation contraire*. C'est cette stipulation contraire qui crée l'extradotalité. Le mot *dot* est donc un mot générique, qui renferme tous biens quelconques portés par le femme, mais tous biens quelconques uniquement destinés à supporter les charges du mariage, ce qui étoit aussi, dans le droit romain, le caractère de la dot. Dans l'esprit de ce droit, la dot étoit constituée, *ad onera matrimonii sustinenda*. Ce même mot générique, *dot*, comprend par conséquent les reprises qui tiennent à ces mêmes biens et droits dotaux, qui s'incorporent avec eux, qui ont la même destination, et qui, comme eux, sont *dot*. Donc le législateur n'a pu, dans l'art. 2135, ni dans les articles qui y correspondent, où se trouvent *dot, reprises et conventions matrimoniales*, avoir eu en vue des biens qui n'ont pas spécialement pour objet de supporter les charges du mariage : donc les biens extradotaux, sous les deux régimes, en sont exclus. Personne ne peut disconvenir que les biens extradotaux n'ont point pour objet le support des charges du mariage. Ce sont des biens d'une nature particulière ; ils ne sont point dans le mariage ; ils sont à la disposition de la femme qui se les réserve comme une espèce de *pécule*. On voit, en effet, dans la loi 9, § 3, ff. *de jure dotium*, que les biens de la femme que les Grecs appeloient *paraphernaux*, étoient connus chez les Gaulois sous le titre de *pécule. Cœterum si res dantur in ea quæ græci PARAPHERNA dicunt, quæque galli PECULIUM appellant.* C'est par une suite de cette destination des biens dotaux, *ad onera matrimonii sustinenda*, par opposition aux biens extradotaux qui ne l'ont pas, que l'on voit dans le droit romain tant de priviléges accordés aux biens dotaux, qui ne l'étoient pas aux biens extradotaux ou paraphernaux. Et on ne peut douter encore que ce ne soit la même différence de destination, qui ait fait comprendre, dans l'art. 2135, les biens dotaux pris sous un point de vue général, exclusivement aux autres.

En troisième lieu, lorsque le législateur parle de successions échues à la femme pendant le mariage, il dit : *La femme n'a hypothèque, pour les sommes DOTALES qui proviennent de successions, que*, etc. S'il étoit vrai que, dans l'intention du législateur, tous biens quelconques, toutes sortes de droits, d'actions, de créances que la femme auroit contre son mari, eussent dû jouir de la faveur de l'hypothèque légale, affranchie de l'inscription, ne seroit-il pas ridicule de voir dans l'article, *pour les sommes DOTALES ?* Le législateur, par une semblable restriction, auroit précisément dit le contraire de ce qu'il auroit voulu dire : le sens de cette limitation postérieure auroit tout à coup détruit le sens d'une *généralité* indéfinie et absolue. Il est sensible que lorsque le législateur a dit, *sommes DOTALES qui proviennent de successions*, etc., il a voulu ne donner la faveur de l'hypothèque légale, avec affranchissement d'inscription, qu'aux successions composées d'objets mobiliers, qui seroient vraiment dotaux, comme lorsque la femme se constitue en dot tous ses biens présens et à venir, d'objets dont le mari auroit dû se mettre en possession en vertu de son autorité maritale; et que, dès lors, il a refusé cette même hypothèque légale aux sommes et droits mobiliers qui ne seroient point dotaux, parce que, sous le régime de la communauté, la femme ne les auroit pas voulu porter dans la communauté, qu'elle s'en seroit réservé la jouissance et l'administration par une clause de séparation de biens, et que, sous le régime dotal, elle se les seroit réservés comme paraphernaux. Cette expression, *DOTALES*, appliquée aux successions échues pendant le mariage, confirme, d'une manière précise, la volonté énoncée dans l'art. 2135, de n'accorder la faveur de l'hypothèque légale sans inscription, qu'à tout ce qui seroit *dot*, et de la refuser à tout ce qui seroit *hors la dot*.

En quatrième lieu, la véritable signification de ce mot *reprises*, prouve combien est erronée l'application qu'on en fait à des objets extradotaux, sous un régime comme sous l'autre. Une reprise est l'exercice d'un droit de *reprendre* dans une masse, c'est-à-dire, dans la communauté, ce qu'on y a apporté. Mais on ne conçoit pas une idée de *reprise*, de la part de la femme, ni de ce qu'elle n'a point apporté dans cette masse, lorsqu'il s'agit de communauté, ni de ce qu'elle s'est réservé, de ce qu'elle n'a point voulu mettre dans le mariage, dans la dot, lorsqu'il est question du régime dotal. L'erreur *dérive* de ce qu'après avoir si bien expliqué ce que c'étoit que *reprise*, M. Tarrible y a compris ce qui n'en est point, suivant le sens et la langue de la loi. Aussi, lorsqu'on se pénètre des dispositions du chap. 2ᵉ du titre *du contrat de mariage*, et surtout de ceux où le mot *reprises* est employé, ou bien les termes de *récompenses*, *prélèvement* et *remploi*, qui quelquefois peuvent être les équivalens de celui de *reprises*, on est convaincu que ce mot est étranger à tout ce qui n'est pas *dot* ou *biens dotaux;* et lorsqu'on veut voir partout des *reprises*, on tombe dans la nécessité de violer toutes les règles d'interprétation de l'art. 2135.

M. Tarrible fonde encore son opinion sur l'influence du mari, qui empêcheroit la femme de prendre des inscriptions sur les biens qu'il auroit vendus, ou qu'il voudroit vendre. Il ajoute que la condition de la femme *seroit pire que celle d'un créancier ordinaire, qui a pu librement prendre toutes les sûretés que la prudence lui a inspirées.*

D'abord, la condition de la femme est toujours meilleure que celle d'un créancier ordinaire, puisque, à la différence de celui-ci, elle a, d'après l'art. 2121, une hypothèque légale pour tous ses droits quelconques contre son mari, sauf néanmoins le cas de la procuration donnée par la femme au mari, pour l'administration de ses biens paraphernaux; et, à l'égard de l'inscription qu'elle est obligée de prendre pour les droits pour lesquels il n'y a pas d'hypothèque légale avec affranchissement d'inscription, il faut supposer qu'elle aura la force de la prendre, dès qu'elle s'en est cru assez pour pouvoir régir, administrer et conserver les biens qu'elle n'a point voulu placer sous la protection que la loi accorde à ceux qui deviennent dotaux. Elle a, au surplus, à s'imputer, ou son défaut de prévoyance, ou sa négligence; et enfin le danger de l'influence n'a pas dû toucher autant pour les biens extradotaux que pour les biens dotaux, à raison de la destination de ces derniers.

Dira-t-on, comme je l'ai vu opposer, que la prescription ne court pas contre la femme mariée, pour ses actions dont son mari est garant, comme cela a été jugé et devoit l'être par un arrêt de la Cour de cassation, du 24 juin 1817? On voit cet arrêt dans le recueil de Denevers, *an* 1817, *pag.* 505. Mais, d'abord, il ne seroit plus possible d'établir un principe en matière de législation, si, en donnant une trop grande extension aux analogies, on vouloit appliquer à une matière ce qui seroit établi uniquement pour toute autre qui tiendroit à des règles différentes. Ensuite, il n'y a aucune comparaison du cas de la prescription à celui dont il s'agit.

La loi a pu prendre un foible intérêt à un débiteur de la femme, qui voudroit opposer une prescription toujours odieuse; mais elle a dû intérêt et protection à des tiers créanciers ou acquéreurs du mari, qui seroient victimes d'un défaut de connoissance qu'il ne dépendoit que de la femme de leur donner par l'inscription, et qu'ils n'ont pu prendre ou soupçonner, d'après un contrat de mariage qui auroit pu leur être communiqué, et qui n'auroit fourni aucuns renseignemens propres à les mettre en défiance, et à provoquer des sûretés.

Voudroit-on tirer encore la dispense de l'inscription pour les biens paraphernaux, de ce que la femme ne peut les aliéner sans l'autorisation du mari? Mais c'est confondre des objets qui tiennent à des idées, à des principes qui ne sont pas les mêmes. 1°. Il ne s'agit pas ici d'aliénation d'immeubles, mais bien de sommes extradotales dont la femme a la libre disposition. 2°. D'après l'art. 1576, la femme, au refus du mari, peut aliéner ses biens paraphernaux, avec la permission de la justice. 3°. Ce qui tient à cette prohibition d'aliéner, sans les formalités voulues par la loi, n'est établi que dans des relations particulières entre le mari et la femme. Tout cela est donc étranger à ce qui touche l'intérêt des tiers, intérêt qui doit être considéré sous un autre point de vue. La loi s'arme contre toute fraude qui seroit pratiquée par la femme seule, ou à laquelle elle se prêteroit par l'impulsion de son mari. Seule, elle peut très-valablement prendre une inscription pour ses capitaux extradotaux. La présence et l'autorisation du mari ne sont pas nécessaires pour que cet acte conservatoire ait son effet. Le mari peut seulement régulariser ensuite une procédure, si, par des vues personnelles d'ambition, ou parce qu'il pourroit justement contester les prétentions de sa femme, il vouloit demander judiciairement la mainlevée et la radiation de l'inscription.

Enfin, on doit mieux apprécier qu'on ne fait, et se défier de tout ce qu'on a coutume de dire pour dispenser la femme de l'inscription, relativement à tout ce qui est hors de ses biens dotaux. Depuis un grand nombre de siècles, pour les biens dotaux même, cette maxime du droit romain, *interest enim reipublicæ dotes salvas esse*, a été prodigieusement affoiblie en France. Nos mœurs, nos usages, la nécessité de favoriser le développement de l'industrie, auquel la femme doit souvent aider, dans l'intérêt du mari toujours inséparable du sien et de celui de ses enfans, les facilités et l'essor qu'on a dû donner au commerce, l'inconvénient de paralyser
                                                                        la

la circulation d'une grande partie des immeubles, et de les frapper d'une espèce de substitution qui les rendroit invendables, toutes ces considérations ont fait rejeter ou infiniment adoucir la sévérité des principes du droit romain. Le régime de la communauté, inconnu dans ce droit, couvroit à peu près les deux tiers de la France, et la femme pouvoit y vendre ses biens dotaux, sous la seule autorisation ou consentement de son mari.

On sait ce que c'étoit que le sénatus-consulte velléïen, qui, pour venir au-devant de la fragilité ou de la foiblesse d'un sexe facile à tromper, avoit prononcé une interdiction générale de contracter des obligations, contre toutes les femmes, soit mariées, soit filles, soit veuves. Mais on voit, de distance en distance, abolir par des ordonnances de nos Rois, ce sénatus-consulte partout où il étoit établi. Cette mesure avoit pour objet de débarrasser les transactions d'entraves funestes à une bonne police, et surtout au commerce.

L'édit de 1771, art. 17 et 32, prononça la purgation de la dot par le défaut d'opposition aux lettres de ratification ; il ne dispensa de cette opposition que pour le douaire non ouvert. La loi du 11 brumaire an 7 assujettit les femmes à la formalité de l'inscription pour la conservation de leurs dots. Le Code civil, dans un système d'indulgence, qui a été le sujet de beaucoup de critiques, en ce qu'il détruit l'uniformité de la loi, qui a pour base la publicité de l'hypothèque, a soustrait de cette publicité, et, par conséquent, de la nécessité de l'inscription, les droits de la femme ; mais ces droits sont seulement la *dot* ou les biens dotaux. Or, en rentrant dans le principe, il a privé de cette dispense d'inscription tous autres droits qui ne seroient ni *dot*, ni *biens dotaux*. Cette distinction est marquée par l'esprit qui a présidé à la rédaction de la loi, par les termes dont le législateur s'est servi, qui tous rendent sa pensée ; et l'on voudroit aujourd'hui faire reporter la dispense de l'inscription, ou, ce qni est de même, de la publicité, sur tout ce qui n'est point *dot*, sous le régime de la *communauté*, et sous le régime dotal ! mais c'est ce qu'il est impossible de soutenir. La publicité de l'hypothèque est le système de notre législation ; elle en est le principe fondamental.

Il n'y a pas de doute sur la question dont je m'occupe ; mais y en eût-il, dans ce doute même, il faudroit suivre le système, l'esprit général de la loi. On risque alors moins de s'égarer. On doit donc se tenir dans le principe, que lorsqu'il y a dans la loi une règle générale, tout y rentre, hors

Tome I.   Q q q

ce qui en est formellement excepté. Cette règle générale doit être encore plus respectée, lorsqu'elle protége un intérêt public, qui parle toujours plus haut que tout intérêt particulier ; lorsqu'elle tend à prémunir des créanciers, des acquéreurs d'un mari, contre des fraudes dont ils pourroient être victimes par une obscurité affectée, et qui peut être aisément dissipée par un simple acte conservatoire, utile à la femme même, et commandé par la délicatesse du mari.

Cette dissertation, nécessitée par l'importance de la question, reçoit un nouveau degré de force, des motifs développés dans l'arrêt de la Cour royale de Toulouse, du 4 juin 1816, que j'ai déjà cité. La rédaction en est savante et lumineuse. M. Planel, doyen de la faculté de droit de Grenoble, a fait sur la question une dissertation qui est digne d'être remarquée. On la trouve dans Sirey, *an* 1819, 2ᵉ *partie*, *pag.* 89.

230. La question étoit ainsi traitée, et l'ouvrage étoit même à l'impression, lorsqu'il a été rendu par la Cour royale de Riom, 1ʳᵉ chambre, un arrêt, du 4 mars 1822, qui a jugé la question en thèse ; il est rendu dans les principes mêmes que j'ai développés. Cet arrêt a jugé une autre question importante, qui est traitée au n° 108, pag. 220, où je l'ai annoncé. Relativement à la question dont il s'agit actuellement, il y avoit une circonstance particulière qui, d'après l'arrêt, ne devoit point donner lieu à une décision différente.

Antoinette Touzet, femme Vacher, qui étoit en contestation avec les héritiers Flat, créanciers de son mari, sur la question de savoir si elle devoit avoir une hypothèque affranchie d'inscription, pour ses biens extra-dotaux, avoit vendu, conjointement avec son mari, par acte du 13 ventôse an 13, des immeubles qui lui appartenoient, et qui étoient reconnus pour lui être extradotaux. Il fut stipulé que la somme, qui fut payée par l'acquéreur, seroit employée par le mari en fonds certains. Ce dernier, pour la sûreté de cet emploi, hypothéqua spécialement une maison située à Ardes; et, le 19 décembre 1810, il avoit été pris une inscription par l'acquéreur, qui étoit le frère de la femme Vacher. On sent que cet emploi et les précautions qu'on avoit prises concernoient uniquement cette dernière. Il faut observer que l'inscription que les héritiers Flat avoient sur les biens du mari, étoit seulement à la date du 1ᵉʳ août 1807, en sorte qu'elle étoit postérieure à la vente des biens de la femme, faite avec clause d'emploi.

La femme Vacher prétendoit que, pour cet emploi, elle avoit une hypothèque affranchie d'inscription, sur les biens de son mari, en remontant à la date de la vente. Elle fondoit cette prétention sur la disposition du 2e § du n° 2 de l'art. 2135 du Code civil, où il est dit que la femme a hypothèque sur les biens de son mari, pour le remploi de *ses propres aliénés*, à compter du jour *de la vente;* mais c'étoit faire une fausse application de cet article : aussi le moyen fut rejeté par les motifs exposés dans l'arrêt. Aucun recueil ne le faisant connoître, je crois devoir en transcrire les motifs.

« Attendu qu'il importe de saisir les conséquences qui résultent de la combinaison des art. 2121, 2134 et 3135 du Code civil ; que l'art. 2121 accorde à la femme une hypothèque légale sur les biens de son mari, pour ses droits quelconques, soit dotaux, soit extradotaux ; que l'art. 2134 établit en règle générale, que toutes hypothèques quelconques, soit légales, soit judiciaires, soit conventionnelles, n'ont de rang que du jour de l'inscription, sauf les exceptions portées en l'article suivant ; que l'objet de l'art. 2135 a été de déterminer ces exceptions à la règle générale ; que cet article a déclaré que deux sortes d'hypothèques légales existeroient indépendamment de toute inscription ; savoir, celles des mineurs et interdits sur les biens de leurs tuteurs, et celles des femmes sur les immeubles de leurs maris, à compter du jour du mariage ; mais que ce privilége d'affranchissement d'inscription n'est pas général, qu'il est, au contraire, limité à la dot et aux conventions matrimoniales, qui ont toujours été les gains et avantages matrimoniaux faits à la femme, en cas de survie ;

» Que cet article est conçu dans un esprit d'exception, de distinction, de limitation, d'inclusion de certains objets, et d'exclusion d'autres objets ; et que, dès lors, l'affranchissement de l'inscription a dû se borner à la dot et aux conventions matrimoniales ; en sorte que tous autres droits de la femme, et notamment ses droits extradotaux, ont été soumis à la règle générale de la nécessité de l'inscription, n'étant pas compris dans les exceptions à cette règle, lesquelles exceptions le législateur fait suffisamment résulter de l'art. 2135.

» Attendu que si le législateur n'eût pas voulu limiter l'affranchissement de l'inscription à la dot et aux conventions matrimoniales, il n'auroit pas employé une locution qui ne peut convenir qu'à une idée d'exception et de limitation, qu'il avoit dans la pensée ; il auroit dit simplement que toutes les hypothèques quelconques de la femme sur les biens de son mari seroient affranchies de l'inscription; il se seroit ensuite contenté de déterminer les époques particulières auxquelles les hypothèques légales devoient remonter, dans les cas prévus dans le n° 2 de l'article 2135, et dans les deux paragraphes qui le suivent; que l'on peut d'autant moins douter que l'intention du législateur ait été de limiter l'affranchissement de l'inscription à la dot et aux conventions matrimoniales, que le mot *dot* qu'on lit dans l'art. 2135, rappeloit nécessairement à l'esprit l'opposé de la dot, c'est-à-dire, les biens extradotaux, et que cependant il n'en est pas dit un mot dans cet article 2135, quoiqu'il soit parlé des biens extradotaux dans nombre d'autres articles du Code civil, avec des caractères bien différens de ceux attribués aux biens dotaux, ou, ce qui est de même, à la *dot*.

» Attendu qu'on ne peut avoir aucun égard au moyen tiré par la femme Vacher, de ce que, dans les art. 2140, 2144, 2193 et 2195, le législateur a dit, en parlant des mesures propres à purger les hypothèques légales de la femme, *les dots, reprises et conventions matrimoniales;* qu'il est facile d'apprécier ce mot *reprises*, en faisant attention que, dans les articles ci-dessus indiqués, le législateur a voulu et dû comprendre non-seulement ce qu'on entend par *dot* dans le régime dotal , mais encore ce qu'on peut entendre par *dot* dans le régime de la communauté, et qu'on a toujours spécifié plus particulièrement dans ce régime, par le mot *reprises;* qu'il falloit bien que le législateur, devant rappeler dans les mêmes articles, d'une manière complexe, ce qui étoit énoncé d'une manière distincte dans l'art. 2135, se servît d'un terme général qui s'appliquât à tout ce qui étoit dotal sous les deux régimes; que cet art. 2135 s'appliquât distributivement au régime dotal et au régime de la communauté ; que dans le 2ᵉ paragraphe du n° 2 de ce même article, le législateur ayant fixé l'époque à laquelle prenoit cours l'hypothèque légale de la femme pour l'indemnité des dettes qu'elle avoit contractées pour son mari, et pour le remploi de ses propres aliénés, tout quoi ne pouvoit convenir qu'au régime de la communauté, il s'est ensuite vu dans la nécessité de rappeler les droits de la femme, qui existent notamment dans ces deux derniers cas, et que ces droits ont dû être entendus sous le mot général de *reprises*.

» Considérant qu'en effet, toutes reprises qu'a la femme sur les biens de son mari, dans le régime de la communauté, sont dotales, puisque ces reprises sont toujours la représentation de ce qui lui étoit dotal ; qu'en effet, l'obligation qu'elle auroit contractée avec son mari, ce qu'elle n'est réputée avoir fait que comme caution de ce dernier, frapperoit sur ses biens propres, qui sont toujours dotaux, puisque le remploi de ses propres aliénés a toujours, et nécessairement, le caractère dotal, ses propres étant incontestablement, sous ce régime, ses biens dotaux ;

» Que dès lors le mot *reprises*, employé subséquemment, ne détruit nullement la limitation établie par l'art. 2135, à la dot et aux conventions matrimoniales ; que ces mots fixent irrévocablement la pensée du législateur.

» Considérant encore que ce qui prouve la justesse de l'interprétation qui vient d'être donnée à l'article 2135, c'est l'emploi qui y est fait par le législateur, dans le 1ᵉʳ paragraphe du n° 2, de ces mots *sommes dotales*. Le législateur y fixe l'époque particulière à laquelle remonte l'hypothèque légale de la femme pour les successions à elle échues, et les donations à elle faites pendant le mariage ; et comme ces successions et ces donations peuvent consister en sommes qui seroient dotales à la femme, ce qui arrive, sous le régime dotal, lorsqu'elle s'est constitué en dot tous ses biens présens et à venir, il ne manque pas de dire *sommes dotales*, pour énoncer toujours sa pensée, qu'il n'y a d'affranchi de la formalité de l'inscription, que ce qui est dotal. Si le législateur n'avoit pas voulu exprimer une limitation de cet affranchissement aux seuls objets dotaux, on ne conçoit pas pourquoi il auroit dit *sommes dotales* : ces termes ne peuvent avoir été écrits que dans un sens d'exclusion, sous le rapport de cet affranchissement d'inscription, contre ce qui n'étoit pas dotal ; autrement ces termes seroient absolument inutiles : ils ne sont là que pour établir la distinction entre ce qui est dotal et ce qui ne l'est pas. Ces expressions, *sommes dotales*, fournissent donc un argument qui ne paroît susceptible d'aucune réponse, au moins solide.

» Attendu qu'on ne peut avoir aucun égard au moyen que la femme Vacher fait résulter de ce que, par la vente faite par elle conjointement avec son mari, des immeubles qui lui étoient extradotaux, par acte du 13 ventôse an 13, moyennant la somme de 1,800 francs, il a été stipulé que le mari seroit tenu de faire emploi, en fonds certains, du prix de la vente ; de ce que, pour garantie de cet emploi, le mari a hypothéqué spécialement une maison située à Ardes, et que l'acquéreur, en conséquence de cette affectation spéciale, a pris une inscription sur cette maison, le 17 décembre 1810;

» Que vouloir appliquer à cette action d'emploi, la disposition législative du 2ᵉ paragraphe du n° 2 de l'art. 2135, qui est relative à l'hypothèque de la femme, pour le remploi de ses propres aliénés, ce seroit renverser tous les principes de la matière, et détruire l'économie de la loi;

» Que le remploi des propres aliénés, sous le régime de la communauté, est nécessairement dotal, puisqu'il représente des propres qui étoient dotaux à la femme, tandis que, sous le-régime dotal, qui est celui sous lequel la femme Vacher a été mariée, toutes les actions auxquelles peuvent donner lieu la vente des biens extradotaux, et une obligation d'emploi du prix de ces mêmes biens de la part du mari, ne sont jamais qu'extradotales, parce qu'elles participent de la nature des biens dont la vente a donné ouverture à ces actions;

» Que la clause d'emploi, que la sûreté prise par l'acquéreur jusqu'à ce que cet emploi fût effectué, concernent uniquement l'intérêt de la femme et celui de l'acquéreur, qu'elles sont absolument étrangères à des tiers créanciers, et qu'à leur égard, les droits de la femme ont toujours le caractère de répétitions extradotales, pour lesquelles l'inscription étoit nécessaire.

» Considérant qu'on ne peut s'arrêter au moyen puisé dans l'exercice de l'influence du mari, qui auroit pu empêcher sa femme de prendre inscription sur ses propres biens; que la femme, qui se réserve explicitement ou implicitement des biens comme paraphernaux, contracte, par cela même, l'engagement de veiller personnellement à leur conservation, et qu'elle a à s'imputer de ne pas le faire; que d'ailleurs, l'intérêt public, que la loi sur cette matière place dans l'intérêt des tiers, doit l'emporter sur des considérations particulières.

» Attendu, enfin, que s'il y avoit sur la solution un doute, qui néanmoins n'existe pas, ce seroit toujours le cas de se décider pour la publicité de l'hypothèque, qui forme la base de notre régime hypothécaire, parce que les cas de l'affranchissement de l'inscription tombent dans l'exception, et que les exceptions doivent toujours être restreintes plutôt qu'étendues. »

Observations sur les intérêts de la   231. Il est sensible que l'hypothèque légale devant avoir lieu sans inscription pour la dot, il en est de même pour les intérêts, à compter du jour où ils ont dû courir. Cela tient au principe général que les intérêts dot, et sur les frais de la demande en séparation de biens. suivent le sort du capital, et que l'hypothèque , pour les intérêts, prend le rang d'hypothèque qu'a ce capital. Je m'explique à cet égard, et particulièrement sur les intérêts de la dot, en interprétant l'art. 2151, *chap.* 1er, *sect.* 2, § 3, n° 104.

Quant aux dépens faits sur la demande en séparation de biens, ils doivent avoir aussi l'hypothèque au même rang que la dot. Les dépens suivent toujours le sort du principal, au moins sous notre législation. L'art. 2148 , § 4 du Code civil, fait cesser la diversité de jurisprudence qui avoit lieu , à cet égard, avant ce Code. Les mots de cet article, *comme aussi le montant des accessoires de ces capitaux*, ne peuvent s'appliquer qu'aux intérêts et aux dépens. Je l'ai vu ainsi décider dans les tribunaux, même sans difficulté. Depuis, j'ai eu connoissance d'un arrêt de la Cour de cassation, du 13 novembre 1820 ; lors duquel la question s'est élevée pour les dépens faits sur la demande en séparation de biens. (Denevers, *an* 1821, *p.* 60.) Néanmoins la question n'a pas été décidée, parce que l'arrêt qui étoit attaqué, avoit jugé, à raison de circonstances particulières dont je ne dois pas m'occuper ici, que, pour la dot réclamée, il n'y avoit pas d'hypothèque légale. Par suite de cette décision, il devoit en être de même des frais de la demande en séparation. L'arrêt fut cassé sur la question principale, qui étoit celle de la légalité. La Cour de cassation renvoya la question secondaire à la même Cour, qui devoit statuer sur le fond. En sorte que cet arrêt ne forme aucun préjugé sur cette question secondaire , et qu'il faut attendre la décision ultérieure.

Mais l'allocation des frais de la demande en séparation, au même rang d'hypothèque que la dot, paroît être dans les principes. Tout ce qui tient à la conservation et à la condamnation de l'objet principal, participe aux privilèges qui y sont attachés. S'il en étoit autrement, la dot de la femme pourroit être atténuée, et même quelquefois anéantie. C'est aussi ce qui a été jugé, et par les motifs que je viens d'énoncer, par l'arrêt de la Cour royale de Riom, du 4 mars 1822, que j'ai rapporté dans le n° précédent. Cet arrêt adjuge même à la femme, au même rang d'hypothèque que la dot, les frais d'un traité qu'elle avoit passé avec son mari, par la raison que ce traité avoit eu pour objet la liquidation de ses droits, et l'exécution du jugement de séparation de biens, qu'elle avoit obtenu contre son mari.

De ce qui vient d'être dit, il suit que s'il s'agissoit d'objets pour lesquels la femme auroit une hypothèque légale, mais soumise à l'inscription, les intérêts et les dépens faits sur la demande en séparation, ou autrement, prendroient le rang d'hypothèque du capital, c'est-à-dire, à compter de l'inscription à laquelle ce capital seroit sujet.

Quelle est l'hypothèque que la femme peut avoir sur les biens de son mari, à raison de ses droits extra-dotaux ? Quelle en est la nature ? Quelle en est l'époque ?

232. Pour achever de se former des idées sur l'hypothèque attachée aux droits des femmes sur les biens de leurs maris, il reste à examiner si la femme doit avoir une hypothèque légale à raison de ses droits extradotaux, quelle est la nature de cette hypothèque, et à quelle époque elle remonte.

Les lois du Digeste n'accordoient point à la femme d'hypothèque légale pour sa dot : on sent donc qu'à plus forte raison elles ne lui en accordoient pas pour ses biens paraphernaux. D'après la loi 9, *de jure dotium*, elle n'avoit contre son mari, pour les objets extradotaux qu'elle lui avoit confiés, et qu'il lui auroit refusé de rendre, que l'action introduite par les lois contre les dépositaires ou les mandataires. *Depositi vel mandati agi poterit.* La loi unique, au Code *de rei ux. act.*, est la première, ainsi que je l'ai déjà dit, par laquelle Justinien donna à la femme l'hypothèque légale pour les biens dotaux. Et le même empereur, qui se plut particulièrement à donner la plus grande extension aux droits des femmes sur les biens de leurs maris, leur accorda l'hypothèque légale pour la répétition des sommes extradotales, par la loi *Si mulier*, au Code *de pactis conventis de dote*. Il résulte de cette loi, que si le contrat de mariage contenoit une clause qui constatât que la femme eût confié des sommes réservées, comme paraphernales, à la garde du mari, clause dont on voit un exemple dans la loi 9, ff. *de jure dotium*, la femme, pour la remise de ces sommes, devoit avoir une hypothèque à compter du jour du contrat de mariage, et que si cette clause n'étoit point dans le contrat, la femme devoit avoir également une hypothèque légale, mais à compter seulement du jour où le mari les auroit reçues. *Ex præsenti nostra lege habeat hypothecam contra res mariti, ex quo pecunias ille exegit.*

Quant au Code civil, le législateur, dans les art. 1575 et 1576, suppose que la femme jouit elle-même de ses biens paraphernaux. Cependant, il est possible que, soit par une convention qui les mette à la garde du mari, soit même sans convention, et contre le consentement de la femme, le mari perçoive des capitaux appartenans à celle-ci, qui, de leur nature, seroient paraphernaux; or, il n'est pas juste que, dans ce cas, la femme n'ait pas une hypothèque légale. Ce seroit la placer dans une position trop rigoureuse ;

rigoureuse, que de l'obliger à obtenir de son mari un titre qu'il pourroit lui refuser, ou une condamnation. Tel est aussi le résultat de l'art. 2121, ainsi que je l'ai déjà remarqué dans les n^{os} précédens. Cet article accorde à la femme une hypothèque légale pour tous ses droits, sans distinction; et je ne saurois approuver l'opinion contraire, énoncée par M. Flanel à la fin de sa dissertation dont je viens de parler. Aussi, la Cour royale de Toulouse, dans son arrêt que j'ai cité, a admis fermement l'opinion que la femme a une hypothèque légale pour ses répétitions extradotales, dont le principe se tire de l'art. 2121; et cette Cour n'a pas moins bien établi que cette hypothèque, quoique légale, étoit assujettie à la formalité de l'inscription, d'après l'art. 2135 sainement entendu.

Ainsi, la femme, dans ce cas, a une hypothèque légale, mais du jour seulement des réceptions faites par le mari. Cette restriction prend une nouvelle force de l'analogie qui existe entre ce cas et ceux énoncés dans les 2e et 3e parties du § 2 de l'art. 2135. De plus, cette hypothèque ne prenant rang que du jour de l'inscription, la femme doit satisfaire à cette formalité le plus tôt possible, après la réception faite par le mari. Je vais encore plus loin ; c'est que je croirois qu'il est sans difficulté que quand le contrat de mariage, qui auroit été passé avant le Code civil, contiendroit une clause portant que, pour les sommes extradotales que le mari pourroit recevoir dans la suite, la femme auroit, pour la répétition de ces sommes, une hypothèque à compter du contrat de mariage même, néanmoins, pour ces sommes reçues par le mari après la publication du Code civil, la femme n'auroit hypothèque que du jour des réceptions qui auroient été faites par ce dernier : tel seroit encore le résultat des 2e et 3e parties du § 2 de cet art. 2135, sans qu'il y eût de rétroactivité. Cela tient à des points de droit que je traiterai dans la suite, qui se rattachent aux mêmes règles.

La Cour royale de Riom, 1re chambre, a jugé conformément à ces principes, par un arrêt du 5 février 1821, que la femme avoit une hypothèque légale pour ses répétitions extradotales. Mais l'examen de la question de savoir si cette hypothèque légale étoit ou non affranchie de l'inscription, devint inutile, parce que, dans l'espèce de l'arrêt, la femme avoit pris une inscription sur les biens de son mari, avant le créancier qui vouloit lui être préféré. Ce créancier contestoit la légalité de l'hypothèque pour les répétitions extradotales ; mais, dans l'hypothèse de l'existence de cette légalité, il élevoit une question qu'il est bon de connoître, parce qu'il en ré-

Tome I.   R r r

sulte l'occasion d'approfondir encore plus les principes de la matière. Il prétendoit qu'au moins la femme n'avoit pu prendre une inscription, en conséquence de son assertion que son mari avoit reçu, dans le cours du mariage, une somme qu'elle s'étoit réservée comme paraphernale, dans son contrat de mariage, quoiqu'elle ne l'eût pas confiée à la garde de son mari : elle l'avoit placée entre les mains d'un tiers, duquel le mari l'avoit retirée. Le créancier soutenoit que l'inscription devoit au moins être appuyée sur un titre qui constatât la réception de la part du mari : et, dans l'espèce, ce titre n'existoit pas précisément ; en sorte que la question devenoit délicate.

Ce n'eût pas été sans fondement qu'on eût dit, en faveur de la femme, qu'il est dans la nature de l'hypothèque légale, dans ce cas, de n'avoir besoin ni de titre, ni de jugement ; que la femme pouvoit toujours faire un acte conservatoire, qui avertît suffisamment les tiers qui voudroient contracter avec son mari, de se tenir en garde, sauf ensuite à prendre, de la part du mari, les mesures convenables pour obtenir la radiation de l'inscription, s'il y avoit lieu ; sans quoi, la femme seroit souvent exposée à perdre ses droits extradotaux. Mais ce qui aplanit cette difficulté, ce qui même la fit disparoître, c'est la circonstance que sur des refus réitérés du mari de reconnoître la somme qu'il avoit touchée, et s'étant élevé une instance à ce sujet, il fut fait une enquête de laquelle il résultoit que le mari avoit touché la somme extradotale, au payement de laquelle il fut ensuite condamné par un jugement qui avoit acquis l'autorité de la chose jugée. L'inscription de la femme avoit été prise peu de temps après l'enquête, mais avant le jugement de condamnation. La Cour royale pensa qu'il étoit impossible de ne pas regarder l'enquête comme une preuve judiciaire qui devoit avoir le même effet qu'un titre de la part du mari, qui auroit établi la réception de la somme.

Mais tout ce que je viens de dire ne concerne que les sommes capitales qui sortent nature de biens extradotaux. Car s'il est seulement question de fruits ou revenus de ces biens perçus par le mari en vertu de procuration de la femme, avec charge de lui en rendre compte, il y a un autre principe à suivre, et tel est l'objet de la restriction que j'ai annoncé, au n° 229, devoir apporter à la règle que l'hypothèque légale a lieu en faveur de la femme, pour tous ses droits quelconques. Ce principe se tire de l'art. 1577 du Code civil ; il y est dit que, dans ce cas, le mari sera

tenu vis-à-vis de la femme, *comme tout mandataire*. Il résulte de ces
termes toute exclusion d'hypothèque : il ne reste que les moyens qu'on
auroit contre tout autre mandataire pour en obtenir une. Tel étoit le point
de vue sous lequel M. Tarrible entendoit cet article, dans son opinion précédemment rapportée. Aussi, faut-il remarquer que de la manière dont est
conçue la loi *Si mulier*, elle n'a voulu accorder l'hypothèque légale que
pour les sommes capitales qui seroient extradotales à la femme, et que le
mari auroit reçues. Le mot *pecunias*, qui se trouve dans le passage ci-dessus,
se rapporte à celui, *sortis*, qui est précédemment dans le texte de la loi.
On sent que si la femme avoit une hypothèque légale pour des fruits et
revenus extradotaux qui paroîtroient avoir été perçus par le mari, il en résulteroit souvent des fraudes au préjudice des créanciers.

233. Un arrêt de la Cour de cassation, du 4 janvier 1815, rapporté par
Denevers, *même année, pag.* 112, a jugé une question relative à la date de
l'hypothèque de la femme, pour un recouvrement fait pour elle par son
mari. Mais l'espèce et les circonstances ne sont pas suffisamment connues
pour que cet arrêt puisse être utile en jurisprudence.

De l'époque de l'hypothè-que légale de la femme, pour les som-mes dotales reçues par le mari pendant le mariage.

Il faut distinguer les cas dans lesquels les décisions devroient être différentes; mais je ne m'occuperai plus de ce qui concerne la réception des
sommes extradotales faite par le mari ; je viens de m'en expliquer.

S'il s'agit de la réception faite par le mari, pendant le mariage, de la
somme constituée en dot à la femme lorsqu'elle s'est mariée, il est sans
difficulté qu'alors l'hypothèque légale remonte au jour même du mariage, et
non pas seulement au jour de la réception. La loi 1re, ff. *qui potiores*, etc.,
est précise pour ce cas : *Non utique solutionum observanda sunt tempora,
sed dies contractæ obligationis.* Il est cependant vrai que cette décision se
rapporte particulièrement au cas où la dot, d'après le contrat de mariage,
seroit payable de suite et sans termes ; et s'il y avoit des termes, il pourroit
s'élever la question de savoir si, alors, l'hypothèque devroit remonter au
contrat de mariage, ou seulement au jour des payemens. La raison de
douter est que, dans l'esprit de cette loi, ainsi que dans celui de la loi 1re,
au Code *de dote cauta*, etc., le mari qui s'est obligé à la restitution de la
dot qu'il n'a pas été en son pouvoir de se faire payer, est censé n'avoir pas
obligé ses biens avant le payement effectué, tandis que l'hypothèque doit
être accomplie contre le mari, du jour de l'obligation de restituer, lorsqu'il n'a dépendu que de lui de toucher la somme promise.

Mais dans notre législation, cette distinction n'a jamais été observée, au moins pour la dot. Soit qu'il y ait des termes, soit qu'il n'y en ait pas, le contrat de mariage emporte de droit l'obligation du mari de la restituer, et tous ses biens sont affectés à l'hypothèque légale dès le jour du mariage. L'art. 2135 du Code civil accorde l'hypothèque légale, affranchie de l'inscription, *à la dot.* Or, tout ce qui existe lors du mariage est dot. Cette disposition absolue ne permet pas de descendre dans les distinctions du droit sur le sort de l'hypothèque attachée à des obligations conditionnelles. L'obligation de celui qui promet la dot, même à termes, emporte l'hypothèque du jour même qu'elle est faite, sauf à la rendre efficace par l'inscription. Il doit en être de même de la restitution de la part du mari, mais avec affranchissement de l'inscription, à raison du privilége de la femme. Il doit y avoir réciprocité, ainsi que le dit Coquille, sur l'art. 18 du chap. 3 de la Coutume de Nivernais.

Ce que l'on vient de dire doit avoir lieu, et par les mêmes motifs, dans le cas où les sommes que le mari auroit touchées, pendant le mariage, proviendroient de titres ou obligations qui auroient appartenu à la femme, et qui auroient été constitués et dot. On doit porter la même décision pour les remboursemens qui auroient été faits au mari, pendant le mariage, de rentes foncières ou constituées qui auroient appartenu à la femme lors du mariage. Si le mari avoit laissé prescrire ces rentes, il en seroit responsable envers la femme ; et, pour cette même responsabilité, il y auroit une hypothèque à compter du mariage. On ne conçoit pas qu'il dût ne pas en être de même, parce qu'il y auroit la circonstance que le mari auroit touché, n'importe l'époque.

De ce que la femme, d'après l'art. 2135 du Code civil, n'a hypothèque pour le remploi de ses propres aliénés que du jour de la vente, on ne doit pas en conclure que pour ses capitaux de rentes rachetées et touchées par le mari, elle n'a hypothèque que du jour de ce rachat. Il n'y a pas de parité d'un cas à un autre. Quelle en est la raison ? Basnage, Traité des hypothèques, *chap.* 12, *pag.* 225 *et* 230, *édit. in-12*, la donne d'une manière solide. La raison, dit-il, de la différence entre ces sortes de reprises (des rentes), et le remploi des propres aliénés, est que le rachat des rentes appartenantes à la femme, fait par ses débiteurs, entre les mains du mari, en qualité d'administrateur des biens de sa femme, est considéré comme une vente forcée, étant toujours en la faculté du

débiteur de se libérer, et n'étant pas au pouvoir du créancier de refuser
le rachat de la rente; au lieu que l'aliénation qui se fait pendant le mariage des propres de la femme, est volontaire et libre de sa part, puisqu'elle ne se peut faire sans son consentement. Aussi cet auteur atteste
qu'il étoit d'un usage incontestable, au parlement de Paris, que dans tous
les ordres on donnoit à la femme la même hypothèque et préférence, pour
ses rentes, qu'à la dot, *dont on peut dire que lesdites rentes font une
partie, lors, particulièrement, qu'elles appartiennent à la femme auparavant son mariage.*

Il en seroit de même, suivant le même auteur, pag. 23o, quand la
femme auroit signé la quittance, conjointement avec son mari. « La signature de la femme, à la quittance, ne fait aucune différence, puisque
ce n'est autre chose qu'une conséquence que son mari a reçu, et non point
une aliénation de la chose qu'elle fasse au débiteur. Le rachat des rentes
n'est point une aliénation, mais seulement une résolution du contrat, et
un retour des choses au premier état, puisque après cela il ne reste plus
rien de la rente. »

Ce seroit seulement dans le cas où les rentes seroient provenues de
successions échues à la femme, ou de donations à elle faites pendant le
mariage, et où néanmoins les rentes seroient dotales, ce qui arriveroit
s'il y avoit eu une constitution en dot de tous les biens présens et à venir,
qu'il n'y auroit hypothèque légale, avec affranchissement d'inscription,
que du jour de l'ouverture de la succession, ou de l'effet de la donation.
Encore doit-on remarquer que quand les rentes auroient été remboursées
au mari après l'ouverture de la succession, ou après la donation, l'hypothèque remonteroit à ces mêmes époques; parce que dès l'instant de
l'ouverture de la succession, ou de l'effet de la donation, les objets étant
dotaux, le mari en est devenu administrateur, et a contracté une responsabilité pour l'avenir.

Mais s'il s'agissoit de sommes qui n'auroient pas appartenu à la femme
lors du mariage, qui lui reviendroient seulement par un nouveau droit,
comme par suite de quelque action rescisoire qu'elle auroit exercée, et
que son mari eût touchées, l'hypothèque de la femme ne dateroit que du
jour de la réception faite par le mari. On ne peut attribuer une hypothèque
à ces répétitions avant leur existence. La femme n'a donc hypothèque,
à cet égard, que du jour de la réception qui en constitue l'administration

et la responsabilité contre le mari. C'est ce qu'explique très-bien Henrys, d'après les lois et des autorités qu'il rapporte, *liv.* 4, *chap.* 34. Cette opinion prend toujours, sous notre législation actuelle, un nouveau degré de force, au moins par analogie, des 2e et 3e parties du § 2 de l'art. 2135 du Code civil. Il en est ainsi, soit que les objets reçus par le mari soient dotaux, comme s'il y avoit eu constitution en dot de tous biens présens et à venir, soit qu'ils soient paraphernaux. Mais il y auroit cette différence importante, qu'au premier cas l'inscription ne seroit pas nécessaire, au lieu qu'elle le seroit dans le second cas, en partant toujours du principe que je pense qu'on doit admettre, que l'hypothèque légale, pour les biens paraphernaux, n'est point affranchie de l'inscription.

Enfin, l'art. 1543 du Code civil veut, à la différence du droit romain, que la dot ne puisse être constituée, ni même augmentée pendant le mariage : les conventions matrimoniales doivent être réglées par un seul acte qui précède la célébration du mariage. Ainsi les sommes reçues à titre de nouvelle constitution ou d'augmentation de dot, ou à tout autre titre, tel que celui de reconnoissances, ou de *confession* de dot, termes dont se servent quelques auteurs, ne peuvent avoir hypothèque que du jour de la réception de la part du mari, et avec inscription ou sans inscription, selon qu'il y a eu dotalité ou extradotalité. Mais, dans ces derniers cas, la femme doit toujours prouver d'où ces objets lui sont provenus ; *undè habuerit*, sans quoi les créanciers seroient fondés à les faire rejeter, parce que ces sortes d'actes pourroient être regardés comme faits en fraude de leurs créances, ou comme des donations déguisées faites à la femme. C'est aussi par ces motifs que la Cour royale de Toulouse, par un arrêt du 23 décembre 1818, *Denevers, an* 1819, *pag.* 29, *suppl.*, a débouté une femme d'une demande en collocation pour une somme de 6,000 fr., qu'il étoit dit, par un acte notarié, que le mari avoit reçue, pendant le mariage, pour sa femme, d'un oncle de cette dernière. Cette Cour se fonda sur ce que rien ne prouvoit la numération réelle de cette somme. Tout ceci rentre dans les circonstances de fraude, qui font toujours exception à la loi. On peut, au surplus, consulter là-dessus Bretonnier sur Henrys, *loco citato*, et Mathéus, *de afflictis*, décis. 402.

Des difficul-
tés qui s'é-
toient élevées
anciennne-
ment, et qui

234. Mais pour se former des idées encore plus précises sur les effets des quittances des dots des femmes, données par le mari, quant à l'hypothèque qui doit en résulter sur les biens de ce dernier, il est indispen-

sable de connoître des difficultés qui s'étoient élevées, à cet égard, depuis long-temps, avant le Code civil, et qui pourroient s'élever encore sous ce Code, parce qu'il ne contient point de règles fixes à ce sujet.

Les payemens de la dot devoient-ils être établis par des quittances? Ces quittances devoient-elles être notariées, ou devoient-elles avoir reçu l'authenticité de toute autre manière, *sous peine de nullité?* En cas d'affirmative, la femme devoit-elle perdre sa dot, au moins respectivement aux créanciers de son mari, qui se présentoient sur les biens de celui-ci en concurrence avec elle? Telles sont les questions qui ont long-temps été agitées dans les tribunaux, et sur lesquelles nous ne craignons pas de dire qu'il y a eu une longue aberration de principes.

Ce qui avoit fait naître ces difficultés, c'étoit, d'un côté, la disposition de l'art. 130 de l'ordonnance de 1629, où il est dit : « Toute quittance de dot sera passée par-devant notaires, *à peine de nullité, pour le regard des créanciers seulement;* » et, d'un autre côté, la disposition d'une déclaration du 6 mars 1696, qui exigeoit que les quittances de dot fussent passées devant notaires.

Quant à l'ordonnance de 1629, on l'écartoit en se fondant sur ce que dans plusieurs parlemens du royaume, et notamment dans le ressort du parlement de Paris, cette ordonnance n'avoit jamais eu force de loi (1); et en ce qui concernoit la déclaration de 1696, on la combattoit, sur le fondement de son caractère de bursalité, et sur ce que, d'ailleurs, elle ne prononçoit pas la peine de *nullité*, et que les nullités ne se suppléent pas. On alloit plus loin; on attaquoit tout à la fois, sous le rapport de la *nullité*, et l'ordonnance de 1629, et la déclaration de 1696. On disoit que cette déclaration étant postérieure à l'ordonnance de 1629, et n'ayant pas prononcé la peine de *nullité*, il en résultoit, à cet égard, une dérogation à l'ordonnance de 1629. Ces derniers moyens étoient cependant très-foibles en eux-mêmes. En effet, si la déclaration de 1696 ne disoit pas expressément *à peine de nullité*, elle prononçoit cette peine, au moins virtuellement, puisqu'il y étoit dit, art. 8, que...... les quittances de dot

pourroient s'élever encore sur la nécessité de l'authenticité des quittances des dots.

---

(1) Voyez ce que j'ai dit, à ce sujet, à la note sur le n° 14. Ce que j'y ai dit est encore confirmé dans le récit des moyens opposés lors de l'arrêt de 1781, transcrit dans la note suivante.

et décharges données en conséquence seroient passées devant notaires, *à peine de privation de priviléges et hypothèques.* Mais ce qui détruisoit la force et la vigueur de ces deux lois, c'est qu'elles étoient si mal con· çues, qu'il n'étoit pas possible qu'elles fussent littéralement observées, sans commettre des injustices évidentes, et qu'elles ne tombassent pas en désuétude.

En effet, on vouloit éviter des fraudes, en prescrivant l'authenticité des quittances de la dot ; mais la femme devoit-elle être victime de ce que ces quittances n'auroient pu être rapportées ? Il est bien sensible que souvent le mari avoit pu lui refuser des quittances ou des reconnoissances de ce qu'il avoit reçu pour elle, des mains de tierces personnes, ou d'elle-même. Et dans ces cas, la perte de sa dot étoit une conséquence sur laquelle il étoit difficile de fermer les yeux. Ensuite, l'authenticité des quittances étoit-elle un moyen d'obvier aux fraudes ? Une quittance notariée pouvoit être simulée tout comme une quittance sous seing privé. Il falloit donc toujours en venir aux moyens de vérifier si, par les circonstances, il y avoit fraude ou non. On étoit encore forcé d'admettre des preuves, même testimoniales, qui eussent établi la réception faite par le mari, d'objets appartenans à la femme, et les consistances de ces objets.

Cependant des auteurs, même de poids, penchoient toujours pour l'exécution stricte de l'ordonnance de 1629, et de la déclaration de 1696, et notamment Dunod de Charnage, *Traité des prescriptions, part.* 2ᵉ, *chap.* 8, *pag.* 180. Il en étoit de même de certaines Cours : le principe étoit modifié par d'autres. Mais il ne sortoit pas d'idées nettes de la jurisprudence qui se formoit. On en est convaincu lorsqu'on consulte les arrêts rapportés sur cette question, dans le Répertoire de jurisprudence, au mot *Dot*, § 3. Enfin, cette jurisprudence acquit de la consistance et beaucoup plus de lucidité, d'après un arrêt célèbre en cette matière, rendu par le parlement de Paris, le 3 septembre 1781. Cet arrêt fit une telle impression, et rectifia tellement les idées, que je crois devoir le soumettre, en note, sous les yeux du lecteur (1).

_____

(1) Je connoissois cet arrêt, d'après le récit qu'en donne Roussilie, *Traité de la dot*, par une addition à la page 201 du tome 2ᵉ, qu'il a transportée à la page 367 du même tome, avant que j'eusse remarqué qu'il est aussi rapporté dans le Répertoire de juris-

Il en résulte qu'on doit abandonner les principes qu'on puisoit dans l'ordonnance de 1629, et dans la déclaration de 1696. On doit revenir à

---

prudence, *loco citato*, n° 7. Je choisis le récit de l'auteur du *Traité de la dot*, parce qu'il est beaucoup plus court. On peut cependant, au besoin, consulter celui du Répertoire.

Voici ce que dit Roussille, qui annonce l'espèce de l'arrêt, et les moyens employés de part et d'autre.

« La dame Guerin de Villeneuve, mariée en 1755 avec le sieur Cudel, chevalier de
» Saint-Louis, ayant fait prononcer, en 1773, la séparation des biens et la restitution
» de ses droits dotaux, les sieurs Guicton, Trecourt et Pernin, créanciers du mari,
» prétendirent faire annuler la quittance de la dot, passée en 1766, sous prétexte qu'elle
» avoit été faite sous *seing privé, pendant la durée du mariage*, et soutinrent que la dot
» n'avoit pas été payée, ou que si elle l'avoit été, la dame de Villeneuve s'étoit emparée
» des deniers, et ne pouvoit plus les reprendre, en vertu de sa séparation, sur les biens du
» mari. Ils accumuloient des circonstances et des présomptions de fraude, telles que
» sur l'appel d'une sentence du bailliage de Mâcon, intervint un arrêt, le 29 août 1778,
» en la seconde chambre des enquêtes, au rapport de *M. de Tanlay*, qui renvoya les
» parties au bailliage pour y contester sur la nullité de la quittance de dot, parce qu'un
» incident de forme ne permit pas de prononcer définitivement sur le fond.

» Une sentence du 13 juin 1780, jugea néanmoins la validité de cette quittance, et
» adjugea la demande en restitution de la dot et des autres avantages de mariage. Appel
» en la Cour, où les créanciers soutinrent que l'arrêt de 1778 étoit un préjugé dont le
» bailliage n'avoit pas pu s'écarter ; qu'au lieu d'avoir défendu la quittance de soupçons
» de fraude qui l'environnoient, ces soupçons n'avoient fait que prendre une nouvelle
» force ; que la nullité d'un écrit de ce genre, présumé frauduleux par lui-même lors-
» qu'il est fait *constante matrimonio*, étoit textuellement prononcée par l'article 130 de
» l'ordonnance de 1629, registrée, soit au parlement de Paris, où les parties plaidoient,
» soit à celui de Dijon, dans le ressort duquel les époux avoient contracté, et avoient
» leur domicile et les biens soumis à l'hypothèque de la dot. Ils invoquoient aussi la dé-
» claration du 19 mars 1696, et citèrent Louet, Papon, Basset, Expilly, Bacquet, le
» Dictionnaire des domaines, comme donnant tous pour maxime incontestable que les
» quittances de dot, sous seing privé, sont null s à l'égard des créanciers. C'étoient les
» moyens développés dans deux mémoires imprimés, par M. Charpentier de Beaumont,
» avocat des créanciers.

» M. Robin de Mozas, chargé sur cet appel de la défense de la dame de Villeneuve,
» répondoit que le danger qu'elle avoit couru de perdre sa dot étoit le fruit d'une
» mauvaise défense, qui avoit laissé à l'attaque des créanciers un avantage trop sensible,
» et occasionné l'arrêt de 1778 ; mais que la Cour reviendroit aisément à la vérité, dès
» qu'on la lui présenteroit comme il convient, et qu'on mettroit sous ses yeux un ta-
» bleau fidèle des faits et des actes qu'on lui avoit laissé ignorer. Il faut distinguer, di-

Tome I.   S s s

ce que disoit Denisart, au mot *Dot*, n° 57, lors même qu'il avoit cité un grand nombre d'arrêts rendus sur cette question. « Ces divers arrêts, di-

---

» soit-il, le cas où le contrat de mariage porte, comme ici, la promesse d'une dot
» fixe avec terme pour la payer, et où l'on voit une quittance passée par le mari, en
» conséquence de ce contrat, lorsque les débiteurs de la dot viennent la lui payer
» et s'acquitter de leur obligation, d'avec le cas où le contrat de mariage ne portant
» rien de semblable, le mari déclare, pendant le cours du mariage, avoir reçu une somme
» pour la dot de sa femme : alors on pourroit présumer une libéralité déguisée entre les
» époux, un détour imaginé pour frauder les créanciers et procurer à la femme le
» moyen de leur soustraire les biens du mari. On sera du moins réduit à la nécessité de
» montrer aux créanciers quelle a été l'origine de la dot, et dans quelle source les deniers
» en ont été puisés ; on élèvera la question *undè mulier habuit;* et faute de pouvoir éta-
» blir la vérité et la sincérité de la quittance, elle sera réputée frauduleuse, et nulle à
» l'égard des tiers qui n'ont pu parer à la fraude.

» Mais l'espèce est différente : la mère de la dame Villeneuve lui a constitué, dans
» le contrat de mariage, une somme fixe, dont elle promet de lui payer l'intérêt jusqu'à
» l'acquittement qu'elle se réserve d'en faire, en tout ou en partie, lorsqu'il lui ren-
» trera des fonds, par des ventes ou des remboursemens de capitaux. Les actes prou-
» vent que ces deux événemens ont eu lieu, et qu'aussitôt que la mère a touché des
» fonds, elle a payé au mari la totalité de la dot, et s'est contentée d'en prendre une
» quittance sous seing privé, qui est même très-détaillée et forme une espèce de tran-
» saction entre la belle-mère et le gendre. Ainsi le contrat de mariage, les actes et les
» pièces justificatives des négociations, par lesquelles la débitrice s'est procuré les fonds
» nécessaires pour sa libération, forment un enchaînement de preuves qui établissent
» tout à la fois et l'origine des deniers qui ont servi à payer la dot, et la sincérité de
» la quittance, et la certitude de sa date; ce qui exclut tout soupçon de fraude, ou de
» simulation, ou de libéralité déguisée. Absurde après cela de dire que la femme s'est
» emparée des deniers, ou de rechercher quel emploi en a été fait. Il suffit de répondre
» qu'une femme qui existe sous l'autorité du mari, ne doit aucun compte; le mari a
» reçu; et quand ce seroit la femme, il seroit présumé de droit, *tanquam potentior*,
» s'être emparé des deniers.

» Ainsi, dans l'hypothèse précise où la contestation se présente, la quittance sous
» seing privé est aussi valable qu'une quittance donnée par acte public : c'est la distinc-
» tion essentielle faite par Basnage, le grand Coquille, Vaslin, Brillon, Bretonnier,
» Augeard, etc.; elle répond seule aux autorités citées dans les mémoires adverses.

» On les discutoit ensuite, et on faisoit sentir leur inapplication; on répondoit à l'ar-
» ticle 130 de l'ordonnance de 1629, qu'il résultoit du témoignage de Brillon et Bre-
» tonnier que cet article n'étoit point exécuté même dans les trois ou quatre parlemens
» qui avoient été obligés d'enregistrer cette ordonnance; que la déclaration de 1696

soit-il, prouvent que ces sortes d'affaires dépendent beaucoup des circonstances, et n'ont guère de règles fixes. » L'authenticité des quittances de la dot est indifférente. Les quittances, qu'elles soient authentiques ou sous seing privé, sont-elles sincères? Peuvent-elles être réputées frauduleuses à l'égard des créanciers, d'après des circonstances de fraude qui seroient articulées? Voilà le point essentiel. L'existence de toutes quittances quelconques, ou de reconnoissances, n'est même pas toujours nécessaire. La justice doit venir au secours d'une femme qui n'a pu s'en procurer. Elle peut y suppléer par des preuves testimoniales, ne s'agissant pas de convention, mais de faits dont la certitude par écrit est souvent indépendante de sa volonté. Elle a pour ses répétitions une fois établies et liquidées, n'importe comment, une hypothèque sur les biens de son mari. L'époque à laquelle l'hypothèque remonte doit être fixée selon que ces répétitions auroient existé lors du mariage, ou qu'elles seroient provenues seulement de successions ouvertes, ou donations faites pendant le mariage. Enfin, l'hypothèque, pour ces répétitions, est affranchie de l'inscription, ou elle est assujettie à cette formalité, selon leur caractère de dotalité ou de paraphernalité, d'après les principes déjà développés dans cette section.

On peut tirer des inductions, pour appuyer ce que je viens de dire, des deux arrêts de la Cour de cassation, l'un du 1ᵉʳ février 1816, l'autre

---

» n'étoit qu'une loi bursale, qui, d'ailleurs, ne statuoit rien sur les quitttances de dot;
» que le Dictionnaire des domaines étoit composé dans le même esprit de fiscalité, qui
» voudroit assujettir au contrôle les moindres engagemens des citoyens; qne la citation
» de Denisart, qui ne fait que rapporter l'ordonnance de 1629, sans parler des récla-
» mations de tous les parlemens, n'avoit pas plus de force, et l'on expliquoit le vérita.
» ble sens de cette ordonnance. On représentoit encore que la femme ne pouvoit jamais
» souffrir de ce qu'il a plu à la mère et au mari de se contenter d'une quittance sous
» seing privé; que s'il étoit même possible d'annuler un pareil titre, la femme n'auroit
» pas moins son recours sur les biens du mari, qui ne pourroit jamais désavouer sa propre
« quittance, et que l'hypothèque de cette action remontant toujours à l'époque du ma-
» riage, elle produiroit le même effet, et excluroit par conséquent les créanciers dont
» les plus anciens droits ne datoient que d'un temps postérieur même à la quittance de
» dot. On réfutoit ensuite toutes les présomptions particulières de fraude qu'ils oppo-
» soient. Sur ces moyens est intervenu, en la même chambre, au rapport du même
« magistrat, l'arrêt du 3 septembre 1781, qui confirme la sentence, et condamne les
» créanciers aux dépens envers la dame de Villeneuve. »

du 16 juillet 1817, rapportés dans la 3ᵉ édition des *Questions de droit*, de M. Merlin, au mot *Hypothèque*, § 3, n° 3. Par le premier, la Cour de cassation a rejeté le pourvoi contre un arrêt de la Cour royale de Caen, en se fondant sur ce que « le contrat de mariage de la dame Savary n'avoit pas été pris en considération, relativement à l'hypothèque que l'on avoit uniquement fait résulter de la disposition de la loi, mais seulement pour établir *la consistance des sommes et effets mobiliers apportés par elle à son mari;* qu'à cet égard, le contrat de mariage, quoique fait sous signatures privées, et enregistré postérieurement à la publication du Code civil, avoit pu paroître suffisant pour les constater, parce qu'il en contenoit le détail, et de plus, parce que sa date antérieure à la publication du Code, étoit devenue certaine par le décès d'une partie des signataires avant cette publication; en outre, parce que l'arrêt attaqué attestoit qu'il n'avoit été articulé *aucun fait de fraude* contre les stipulations de cet acte; et qu'enfin les droits de la femme Savary avoient été reconnus, soit par la sentence de séparation de biens obtenue par elle contre son mari, soit par un acte de liquidation passé devant notaires, le 21 septembre 1811. »

On retrouve l'application des mêmes principes par lesquels la question doit être décidée, dans les motifs du second arrêt que j'avois déjà cité dans ce Traité, sous le rapport d'une autre question qu'il juge aussi. « Attendu qu'il ne s'est élevé de difficulté entre les parties, que sur ce que deux quittances produites par la femme Goblot, pour établir ses apports, n'étoient pas passées devant notaires; et qu'à cet égard, d'une part, les lois citées (la déclaration de 1696, et une déclaration conforme, du 11 décembre 1703, concernant les fonctions des notaires en Normandie), n'ont pour objet que de *prévenir les fraudes au préjudice des tiers* (la question ne peut en effet s'élever à l'égard du mari ou de ses héritiers); que, d'autre part, l'arrêt attaqué fait mention que les quittances ne présentent aucun indice de dol; qu'il n'en a même pas été allégué; qu'enfin elles sont rappelées dans l'acte de partage fait devant notaires, le 28 vendémiaire an 13, après le décès du père de la femme Goblot; ce qui a imprimé à ces quittances le caractère de publicité le plus propre à rassurer la justice. »

Modifica-
tions de l'hy-
pothèque lé-
gale, à l'égard

235. Les règles relatives à l'hypothèque légale des femmes, établies par le Code civil, reçoivent de fortes modifications par le Code de commerce, à l'égard des femmes dont les maris tombent en faillite. Ces modi-

fications font la matière de l'art. 544 du Code de commerce et des suivans, *des femmes des faillis.*
jusques et compris l'art. 557.

Les dispositions de ces articles sont tellement précises, qu'il est difficile de prévoir qu'il puisse s'élever des difficultés sur leur exécution. Je ne crois donc pas devoir ici transcrire ces articles; je me borne à y renvoyer. Au surplus, M. Tarrible, *Rép. de jurispr.*, au mot *Inscrip. hyp.*, § 3, n° 13, a développé le sens de ces articles, et il l'a fait d'une manière tellement sûre, que je ne pourrois que le copier, ce qui certainement seroit inutile.

236. Tout ce que j'ai déjà dit sur l'art. 2135 ne suffiroit certainement *Questions importantes sur l'article 2135, sous le rapport de la rétroactivité, respectivement aux tiers, et à la femme mariée avant le Code civil.*
pas pour en bien saisir le sens. Il a donné lieu à des difficultés importantes sur lesquelles il est indispensable de se former des idées justes. Ces difficultés existent sous trois rapports.

1°. Que résulte-t-il de cet article, respectivement à des tiers qui auroient acquis des droits sur les biens du mari avant la promulgation du Code civil?

2°. Quel effet peuvent avoir les dispositions de cet article à l'égard des femmes mariées avant cette même promulgation du Code civil?

3°. Si cet article ne doit pas avoir de rétroactivité à l'égard des tiers, n'est-il pas juste aussi qu'il n'en ait pas relativement à la femme mariée avant le Code civil?

237. PREMIÈRE QUESTION. L'art. 2135 se termine par ces expressions : *Première question. Explication de la dernière partie de l'article 2135.*
« Dans aucun cas, la disposition du présent article ne pourrra préjudicier aux droits acquis à des tiers avant la publication du présent titre. » L'application de cette partie de l'article se fait d'abord aux créanciers du mari, qui, avant le Code civil, et sous l'empire de la loi de brumaire an 7, auroient pris des inscriptions sur les biens de ce dernier, tandis que la femme n'en auroit pas pris pour ses droits. On sait que d'après cette loi, *art.* 2, 3, 21, 22 *et* 23, les hypothèques des femmes, même mariées avant cette loi, étoient soumises, quoique légales, à l'inscription; en sorte que si, sous cette loi, elles n'avoient pas pris d'inscription, ou si celle qu'elles auroient prises, après la publication de cette même loi, étoit postérieure aux inscriptions des créanciers du mari, ceux-ci primoient les hypothèques des femmes. Or, c'est cet avantage acquis à ces créanciers, qui a été conservé par le législateur. Il a voulu que l'art. 2135, qui affranchit l'hypothèque de la femme de la formalité de l'inscription, relativement aux droits qui y sont énoncés, n'eût pas d'effet rétroactif. C'est sur ce motif que la

Cour royale de Paris, par un arrêt du 19 août 1808, rapporté par Sirey, *an* 1809, 2ᵉ *partie, p.* 23, a jugé en faveur d'un créancier diligent, contre la femme qui avoit négligé de s'inscrire sous la loi de brumaire, même dans le cas où il s'agissoit de son douaire.

238. DEUXIÈME QUESTION. Mais en s'occupant actuellement de l'intérêt des femmes, il faut porter son attention sur le sens et l'étendue de la dernière partie de l'article dont on vient de rapporter les termes. Il est bien évident que cette partie de l'article se réfère aux femmes mariées antérieurement à la publication du Code civil; et, par cela seul, il est certain que le législateur a eu en vue les femmes qui étoient dans ce cas, soit que leur mariage eût été contracté sous la loi de brumaire, soit qu'il l'eût été auparavant. La disposition de l'art. 2135 est donc devenue commune à toutes les femmes qui étoient mariées à l'époque de la publication du Code civil; et de là il résulte que les unes comme les autres ont eu la faveur de l'hypothèque légale pour les objets énoncés dans l'article, et à compter des époques qui y sont fixées, selon la nature de ces divers objets.

On peut donc dire que, pour toutes les femmes qui étoient mariées lors de la promulgation du Code civil, l'art. 2135 a tenu lieu d'inscription sur les biens de leurs maris, sans qu'il y en ait eu de réellement prise, quelle qu'ait été l'époque de leur mariage, quelles qu'aient été les dispositions des lois antérieures au Code civil, sur le mode de conservation de leurs biens. L'article 2135 a eu l'effet de faire remonter l'hypothèque légale de toutes les femmes mariées avant ou après le Code civil, au mariage, pour la dot et les conventions matrimoniales; et, pour les autres objets, aux époques indiquées dans cet article. La seule différence qu'il y ait, c'est que, par rapport aux femmes qui étoient mariées avant le Code civil, les créanciers du mari, qui avoient acquis des droits par des inscriptions prises sous la loi de brumaire, les femmes ayant négligé d'en prendre sous la même loi, quoique l'obligation leur en fût imposée, ont conservé ces droits. Il est sensible qu'il n'y a là aucune rétroactivité dont aient à se plaindre les créanciers, puisque le droit de ceux qui ont été diligens est conservé, et que le droit de ceux qui n'avoient point pris d'inscription reste le même; ils ont à s'imputer de n'avoir pas pris une inscription, lorsqu'ils pouvoient le faire utilement. Il est également évident que le sort du mari débiteur n'est point aggravé, puisque, dans tous les cas, il doit payer ce qu'il doit, et que sa dette est toujours la même. Tel est le sens dans lequel se sont expliqués, et avec raison, MM. Tarrible, *Rép. de jur.*, aux mots *Inscription hypot.*, § 5, n° 12, et Chabot (de l'Allier), *Quest. trans.*, tom. 2, pag. 61 *et suiv.*

Telle est aussi la direction qui a été donnée à la jurisprudence. Cette question a été ainsi jugée par un arrêt de la Cour d'appel de Bruxelles, du 24 décembre 1806, par un arrêt de la Cour de cassation, du 8 novembre 1809, et on voit partir des mêmes idées dans un arrêt de la Cour royale de Colmar, du 31 août 1811. Dans l'espèce de ce dernier arrêt, les créanciers avoient contracté avec le mari sous le régime de la loi de brumaire, pendant lequel la femme n'avoit point pris d'inscription. Ils n'en avoient pas pris non plus, et ils prétendoient qu'ils avoient cru pouvoir contracter, parce qu'ils ne devoient pas penser que la femme eût une hypothèque, dès qu'elle ne s'étoit pas fait inscrire. C'étoit très-mal interpréter la loi; car elle ne prescrivoit pas à la femme la mesure de l'inscription, pour acquérir un droit, mais seulement pour le conserver, par préférence aux créanciers du mari, qui auroient pu se faire inscrire. Il n'y avoit qu'une inscription de leur part qui leur eût assuré une hypothèque par préférence à celle de la femme; et cette inscription n'existant pas, le droit de la femme a été conservé dans son intégralité par l'art. 2135, qui a valu pour elle inscription, comme il auroit été conservé par une inscription qu'elle auroit prise, les créanciers du mari n'en prenant pas, ou n'en ayant pris qu'après elle. Enfin, les mêmes principes ont été confirmés par un autre arrêt de la Cour de cassation, du 12 mars 1811, qui, ainsi que cela devoit être, les déclara communs aux mineurs, à l'égard de leurs tuteurs (1).

Mais ce dernier arrêt est infiniment remarquable. Dans l'espèce qui se présentoit, des mineurs, créanciers de leur tuteur avant le Code civil, réclamoient leur hypothèque sur les biens de ce tuteur. Ils n'avoient pas pris d'inscription; ils luttoient contre les administrateurs d'un hospice, qui réclamoient une hypothèque sur les biens du même individu, qui étoit comptable envers cet hospice. Ces administrateurs avoient aussi une hypothèque légale, mais à la charge de l'inscription, et ils n'en avoient pas

_____

(1) Sur ces quatre arrêts, voyez Denevers, an 1807, pag. 45, *au suppl.*; an 1809, pag. 475; an 1811, pag. 228; et an 1812, pag. 25, *suppl.*

pris. L'arrêt accueillit la réclamation des mineurs, dont l'hypothèque étoit fondée sur l'art. 2155 du Code civil, de préférence à celle des administrateurs. En sorte que le résultat de l'arrêt est que le créancier avec hypothèque légale, mais à la charge toutefois de l'inscription, et qui ne s'est pas fait inscrire, doit être considéré, respectivement aux mineurs, ce qu'on peut encore dire de la femme, comme tout créancier ordinaire qui n'a pas pris d'inscription sous le régime de la loi de brumaire.

* Comment se décider, dans certains cas, lorsque la loi sous laquelle la femme s'est mariée, fixe l'hypothèque différemment que ne le fait l'art. 2135 du Code.

239. TROISIÈME QUESTION. Mais si les dispositions de l'article 2155 ne doivent pas avoir un effet rétroactif contre des tiers, respectivement aux droits qui leur seroient acquis, elles ne doivent pas en avoir non plus contre la femme mariée. Ceci a besoin d'explication pour être entendu. Au n° 227, où j'ai développé le sens de l'art. 2135, j'ai dit que la restriction établie dans les 2ᵉ et 3ᵉ parties du paragraphe 2 de cet article, de l'époque à laquelle remontoit l'hypothèque de la femme, pour les successions à elle échues, pour les donations à elle faites, pour l'indemnité des dettes qu'elle avoit contractées avec son mari, et pour le remploi de ses propres aliénés, que cette restriction, dis-je, étoit contraire à quelques Coutumes de France, et à une jurisprudence constamment établie dans le ressort de quelques parlemens; que ces Coutumes et la jurisprudence de ces parlemens faisoient remonter, contre les vrais principes, l'hypothèque de la femme, pour ces répétitions, à l'époque du mariage même, quoique ces répétitions n'eussent pris naissance que pendant le mariage. Or, pour les femmes mariées dans ces Coutumes, ou dans le ressort de ces parlemens, doit-on suivre, quant à la restriction de la date de l'hypothèque, les dispositions de l'art. 2135! Seroit-ce tomber dans un vice de rétroactivité qu'on doit éviter?

On avoit admis comme principe que pour tout ce qui tenoit à la conservation des droits des femmes, à la nature et aux priviléges attachés aux biens qu'elles recueilleroient pendant le mariage, à leur capacité, soit relativement à l'aliénation de leurs biens, soit par rapport à la renonciation à leurs droits et hypothèques, on devoit se régler par la loi sous l'empire de laquelle les femmes s'étoient mariées, ou par la loi à laquelle il étoit dit par le contrat de mariage qu'elles s'étoient soumises. Il étoit également reçu que tout ce qui concernoit ces objets devoit être subordonné aux stipulations portées dans leur contrat de mariage, lorsque ces stipulations n'avoient rien de contraire aux bonnes mœurs, ni à des lois prohibitives. Je m'expliquerai m'expliquerai, dans la suite, sur ce qui concerne les aliénations de biens, ou la renonciation à des actions ou priorités d'hypothèques de la part des femmes mariées avant le Code civil; mais en me renfermant, quant à présent, dans ce qui fait l'objet de la 3e partie du paragraphe 2 de l'art. 2135, je vais examiner, en ce qui regarde les femmes mariées sous des Coutumes ou sous une jurisprudence qui avoient admis des principes contraires à ceux du Code civil, comment il peut y avoir rétroactivité en restreignant les hypothèques légales aux époques indiquées dans cette 3e partie, pour les droits dont il y est fait mention.

On doit distinguer deux cas : le premier seroit celui où l'obligation consentie par la femme, ou bien la vente de ses propres qu'elle auroit aussi faite avec son mari, seroient antérieures à la promulgation du Code civil. Le second cas seroit celui où, soit l'obligation, soit la vente, seroient postérieures à cette promulgation.

Au premier cas, il est de toute évidence que les droits qui devoient revenir à la femme, d'après les Coutumes ou une jurisprudence constante, sous lesquelles elle se seroit mariée, ou d'après les stipulations contenues dans son contrat de mariage, lui auroient été acquis : on ne pourroit l'en dépouiller sans rétroactivité, même quoique la femme se présentât seulement sous le Code civil, pour la répétition de ses droits sur les biens de son mari, et du vivant de celui-ci. Mais il faut remarquer que si la femme qui seroit dans cette position, n'avoit pas pris une inscription pour la conservation de ces mêmes droits, sur les biens du mari, pendant le régime de la loi de brumaire an 7, et s'il y en avoit eu de prises par les créanciers du mari, ceux-ci primeroient la femme en hypothèque. Ces droits ne sont pas d'une nature différente que la dot et les conventions matrimoniales; et dans ce cas, ainsi que je l'ai déjà dit, relativement à la dot et aux conventions matrimoniales, la priorité des créanciers inscrits seroit incontestable.

Au second cas, il peut y avoir plus de difficultés. On sait, en effet, combien sont délicates les questions de rétroactivité, lorsqu'elles s'élèvent sur des droits qui s'ouvrent sous une loi qui les règle, mais qui se trouve en opposition à des lois ou à des conventions précédentes, auxquelles on rattache ces mêmes droits, et que l'on présente comme devant toujours les régler, quelque événement qui arrive. Mais il me paroît également certain que lorsque les droits dont il s'agit, s'ouvrent ou se réalisent, depuis. la promulgation du titre du Code civil, *des privilèges et hypo-thèques*, c'est-à-dire, lorsque l'obligation consentie par la femme, ou la vente par elle faite, sont postérieures à cette promulgation, les répétitions de la femme doivent avoir pour régulateur l'article 2135, et que ce n'est point lui donner un effet rétroactif. Que fait cet article 2135, en cette partie? Il substitue une législation nouvelle et sage à une législation ancienne, reconnue pour être vicieuse; il ne réforme pas seulement un abus pour l'avenir, mais il arrête encore cet abus; il empêche que du passé il ne tombe sur l'avenir; il le sappe dans ses fondemens, lorsqu'il n'est pas consommé et qu'il n'a pas acquis un droit. C'est uniquement dans le seul cas du droit acquis, et qu'on voudroit détruire, qu'il y auroit rétroactivité; mais on ne sauroit y en voir, lorsque les droits frappés par la loi nouvelle, s'ouvrent après cette même loi, à moins que le législateur n'eût donné une règle différente pour ce qui pouvoit concerner l'avenir, ce qui n'a point été fait dans cette circonstance. Si on n'admettoit pas ce principe, on verroit, pendant des générations, marcher l'abus à côté de la règle, l'injustice aller de front avec la justice. L'abus consommé n'est plus au pouvoir du législateur, mais celui qui ne l'est pas, rentre dans la règle nouvellement établie. Si on ne s'arrêtoit pas à cette idée, on verroit des rétroactivités dans tous les changemens opérés par la nouvelle législation civile, quoiqu'il n'y en ait certainement pas. Qu'on remarque encore que, pour le cas dont il s'agit, il y avoit une législation fondée elle-même sur une rétroactivité; et quelle rétroactivité! Elle avoit pour résultat de faire primer par la femme, ou par des tiers, *ex post facto*, des créanciers bien antérieurs, et souvent par le fait de la femme, pour favoriser le mari.

240. Venons à la jurisprudence connue jusqu'à présent sur cette question de rétroactivité. Dans l'espèce d'un arrêt de la Cour royale d'Angers, du 29 août 1814, une femme avoit contracté mariage, le 23 ventôse an 2, sous l'empire de la Coutume de Paris. Suivant cette Coutume, et d'après les clauses de son contrat de mariage, qui en répétoit les dispositions, elle devoit avoir une hypothèque sur les biens de son mari, à compter du jour de ce contrat, pour son indemnité des dettes qu'elle contracteroit avec lui. Celui-ci contracta, le 30 mars 1811, une obligation de 30,000 fr. au profit du sieur Lourry, qui, le 5 avril suivant, prit une inscription. Le 1er juillet de la même année 1811, le mari consentit une nouvelle obli-

Lorsque la femme s'oblige avec son mari, depuis le Code civil, son hypothèque, pour son indemnité, se règle-t-elle par le Code, ou par la loi en vigueur lors du mariage?

gation de 50,000 fr. à un sieur Barthélemy. Par cet acte, la femme s'obligea solidairement avec son mari, et elle subrogea le sieur Barthélemy à l'hypothèque que lui assuroit son contrat de mariage. Des biens du mari ayant été vendus, et un ordre s'étant ouvert, il s'éleva la question de savoir si le sieur Barthélemy, comme étant subrogé à l'hypothèque de la femme, seroit préféré au sieur Lourry. Le sieur Barthélemy fondoit sa préférence sur ce que, d'après la Coutume de Paris, la femme qu'il représentoit devoit avoir une hypothèque sur les biens de son mari, à compter de son contrat de mariage, pour l'indemnité des obligations qu'elle contracteroit avec ce dernier pendant le mariage. Il prétendoit que l'art. 2135 ne dérogeoit nullement à la disposition de la Coutume de Paris, parce qu'il ne devoit point avoir d'effet rétroactif.

La Cour royale d'Angers donna la préférence au sieur Lourry; elle se fonda sur ce que, lors de l'obligation faite par la femme, conjointement avec son mari, au profit du sieur Barthélemy, le 1er juillet 1811, l'art. 2135 du Code civil la privoit de l'hypothèque à compter de son contrat de mariage, et restreignoit cette hypothèque à la date de son obligation. Cet arrêt contient encore un développement de motifs qu'il est utile de consulter. Le pourvoi contre cet arrêt fut rejeté, comme on devoit s'y attendre, par celui de la Cour de cassation, section des requêtes, du 7 mai 1816. L'arrêt est fondé sur ce que l'obligation dont il s'agissoit, et pour raison de laquelle le créancier subrogé aux droits de la femme invoquoit la date du contrat de mariage de cette dernière, étoit *postérieure* à la promulgation du Code, et ne pouvoit être régie que par la disposition de l'article 2135 (1).

241. Passons à la question relative à la date de l'hypothèque de la femme pour le remploi, récompense ou indemnité de ses propres aliénés. Dans les Coutumes de communauté, ou au moins dans un très-grand nombre de ces Coutumes, les biens propres de la femme pouvoient être vendus valablement, ou par le mari seul avec le consentement de la femme, ou par celle-ci, sous l'autorisation et avec le consentement du mari; et alors la femme avoit, au moins dans plusieurs de ces Coutumes, pour le remploi de ses propres, lorsqu'il n'avoit pas été réalisé par le mari, une hypothèque

L'hypothèque pour le remploi des propres aliénés sous le Code civil, se règle-t-elle par l'article 2135, ou par la loi qui étoit en vigueur lors du mariage?

(1) L'arrêt de la Cour royale d'Angers, et celui de la Cour de cassation, sont rapportés dans le recueil de Denevers, an 1815, *pag.* 103, *au suppl.; et an* 1816, *pag.* 548.

à compter du jour du mariage, et non pas seulement à compter de l'aliénation. Dans la Coutume de Normandie, quoiqu'elle fût exclusive de la
communauté, les biens dotaux de la femme pouvoient être vendus, pourvu
que celle-ci y consentît, et alors elle avoit *récompense du juste prix sur
les biens de son mari, du jour du contrat de mariage et célébration d'icelui :*
art. 538 et 539. En sorte que, sous ce rapport, il n'y a aucune différence
entre cette dernière Coutume et les premières. Or, si, dans ce cas, l'acte
d'aliénation est postérieur à la promulgation du titre du Code civil, *des
privilèges et hypothèques*, la femme ne peut prétendre une hypothèque
sur les biens du mari, que du jour de l'aliénation, comme, dans le cas de
l'obligation, elle n'a d'hypothèque, pour son indemnité, que du jour de
l'obligation, ainsi que l'a jugé l'arrêt du 7 mai 1816. On peut dire que,
dans l'un et dans l'autre cas, le droit hypothécaire de la femme s'ouvre par
son propre fait, et non par l'effet d'une circonstance purement *éventuelle,*
indépendante de sa volonté ; que la femme, en créant ce droit *par son fait,*
sous l'empire du Code civil, devoit savoir que son hypothèque ne remonteroit qu'au jour de l'aliénation, comme elle étoit restreinte, dans le cas de
l'indemnité pour dettes, au jour de l'obligation.

Cependant le contraire a été jugé par un arrêt de la Cour de cassation,
section civile, du 10 février 1817, dans l'espèce duquel il s'agissoit d'une
femme mariée sous la Coutume de Normandie. On auroit pu douter d'abord
si la question avoit été jugée en thèse, parce qu'il s'agissoit de ventes de
ses biens dotaux, faites par son mari, en l'an 6 et en l'an 7, c'est-à-dire,
antérieurement au Code civil ; mais elle les avoit ratifiées seulement en 1810 ;
et on pouvoit dire que les ventes ratifiées n'avoient une date véritable, au
moins respectivement à des créanciers qui avoient contracté intermédiairement, qu'au jour de la ratification, laquelle donnoit seule ouverture aux
droits de la femme. Jusque-là les ventes étoient nulles. Cette nullité a lieu,
en effet, aux termes des art. 538, 539, 540 de la Coutume de Normandie,
lorsque l'aliénation est faite sans remplacement. La femme avoit droit de
revendiquer ses immeubles dotaux contre les acquéreurs, et elle ne pouvoit pas, par sa propre volonté, et au préjudice des créanciers antérieurs
à sa ratification, faire remonter l'hypothèque, pour ses reprises, à une époque
autre que celle fixée par la loi sous laquelle elle ratifioit. Aussi la Cour
de cassation, et la Cour royale de Caen, dont l'arrêt fut confirmé, enten-
doient très-bien que cette femme étoit absolument dans la position de celle

qui vendroit ses biens sous l'empire du Code civil. Néanmoins elles ont accordé l'hypothèque à la femme à compter du mariage, le créancier qui luttoit contre elle n'ayant pas pris d'inscription sous la loi de brumaire. Il me paroît difficile de concilier l'arrêt du 10 février 1817 avec celui du 7 mai 1816; il me semble qu'il faut attendre d'autres arrêts sur cette question, pour qu'on puisse avoir une jurisprudence certaine (1). Voy. le n° 261.

242. Ce que je viens de dire, doit-il être également suivi, pour les deux autres cas énoncés dans la 2e partie du § 2 de l'art. 2135, qui sont ceux des successions échues à la femme, et des donations qui lui seroient faites sous l'empire du Code civil? La femme, pour le montant des sommes mobilières comprises dans la succession ou la donation, auroit-elle une hypothèque en remontant au jour du mariage, si tel eût dû être le résultat de la Coutume sous laquelle elle se seroit mariée, ou de la convention stipulée dans son contrat de mariage? ou, malgré ces circonstances, n'y auroit-il hypothèque qu'à compter des époques énoncées dans l'art. 2135 du Code civil, pour ces deux cas d'ouverture de succession ou de donation?

Pour successions ouvertes, ou donations faites sous le Code civil, la femme a-t-elle hypothèque du jour du mariage, si cela résultoit de la loi en vigueur alors, ou seulement à compter de l'époque fixée par l'article 2135?

L'opinion qui tendroit à faire remonter l'hypothèque, dans ces deux cas, au jour du mariage, me paroîtroit la plus juridique. Il ne doit pas en être, dans ces deux derniers cas, comme lorsqu'il s'agit de l'indemnité de la femme pour l'obligation qu'elle auroit faite sous le Code civil, ou du remploi de ses propres qu'elle auroit aliénés avec le mari, aussi sous l'empire de ce Code. La raison en est que, lorsqu'il est question de l'obligation, ou de la vente faite depuis la promulgation du Code, il y a eu, de la part de la femme, un fait personnel et *potestatif*, d'après lequel elle auroit voulu se procurer une hypothèque à partir de son contrat de mariage, tandis qu'elle étoit avertie par la loi nouvelle, qu'elle ne pouvoit plus abuser de l'ancienne loi statutaire, ou de la convention ancienne, au préjudice des tiers, en donnant cette époque à son hypothèque dont la loi nouvelle restreignoit la date au jour de l'obligation ou de la vente; au lieu que l'hypothèque

(1) L'arrêt du 10 février 1817 est rapporté dans le recueil de Denevers, an 1817, pag. 132, et par Sirey, vol. de 1817, pag. 185. Mais on doit remarquer la note de Sirey, mise au bas de cette dernière page. Il y dit, *Voy. avec attention*, SUPRA, *pag.* 145. Or, c'est à cette page qu'est l'arrêt du 7 mai 1816. On conçoit facilement le motif de l'attention particulière avec laquelle l'auteur a rapproché l'arrêt du 10 février 1817, de celui du 7 mai 1816.

qui résulte, en faveur de la femme, de l'ouverture d'une succession, depuis la promulgation du Code civil, ou d'une donation à elle faite depuis la même époque, se rattache à un simple fait *éventuel*, indépendant de sa volonté. Ce fait ayant été prévu par la loi en vigueur lors du mariage, ou par la convention portée par le contrat, et soit la loi, soit la convention ayant voulu que, le cas arrivant, la femme eût une hypothèque du jour du mariage, il paroîtroit difficile de s'y refuser sans donner un effet rétroactif à l'art. 2135 du Code civil : cette rétroactivité pourroit nuire à la femme, sans qu'il y eût rien de son fait. Lorsque son mari auroit vendu certains de ses biens, elle peut n'avoir pris aucune mesure et laisser purger ses hypothèques, ne pouvant prévoir ni l'ouverture de la succession, ni la donation ; d'autres biens du mari pourroient avoir été hypothéqués avant ces deux circonstances : il y auroit de la dureté à lui faire perdre l'effet de la succession ou celui de la donation. Il semble que, dans une pareille position, c'est aux tiers à prendre leurs précautions, et à prévoir les risques qu'ils peuvent courir, en obtenant la communication du contrat de mariage avant de contracter avec le mari.

Mais il n'est pas moins vrai que, comme je l'ai dit au n° 232, la femme, pour les sommes extradotales reçues par son mari, ne doit avoir hypothèque sur les biens de celui-ci (à la charge de l'inscription), que du jour de la réception de ces sommes, lorsqu'elles ont été reçues depuis la promulgation du Code civil. Cela est vrai, quoique le contrat de mariage contînt la clause que, pour ces répétitions, la femme auroit hypothèque, en remontant au contrat de mariage. Ceci rentre dans le cas de l'obligation ou de la vente faite par la femme sous le Code civil. Il y a un fait *potestatif* de la part de la femme, qui donneroit ouverture à l'hypothèque qu'il lui plairoit de faire remonter au mariage, au préjudice de la restriction établie par la loi nouvelle. Il n'a dépendu que d'elle de toucher ses répétitions extradotales, au lieu de les laisser recevoir par son mari.

L'hypothèque légale a-t-elle lieu du jour de l'acte notarié qui constate les conventions civiles, ou du jour de l'acte civil du mariage? Du cas où il n'y a

243. L'hypothèque légale de la femme commence-t-elle au jour de l'acte notarié qui constate les conventions ou intérêts civils des époux, qu'on connoissoit autrefois sous le nom de *contrat de mariage*, qui est même encore usité, ou seulement au jour du *mariage* proprement dit, constaté par l'acte dressé par l'officier de l'état civil ? Cette question est trop importante par elle-même, pour ne pas être examinée.

Dans l'ancienne législation, d'après l'usage attesté par presque tous les auteurs, l'hypothèque légale commençoit à courir du jour du contrat de mariage, et ce n'étoit qu'à défaut de contrat, qu'elle couroit seulement du jour de sa célébration. On peut voir, notamment, Domat, *Lois civiles,* *liv.* 3, *tit.* 1er, *sect.* 1re, *n°* 3 ; Coquille, sur l'art. 18 du chap. 23 de la Coutume du Nivernais ; Basnage, *des hypot.*, *chap.* 12, *pag.* 185 *et suiv.*, *édit.* de 1702 ; d'Héricourt, *de la vente des immeubles*, *chap.* 11, *sect.* 2, *n^{os}* 17 *et* 22 ; Pothier, *Introd. au tit.* 20 *de la Coutume d'Orléans*, *chapitre* 1er, *sect.* 1re, *n°* 18, *et Traité de l'hypot.*, *chap.* 2. Voici le principe sur lequel cet usage étoit fondé : Domat l'explique très-bien ; c'est qu'on peut hypothéquer ses biens, non-seulement pour les engagemens qui ont leur effet présent et certain, comme pour une obligation à cause de prêt, pour une vente, pour un louage et autres semblables, où l'engagement est formé d'abord, quoiqu'il y ait un terme pour le payement ; mais encore pour les engagemens dont l'effet dépend d'une condition ou autre événement qui pourroit ne pas arriver. Ainsi les engagemens qui se forment *par un contrat* de mariage, renferment toujours la condition, si le mariage s'accomplit ; mais l'hypothèque est acquise *dès le jour du contrat*, et au mari sur les biens de ceux qui constituent la dot, et à la femme sur les biens du mari, pour la recouvrer quand il y aura lieu.

Mais des auteurs du plus grand poids ont fait remarquer de graves inconvéniens qui résultoient de cet effet rétroactif de l'accomplissement du mariage, quant à l'hypothèque au jour du contrat. On sent, en effet, que si dans l'intervalle de l'acte qui règle les conventions civiles, à la célébration du mariage, c'est-à-dire, à l'acte de l'état civil, intervalle qui peut être plus ou moins long, celui qui auroit passé l'acte relatif aux conventions, qu'on appeloit *contrat de mariage*, eût fait, soit des obligations, soit des ventes, et si ensuite la femme fût venue, en vertu de son contrat de mariage, quoique postérieur, primer, pour son hypothèque, ces créanciers, ou rechercher hypothécairement les acquéreurs, ces derniers auroient été victimes d'une indélicatesse de la part du mari, ou même d'une fraude qui pourroit être pratiquée de concert entre lui et sa femme, ou la famille de celle-ci. Mornac, sur la loi 1re, ff. *qui potiores ;* Lebrun, *des successions*, *liv.* 2, *chap.* 5, *sect.* 1re, *dist.* 1re, *n°* 23 *et suiv.* ; Boucheuil, sur l'art. 256 de la Coutume de Poitou, et même Basnage, *loco citato*, signalent les abus de cet usage, et semblent exprimer le vœu de les voir réformer. Aussi Lebrun, en convenant que l'hypothèque des *conventions* a

point d'acte qui établisse les conventions civiles.

lieu du jour du *contrat*, ajoute, *pourvu que la célébration suive peu après*. Il cite la Coutume de Sédan, qui, *article* 120, donne cette hypothèque du jour *des fiançailles*. Or, anciennement les fiançailles produisoient un effet important. Suivant les trois premiers articles du titre 14 de la Coutume d'Auvergne, la fille fiancée cessoit d'être sous la puissance du père, pour passer sous celle du fiancé; elle ne pouvoit vendre ni aliéner ses biens dotaux, et même, en cas de dissolution de fiançailles, elle ne retournoit plus en la puissance de son père, et demeuroit dame de ses droits. On peut voir là-dessus les observations de M. Chabrol sur l'art. 1er. Les dispositions de cette Coutume et de quelques autres semblables, contre lesquelles Dumoulin s'étoit récrié avec force, puisque les fiançailles ne produisoient pas un engagement indissoluble, *hoc ineptum est, cùm possit majus, videlicet recedere à sponsalibus*, ces dispositions, dis-je, sont tombées en désuétude, et, depuis long-temps, il est d'usage de fiancer dans le même moment qu'on épouse, ou bien la bénédiction nuptiale peut dispenser des fiançailles. Ainsi, de la disposition de l'art. 120 de la Coutume de Sédan, et d'autres qui pourroient être conformes, on peut conclure que ces Coutumes doivent être considérées comme ayant voulu fixer l'hypothèque de la femme à la célébration du mariage, ou, au moins, qu'elles étoient très-éloignées de la faire remonter au jour du contrat, et que leur but étoit de prévenir les abus qui auroient pu naître de cette rétroactivité.

Quel est le parti qui doit être adopté sous notre législation actuelle? D'après l'art. 2135, il est évident qu'on ne doit donner date à l'hypothèque, que du jour de la célébration du mariage, ou, ce qui est de même, de l'acte de l'état civil. Cela résulte nécessairement de ces expressions, *et à compter du jour du* MARIAGE. Il est vrai qu'on voit dans l'art. 2194, que les inscriptions qui seront faites par la femme, ou sous son nom, après le dépôt et les notifications qu'il prescrit, auront le même effet que si elles étoient prises le jour du *contrat de mariage*. La dernière partie de l'art. 2195 semble fixer encore la date de l'hypothèque légale à celle du *contrat de mariage;* et tout cela pourroit faire supposer que, dans ces articles, le législateur a entendu que l'hypothèque remonteroit à l'acte qui constate les conventions civiles, connues autrefois sous le nom de *contrat de mariage*. On pourroit dire encore que ces articles étant les derniers dans l'ordre d'écriture, doivent être considérés, ou comme une modification, ou comme une interprétation du premier, et qu'ils doivent en fixer le véritable sens.

Mais

Mais je ne pense pas qu'on doive être touché de ces dernières objections. On doit voir dans l'emploi de ces termes des art. 2194 et 2195, *le
jour du contrat de mariage*, ou une inadvertance produite par les anciennes
habitudes, ou l'intention même d'exprimer l'acte de l'état civil, qui est le
vrai contrat de l'union civile, et qui, à la rigueur, pourroit être entendu
par ces mots, *le contrat de mariage*, en les prenant seulement dans une
acception nouvelle, différente de l'ancienne. En sorte qu'il faut s'en tenir
au premier trait de la volonté du législateur, que présente l'art. 2135.

Il est encore vrai qu'on peut dire que si la rétroactivité de l'hypothèque
à l'acte notarié qui règle les intérêts des époux, lorsqu'il y a un intervalle
considérable entre cet acte et la célébration du mariage, peut produire de
graves inconvéniens respectivement à des tiers, ce défaut de rétroactivité
peut en faire naître également contre la femme, puisque, si son hypothèque remonte seulement à la célébration du mariage, elle peut, dans le
cas d'obligations ou ventes intermédiaires de la part du mari, se trouver
sans ressources pour sa dot, qui aura pu être reçue par le mari, ainsi que
pour ses reprises.

Mais il y a une réponse à faire à cette objection, et qui est décisive ;
c'est que lorsque la loi a prescrit des règles pour veiller à la conservation
d'intérêts respectifs, qui peuvent être opposés entre eux, elle se prononce
naturellement plutôt contre celle des parties qui a négligé de prendre
ses sûretés, le pouvant très-bien, que contre celle au pouvoir de laquelle
il n'étoit pas de prendre les siennes. La femme ou ses parens n'ont qu'à
ne point laisser d'intervalle entre l'acte qui règle les intérêts civils des
époux, et la célébration du mariage à la municipalité, usage que je vois
pratiquer journellement, et alors les droits de la femme sont parfaitement
conservés. Mais les tiers qui contracteroient avec le futur, dans l'intervalle qu'on laisseroit entre ces deux actes, surtout si cet intervalle étoit
long, peuvent très-bien ignorer le premier qui peut avoir été fait entre les
époux et les témoins simplement nécessaires devant un notaire, et tomber
dans un piége qui n'a jamais été dans l'intention de la loi. Dès que la
femme est dispensée de l'inscription, l'existence publique d'un mariage
légalement célébré peut seule tenir lieu de cette inscription. Des tiers
peuvent demander en communication l'acte qui règle les intérêts, prendre
d'autres renseignemens auxquels on ne penseroit pas, s'il n'y avoit pas de

mariage légal et connu. Il est impossible de ne pas admettre ces idées, sous une législation qui a pour base la publicité de l'hypothèque.

Enfin, tout ce qui vient d'être dit tire une nouvelle force de tous les principes relatifs à la matière concernant l'état des époux et la nature de leurs biens. La femme n'est épouse que par la célébration du mariage ; ce n'est qu'alors que sa dot est *dot*. Coquille, qui admettoit plutôt d'après l'usage que d'après les principes, que l'hypothèque remontoit au contrat de mariage, supposoit qu'il n'y en eût pas, et que l'on fût réduit *aux purs termes d'hypothèque tacite et légale ;* et alors, *semble,* disoit-il, *que ladite hypothèque est du jour de l'accomplissement du mariage ; car, de ce jour, la dot commence d'être* DOT. On ne peut se dissimuler, en effet, que ce ne soit que de ce jour que se forment les véritables relations d'époux et d'épouse ; et le législateur n'a pu vouloir dire le contraire par les mots, *contrat de mariage*, qui se sont glissés dans les art. 2194 et 2195, après avoir dit d'abord dans l'art. 2135, *à compter du jour du mariage.* Or, si celui qui devient créancier du futur entre le contrat et la célébration prend inscription sur les biens de ce dernier, pourquoi cette inscription n'auroit-elle pas son effet contre la future qui ne seroit point épouse, qui n'auroit point pour elle la faveur d'une dot, comme elle l'auroit contre tout autre créancier ordinaire ? Si c'est un acquéreur qui feroit transcire son contrat d'acquisition avant la célébration du mariage, pourquoi ne purgeroit-il pas, à défaut d'inscription, l'hypothèque de la future, comme toutes autres hypothèques ? Comment, dans une pareille position, cet acquéreur pourroit-il prendre les mesures indiquées par l'art. 2194 du Code civil, et par l'avis du conseil d'état, du 1er juin 1807, pour purger l'hypothèque légale des femmes ? Il payeroit de très-bonne foi le prix de la vente, et cependant il pourroit être recherché pour une hypothèque qui, alors, n'auroit point été *légale*, et par une femme qui, alors, n'auroit point été *épouse ?* Tout cela résiste aux idées de justice, aux simples lumières de la raison, aux principes de toute saine législation, et surtout de celle qui nous régit, qui, pour mieux assurer le sort des créances et des propriétés, a admis la publicité de l'hypothèque. Ainsi, malgré toute la déférence que j'ai pour les opinions de M. Tarrible, je ne puis adopter l'opinion contraire, pour laquelle il a cru devoir se décider, dans le Répertoire de jurisprudence, aux mots *Inscription hypothécaire*, § 3, nº 8.

Si, anciennement, il n'y avoit pas eu de contrat de mariage, il pouvoit s'élever quelques difficultés sur la question de savoir comment les époux devoient être réglés, lorsque leurs domiciles et leurs biens n'étoient pas de la même province; surtout d'après les questions toujours hérissées d'épines, qui s'élevoient sur ce qui devoit être ou de *statut personnel*, ou de *statut réel;* mais actuellement ces difficultés, dans ce cas, disparoissent. Les époux seroient réglés, de droit, par les principes établis au chap. 2 du titre *du contrat de mariage.* Cela résulte de l'art. 1393, et de l'art. 1400, qui prévoit le cas du *défaut de contrat.*

Au surplus, si jamais la loi étoit revisée, le législateur pourroit faire cesser l'espèce d'antinomie que j'ai fait remarquer entre l'art 2135 et les articles 2194 et 2195; mais je pense que cette réformation peut être du ressort de la jurisprudence.

244. J'ai déjà dit, au n° 227, qu'autre chose est la légalité de l'hypothèque, autre chose est, ou la nécessité, ou l'affranchissement de l'inscription de l'hypothèque légale. Il y a des hypothèques qui jouissent de la faveur de la légalité, mais qui sont soumises à la nécessité de l'inscription. Par rapport à la femme, tous ses droits quelconques, au moins en capitaux, jouissent de la faveur de cette légalité, d'après l'art. 2121, ainsi que je l'ai dit; mais certains de ces droits mêmes sont soumis à la formalité de l'inscription pour être conservés, d'après l'art. 2135. Il ne faut pas perdre de vue que l'affranchissement de l'inscription prend son principe dans la circonstance que la dot, sous le régime dotal, et, les reprises qui la forment sous le régime de la communauté, sont au pouvoir du mari ; qu'il en est seul administrateur et comptable; que la femme ne peut exercer, à cet égard, aucune action, jusqu'à une séparation de biens, ou jusqu'à la dissolution du mariage; et qu'enfin la loi a dû veiller particulièrement à la conservation des biens dotaux spécialement destinés à la subsistance de la femme et des enfans. Mais, d'après la règle que l'effet cesse avec la cause, si la relation qui existe entre les deux époux disparoît, si le titre d'épouse ne peut plus être provoqué, si l'inscription devient libre et facultative, alors le défaut d'inscription peut être opposé par les tiers créanciers ou acquéreurs du mari.

Cet état de choses arrive dans deux cas.

1°. Si la femme étoit devenue veuve avant la promulgation du Code civil, l'inscription auroit été nécessaire sous le régime de la loi de brumaire, puisque la femme même mariée n'en étoit pas affranchie, d'après les prin-

[note marginale :] Deux cas dans lesquels l'affranchissement de l'inscription de l'hypothèque légale cesse avec le titre d'épouse.

cipes de cette loi; et l'inscription seroit devenue nécessaire sous le Code
civil, parce que la femme auroit recouvré la liberté de la prendre : en sorte
que, si elle n'avoit pas satisfait à cette formalité, les créanciers du mari,
qui se seroient inscrits, la primeroient, et ceux qui auroient acquis du mari
seroient à l'abri de ses recherches, si la transcription de leurs titres d'acquisition n'avoit point été frappée d'une inscription de sa part. En rapprochant une foule d'articles de la loi, on ne peut douter qu'elle n'ait eu
en vue que les femmes mariées, et non celles qui auroient été veuves lors de sa
promulgation. A la vérité, il n'est pas dit *femmes mariées*, dans l'art. 2155,
mais ces expressions se trouvent dans l'art. 2121. L'art. 2153, en parlant
des hypothèques légales des femmes, dit, *des femmes mariées sur leurs
époux*. D'ailleurs, les art. 2136, 2138, 2139, 2144, 2194 et 2195, sont
évidemment conçus dans des idées de relation de la femme au mari, et de
la coexistence de l'une et de l'autre. C'est aussi ce qui a été jugé, et avec
raison, par un arrêt très-bien motivé, de la Cour royale de Colmar, du
31 mars 1810, rapporté par Denevers, *même année*, *pag*. 127, *au suppl*.
Les mêmes motifs ont donné lieu à la même décision, par un arrêt de la
Cour de cassation, du 7 avril 1813, rapporté par le même arrêtiste, *même
année*, *p*. 326. Cet arrêt n'est pas rendu dans un cas de viduité de la femme,
avant la promulgation du Code civil; mais il l'est dans un cas semblable,
quant aux effets, qui étoit celui d'un divorce qui avoit eu lieu avant ce
Code. On y voit encore une exposition lumineuse des principes.

2°. Cet état de choses existeroit encore, et par les mêmes motifs, si une
femme étoit décédée avant le Code civil. Ses héritiers n'auroient point d'hypothèque légale à réclamer pour sa dot et ses droits matrimoniaux, et ne
pourroient faire valoir l'affranchissement de l'inscription. La légalité de l'hypothèque seroit bien restée, mais l'affranchissement de l'inscription auroit
disparu. Il répugne à toutes les idées qu'un pareil privilége ait pu être accordé à des héritiers d'une femme, pas plus qu'à une femme veuve. Tout
ce qu'on vient de dire est d'autant plus vrai, que l'esprit de la loi a été nécessairement de restreindre, le plus possible, les exceptions à la règle générale de la publicité. C'est aussi ce qui a été jugé par un arrêt de la Cour
de cassation, du 9 novembre 1813, qu'on trouve dans le même recueil,
pag. 580.

245. Il y a un troisième cas où le titre d'épouse venant à cesser, il devroit en être de même de l'affranchissement de l'inscription. Je veux parler

Troisième
cas où le titre
d'épouse ve-

de celui où la femme devient veuve sous le Code civil. Les mineurs de- nant à cesser,
venus majeurs, et leurs héritiers, sont dans la même catégorie. Lorsque il devroit en être de même
la question se présenta dans les premières années de la publication du de l'affranchissement
Code civil, les jurisconsultes et les tribunaux éprouvèrent des embarras. de l'inscription.
Cependant, la Cour royale de Nîmes, par un arrêt du 28 mars 1806, recueilli par Denevers, *même année, p.* 155, *au suppl.*, et celle d'Agen, par
un arrêt du 8 mai 1810, qu'on trouve au même recueil, *an* 1810, *pag.* 121,
au suppl., jugèrent que la femme ou ses héritiers, dans le cas en question,
ne pouvoient avoir l'avantage de l'affranchissement de l'inscription. Les
arrêts furent fondés sur la cessation de la dépendance de la femme respectivement au mari. Il fut bien question, lors de ces arrêts, de savoir si au
moins la femme ou ses héritiers n'auroient pas pu demander la séparation
du patrimoine du mari débiteur, d'avec celui de ses héritiers; mais cette
question ne se présentoit point, la demande en séparation de patrimoines
étant non recevable à raison des circonstances; et il fut jugé en thèse que,
dans le cas dont il s'agit, il n'y avoit point d'hypothèque légale avec affranchissement d'inscription, ou au moins que cet affranchissement avoit cessé
dès le moment que la femme avoit recouvré une liberté qui s'étoit continuée sous ses héritiers.

Mais les difficultés se faisant toujours sentir, le Conseil d'état crut devoir
les faire cesser par un avis du 8 mai 1812. Le résulat de cet avis est que
le mode de purger les hypothèques légales des femmes et des mineurs,
établi par le Code civil et par l'avis du Conseil d'état, du 9 mai 1807 (ou
1er juin, qui est le jour de la signature; le 9 mai est seulement celui de
la séance), est applicable aux *femmes veuves et aux mineurs devenus majeurs*, ainsi qu'à leurs héritiers ou autres représentans. Il fut ajouté qu'il
n'y avoit pas nécessité de fixer un délai particulier après la mort de leurs
maris, et aux mineurs devenus majeurs ou à leurs représentans, pour
prendre inscription.

Osons le dire, cet avis est en sens inverse de l'esprit de la loi, qui a pour
régime la publicité de l'hypothèque; il est inconciliable avec les motifs qui
ont déterminé l'affranchissement de l'inscription. Il en résulte bien que des
acquéreurs du mari, ou de ses héritiers, ont le moyen de se libérer avec
sûreté respectivement aux hypothèques légales, assujetties à l'inscription;
et l'on voit que ce moyen est le même que celui qui fut prescrit en 1807,
mais à l'aide des art. 2193, 2194 et 2195 du Code civil, pour purger les

hypothèques connues ou inconnues des femmes mariées, et des mineurs, qui pourroient exister. Mais, outre que d'après cet arrêté du 8 mai 1812, les acquéreurs n'obtiennent cet avantage qu'au moyen de frais dispendieux, c'est qu'on ne s'est pas occupé, en prenant cet avis, des créanciers qui auroient contracté avec le mari, depuis la mort de sa femme, ou même auparavant. Or, le sort des créanciers devoit-il être différent de celui des acquéreurs? car il paroît, d'après cet arrêté, que ceux qui auroient prêté au mari, soit avant, soit après la mort de sa femme, quoiqu'ils eussent pris des inscriptions, seroient primés, soit par la femme devenue veuve même depuis long-temps, soit par ses héritiers pour raison des droits dotaux de la femme, quoique ni cette femme ni ses héritiers n'eussent pas pris une inscription qu'il ne dépendoit que d'eux de prendre. Néanmoins cet avis a toujours été pratiqué, par suite de ce qu'on a cru que l'interprétation d'une loi appartenoit au gouvernement. Mais ici, au lieu de l'interpréter en se conformant à l'esprit de la loi, en suivant ses vues, ce qu'on auroit pu, d'ailleurs, laisser faire par les tribunaux, au moins jusqu'à la provocation d'une loi nouvelle, on a fait une loi subversive de la loi existante.

Diroit-on que, dans ce cas, la femme meurt investie de la légalité, avec affranchissement de l'inscription, et qu'elle laisse ce même privilége à ses héritiers? Mais un privilége uniquement attaché à la personne, ne peut être transmis à d'autres personnes avec lesquelles ce privilége n'est plus en rapport. Lorsqu'une prescription est suspendue à l'égard d'un créancier mineur, cette prescription ne reprend-elle pas son cours contre les héritiers majeurs de ce créancier qui décède en minorité?

Cependant, on auroit dû prendre une mesure qui manquoit dans la loi, et dont le besoin se faisoit sentir. Elle consistoit en un délai qu'on auroit dû accorder à la femme devenue veuve, et au mineur devenu majeur, dans lequel ils auroient été tenus de faire inscrire leurs créances sur les biens du mari ou du tuteur. Il paroît aussi, d'après cet avis du 8 mai 1812, que ce délai étoit demandé. On sent en effet qu'il faut à une femme devenue veuve, ou à ses héritiers, ainsi qu'à un mineur devenu majeur, qui, d'ailleurs, pourroient être éloignés du lieu où seroit décédé soit le mari, soit le tuteur, un délai pour reconnoître leur situation. On avoit, à cet égard, un exemple qu'on pouvoit prendre dans l'art. 23 de la loi du 11 brumaire an 7. Il y est dit que les inscriptions prises sur les époux, pour tous les droits et conventions de mariage, conservent leur effet pendant tout le temps du mariage, *et une année après.*

L'exemple de cette mesure se trouvoit encore dans les art. 58 et 64 de l'édit du Roi, du mois de mars 1673, enregistré au parlement le 25. Cet édit portoit établissement des greffes et enregistremens des oppositions pour conserver la préférence aux hypothèques. On peut le regarder comme le type de toutes dispositions réglémentaires concernant la publicité de l'hypothèque en France, quoiqu'il ait été révoqué par un autre édit du mois d'avril 1674. Le soin avec lequel il avoit été rédigé devint un sujet d'éloge de la part de M. le chancelier d'Aguesseau, qui cependant n'en adoptoit pas les principes : c'est ce qu'on voit dans le Discours préliminaire qui est en tête de ce Traité.

Or, d'après l'art. 57 de cet édit, les mineurs étoient dispensés de la nécessité commune de former et de faire enregistrer leurs oppositions (ce qui tenoit lieu de l'inscription actuelle) sur les biens de leurs tuteurs, protuteurs ou curateurs comptables; mais l'art. 58 faisoit cesser cette dispense pour les mêmes hypothèques qui étoient légales, dès qu'ils avoient atteint leur majorité; et néanmoins ils avoient un an après leur majorité pour remplir cette formalité. « Les mineurs, est-il dit dans cet article, seront néanmoins tenus, *dans l'an après leur majorité*, de former leur opposition sur les biens de leurs tuteurs, protuteurs ou curateurs comptables, et de la faire enregistrer en la manière ci-dessus, auquel cas ils seront conservés dans leurs hypothèques, *du jour de l'acte de tutelle; et si leur opposition n'est enregistrée qu'après l'année de leur majorité, elle n'aura effet que du jour de l'enregistrement.* »

Quant aux femmes, l'art. 60 du même édit les dispensoit de la formalité de l'opposition et enregistrement sur les biens de leurs maris, pour dot, douaire et autres droits procédant de leur mariage. Mais il est dit dans l'art. 63, que « les femmes séparées de biens d'avec leurs maris seront tenues de former et faire enregistrer leur opposition sur les biens de leurs maris, pour la conservation des hypothèques à elles appartenantes, *dans les quatre mois de l'acte ou jugement de séparation;* autrement, et les quatre mois passés, elles ne seront mises en ordre avec les créanciers qui auront fait enregistrer leurs oppositions, *que du jour de l'enregistrement par elles fait.* »

La loi, dans l'art. 64, en vient aux femmes devenues veuves, et voici comment elle s'y explique : « Les veuves seront aussi tenues de former et faire enregistrer leurs oppositions, *dans l'année du jour du décès de leurs maris*, autrement elles n'auront hypothèque sur les biens, que *du jour qu'elles auront fait enregistrer leur opposition.* » C'est avec de pareils soins qu'on donne à une loi le degré de perfection dont elle est susceptible, en suivant l'esprit dans lequel elle est conçue.

Dans cette circonstance, la législation demande une amélioration. J'ai pensé qu'il étoit bon d'en soumettre l'observation au législateur, pour y avoir égard, dans le cas où la loi seroit revisée.

De l'effet que doivent avoir, en France, les contrats de mariage passés en pays étrangers, quant à l'hypothèque.

246. Pour se former des idées sur l'effet que doivent avoir, en France, les contrats de mariage passés en pays étranger, quant à l'hypothèque, il faut examiner si l'on doit, ou non, appliquer à ces contrats la disposition de l'art. 2128 du Code civil. Il y est dit : « Les contrats passés en pays étranger ne peuvent donner hypothèque sur les biens de France, s'il n'y a des dispositions contraires à ce principe dans les lois politiques ou dans les traités. » Or, d'après la disposition de cet article, il seroit impossible d'accorder l'hypothèque sur des immeubles situés en France, à des contrats de mariage passés en pays étranger. Cet article ne fait aucune distinction entre les contrats de mariage et les contrats ordinaires qui seroient passés dans le territoire des puissances étrangères. L'article 121 de l'ordonnance de 1629, qui avoit pour objet de régler l'effet de l'hypothèque, en France, quant aux actes passés en pays étranger, et aux jugemens qui y auroient été rendus, ne faisoit également aucune distinction entre ces contrats, puisqu'il y étoit dit : « Les contrats ou obligations reçus en royaumes et souverainetés étrangères, *pour quelque cause que ce soit*, etc. » Il n'étoit pas possible de s'expliquer plus généralement.

Ce qui avoit jeté quelque louche sur cette question, c'est que quelques-uns des anciens auteurs, qui étoient bien d'avis que les contrats passés en pays étranger n'emportoient point hypothèque en France, croyoient devoir en excepter les contrats de mariage. Mornac, entre autres, sur la loi dernière, ff. *de jurisdictione*, avoit adopté cette exception, ainsi que Tronçon, sur l'art. 165 de la Coutume de Paris. Ils se fondoient sur ce que le mariage est essentiellement du droit des gens. *Non enim*, disoit Mornac, *ex jure civili conventiones hæ ortæ sunt, sed ex ipso jure gentium.* Il citoit, à l'appui de son opinion, un arrêt de la Chambre de l'édit, du 13 août 1601, que l'on voit citer par plusieurs autres auteurs qui ont traité la matière. Cependant Tronçon admettoit l'hypothèque dans le cas dont il s'agit, mais seulement pour la dot, et il se prononçoit contre l'hypothèque,

thèque, en ce qui concernoit les *donations, préciputs et gains nuptiaux*, qui auroient été promis par le contrat. Cette exception, que quelques autres auteurs avoient aussi admise, étoit fondée sur ce que la somme constituée en dot étoit une suite nécessaire du mariage; elle étoit une véritable créance à laquelle se rattachoient tous les priviléges de la dot ; au lieu qu'il n'en étoit pas de même des avantages faits à la femme, parce qu'on ne devoit y voir que des conventions ordinaires, qui n'étoient pas des accessoires nécessaires du mariage.

Mais l'opinion de ces auteurs, même sur le principal, qui est la dot, ne peut être admise en principe, quoiqu'elle ait été adoptée par des arrêts. On y voit confondre deux choses bien distinctes, le mariage, et l'acte qui en règle les conventions. Le mariage est, sans contredit, par lui-même, du droit des gens. Dans quelque pays qu'il ait été célébré, lorsqu'il l'a été par l'officier qui en avoit reçu le pouvoir par la loi du lieu, et avec les formalités qu'elle prescrit, il doit être reconnu partout, et emporter les effets attachés à une union aussi respectable. Quant à l'acte qui règle les conventions du mariage, sous le rapport des intérêts, sans doute il est obligatoire entre les époux, quoique passé en pays étranger, parce qu'il contient leurs engagemens, et qu'il est un acte public, même hors du pays où il est passé; mais il n'y est pas *authentique*, et l'hypothèque n'est attachée qu'à l'*authenticité* : c'est un droit de réalité, qui ne peut résulter que d'un acte passé par un officier public ayant reçu ce caractère de la puissance sous la domination de laquelle sont situés les biens que l'on voudroit empreindre de l'hypothèque.

Voudroit-on dire, en venant à l'appui de la distinction faite par Tronçon, entre la dot et les *donations, préciputs* et *gains nuptiaux*, que l'hypothèque pour la dot a toujours été tacite, qu'elle existe par la seule célébration du mariage, sans aucun acte qui en règle les conventions, quant aux intérêts? Mais cette distinction même ne sauroit se soutenir. A la vérité, l'hypothèque de la dot est tacite ; mais que résulte-t-il de là? qu'elle existe par le seul ministère de la loi, sans le secours de la convention. La stipulation de l'hypothèque est présumée en faveur de la femme : l'hypothèque accompagne l'apport de sa dot. Mais cette hypothèque tacite ou présumée, et l'hypothèque convenue ou expresse, ne laissent pas de devoir leur effet à la loi. C'est la loi, et la loi civile qui donne à la convention écrite, comme à la convention présumée, la vertu de l'hypothèque, qui est autre chose que

Tome I.   X x x la convention. Celle-ci, sans l'hypothèque, devient un seul pacte volontaire qui n'est revêtu d'aucune authenticité. L'hypothèque qui caractérise et donne une vertu particulière à la convention, dérive et ne peut dériver que de la loi. La volonté de l'homme peut former le corps de la convention, mais elle est impuissante pour produire l'hypothèque ; c'est la loi civile qui lui donne l'existence (1).

Cependant il y a eu des époques où la question a éprouvé des difficultés sérieuses et embarrassantes. On remarque une grande divergence d'opinions et d'arrêts ; et les détails qu'on voit dans le Répertoire de jurisprudence, au mot *Hypothèque*, sect. 1re, § 5, n° 12, le prouvent. Néanmoins, dans les derniers temps, la jurisprudence paroissoit être fixée par deux arrêts ; l'un du 23 août 1737, rapporté par Lacombe fils, *pag.* 123, qui jugea qu'un contrat de mariage, passé à Liége, n'emportoit aucune hypothèque en France ; l'autre du Conseil d'état, du 18 mars 1748, rendu contre la princesse de Carignan, qui jugea que son contrat de mariage, passé à Turin, n'avoit pas l'effet de l'hypothèque dans le royaume. Cet arrêt cassa celui du parlement de Paris, du 3 août 1744, qui avoit jugé le contraire. Aussi Roussille, *de la dot, tom.* 1er, *pag.* 326, s'est contenté de partir de ces deux arrêts, pour établir que l'hypothèque devoit être refusée à des contrats de mariage passés dans des pays étrangers.

Distinctions
à ce sujet,

247. Tels sont les principes adoptés par l'article 2128 du Code civil. D'après cet article, la question peut se simplifier ; elle doit néanmoins être subordonnée à une distinction.

Ou ce sont deux individus non Français, c'est-à-dire, domiciliés dans un pays étranger, qui contractent un mariage dans ce même pays, le mari possédant des biens en France ; ou c'est un Français qui épouse une femme dans un pays étranger, laquelle vient habiter avec son mari en France, où elle acquiert domicile.

Au premier cas, le contrat de mariage même reçu par un officier public en pays étranger, n'acquiert à la femme aucune sorte d'hypothèque sur les biens que son mari peut posséder en France, ni pour sa dot, ni pour ses conventions matrimoniales. Elle ne peut réclamer une hypothèque con-

---

(1) Voyez ce que j'ai dit sur l'effet des contrats passés en pays étranger, quant à l'hypothèque, en m'expliquant sur l'hypothèque conventionnelle.

ventionnelle, puisque, d'après ce qui vient d'être dit, un acte passé dans
de pareilles circonstances n'imprime aucune hypothèque sur des biens
situés en France, où il n'auroit le privilége, ni de l'authenticité, ni de l'exécution parée. La femme n'auroit pas plus une hypothèque légale soit pour
sa dot, soit pour ses conventions matrimoniales, et surtout le privilége de
l'affranchissement de l'inscription établi par l'art. 2135 du Code civil. Il y
en a la même raison que pour l'hypothèque conventionnelle, qui est que
l'hypothèque légale qui peut suppléer au défaut d'hypothèque conventionnelle, émane, comme cette dernière, du droit civil. Or, il est incontestable que le droit civil d'une nation protége uniquement les citoyens de
cette nation pour lesquels ce droit est établi, et il ne se communique nullement aux citoyens d'une autre nation, auxquels ce droit est absolument
étranger.

Il faut cependant convenir que, d'après les lois politiques ou des traités,
un contrat de mariage pourroit, comme tous autres actes passés en pays
étranger, porter hypothèque sur des immeubles situés en France, d'après
la disposition de l'art. 2128 du Code civil, qui doit être commune aux contrats de mariage, comme à tous autres contrats, puisque la loi ne fait, à
cet égard, aucune distinction. Mais si, d'après la réciprocité relative d'une
nation à l'autre, il devoit y avoir seulement hypothèque, et même une
hypothèque légale, au moins faudroit-il toujours que, dans ce cas, la femme
étrangère prît une inscription, pour la conservation de ses droits, sur les
immeubles de son mari. La réciprocité de nation à nation, qui peut résulter
des lois politiques et des traités, doit toujours se borner aux objets sur lesquels cette réciprocité est restreinte. Tout émane du droit civil, et la légalité de l'hypothèque, et l'affranchissement de son inscription, dans les cas
déterminés. Et toute dispense qui ne peut résulter d'un état de réciprocité, ne peut être admise contre la règle générale qui veut la publicité
de l'hypothèque.

Au second cas, c'est-à-dire, lorsqu'un Français épouse une femme en un
pays étranger, et lorsque cette femme vient habiter avec son mari en France,
où elle acquiert domicile, on ne peut alors se décider par les mêmes principes. La femme étrangère qui épouse un Français, et qui suit son mari,
devient Française. Telle est la disposition de l'art. 12 du Code civil. Ainsi,
la femme qui est dans cette position jouira, comme toute femme française

et mariée en France, de tous les droits accordés aux femmes par le Code civil, tant pour la dot que pour les conventions matrimoniales. On sent que si la femme épousée en pays étranger, qui suit son mari en France, n'a point d'acte qui règle les conventions matrimoniales, le mariage, comme pour toute femme française et mariée en France, seroit réglé par le chap. 2 du titre *du contrat de mariage*, relatif au régime de la communauté. L'art. 1400 du Code suppose le défaut de contrat. C'est toujours la loi du domicile du mari, qui est la loi matrimoniale. Il semble qu'il seroit à propos que les époux, étant fixés en France, fissent déposer une expédition de leur contrat de mariage chez un notaire du lieu du domicile du mari, en vertu d'un jugement du tribunal de ce domicile. On sent le but de cette mesure. C'est afin que des tiers puissent se procurer la connoissance des conventions matrimoniales, aussi aisément que peuvent l'avoir les tiers, relativement aux époux mariés en France. Il y a plus, c'est qu'il sera toujours prudent que la femme mariée, dans le cas dont il s'agit, prenne une inscription sur les immeubles de son mari, acquis en France, pour sa dot et pour ses conventions matrimoniales.

Enfin, il reste une observation essentielle, c'est que, pour assurer les répétitions dotales de la femme mariée en pays étranger, il est à propos, respectivement aux créanciers que le mari pourroit avoir dans la suite, qu'elles soient établies par le contrat de mariage, ou par des quittances notariées qui soient en rapport avec ce contrat. Cela est surtout nécessaire pour les répétitions qui auroient pris naissance dans le pays étranger où le mariage auroit été contracté. On sent qu'étant venue en France, elle pourroit prouver difficilement la sincérité de ces répétitions autrement que par des actes authentiques; elle pourroit n'être pas dans la même position que les femmes mariées en France, pour lesquelles il ne faut pas nécessairement de quittances notariées de la part de leurs maris, ainsi que je l'ai observé, n° 234.

Mais tout ce que j'ai dit ne peut avoir lieu que pour les contrats de mariage passés par des officiers publics des pays étrangers, autres que les chanceliers des consuls français qui y seroient établis. Car il est impossible de faire aucune différence entre les actes passés à ces chancelleries, et ceux reçus par des notaires en France, puisqu'ils sont tous revêtus d'une autorité qui émane du Roi. On doit appliquer ici ce que j'ai dit pour ce cas, en traitant de l'hypothèque conventionnelle et de l'hypothèque judiciaire (1).

248. L'hypothèque légale de la femme s'étend sur tous les biens quelconques du mari, même sur ceux qui ont été acquis pendant la communauté, et qu'il a ensuite revendus. Cette question éprouva beaucoup de difficultés, lorsqu'elle se présenta dans les premiers temps de la promulgation du Code civil, quoiqu'aucun article de ce Code, et notamment les art. 2121 et 2135, qui sont les plus essentiels sur cette matière, n'empêchent que l'hypothèque légale de la femme ne porte sur tous les biens du mari, puisqu'ils n'en distinguent aucun.

L'hypothèque légale peut être exercée sur tous les biens du mari, même sur ceux acquis sous la communauté, et qu'il revend.

Les difficultés provenoient de la nature des droits de la femme mariée sous le régime de la communauté, et de la différence considérable qui existe entre ce régime et le régime dotal. On sent bien que je parle du cas où la femme commune n'a pris part ni aux acquisitions, ni aux reventes faites par le mari, et où elle n'a contracté aucune obligation avec celui-ci.

Ceux qui se prononçoient contre l'existence des hypothèques de la femme sur les biens de la communauté avant la dissolution du mariage, ou avant la dissolution de la communauté, par une renonciation faite après une séparation de biens, disoient, «qu'en voulant que l'hypothèque de la femme frappe les biens de la communauté à fur et mesure qu'ils y entrent, et en admettant, par suite, que la femme peut poursuivre les tiers détenteurs, c'est gêner l'administration du mari, c'est lui ôter le droit que lui accorde spécialement l'art. 1421, de vendre, aliéner et hypothéquer les biens de la communauté, sans le consentement de la femme. Nul doute que quand les biens se trouvent dans les mains du mari, lors de la dissolution de la communauté, la femme ne puisse exercer sur eux son hypothèque, conformément aux art. 2121, 2122 et 2135; mais lui permettre d'attaquer les tiers lorsque les biens ont été vendus, c'est renverser la base fondamentale de la communauté, c'est empêcher, contre le texte précis de la loi, que

(1) On lira avec fruit, sur les difficultés qui peuvent avoir trait aux contrats de mariage passés en pays étranger, une consultation délibérée par M. Sirey, le 27 mai 1817, souscrite par des avocats d'un mérite connu. Cette consultation est forte en principes. On la voit dans son recueil, *an 1817, 2e partie, pag. 217.* On y prend des connoissances utiles sur les usages de l'Espagne, où le contrat de mariage dont il s'agissoit avoit été passé.

le mari soit maître souverain de tous les biens qui la composent. » On alloit jusqu'à dire que la communauté avoit l'effet de faire considérer les époux comme associés, et que les ventes faites par le mari, quoique seul, devoientêtre regardées comme faites aussi par la femme elle-même; que tous ses droits ne se déterminent et ne naissent même qu'à la dissolution de la communauté, et ne peuvent s'exercer que d'après l'état des choses à cette époque.

A l'appui de l'opinion contraire, on se fondoit sur le principe incontestable, que la renonciation à la communauté produisoit l'effet de faire considérer la femme comme si elle n'avoit jamais été commune, qu'elle la remettoit au même état où elle étoit à l'époque de son mariage; de même qu'une renonciation à une succession a un effet rétroactif au jour du décès du défunt, et efface entièrement la qualité d'héritier. On oppose, à la vérité, contre ce principe, que cet effet de la renonciation n'est qu'une fiction de la loi, qui ne sauroit détruire la réalité de la communauté et de la qualité de commune; que cette fiction n'a d'autre objet que de conserver les propres de la femme intacts, tant qu'elle ne s'oblige pas, et de lui réserver l'exercice de ses hypothèques, mais seulement sur ce qui reste dans la fortune du mari après la cessation de son administration de la communauté. Mais cette objection, répondoit-on, n'est qu'une subtilité qui ne peut détruire le fait que le mari est maître de la communauté, propriétaire des biens qui la composent, et que, par conséquent, ils deviennent empreints des hypothèques de la femme comme ses biens propres, et qu'il ne peut en disposer que sous la charge de ces hypothèques. Tel est, d'ailleurs, le résultat de notre législation sur la communauté, et notamment de l'art. 1495, où il est dit que la femme (renonçante) peut exercer toutes ses actions et reprises, tant sur *les biens de la communauté* que sur les biens personnels du mari. L'exercice de ces droits est établi d'une manière absolue et indéfinie sur les biens de *la communauté*. Il n'est pas dit *s'il y en a* après la dissolution de la communauté.

Je ne fais que présenter un résumé très-succinct d'une dissertation qu'on voit, à ce sujet, dans le recueil de jurisprudence du Code civil, *tom.* 19, *pag.* 187. Elle est suivie d'un arrêt de la Cour royale d'Angers, du 26 août 1812. Cet arrêt admit le principe que l'hypothèque est un droit formé et acquis à la femme, du jour du mariage, quoiqu'il soit subordonné à des cas et à des conditions éventuels; en un mot, que l'effet de l'hypothèque de la femme qui n'a pas consenti à la vente est seulement incertain et suspendu jusqu'à la dissolution de la communauté, mais qu'il n'existe pas moins ; que ce n'est pas cette dissolution qui fait naître les droits de la femme, qu'elle n'a point d'autre effet que de leur donner ouverture. Pour abréger, je ne rapporterai pas les motifs de cet arrêt. Ils méritent d'être médités. On y voit la véritable application des principes de la matière.

La même question s'étant présentée à la Cour royale de Colmar, cette Cour jugea différemment. Il sembleroit qu'elle s'étoit décidée par des circonstances particulières. C'étoit l'épouse d'un Juif qui réclamoit son hypothèque. On regardoit comme dangereux de faire triompher le système de cette femme, parce que les Juifs n'ayant leur fortune que dans leur porte-feuille, n'achetant des biens que pour les vendre aussitôt avec beaucoup de bénéfice (il étoit question d'achat et de revente de biens nationaux), pourroient dès lors grever d'hypothèques légales, en faveur de leurs femmes, tous les biens qui passeroient ainsi dans leurs mains, et exposer des acquéreurs de bonne foi à être évincés, ou à payer deux fois, sans pouvoir espérer un recours utile contre leurs vendeurs. Mais, sur le pourvoi, la Cour de cassation, par son arrêt du 8 novembre 1813, écarta les moyens de considération pour s'en tenir aux principes. L'arrêt attaqué fut cassé comme présentant une violation formelle des art. 2121 et 2135 du Code civil, qui assurent aux femmes mariées une hypothèque légale sur les biens de leurs maris. Il n'y avoit pas en effet de distinction à faire, dès que la loi n'en faisoit pas. Cet arrêt est rapporté dans le même recueil, *tom.* 21, *pag.* 436.

Enfin, la question a encore été soumise à la Cour royale d'Orléans, et les mêmes principes y ont été adoptés par un arrêt du 14 novembre 1817. Il est rapporté dans le recueil de Denevers, *an* 1819, *pag.* 31, *au suppl.* Mais ce qui met le dernier sceau à la jurisprudence sur ce point de législation, c'est un arrêt de la Cour de cassation, du 9 novembre 1819, rapporté dans le même recueil et dans le même vol., *pag.* 623 *et* 624. Cet arrêt est remarquable par la justesse et la précision de ses motifs.

« Vu les art. 2121 et 2122 du Code civil, ainsi conçus : art. 2121, « Les
» droits et créances auxquels l'hypothèque légale est attribuée, sont ceux
» des femmes mariées, sur les biens de leurs maris ; » article 2122, « Le
» créancier qui a une hypothèque légale, peut exercer son droit sur
» tous les immeubles appartenant à son débiteur, et sur ceux qui pour-

» ront lui appartenir dans la suite, sous les modifications qui seront ci-
» après exprimées. » Attendu qu'aux termes de ces articles, tous les
biens présens et à venir du mari sont soumis à l'hypothèque légale de la
femme ; que du nombre de ces biens sont les conquêts de la communauté, puisque la moitié en appartient actuellement au mari, et que l'autre
moitié peut lui appartenir éventuellement, si la femme n'accepte point la
communauté ; que, par une suite, ils sont légalement affectés aux reprises
de la femme, en cas de renonciation ; qu'aucune loi n'excepte de cette
affectation les conquêts aliénés par le mari pendant la communauté ; qu'on
ne peut, par conséquent, les en excepter sans violer ces mêmes articles ;
que si le mari a droit de vendre cette espèce de biens, pendant la communauté, sans le consentement de la femme, il ne s'ensuit point que, si
elle renonce, elle ne puisse exercer son hypothèque sur ceux qu'il a aliénés
avant sa dissolution, à moins que les acquéreurs ne l'aient purgée par
les voies légales ; qu'en effet, le droit du mari, à cet égard, est essentiellement subordonné à celui que l'art. 1453 donne à la femme de renoncer
à la communauté, si mieux elle n'aime l'accepter ; qu'il suit nécessairement de cet article, qu'en cas de renonciation, les actes faits par le mari
pendant la communauté lui demeurent exclusivement personnels, et ne
peuvent conséquemment faire obstacle à l'hypothèque de la femme, ni à
son exercice ; que le système contraire exposeroit la femme à perdre ses
reprises, tandis que l'hypothèque des conquêts aliénés par le mari, tant
que la communauté subsiste, lui en assure la conservation, sans nuire à
personne, puisque le mari peut la faire réduire, si elle excède ; que ceux
qui contractent avec lui sont libres de ne point le faire, connoissant ou
ne devant point ignorer la condition de celui avec qui ils traitent, et que,
si les acquéreurs veulent en purger les immeubles par eux acquis, ils le
peuvent en usant des voies légales établies à cet effet ; — Et attendu que,
dans l'espèce, la femme Adam a renoncé à la communauté de biens entre
elle et son mari, que dès lors la maison dont il s'agit demeure soumise
à son hypothèque, quoiqu'elle ait été aliénée par le mari pendant la communauté, et que, par une suite, l'arrêt dénoncé, en jugeant le contraire,
viole les art. 2121 et 2122 du Code civil ; — Casse. »

Il n'est pas inutile de remarquer que, d'après les discussions qui ont
préparé ces arrêts, les principes qu'ils ont adoptés étoient observés sous
l'ancienne législation.

                                                                    249.

249. Si on fixe son attention sur l'étendue des droits que la loi attache aux hypothèques légales ; si on remarque que les femmes peuvent les exercer en tout temps, abstraction faite des époques auxquelles les maris peuvent avoir souscrit des obligations en faveur des tiers, ou fait des ventes, on voit que l'exercice de ces hypothèques peut tromper la sécurité d'un acquéreur qui, le premier, auroit acheté, ou celle d'un créancier qui, le premier, auroit eu une hypothèque même avec inscription, à une époque où un mari avoit encore plus de bien qu'il n'en auroit fallu pour faire face à tous les droits de la femme. Alors on est convaincu de la nécessité, soit de la part de l'acquéreur, soit de la part du créancier, de prendre toutes les précautions que la loi peut procurer, pour ne pas devenir victime à l'égard de la femme, selon la direction qu'elle peut donner à l'exercice de ses droits.

La purgation de l'hypothèque légale est une précaution importante à prendre par tout acquéreur quelconque.

Et d'abord, supposons qu'un mari, au moment où il veut vendre, ait pour 100,000 fr. d'immeubles ; qu'il en vende à *Paul* jusqu'à concurrence de 20,000 fr. ; que sa femme ait une hypothèque légale, affranchie d'inscription, pour pareille somme de 20,000 fr. : dans cet état, ce vendeur a pour 60,000 fr. de biens libres ; mais il les vend dans la suite à *Pierre*, sans avoir pris inscription sur ses propres biens pour la conservation des droits de sa femme, conformément à l'art. 2136 du Code civil. *Pierre*, second acquéreur, prend tous les moyens indiqués pas la loi pour purger l'hypothèque légale de la femme : celle-ci garde le silence sur toutes les notifications qui sont faites; il n'y a point d'inscription prise par elle, ou pour elle, par les personnes qui y sont plutôt invitées par la loi, qu'elles n'en sont chargées. D'après le défaut d'inscription dans le délai indiqué par la loi, *Pierre*, second acquéreur, paye au mari, vendeur, le prix de sa vente : il est valablement libéré, et à l'abri des recherches de la femme ; mais celle-ci peut ensuite tourner tête, pour la conservation de son hypothèque légale, contre *Paul*, premier acquéreur ; car, d'après la nature et l'étendue de son hypothèque, elle a le droit de l'exercer sur les biens de son mari, abstraction faite de l'antériorité ou de la postériorité des ventes que celui-ci en auroit faites. Il est aisé de sentir que *Paul*, premier acquéreur, pour éviter cette position, doit faire purger les biens qu'il a acquis, de l'hypothèque légale de la femme du vendeur, par les voies connues, et qu'il est inutile que je rappelle. Aussi la Cour royale d'Orléans, dans les motifs de son arrêt que j'ai cité dans le n° précédent, par lequel elle a jugé que

Tome I.   Y y y l'hypothèque légale frappoit sur tous les biens *de la commmnnauté*, à fur et mesure que le mari les vendoit, a inséré celui-ci : « D'où il suit que, dans l'espèce, ceux qui ont acquis du mari doivent s'imputer *de n'avoir pas purgé utilement la demande hypothécaire légale.* »

Il y a plus; le premier acquéreur courroit le risque d'être évincé, ou de payer deux fois, dans le cas même où la femme, lorsqu'elle en a la capacité, d'après les circonstances déterminées par la loi, seroit intervenue dans les ventes postérieures faites par son mari, et qu'elle auroit renoncé, en faveur des seconds acquéreurs, à son hypothèque légale. C'est ce qui a été jugé en thèse par un arrêt de la Cour de cassation, du 20 août 1816. *Denevers, an* 1816, *pag.* 545. Je renvoie à l'arrêtiste pour connoître l'espèce et les motifs de l'arrêt.

Je dirai seulement que cet arrêt est fondé sur ces principes incontestables; 1°. que ces renonciations sont de droit étroit; qu'elles doivent être restreintes aux personnes au profit desquelles elles sont faites, d'après l'art. 1165 du Code civil, et ce qui résulte de la loi 21, au Code *ad senat., Cons. Vell.*; 2°. que, par une suite de l'indivisibilité de l'hypothèque, le créancier a le droit de suivre son gage, dans quelques mains qu'il le trouve, et que la loi ne prescrit aucun ordre successif dans l'exercice de l'hypothèque; qu'elle ne distingue pas entre les acquéreurs antérieurs ou postérieurs, ce qui est la disposition précise de la loi 8, ff. *de distract. pign. et hypoth.*; 3°. qu'on n'est jamais réputé pratiquer un dol, lorsqu'on ne fait qu'user d'un droit légitime, et que le premier acquéreur a à s'imputer de s'être dessaisi du prix de son acquisition, avant d'avoir purgé.

On ne devroit pas s'attendre à de pareils dangers, lorsqu'on contracte avec des personnes qui ont de l'ordre et de la moralité. Mais la force des principes doit être le premier fondement des décisions judiciaires.

D'autres points de vue sous lesquels la purgation de l'hypothèque légale est nécessaire.

250. Il y a encore d'autres points de vue sous lesquels la nécessité, de la part de l'acquéreur, de purger les hypothèques légales, se fait sentir. D'abord, sans cette purgation d'hypothèques, il peut toujours être recherché par la femme, soit qu'il y ait d'autres créanciers inscrits, soit qu'il n'y en ait pas: c'est ce qui résulte de ce qui vient d'être dit. Ensuite, s'il y a d'autres créanciers inscrits, dont les hypothèques doivent être purgées, et si, sur la notification de la transcription, qui doit être faite à ces créanciers, il faut en venir à un ordre entre eux, comme cela devient indispensable, on ne conçoit pas que cet ordre puisse se faire, sans que la femme

du vendeur y soit partie; à moins que, malgré les mesures prises par l'acquéreur, en conséquence de l'article 2194 du Code civil, dans la vue de
purger son hypothèque légale, elle ait gardé un silence absolu. Et ce que
je dis d'un mari vendeur, s'applique à un tuteur qui vendroit, la position
étant la même, s'agissant toujours d'hypothèques légales, pour la purgation
desquelles il y a les mêmes mesures à prendre.

Il est, en effet, impossible que, sans savoir si les hypothèques légales
seront purgées, ou non, on procède à un ordre, puisque cet ordre deviendroit inutile, si la femme ou le subrogé tuteur venoient ensuite réclamer
leurs droits, et demander le partage des collocations à ceux des créanciers
qui les auroient touchées. Il faut encore remarquer que toute inscription
ne s'éteint que par sa radiation sur le registre du conservateur, d'après le
payement fait par l'acquéreur aux créanciers inscrits du montant de leurs
créances, en conséquence d'un ordre, et sur la délivrance des bordereaux
de collocation, ou d'après une consignation.

Aussi, un arrêt de la Cour royale d'Angers, du 14 juillet 1809, *Denevers,*
an 1810, *p.* 60, *suppl.*, apprend qu'un acquéreur avoit fait à des créanciers
inscrits les notifications prescrites par la loi, mais qu'il avoit trop retardé les
mesures nécessaires pour la purgation des hypothèques légales. Avant l'accomplissement des formalités pour y parvenir, un des créanciers inscrits
avoit ouvert l'ordre: l'acquéreur se vit obligé de s'opposer à la distribution
du prix, jusqu'à l'expiration des délais accordés pour l'inscription des hypothèques légales. Les créanciers contestèrent cette opposition, mais elle fut
accueillie par les premiers juges, quoique l'acquéreur se fût lui-même
présenté d'abord à l'ordre, sans protestation. Le jugement fut motivé sur
ce qu'aucune loi n'ordonne, à peine de déchéance, l'exécution des formalités
relatives à la purgation des hypothèques légales, dans un délai quelconque;
et que l'accomplissement préalable de ces formalités étoit nécessaire, afin
de pouvoir colloquer les hypothèques légales, dont les inscriptions pourroient survenir, suivant leur rang de privilége, et de ne pas distribuer le
prix de cet immeuble à des créanciers postérieurs en ordre d'hypothèque.
Cette décision fut confirmée sur l'appel. Aussi voit-on, dans un autre arrêt
de la Cour royale de Colmar, du 31 août 1811, rapporté dans le même
recueil, *an* 1812, *pag.* 25, *suppl.*, qu'une femme qu'on avoit cru d'abord,
mal à propos, n'avoir pas conservé son hypothèque légale, et sans laquelle
on avoit procédé à un ordre, obtint ensuite contre les créanciers le rap-

port des sommes pour lesquelles ils avoient été colloqués. L'arrêt leur accorda cependant, attendu leur bonne foi, la faveur de n'être condamnés aux intérêts, qu'à compter du jour de la demande, et non du jour de la réception des sommes.

On est donc convaincu, d'après tout ce qui vient d'être dit, qu'un acquéreur peut toujours être recherché, à raison des hypothèques légales, tant qu'il ne remplit pas les formalités établies par l'art. 2194, pour parvenir à les purger. Si, lorsqu'elles ont été remplies, la femme ne requiert point d'enchères, et ne prend pas une inscription dans le délai de deux mois (ce qui s'applique encore au subrogé tuteur), l'immeuble demeure libéré, entre les mains de l'acquéreur, de toutes hypothèques légales : il ne doit que le prix. Cependant, d'après une jurisprudence qui s'est formée, la femme, même après l'expiration de deux mois pendant lesquels elle auroit gardé le silence, peut se présenter à l'ordre, pour demander l'allocation de ses créances, auxquelles est attachée l'hypothèque légale. Mais cela concerne seulement les créanciers, et nullement l'acquéreur. Voyez ce que je dis à ce sujet au n° 265.

Des risques que court celui qui prête à un particulier dont les biens sont affectés à des hypothèques légales, lors même qu'il paroît très-solvable.

251. Quant à celui qui prête dans le cas ci-dessus indiqué, sa position est différente, et elle est plus délicate. Partons de la même situation hypothétique que j'ai présentée, n° 249, sur la fortune d'un particulier. *Pierre* a 100,000 fr. d'immeubles ; sa femme a une hypothèque légale pour 20,000 fr. ; il consent une obligation de 20,000 fr. sur un objet particulier, dépendant de sa fortune, avec hypothèque spéciale, à *Paul* qui prend une inscription : ensuite, vente à *Jacques* des 60,000 francs de biens restans, qui paroissent libres ; mesures prises par *Jacques*, afin de purger l'hypothèque légale de la femme : silence absolu de celle-ci. Si la purgation de son hypothèque se consomme, *Jacques* peut payer le prix au vendeur, et être à l'abri des recherches de la femme ; mais dans la suite elle peut, d'après les principes déjà exposés, exercer son hypothèque légale sur l'objet particulier grevé d'hypothèque conventionnelle envers *Paul*, malgré l'inscription que celui-ci aura prise, l'hypothèque légale devant toujours avoir la préférence, même sans inscription. Quel est le parti que *Paul* pourra prendre pour se tirer de cette position ? On sent qu'il n'a pas les mêmes avantages que s'il étoit acquéreur au lieu d'être créancier. La facilité qu'il auroit eue de purger l'hypothèque légale auroit fait cesser, ou, pour mieux dire, auroit prévenu toutes difficultés.

On conçoit d'abord qu'aux termes de l'art. 2136, il auroit la ressource
de l'action en stellionat contre son débiteur, pour n'avoir pas pris sur ses
propres biens une inscription pour les hypothèques légales dont ils étoient
grevés, ou pour n'avoir pas déclaré, lors des obligations qu'il souscrivoit,
l'existence de ces hypothèques. Mais ce moyen, quoiqu'il soit une preuve
de la prévoyance du législateur, et qu'il soit toujours propre à contenir
l'immoralité, peut, en définitif, devenir infructueux, et il faut aviser à
d'autres ressources. Ce créancier ne pourroit pas, de son propre mouvement, prendre une inscription au nom de la femme ; un désaveu la rendroit inutile ; il ne peut pas, non plus, prendre d'inscription comme son
créancier et se subrogeant à ses droits. Il n'est point créancier de la femme,
et il n'a aucun droit de veiller, comme partie intéressée, à la conservation des créances de celle-ci. Elle jouit, dans cette circonstance, de la
plénitude de ses droits ; elle est maîtresse de prendre une inscription, ou
de s'en abstenir.

Mais il s'agit de savoir si elle ne peut pas être forcée, par l'autorité de
la justice, à prendre une inscription. Or, on doit pencher pour l'affirmative. Ce seroit le cas d'invoquer la disposition de l'art. 1167 du Code
civil, où il est dit que les créanciers peuvent, en leur nom personnel,
attaquer les actes faits par leur débiteur, *en fraude de leurs droits.* Si le
créancier peut attaquer et faire déclarer nul un acte fait en fraude de ses
droits, il est, sans contredit, dans l'esprit de la loi qu'il puisse arrêter un
acte qui tendroit à préjudicier à ses droits, et dont l'effet deviendroit irréparable s'il étoit consommé. On peut pratiquer une fraude par l'omission
d'un acte, comme en en faisant un, selon les circonstances. Ici le mari et
la femme sont évidemment en fraude. Ils ne pourroient l'un et l'autre,
sans indélicatesse, se refuser à prendre l'inscription qui seroit demandée ; elle devroit être ordonnée dans l'intérêt de la femme, comme
dans celui du créancier, la loi ayant manifesté, dans nombre d'articles,
le vœu de l'inscription au nom de la femme, d'abord pour lui conserver
sa dot, et ensuite afin d'empêcher que les tiers ne soient trompés. La
procédure à tenir en pareil cas, ne peut présenter de difficultés sérieuses.
On sent qu'il faudroit agir par forme d'instance provisoire. Le créancier, au
moment où il seroit instruit de ce qui seroit fait par l'acquéreur, en vertu
de l'art. 2194, et de l'avis du Conseil d'état, du 1er juin 1807, assigneroit
le mari et la femme aux fins que je viens d'indiquer ; il assigneroit en

même temps l'acquéreur en assistance de cause, pour voir ordonner, s'il en étoit besoin, la prorogation du délai accordé pour l'inscription, par cet art. 2194, et par l'avis du Conseil d'état. La justice pourroit ordonner, pour mieux assurer l'existence de l'inscription, qu'elle seroit prise par le procureur du Roi.

On sent encore que s'il restoit quelques propriétés au débiteur, outre celle qu'il auroit d'abord hypothéquée, et indépendamment de celle qu'il auroit vendue après, le créancier pourroit exercer une action contre lui, dont l'objet seroit d'obtenir ou le remboursement de sa créance, ou un supplément d'hypothèque. Ce seroit une conséquence de l'art. 2132. On agiroit, en un mot, selon la position des parties, et les circonstances qu'il est impossible de déterminer avec précision.

Mais il y a un moyen plus simple de rassurer les acquéreurs et les créanciers du mari, et d'alléger en même temps le poids des hypothèques légales, à l'égard de celui-ci. Je veux parler de l'usage de la restriction des hypothèques, permise par la loi. J'en indiquerai bientôt les moyens.

Des engagemens de la femme mariée. Elle peut, sous le régime de la communauté, consentir à la radiation des inscriptions qu'elle auroit prises sur les biens de son mari.

252. Après avoir expliqué la nature des hypothèques légales des femmes, et après avoir indiqué les précautions que doivent prendre les acquéreurs et les créanciers des maris dont les biens sont affectés à ces hypothèques, je dois faire connoître les difficultés qui peuvent s'élever sur certaines obligations des femmes elles-mêmes, ou sur les subrogations qu'elles pourroient faire à leurs hypothèques légales. Ce que je vais dire ne peut concerner que les femmes mariées sous le régime de la communauté. Quant à la capacité des femmes, en général, relativement aux obligations qu'elles peuvent consentir, je m'en suis expliqué au n° 33 et suivans.

Il n'y a nul doute que la femme ne pourroit, dans l'unique intérêt de son mari, et abstraction faite de celui de la communauté, s'obliger ou renoncer à ses droits et hypothèques. Ce seroit de la part du mari un abus d'autorité. Lorsqu'il est question d'alléger, à l'égard du mari, le poids d'une hypothèque légale qui seroit plus ou moins inférieure à la valeur de ses biens, il peut y parvenir, mais seulement par les mesures indiquées dans les art. 2140 et 2144 du Code civil, et en pratiquant les formalités prescrites par ces articles.

Mais si, dans l'intérêt de la communauté, pour les affaires communes ou pour celles du mari, la femme se voit obligée de contracter des engagemens envers des tiers, elle peut le faire avec le consentement de son mari.

Elle a donc la faculté de s'obliger, d'hypothéquer et même de vendre, toujours avec le même consentement; et alors la femme est réputée être seulement caution du mari; elle a, comme toute caution, son recours contre lui; mais ses engagemens restent, respectivement aux tiers. Telle est la disposition de l'art. 1431 du Code: « La femme qui s'oblige solidairement avec son mari pour les affaires de la communauté ou du mari, n'est réputée, à l'égard de celui-ci, s'être obligée que comme caution: elle doit être indemnisée de l'obligation qu'elle a contractée. »

Lorsqu'on remarque les progrès de la jurisprudence, on voit que la question relative à la capacité de la femme, dans le cas dont il s'agit, a souffert dans le principe des difficultés. Mais elles dérivoient uniquement de ce qu'on confondoit les cas prévus par les art. 2140 et 2144, avec le cas énoncé dans l'art. 1431, et dans d'autres analogues à ce même article, cas qui sont absolument distincts, et susceptibles de règles différentes. Enfin, la question a été ainsi jugée en thèse par un arrêt de la Cour de cassation, du 12 février 1811, et par un autre de la même Cour, du 12 janvier précédent, qui est rappelé et attesté dans un arrêt conforme de la Cour d'appel de Gênes, du 30 août de la même année. *Recueil de jurisp. du Code civil*, tom. 16, pag. 136, et tom. 17, pag. 417; *Denev.*, an 1811, pag. 158. Cette jurisprudence a constamment été suivie par nombre d'arrêts de Cours royales.

Il y a plus, l'arrêt de la Cour de cassation, du 12 février 1811, rendu par la section civile, dans l'intérêt de la loi, a jugé en thèse que la femme mariée qui s'étoit obligée solidairement avec son mari, à garantir la vente d'un immeuble sur lequel elle avoit pris une inscription hypothécaire, pouvoit consentir, en faveur de l'acquéreur, à la radiation de cette inscription. Cette faculté étoit une suite du pouvoir qu'elle avoit de s'obliger et de vendre sous l'autorisation de son mari. En donnant mainlevée de sa propre hypothèque, elle ne faisoit que ce que l'acquéreur pouvoit la forcer de faire d'après ses engagemens précédens, dont l'exécution étoit fondée sur la loi. Je renvoie aux motifs de l'arrêt et aux conclusions de M. Merlin, qui sont rapportés dans les recueils. On ne peut que se rendre à la solidité de ses raisonnemens, qui étoient encore étayés d'une lumineuse dissertation de M. Tarrible, sur cette question.

Il n'est pas à beaucoup près inutile d'appeler l'attention sur deux actes du gouvernement, dont M. Merlin argumentoit avec force à l'appui de son opinion, et qui doivent principalement être remarqués par les conservateurs et par les procureurs du Roi des tribunaux. L'un est une circulaire de M. le conseiller d'état, directeur général des droits réunis, en date du 8 avril 1807 : il y est dit que l'hypothèque légale de la femme d'un receveur des droits réunis, sur les biens de ce dernier, s'évanouït au moyen du cautionnement solidaire qu'elle contracte envers le gouvernement. L'autre est une instruction adressée par le ministre de la justice, le 15 septembre 1806, à tous les procureurs généraux et procureurs du Roi. Le ministre y recommande à ces magistrats de ne pas prendre d'inscription au nom de la femme qui a vendu solidairement avec son mari.

La crainte de l'exercice de l'hypothèque légale de la femme ne peut servir de fondement à une inscription prise sur ses biens, lorsqu'elle seroit elle-même garante de l'exercice de son hypothèque ; elle peut alors en demander la radiation.

253. Il peut y avoir des cas où l'hypothèque légale d'une femme sur les biens de son mari cesse, parce qu'elle seroit garante de sa propre demande. Lorsque cela arrive, cette hypothèque légale ne peut servir de fondement à des inscriptions qui seroient prises sur ses propres biens ; et elle peut demander elle-même la radiation de ces inscriptions. Pour se faire bien entendre, un exemple devient nécessaire, et je le prends dans l'espèce d'un arrêt de la Cour de cassation, du 18 juillet 1820. *Denevers, an 1821, p. 109.*

« Le 20 germinal an 13, le sieur Valmalette vendit au sieur Augé le domaine de Fegnat, moyennant 27,000 fr., qui furent payés comptant, sous la garantie hypothécaire que le sieur Ganiac, beau-père du vendeur, consentit en faveur de l'acquéreur pour la sûreté de ce payement. Le 16 vendémiaire an 14, l'acquéreur fit transcrire son contrat. Aucun créancier ne s'inscrivit, de sorte que l'immeuble ne demeura grevé que de l'hypothèque légale de la dame Valmalette, *née Ganiac, épouse du vendeur.* Le 12 août 1817, inscription requise par le sieur Augé sur les biens du sieur Ganiac, en vertu de la garantie hypothécaire promise par ce dernier, dans le contrat de vente du 20 germinal an 13.

» Après le décès du sieur Ganiac, la dame Valmalette, sa fille et son unique héritière, demanda la radiation de cette inscription, sur le fondement que l'hypothèque étoit devenue inutile et frustratoire, dès l'instant qu'elle, dame Valmalette, seule créancière inscrite sur le domaine vendu par son mari, avoit accepté purement et simplement la succession de son père, et se trouvoit ainsi tenue de la garantie qu'il avoit stipulée. Dès ce moment, disoit-elle, j'ai cessé d'être recevable à exercer *contre le tiers acquéreur mon hypothèque légale pour raison de ma dot.* Ce tiers acquéreur ne manqueroit pas, continuoit-elle, de me repousser, par la maxime, *quem de evictione tenet actio, eumdem agentem repellit exceptio,* puisqu'en ma qualité d'héritière de mon père, je suis obligée de garantir cet

acquéreur

acquéreur de toute action hypothécaire relative au domaine qui lui a été vendu par le sieur Valmalette, mon mari. »

La Cour de cassation rejeta le pourvoi contre un arrêt de la Cour royale de Toulouse, qui avoit accueilli la demande. J'ai rappelé l'espèce et les motifs de la réclamation, ce qui pouvoit se faire brièvement, pour me dispenser de rapporter les motifs des arrêts qui s'y réfèrent.

Cet arrêt offre un exemple pour tous les cas auxquels on peut appliquer les mêmes principes. Ainsi, supposons qu'un particulier eût vendu des biens dotaux de sa femme, et que, pour la garantie de la vente, il eût consenti une hypothèque spéciale sur ses biens propres, pour laquelle l'acquéreur auroit pris une inscription, il est hors de doute que la femme du vendeur, qui aura survécu à son mari, pourra procurer à ses enfans, héritiers de leur père, la radiation de l'inscription, en offrant la ratification de la vente de son bien propre ; et si la femme du vendeur étoit morte avant celui-ci, et que du mariage il y eût des filles qui seroient mariées sous le régime dotal, celles-ci, à raison de ce qu'elles seroient héritières de leur père, et qu'en cette qualité elles seroient garantes de ses faits, seroient en droit de demander la radiation de l'inscription qui, dès lors, deviendroit sans objet.

254. Il faut bien faire attention qu'une simple obligation de la femme, envers un tiers, conjointement avec son mari, n'est pas, à proprement parler, une subrogation qu'elle feroit à l'effet de son hypothèque légale sur les biens de celui-ci, et que cette obligation et la subrogation à l'hypothèque se règlent par des principes qui ne sont pas les mêmes.

De la simple obligation contractée par la femme.

Il ne sauroit y avoir de différence entre une simple obligation de la part d'une femme mariée, et celle qui seroit faite par un particulier quelconque, sans cession d'aucun objet, sans affectation spéciale d'un immeuble. Or, dans ce dernier cas, quel seroit l'effet de l'obligation ? ce seroit seulement de rendre obligés le débiteur et ses biens, sauf à faire valoir l'obligation par les voies de droit, sur ces mêmes biens. Supposons que ce débiteur eût une créance avec affectation d'hypothèque et inscription sur un immeuble ; celui envers lequel il se seroit obligé, n'auroit certainement pas acquis, en vertu de cette obligation simple, la propriété du droit hypothécaire du débiteur. Ce droit hypothécaire pourroit être cédé par le débiteur à tout autre particulier, et il ne resteroit au simple créancier que la ressource de l'opposition en *sous-ordre*, qui n'auroit lieu que dans le cas de la vente des biens du débiteur et de l'ouverture d'un ordre, sur le

Tome I.   Z. z z prix de ces mêmes biens, aux termes de l'art. 778 du Code de procédure. Ce prix seroit distribué entre ce créancier et d'autres créanciers qui, comme lui, pourroient avoir pris des inscriptions en sous-ordre, avant la clôture de l'ordre, mais seulement par contribution, et au marc le franc des créances.

Pour qu'il en fût autrement, il faudroit supposer que les obligations, à mesure qu'elles se feroient, eussent l'effet d'attribuer une véritable hypothèque sur les droits de la femme. Cela auroit eu lieu dans l'ancienne législation, où un droit d'hypothèque étoit lui-même susceptible d'être hypothéqué. Mais il n'en est pas ainsi dans notre législation actuelle : hypothèque sur hypothèque n'a lieu. C'est ce que je crois avoir établi au n° 157.

On sent que ce que je viens de dire s'appliqueroit au cas d'un jugement de condamnation obtenu contre une femme et son mari, même solidairement, comme au cas de la simple obligation. La condamnation ne produit que le même effet de l'obligation. La solidarité étend l'engagement, mais elle n'en change pas la nature : c'est seulement une obligation faite pour la dette d'un autre, comme caution. Il n'en résulte pas de cession des biens de l'un des coobligés, soit au profit de l'autre des coobligés, soit au profit du créancier. Il n'en résulte pas plus une hypothèque sur le droit hypothécaire qui appartient à la femme sur les biens du mari; et il n'y a toujours pour cet objet que la voie de l'inscription en sous-ordre. Un jugement de condamnation obtenu contre la femme produiroit bien une hypothèque générale sur ses biens, à la charge de l'inscription; mais l'effet de ce jugement se borneroit là, et il n'en résulteroit pas plus que d'une simple obligation qu'elle auroit faite, une subrogation à son hypothèque légale sur les biens de son mari.

Qu'on ne soit pas étonné d'une exposition de principes qui paroissent si élémentaires; elle a pour objet de préparer les décisions de plusieurs questions très-importantes qui vont être présentées.

De la subrogation faite par la femme à l'effet de son hypothèque légale.

255. Une de ces questions est de savoir quel est l'effet qu'on devroit attacher à la subrogation qu'une femme autorisée de son mari feroit au profit d'un tiers, à son hypothèque légale sur les biens du mari, afin de mieux assurer l'obligation que l'un et l'autre contracteroient solidairement. Or, on devroit considérer cette subrogation d'un œil bien différent que la simple obligation. Celui à qui cette subrogation seroit faite, et qui se présenteroit à un ordre de distribution de sommes provenantes de biens du mari, n'exerceroit pas les droits de la femme simplement comme créancier, ce qui est

le cas du *sous-ordre*; il les exerceroit comme propriétaire de ces mêmes droits qui lui auroient été transmis par la subrogation ou cession.

Il est indubitable qu'un droit hypothécaire peut être cédé ou vendu, comme tout autre objet, soit mobilier, soit immobilier; il est également certain que, quoique le créancier subroge simplement, et qu'il ne soit pas dit expressément qu'il cède et transporte sa dette, cette subrogation a néanmoins tous les effets de la cession et transport. C'est une jurisprudence ancienne, attestée par Renusson, *de la subrogation*, *chap.* 10, *n°* 40, et par Auroux des Pomiers, *Coutume de Bourb.*, *art.* 127, *n°* 6 (1). Ainsi, le particulier subrogé vient prendre à l'ordre le montant de la créance hypothécaire cédée, comme l'auroit fait la femme elle-même. Si, après le montant de la créance pour laquelle la subrogation a été faite, il reste des deniers, la femme a droit de les toucher, ou bien d'autres créanciers envers lesquels elle se seroit simplement obligée, et qui auroient pris une inscription en *sous-ordre.*

C'est dans ces idées qu'ont été rendus deux arrêts de la Cour royale de Paris, l'un du 15 mai 1816, l'autre du 12 décembre 1817. *Denev.*, *an* 1817, *pag.* 55, *et* 1818, *pag.* 15, *suppl.* Ils ont, l'un et l'autre, donné la préférence au créancier subrogé sur celui qui ne l'étoit pas. Je crois que cette décision doit fixer les idées sous le rapport de l'avantage qu'a la subrogation à l'hypothèque légale sur la simple obligation de la femme.

Mais l'arrêt du 12 décembre 1817 a décidé d'autres questions qui sont susceptibles de la plus grande attention. Dans l'espèce de cet arrêt, il y avoit plusieurs créanciers successivement subrogés à l'hypothèque légale de la femme, et il fut décidé que chacune de ces subrogations auroit son effet jusqu'à concurrence de la créance pour laquelle elle avoit été faite, en donnant la préférence sur les autres. Il fut jugé que par les subrogations que la femme avoit consenties, elle s'étoit dessaisie successivement, et jusqu'à concurrence du montant de chacune de ces subrogations, des droits résultans de son hypothèque légale, et qu'elle n'avoit pu, par des

---

(1) On pourroit rigoureusement trouver une différence, quant aux effets, entre la cession ou transport, et la subrogation. Quelques auteurs en ont fait la remarque; mais cette distinction est peu utile en pratique. Cependant on peut voir ce que M. Persil en dit, *Rég. hypoth.*, *art.* 2103, § 2, n° 11.

Z z z 2

subrogations postérieures, porter atteinte à celles qu'elle avoit précédemment consenties.

Mais cette décision n'est pas sans difficulté, et en voici la raison : c'est qu'en général, plusieurs particuliers subrogés à l'hypothèque d'un seul créancier, n'ont aucun avantage l'un sur l'autre ; ils viennent tous à concurrence de leurs créances, qu'ils tiennent de leurs subrogations, et à la seule date de l'hypothèque de la créance à laquelle chacun d'eux a été subrogé partiellement. On peut voir ce que je dis à ce sujet, n° 297.

Cependant je pense qu'on doit regarder comme juste la décision adoptée par l'arrêt. Je crois que le principe que je viens de rappeler n'a lieu, en général, que lorsqu'il s'agit d'une subrogation que consent un créancier, abstraction faite de toute obligation qu'il contracte, ou de toute libération qu'il veut se procurer ; que lorsqu'il est question d'une subrogation qu'il fait uniquement dans l'intérêt de ceux qui la demandent. Mais, lorsque la subrogation a lieu par suite d'une obligation que contracte le subrogeant qui a la faculté de s'obliger, ou dans la vue de se libérer envers un créancier, alors il répugneroit aux vrais principes concernant les engagemens, que la subrogation n'emportât pas dessaisissement de la portion de la créance pour laquelle elle seroit consentie. J'en ai déjà fait l'observation au n° 93. Cette observation est confirmée par la décision de cet arrêt. On sent, au surplus, que c'est un avertissement pour prévenir la difficulté ; ce qu'on peut faire par une stipulation bien simple.

Dans l'espèce du même arrêt du 12 décembre 1817, le premier des créanciers subrogés à l'hypothèque légale de la femme avoit pris inscription sur les biens du mari affectés à son hypothèque, mais sans faire mention de la subrogation qui lui avoit été faite par la femme. Le second créancier, au contraire, avoit pris une inscription dans laquelle il avoit mentionné expressément la subrogation qui lui avoit été consentie par la femme. L'inscription étoit prise tant en vertu de cette subrogation, qu'en vertu de l'obligation contractée par le mari et par la femme. Il s'élevoit la question de savoir si, dans le concours des subrogés de la part de la femme, il n'étoit pas juste d'accorder la préférence à celui qui, le premier, avoit fait inscrire sa subrogation. La Cour royale de Paris s'est décidée pour la fixation du droit de chaque créancier subrogé, selon la date des subrogations, abstraction faite du défaut d'inscription ; elle s'est fondée sur ce que l'hypothèque légale existe indépendamment de toute inscription.

Or, c'est ici que l'on rencontre de sérieuses difficultés. La décision de cet arrêt ne peut recevoir une application juste pour tous les cas; en sorte qu'elle est susceptible de grandes modifications. En effet, on peut concevoir que s'il arrive un état de choses d'après lequel le créancier subrogé à l'hypothèque légale de la femme se présente pour toucher le montant de la créance, soit à un ordre, soit autrement, il sera fondé à recevoir, selon la date de l'hypothèque légale à laquelle il aura été subrogé par la femme, quoique son inscription ne fasse pas mention de la subrogation. Il faut convenir, en effet, que l'hypothèque étant légale dans son origine, elle passe au créancier subrogé avec cette qualité et avec le privilége qui y est attaché. Or, le privilége de cette hypothèque légale ayant été d'être affranchi d'inscription, jusqu'à l'ordre, le créancier subrogé peut opposer que, de même que la femme pourroit recevoir sa dot sans avoir pris préalablement une inscription, de même aussi lui créancier qui la représente, et qui est subrogé en tous ses droits, est fondé à réclamer ce qui reviendroit à la femme, quoiqu'il n'eût pas fait inscrire la subrogation, et qu'il eût seulement fait inscrire l'obligation.

Mais cette prétention seroit-elle également fondée si, comme dans l'espèce de l'arrêt, il y avoit d'autres créanciers postérieurs du mari, qui se seroient aussi fait subroger à l'hypothèque légale de la femme, et qui se seroient fait inscrire sur les biens du mari, tant en vertu de l'obligation qu'en vertu de la subrogation de la femme? Je pense que la négative seroit sans difficulté; on en sent facilement la raison : ces derniers créanciers subrogés pourroient reprocher au premier créancier subrogé, de les avoir induits en erreur, pour n'avoir pas pris, comme eux, la précaution de s'inscrire en vertu de la subrogation de la femme à son hypothèque légale. Ils pourroient dire que si le premier créancier leur avoit fait connoître, par l'inscription, la subrogation qu'il tenoit de la femme, ils n'auroient contracté ni avec cette femme, ni avec son mari; que ceux-ci les auroient trompés en leur faisant consentir par la femme une subrogation à son hypothèque légale, laquelle devenoit sans effet, au moyen de la première subrogation qu'on leur auroit laissé ignorer; ils diroient que l'inscription du premier créancier subrogé auroit dû rappeler la subrogation à l'hypothèque légale, pour valoir au moins comme la notification d'un transport, laquelle est nécessaire pour saisir le cédataire, et pour prémunir les tiers contre des fraudes qui, par l'effet de l'ignorance dans laquelle on les auroit laissés, pourroient être concertées entre le mari et la femme.

Ce n'est pas tout encore; l'inscription en vertu de la subrogation pourroit devenir nécessaire sous un autre rapport, dans l'intérêt même du créancier subrogé. Cela arriveroit dans le cas où un acquéreur des biens du mari prendroit, à l'égard de la femme, les mesures indiquées par la loi pour purger son hypothèque légale. Si la femme qui auroit fait la subrogation à un tiers, gardoit le silence, quoique l'acquéreur eût pris ces mesures, et si cet acquéreur, ignorant la subrogation, payoit la créance de la femme, ce qui pourroit se faire, au moins dans certains cas, il seroit valablement libéré, et dès lors le créancier seroit privé de l'effet de sa subrogation.

De tout cela il résulte donc que le créancier du mari, subrogé à l'hypothèque légale de la femme, doit toujours, pour ne pas courir des chances qui lui seroient funestes, prendre son inscription sur les biens du mari, tant en vertu de l'obligation, qu'en vertu de la subrogation faite par la femme.

Il y a deux sortes de subrogations, l'une expresse, l'autre tacite.

256. On ne peut pas traiter de l'effet d'une subrogation à l'hypothèque de la femme, sans remarquer ce qui caractérise la subrogation et lui donne l'existence. Or, elle peut se faire de deux manières; ou expressément, ou tacitement; et l'une a la même vertu que l'autre. Il en est de même de tous les engagemens, lorsque la loi ne désigne pas des formes particulières pour qu'ils opèrent leur effet. Ainsi la subrogation tacite a lieu lorsque la femme ne se contente pas de s'obliger envers un tiers avec son mari, mais encore lorsque, conjointement avec lui, elle hypothèque un immeuble propre au mari, ou appartenant à la communauté. Concourir avec notre débiteur à hypothéquer un fonds qui nous est hypothéqué, c'est bien se désister de son hypothèque sur le fonds, en faveur de celui envers qui on consent cette hypothèque, et en investir celui-ci. Il y a aussi subrogation tacite à une hypothèque, si en même temps qu'un particulier s'oblige avec un autre, il concourt avec ce dernier à la vente du fonds qui lui seroit hypothéqué; ce particulier, en concourant ainsi à la vente, transmettroit son hypothèque à l'acquéreur.

Ces principes, qui se soutiendroient d'eux-mêmes, peuvent être appuyés, au moins par induction, des dispositions de la loi 4, § 1er, de la loi 7, de la loi 8, § 6, et de la loi 9, § 1er, ff. *quibus modis pign., vel hypot. solv.* Le résultat des trois premières lois est que le créancier qui consent à la vente du fonds qui lui est hypothéqué, renonce à son hypothèque. *Si*

in venditione pignoris consenserit creditor, dicendum erit pignus liberari.
Et d'après la dernière loi, celui qui auroit consenti à une hypothèque sur
le fonds qui lui auroit déjà été hypothéqué, seroit censé avoir cédé son
hypothèque au second créancier. Ces mêmes principes ont été adoptés
par deux arrêts, l'un du 16 janvier 1819, rendu par la Cour royale de
Paris; l'autre du 22 juillet de la même année, rendu par la Cour royale
de Lyon. *Denev., an* 1819, *pag.* 23, *et* 1820, *pag.* 1re, *suppl.*

Dans l'espèce du premier arrêt, les sieur et dame Florent avoient consenti, au profit du sieur St.-Quentin, le 27 janvier 1814, une obligation
de 30,000 fr., pour sûreté et garantie de laquelle ils lui avoient hypothéqué conjointement le domaine des Vignoles, qui étoit un conquêt de
leur communauté. Cette hypothèque avoit été inscrite en temps utile.
Dans la suite, et par acte du 30 mai 1816, la dame Florent, alors séparée
de biens, fit une *cession de toutes ses reprises,* au profit du sieur Lemoine, *avec subrogation à son hypothèque légale.* Il s'ouvrit un ordre
sur le prix du domaine *des Vignoles.* Il s'éleva une question de préférence entre le sieur Lemoine et le sieur St.-Quentin. Le sieur Lemoine
disoit, à l'appui de sa demande en préférence, que le sieur St.-Quentin,
n'étant porteur d'aucune subrogation *expresse* de la part de la dame Florent, ne pouvoit empêcher cette dame, ou son cessionnaire, d'exercer des
droits dont elle ne s'étoit pas dépouillée par l'acte du 27 janvier 1814.
Mais il fut reconnu, en principe, que la stipulation de la part de la dame
Florent, de l'hypothèque, conjointement avec son mari, sur des biens
affectés à son hypothèque légale, renfermoit une subrogation tacite qui
équivaloit à une subrogation expresse ; et que, quoique le sieur Lemoine
eût pour lui une subrogation expresse, la première, qui avoit la même
vertu, devoit l'emporter comme étant antérieure.

Lors du second arrêt, il s'agissoit d'une obligation de 6,000 fr., faite
le 7 octobre 1811, par les sieur et dame Lambert, au profit du sieur
de Rochetaillé. Ils s'étoient obligés solidairement au payement de cette
somme ; et, pour l'assurer, ils avoient affecté, *par hypothèque spéciale, les
immeubles que possédoit le sieur Lambert,* qu'ils déclaroient, sous les
peines du stellionat, n'être grevés en ce moment d'aucune autre hypothèque que celle créée au profit des deux sœurs du sieur Lambert. Le
sieur de la Rochetaillé avoit pris inscription sur ses débiteurs. Le 19 décembre 1816, la dame Lambert se rendit caution de son mari envers le

sieur Daviot, créancier de ce dernier en vertu de jugemens et d'arrêts ; et pour sûreté de ce cautionnement, *elle subrogea le sieur Daviot au bénéfice de l'hypothèque légale* qui lui étoit acquise sur les biens de son mari. Un ordre s'ouvrit sur les propriétés du sieur Lambert, qu'il avoit vendues, pour la distribution du prix. La même question de préférence s'éleva entre les sieurs Rochetaillé et Daviot ; celui-ci soutenoit qu'il avoit une subrogation expresse de la part de la femme Lambert, à l'effet de son hypothèque légale ; que cette subrogation le constituoit propriétaire de l'hypothèque, et qu'il pouvoit l'exercer pleinement, comme auroit pu faire la dame Lambert elle-même. Il disoit que le sieur de Rochetaillé n'avoit pas le même avantage, parce que son titre n'étoit qu'un engagement solidaire, consenti par le mari et la femme conjointement, lequel, quoique antérieur à celui du sieur Daviot, ne lui attribuoit aucun droit de préférence ou d'antériorité, parce qu'on n'y rencontroit pas, de la part de la femme coobligée, une subrogation expresse à son hypothèque légale. La Cour royale de Lyon a jugé que le premier engagement de la dame Lambert contenoit virtuellement le même effet que le second, et que le premier engagement, à raison de son antériorité, devoit obtenir la préférence. Elle a admis en principe que « la subrogation ou la renonciation à une hypothèque légale peut s'opérer expressément ou tacitement ; qu'elle est expresse, lorsqu'on la trouve stipulée en termes directs ou formels, dans l'acte où elle a été consentie ; qu'elle est tacite, lorsqu'on la voit clairement résulter de l'ensemble des dispositions portées dans l'acte, tellement qu'on ne puisse raisonnablement leur attribuer un autre sens ; que c'est ce qui arrive, par exemple, lorsque la femme, coobligée avec son mari, a procédé conjointement avec lui, soit pour l'aliénation d'un immeuble sur lequel venoit s'asseoir son hypothèque légale, soit pour hypothéquer au profit du créancier à qui elle fournit son propre engagement............ et qu'au surplus, soit qu'une subrogation ou une renonciation à l'hypothèque légale ait été expresse, soit qu'elle ait été seulement tacite, elle doit avoir, dans les deux cas, son plein et entier effet. »

257. J'ai vu s'élever des difficultés sur l'effet que doit avoir, d'après ce qui vient d'être dit, la subrogation faite par la femme, respectivement à la simple obligation que celle-ci auroit consenti. On accordoit bien que si la subrogation est faite avant de simples obligations, elle doit attribuer au créancier subrogé le droit de prendre, lors d'un ordre, ce que la femme auroit

auroit pu prendre elle-même, par préférence à tous autres créanciers du mari, envers lesquels elle s'est obligée; mais on pensoit que si la femme s'étoit obligée d'abord envers des créanciers de son mari, elle ne pouvoit ensuite, même par des subrogations à son hypothèque légale, détruire l'effet de ses premières obligations.

Ceux qui embrassoient cette opinion la soutenoient en disant qu'il est sans difficulté que la femme ne pourroit toucher elle-même les deniers qui lui reviendroient, au préjudice des créanciers envers qui elle se seroit obligée, et que les créanciers qu'elle auroit subrogés ensuite, n'ayant pas plus de droit qu'elle, ne pourroient également les recevoir. Ils ajoutoient que le créancier qui prend l'obligation de la femme seroit ensuite trompé, si un nouveau créancier auquel celle-ci feroit une subrogation à son hypothèque légale, venoit l'exclure lors d'un ordre. On concevoit, en un mot, difficilement l'avantage de la subrogation à l'hypothèque légale, soit expresse, soit tacite, sur la simple obligation, quand elle étoit antérieure à la subrogation.

Mais toutes ces difficultés ne pouvoient dériver que de la confusion qui se faisoit, dans l'esprit, des anciens principes avec les nouveaux; et c'est pour éclaircir plus particulièrement ces difficultés, que j'ai tâché, dans les n^{os} précédens, de développer avec précision les principes relatifs à la simple obligation, et ceux qui concernent la subrogation. On a déjà vu qu'hypothèque sur hypothèque ne peut avoir lieu. Or, il est incontestable qu'une simple obligation ne saisit, par son propre effet, le créancier d'aucune portion des biens du débiteur; que le créancier a seulement le droit d'exercer ses actions sur ses biens, par les voies légales. Le créancier qui a simplement la femme pour obligée, n'est pas saisi du droit hypothécaire appartenant à celle-ci. S'il veut s'en prendre à ce droit hypothécaire, il n'a que la voie de l'opposition en *sous-ordre*, comme tout créancier quelconque; au lieu que le créancier auquel la femme a fait une subrogation à son hypothèque légale, est saisi, à titre de propriétaire, du droit hypothécaire qui est un droit réel sur l'immeuble; et le créancier simple n'a rien, s'il ne reste rien après la réception de la créance pour laquelle la subrogation a été faite.

Lorsqu'il s'agit de déterminer des droits de propriété, comme dans l'espèce il faut nécessairement se guider par les principes du droit, quelque délicats et quelque subtils qu'ils deviennent, ce qui arrive quel-

Tome I.   A a a a

quefois, selon la nature des matières; mais enfin ces principes existent. On n'a jamais pu assimiler un simple créancier à un propriétaire. Un débiteur qui, malgré son obligation, demeure propriétaire d'un objet, a, par cela même, le droit d'en disposer. Celui qui s'est contenté d'une simple obligation doit demeurer dans la position dans laquelle il s'est placé. Il peut faire saisir les droits mobiliers de son débiteur; et l'opposition en *sous-ordre* ne peut qu'être assimilée à une pareille saisie. Mais si, avant la saisie, le débiteur à qui ces droits appartenoient, les a touchés, ou s'il en a valablement disposé, comme il pouvoit le faire tant qu'il étoit investi de la propriété, alors tout droit de saisir disparoît. La possibilité de commettre des fraudes n'est pas, au moins dans cette espèce, un moyen déterminant. D'ailleurs la fraude ne pourroit vicier un acte qu'autant que les deux parties contractantes seroient de mauvaise foi, et auroient voulu respectivement se prêter à cette fraude. Or, on sent que celui qui se fait subroger à l'hypothèque légale de la femme, peut avoir ignoré des obligations simples qui auroient été contractées auparavant; et quand il les auroit connues, il auroit pu penser, d'après les lois, qu'il acquéroit un droit dont un créancier du mari, envers lequel la femme se seroit seulement obligée, n'étoit point saisi : *vigilantibus jura subveniunt.*

Il est bien vrai que le créancier envers lequel la femme s'est simplement obligée, auroit le droit de toucher le prix, dans toutes les circonstances, tant qu'il se trouveroit seulement en présence de la femme; et celle-ci n'auroit pas le droit de l'en empêcher. Mais pourquoi? c'est parce que, comme débitrice, elle devoit faire valoir son obligation. Cette qualité la rendroit garante de la réclamation qu'elle feroit comme créancière de son mari. Mais on sent quelle différence il y a entre cette position et celle du créancier subrogé, qui vient comme propriétaire du droit hypothécaire dont la femme a été dessaisie par la subrogation ou cession qu'elle a faite.

J'ai vu opposer contre l'opinion que j'émets, les dispositions des articles 1166 et 2092 du Code civil. D'abord, l'article 1165 porte : « Les conventions n'ont d'effet qu'entre les parties contractantes; elles ne nuisent point au tiers, etc. » Et l'art. 1166 n'est qu'une modification de ce premier article : « Néanmoins les créanciers peuvent exercer tous les droits et actions de leur débiteur, à l'exception de ceux qui sont exclusivement attachés à la personne. » Il est dit ensuite dans l'art. 2092 : « Quiconque s'est obligé personnellement, est tenu de remplir son engagement sur tous ses biens mobiliers et immobiliers, présens et à venir. » On dit, en continuant l'objection : Le créancier a tous les biens du débiteur pour obligés; il peut exercer ses droits sur tous : donc le débiteur ne peut l'en empêcher par des actes postérieurs.

Il n'y a pas de plus fausse induction que celle qu'on tire de ces articles, dans la vue de donner à une obligation simple, le même effet qu'à une subrogation qui renferme une cession, un vrai transport. Les principes élémentaires, consignés, dans ces articles, ont eu lieu de tous temps. On voit dans les anciennes lois, dans tous les anciens livres, que *celui qui s'oblige, oblige tous ses biens.* Qu'a voulu dire par là le législateur? c'est que tout ce que peut avoir et ce qu'aura le débiteur, poura devenir un sujet d'action pour le payement de son obligation. L'art. 2092 a été écrit pour amener la disposition des art. 2093 et 2094, qui font la base de tout système hypothécaire quelconque. Il y est dit : « Les biens du débiteur sont le gage commun de ses créanciers; et le prix s'en distribue entre eux *par contribution*, à moins qu'il n'y ait entre les créanciers *des causes légitimes de préférence.* » — « Les causes légitimes de préférence sont les *priviléges et hypothèques.* » Les obligations ne procurent donc que des actions; et ces actions sont plus ou moins utiles, selon le privilége ou la préférence qu'elles obtiennent, d'après les formes établies par la loi.

Un créancier prend de son débiteur une obligation simple. Dans la suite, le même débiteur, consent à une autre personne une obligation avec affectation spéciale d'hypothèque, suivie d'inscription. Le premier créancier pourroit-il s'opposer à l'exercice du droit hypothécaire du second, on disant que le même immeuble lui étoit *obligé?* Cela ne se peut, parce qu'il y a pour le second une hypothèque, tandis qu'il n'y a pour le premier qu'une obligation. Or, si l'hypothèque produit cette préférence, comment celui qui a la propriété, tandis qu'un autre n'a qu'une simple obligation, n'auroit-il pas une préférence? car une préférence qui résulte de la propriété est encore plus puissante que celle qui se tire de l'hypothèque. Le créancier a, sans doute, la faculté d'exercer les droits de son débiteur, tel est l'ancien principe : *creditor in universum jus debitoris succedit.* Mais cet exercice est toujours subordonné aux droits de privilége ou préférence qu'auront acquis d'autres créanciers, et que celui qui aura une simple obligation ne se sera pas procurés. La contribution au marc le

A a a a 2

franc des créances est la règle générale entre les créanciers; mais cette règle cède aux exceptions établies par la loi, qui procurent des droits de privilége, de préférence ou de propriété sur l'objet simplement obligé.

Ainsi la subrogation à l'hypothèque légale doit avoir son effet contre tous créanciers du mari, envers lesquels la femme s'est simplement obligée, soit que les obligations soient antérieures à la subrogation, soit qu'elles soient postérieures.

Outre que ces réflexions me paroissent décisives par elles-mêmes, je puis encore fonder mon opinion sur les deux arrêts que j'ai déjà cités; l'un de la Cour royale de Paris, du 16 janvier 1819, l'autre de la Cour royale de Lyon, du 22 juillet suivant. L'opinion que je viens d'émettre se montre à découvert dans le développement des motifs de ces arrêts. « Considérant, est-il dit dans le premier arrêt, que sous le régime de la communauté, la femme peut, avec l'autorisation de son mari, *aliéner sa dot et ses reprises, qui ne sont que des créances contre son mari;* qu'elle peut, par conséquent, céder et transporter son hypothèque légale affectée à ces créances, faire des subrogations, et accorder antériorité sur elle à ceux des créanciers qu'elle subroge; que ces subrogations *peuvent s'allier avec la bonne foi,* et que le créancier qui n'a point obtenu de subrogation, doit s'imputer de ne l'avoir point exigée. »

Les termes du second arrêt sont plus décisifs encore. « Attendu, y est-il dit, qu'il est de principe que jamais hypothèque sur hypothèque ne vaut (cela n'est cependant vrai que sous la législation nouvelle); et qu'ainsi, entre créanciers ayant tous l'engagement solidaire ou le cautionnement de la femme d'un débiteur, il n'y a jamais lieu d'établir, suivant la date de leurs titres respectifs, aucun droit de préférence ou d'antériorité; mais qu'il est certain, en même temps, qu'une femme, après avoir cautionné son mari, ce qui n'est de sa part *qu'un engagement personnel, lequel lui laisse d'ailleurs la libre disposition de tous ses biens et de tous ses droits, en quoi qu'ils puissent consister, peut ensuite subroger valablement tout autre créancier à son hypothèque légale,* ou y renoncer en sa faveur; ce qui est, de la part de la femme, une véritable aliénation du droit d'hypothèque qui lui appartient; et qu'alors le créancier qui a obtenu une telle subrogation ou une telle renonciation, *doit être préféré sans difficulté,* quand il s'agit de distribuer les deniers dotaux de la femme, à des *créanciers antérieurs, en faveur de qui elle n'auroit consenti qu'un simple cautionnement, un engagement personnel.* »

Mon sentiment est qu'on doit se rendre à l'autorité de ces arrêts, parce qu'ils sont fondés en raison et sur les vrais principes. De pareilles difficultés disparoîtront, lorsqu'on se sera plus particulièrement familiarisé avec la matière des hypothèques; lorsqu'on aura enfin perdu de vue cet ancien principe qu'hypothèque sur hypothèque avoit lieu. On pourra même alors être étonné que je sois entré dans de semblables développemens; mais je les crois utiles au moment où j'écris.

Il n'y a donc pas de créancier qui ne sente tout l'avantage qu'a la subrogation à l'hypothèque légale de la part de la femme du débiteur (sous le régime de la communauté, car tout ceci est étranger au régime dotal), sur une simple obligation de la part de la femme, conjointement avec son mari.

258. Il arrive quelquefois que le mari et la femme vendent solidairement un bien de la communauté, ou un bien propre à l'un des deux époux. Il est bon de se former des idées sur le degré d'utilité que peut procurer à l'acquéreur la participation à la vente, de la part de la femme.

Règles à suivre sur le cas de la vente consentie solidairement par la femme et le mari.

Il faut d'abord remarquer qu'il est indifférent, dans l'intérêt de l'acquéreur, qu'il y ait une simple vente solidaire de la part du mari et de la femme, sans subrogation expresse à l'hypothèque légale de la femme, ou que la vente contienne expressément cette subrogation. La raison en est que, comme je l'ai déjà dit, la participation solidaire à la vente, de la part de la femme, équivaut à une subrogation expresse. Il est toujours mieux, néanmoins, de stipuler formellement cette subrogation.

Celui qui acquiert et qui ne paye pas le prix de son acquisition, ne doit pas, sans de graves motifs, faire entrer la femme solidairement dans la vente avec le mari; il ne peut être excité à le faire que dans la crainte particulière de quelques recherches ou évictions; car si cette cause n'existe pas, il n'a nul besoin de l'engagement de la femme; il est à l'abri de son hypothèque, en prenant les mesures prescrites par l'art. 2194 du Code civil, et par l'arrêté du Conseil d'état, du 1er juin 1807. Si la femme garde le silence, l'immeuble reste libre de son hypothèque entre les mains de l'acquéreur, sauf à la femme à venir à l'ordre, ce qui concerne seulement les créanciers. En sorte que les mesures indiquées produisent le même effet que la vente solidaire ou la garantie de la femme. Ce n'est pas tout; c'est qu'en se tenant à cette simple mesure, l'acquéreur est dispensé de beaucoup de soins, qui deviennent nécessaires pour exercer l'hypothèque légale qu'il voudroit suivre par la voie de la subrogation; au lieu que celui qui, en acquérant, a payé le prix, ce qui probablement aura été l'effet de quelques dispositions du vendeur à n'aliéner que sous cette condition, a le plus grand intérêt, surtout s'il y a des inscriptions prises sur le vendeur, à veiller à la conservation des droits de la femme, dans la vue de les exercer lui-même : ce qui demande beaucoup d'attention.

L'acquéreur qui est dans cette position, peut se dispenser de prendre, à l'égard de la femme, les mesures que je viens d'indiquer. Ces mesures seroient contradictoires avec la subrogation à l'hypothèque légale; il ne peut en craindre l'exercice, puisque cet exercice en appartient à l'acquéreur, pour la sûreté de sa vente. Il n'a pas à redouter l'enchère, dont la provocation est un des objets des mêmes mesures, puisque l'enchère n'est qu'un acte d'exercice de l'hypothèque à laquelle la femme a renoncé en faveur de l'acquéreur. Il est de principe que, soit le vendeur, soit tous ceux qui ont concouru à la vente, ne peuvent faire d'enchères.

Ici reviennent les réflexions que j'ai faites au n° 252, relativement à l'effet des engagemens pris solidairement par la femme et le mari (toujours sous le régime de la communauté, car il ne s'agit ici que de ce régime). On y voit que l'hypothèque légale de la femme d'un receveur des droits réunis, sur les biens de ce dernier, s'évanouit au moyen du cautionnement solidaire qu'elle contracte envers le gouvernement. On y voit encore que le ministre de la justice a recommandé aux procureurs du Roi de ne pas prendre d'inscription au nom de la femme *qui a vendu solidairement avec son mari.*

L'acquéreur qui est dans la position dont il s'agit, ne doit donc avoir d'autre but que de conserver l'hypothèque légale de la femme, et de la conserver uniquement pour lui, à l'effet de s'en aider au besoin, lorsqu'il sera procédé à l'ordre. Or, pour remplir ce but, il n'a qu'à exciter la femme à prendre elle-même inscription, sans que les mesures relatives à la purgation des hypothèques légales aient été observées. Si la femme ne fait pas d'inscription, il pourra en prendre une pour elle et en son nom, en qualité de créancier subrogé. Enfin, si la femme ne vouloit pas se présenter à l'ordre, il la sommera d'y assister, à l'effet de déclarer en quoi consistent les droits résultans de son hypothèque légale, dont le montant sera touché, s'il y a lieu, par ce même créancier subrogé (1).

Tous les actes que je viens d'indiquer sont nécessaires, pour que l'acquéreur subrogé puisse, à l'époque de l'ordre, fixer avec les autres créanciers les droits de la femme dont la liquidation est nécessaire à leur égard. Ces actes seroient encore indispensables dans l'intérêt de l'acquéreur subrogé, afin qu'il ne demeurât point garant envers la femme, des omissions de collocation qui pourroient avoir lieu, relativement aux droits de celle-ci.

Cette théorie se comprendra plus facilement avec le secours de la pratique ; et je trouve cette pratique dans le résultat d'un arrêt de la Cour de cassation, du 14 janvier 1817. Il est rapporté par Denevers, *même année*, *pag.* 97, et par Sirey, *id.*, *part.* Ire, *pag.* 146. Dans l'espèce de cet arrêt, un particulier avoit acheté d'un mari et d'une femme ; ils avoient vendu solidairement. Le prix de l'acquisition fut payé comptant. L'acquéreur se vit obligé de faire transcrire : des inscriptions l'exposoient à payer deux fois le prix de son acquisition. Il fit transcrire, et il prit les mesures pour parvenir à la purgation des hypothèques légales. Mais ce qu'il est essentiel de remarquer, c'est qu'il ne fit faire aucune notification à la femme. Il paroît qu'il le fit avec dessein, pour éviter la difficulté que j'ai déjà indiquée, et qu'on va voir bientôt se développer. Il n'y eut, dans les deux mois déterminés par la loi, inscription, ni de sa part, ni de la part de la femme. Mais celle-ci ayant une somme de 29,650 fr. à répéter en vertu de son hypothèque légale, il établit contre elle une procédure tendante à ce qu'elle fût tenue de comparoître à l'ordre, pour obtenir la collocation des sommes qui lui revenoient, et à ce que le montant de cette collocation lui fût délégué, pour l'indemniser des pertes qu'il devoit éprouver, en payant deux fois le prix de son acquisition.

Ces conclusions furent accueillies : mais la femme ne comparut point à l'ordre. Alors l'acquéreur s'y présenta lui-même, et renouvela sa demande en collocation, comme exerçant les droits de sa débitrice. Les créanciers contestèrent cette demande ; ils soutinrent que l'hypothèque légale étoit

_____

(1) La femme peut toujours venir à l'ordre, et un créancier subrogé peut y venir pour elle, quoiqu'il n'y ait pas eu d'inscription dans les deux mois de l'affiche du contrat, énoncés dans l'article 2194 du Code civil. Voyez le n° 266.

purgée par le silence de la femme dans les deux mois indiqués par la loi.
La prétention des créanciers fut rejetée ; mais en se pénétrant de l'arrêt, on
voit que ce fut principalement parce que, d'après la procédure, il n'y avoit
pas eu de purgation d'hypothèque légale de la femme. Il ne lui avoit point
été fait de notification : il en avoit bien été fait une au procureur du Roi ;
mais une pareille notification ne pouvoit suppléer à celle qui auroit dû être
faite à la femme. En faisant les autres notifications, l'acquéreur pouvoit
avoir en vue de purger toutes hypothèques légales qui auroient pu exister,
autres que celle de la femme qui lui avoit vendu conjointement avec son
mari. En ne faisant pas à la femme la notification exigée par la loi, *il ne
l'avoit pas mise en demeure de prendre inscription, et il avoit laissé subsister tous les droits de cette femme sur l'immeuble qui lui étoit légalement
hypothéqué*. En conséquence, il fut décidé que l'acquéreur pouvoit recevoir le montant de l'hypothèque légale, comme auroit pu le faire la
femme elle-même, si elle eût été en cause.

Les créanciers opposoient encore à l'acquéreur un autre moyen, qui consistoit à dire que la femme, en vendant solidairement avec son mari, avoit
renoncé nécessairement à l'hypothèque qu'elle avoit sur l'immeuble vendu ;
qu'elle l'avoit fait d'une manière générale, et non d'une manière positive
et formelle en faveur de l'acquéreur ; et que, dès lors, celui-ci ne pouvoit
exercer des droits que sa débitrice ne pouvoit faire valoir elle-même. Mais
ce n'étoit là qu'un sophisme, et il étoit étonnant que ce moyen eût été
adopté par la Cour royale, dont l'arrêt fut cassé. On sent avec combien de
fondement ce moyen fut rejeté par la Cour de cassation. Suivant l'art. 1165
du Code civil, les conventions n'ont d'effet qu'entre les parties contractantes. La renonciation qui résultoit de l'engagement de la femme à son
hypothèque ne pouvoit, dès lors, profiter qu'à l'acquéreur ; et elle étoit
étrangère à tous autres créanciers.

Je dois observer ici que cette dernière réflexion s'appliqueroit à tous
autres engagemens de la femme dont j'ai déjà parlé, tel que celui qui résulteroit de l'hypothèque qu'elle auroit consentie conjointement avec son
mari, ou d'une subrogation qu'elle auroit faite au profit d'un créancier à
son hypothèque légale.

Pour que des créan-
ciers de la femme puis-
sent toucher

259. On opposoit encore à l'acquéreur, dans l'espèce de ce même arrêt
que je viens de rapporter, qu'il ne pouvoit toucher le montant de l'hypothèque légale de la femme, dont il vouloit exercer les droits, dès que
celle-ci

celle-ci n'étoit pas séparée de biens ; et l'arrêt de la Cour royale d'Amiens avoit jugé que cette séparation devoit être faite préalablement. La Cour de cassation décida le contraire, par un motif tranchant, qui est que le mari de la femme qui s'étoit obligée, avoit fait faillite, et qu'aux termes de l'art. 1446 du Code civil, les créanciers personnels de la femme peuvent, quoiqu'elle ne soit pas séparée de biens, exercer les droits de leur débitrice, lorsqu'il y a, à l'égard du mari, *faillite ou déconfiture.*

le montant de ses collocations, doit-elle être séparée de biens ?

Mais cette décision amène naturellement la question de savoir si, en général, dans la circonstance en question, la séparation de biens de la femme est nécessaire; car on sent qu'elle n'a pas été jugée par l'arrêt. Il en résulte seulement qu'il n'y avoit pas lieu de l'élever, dès que, dans l'espèce particulière, le mari étoit en faillite. D'ailleurs, s'il n'y a pas de faillite ouverte, il peut y avoir *déconfiture;* et il est à propos de savoir ce qu'on doit entendre par cette expression, puisque la définition n'en est pas donnée dans le Code.

Or, il est bien vrai qu'en général la femme qui n'est pas séparée de biens, ne peut pas exercer la répétition de sa dot contre le mari, parce que le droit d'en jouir est une émanation essentielle de l'autorité maritale, qui ne cesse que par la séparation de biens, ou par la dissolution du mariage. On sent encore les inconvéniens qu'il y auroit que des créanciers d'une femme pussent, sans son consentement, demander la séparation de biens. Cependant, on peut dire, avec fondement, que tout cela n'a lieu que relativement aux simples actions de la femme débitrice contre le mari, pour faire prononcer sur ses droits contre celui-ci, et pour les faire déclarer acquis. Mais lorsque la femme s'est obligée avec le mari, d'après le pouvoir que lui en donne la loi, et lorsque les droits du mari sont ouverts et que le montant est prêt à en être touché, il y a lieu de penser qu'alors le créancier est fondé à le recevoir, abstraction faite de la séparation de biens. La femme et son mari sont coobligés solidaires; or, comment pourroit-il se faire que lorsqu'une liquidation de ce qui appartient à l'un d'eux est faite, et que tout est disposé pour que ce qui en provient soit reçu, l'un des coobligés pût en empêcher le créancier commun? S'il en étoit autrement, il en résulteroit que la femme, par son seul refus de demander la séparation de biens, arrêteroit, au préjudice du créancier, l'exécution d'une convention que la loi auroit légitimée. Ainsi, les seules actions ne peuvent pas être intentées sans la séparation de biens; mais tous les droits acquis pourroient être exercés par les créanciers en recevant des sommes prêtes à toucher, quand même il n'y auroit ni faillite, ni déconfiture; et il me semble que c'est en ce sens que doit être entendu l'art. 1446.

Au surplus, il ne reste pas de difficulté quand il y a faillite ou déconfiture. J'ai expliqué au n° 123, les principes relatifs à la *déconfiture;* et de ce que j'ai dit, surtout d'après un arrêt de la Cour royale de Rennes, du 24 mars 1812, il y a *déconfiture*, ce qui n'est au fond qu'une insolvabilité apparente, lorsqu'il y a eu des saisies mobilières ou immobilières contre le mari débiteur. En sorte que quand il y a eu une saisie immobilière suivie d'un ordre, ou une vente suivie de la transcription, et d'enchères sur lesquelles un ordre s'ouvre, il y a *déconfiture;* et, par cela même, le prix de la vente ou de l'adjudication peut être reçu par le créancier subrogé à l'hypothèque légale de la femme, sans qu'il y ait ni séparation de biens, ni faillite. Aussi est-il bien rare que, dans le cas dont il s'agit, la femme n'ait pas obtenu, dans son intérêt, la séparation de biens.

260. Un arrêt de la Cour de cassation, du 24 juillet 1821, rapporté par le continuateur de Denevers, *même année, pag.* 449, a jugé deux questions dont une est très-importante. Elle a décidé, 1°. que la femme mariée sous le régime dotal a, tout à la fois, et l'action révocatoire contre les tiers acquéreurs de ses immeubles dotaux, et une hypothèque légale sur les biens de son mari; c'est-à-dire, que la femme peut, à son gré, opter entre l'une et l'autre de ces actions; 2°. l'arrêt a jugé que la femme, lorsqu'elle opte pour l'action hypothécaire, peut se faire colloquer, même pendant le mariage, et encore qu'elle ne soit pas séparée de biens, sur le prix provenu de l'expropriation des biens de son mari, poursuivie par les créanciers de celui-ci.

On ne doit pas négliger l'examen de la seconde question: mais la première présente un bien plus haut intérêt. Car, comme on le sent, la femme pouvant, selon sa volonté, convertir en argent ses immeubles dotaux, en les abandonnant, et en réclamant en remplacement le prix de la vente qui en auroit été consentie par le mari, ou seul, ou conjointement avec sa femme, la dotalité perd tout son caractère, elle est entièrement dénaturée. Les précautions sévères prises par la loi pour défendre l'aliénation des biens dotaux, afin de les conserver à la femme et aux enfans, deviennent inutiles. Les résultats de ce relâchement peuvent devenir funestes à la femme et aux enfans; le sort des créanciers du mari est changé, et il peut l'être à leur détriment.

Le mari ayant vendu les immeubles dotaux de la femme sous le régime dotal, celle-ci peut-elle en réclamer le prix contre les créanciers du mari, et ne pas revendiquer ses biens vendus? peut-elle exercer ses actions dotales par voie de collocation, du vivant du mari, sans être séparée de biens?

Cette question mérite donc une attention particulière. Ce n'est qu'à l'aide d'une discussion approfondie qu'on peut se former des idées justes sur le point de vue sous lequel elle doit être considérée. Mais avant d'entrer en matière, il faut nécessairement connoître les faits qui ont formé l'espèce de l'arrêt, et la décision.

Le 8 floréal an 9, la demoiselle *de Belloi* et le sieur *de Croy-Chanel* contractèrent mariage à Paris. Les parens de la future lui constituèrent en dot deux terres considérables. Par une clause du contrat, il fut convenu qu'il n'y auroit point de communauté de biens entre les futurs époux, qui renoncèrent, à cet égard, aux dispositions de la Coutume, et qui déclarèrent ne vouloir être réglés, quant à leur mariage, *que par les lois du pays de droit écrit.*

Pendant le mariage, le sieur de Croy-Chanel et son épouse aliénèrent conjointement une partie des biens dotaux de celle-ci, jusqu'à concurrence de 78,009 fr. Dans la suite, le sieur de Croy-Chanel fut exproprié du domaine de Treux qu'il avoit acquis depuis son mariage. La dame de Croy-Chanel se présenta à l'ordre ouvert sur le prix de cet immeuble, et demanda à y être colloquée pour la somme de 78,009 fr., montant de ses biens dotaux aliénés.

Les créanciers hypothécaires du sieur de Croy-Chanel contestèrent cette prétention, sur des motifs que le tribunal de Péronne accueillit par son jugement du 11 février 1819, et que l'auteur du recueil où l'arrêt est rapporté, atteste être ainsi conçus en substance :

« Attendu que la dame de Croy-Chanel s'est mariée sous le régime dotal; que, suivant l'art. 1554 du Code civil, ses immeubles dotaux n'ont pu être aliénés; que, cependant, elle en a vendu une partie conjointement avec son mari; mais que l'art. 1560 donne à la femme qui est dans ce cas, ou à ses héritiers, le droit de révoquer l'aliénation après la dissolution du mariage ou après la séparation de biens; que cet article, ne lui donnant que ce droit, exclut toute autre action; que si l'on admettoit la femme qui se trouve dans la position de la dame de Croy-Chanel, à être colloquée par hypothèque sur le prix des biens de son mari, il s'ensuivroit qu'elle abandonneroit des immeubles pour toucher une somme mobilière qu'elle pourroit ensuite dissiper, et qu'ainsi seroit éludé et violé le principe de l'inaliénabilité de la dot, si formellement établi par l'art. 1554 du Code civil. »

Sur l'appel de ce jugement de la part de la dame de Croy-Chanel, la Cour royale d'Amiens, par arrêt du 22 juin 1819, confirma le jugement, et rejeta, par conséquent, la demande en collocation de la dame de Croy--Chanel. Mais cette Cour ne se décida pas par les mêmes motifs qui avoient déterminé les premiers juges, ainsi qu'on va le voir.

« Attendu qu'il s'agit de savoir si la dame de Croy-Chanel a droit d'être colloquée, pour le montant des ventes de ses biens dotaux, sur le prix des biens de son mari qui ont été vendus par expropriation forcée ; attendu que le contrat de mariage des sieur et dame de Croy-Chanel, passé à Paris le 8 floréal an 9, contient la clause d'exclusion de communauté de biens et soumission aux règles du pays de droit écrit, *mais qu'il n'en résulte point une séparation contractuelle entre les deux époux ; que si la dame de Croy-Chanel a pris la qualité d'épouse séparée de biens dans les actes d'appel* qu'elle a fait signifier à ses adversaires, elle n'a pas néanmoins justifié qu'elle ait demandé ni obtenu la séparation de biens en justice ; en sorte qu'elle ne peut être considérée ni comme séparée contractuellement, ni comme séparée par jugement d'avec son mari, qui l'a même assistée en la procédure, quoiqu'il y fût déjà partie en son propre nom, puisque c'étoit sur lui que l'expropriation avoit été poursuivie ; attendu que, selon le droit romain, la femme a une hypothèque tacite et légale sur les biens de son mari, pour sûreté et conservation de sa dot ; que cette hypothèque a été consacrée et maintenue par l'art. 2135 du Code civil, sauf l'abolition du privilége que donnoit à la femme la préférence même sur les créanciers antérieurs à la célébration du mariage ; mais que la femme ne peut exercer et faire valoir cette hypothèque qu'après la dissolution du mariage, ou après qu'elle s'est fait séparer de biens d'avec son mari ; qu'il n'est point douteux que les lois romaines accordoient à la femme le droit de répéter sa dot contre son mari, lorsque son indigence ou le désordre de ses affaires mettoient cette dot en péril ; mais que, dans nos usages, il faut que la femme s'adresse préalablement aux tribunaux pour faire constater la nécessité d'ôter au mari l'administration de ses biens dotaux, et de rendre à la femme cette gestion avec la jouissance de ses revenus, opération qui étoit connue même dans les pays de droit écrit, sous le nom de *séparation de biens ;* attendu, dans l'espèce, qu'il n'y a point eu de séparation contractuelle entre les sieur et dame de Croy-Chanel, et que celle-ci n'a point demandé ni obtenu la séparation de biens d'avec son mari ; et que, par conséquent, elle est inhabile à exercer son hypothèque légale sur les biens de son mari, à l'effet de recouvrer sa dot ou la valeur des biens dotaux qui ont été aliénés pendant son mariage ; d'où il suit que c'est avec raison que les premiers juges ont dit qu'il n'y avoit lieu de colloquer la dame de Croy-Chanel dans l'ordre du prix de la terre de Treux. »

La dame de Croy-Chanel s'est pourvue en cassation contre la dernière disposition de cet arrêt, pour violation de la loi 3o, au Code *de jure dotium,* et des art. 2121, 2135 et 2195 du Code civil : et sur ce pourvoi a été rendu l'arrêt de la Cour de cassation, section civile, dont les motifs doivent être connus pour être appréciés.

« Vu la loi 3o, au Code *de jure dotium,* et les art. 2121, 2135 et 2195 du Code civil, la Cour donne défaut contre Roubaud et sa femme, et pour le profit d'icelui, faisant droit entre toutes les parties ; — Considérant que, par leur contrat antinuptial du 8 floréal an 9, les mariés de Croy-Chanel ont stipulé que, quant à leur mariage, ils ne seroient réglés que par les lois du pays de droit écrit ; que la loi romaine donne à la demanderesse, à raison de ses biens dotaux aliénés, *et l'action révocatoire desdits biens, et l'action hypothécaire sur les biens de son mari,* afin que, comme s'en explique cette loi, la demanderesse ait à ce sujet toutes les garanties possibles, *ut ei plenissimè consulatur ;* que le Code civil, sous l'empire duquel la demanderesse a exercé son action hypothécaire, lui a lui-même conservé cette action de la manière la plus formelle. L'art. 2121 accorde à la femme le premier rang entre les hypothèques légales ; l'art. 2135 fixe la date de l'hypothèque de la dot au jour même du mariage, et la dispense de l'inscription ; l'article 2195 fait défense à l'acquéreur des biens du mari de faire aucun payement à des créanciers qui n'auroient pas une hypothèque antérieure à celle que la femme auroit fait connoître lui appartenir. — Considérant que ces articles sont *communs aux femmes mariées sous le régime dotal, et à celles mariées en communauté,* le Code civil n'exprimant, n'indiquant même aucune distinction entre elles, respectivement aux hypothèques qu'il accorde aux femmes sur les biens de leurs maris ; que la femme qui se présente à un ordre ouvert sur le prix des biens de son mari, vendus par expropriation forcée, constate ses droits aussi légalement que celle qui s'inscrit après une vente volontaire, lorsque l'acquéreur, voulant purger, a instruit la femme personnellement de l'acquisition par lui faite, et a rempli toutes les formalités prescrites par l'art. 2194 du Code civil ; que, dans l'un comme dans l'autre cas, aucun payement ne peut être fait ni ordonné au profit de créanciers qui, n'ayant pas d'hypothèque antérieure à la sienne, ne peuvent être colloqués en ordre utile avant elle ; que si les circonstances sont telles, que la femme ne puisse être actuellement autorisée à recevoir, ce n'est pas une raison pour ne pas la colloquer à son rang, et pour distribuer, à son préjudice, entre des créanciers postérieurs, les fonds sur lesquels elle doit être préférée ; qu'alors c'est aux tribunaux, après avoir colloqué la femme au rang que la loi lui assigne, à pourvoir à ce que les fonds lui soient conservés, jusqu'à l'instant où elle pourra les recevoir et en donner quittance valable, soit en autorisant l'acquéreur à les retenir dans ses mains, soit en ordonnant tout autre emploi qui mette en sûreté la créance de ladite femme. — De tout quoi il résulte que l'arrêt de la Cour royale d'Amiens, qui a refusé de colloquer la demanderesse, et qui a approuvé la distribution du prix de l'immeuble vendu sur son mari entre des créanciers qu'elle prime par l'antériorité de son hypothèque, est contrevenu aux lois précédemment citées ; — Par ces motifs, *casse.* »

Je crois pas que je puisse être soupçonné de vouloir, par présomption ou par manie, combattre un arrêt de la Cour de cassation. J'ai eu trop souvent l'occasion, dans le cours de ce Traité, de faire remarquer la sagesse de ses décisions, pour qu'on ne me suppose pas un motif vraiment pur. Je vois dans cet arrêt le germe d'une jurisprudence qui, si elle se formoit dans cette direction, amèneroit des conséquences contraires au vœu de la loi sur la matière des dots, qui est une des plus importantes. Ces conséquences tendroient à éluder l'intention des pères, et causeroient, au moins très-souvent, le malheur des familles. Je serai satisfait si je suis obligé de reconnoître que je me trompe, lorsque j'aurai rempli ce que je crois être un devoir ; c'est-à-dire, lorsque j'aurai présenté des observations dont l'utilité me paroît évidente.

La question principale est de savoir si une femme qui est mariée sous le régime dotal peut, avec effet, et sans que la loi soit blessée, renoncer à la revendication de ses immeubles dotaux vendus par son mari, ou par elle et par lui conjointement, pour se tenir au prix de la vente sur les biens personnels du mari. La question est la même, soit que le contrat de mariage ait été passé sous le Code civil, soit qu'il l'ait été sous les lois précédentes, tel que celui dont il s'agit. Cette circonstance ne produit aucune différence dans les principes. Il est constant que la loi sous laquelle les anciens mariages ont été contractés, est toujours la loi du mariage, et qu'elle ne doit point cesser de régler leurs droits et leurs conventions. C'est ce que j'ai fait observer plusieurs fois, et la Cour de cassation a rendu plusieurs arrêts dans la supposition de ce principe. Il y a cependant quelques cas particuliers dans lesquels ce principe seroit susceptible de modifications, d'après les dispositions du Code civil. Mais on n'est point ici dans ces cas d'exceptions.

La seconde question, qui consiste à savoir si la femme, sans être séparée de biens, peut agir contre son mari ou contre des tiers, pour la recherche de ses droits dotaux, est purement accessoire à la première; elle peut même disparoître, selon la décision de la première question; en sorte que je n'aurai qu'à en dire un mot.

Or, relativement à la première question, la négative m'en paroît indubitable. Je ne crains pas d'avancer, comme un principe constant, que dans les pays de droit écrit, et d'après la disposition précise des lois romaines, les immeubles dotaux étoient absolument inaliénables; en sorte qu'il ne dépendoit, ni de la volonté du mari, ni de celle de la femme, de les vendre, de les convertir en une somme qui eût pu être répétée sur les biens personnels du mari. Le principe de l'inaliénabilité produisoit cet effet, que la femme étoit toujours forcée de conserver ses biens en nature, qui formoient, pour sa subsistance et pour celle de ses enfans, une ressource bien plus solide que celle qui seroit résultée de sommes toujours fugitives, provenues du prix des ventes. Il ne pouvoit y avoir une dérogation à ce principe, que d'après des clauses, des stipulations particulières. Ces stipulations qui auroient formé une loi de convention, qui auroient été l'effet de la volonté et de l'intention des familles, auroient seules pu modifier la loi statutaire.

Peut-on établir le contraire de ce qui vient d'être dit, en invoquant la loi 30, au Code *de jure dotium*, qui est le principal fondement de l'arrêt? On est convaincu que non, pour peu qu'on se pénètre de la disposition et de l'esprit de cette loi, et surtout quand on en rapprochera d'autres dans lesquelles est le véritable siége de la matière.

Il faut observer qu'en remontant aux plus anciens principes du droit romain, le mari étoit réputé maître des biens dotaux, parce que la femme les lui livroit. C'étoit cette présomption, ou, pour mieux dire, cette fiction, qui étoit alors le principe de l'interdiction de les aliéner de la part de la femme. Cette interdiction étoit plus dans l'intérêt du mari que dans celui de la femme. C'est seulement dans la suite que les législateurs romains ont été touchés de l'intérêt particulier de la femme et de ses enfans.

On doit remarquer encore que, suivant d'anciennes idées admises dans le droit romain, quand les biens dotaux, soit meubles, soit immeubles, étoient estimés lors des conventions matrimoniales, cette estimation en conféroit la propriété au mari qui n'en devoit que le prix.

C'est dans cet état de choses que l'empereur Justinien fit la loi 5o, au Code *de jure dotium*. On y voit que c'étoit par l'effet d'une subtilité du droit que le mari avoit été réputé maître de la dot. On y considère, sous le même point de vue, la transmission de la propriété au mari par l'effet de l'estimation des biens dotaux. On y reconnoît que, dans la vérité et dans les principes du droit naturel, la propriété de la dot devoit demeurer à la femme. Cependant, on prévoit le cas où la femme ne voudroit ou ne pourroit revendiquer ses biens dotaux; et comme elle devoit avoir au moins une hypothèque sur ces mêmes biens, en considérant le mari comme en étant propriétaire, on voulut que si elle ne revendiquoit pas les biens, elle pût au moins exercer une hypothèque, pour le prix de l'estimation, sur ces mêmes biens; en sorte qu'on crut la favoriser en lui accordant ou la faculté de la revendication, ou celle de l'exercice de l'hypothèque. La faculté d'exercer l'hypothèque, ainsi que celle de revendiquer, eut lieu pour les meubles comme pour les immeubles, parce que, suivant les principes du droit romain, l'hypothèque s'imprimoit également sur les meubles et sur les immeubles.

Rapportons les termes de cette loi.

« *In rebus dotalibus, sive mobilibus, sive immobilibus, seu se moventibus, si tamen exstant, sive æstimatæ, sive inæstimatæ sint, mulierem in his vindicandis omnem habere post dissolutum matrimonium prærogativam jubemus, et neminem creditorum mariti, qui anteriores sunt, posse sibi potiorem causam in his per hypothecam vindicare, CUM EÆDEM RES ET AB INITIO UXORIS FUERINT, ET NATURALITER IN EJUS PERMANSERINT DOMINIO. Non enim quòd LEGUM SUBTILITATE transitus earum in patrimonium mariti videatur fieri; ideò REI VERITAS DELETA VEL CONFUSA EST. Volumus itaque eam in rem actionem in hujus modi rebus quasi propriis habere: et hypothecariam omnibus anteriorem possidere: ut sive EX NATURALI JURE ejusdem mulieris res esse intelligantur, sive SECUNDUM LEGUM SUBTILITATEM ad mariti substantiam pervenisse videantur, PER UTRAMQUE VIAM, SIVE IN REM, SIVE HYPOTHECARIAM, EI PLENISSIMÈ CONSULATUR.* »

Mais

Mais cette loi, qui n'avoit aucune fixité de principes sur le mode de conservation des biens dotaux de la femme, fut corrigée, ou, pour mieux dire, entièrement changée par la loi unique, au Code *de rei uxor. act.*, dont Justinien est aussi l'auteur. On y rappelle les anciennes lois sur cette matière, ainsi que la loi *Julia*, dont l'empereur Auguste étoit auteur. On sait qu'elle n'est connue que par la mention qui en est faite dans plusieurs textes du droit romain. On sait encore que, d'après cette loi *Julia*, le mari pouvoit vendre le bien dotal, pourvu que la femme y consentît ; mais que, dans aucun cas, même avec le consentement de la femme, le bien dotal ne pouvoit être valablement hypothéqué. La cause de cette différence est que la femme eût moins aperçu le danger de l'hypothèque que celui de la vente, la première ne présentant pas, comme la seconde, l'idée effrayante d'un dépouillement. Justinien refondit toute cette ancienne législation en une seule disposition, dans la loi unique, au Cod. *de rei ux.*, § 15. Il voulut que le bien dotal ne pût ni être vendu, ni être hypothéqué, même avec le consentement de la femme. « *Necessarium est et in hac parte mulieribus subvenire : hoc tantùm modo addito, ut fundum dotalem non solùm hypothecæ titulo dare, nec, consentiente muliere, maritus possit, SED NEC ALIENARE, ne, fragilitate naturæ suæ, in repentinam deducatur inopiam.* »

Justinien laissa néanmoins subsister, dans la même loi, les anciennes subtilités du droit romain, relativement au cas où les biens dotaux auroient été estimés. Mais ceci est étranger à la question, et même au droit français actuel, d'après les art. 1551 et 1552 du Code civil. Ces articles ont eu pour objet d'effacer ces distinctions qui ont été le sujet de tant de difficultés et de divergences d'opinions dans l'ancienne jurisprudence, et dont la subtilité étoit même reconnue par la loi 30, *de jure dotium.*

C'est dans cette loi unique, au Code *de rei ux. act.*, qu'est le principe bien positif de l'inaliénabilité absolue des biens dotaux, même du consentement de la femme. Tel est le jugement qu'en portent tous les interprètes du droit. Borcholten, en citant cette loi, sur le § 1er du tit. 8 des Institutes, dit : *Cæterum, Justinianus legem Juliam correxit,..... et alienationem, itemque obligationem, ETIAM CONSENTIENTIBUS MULIERIBUS PROHIBUIT.* Vinnius, sur ce même §, tient le même langage : *Justinianus prædium dotale, nullâ in regione, NE EX VOLUNTATE QUIDEM UXORIS, vel alienari vel pignerari permisit, ne fragilitate naturæ suæ in repentinam dedu-*

catur inopiam, § *et cùm lex*, Code *de rei ux. act. ; ad exemplum dotis*, *immobilia ante nuptialis donationis*, ETIAM CONSENTIENTE MULIERE, *prohibentur alienari.* Nov. 61.

Tel est le dernier état de la législation romaine sur cette matière, et il en résulte que l'on ne peut prendre en considération la loi 30, au Code *de jure dotium*, qui est devenue absolument étrangère à la question.

C'est parce que, d'après la législation romaine, le bien dotal étoit absolument inaliénable, même avec le consentement de la femme, que les Coutumes qui en avoient adopté, à cet égard, les dispositions, en prohibent la vente, dans les termes les plus forts. C'est ce qu'on voit dans la Coutume d'Auvergne, qui est de ce nombre, art. 3 du tit. 14. « Le mari et femme, y est-il dit, conjointement ou séparément, constant le mariage ou fiançailles, ne peuvent vendre, aliéner, permuter, ni autrement disposer des biens dotaux de ladite femme, au préjudice d'icelle, et sont telles dispositions et aliénations *nulles et de nul effet et valeur.* » Aussi Basmaison, un des plus anciens et des plus savans commentateurs de cette Coutume, disoit : « La loi ancienne, qui avoit été faite pour prohiber l'aliénation du bien dotal, est renouvelée et confirmée par cette Coutume. » On voit, en marge du commentaire, la loi unique, § *cùm et lex*, au Code *de rei uxor. act.*, et le § 1er des Institutes, *quibus alienare licet vel non*, comme étant les sources dans lesquelles son assertion étoit puisée.

Supposons que la question s'élevât pour une femme mariée sous l'empire de cette Coutume, ou de toutes autres Coutumes semblables (car il y en a plusieurs qui sont conçues dans le même esprit) ; croiroit-on que cette femme pût prendre le même parti que prit la dame de Croy-Chanel ? Il est aisé de prévoir ce qu'on pourroit en penser. Cependant ce qui devroit être décidé dans un cas, devroit l'être également dans l'autre. Les principes établis par ces Coutumes sont les mêmes que ceux consacrés par la loi unique, au Code *de rei ux. act.* Les termes irritans des Coutumes ne sont qu'une conséquence surabondante de la disposition principale.

Je puis remarquer qu'il y a plus de quarante ans que j'ai vu mettre en controverse, et à plusieurs reprises, la question dont il s'agit, au barreau de l'ancienne sénéchaussée d'Auvergne et siége présidial de Riom, soit pour les pays de la province d'Auvergne, régis par la Coutume, soit pour les pays de la même province, qui étoient régis par le droit écrit ; et, à chaque fois, les jurisconsultes les plus distingués de cet ancien barreau justement célèbre, se prononçoient avec force pour la négative. S'il eût été permis à la femme, disoit-on, d'abandonner ses immeubles dotaux vendus par son mari, ou par elle avec lui, pour s'en tenir au prix des ventes, c'eût été violer le statut qui établissoit la dotalité et l'inaliénabilité; c'eût été tirer la femme de la position où la loi l'avoit placée, et où elle l'obligeoit de rester. Son sort en seroit absolument changé; elle courroit le risque de dissiper sa fortune, qui étoit sous la protection de la loi, et qui, d'après le vœu de sa famille, devoit être nécessairement conservée en demeurant en immeubles, telle qu'elle étoit; c'eût été faire passer la femme du régime dotal à celui de la communauté, sans avoir les avantages de ce dernier régime, puisqu'elle ne pouvoit participer aux acquêts que le mari auroit pu faire. De combien de fraudes encore la femme ne pourroit-elle pas devenir victime? Ses biens pourroient avoir été vendus à bas prix; il pourroit y avoir eu des contre-lettres pour dissimuler le prix véritable; et la femme, étant sous la dépendance du mari, ne pourroit éviter les pertes que celui-ci voudroit lui faire subir, pour s'enrichir d'autant.

Voudroit-on dire que tout devient régulier lorsque la justice autorise le choix que fait la femme d'un prix quelconque, en remplacement des immeubles dotaux? Mais c'est positivement ce que la justice ne peut, ni ne doit autoriser. La convention que la femme ne pourroit faire par-devant notaire, elle ne peut pas plus la faire devant un tribunal : elle doit être forcée par la justice même à se tenir à ses biens dotaux en nature. Ces biens peuvent être aliénés, mais dans des cas d'exception indiqués par la loi, et avec des formes tutélaires qu'elle prescrit.

Mais en considérant la position des créanciers du mari, surtout sous un régime de publicité de l'hypothèque, l'on voit augmenter les inconvéniens qui résulteroient d'un changement de l'état où la femme se trouve placée par la loi ou par les conventions matrimoniales. Des tiers qui transigent avec le mari, et qui savent que la dot de la femme consiste en immeubles, n'ont rien à redouter de ses réclamations sur les biens du mari. Cependant, surtout si la vente de ces immeubles ne se fait qu'après, il peut en résulter, dans le système de l'arrêt de la Cour de cassation, une hypothèque légale en faveur de la femme sur les biens du mari, qui se trouvera antérieure aux engagemens contractés par celui-ci à l'égard des tiers; car on entend bien, sans doute, que la femme doit avoir une hypothèque légale, à compter de son contrat de mariage, sur les biens du mari, pour la répétition du prix de ses biens vendus. Or, quelle ressource auroient les tiers pour la validité des obligations contractées envers eux par le mari ? Les hypothèques qu'ils auroient sur les biens de ce dernier seroient primées par celle de la femme, sur laquelle on ne comptoit pas ; et ces mêmes hypothèques ne pourroient être transportées sur les biens dotaux vendus, qui n'avoient été ni pu être hypothéqués par le mari, et à l'égard desquels il n'y auroit ni hypothèque spéciale, ni même hypothèque judiciaire. On ne conçoit pas facilement l'idée d'une subrogation en faveur des créanciers, aux droits de la femme sur les biens dotaux vendus ; et pourroient-ils y venir dans le même rang d'hypothèque qui existoit sur les biens personnels du mari ?

Venons aux art. 2121, 2135 et 2195 du Code civil, invoqués dans l'arrêt de la Cour de cassation. Ici se présente une réflexion bien simple, c'est qu'il est évident que ces articles s'appliquent seulement au cas de l'hypothèque légale que la femme exerce sur les biens du mari, pour sa dot mobilière. Or, on ne peut saisir aucun point de comparaison entre une hypothèque légale pour raison de sommes dotales, et un droit de propriété d'immeubles dotaux, dont la femme ne peut jamais être dessaisie, même de son consentement ; autrement on renverseroit le système et les principes de la dotalité.

Ces principes ne sont pas consacrés par les articles ci-dessus cités ; ils le sont par l'art. 1554 : « Les immeubles, y est-il dit, constitués en dot ne peuvent être aliénés ou hypothéqués pendant le mariage, ni par le mari, ni par la femme, ni par les deux conjointement, sauf les exceptions qui suivent. » Ces exceptions sont indifférentes pour la discussion de la question. On voit que cet article a pour règle les principes mêmes établis par la loi unique, au Code *de rei ux. act.*

Vainement diroit-on qu'il suffit que les tribunaux prennent, pour la conservation des sommes qui doivent revenir à la femme, des précautions telles que celles qui ont été prises par l'arrêt. Mais il est sensible que rien ne peut suppléer à l'existence des immeubles dotaux en nature, qu'on feroit disparoître. Ce seroit transformer une dot immobilière en une dot mobilière ; et c'est positivement ce que la loi ne permet pas. Ces précautions sont utiles, sans doute, et la justice agit sagement en suppléant, à cet égard, au silence de la loi ; mais ce ne peut être que lorsqu'il s'agit de sommes mobilières dotales que la femme doit toucher, et quand elle est séparée de biens (1); au lieu que les immeubles dotaux restans, et tous les droits de la femme, qui ne peuvent changer de nature, résident dans l'exercice de la revendication de ces immeubles, ou après la dissolution du mariage, ou après la séparation de biens.

On ne sauroit être touché de ce que l'on pourroit dire que la femme auroit souvent plus d'avantage à se tenir au prix de la vente de ses immeubles, qu'à en revendiquer la propriété; que cela arriveroit si l'acquéreur les avoit considérablement dégradés, ou s'il y avoit fait des améliorations considérables qu'il faudroit rembourser, ce que quelquefois la femme ne pourroit pas faire.

Ce sont là des cas particuliers, et je discute la question en thèse générale. Au surplus, si ces cas particuliers arrivoient, la femme devroit recourir à la justice, qui surveilleroit ses démarches; ce qu'elle ne pourroit cependant faire qu'autant qu'elle seroit séparée de biens. Mais il sera toujours contraire à la loi, que la femme puisse, seule, arbitrairement, et étant en puissance de mari, convertir ses immeubles en une somme d'argent.

Quant à la seconde question, il est sans difficulté, en thèse générale, que la femme, du vivant du mari, ne peut, sans être séparée de biens, rechercher ses droits dotaux, soit contre le mari même, soit contre des tiers. Cet ancien principe est attesté par le célèbre Dumoulin, sur l'art. 4 de la Coutume d'Auvergne. Il suppose que la femme soit séparée : *quid ? si mulier separetur à viro;* et il dit qu'alors elle peut recourir à sa dot; *et statìm ad dotem agere potest, etiam vivo marito, idem de civili morte mariti.* Il se fonde sur la loi *Adhuc*, au Code *de jure dotium.* Coquille, dans sa 105e question sur les articles des Coutumes, un des ouvrages les plus substantiels sur le droit français, établit amplement le principe. Il y en a deux raisons; l'une se tire du respect dû par la femme à l'autorité maritale; l'autre, de ce que la loi attribue au mari l'usufruit des biens de sa femme, et que cet usufruit ne peut lui être retiré que par la séparation de biens ordonnée en justice. Tout cela est devenu une maxime générale en France, et cette maxime est confirmée par l'article 1560 du Code civil.

Mais la Cour de cassation n'a pas jugé le contraire; et cela même ne

_____

(1) Voyez ce que je dis sur cette mesure, au n° 35.

se présumera jamais. Elle a seulement pensé que, d'après la position particulière de la dame de Croy-Chanel, dès qu'il s'agissoit d'un acte purement conservatoire de sa part, elle avoit pu agir, quoiqu'elle ne fût pas séparée de biens ; et en cela elle a rejeté la décision de la Cour royale d'Amiens, qui s'étoit prononcée uniquement par la fin de non-recevoir. Elle a encore indiqué des mesures de sûreté en faveur de la femme, par le placement des deniers. Mais il reste toujours la difficulté sur le fond de la question : elle consistoit à savoir si la femme qui est dans la position où se trouvoit la dame de Croy-Chanel, pouvoit arbitrairement convertir sa dot immobilière en une somme d'argent. La négative résulte de la décision du tribunal de Péronne. Ce tribunal a vraiment statué sur la difficulté telle qu'elle se présentoit, et dans son ensemble. Il a jugé que la prétention de la dame de Croy-Chanel étoit repoussée par les principes du droit. Il se tire de son jugement la conséquence qu'on devoit juger ainsi, soit que cette dame eût été séparée de biens, soit qu'elle ne le fût pas. Cette décision est-elle juridique ? Je le pense.

De quelques questions qui tiennent à la conciliation de l'ancienne législation avec la nouvelle, relativement aux engagemens des femmes mariées.

261. J'ai déjà dit qu'en général la capacité des femmes mariées sous l'ancienne législation, quant aux obligations ou aliénations qu'elles peuvent consentir, est subordonnée aux lois sous lesquelles elles se sont mariées, qui sont celles de leur domicile, ou à toutes autres lois particulières qu'elles auroient choisies par leur contrat de mariage. La question que je viens de traiter dans le n° précédent, offre un exemple de ce dernier cas. Ces lois peuvent être en opposition sur plusieurs points avec le Code civil ; mais elles n'ont pas moins dû continuer d'être la règle des engagemens que les femmes ont pu contracter pendant la durée du mariage, sans quoi on donneroit un effet rétroactif aux lois nouvelles. Cet effet rétroactif seroit toujours réputé être nuisible aux femmes, même quand les lois nouvelles augmenteroient, ou leur donneroient une liberté dont elles étoient privées par les lois qui dèvoient régir leur mariage, ou par les conventions qui en tenoient lieu. L'application de ce principe paroît simple ; et cependant elle rencontre des difficultés qu'il est indispensable de connoître.

Il faut distinguer les lois ou les Coutumes qui auroient prononcé contre la femme la prohibition absolue d'obliger ou de vendre ses biens dotaux, de celles qui lui auroient permis les obligations ou les ventes, mais sous des conditions particulières qui dussent lui procurer un recours ou une indemnité sur les biens du mari, avec hypothèque, en remontant au mariage.

Dans le premier cas, la prohibition de s'obliger ou de vendre, dure contre la femme pendant tout le temps du mariage. Cette prohibition n'est modifiée, ni dans sa durée, ni autrement, par les dispositions du Code civil, qui pourroient être contraires. On en sent facilement la raison. La loi qui a dû régir le mariage conserve son empire jusqu'à ce que le mariage soit dissout : elle n'a pu recevoir d'atteinte par une loi nouvelle que l'on rendroit rétroactive. C'est dans ces idées que la Cour royale de Paris a rendu un arrêt du 1er juillet 1809. Dans l'espèce de cet arrêt, une femme s'étoit mariée en 1788 ; elle s'étoit constitué en dot tous ses biens présens et à venir, et le mariage avoit été contracté dans un pays régi par les lois romaines qui, comme on sait, défendoient absolument toute obligation et aliénation des biens dotaux. Dans la suite, le mari souscrivit une obligation en faveur d'un tiers, sous l'empire du Code civil, et la fit souscrire solidairement par sa femme. Celle-ci prit une inscription hypothécaire pour ses biens dotaux, sur un immeuble appartenant au mari. Le créancier engagea la femme à lui céder son droit de priorité sur cet immeuble, ce qui fut fait avec le consentement du mari. Lorsqu'on vint à l'ordre sur le prix de la vente de l'immeuble, le créancier demanda à être colloqué comme cessionnaire de la femme ; celle-ci s'y opposa, et soutint qu'en abandonnant son droit de priorité d'hypothèque, elle avoit fait une aliénation prohibée par les lois romaines, sous l'empire desquelles elle s'étoit mariée. Le créancier, pour combattre cette prétention, disoit que le Code civil ayant abrogé ces lois, les actes dont il s'agit étant postérieurs à ce Code, l'abandon qu'il contenoit étoit valable. Il ajoutoit qu'une simple renonciation à un acte conservatoire, que la femme pouvoit négliger, ne constituoit pas une véritable aliénation.

La Cour royale confirma un jugement du tribunal civil de Versailles, qui avoit adjugé les conclusions de la femme. Les motifs de l'arrêt sont que les époux, en se mariant, avoient réglé les conventions civiles de leur mariage, conformément au droit écrit ; que, dès lors, tout ce qui avoit été apporté par la femme, ou qui lui étoit échu, avoit été constitué inaliénable, *pendant toute la durée du mariage ;* que l'abrogation faite par le Code civil de toutes les lois romaines, ne peut *changer la nature des biens dotaux fixée par les contrats de mariage antérieurs ;* qu'en abrogeant le sénatus-consulte *velleïen*, le Code civil a seulement donné la capacité aux femmes de cautionner et de s'obliger sur les biens *non dotaux* et *disponibles au jour des obligations.* Enfin, l'arrêt contient un dernier motif qui doit être remarqué; c'est que la *cession de priorité d'hypothèque* faite pour les obligations de la femme, étoit une véritable aliénation de sa dot.

En conséquence des mêmes principes, une femme mariée en pays de droit écrit, ou sous une Coutume qui, comme les lois romaines, prohiboit absolument l'aliénation du bien dotal, ne pourroit vendre un bien de cette nature, même sous le Code civil, et pendant la durée de son mariage. Un arrêt de la Cour royale de Rouen, du 21 avril 1809, l'a ainsi jugé. Il s'agissoit de la vente faite par une femme, conjointement avec son mari, sous le Code civil, de plusieurs immeubles qui lui étoient échus par succession avant ce Code, et qui étoient régis par la Coutume de Normandie. Quoique ces biens ne lui fussent pas dotaux, ils lui étoient néanmoins propres personnels. Il résultoit de l'art. 542 de cette Coutume, que les deniers de la vente n'ayant point été convertis au profit de la femme, elle avoit une hypothèque, pour sa récompense, sur les biens du mari, à compter de l'aliénation seulement; mais en cas d'insolvabilité du mari, elle avoit un recours subsidiaire contre le détenteur des biens. Elle exerçoit ce recours. L'acquéreur le contestoit, sur le fondement que la vente avoit eu lieu sous l'empire du Code civil, et que ce Code avoit aboli le statut normand, prohibitif de l'aliénation des propres. L'arrêt proscrivit ce moyen, sur le fondement que les contrats de mariage faits antérieurement au Code civil se *régissoient par la loi vivante au temps de leur confection.* Il faut remarquer qu'il ne s'agissoit pas d'une hypothèque exercée par la femme sur les biens du mari, en remontant à l'époque de l'aliénation, mais bien de la revendication d'une propriété, d'après la nullité de la vente qui en avoit été faite; en sorte que la question de rétroactivité d'hypothèque en faveur de la femme, sur les biens du mari, contre la disposition de l'art. 2135, que j'ai traitée au nº 241, ne se présentoit pas. Aussi, un des motifs de l'arrêt porte : « Qu'ainsi et vu ce qui résulte de l'art. 542 de la Coutume, lequel, *sauf le droit d'hypothèque dont il ne s'agit pas ici,* est en plein contraste avec les art. 539 et 540, concernant l'aliénation des immeubles dotaux, etc.» Sur ces deux arrêts, Voyez *Denev., an 1809, pag. 164, suppl.*

On sent qu'il s'agit là du régime dotal; et il n'en étoit pas de même, en général, dans les Coutumes de communauté, où la femme pouvoit s'obliger et même vendre avec l'autorisation de son mari. C'est aussi principalement sur ces Coutumes que je me suis expliqué dans les nᵒˢ précédens. Cependant,

pendant, sur certains droits de la femme, quelques-unes de ces Coutumes restreignent sa liberté autant que le droit romain, quant aux obligations et aux aliénations; et alors on sent qu'on devroit se régler par les mêmes principes.

Je passe au second cas que j'ai déjà indiqué, qui est celui où les lois ou Coutumes anciennes ne porteroient pas une prohibition aussi positive et absolue, où elles permettroient à la femme de s'obliger ou de vendre, mais sous des conditions particulières, dont l'objet étoit d'assurer à la femme une récompense sur les biens du mari, avec hypothèque, en remontant au mariage. On sent la différence essentielle qu'il y a entre ce cas et celui d'une prohibition absolue de s'obliger ou de vendre. Dans ce dernier cas, les actes sont nuls pendant toute la durée du mariage; dans le premier cas, la capacité de la femme a dû également durer pendant tout le temps du mariage, et par une identité de principes, de la même manière dont elle étoit réglée par la loi sous laquelle la femme s'est mariée.

Mais cette capacité reçoit, dans ce même cas, une modification importante. Cette modification est relative à la date de l'hypothèque de la femme sur les biens du mari, pour les indemnités et remplois résultans des obligations et des ventes qu'elle a consenties sous l'empire du Code civil. Si l'ancienne loi donnoit à la femme une hypothèque pour ces indemnités ou remplois, à compter du mariage, cette même hypothèque, par cela seul que les obligations ou ventes auroient été faites sous le Code civil, devroit être restreinte à la date des obligations ou des ventes. Ceci rentre dans les principes que j'ai exposés en expliquant l'art. 2135 du Code civil, et notamment aux n°s 240 et 241. L'attention qu'on doit principalement porter sur des questions de cette nature, est de maintenir la loi ancienne de manière à la concilier avec la loi nouvelle, sans qu'il y ait rétroactivité.

Nous nous sommes expliqués, au n° 241, sur la question de savoir si la femme qui s'oblige ou qui vend, sous le régime de la communauté, doit, ou non, avoir une hypothèque pour ses indemnités, à compter de l'obligation ou de la vente; ou si elle peut faire remonter son hypothèque à la date du mariage, par la circonstance que l'hypothèque, à cette date, résulteroit de la loi sous laquelle elle se seroit mariée, ou des conventions stipulées dans son contrat de mariage. Ce n'est qu'après que le n° 241 et plusieurs des n^{os} suivans ont été imprimés, que nous avons pu connoître deux arrêts contraires à l'opinion que nous avons cru devoir adopter. L'un est

Tome I.   D d d d

de la Cour royale de Metz, du 18 juillet 1820; l'autre de la Cour royale de Colmar, du 14 mai 1821. Ils sont rapportés par les continuateurs de Denevers, *an* 1822, *pag.* 43 *et suiv.*, *au suppl.* Les questions que nous traitons au présent n° étant analogues à celles qui font l'objet du n° 241, nous profitons de cette circonstance pour présenter quelques observations sur les arrêts que nous venons d'indiquer.

Les décisions de ces deux arrêts ne sauroient, à notre avis, déterminer une opinion différente de celle que nous avons cru devoir admettre au n° 241. Les motifs sur lesquels elles sont fondées nous paroissent peu décisifs, et les véritables raisons qui doivent faire juger différemment, n'y sont pas touchées.

L'arrêt de la Cour royale de Metz donneroit à entendre que l'art. 2135 du Code civil doit être étranger aux femmes mariées avant le Code civil, et qu'il a seulement dû concerner les femmes mariées postérieurement à ce Code. « Attendu, y est-il dit, que si, d'après un des paragraphes de l'article 2135, l'hypothèque des femmes sur les biens de leurs maris, pour l'indemnité de leurs propres aliénés et des dettes contractées pendant la communauté, date du jour des aliénations ou des engagemens, et non du jour du mariage, *cette disposition ne statue que pour l'avenir, à l'égard des femmes mariées depuis la publication du Code, et qu'à l'égard des autres, mariées antérieurement, leurs droits sont réglés par leurs contrats et par les lois anciennes*, etc. »

Mais il est hors de doute que l'art. 2135, dans l'ensemble de ses dispositions, a dû regarder les femmes mariées avant le Code civil, comme celles qui ne se marieroient qu'après; et cette opinion est favorable aux femmes mariées avant le Code, sous des rapports infiniment essentiels. Nous l'avons démontré dans le n° 238, d'après des raisonnemens et des autorités également irrésistibles. Qu'on remarque encore ce motif de l'arrêt de la Cour de cassation, du 7 mai 1816, que l'obligation consentie par la femme mariée avant la publication du Code civil, et sur laquelle se fondoit un particulier subrogé à ses droits, *étoit postérieure à la promulgation du Code, et ne pouvoit être régie que par la disposition de l'art.* 2135.

On lit dans les motifs de l'arrêt de la Cour royale de Colmar, que « le droit qui les prive (les créanciers du mari antérieurs à la vente ou à l'obligation faite sous le Code civil) de leurs créances étoit le droit commun de la France; que ce droit, *tout injuste qu'il a pu être*, n'a été abrogé que *pour l'avenir.* »

Mais il y a là une énonciation vague, qui ne présente pas une idée fixe. Comment cette abrogation s'est-elle faite *pour l'avenir ?* C'est encore s'expliquer dans le sens que l'art. 2135 est étranger, au moins en cette partie, aux femmes mariées avant le Code civil : mais c'est ce qui n'est certainement pas exact. Dès qu'il est constant que l'art. 2135 a eu pour objet, dans son ensemble, soit les femmes mariées avant le Code civil, même avant la loi de brumaire, soit celles qui le seroient après le Code civil, on ne peut pas syncoper, dans l'esprit du législateur, la disposition de cet article ; on ne peut pas en prendre ce qui seroit en faveur des femmes, et écarter une disposition qui règle leurs droits d'une manière différente que la législation ancienne, lorsque cette disposition est appliquée de manière à éloigner tout effet rétroactif.

On n'a jamais pu appeler *droit commun de la France*, une jurisprudence particulière au parlement de Paris, qui fut repoussée en Bretagne et modifiée en Normandie ; une jurisprudence qui, dès le premier instant où elle se forma au parlement même de Paris, excita les plus vives réclamations de la part des magistrats et des jurisconsultes qui tenoient fortement aux vrais principes, et qui en prévoyoient les suites désastreuses ; qui se trouva d'abord en contradiction avec la jurisprudence du grand conseil ; qui donna lieu à des plaintes adressées au conseil du Souverain, mais qui devinrent inutiles, parce qu'il fallut se soumettre à une autorité qui ne pouvoit être vaincue que par une loi qu'il étoit difficile d'obtenir. Tel est le tableau énergiquement présenté par Mornac, sur la loi 9, ff. *qui pot.*, que je n'ai fait qu'indiquer au n⁰ 227.

Je ne rapporterai qu'une partie du passage de cet auteur, qui est celle où il s'explique sur la sensation que fit la préférence accordée à la femme, par l'arrêt du parlement du 17 mars 1608, sur les créanciers du mari, antérieurs à l'obligation. *Quàm perniciosi exempli prælationem merito dixerunt paulò post patroni consultissimi. Inventam enim esse deinceps hanc viam quà PERDITUS QUIVIS, AUDAXQUE FRAUDATOR, ET ERGOLABUS periculum creare possit amicis fidejussoribus qui, quid inter eum et uxorem contractu arcano convenerit, nesciant.*

L'abus étoit criant : le législateur le réforme : sa volonté est impuissante pour le passé ; mais l'est-elle pour l'avenir ? Lorsqu'il n'y a aucun droit acquis à la femme dont elle puisse être dépouillée, peut-elle commettre l'abus contre lequel le législateur s'est élevé ? peut-elle le commettre en fraude et au préjudice des créanciers du mari, qui ont une hypothèque antérieure à l'acte abusif qu'elle voudroit se permettre, et qui est certainement proscrit pour l'avenir ? Sans doute, elle peut s'obliger ou vendre avec son mari, sous le Code civil; mais alors elle ne doit espérer qu'une hypothèque sur les biens que le mari possède lors de la vente ou de l'obligation, ou sur ceux qu'il aura dans la suite : mais tout retour lui est interdit sur les biens antérieurement hypothéqués. S'il en étoit autrement, ce seroit admettre qu'un individu auroit le pouvoir de créer une fraude et d'en profiter au détriment de créanciers légitimes déjà nantis d'une hypothèque. Ces créanciers, avant la loi nouvelle, couroient la chance de perdre leur hypothèque par l'effet d'un abus. Cette loi nouvelle fait disparoître cette chance en proscrivant l'abus. Et on voudroit que la femme, plus forte que la loi à laquelle elle contreviendroit, fît perdre ces hypothèques anciennes, ce qui ne pourroit se faire que dans la vue de favoriser le mari, qui, par ce moyen, emprunteroit, ou se procureroit des prix de vente aux dépens de ses propres créanciers ! Il est difficile de se rendre à cette idée (1).

---

(1) Les questions de la nature de celles que j'ai traitées dans ce n° 261, et au n° 241, présentent toujours des difficultés dont on ne peut trouver une solution juste qu'en y portant la plus grande attention; et encore on doit presque toujours s'attendre à des divergences d'opinions. Un arrêt de la Cour royale de Paris, du 17 février 1821, que nous remarquons dans le recueil des continuateurs de Denevers, *an 1822, p. 36, au suppl.,* en présente un exemple.

Dans l'espèce de cet arrêt, le sieur Nouvellet et la demoiselle Bonivers, qui étoient domiciliés à Lyon, y avoient contracté mariage en 1789. Suivant un usage constamment observé à Lyon, attesté par les autorités les plus imposantes, qui même n'étoit pas désavoué, la femme avoit un privilége, pour la restitution de sa dot, sur les meubles et immeubles du mari, conformément à la loi dernière, au Code *qui potiores,* qui y étoit particulièrement observée. Les époux avoient stipulé dans leur contrat qu'ils se régleroient par ce statut local.

Le mari avoit transféré son domicile à Paris; il y tenoit un hôtel garni. En 1819, après une séparation de biens, la femme se présenta à un ordre du prix des meubles, et demanda la préférence sur les créanciers de son mari.

Ce privilége fut contesté par les créanciers, mais il fut accueilli par un jugement du tribunal de la Seine. « Attendu qu'en principe, le contrat du mariage régit les droits des parties contractantes, quels que soient les changemens survenus postérieurement, soit dans la législation, soit dans le domicile des parties; que, dans l'espèce, les sieur et dame Nouvellet, en contractant mariage à Lyon, le 4 septembre 1789, et en décla-

262. Mais il se présente encore d'autres questions, relativement à l'op-position qui se trouve, sur cette matière, entre les lois anciennes et la lé-gislation nouvelle. D'après la diversité qui existoit autrefois entre les lois

raut expressément se soumettre, pour tout ce qui pourroit avoir trait audit mariage, aux droits et aux usages qui s'observoient alors dans la ville et le pays de Lyon, sont censés avoir écrit dans leur acte les dispositions de ce droit particulier, et notamment l'acte de notoriété du 15 décembre 1723 (qui constatoit l'usage). »

Sur l'appel, le jugement a été infirmé, « attendu que le privilége réclamé par la femme Nouvellet ne seroit fondé que sur un statut local, exorbitant du droit commun, et dont les effets et l'exécution ne peuvent s'étendre au delà de son territoire, etc. »

On voit donc, par le résultat de cet arrêt, réduire sans effet une convention qu'on pouvoit regarder comme une loi matrimoniale. Il n'eût cependant pas été déraisonnable de la maintenir. Choppin, dans son Traité *de privilegiis rusticorum, liv.* 2*, chap.* 2*, nº* 4*, pag.* 37*, édit. de* 1590, traite une question à peu près semblable, et dont la décision étoit subórdonnée aux mêmes principes. Relativement à l'effet que doit avoir le statut local auquel est conforme la convention matrimoniale, il distingue ce qui a trait aux immeubles, de ce qui affecte les meubles.

Quant aux immeubles, l'auteur limite l'exécution du statut local, et de la convention matrimoniale dans laquelle il est répété, aux seuls immeubles situés dans le territoire qui étoit régi par le statut local au moment du mariage. Ce statut local devient un statut réel qui exerce alors son empire. *Conjugum donatio varia probanda est ac excutienda pro legum varietate municipii cujusvis in quo donatæ res soli continentur.*

Mais par rapport à la disposition concernant les meubles, qui seroit contenue dans le contrat de mariage, ou qui seroit le résultat d'un statut local, Choppin enseigne que cette disposition doit avoir son effet, en quelque lieu que le mari fixe, dans la suite, son domicile. *Non idem statuendum de rebus mobilibus supellectili, aliove jure in conjugum personas constituto, nam in iis spectanda lex est domicilii, quod habuit maritus die nuptiarum,* LICET MUTARIT POSTEA SEDES*, et in diversi juris provinciam transtulerit.* Il ne s'agit plus alors de statut réel. Il n'y a pas de *territoire* pour les meubles; ils ont toujours suivi la loi du domicile; et, dans le cas dont il s'agit, le domicile est celui qu'avoient les époux lors du mariage.

Une disposition, soit statutaire, soit conventionnelle, qui remonte au mariage, et qui assure à l'un des époux un avantage sur les biens de l'autre, doit avoir son exécution comme toute autre donation dont l'effet est absolu; mais il y a loin de là à l'application de l'art. 2135 du Code civil, en ce qui concerne l'obligation ou la vente faite par la femme, postérieurement à la promulgation de ce Code; il n'y a même aucune parité entre un cas et un autre. Il y a d'autres principes à invoquer dans le dernier cas. La loi ancienne qui règle, et la loi nouvelle qui modifie, exercent chacune leur empire. Tout se réduit à les concilier de manière qu'il n'y ait pas de rétroactivité, et surtout que la fraude ne soit pas protégée.

et les Coutumes du royaume, qui se sont fondues dans une législation générale et uniforme, il s'élevoit les difficultés les plus sérieuses. Cela arrivoit lorsque la femme s'étoit mariée sous une loi, et qu'elle avoit des biens sous une autre, et lorsque ces deux lois avoient des dispositions opposées sur la capacité des femmes, relativement aux obligations et aux aliénations qu'elles pouvoient faire. Il se formoit une lutte entre le statut personnel, c'est-à-dire, la loi du domicile ou du mariage, et le statut réel, qui étoit la loi du territoire ou situation des biens. Ainsi, après beaucoup de controverses, il avoit été enfin décidé qu'une femme mariée en pays de communauté, comme à Paris ou en Bourbonnais, et qui avoit des immeubles situés dans un pays où la dot étoit inaliénable, tel que l'Auvergne, dont la Coutume avoit adopté, à cet égard, les principes du droit romain, ne pouvoit point, même avec le consentement de son mari, vendre ses immeubles situés en Auvergne, quoiqu'elle eût pu, avec ce consentement, vendre ses biens situés sous les Coutumes de Paris ou de Bourbonnais. E', *vice versâ*, la femme mariée sous le régime dotal, en Auvergne, qui avoit des immeubles situés à Paris ou en Bourbonnais, qui n'auroit pu aliéner ses biens dotaux situés en Auvergne, même avec le consentement de son mari, auroit pu, avec ce consentement, vendre ses biens situés sous les Coutumes de Paris ou de Bourbonnais. On peut voir là-dessus M. Chabrol, sur la Coutume d'Auvergne, tom. 2, pag. 181, 222 et suiv., et Auroux des Pomiers, sur celle de Bourbonnais, art. 238, n° 4. Il peut rester encore, sous le Code civil, des circonstances dans lesquelles on doive suivre cette diversité de législation. On sent qu'en pareil cas on doit toujours combiner les conventions des contrats de mariage, qui peuvent varier, avec les dispositions des anciens statuts *personnels* ou *réels*. Mais on pourroit toujours pratiquer ce qui s'observoit autrefois : c'est que la femme qui voudroit vendre ou obliger ses biens situés dans les anciennes Coutumes de prohibition, pourroit le faire, et garantir, avec l'autorisation du mari, la sûreté de la vente ou de l'obligation par un engagement hypothécaire auquel elle affecteroit ses biens situés ailleurs, comme à Paris ou en Bourbonnais, et qui seroient ainsi disponibles.

C'est ce qui a été jugé par un arrêt de la Cour de cassation, section civile, du 5 mai 1818. *Denev.*, *même année, pag.* 552. La dame Guilibert, née en Normandie, mais mariée au sieur Sombret, domicilié à Abbeville, Coutume de communauté, vendit, le 5 ventôse an 6, au sieur Vasse-Renoult, trente acres de terre situés en Normandie. La vente portoit que ces trente acres de terre appartenoient en partie au sieur Sombret, et l'autre partie à la dame Sombret, *comme dépendans de ses biens dotaux.* Le même acte portoit encore que la dame Sombret *garantissoit la vente par elle faite sur tous ses biens présens et à venir.* La dame Sombret demanda la nullité de cette vente, en vertu des art. 538, 539 et 540 de la Coutume de Normandie, qui défendent l'aliénation des biens dotaux sans remplacement. Le tribunal de première instance de Dieppe rendit un jugement, le 17 février 1813, qui accueillit la demande de la dame Sombret, mais qui, en même temps, la condamna à la garantie du sieur Vasse-Renoult, sur *tous les biens qu'elle possédoit hors du ressort de la Coutume de Normandie*, et même sur une terre dite de Thionville, située dans cette province, mais qui lui étoit échue depuis la publication du Code civil. Ce jugement fut confirmé par un arrêt de la Cour royale de Rouen. Le pourvoi contre cet arrêt fut rejeté par la Cour de cassation. Cette Cour se fonda sur ce que la dame Sombret, domiciliée dans le ressort de la Coutume de Ponthier, à laquelle elle s'étoit soumise par son contrat de mariage, avoit pu s'obliger à la garantie de la vente par elle faite au sieur Vasse-Renoult, et affecter à cette garantie tous ceux de ses biens qui n'étoient pas régis par le *statut réel* de la Coutume de Normandie.

Cet arrêt a de plus jugé une question très-remarquable. L'acquéreur de la dame Sombret se défendoit par deux moyens. Il disoit d'abord que, dès que cette dame s'étoit mariée sous l'empire d'une Coutume de communauté, la Coutume de Normandie, *comme statut réel*, n'avoit pu protéger que les immeubles situés sous son empire; qu'ainsi rien n'empêchoit qu'étant autorisée de son mari, elle ne s'obligeât sur tous ses autres biens. Et c'est ce qu'a jugé la Cour de cassation. Jusque-là on y voit statuer dans le sens que la femme, quoique mariée en pays de communauté, n'avoit pu vendre et hypothéquer à une garantie, avant le Code civil, même avec le consentement de son mari, des biens situés dans une Coutume autre que celle du mariage, qui en prohiboit l'aliénation.

Mais il étoit échu à la dame Sombret, depuis la promulgation du Code civil, une terre située en Normandie même, appelée de *Thionville;* et l'acquéreur avoit demandé que sa garantie portât encore sur cette terre, quoique située dans cette province. Il se prétendoit fondé dans cette demande, sur ce que cette terre n'étoit échue à la dame Sombret que depuis la publication du Code civil, et, par conséquent, après l'abrogation de la Coutume de Normandie. C'étoit là une seconde question; et l'on a déjà vu que le jugement du tribunal de Dieppe, confirmé par l'arrêt de la Cour royale de Rouen, l'avoit décidée en faveur du sieur Vasse-Renoult. Ce jugement, en prononçant la garantie sur tous les biens que la dame Sombret possédoit *hors du ressort de la Coutume de Normandie*, la faisoit porter encore *sur une terre dite de Thionville*, située en Normandie, *mais qui lui étoit échue depuis la publication du Code civil.*

La dame Sombret combattoit cette décision, en disant que, d'après l'art. 542 de la Coutume de Normandie, les biens échus à la femme pendant le mariage, ne pouvoient pas être plus aliénés que ses biens dotaux; que dès lors, en supposant qu'elle fût obligée de garantir le sieur Vasse-Renoult sur ses biens situés dans le ressort de la Coutume d'Abbeville, il étoit certain, du moins, que les biens qui lui étoient échus en Normandie depuis son mariage, ne pouvoient être soumis à cette garantie, et qu'ainsi la Cour royale n'avoit pu autoriser le recours du sieur Vasse-Renoult sur la terre de Thionville, située en Normandie, quoique cette terre fût échue à la dame Sombret depuis son mariage, et *depuis la publication du Code civil.*

Mais la Cour de cassation s'est prononcée pour la garantie sur la terre de Thionville, laquelle garantie étoit l'objet du second moyen de l'acquéreur. Voici les motifs de l'arrêt : « Sur le second *moyen*, attendu que la terre de Thionville, sise en Normandie, et échue à la dame Sombret, par le décès de son frère, *postérieurement à la publication du Code civil*, n'a pas été soumise à la disposition du *statut normand QUE CE CODE A ABOLI.* » De cet arrêt il résulte une conséquence importante, c'est que si, depuis le Code civil, il est échu à une femme mariée sous un régime de communauté, des biens situés dans le ressort d'une ancienne Coutume qui eût des dispositions telles que ces biens ne pouvoient être ni aliénés, ni hypothéqués, même avec le consentement du mari, la prohibition a cessé. Ces biens ont dû être régis et administrés comme les autres biens de la femme. Le statut réel aboli par le Code, se fond et s'absorbe dans le statut *personnel.* Je ne descends pas dans des détails pour établir l'application de cette conséquence; elle se feroit d'elle-même, d'après les circonstances qui se présenteroient.

Cependant, il y a des cas où la liberté qu'avoit une femme mariée, relativement

lativement à la disposition de certains biens, se trouve restreinte par le Code civil. Il s'est élevé la question de savoir si la femme doit, ou non, conserver dans toute sa plénitude l'ancienne liberté qui lui étoit accordée. Ceci doit être éclairci par un exemple.

Dans les pays de droit écrit, d'après la loi 8, au Code *de pact. conv.*, et dans plusieurs Coutumes qui en avoient adopté les principes, telles que celle d'Auvergne, *art.* 1ᵉʳ, *tit.* 14, la femme pouvoit, outre ses biens dotaux, avoir des biens paraphernaux et des biens aventifs. Les premiers étoient ceux qu'elle s'étoit réservés en se mariant ; les seconds étoient ceux qui lui étoient échus pendant le mariage. Or, elle avoit la liberté de vendre ou hypothéquer ces deux sortes de biens, sans l'autorisation de son mari. Il s'étoit néanmoins introduit, dans quelques parlemens, une jurisprudence d'après laquelle cette autorisation étoit nécessaire. Mais il a été dit, dans l'art. 1576 du Code civil, que la femme ne peut aliéner ses biens paraphernaux sans l'autorisation de son mari, ou, à son refus, sans la permission de la justice. On a donc demandé si, lorsque la femme avoit de ces sortes de biens, même avant la promulgation du Code civil, dans les lieux où elle pouvoit en disposer seule, à son gré, elle a pu, depuis cette promulgation, jouir du même droit, ou si, au contraire, conformément au Code civil, l'autorisation du mari a été nécessaire.

Cette question n'étoit pas sans difficulté. Cependant la jurisprudence s'est formée, et avec raison, dans le sens de la nécessité de l'autorisation. D'un côté, en ce qui concerne au moins les pays de droit écrit, on a toujours douté s'il résultoit de la loi 8, au Code *de pact. conv.*, que j'ai citée, que la femme pût disposer de la propriété de ses biens paraphernaux et aventifs, sans le consentement du mari, ou si elle avoit seulement le droit de les administrer et d'en percevoir les jouissances sans la participation de ce dernier. C'est aussi ce qui avoit donné lieu à la diversité de jurisprudence que je viens de rappeler. La nécessité de l'autorisation du mari, pour la vente même des biens extradotaux et aventifs, se rapprochoit plus de l'esprit du droit romain et des Coutumes qui lui étoient conformes. C'étoit dans l'intérêt de la femme et des enfans que le droit romain et ces Coutumes avoient interdit absolument l'aliénation et l'hypothèque des biens dotaux ; et c'étoit par une suite du même intérêt, que l'aliénation et l'hypothèque des biens paraphernaux et aventifs n'y étoient permises qu'avec l'autorisation du mari.

Tome I.   E e e

Au surplus, de ce que la jurisprudence a admis que, quoiqu'anciennement la femme eût pu disposer, seule, de ses biens paraphernaux, elle
est privée, depuis le Code civil, de cette faculté, d'après l'art. 1576 du
Code civil, ou qu'au moins elle ne peut l'exercer que sous les conditions
établies par cet article, on ne peut pas dire qu'il y ait un effet rétroactif
relativement à la femme mariée avant le Code civil. Il n'y a point de rétroactivité, lorsque la femme n'a pas exercé, avant ce Code, la faculté
de disposer de la propriété, que lui accordoient les anciennes lois ou les
anciens usages. Enfin, la femme a toujours, même d'après le Code civil,
en cas de refus d'une autorisation du mari, la ressource de la permission
de la justice. Son droit ancien reste, mais avec un sage tempérament.

De l'hypo-thèque légale dans le cas du retour convention-nel, et d'une disposition à charge de rendre les biens. 263. Il me reste à examiner deux cas particuliers sur l'hypothèque légale
de la femme; l'un est celui du retour conventionnel apposé à une dona-
tion; l'autre est celui d'une substitution ou disposition à la charge de
rendre les biens.

Quant au premier cas, il est dit dans l'art. 952 du Code civil, que l'effet
du droit de retour sera de résoudre toutes les aliénations des biens donnés,
et de faire revenir ces biens au donateur, francs et quittes de toutes
charges et hypothèques. Mais il est ajouté : « Sauf néanmoins l'hypothèque
de la dot et des conventions matrimoniales, si les autres biens de l'époux
donataire ne suffisent pas, et dans le cas seulement où la donation lui aura
été faite par le même contrat de mariage, duquel résultent ses droits et
hypothèques. »

Il résulte de cet article que quoique l'hypothèque que la loi accorde à
la femme, dans le cas et sous la condition qui y sont énoncés, ne soit que
subsidiaire, qu'elle ne doive avoir lieu sur les biens donnés que lorsqu'il y a insuffisance des biens propres du mari donataire, elle n'a pas
moins le caractère d'hypothèque légale sur les biens donnés, lorsque c'est
le cas de l'exercer. Ces biens n'appartiennent pas moins au donataire; ils
deviennent responsables de la dot et des conventions matrimoniales. La
modification portée à cette responsabilité ne change point la nature de
l'hypothèque.

Mais il y a un point essentiel à remarquer, qui est que si, lors de la
donation, le mari donataire avoit des biens suffisans pour répondre de la
dot et des conventions matrimoniales, ou que si, n'en ayant pas alors, il
en acquéroit dans la suite, qui présentassent la même sûreté, la femme

devroit prendre des précautions pour conserver son hypothèque légale sur ces biens, en cas de vente de la part de son mari, conformément au chapitre 9 du titre du Code civil, *des priviléges et hypothèques*. C'est à la femme à y veiller, parce que la loi ne lui donne, sur les biens grevés de retour, qu'une hypothèque subsidiaire; qu'elle doit prendre cette hypothèque telle qu'elle est, ou y renoncer. Elle ne peut diviser la condition sous laquelle elle est établie, ne l'étant surtout que dans son intérêt. En négligeant son hypothèque sur les biens personnels de son mari, elle changeroit se position, au préjudice du donateur; elle transporteroit l'hypothèque principale sur les biens donnés, et l'hypothèque seulement subsidiaire sur les biens personnels du mari, ce qui seroit contraire à l'équité, à la convention et au vœu de la loi.

Je viens au second cas ci-dessus indiqué. Il faut partir, à cet égard, de l'art. 1054 du Code. Il y est dit : « Les femmes des grevés ne pourront avoir, sur les biens à rendre, de recours subsidiaire, en cas d'insuffisance des biens libres, que pour le capital des deniers dotaux, et dans le cas seulement où le testateur l'auroit expressément ordonné. » On remarque d'abord la grande différence qui existe entre cet article et l'article 952. L'hypothèque subsidiaire a lieu de droit, et sans qu'il y en ait une convention expresse, sur les biens donnés, non-seulement pour la dot, mais encore pour les conventions matrimoniales; au lieu que, dans le cas de l'art. 1054, l'hypothèque subsidiaire est accordée seulement pour *la dot;* et, de plus, il faut que le donateur l'ait ainsi voulu expressément. Quoiqu'on voie dans cet article le mot *testateur*, il ne faut pas en induire que la disposition ne puisse être faite que par testament. En rapprochant cet article de tous ceux qui précèdent, et surtout de l'art. 1048, on est convaincu que la disposition peut être faite par acte entre-vifs, comme par testament. De l'emploi de ce terme, *pour le capital des deniers dotaux*, il se tire la conséquence que la loi n'a entendu accorder l'hypothèque subsidiaire que pour la répétition d'une dot pécuniaire, et non pour les deniers qui proviendroient de ventes des immeubles dotaux de la femme, sauf lorsque la vente est nulle, l'action en revendication contre les tiers détenteurs.

Il y a bien une circonstance où un donateur peut reprendre les biens qu'il a donnés : je veux parler de celui qui est prévu par l'art. 747 du Code civil. Mais, par cela seul que ce droit n'est déféré qu'à titre de *succes-*

sion, le donateur ne reprend les biens donnés qu'avec la charge de toutes les dettes et hypothèques dont ils ont été grevés par le donataire. Sur tout ce que je viens de dire, on peut voir les observations que j'ai faites, *Traité des donat.*, n°s 35, 36, 38 et 378.

§ II.

Des moyens introduits par la loi pour la conservation et la réduction des hypothèques légales, dans l'intérêt des femmes, des mineurs et interdits, et pour la sûreté des tiers.

SOMMAIRE.

Des moyens relatifs à la conservation des hypothèques des femmes et des mineurs.

264. Dans le chapitre de l'hypothèque conventionnelle, sect. II, § II, devant expliquer l'objet et les formes de l'inscription en général, j'ai indiqué les formes particulières des inscriptions concernant les hypothèques

légales des femmes et des mineurs; mais je devois remonter aux moyens admis par la loi pour la conservation des hypothèques légales que les formes tendent seulement à mettre en œuvre. Or, c'est ce dont je vais m'occuper.

Dès que le législateur a cru devoir affranchir de l'inscription les hypothèques légales des femmes, pour leurs droits dotaux, sur les biens de leurs maris, et celles des mineurs et des interdits sur les biens de leurs tuteurs, ce qui devenoit une grande exception au principe fondamental de la publicité de l'hypothèque, qui fait la base de la législation hypothécaire, sa sagesse lui a suggéré des moyens pour que cet affranchissement d'inscription ne devînt pas une source de piéges qui seroient tendus à la bonne foi des tiers qui pourroient contracter avec le mari et les tuteurs.

Ces moyens consistent, 1°. dans la nécessité où sont les maris et les tuteurs de rendre publiques les hypothèques dont leurs biens sont grevés; dans celle de requérir des inscriptions sur eux-mêmes, et enfin dans la crainte d'être réputés stellionataires, et contraignables comme tels, s'ils consentent ou s'ils laissent prendre des hypothèques sur leurs immeubles, sans déclarer expressément que ces immeubles étoient affectés à l'hypothèque légale des femmes, des mineurs ou interdits (1);

2°. Dans l'obligation imposée au subrogé tuteur, sous sa responsabilité personnelle, de veiller à ce que l'inscription soit prise sur les biens du tuteur, et même de la faire faire : la loi a encore prévu le cas de négligence, soit du tuteur, soit du subrogé tuteur, de remplir cette obligation, de même que de la part du mari; et elle a établi une garantie, soit pour

---

(1) Je dois faire observer qu'un arrêt de la Cour de cassation, du 25 juin 1817, rapporté par Denevers, *même année*, *pag.* 409, a jugé quelques questions en cette partie, qu'il est bon de connoître. Il a décidé notamment, par interprétation de l'article 2059 du Code civil, qu'il n'y a pas stellionat lorsqu'on ne déclare pas les hypothèques conventionnelles ou judiciaires, mais seulement lorsqu'on présente comme libres des biens hypothéqués. Le même arrêt a décidé, en interprétant l'art. 2136, qu'un mari ne doit pas être réputé stellionataire, lorsqu'il ne déclare pas l'hypothèque légale de sa femme sur les immeubles qu'il vend, mais seulement lorsqu'il consent ou laisse prendre des priviléges ou des hypothèques sur ses immeubles, sans déclarer expressément que ces immeubles sont affectés à l'hypothèque légale de sa femme. On peut aussi voir Sirey, *tome* 18, *part.* 1re, *pag.* 13.

la femme, les mineurs et l'interdit, soit pour les tiers, dans l'appel qu'elle fait au procureur du Roi près le tribunal civil du domicile des maris et tuteurs, ou du lieu de la situation des biens, de l'arrondissement dans lequel les biens sont situés, pour qu'il ait à suppléer, s'il y a lieu, à cette négligence ;

3°. Dans le pouvoir donné non-seulement à la femme et au mineur de requérir eux-mêmes l'inscription, mais encore aux parens, soit du mari, soit de la femme, soit du mineur, et, par rapport à celui-ci, à ses amis, à défaut de parens. Art. 2136, 2137, 2138 et 2139 du Code civil.

Mais ce n'est pas tout ; la loi offre encore une ressource particulière aux tiers acquéreurs qui auroient acquis d'un mari ou d'un tuteur, et qui auroient été dans la persuasion que le mari ou le tuteur qui auroient vendu, avoient, outre l'objet de l'acquisition, suffisamment de biens pour répondre de la dot, des reprises et conventions matrimoniales ou de la gestion. Cette ressource consiste en ce que les acquéreurs peuvent, lorsqu'il n'existera pas d'inscription, purger les hypothèques sur les immeubles qu'ils auront acquis. Les moyens que présente la loi pour que l'acquéreur puisse se procurer cet avantage, sont, 1°. le dépôt du contrat au greffe du tribunal civil de la situation des biens vendus, la notification de ce dépôt à la femme, au subrogé tuteur, au procureur du Roi près ce tribunal, et l'affiche de ce même dépôt, pendant deux mois, dans l'auditoire ; 2°. le pouvoir donné aux femmes, aux maris, aux tuteurs, aux subrogés tuteurs, aux mineurs, interdits, et aux procureurs du Roi, de requérir et faire faire, pendant ce temps, s'il y a lieu, des inscriptions sur l'immeuble aliéné.

Tel est le résultat des art. 2193, 2194, 2195 du Code civil, et de l'avis du Conseil d'état, du 1er juin 1807, aux dispositions duquel il suffit de renvoyer. Cet avis est tellement précis sur les formes qui en sont l'objet, qu'il est inutile d'entrer à cet égard dans aucune explication. J'observerai seulement que lorsque la femme du vendeur existe, ainsi que le subrogé tuteur des mineurs qui pourroient être sous la tutelle de ce vendeur, et que lorsqu'il est établi qu'ils sont connus de l'acquéreur, pourvu que ce soit par des titres précis du fait même de l'acquéreur, alors la signification de l'acte de dépôt au greffe du contrat translatif de propriété, qui est prescrite par cet avis et par les articles du Code qui y sont relatifs, doit être faite nécessairement à cette femme et à ce subrogé tuteur ; il ne suffiroit pas que la signification fût faite au procureur du Roi. On peut tirer cette induction non-seulement de cet avis même du Conseil d'état, mais encore d'un arrêt de la Cour de cassation, du 14 juin 1817. *Denevers*, *même année*, *pag.* 97. L'observation est d'ailleurs évidemment fondée. Les art. 2194 et 2195 exigent que la notification qui y est énoncée soit faite directement à la femme mariée et au subrogé tuteur ; et ce n'est que pour le cas où la femme mariée et le subrogé tuteur seroient inconnus de l'acquéreur, que l'avis du Conseil d'état, du 1er juin 1807, a ajouté de nouvelles formalités, qui sont celles qui étoient prescrites par l'art. 683 du Code de procédure.

On doit rapprocher de l'avis du Conseil d'état, du 1er juin 1807, celui du 8 mai 1812, qui rend les formalités prescrites par le premier, communes aux femmes et aux mineurs, devenues les unes veuves, et les autres majeurs sous le Code civil, ainsi qu'à leurs héritiers ou autres représentans.

D'après tant de précautions, le législateur a dû croire, ou qu'il y auroit des inscriptions, ou que s'il n'en survenoit pas, ce seroit uniquement parce que le besoin ne s'en feroit pas sentir, et que ceux qui sont autorisés à prendre des inscriptions pour la femme ou pour les mineurs n'auroient pas voulu nuire gratuitement et sans objet à un mari ou à un tuteur qui, quoiqu'ils eussent fait quelques ventes, ne laisseroient pas de présenter une solvabilité rassurante.

On voit dans la législation actuelle un juste milieu entre l'édit du mois de mars 1673 et celui de 1771. Le premier exceptoit simplement de ses dispositions les hypothèques légales (art. 57 et 60) ; ce qui laissoit une vaste lacune dans la formation d'un régime hypothécaire. Le second prononçoit, sans aucun tempérament, la déchéance de ces hypothèques, par le seul effet du défaut d'opposition aux lettres de ratification (art. 17 et 32). Cette disposition pouvoit paroître trop dure, puisque souvent on ne pouvoit imputer ce défaut d'opposition aux personnes en faveur desquelles ces hypothèques étoient établies.

265. Je dois faire remarquer qu'il résulte de l'art. 2194, comparé avec l'art. 2181 et l'art. 2183, § 2, que lorsqu'il s'agit simplement de purger les hypothèques des femmes et des mineurs, pour lesquels il n'y a point d'inscriptions prises, la transcription préalable du titre d'aliénation n'est pas nécessaire, et que les formes prescrites par l'art. 2194 suffisent. La raison en est que ce dernier article ne rappelle pas la formalité de la transcription, et que celles qu'il prescrit font plus que d'y suppléer pour procurer la

La transcription est inutile pour la purgation des hypothèques légales.

connoissance du titre, connoissance qui étoit évidemment le but de la transcription. C'est ce qu'établit très-bien M. Tarrible, *Rép. de jurispr.*, au mot
Transcription, § 3, *n*° 5. Cette opinion, toute fondée qu'elle étoit, n'a plus
le même degré d'utilité, d'après les articles 52, 54 et 61 de la loi sur les
finances, du 28 avril 1816, qui prescrivent le payement des frais de transcription et de ceux d'enregistrement tout à la fois. Mais l'observation reste
pour les contrats antérieurs à cette loi de 1816. Au surplus, sur cette multiplicité de formes pour parvenir au même but, et qui pourroient être toutes
fondues en une seule, j'appelle l'attention du législateur, *part. II, ch. I*er,
sect. II et VI.

La femme mariée est-elle absolument sans droit sur le prix de l'immeuble vendu par le mari, quoiqu'elle n'ait pas pris une inscription dans les deux mois à compter de l'affiche du contrat dans l'auditoire ?

266. Il s'est élevé une question assez importante pour être discutée. Elle
consiste à savoir si, lorsqu'un immeuble vendu par le mari a été affranchi
de l'hypothèque légale de la femme, faute d'inscription prise dans les deux
mois à partir de l'exposition du contrat d'acquisition, la femme ou ses
créanciers conservent le droit de se faire colloquer sur le prix de l'immeuble,
lorsque ce prix n'est pas encore distribué.

Il faut distinguer. S'il n'y a aucune hypothèque inscrite contre le mari
vendeur, et si l'acquéreur ne notifie la vente, conformément à l'art. 2194 du
Code civil, que dans son propre intérêt, afin de savoir s'il surviendra, ou
non, une inscription de la part de la femme; alors, n'étant survenu aucune
inscription dans les deux mois de l'exposition du contrat, l'immeuble vendu
passe à l'acquéreur, sans aucune charge, à raison des reprises de la femme;
et l'acquéreur peut se libérer valablement envers le vendeur. Tel est le résultat de l'art. 2195 du Code civil.

Mais si, lors de la transcription de la vente et de la notification, il existe
des inscriptions prises par des créanciers du vendeur, l'acquéreur peut
également prendre les mesures indiquées dans l'art. 2194. Ces mesures ont
toujours un but utile, qui est que l'ordre puisse se faire avec ceux qui
auroient des hypothèques légales, dont les inscriptions seroient provoquées
par les formalités relatives à la purgation. C'est le moyen d'éviter un retard
à l'ordre, qui ne pourroit se faire sans qu'on ordonnât préalablement les
mesures tendantes à purger les hypothèques légales, ainsi que je l'ai dit
ailleurs; puisque, sans ce préalable, et l'ordre se consommant, les créanciers qui auroient des hypothèques légales, pourroient, en les faisant valoir,
détruire ce qui auroit été fait, et réclamer le prix qui auroit été distribué.

Néanmoins si, dans le cas où il devroit être fait une distribution, la
femme

femme mariée prenoit son inscription avant l'ordre, quoiqu'après l'expiration des deux mois indiqués dans l'article 2194, elle pourroit également venir, par ordre de son hypothèque, sur le prix qui devroit être distribué. Ceci tient au principe élémentaire, en cette partie, que l'hypothèque légale de la femme mariée existe indépendamment de toute inscription ; elle a rang par elle-même, et du jour de sa date, sans le secours de l'inscription. Cette inscription est cependant nécessaire, mais c'est uniquement pour se faire connoître et pour participer à l'ordre; en sorte qu'il suffit que l'inscription précède l'ordre.

Ce qui a paru embarrassant, c'est qu'on ne concevoit pas que l'immeuble pût être dégagé de l'hypothèque légale dans les mains de l'acquéreur, et que cependant la femme conservât son droit sur le prix.

Mais le droit que la femme exerce dans ce cas, sur le prix, n'est en opposition avec aucun principe. Pourquoi la femme peut-elle, à la différence des autres créanciers soumis à l'inscription, venir sur le prix, quoique, dès le principe, elle n'ait pas pris une inscription? c'est seulement à raison de la faveur particulière de son hypothèque, d'après laquelle elle est affranchie de l'inscription. Mais l'inscription qu'elle prendroit après l'expiration de deux mois énoncés, ne lui donneroit jamais droit que sur le prix et non sur l'immeuble. La raison en est que le silence de la femme, pendant les deux mois à compter de l'exposition du contrat d'aliénation, a purgé l'immeuble de l'hypothèque légale, et l'a convertie en action sur le prix. Le recours de la femme sur le prix n'intéresse que les créanciers et nullement l'acquéreur. Il en est de ce cas comme de celui où il n'y a pas d'enchères après la notification du contrat transcrit aux créanciers, en exécution de l'art. 2183. Ce défaut d'enchères opère dans les mains de l'acquéreur, d'après l'art. 2186, la libération de tout privilége et hypothèque, et le droit reste sur le prix. On sent facilement qu'il se fait la même opération dans le cas dont il s'agit. Aussi la question a-t-elle été ainsi jugée par un arrêt de la Cour royale de Douai, du 14 avril 1820. *Denevers, an* 1821, *pag.* 47, *suppl.* On sent qu'il doit en être de même, et par les mêmes motifs, pour le cas de l'hypothèque légale des mineurs et des interdits sur les biens de leurs tuteurs.

Je dois cependant dire que je ne traite la question que pour les tribunaux et les jurisconsultes, et sous le rapport de l'état actuel de la législation. Car il vaudroit mieux, si cette législation étoit revisée, qu'on en

Tome I.   F f f f

vînt à des idées qui seroient plus saines et plus conformes aux vues qui doivent diriger un régime hypothécaire. La purgation de toutes hypothèques quelconques, même des hypothèques légales, par le défaut d'inscription dans les deux mois, ou dans tout autre délai donné à partir de l'exposition du contrat, devroit avoir lieu indistinctement, tant à l'égard de l'acquéreur qu'à l'égard des créanciers. On devroit ériger en principe que ce que fait l'acquéreur est fait non-seulement dans son propre intérêt, mais encore dans celui de tous les créanciers dont il seroit présumé stipuler les intérêts. Je renvoie à ce que je dis, à ce sujet, IIe part., chap. Ier, sect. IIe et IVe; mais voyez surtout le n° 490.

De la faculté de restreindre les hypothèques légales, et du mode de cette restriction.

267. Après avoir pourvu à l'intérêt des femmes mariées et des mineurs, et en même temps à celui des tiers qui auroient pu ignorer l'existence des hypothèques légales, la loi vient encore au secours des maris et des tuteurs pour alléger, à leur égard, le poids de ces hypothèques. Quant au mari, la loi permet, lorsque les parties sont majeures, de convenir, dans le contrat de mariage même, qu'il ne sera pris d'inscription que sur un ou sur certains de ses immeubles, et que ceux qui ne seroient pas indiqués pour l'inscription, restent libres et affranchis de l'hypothèque pour la dot de la femme, et pour ses reprises et conventions matrimoniales. Ainsi une simple prévoyance de la part du mari, avant même que l'hypothèque prenne naissance, peut dégager une partie de sa fortune, plus ou moins considérable selon la valeur de ses biens, comparée à la dot et aux conventions matrimoniales.

Il y a plus : si, lors du mariage, sa fortune étoit telle qu'on n'eût pas cru devoir restreindre l'hypothèque légale sur une partie seulement des biens que le mari possédoit, il pourra, même après le mariage, sa fortune ayant augmenté et présentant une garantie plus ample, demander, du consentement de sa femme, et après avoir pris l'avis des quatre plus proches parens de celle-ci, réunis en assemblée de famille, que l'hypothèque générale, sur tous ses immeubles, soit restreinte à ceux qui seroient suffisans pour la conservation entière des droits de la femme.

A l'égard du tuteur, il pourra demander la même restriction, s'il y a lieu, aux parens en conseil de famille, lors même de sa nomination. Articles 2140, 2141, 2143, 2144 du Code civil (1).

_____

(1) Dans ce n° et dans le n° précédent, on pourra remarquer quelques passages qui se trouvent dans mon rapport fait au Tribunal et au Corps législatif, sur la loi relative

Ces mesures sont une preuve de la prévoyance du législateur, afin de faciliter la pratique du régime hypothécaire dans le système de publicité qui en est le principe fondamental ; et il est étonnant qu'on en fasse si rarement usage. Ce n'est pas sans raison qu'il est dit dans les motifs de l'arrêt de la Cour de cassation, du 9 novembre 1819, qui a jugé que la femme pouvoit exercer ses hypothèques légales sur les biens même de la communauté, vendus par le mari, arrêt que j'ai déjà cité, n° 248, que le mari a à s'imputer, dans le cas, de n'avoir pas *fait réduire* ces hypothèques s'il y a lieu. Il suffit de lire les art. 2140, 2144, et de plus les articles 2142 et 2145, pour être convaincu que les immeubles qui auront été dégagés de l'hypothèque légale de la femme, par l'effet des mesures indiquées, pourront être vendus ou hypothéqués par le mari, avec sûreté. Si la restriction des hypothèques légales étoit plus fréquente qu'elle ne l'est, on n'auroit pas vu tant de créanciers et d'acquéreurs avoir de vains regrets pour n'avoir pas engagé des maris ou des tuteurs avec lesquels ils contractoient, à prendre cette mesure, et ceux-ci ne seroient pas exposés à des poursuites pénibles et humiliantes, d'après l'art. 2136 du Code, pour l'avoir imprudemment négligée. La pratique de cet usage est un des moyens de faire disparoître beaucoup de critiques contre la législation.

268. Il faut cependant remarquer que cette restriction d'hypothèque sur certains immeubles du mari, qui seroit arrêtée d'après l'exécution des articles qui viennent d'être cités, pourroit être révoquée. On seroit fondé à réclamer cette révocation, soit en cas de dépérissement des immeubles sur lesquels l'hypothèque de la femme auroit été restreinte, de manière qu'ils ne fussent plus suffisans pour en offrir la garantie, soit si l'on découvroit, dans la suite, que la propriété de ces biens fût incertaine sur la tête du mari, ou qu'ils fussent grevés d'hypothèques légales affranchies d'inscription, qui d'abord auroient été inconnues. On sent bien que cette révocation de restriction pourroit être demandée ou par la femme, ou par tous ceux que la loi invite à prendre inscription pour elle, et auxquels elle confie la surveillance de ses intérêts ; on sent encore qu'elle ne pourroit

Cas de la révocation de la restriction.

aux privilèges et hypothèques. Je les ai rendus littéralement ; j'ai cru pouvoir me copier moi-même, sans prendre la peine de me traduire, ayant vérifié que mes premières expressions rendoient aussi-bien, et peut-être mieux mes idées, que celles que j'aurois pu leur substituer.

être prononcée qu'avec les formalités établies par la loi, pour faire prononcer la restriction même. Mais tout ce qui auroit été fait par le mari, en conséquence de la restriction avant qu'elle fût révoquée, n'en devroit pas moins avoir son exécution. Les tiers auroient contracté avec lui sous la foi de l'autorité judiciaire, et la rétractation de la restriction qui n'auroit pu se faire que dans l'intérêt de la femme, ne pourroit avoir un effet rétroactif à leur préjudice.

Les inscriptions qui seroient prises par le mari (et tout ceci est commun au tuteur), sur les immeubles auxquels l'hypothèque auroit été restreinte, doivent faire mention des actes ou jugemens en vertu desquels la restriction se seroit opérée, et il devient indispensable que de nouvelles inscriptions soient prises, en vertu des actes ou jugemens qui auront révoqué la restriction, pour que des tiers ne soient pas victimes de ce que la restriction seroit seule connue, et la révocation ignorée. Le public doit être instruit de tout cela par des mentions soignées que doit contenir, à cet égard, le registre du conservateur des hypothèques. Celui-ci doit rapprocher sur son registre la révocation de la restriction, de cette restriction même, pour qu'elles soient facilement connues à la fois.

Enfin, on doit bien remarquer que la restriction de l'hypothèque sur certains immeubles du mari, quand il y a lieu, doit être l'unique objet des délibérations provoquées par le mari ou par la femme; il ne peut être ordonné ni convenu *qu'il ne sera pris aucune inscription* pour elle, ainsi qu'on le voit à la fin de l'art. 2140. Ce seroit là l'anéantissement de ses droits, tandis que la loi ne cesse de veiller à leur conservation, en conciliant toutefois ses intérêts avec la facilité qu'il est convenable d'accorder au mari, ce qui a également lieu pour le tuteur, respectivement aux mineurs.

269. Il s'est élevé sur sur cette restriction d'hypothèque, une question importante, qui est de savoir si une fille mineure peut valablement consentir une restriction d'hypothèque pour sa dot, par son contrat de mariage même, lorsqu'elle est assistée des parens dont le consentement est nécessaire pour la validité du mariage. La difficulté dérive de ce que, dans l'article 2140, qui accorde la faculté de la restriction de l'hypothèque sur certains biens, il est dit, *les parties majeures;* d'où il se tire la conséquence, par l'argument *à contrario*, que cette liberté est refusée à la femme mineure.

On a cru pouvoir réfuter cette objection en disant que la nullité seroit certaine, si la restriction étoit faite par une mineure seule, mais qu'il n'en est pas de même lorsque la fille mineure, qui se marie, est assistée des parens de la qualité de ceux dont je viens de parler. On fondoit cette distinction sur la disposition des art. 1309 et 1398. « Le mineur, porte le premier article, n'est point restituable contre les conventions portées en son contrat de mariage, lorsqu'elles ont été faites avec le consentement et l'assistance de ceux dont le consentement est requis pour la validité de son mariage. » Il est dit dans le second de ces articles : « Le mineur habile à contracter mariage est habile à consentir toutes les conventions dont ce contrat est susceptible; et les conventions et donations qu'il y a faites sont valables, pourvu qu'il ait été assisté, dans le contrat, des personnes dont le consentement est nécessaire pour la validité du mariage. » Or, en combinant ces articles avec l'art. 2140, disoit-on, la fille mineure assistée des parens qui sont énoncés dans les deux premiers, doit être assimilée, quant à la capacité, à la fille majeure. Il s'agit dans l'art. 2140, comme dans les deux autres, de *conventions faites dans un contrat de mariage.* Mais avec quelque attention, on est convaincu que cette dernière opinion ne pouvoit se soutenir.

En premier lieu, il faut considérer la différence des titres ou *rubriques* sous lesquels ces trois articles sont placés. D'après les titres relatifs aux deux premiers, il ne devoit y être question que de conventions en général, telles que donations, gains de survie, et autres dispositions usitées entre personnes qui se marient, mais qui peuvent devenir excessives, et qui, quoique permises, malgré ces excès, entre majeurs, n'ont pas dû être autorisées entre mineurs, sans la condition prescrite par le législateur, dans ce cas particulier; au lieu que l'art. 2140 est placé sous un titre qui a trait à des objets d'une autre nature que ceux qui font la matière des titres dans lesquels on trouve les art. 1309 et 1398. Or, il est de règle certaine, en matière d'interprétation, que des articles de loi qui statuent sur des objets particuliers, doivent recevoir leur exécution littérale pour chacun des objets auxquels ils s'appliquent, et qu'une règle qui concerne limitativement un de ces objets, ne reçoit point l'extension d'une règle générale. Celle-ci tient au genre, l'autre tient à l'espèce.

En second lieu, quand on consulte la discussion qui eut lieu au Conseil d'état sur l'art. 2140, on ne peut douter que l'intention bien formelle du législateur n'ait été de n'accorder la faculté de la restriction qu'à la fille majeure; que c'est par cette raison qu'on a inséré dans l'article ces mots, *les parties majeures*, et qu'on n'y a point rappelé les dispositions des articles 1309 et 1398, pour donner la même faculté à la fille mineure, quand elle se trouveroit dans les circonstances indiquées dans ces articles. En sorte que la lettre et l'esprit de la loi concourent, pour établir la limitation de l'effet de l'art. 2140 à la fille majeure. La Cour royale de Paris avoit d'abord considéré la restriction de l'hypothèque faite par une fille mineure, dans son contrat de mariage où elle étoit assistée de ses parens, comme devant avoir le même effet que celle qui auroit été faite par une fille majeure : c'est ce qu'on voit dans un arrêt du 10 août 1816. *Denev.*, *an* 1817, *pag.* 73. Mais elle s'est donné le mérite de revenir à l'opinion contraire, par un arrêt du 22 avril 1818. Ce dernier arrêt a été confirmé par un arrêt de la Cour de cassation, du 9 juillet 1820. *Denevers, même année, pag.* 485. Pour abréger, je ne rapporterai point les motifs de l'arrêt, dont la solidité est telle qu'on doit croire que désormais la question ne présentera aucun doute (1).

On doit cependant remarquer que la discussion qui a préparé l'arrêt, apprend qu'on prétendoit soutenir que, par cela seul que la restriction de l'hypothèque seroit faite par une fille mineure en se mariant, cette restriction ne seroit pas nulle; qu'elle ne devroit l'être que dans le cas où les fonds sur lesquels porteroit la restriction seroient insuffisans pour faire face aux droits de la femme. On entendoit dire que les mineurs ne devroient être restitués contre leurs engagemens, que lorsque ces mêmes engagemens leur sont préjudiciables; et qu'ils ne peuvent demander que la réparation d'un tort qui leur seroit fait. Tel est l'esprit de l'arrêt de la Cour royale de Paris, du 22 avril 1818 : « Attendu, y est-il dit, que si, dans le contrat de mariage d'une mineure assistée de ses parens, il est permis de convenir que son hypothèque légale sera restreinte à certains immeubles désignés, la raison et la justice, d'accord avec la loi, veulent que ces biens *soient suffisans pour la conservation des droits de la femme*, sans quoi son hypothèque pourroit devenir illusoire. » Mais la rédaction de l'arrêt de la Cour de cassation est conçu dans un sens qui n'admet pas

---

(1) M. Laporte, continuateur de ce recueil qui a conservé son ancien nom, donne personnellement un motif qui concourt efficacement avec ceux de l'arrêt.

cette distinction. Cette Cour a entendu que l'art. 2140 a limité d'une manière absolue, à la femme *majeure*, la faculté de restreindre l'hypothèque légale. On conçoit aussi qu'il est difficile de donner quelque effet à un consentement qui, étant nul en soi, doit être considéré comme n'existant pas.

270. On a élevé la question de savoir si les hypothèques légales, qui résultent de mariages antérieurs au Code civil, peuvent être réduites avec les formes établies par ce Code.

La réduction sur certains biens du mari peut-elle avoir lieu pour les hypothèques légales anciennes?

M. Chabot (de l'Allier), *Quest. transit.*, au mot *Hypothèques*, § 1er, a cru devoir se décider par la négative : mais l'affirmative paroît être sans difficulté, et il n'y a point en cela d'effet rétroactif. Il est bien vrai que les hypothèques générales anciennes, purement conventionnelles, qui émanent de contrats antérieurs au Code civil, d'après la généralité de l'hypothèque, qui avoit lieu dans l'ancienne législation, ne pourroient être réduites contre le gré du créancier, parce que ce seroit vouloir donner un effet rétroactif au Code civil. Il est vrai encore qu'il a dû en être de même des hypothèques judiciaires anciennes, par la même raison. Le jugement a acquis au créancier le même droit que la convention. C'est aussi ce que j'ai observé en traitant de chacune de ces hypothèques. Et M. Chabot l'a dit encore. Mais il me semble qu'il n'y a pas d'analogie entre ces deux cas et celui des hypothèques légales anciennes. L'art. 2135 du Code a fait participer toutes les femmes qui étoient mariées, lors de sa promulgation, aux avantages attachés à la légalité de leurs hypothèques. La suspension qui avoit pu s'opérer, sous la durée de la loi de brumaire an 7, a disparu. Il n'y a eu de préférés aux femmes mariées que les créanciers qui, sous le régime de cette loi, auroient pris des inscriptions sur les biens du mari, les femmes n'en ayant pas pris. Il s'est donc établi par le Code civil une espèce d'homogénéité entre toutes les hypothèques légales anciennes et celles qui devoient avoir lieu après ce Code. La faculté de la réduction a dû être commune aux hypothèques légales des femmes mariées anciennement, comme à celles qui se marieroient après, de la même manière que le principe de la légalité a dû être appliqué à toutes.

Mais ce qui paroît décisif, c'est que lorsqu'il s'agit d'anciennes hypothèques générales conventionnelles ou d'hypothèques judiciaires anciennes, le créancier qui se refuse à leur réduction réclame l'exécution d'une convention ancienne qu'on ne pourroit violer sans rétroactivité. Mais la réduction des hypothèques légales anciennes se présente sous un autre aspect. Cette réduction ne peut s'opérer, d'après l'article 2144, que du consentement de la femme, et après avoir pris l'avis de ses quatre plus proches parens. Or, on ne peut présumer qu'une réduction, opérée dans de pareilles circonstances, nuise à la femme. Il en seroit de même des tutelles, pour lesquelles on observeroit l'art. 2143, s'il y en avoit qui existassent avec effet, quoiqu'antérieures à la promulgation du Code civil.

Remarques sur un inconvénient qu'on croit que laisse le mode de purgation de l'hypothèque légale de la femme.

271. On a remarqué un inconvénient que laisse après lui le mode de purgation de l'hypothèque légale de la femme qui est sous la puissance maritale. Il est dit dans l'art. 2195 du Code civil, que si, dans le cours de deux mois de l'exposition du contrat dont il y est parlé, il a été pris des inscriptions du chef des femmes, des mineurs ou des interdits, et s'il existe des créanciers antérieurs qui absorbent le prix, ou en totalité ou en partie, l'acquéreur est libéré du prix ou de la portion du prix par lui payée aux créanciers en ordre utile; et les inscriptions du chef des femmes, des mineurs ou interdits, seront rayées, ou en totalité, ou jusqu'à due concurrence. Il est ajouté, dans le même article, que si les inscriptions du chef des femmes, mineurs ou interdits sont les plus anciennes, l'acquéreur ne pourra faire aucun payement du prix, *au préjudice des inscriptions*, qui auront toujours la date du contrat de mariage ou de l'entrée en gestion du tuteur; et dans ce cas, les inscriptions des autres créanciers, qui ne viennent pas en ordre utile, seront rayées. Or, dit-on, lorsque, par l'état des choses, l'acquéreur ne peut faire aucun payement du prix des deniers qui reviennent à la femme, au préjudice des inscriptions, que deviennent ces deniers? S'ils restoient oisifs entre les mains de l'acquéreur, ou s'il les consigne, comme il en a le droit, la femme ou bien son mari éprouveroit la perte des intérêts de ce qui reviendroit à la femme.

Mais cet inconvénient n'est pas aussi grave qu'on se l'imagine, et la pratique ne le fait pas remarquer d'une manière sensible.

D'un côté, il entre dans le but de tout régime hypothécaire que toutes sortes d'hypothèques puissent être purgées, qu'elles puissent être détachées des immeubles, et converties en actions sur le prix de ces immeubles. Or, cela étant, il devient indispensable que le droit hypothécaire des femmes, celui des mineurs et interdits cesse, et que l'action sur le prix le remplace. Les dispositions de cet art. 2195 présentent, sans contredit, bien plus d'avantages aux femmes que ne le faisoient, soit la loi de brumaire,

maire, qui assujettissoit, sans distinction, toutes les hypothèques à la formalité de l'inscription, soit l'édit de 1771, qui établissoit la purgation, même des hypothèques des femmes, des mineurs et interdits, par le défaut d'opposition aux lettres de ratification, sauf le recours contre les maris et les tuteurs.

D'un autre côté, si la femme est séparée de biens, ce qui arrive presque toujours, lorsqu'il se fait un ordre du prix des immeubles du mari, qui fait supposer un désordre dans ses affaires, alors elle est investie de la faculté de toucher ce qui lui revient pour ses droits dotaux, autres que ses droits matrimoniaux éventuels, à l'égard desquels il y a d'autres précautions suffisamment connues. Cette faculté dont je dis que la femme est investie, résulte de l'art. 1449 du Code civil, qui veut que la femme séparée, soit de corps et de biens, soit de biens seulement, en reprenne la libre administration, et qu'elle puisse *disposer de son mobilier, et l'aliéner.* Si la femme n'est pas séparée de biens, elle n'auroit pas droit de toucher ses deniers dotaux. Ce droit, dans la règle générale, appartiendroit au mari qui, n'y ayant pas de séparation de biens, doit jouir des revenus de la dot.

Je n'entends cependant pas dire que la femme puisse toujours, et nécessairement, recevoir les sommes dotales, même quoiqu'elle soit séparée de biens : l'emploi de ces sommes peut toujours être provoqué, pour en assurer la conservation, même contre le gré de la femme, surtout s'il existe des enfans. L'art. 1449 n'est pas tellement absolu que cet emploi ne puisse être demandé. Le mari même peut y avoir intérêt, et, par conséquent, en avoir le droit. Cela résulteroit des charges imposées à la femme séparée de biens, par l'art. 1448. Ces charges deviendroient sans garantie, si la femme pouvoit dissiper sa dot. L'emploi utile des deniers dotaux peut toujours être le sujet de l'attention des parens de la femme, de la vigilance du ministère public, et de la sagesse des magistrats. J'en fais l'observation ailleurs. De cela même il résulte que l'acquéreur ne doit se libérer en aucun cas, soit envers le mari, soit envers la femme, du montant des deniers dotaux pour lesquels celle-ci seroit colloquée, soit qu'il y ait une séparation de biens, soit qu'il n'y en ait pas. S'il le faisoit, il deviendroit responsable des suites du payement. Il doit se déterminer, à cet égard, selon ce qui sera décidé par la justice.

Diroit-on que si l'emploi des sommes dotales est retardé, ou que s'il ne peut avoir lieu, la femme et le mari peuvent être privés de quelques

Tome I.   G g g g

intérêts des sommes dotales? Mais d'abord la mesure de la consignation n'auroit pas, à beaucoup près, l'effet de rendre ces sommes absolument oisives, d'après les intérêts qu'elles produiroient; ensuite, on doit toujours croire que, dans ce cas, ou par un emploi prochain, ou autrement, les tribunaux s'empresseront d'alléger cet inconvénient.

Le même inconvénient pourroit aussi concerner les sommes qui devroient revenir au mineur ou à l'interdit, comme créanciers du tuteur. Mais, à cet égard, il se présente encore moins de difficultés, parce qu'il y a un subrogé tuteur qui veille toujours à la conservation des intérêts du mineur ou de l'interdit.

Il y a plusieurs autres questions qu'il étoit indispensable de traiter, qui sont relatives au mode de purgation des hypothèques légales. C'est aussi ce que je fais, notamment dans la section IV du chapitre 1er de la IIe partie, où il s'agit de plusieurs difficultés relatives aux notifications à faire par les acquéreurs, dont le but est de provoquer, soit l'inscription, soit l'enchère, de la part de ceux à qui appartiennent les hypothèques légales. J'ai traité chaque chose en son lieu, selon ce qui m'a paru plus méthodique et plus propre à éviter des répétitions.

SECTION II.

De l'hypothèque légale des mineurs et des interdits, sur les biens de leurs tuteurs.

SOMMAIRE.

272. L'HYPOTHÈQUE légale ou tacite des mineurs sur les biens de leurs tuteurs, tire son origine de plusieurs lois du Digeste. La loi unique, au Code *de rei ux. act.*, la rappelle de manière à donner à entendre que c'est à l'exemple de cette hypothèque légale, que Justinien introduisit l'hypothèque de même nature en faveur des femmes. *Et ut pleniùs dotibus subveniatur : quemadmodùm in administratione pupillarium rerum, et in aliis multis juris articulis tacitas hypothecas inesse accipimus ; ità et in actione hujus modi, etc.* La même hypothèque légale en faveur des mineurs, se retrouve encore dans la loi 20, au Code *de adm. tut.* ; de tout temps elle a été admise en France. Elle a paru si favorable, qu'elle a toujours eu lieu, ainsi que pour la dot et pour les sommes dues pour *soulte de partage*, dans les pays de la Belgique, dits *pays de nantissement*, comme dans les Coutumes de France qui en avoient suivi les usages, malgré le fort attachement des habitans de ces pays au système de la publicité des hypothèques. C'est ce qu'attestent Dumoulin, sur l'art. 65 de la Coutume d'Amiens, et Mornac, sur la loi 26, ff. *de pign. act.* On voit néanmoins quelques différences, relativement à certains lieux des Pays-Bas et de la Hollande, dans les auteurs flamands, notamment dans les Institutions du droit belgique de Ghewiet, *part.* 1ʳᵉ, *tit.* 2, § 31, *art.* 10 *et suiv.*; en sorte qu'il n'est pas étonnant que ces trois exceptions aient été admises dans notre législation. J'en ai fait l'observation dans le Discours préliminaire.

Les interdits ont aussi eu de tout temps, en France, une hypothèque

Origine et faveur de cette hypothèque légale.

légale sur les biens de leurs tuteurs ou curateurs comptables. On en trouve l'origine dans la loi 19, ff. *de rebus auct. jud. poss.*

Dans notre législation nouvelle, cette hypothèque légale est établie pour les mineurs et pour les interdits, par les art. 2121 et 2135 du Code. Il y est dit, *du jour de l'acceptation de la tutelle.* Je rapporte ces termes pour prouver ce que j'ai eu occasion de dire en plusieurs circonstances, qu'en général l'hypothèque légale prend sa source dans la qualité d'administrateur et de comptable, et qu'elle commence avec cette qualité. On sent aussi que cette hypothèque légale porte sur tous les biens présens et à venir. Toute hypothèque légale est générale de sa nature.

Il n'y a qu'une tutel- le déférée par la justice qui produise l'hypothèque légale. 273. Mais on ne doit pas perdre de vue qu'on ne peut donner aucune extension à la loi, sur le nombre de cas dans lesquels elle établit une hypothèque légale; et on peut donner comme une maxime qu'une hypothèque de cette nature n'est attachée qu'à une tutelle juridiquement déférée à un particulier en qualité de tuteur. On sent que s'il en étoit autrement, la légalité de l'hypothèque, qui est un objet infiniment important, tomberoit sous l'arbitraire, et que des créanciers ou des acquéreurs seroient journellement victimes d'un simple fait de jouissance ou d'administration, dont l'existence seroit inconnue, ainsi que le titre. On sent facilement la différence qu'il y a entre un pareil fait, et une vraie tutelle déférée par l'autorité publique. On peut même dire qu'un simple fait de jouissance ou d'administration privée n'a jamais, aux yeux de la justice et de la société, le caractère d'une tutelle. Celui qui possède ou qui jouit de biens qui peuvent n'être pas à lui, n'est pas un tuteur, avec d'autant plus de raison que la tutelle rentre dans des fonctions publiques ou sociales. Le tuteur est donné principalement à la personne, et l'administration des biens n'en est qu'une suite.

Ainsi, dans l'ancienne législation, il y avoit des *protuteurs.* C'étoit un titre reconnu, et qui imposoit des obligations à celui qui l'avoit. On ne peut en douter, d'après les dispositions de l'art. 1er du titre 29 de l'ordonnance de 1667. Cet article impose la nécessité de rendre compte, aux tuteurs, *protuteurs*, curateurs, fermiers judiciaires, et autres qui auront administré le bien d'autrui. Cette assimilation des *protuteurs* aux tuteurs prenoit son principe dans la loi 1re, ff. *de eo qui protutore*, etc. : *protutore autem negotia gerit, qui munere tutoris fungitur in re impuberis : sive se putet tutorem : sive scit non esse, finget tamen esse.* Mais c'étoit mal à propos que plusieurs anciens docteurs, dont l'opinion est rapportée par Néguzantius, *de hypothecis*, 1° *memb.* 2^{ce} *partis*, avoient tiré de cette loi, de la loi 19, ff. *de reb. auct. jud.*, et de quelques autres, l'induction que l'hypothèque légale devoit avoir lieu dans le cas de la simple protutelle comme dans celui de la tutelle. Il n'y a rien de plus vrai que ce qu'a dit Lacombe, au mot *Hypothèque*, *sect.* 5, *in prœm.*, que l'hypothèque tacite, établie par les lois du droit, n'a lieu en France que dans le cas où elle est autorisée par la jurisprudence des arrêts. Il auroit dû dire aussi, et peut-être plus à propos, par les Coutumes et par les lois françaises. Il y en a une raison décisive que cet auteur n'indique cependant pas; c'est que les hypothèques légales prennent leur fondement, comme toutes les autres, dans le droit civil; et on n'a jamais pu considérer en France le droit romain comme le droit civil des Français. Il n'y a jamais été observé que comme raison écrite.

Il étoit bien dit dans l'article de l'ordonnance de 1667 que j'ai déjà cité, que « les tuteurs et *protuteurs* seront *toujours réputés comptables*, encore que le compte soit clos et arrêté, jusqu'à ce qu'ils aient payé le reliquat, s'il en est dû, et remis toutes les pièces justificatives. » Mais il résultoit seulement de ces expressions que le *protuteur* étoit soumis aux mêmes actions que le tuteur, en ce qui concernoit la reddition du compte. Ainsi, la contrainte par corps pouvoit avoir lieu, suivant les cas déterminés par la loi, pour le payement du reliquat, contre le tuteur, le *protuteur*, et tous autres administrateurs, ainsi il n'y avoit point de véritable libération pour le *protuteur*, comme pour le tuteur, après le payement du reliquat, qu'autant que ce reliquat auroit été fixé sur un compte rendu et apuré, d'après les pièces justificatives, *visis tabulis et dispunctis rationibus*.

Mais il y avoit loin de là à l'hypothèque légale. Elle n'auroit pas même été admise contre un héritier majeur qui auroit joui de la totalité de la succession, ses frères et sœurs étant mineurs. Elle l'auroit été encore moins contre un des enfans qui auroit joui en vertu d'une institution ou d'une donation qui auroit réduit ses frères et sœurs à une légitime. Il avoit alors un titre particulier pour jouir; en sorte que la jouissance ne pouvoit pas avoir lieu uniquement en qualité de tuteur ou même de protuteur. Il n'y a jamais eu entre héritiers d'autre action que celle en partage, rapports et prélèvemens. Aussi l'hypothèque légale a toujours été rejetée, dans ce cas, par la jurisprudence, et par les bons auteurs français. Auroux des Pomiers, sur l'art. 296 de la Coutume de Bourbonnais, où il traite des obligations des exécuteurs testamentaires, dit que le compte étant rendu, l'exécuteur testamentaire est tenu de remettre entre les mains des héritiers les effets qu'il a de reste ; et il est, pour ce reliquat, contraignable par corps, parce que c'est une espèce de dépôt ; il ajoute : « Sans néanmoins que les héritiers aient, pour le payement et restitution, une *hypothèque tacite sur ses biens ;* par la raison qu'il n'y a aucune loi qui établisse cette hypothèque, la charge de l'exécuteur testamentaire *n'étant pas publique, comme celle de tuteur ou curateur* (comptable), *qui ne se défère que par autorité publique.* » Cet auteur, dont l'opinion seule eût suffi pour établir ce principe, se fonde encore sur le sentiment de Ferrière, *Instit. cout.*, *liv.* 3, *tit.* 6, *des testamens*, *art.* 105, et sur celui de Bacquet, *du droit de bâtardise*, *chap.* 7, *n°* 11. J'ai cru devoir développer ces principes, parce qu'ils sont importans, et qu'ils subsistent sous la nouvelle législation, comme sous l'ancienne.

Il n'est donc pas étonnant que la Cour de cassation ait jugé, par un arrêt du 11 novembre 1811, *Denevers*, 1812, *pag.* 139, que les biens propres d'un cohéritier qui s'est indûment emparé de la succession, ne sont pas tacitement hypothéqués, par le seul fait de cette prise de possession, en faveur des autres cohéritiers, pour sûreté des recouvremens de leurs droits. Je me contenterai de rapporter trois des motifs qui sont infiniment essentiels, parce qu'ils fixent les idées sur ce qui est ou non hypothèque légale. Ils méritent également l'attention, quoique l'arrêt soit rendu sur une affaire qui devoit être réglée par la loi de brumaire an 7. « Attendu, 1°. que l'art. 3 de la loi du 11 brumaire an 7, en déterminant les différentes manières d'acquérir l'hypothèque, ne reconnoît que les hypothèques conventionnelles, les hypothèques légales et les hypothèques judiciaires. Attendu, 2°. que l'art. 21 de la même loi caractérise les divers faits auxquels elle attache le privilége de l'hypothèque légale, et qu'il ne l'attribue qu'à la nation sur les comptables de deniers publics, à raison de leur gestion, aux mineurs, aux interdits, et aux absens, sur leurs tuteurs, curateurs et administrateurs, aussi pour raison de leur gestion, et enfin, aux époux pour raison de leurs conventions et droits matrimoniaux éventuels. Attendu, 3°. qu'en accordant la même hypothèque légale et tacite aux cohéritiers de celui qui s'est ingéré dans l'administration d'une succession commune, la Cour d'appel de Colmar a étendu ce privilége à un cas non prévu par ladite loi, en quoi elle a créé une disposition législative qui n'existe pas, etc. » Ces motifs sont toujours les mêmes sous une seule modification, qui est que cet arrêt met au nombre de ces hypothèques légales, celle de l'*absent*. Or, cette hypothèque légale qui avoit été admise par la loi de brumaire, a disparu sous le Code civil. J'en ai fait l'observation au commencement de la section précédente, n° 224.

Dans l'espèce de cet arrêt, il y avoit parmi les cohéritiers qui réclamoient l'hypothèque légale, des femmes mariées et des mineurs, et on s'en faisoit un moyen pour attribuer au droit de répétition de ces héritiers, le caractère de l'hypothèque légale. Mais il est sensible que ce moyen étoit dénué de fondement. Les femmes mariées et les mineurs n'ont d'hypothèque légale que dans les cas déterminés par la loi, et sur les biens seulement des personnes auxquelles cette hypothèque est expressément appliquée. Hors de ces cas, leurs créances sont soumises au droit commun.

274. Des principes que je viens d'exposer, il se tire la conséquence que, sous notre législation actuelle, il n'existe point d'hypothèque légale sur les biens des subrogés tuteurs, même dans le cas où ils auroient eu acci-dentellement la manutention de quelques biens appartenans aux mineurs. Cela arriveroit dans le cas d'une demande formée par le tuteur contre son mineur, en la personne du subrogé tuteur, en partage de successions ou de biens qui seroient échus en commun au mineur et au tuteur, et où le subrogé tuteur auroit dû, pendant l'instance, administrer quelques biens du mineur et en percevoir les revenus. Il y auroit un autre exemple de cette gestion, si un tuteur étoit poursuivi en destitution de la tutelle, comme suspect, et si, dans l'intervalle de la demande à la destitution, ou même de la destitution à la nomination d'un nouveau tuteur, la justice eût confié au subrogé tuteur l'administration de quelques biens du mineur. Il faut se garder de multiplier les hypothèques légales contre le vœu de la loi. L'action qu'ont, dans ces deux cas, et autres semblables, les mineurs contre les subrogés tuteurs, rentre dans les actions ordinaires. On ne peut en douter d'après le changement de rédaction que subit l'art. 2135 du Code civil, lors de la discussion. On avoit fait porter d'abord l'hypothèque légale sur les immeubles du subrogé tuteur, pour les cas où, d'après les lois, il devient responsable. Sur les observations du Tribunat, qui furent adoptées, cette hypothèque disparut. Pour abréger, je renvoie aux motifs qui furent donnés de cette suppression, qu'on voit dans *la Conférence du Code civil*, tom. 7, *pag.* 177.

Il en est donc de même de tous curateurs quelconques, même d'un cu-

Il n'y a point d'hypothèque légale contre les subrogés tuteurs, ni contre les curateurs.

rateur à une succession vacante, dont il auroit administré les biens, sauf l'action en reddition de compte; et il n'existeroit contre lui qu'une hypothèque judiciaire en vertu du jugement de condamnation qu'il subiroit, sur l'exercice de cette action.

Du cas de la
protutelle,
quand il y a
des biens
dans les colo-
nies.

275. Mais il n'en seroit pas de même à l'égard du *protuteur* qui seroit nommé, si le mineur avoit des biens dans les colonies, en conséquence de l'art. 417 du Code civil. Dans ce cas, il s'agit d'une véritable tutelle sous le nom de protutelle. Le titre de *protuteur* répond alors à celui de tuteur. On ne peut en douter, dès qu'il est dit dans l'article : « En ce cas, le tuteur et le protuteur seront indépendans, et non responsables l'un envers l'autre pour leur gestion respective. » Il y a deux gestions; elles sont faites l'une et l'autre sous le titre de tuteur ou de protuteur : le compte, pour les deux, doit être rendu directement aux mineurs. Le législateur ne pouvoit employer l'expression, *cotuteur*, dès que les gestions étoient séparées et indépendantes l'une de l'autre. Quand il a dit *protuteur* pour l'un, et *tuteur* pour l'autre, ce peut être parce que celui qui a reçu le titre de *tuteur*, est un tuteur principal nommé à la personne comme aux biens dont l'administration lui est déférée particulièrement. Mais le *protuteur* est un vrai tuteur en ce qui le concerne; et on ne conçoit pas comment ses biens ne seroient pas soumis à l'hypothèque légale, à compter du jour de son acceptation de la protutelle. Qui dit, en ce cas, *protuteur*, dit virtuellement *tuteur*. On ne peut comparer un pareil protuteur, à celui qu'on désigne ordinairement sous cette dénomination, qui, pouvant être en ordre d'être nommé tuteur, ou qui, sans cela même, jouit des biens des mineurs, de son autorité, et sans avoir reçu de celle de la justice le titre et la qualité de *tuteur*.

Du tuteur
à la substitu-
tion.

276. Il y a cependant un cas où le mot *tuteur* n'emporte point d'hypothèque légale. Je veux parler du tuteur nommé à une substitution, d'après les art. 1055 et 1056 du Code civil. Dans le cours d'une longue rédaction d'articles de loi, il étoit difficile que ce mot *tuteur* ne fût pas employé sous différentes acceptions, et sous le rapport de diverses fonctions auxquelles on ne pouvoit attribuer les mêmes obligations. Le tuteur à la substitution, d'après toutes les dispositions des articles qui y sont relatifs, n'est qu'un surveillant à l'exécution de la substitution : il ne contracte qu'une responsabilité personnelle. C'est aussi ce qui est dit littéralement dans l'article 1073; et cela exclut toute idée d'hypothèque légale.

277.

277. Par une suite du principe qu'on ne peut admettre d'autres hypothèques légales que celles auxquelles la loi a attribué ce caractère, qu'autrement ce seroit en créer à son gré, ce qui seroit une violation de la loi,
et un excès de pouvoir, on pourroit dire que l'enfant mineur qui a des
biens personnels qui sont administrés par son père, ne doit pas avoir d'hypothèque légale sur les biens de celui-ci, pour la simple administration
accordée au père pendant le mariage. Cette question mérite d'être examinée.

Le fils mi-neur a-t-il une hypothè-que légale contre son père qui ad-ministre ses biens pen-dant le ma-riage?

Il est dit dans l'art. 389 du Code : « Le père est, *durant le mariage*,
administrateur des biens personnels de ses enfans mineurs. Il est comptable, quant à la propriété et aux revenus, des biens dont il n'a pas la
jouissance; et, quant à la propriété seulement, de ceux des biens dont la
loi lui donne l'usufruit. » Remarquons bien qu'il ne s'agit pas ici d'une *tu-*
telle, mais d'une simple administration accordée au père, *durant son mariage*.

Arrive, dans l'art. 390, le cas de la tutelle déférée au père, et c'est là
un nouvel ordre de choses, auquel peuvent s'appliquer des règles bien
différentes. « *Après la dissolution du mariage*, y est-il dit, arrivée par la
mort naturelle ou civile de l'un des époux, la *tutelle* des enfans mineurs
et non émancipés appartient de plein droit au survivant des père et mère. »
Ainsi, *durant le mariage*, il n'y a qu'une *administration;* après la dissolution du mariage, il y a *tutelle*. Ce qui caractérise essentiellement la *tu-*
telle, c'est l'obligation d'y joindre la nomination d'un subrogé tuteur. Tel
est le résultat de l'art. 421. « Lorsque les fonctions du *tuteur* seront dé-
volues à une personne de l'une des qualités exprimées aux sections 1, 2
et 3 du présent chapitre (concernant les père, mère, et autres ascendans),
ce tuteur devra, avant d'entrer en fonctions, faire convoquer pour la nomination du subrogé tuteur, un conseil de famille composé comme il est
dit dans la section 4. » N'y ayant donc de subrogé tuteur que dans le cas
de la *tutelle*, il ne doit pas y en avoir dans le cas de la simple *administration*
énoncée dans l'art. 389; et si, dans ce cas, il n'y a point de subrogé tuteur,
il n'y a, pourroit-on dire, ni *tutelle*, ni qualité de *tuteur* imprimée au père,
ni, par conséquent, hypothèque légale sur ses biens, puisque cette hypothèque n'est accordée, par les art. 2121 et 2135, aux mineurs et interdits,
que sur les biens de *leurs tuteurs*. Ce n'est donc que lorsque le père est
nommé *tuteur*, après la dissolution du mariage, qu'il y a, à son égard,
une hypothèque légale : cette hypothèque ne peut coexister qu'avec la qualité de *tuteur;* elle ne peut se joindre au titre de simple *administrateur*.

Tome I.   H h h h

On pourroit ajouter que s'il étoit vrai que l'enfant mineur eût, dans le cas dont il s'agit, pour la répétition des sommes capitales touchées par son père, une hypothèque légale, il en résulteroit l'impossibilité, à l'égard des acquéreurs du père, de purger cette hypothèque; que cette purgation d'hypothèque est attachée, d'après les art. 2194 et 2195 du Code civil, ainsi que d'après l'avis du Conseil d'état, du 1er juin 1807, à la notification qui y est énoncée, faite au *subrogé tuteur*. Cette notification étant impossible dans le cas en question, il faudroit donc admettre une espèce particulière d'hypothèque qui ne seroit pas susceptible d'être purgée; ce qui rendroit impuissante, sous ce rapport, une législation dont l'unique but est, non pas seulement d'obtenir, avec sûreté, des hypothèques, mais encore de les détacher des immeubles qui en sont empreints, par une voie légale de purgation, et de les convertir en action sur le prix. Or, pourroit-on dire toujours, une pareille idée ne sauroit être admise.

Malgré la force de ces raisonnemens que je me suis faits à moi-même, au moins en grande partie, pour entrer plus particulièrement dans l'examen de la question, je ne puis m'empêcher d'être infiniment touché des motifs d'un arrêt de la Cour royale de Toulouse, du 23 décembre 1818 (*Denevers*, *an* 1819, *pag.* 29, *suppl.*), rendu dans cette espèce. Cet arrêt a admis l'hypothèque légale en faveur d'un fils mineur, sur les biens de son père, pour une somme de 3,000 fr., qui avoit été donnée à ce fils par un parent, du vivant de la mère, et que le père avoit reçue. Cette Cour ne s'est pas dissimulé la différence d'entre la simple *administration* et la *tutelle*; mais elle a pensé, par des raisons morales exposées dans l'arrêt, qu'on devoit assimiler un cas à l'autre, et que l'on devoit présumer que, dans ces deux cas, le législateur avoit entendu assurer les mêmes garanties aux intérêts d'un fils mineur.

Quant au moyen qu'on avoit tiré de la circonstance qu'il n'y avoit pas de subrogé tuteur, et que la purgation des hypothèques, dans l'intérêt de l'acquéreur, devenoit dès lors impossible, il peut se faire que le moyen sur lequel l'arrêt ne contient point de réponse, soit plus spécieux que solide. L'avis du Conseil d'état, du 1er juin 1807, qui contient la véritable interprétation des articles 2194 et 2195 du Code civil, qui en organise d'ailleurs l'exécution, suppose que le subrogé tuteur n'est pas connu de l'acquéreur; et alors il déclare que la notification prescrite est régulière, quoique faite seulement au procureur du Roi. Or, de là il pourroit se tirer la conséquence que, lorsqu'il ne peut y avoir de subrogé tuteur, ainsi que cela arrive dans le cas dont il s'agit, la notification faite au procureur du Roi est également suffisante. En un mot, peut-on dire, il y a, dans le cas particulier, une véritable *tutelle* sous le nom d'*administration*, accordée au père par l'effet de la puissance paternelle. Cette tutelle existe pour la restitution des capitaux, et des revenus des biens qui auroient été donnés au fils, à condition que le père n'en auroit point l'usufruit. *Ubi eadem ratio, ibi idem jus.*

278. Après m'être expliqué sur cette question dans les termes dans lesquels je viens de le faire, j'ai remarqué un arrêt que vient de rendre la Cour de cassation, le 21 février 1821. (*Denevers, an* 1821, *pag.* 177; *Sirey, id., pag.* 188.) Il est relatif à la même matière. Il paroîtroit être contraire à la solution que je viens de donner, et qui est conforme à la décision de la Cour royale de Toulouse; mais il est évident que l'espéce et les circonstances sont absolument différentes. Cette diversité devoit amener un changement d'opinion, parce qu'elle présentoit le cas d'une exception; et il résulte de l'arrêt la confirmation de l'opinion pour laquelle j'ai cru devoir me déterminer. La question sur laquelle l'arrêt de la Cour de cassation a été rendu, est neuve et importante.

> Du cas où une femme émancipée par le mariage devient veuve avant quinze ans, et où son père jouit, dès sa viduité, de tous ses biens.

Une fille s'étoit mariée à l'âge de quatorze ans, sous l'autorité de son père, après avoir obtenu la dispense du Gouvernement, que son âge rendoit indispensable. Elle devint veuve à l'âge de quatorze ans deux mois; elle retourna à la compagnie de son père. Celui-ci, par le contrat de mariage de sa fille, lui avoit constitué en dot la somme de 10,000 fr. Elle étoit payable dans six mois; le père ne s'en étoit pas libéré. Il se retint, après la viduité de sa fille, cette somme, et il toucha même pour elle d'autres sommes qu'elle avoit à répéter sur la succession de son mari. Les affaires du père se dérangèrent. Il y eut séparation de biens de la part de sa femme, vente de ses immeubles et ouverture d'un ordre sur le prix.

La fille, qui avoit convolé à de secondes noces, réclama, conjointement avec son second mari, pour les 10,000 fr. qui lui étoient dus, l'hypothèque légale que la loi accorde aux mineurs sur les biens de leurs tuteurs. Elle prétendoit que, dès l'instant qu'elle étoit retournée chez son père, après la mort de son premier mari, elle avoit été, de fait et de droit, replacée sous son autorité et sous sa tutelle, puisqu'alors elle n'avoit point atteint l'âge requis pour son émancipation. La mère, qui avoit intérêt à contester cette légalité d'hypothèque, le fit avec force.

Je ne rapporterai pas tous les moyens qui ont fait la matière d'une forte discussion, qui est rapportée avec netteté et exactitude dans le recueil de Denevers. Je me bornerai à dire que le tribunal civil de Valence avoit jugé que la fille (la dame Duvernet) ayant été émancipée par son mariage, n'avoit pu retomber sous la puissance et la tutelle de son père, ni acquérir une hypothèque légale sur ses biens. Mais la Cour royale de Grenoble infirma ce jugement. Les motifs principaux de son arrêt furent que la dame Duvernet, mariée en premières noces avec le sieur Aymard, n'étoit âgée que de quatorze ans et deux mois, lorsqu'elle devint veuve, et qu'elle retourna dans la maison paternelle ; que s'il est dit dans l'article 476 du Code civil, que le mineur est émancipé de plein droit par le mariage, il résulte de l'article 477, que le mineur ne peut être émancipé par son père, que lorsqu'il a quinze ans révolus ; que l'art. 485 dispose que l'émancipation du mineur peut être révoquée, et l'art. 486, que, dans le cas de révocation, le mineur rentre en tutelle. De cette comparaison de l'émancipation par mariage, avec l'émancipation conférée par le père, par la mère, ou par le conseil de famille, la Cour de Grenoble tira la conséquence que la dame Duvernet étoit devenue, dès sa viduité, une véritable mineure, respectivement à son père, comme l'auroit été tout autre enfant impubère, qui auroit été sous la tutelle de son père jusqu'à son émancipation.

La Cour de Grenoble se fonda encore sur ce que, d'après quelques textes du droit romain, l'impubère émancipé restoit sous la tutelle légitime ou légale de son père. Ce motif auroit donné ouverture à la question de savoir si le Code civil ne contient pas des principes opposés. Les autres motifs qu'on voit dans l'arrêt, se réduisent à des considérations. Il en faut cependant excepter un que je dois faire remarquer. Il consistoit à dire que, suivant les lois romaines, celui qui administre comme tuteur, est soumis aux mêmes charges et obligations que le tuteur légitime ou légal, quand même il ne l'auroit pas été. De tous ces motifs, la Cour royale de Grenoble tira la conclusion que, d'après l'administration qu'avoit eue le père de la dame Duvernet, celle-ci devoit avoir, sur les biens de son père, une hypothèque légale, indépendamment de toute inscription, pour la somme de 10,000 fr., montant de la dot promise par le père, qu'il n'avoit point payée, et dont il avoit joui comme administrateur, c'est-à-dire, comme tuteur.

Cet arrêt fut cassé. Transcrire l'arrêt de la Cour de cassation, c'est présenter substantiellement et brièvement les vrais principes de la matière.

« Considérant qu'aux termes de l'art. 476 du Code civil, le mineur est émancipé de plein droit par le mariage ; que cet article, le seul qui prononce sur l'émancipation par mariage, la confère *sans condition, ni terme, ni réserve*, et par conséquent d'une *manière absolue et irrévocable;* qu'ainsi elle est acquise au mineur qui se marie, soit qu'il ait l'âge fixé par la loi pour former cette union, *soit que, plus jeune, il la contracte avec dispense du gouvernement*, et qu'elle lui est acquise, non-seulement pendant la durée du mariage, mais même après sa dissolution, quoiqu'alors il soit encore en minorité; d'où il suit qu'en jugeant que la demoiselle de Serre (femme Duvernet) avoit cessé d'être émancipée en devenant veuve, et que, par suite, elle étoit alors rentrée de plein droit sous la tutelle de son père, l'arrêt attaqué a violé l'art. 476 du Code civil; — Considérant que les art. 477, 485, 486, cités par l'arrêt pour établir que l'émancipation ne peut être accordée avant quinze ans, et peut être, en certains cas, révoquée, ne sont pas applicables à l'espèce, *puisqu'ils ne statuent que sur l'émancipation conférée par le père, la mère ou le conseil de famille*, et non sur celle qui s'opère de plein droit par le mariage. »

Mais un dernier motif de l'arrêt mérite une attention toute particulière. Il répond à celui de l'arrêt de la Cour royale de Grenoble, qui portoit subsidiairement que celui qui avoit administré, comme tuteur, les biens du mineur, quoiqu'il ne fût pas réellement nommé tuteur, étoit néanmoins soumis aux mêmes charges et obligations que le tuteur légitime ou légal. D'après ce motif, la Cour royale de Grenoble mettoit en principe que l'hypothèque légale frappoit celui qui, autrefois, étoit appelé *protuteur*, pour s'être immiscé dans la gestion des biens du mineur, comme le tuteur même qui auroit été nommé judiciairement. Voici comment la Cour de cassation s'explique à cet égard : « Considérant que si de Serre père a administré la fortune de sa fille, il est sans doute responsable de sa gestion ; mais on ne peut pas en conclure que ses biens soient grevés, au préjudice de ses créanciers, d'une *hypothèque légale que la loi n'accorde qu'aux mineurs légalement constitués en tutelle.* » Ce dernier dispositif confirme ce que j'ai dit à ce sujet, n° 273, avant que j'eusse connoissance du nouvel arrêt de la Cour de cassation. On sent le grave inconvénient qu'il y auroit d'introduire des hypothèques légales, autres que celles qui sont admises par la loi.

On voit encore que l'arrêt confirme ce qui est dit dans le n° précédent, de la même manière, que l'exception confirme la règle. S'il n'y avoit pas eu l'émancipation par mariage de la dame Duvernet, ou si cette émancipation eût pu être révoquée, il y auroit eu une hypothèque légale, comme dans l'espèce énoncée dans le n° précédent.

Arrêt récent
qui a décidé
la question
traitée au
n° 277.

279. Après avoir ainsi traité la question, cet ouvrage étant terminé, et étant même soumis à l'impression, le recueil du continuateur de Denevers, an 1822, *pag.* 62, a fait connoître un arrêt de la Cour de cassation, du 23 décembre 1821, qui est de la plus grande importance. Cet arrêt a jugé en thèse la question de savoir si les enfans mineurs ont une hypothèque légale sur les biens de leur père, pendant son mariage, pour sûreté de l'administration de leurs biens personnels; et la Cour s'est décidée pour la négative; c'est-à-dire, que la question a été jugée différemment qu'elle ne l'avoit été par l'arrêt de la Cour royale de Toulouse, du 23 décembre 1818, que j'ai cité au n° 277, et dont j'avois paru adopter la décision, en faisant sentir néanmoins tous les doutes qui s'élevoient. J'ai cru devoir laisser subsister mon travail, avec d'autant plus de raison que j'y avois balancé les moyens qu'on pouvoit opposer pour et contre.

L'arrêt de la Cour de cassation étant rendu en suite d'une délibération en la chambre du conseil, après toutes les controverses qui s'étoient élevées sur la manière d'entendre la loi, et de plus, après une discussion très-forte que l'on voit dans le recueil, cet arrêt, disons-nous, rendu dans de pareilles circonstances, doit fixer les idées et faire cesser toutes les incertitudes. Ainsi, la décision de l'arrêt du 21 février 1821, que j'ai rapportée dans le n° précédent, que j'avois regardée comme une exception à la règle posée dans le n° 277, et comme étant propre à confirmer cette règle, demeurera comme ayant jugé, en thèse, la seule question qui se présentoit alors, sans qu'il puisse en résulter aucune influence sur la décision de l'arrêt de la Cour de cassation, du 23 décembre 1821, relativement à la question qui en est l'objet.

Pour abréger, je ne rapporterai ni les faits qui constituoient l'espèce de l'arrêt du 23 décembre 1821, ni la discussion qui l'a préparé; on peut les voir dans le recueil. Je me bornerai à rapporter les motifs de l'arrêt, qui peuvent, d'ailleurs, suppléer à la connoissance des faits et des moyens respectivement opposés. « Attendu que la création d'une hypothèque indépendante de toute inscription, est une mesure spéciale qui ne peut pas être étendue au delà des cas pour lesquels cette espèce d'hypothèque a été établie; — Que, d'après les art. 2121 et 2135 du Code civil, c'est sur les biens de leurs tuteurs, du jour de l'acceptation de la tutelle, que les mineurs ont une hypothèque existante, indépendamment de toute inscription; — Que le père qui, suivant l'art. 389 du même Code, est, durant le mariage, administrateur des biens personnels de ses enfans mineurs, n'est pas tuteur de ces enfans; — Que l'art. 390 porte que la tutelle n'a lieu qu'après la dissolution du mariage, et qu'alors elle appartient de plein droit au survivant des père et mère; — Que l'art. 389 veut que le père soit comptable, quant à la propriété et aux revenus, des biens dont il n'a pas la jouissance, et, quant à la propriété seulement, des biens dont la loi lui donne l'usufruit; mais que le père n'étant pas tuteur, la loi n'a pas voulu que l'action personnelle qui dérive de cette comptabilité contre le père administrateur, et qui, sans doute, par sa confiance dans le caractère de père, lui a paru suffisante, entraînât l'hypothèque légale qui n'a lieu que sur les biens d'un tuteur; — Qu'au surplus, la loi, en créant des hypothèques légales, a établi en même temps les moyens de les purger, et que, pour cet effet, elle a prescrit dans toute tutelle la nomination d'un subrogé tuteur, auquel doivent être faites les significations ordonnées par l'art. 2194; — Que lorsque le père est administrateur, il n'y a pas de subrogé tuteur; ce qui prouve de plus en plus que la loi n'a pas voulu que l'hypothèque légale s'étendît sur les biens du père administrateur; — D'où il suit qu'en décidant que les enfans mineurs n'ont pas d'hypothèque légale sur les biens de leur père qui, durant le mariage, est administrateur de leurs biens personnels, la Cour royale de Douai, loin de violer les articles 2121 et 2135 du Code civil, s'est, au contraire, conformée à leurs dispositions; — Par ces motifs, rejette. »

280. Lorsque la mère tutrice convole à de secondes noces, il s'élève des questions très-importantes sur les cas où il se forme, ou non, des hypothèques légales, surtout à l'égard du second mari. Pour parvenir à des solutions justes, il faut se pénétrer principalement des dispositions des art. 395 et 396 du Code civil.

De l'hypothèque légale des mineurs, dans le cas du convol de leur mère.

Suivant l'art 384 du Code civil, la mère survivante doit avoir la jouissance des biens de ses enfans jusqu'à l'âge de dix-huit ans accomplis, ou jusqu'à l'émancipation qui pourrait avoir lieu avant l'âge de dix-huit ans. Suivant l'article 386, cette jouissance cesse à l'égard de la mère, dans le cas d'un second mariage. Mais quoique la mère ait eu cette jouissance, elle a pu être nommée tutrice, parce que la tutelle est principalement donnée à la personne ; que , comme tutrice , elle doit faire faire inventaire des biens du mari; et qu'enfin on a pu faire des donations aux enfans , sous condition que la mère n'auroit pas l'usufruit des biens donnés.

Dans le cas d'un second mariage, il est dit dans l'article 395, qu'avant l'acte de mariage, la mère doit convoquer le conseil de famille , qui décidera si la tutelle doit lui être conservée ; qu'à défaut de cette convocation , elle perdra la tutelle de plein droit, et son nouveau mari sera solidairement responsable de toutes les suites de la tutelle qu'elle aura *indûment conservée*. L'art. 396 porte que lorsque le conseil de famille, dûment convoqué, conservera la tutelle à la mère, il lui donnera nécessairement pour *cotuteur* le second mari, qui deviendra solidairement responsable , avec sa femme, de la gestion postérieure au mariage.

Pour bien saisir le sens de ces deux articles, il faut d'abord déterminer les engagemens qui s'en forment contre le second mari, selon les cas indiqués, et les hypothèques légales qui peuvent en résulter.

Si la mère se trouve dans la circonstance indiquée par l'article 395, la disposition de cet article, qui lui fait perdre de plein droit la tutelle, ne peut donner lieu à aucune difficulté. Mais sur quoi porte la responsabilité solidaire avec la mère, que la loi prononce alors contre le second mari! C'est ce qui demande quelque attention. Doit-on comprendre dans cette responsabilité le résultat de la tutelle que la mère aura eue avant le mariage, ainsi que le résultat de la gestion qui suivra le second mariage ? Je pense qu'on doit décider que le second mari est solidairement responsable de la tutelle antérieure, comme de la gestion postérieure.

On ne peut en douter, d'après la discussion qui eut lieu au Tribunat, sur la rédaction de cet art. 395, et dont les observations furent adressées au Conseil d'état (1). L'art. 395 avoit été ainsi rédigé , lorsqu'il fut communiqué au Tribunat : « A défaut de cette convocation, elle (la mère) perdra la tutelle, de plein droit, et son nouveau mari sera solidairement responsable de *l'indue gestion qui aura eu lieu depuis le nouveau mariage.*» Le Tribunat observa qu'on pourroit faire résulter de cette rédaction que

_____

(1) Voyez la Conférence du Code civil avec la discussion particulière du Conseil d'état et du Tribunat, tom. 3ᵉ , pag. 35 et suivantes.

le

le second mari seroit seulement responsable de l'indue gestion qui auroit eu lieu depuis le nouveau mariage, et qu'il ne le seroit pas du *défaut de gestion;* tandis qu'il devoit être dans l'esprit de la loi que le second mari fût responsable de l'un ainsi que de l'autre. Le Tribunat proposa, en conséquence, de dire : « Et son nouveau mari sera solidairement responsable avec elle depuis le nouveau mariage. » Cette observation, de quelque manière qu'elle ait pu être considérée au Conseil d'état, y donna lieu à une nouvelle rédaction de l'article 395, absolument différente de celle qui avoit d'abord été communiquée au Tribunat. Il y fut dit : « Et son nouveau mari sera solidairement responsable de *toutes les suites de la tutelle qu'elle aura indûment conservée.* » De ces dernières expressions, il ne peut résulter autre chose, si ce n'est que mari a été déclaré solidairement responsable, et de la gestion qui avoit précédé le nouveau mariage, et de la gestion qui le suivroit. Par ces mots, *toutes les suites de la tutelle,* on doit entendre tout le résultat de la tutelle, et un résultat qui remonte à l'époque où elle a commencé. On peut fonder ce raisonnement sur la différence qu'il y a entre ces expressions et celles de l'art. 396, « deviendra solidairement responsable, avec sa femme, *de la gestion postérieure au mariage.* » Il y a là une limitation à ce qui suit le mariage, qu'il est impossible de voir dans les termes de l'art. 395. D'ailleurs, cette responsabilité solidaire, pour la gestion passée comme pour la gestion à venir, a dû être une peine justement infligée au nouveau mari, à raison de sa négligence à faire nommer un tuteur, et à faire faire un nouvel inventaire; elle a dû être une suite de la présomption que le mari s'empare frauduleusement de tous les biens de la femme, même de ce qui a pu provenir de la fortune des enfans mineurs; et il devoit en répondre, tout cela étant ou la propriété des enfans, ou le gage de leurs répétitions.

Mais dans le cas de ce même art. 395, y a-t-il une hypothèque légale sur les biens du mari, pour la responsabilité solidaire qui y est prononcée contre lui? On sent bien que cette hypothèque existe sur les biens de la femme, après son second mariage, comme elle existoit auparavant. Il est bien dit, d'abord, dans l'article, que la mère *perd la tutelle de plein droit,* mais ce n'est que la privation du titre d'honneur de tutrice, et de la confiance qui y est attachée. Elle ne peut plus agir dans les tribunaux, en qualité de tutrice, mais il reste toujours sur la tête de la mère une *tutelle,* puisqu'il est dit dans le même article, que le nouveau mari sera solidairement responsable de toutes les suites de la tutelle qu'elle aura *indûment conservée*. La tutelle, pour être *indûment conservée*, n'est pas moins une *tutelle;* et on ne concevroit pas qu'une *tutelle* qui se continue ou se *conserve*, cessât d'avoir le caractère de l'hypothèque légale avec lequel elle a commencé.

Mais par rapport au mari, il y a plus de difficultés. On pourroit dire que la responsabilité solidaire prononcée contre lui n'a pas le caractère d'une vraie tutelle, et n'emporte pas avec elle la légalité de l'hypothèque. On pourroit rappeler à ce sujet le principe établi aux n°s 273 et 279, qu'on ne doit reconnoître pour hypothèques légales que celles qui sont telles d'après la loi, et qu'on ne peut pas en créer de nouvelles. Cependant je pense qu'il résulte de la lettre et de l'esprit de l'art. 395, que les biens du mari doivent être grevés, envers les enfans du premier mariage, d'une hypothèque légale, à compter du second mariage, pour tout ce qui entrera dans la reddition du compte de la tutelle, soit pour le temps antérieur au second mariage, soit pour celui qui s'écoulera après. Le nouveau mari n'a pu être déclaré *solidairement* responsable de *toutes les suites de la tutelle*, quoiqu'indûment conservée, sans que la loi n'ait entendu lui appliquer les mêmes obligations, les mêmes engagemens qui existoient déjà contre la femme, et avec les mêmes caractères. La loi n'a pas appliqué expressément au nouveau mari la qualité de *cotuteur*, parce qu'il s'agissoit d'une tutelle *indûment conservée :* c'étoit le cas d'un genre particulier de tutelle. Mais il n'y a pas moins eu une *tutelle* à laquelle le mari a été associé, avec le titre de *solidairement responsable*. Sans cette hypothèque légale, les enfans mineurs pourroient perdre tous leurs capitaux mobiliers et le montant de leurs revenus. Cette perte s'opéreroit facilement par des obligations que le mari pourroit contracter, et quelquefois frauduleusement, envers des tiers. Le mariage du débiteur avec une veuve, l'existence des enfans du premier lit, la jouissance de leurs biens de la part de ce débiteur, sont autant d'avertissemens qui doivent engager des tiers à s'informer s'il y a eu, ou non, une nouvelle tutelle. On a toujours connu en France cette maxime : *Qui épouse la veuve, épouse la tutelle.*

D'ailleurs, ne seroit-il pas contradictoire que, dans le cas de l'art. 395, le mari ayant à s'imputer de n'avoir pas fait nommer un tuteur, il n'y eût point d'hypothèque légale sur ses biens, pour la gestion postérieure au mariage, tandis que, dans le cas de l'art. 396, cette hypothèque légale existeroit pour cette gestion, quoique le mari, avant son mariage, eût rempli le vœu de la loi. Il y est dit, en effet, que le nouveau mari qui sera nommé *cotuteur*, deviendra solidairement responsable avec sa femme, *de la gestion postérieure au mariage.* Enfin la loi 2, au Code *quandò mulier tut. offic.*, et la loi 6, aussi au Code *in quib. caus. pign.*, admettoient, dans le cas dont il s'agit, cette hypothèque légale sur les biens du second mari. C'est ce que Denis Godefroy explique parfaitement dans ses Notes sur ces lois. Il n'y a pas de raisons pour adopter actuellement une autre décision. L'existence de cette hypothèque légale, qui entre dans l'esprit de notre législation, est fondée sur des principes de justice et d'équité.

On sent qu'il faut dire encore un mot pour fixer le résultat de l'art. 396. Ce résultat se réduit à des termes bien simples. L'hypothèque légale qui a commencé avec la tutelle sur les biens de la femme, se continue sur ces mêmes biens après le nouveau mariage, cela est évident. Par rapport aux biens du mari, l'hypothèque légale sur ses biens personnels se forme à compter de son mariage seulement, mais avec cette grande différence, qu'elle n'a lieu solidairement avec celle de la femme, que pour la gestion postérieure au mariage; tandis que, dans le cas de l'art. 395, l'hypothèque légale, toujours avec la même solidarité, a lieu sur les biens du nouveau mari, à compter de son mariage, non-seulement pour la gestion postérieure au mariage, mais encore pour la gestion antérieure, qui a concerné personnellement la femme.

Je dois remarquer que l'art. 396 semble être limité à un second mari; mais il est sensible que si la femme convoloit à de troisièmes ou même de quatrièmes noces, comme il y en a des exemples, la disposition de cet article s'appliqueroit à ces nouveaux maris, c'est-à-dire, que chacun d'eux seroit seulement tenu de la gestion postérieure à son mariage : c'est cette seule gestion qui seroit l'objet de chacune des cotutelles. Ces nouveaux maris ne seroient responsables ni de la gestion des précédens, ni de la gestion qui auroit eu lieu pendant le veuvage qui auroit précédé chacun des mariages. Cette responsabilité étoit cependant admise autrefois, d'après la jurisprudence de quelques tribunaux; elle étoit enseignée par quelques auteurs; mais cela ne sauroit résulter de la loi actuelle, et on ne peut s'en écarter, s'agissant surtout de dispositions pénales. Il ne resteroit que le mode d'exercice des actions, qui a lieu en faveur des créanciers des femmes contre leurs maris. Le principal est le droit de demander que ceux-ci indiquent des biens de leurs femmes, sinon qu'ils soient condamnés personnellement.

La tutelle officieuse, en matière d'adoption, donne-t-elle lieu à l'hypothèque légale ?

281. On peut demander si l'hypothèque légale doit avoir lieu sur les biens de celui qui, en matière d'adoption, devient tuteur officieux, dans le cas où la tutelle officieuse ne seroit pas suivie de l'adoption. Je crois qu'on doit se décider pour l'affirmative.

Il est dit dans l'art. 364 : « Cette *tutelle* ne pourra avoir lieu qu'au profit d'enfans âgés de moins de quinze ans. Elle emportera avec soi, sans préjudice de toute stipulation particulière, l'obligation de nourrir le *pupille*, de l'élever, de le mettre en état de gagner sa vie. » On lit dans l'art. 365 : « Si le pupille a quelque bien, et s'il étoit antérieurement en tutelle, l'administration de ses biens, comme *celle de sa personne*, passera au tuteur officieux, qui ne pourra néanmoins imputer les dépenses d'éducation sur *les revenus du pupille.* » Enfin, l'art. 370 porte : « Le tuteur officieux qui auroit eu l'administration de quelques biens *pupillaires*, en devra *rendre compte* dans tous les cas. » Il est impossible de ne pas voir dans ces articles tous les caractères d'une véritable tutelle. On voit dans le surplus de cette législation qu'elle est déférée par l'autorité de la justice. Les circonstances et l'objet de la tutelle officieuse amènent des désignations particulières, mais les obligations et les responsabilités communes à tous les tuteurs restent. On sent néanmoins qu'il n'y auroit pas d'hypothèque légale, pour l'indemnité qui pourroit être due à raison du refus d'adopter, d'après l'art. 369.

Des objets pour lesquels le mineur a l'hypothèque légale. De la créance due par le tuteur au mineur.

282. Le mineur, ainsi que l'interdit, a l'hypothèque légale sur les biens de son tuteur, pour la gestion et pour tout ce qui peut entrer dans le reliquat du compte, même relativement à des créances qui seroient dues personnellement par le tuteur. Un arrêt de la Cour de cassation, du 12 mars 1811, *Denev.*, *même année*, pag. 228, l'a ainsi jugé pour une somme dont un père s'étoit reconnu débiteur envers ses enfans mineurs, pendant la tutelle, pour leur part dans la communauté qui avoit existé entre lui et leur mère. Il en seroit de même pour une créance dont le tuteur auroit été débiteur envers ses mineurs, avant la tutelle. Si la créance avoit été due par tout autre que le tuteur, il en auroit été responsable, et avec la garantie de l'hypothèque légale. Or, étant lui-même débiteur, ne pouvant se poursuivre lui-même, se retenant la somme, et ne pouvant le faire que parce qu'il est tuteur, et en cette qualité, il doit être placé dans la même

position que s'il avoit reçu la somme d'un tiers débiteur, pour le compte des mineurs.

Il est bien entendu qu'un créancier du tuteur, dont la créance seroit antérieure à l'hypothèque légale des mineurs, leur seroit préféré. Mais, pour que cette préférence eût lieu, il faudroit que ce créancier se fût lui-même fait inscrire avant l'époque de l'hypothèque légale. Car s'il n'y avoit pas eu d'inscription auparavant, l'hypothèque légale des mineurs auroit la priorité, même quand il n'auroit pas été pris d'inscription au nom des mineurs, sous l'empire de la loi de brumaire an 7, qui prescrivoit l'inscription pour les hypothèques légales. Pour que les mineurs ne pussent pas réclamer la priorité de l'hypothèque dans ce cas, il faudroit que le créancier du tuteur eût pris lui-même une inscription sur ses biens, sous l'empire de la même loi.

285. L'hypothèque légale avec affranchissement d'inscription a dû revivre, d'après l'art. 2135 du Code civil, en faveur de celui qui étoit mineur à l'époque de la promulgation du Code ; elle a dû remonter jusqu'à la tutelle. Mais il est également certain que cette hypothèque n'a point existé en faveur de celui qui, à l'époque de la promulgation du Code civil, avoit atteint sa majorité. Dès ce moment, il a été soumis, pour la conservation de sa créance contre son ancien tuteur, à la formalité de l'inscription. C'est ce qui a été jugé dans le cas même où le compte n'avoit pas encore été rendu, circonstance dont on se faisoit un moyen, par un arrêt de la Cour de cassation, du 14 février 1816. *Denev.*, *même année, pag.* 244.

Il n'y a point d'hypothèque légale pour le mineur devenu majeur ou décédé avant le Code civil.

La nécessité de l'inscription avoit été établie contre les mineurs, par la loi de brumaire an 7. Le Code civil a fait revivre l'hypothèque légale, sans inscription ; mais ce n'a été, est-il dit dans l'arrêt, qu'en faveur des individus qui étoient encore mineurs lors de la publication de ce Code, et qui n'avoient pas été atteints par les dispositions de la loi de brumaire, qui les astreignoit à prendre inscription pour la conservation de leurs hypothèques. Les mêmes principes ont été suivis par un arrêt de la Cour royale de Colmar, du 22 mars 1816. *Denev.*, *an* 1817, *pag.* 34, *suppl.* Et de là il est résulté que la faveur de la légalité, avec affranchissement de l'inscription, est remontée jusqu'à la date de la naissance de l'hypothèque.

C'est par le même motif que d'autres arrêts ont jugé que la nécessité de l'inscription établie par la loi de brumaire, à l'égard des femmes mariées, n'avoit été abolie par le Code civil, qu'en faveur des femmes qui étoient mariées lors de la promulgation de ce Code. Je m'en suis expliqué en traitant des hypothèques légales des femmes. On sent que ce qui vient d'être dit doit avoir lieu, et par les mêmes motifs, dans le cas du décès du mineur avant la promulgation du Code civil. La faveur accordée par l'art. 2135 n'a dû concerner que ceux qui étoient mineurs à l'époque de la promulgation de la loi : elle a été étrangère à leurs héritiers.

De l'hypothèque, en France, pour des tutelles faites en pays étranger.

284. Les tutelles ne peuvent être susceptibles que d'une hypothèque légale, puisque les engagemens qui en dérivent ne peuvent être le résultat d'une convention, ni d'une condamnation judiciaire. Cette condamnation ne pourroit avoir lieu que pour la reddition du compte, et pour le payement du reliquat. Il a donc fallu, pour la garantie des mineurs, une hypothèque légale qui remontât au commencement de la gestion, c'est-à-dire, à l'acceptation de la tutelle. Mais si une tutelle est faite hors de France, par l'autorité d'une justice étrangère, il s'élève alors la question de savoir si cette tutelle a pu imprimer sur les immeubles du tuteur, situés sur le territoire français, une hypothèque qui ne pourroit être qu'une hypothèque légale. Cette question a été agitée dans le Répertoire de jurisprudence, au mot *Hypothèque*, *section* 1re, § 5, n° 11, ainsi que pour le cas du mariage contracté en pays étranger, n° 12. On y voit des discussions d'après les principes anciens ; elles avoient préparé différens arrêts : mais ces arrêts mêmes présentoient beaucoup de difficultés ; les décisions en paroissent peu certaines. Cela vient de ce qu'on a pu croire que les actes dont il s'agissoit n'avoient pas été passés dans des pays qu'on pût regarder précisément comme étrangers à la France, ou qu'au moins l'hypothèque pouvoit, d'après des traités ou des lois politiques de nation à nation, être réclamée sur des immeubles situés en France.

Il me semble qu'on peut se décider d'une manière bien simple, par une distinction que j'ai déjà faite en m'expliquant sur l'hypothèque légale d'une femme dont le contrat de mariage auroit été passé en pays étranger. S'il s'agissoit d'un mineur qui seroit non-seulement domicilié dans un pays étranger, mais qui encore seroit réellement étranger, c'est-à-dire, qui n'auroit pas la qualité de Français, alors il seroit sans difficulté que si le tuteur nommé avoit des immeubles situés en France, et quand il seroit même Français, la tutelle n'emporteroit aucune hypothèque légale sur ces immeubles. La raison en est que toutes les hypothèques, même les hypothèques légales, prennent leur fondement dans le droit civil. Or, ce droit n'étant établi qu'en faveur des citoyens de chaque nation, ceux qui sont d'un pays étranger à cette nation ne peuvent participer à ce droit civil.

Si, au contraire, le mineur étoit citoyen français, qu'il se trouvât accidentellement hors de France, et que, d'après les circonstances, la tutelle eût dû être faite en pays étranger, alors l'hypothèque légale auroit lieu, en faveur du mineur, sur les immeubles situés en France, appartenans au tuteur qui auroit été nommé, et qui seroit citoyen français. La loi applique les hypothèques légales à des faits déterminés. L'hypothèque légale, en matière de tutelle, est appliquée au fait même de la tutelle. Or, ce fait existe, soit que la tutelle ait été faite en pays étranger, soit qu'il y ait été procédé en France. Il suffit que les formes et les conditions de la tutelle, relatives à chaque pays, pour sa validité, aient été observées. Cela n'est pas nécessaire pour l'hypothèque, puisque c'est la loi qui la confère; mais il faut que le fait de la tutelle devienne authentique, et les formes seules produisent cette authenticité. Autre chose est l'authenticité, autre chose est l'hypothèque. Il y a même plus, c'est que, quand le tuteur nommé au mineur, hors de France, seroit étranger, et propriétaire d'immeubles situés en France, le mineur qui seroit Français auroit une hypothèque légale sur ces immeubles. L'hypothèque légale est une faveur accordée au mineur; il suffit donc que le mineur soit Français, qu'il jouisse des droits civils français, pour qu'il puisse réclamer les effets de ces droits accordés à tout Français.

Cependant, dans ces deux cas, c'est-à-dire, soit que le tuteur soit Français, soit qu'il soit étranger, et propriétaire de biens en France, pourvu que le mineur soit Français, il seroit à propos qu'une expédition en forme de la tutelle, faite en pays étranger, fût déposée, sur la diligence du subrogé tuteur, au greffe de la justice de paix où la tutelle auroit dû être faite, si le mineur eût été en France, d'après la fixation de son domicile, qui résulteroit de la loi. Il seroit à propos que ce dépôt fût ordonné par le tribunal de l'arrondissement de ce domicile français. J'ai déjà observé, pour le cas d'un mariage fait dans un pays étranger, entre un époux français et une femme demeurant dans ce pays étranger, destinée à revenir en France avec son mari, et qui pourroit réclamer l'effet de l'hypothèque légale pour ses droits dotaux et matrimoniaux, qu'il étoit prudent qu'une expédition de l'acte, constatant les conventions du mariage, fût déposée chez un notaire du lieu du domicile du mari. On ne sauroit donner trop de publicité aux hypothèques même légales, dans l'intérêt des tiers. Mais ce qui produiroit encore un effet plus direct et plus certain, ce seroit des inscriptions prises par le subrogé tuteur sur les biens du tuteur, soit étranger, soit Français, situés en France. Ici revient le même motif de prudence, qui, dans le cas du mariage fait en pays étranger, fait désirer des inscriptions sur les biens du mari situés en France. Elles seroient prises soit par la femme, soit par le mari lui-même.

Des réductions des hypothèques légales des mineurs et interdits. De la forme des inscriptions qui y sont relatives.

285. Quant aux réductions qui peuvent avoir lieu pour les hypothèques légales des mineurs et des interdits, et aux formes des inscriptions à prendre sur les biens des tuteurs, je dois, pour ne pas user de répétitions, renvoyer à ce que j'en ai déjà dit. Pour la forme des inscriptions, je m'en suis expliqué au § II de la section II du chap. Ier, n° 84, et, pour le mode des réductions, au § précédent, en traitant de l'hypothèque légale des femmes, n°s 267 et 270.

SECTION III.

Des hypothèques légales de l'état, des communes et des établissemens publics, sur les biens des receveurs et administrateurs comptables.

SOMMAIRE.

286. Idées générales sur cette troisième espèce d'hypothèque légale.
287. Quels sont les établissemens qui en jouissent? quelles sont les personnes dont les biens en sont grevés?
288. Dangers de l'extension qu'on donneroit aux hypothèques légales, relativement à certains administrateurs et comptables.
289. Les droits du trésor public et du trésor de la couronne se divisent en priviléges et hypothèques légales.
290. L'inscription du receveur général d'un département sur le receveur d'un arrondissement est valable, quoique l'objet n'en ait pas été évalué par l'inscription.
291. La caution du comptable n'a pas contre celui-ci d'hypothèque légale.
292. L'hypothèque légale a-t-elle lieu contre les cautions du comptable, comme contre celui-ci?

293.

293. *De ce qui tient lieu de réduction ou restriction pour les hypothèques légales sur les comptables.*

286. L'HYPOTHÈQUE légale en faveur de l'état, des communes et des établissemens publics, sur les biens des receveurs et administrateurs comptables, est établie par l'art. 2121. Elle est la troisième espèce des hypothèques légales proprement dites, ainsi que je l'ai déjà remarqué. Cette
hypothèque est légale, en ce sens qu'elle est générale, c'est-à-dire, qu'elle
porte sur tous les biens présens et à venir, qu'elle existe sans stipulation
et sans jugement. Cependant les formes des inscriptions ne sont pas les
mêmes. Mais ce qui établit une grande différence entre cette hypothèque
et celle des femmes, des mineurs et des interdits, c'est que ces dernières hypothèques sont affranchies de l'inscription, au moins en ce qui concerne les femmes, pour leur dot et pour les conventions matrimoniales,
au lieu que la troisième espèce, dont il s'agit, est soumise à la formalité de
l'inscription, et ne prend rang que du jour de cette inscription. Cela résultoit déjà de l'art. 2098 du Code, où il est dit que le trésor public ne
peut obtenir de privilége *au préjudice des droits antérieurement acquis à
des tiers.* Mais le principe de la nécessité de l'inscription est plus particulièrement consigné dans l'art. 2134. Il n'admet d'autre rang, pour toutes
les hypothèques, que celui qui est fixé par l'inscription. L'art. 2135 établit
des exceptions à cette règle : mais ces exceptions sont restreintes à des
hypothèques autres que celles de l'état, des communes et des établissemens publics ; en sorte que celles-ci sont hors de ces exceptions, et rentrent
dans la règle générale de la publicité de l'hypothèque. On en voit les motifs
dans la discussion du Conseil d'état, sur l'art. 2155. *Confér. du Code civil,
tom.* 7, *pag.* 176. C'est « qu'il est facile au trésor public de conserver ses
droits par des inscriptions que forment les agens qu'il a sur tous les points
de la France ; que les pertes, en supposant qu'il y en ait, ne seront que
légères : toujours seront-elles un mal moins fâcheux que la haine dont on
entoure le trésor public, si, par des priviléges exorbitans et qui pèsent sur
tous les citoyens, on le soustrait à l'ordre commun de la législation. » On
peut ajouter qu'un aussi grand nombre d'hypothèques légales qui eussent
été affranchies de l'inscription, auroit, pour ainsi dire, mis en contradiction
avec elle-même une législation qui avoit pour base fondamentale la publicité des hypothèques.

Idées géné-
rales sur cette
troisième es-
pèce d'hypo-
thèque lé-
gale.

Tome I.   K k k k

287. Pour déterminer quels sont les établissemens qui jouissent de cette hypothèque, et quelles sont les personnes qui en sont grevées, écoutons ce que dit M. Tarrible, dans son article du Répertoire de jurisprudence, au mot *Hypothèque*, sect. 2, § 3, art. 4. Il seroit difficile de s'expliquer avec plus de justesse et de précision. « Il y a, dit-il, dans l'administration générale, des fonctionnaires qui manient réellement les deniers publics ; il y en a d'autres qui dirigent seulement la recette et l'emploi de ces mêmes deniers, sans les manier eux-mêmes. Les premiers sont seuls comptables et soumis à l'hypothèque légale ; les seconds ne sont pas assujettis à cette charge.

» La distinction que nous avons faite est appuyée sur la vraie signification du mot *comptable*, et sur l'autorité de la loi. Ferrières, dans son Dictionnaire de droit et de pratique, désigne sous le nom de comptables, financiers ou agens d'affaires, ceux qui manient ou qui ont manié les deniers publics ou ceux du Roi. La loi du 16 septembre 1807, concernant l'organisation de la Cour des comptes, confirme cette distinction d'une manière encore plus précise.

» L'art. 11, relatif à la compétence, porte que la Cour sera chargée du jugement des comptes des recettes du trésor, des receveurs généraux de départemens, et des régies et administrations des contributions indirectes, des dépenses du trésor, des payeurs généraux, des payeurs d'armée, des divisions militaires, des arrondissemens maritimes et des départemens, des recettes et des dépenses des fonds et revenus spécialement affectés aux dépenses des départemens, et des communes dont les budgets sont arrêtés par le chef du gouvernement.

» L'art. 18 de la même loi déclare que la Cour ne pourra, en aucun cas, s'attribuer de juridiction sur les ordonnateurs, ni refuser aux payeurs l'allocation des payemens par eux faits sur des ordonnances revêtues des formalités prescrites, et accompagnées des acquits des parties prenantes et des pièces que l'ordonnateur aura prescrit d'y joindre.

» Le vrai comptable est donc celui qui, soit en recevant les deniers publics, soit en en faisant l'emploi, manie réellement des deniers publics, et qui est, comme tel, soumis à la juridiction du tribunal établi pour le jugement des comptes.

» Celui qui dirige les recettes ou l'emploi est appelé ordonnateur ; celui-là n'est nullement comptable, et la Cour des comptes ne peut s'attribuer sur lui aucune juridiction : ses opérations peuvent donner lieu à une censure; mais cette censure, ainsi que les prévarications qui la déterminent, sont étrangères aux formes et aux règles de comptabilité proprement dite.

» Lors donc que la loi soumet à l'hypothèque légale les biens des receveurs et administrateurs comptables, elle n'entend comprendre, sous cette dénomination, que les seules personnes qui manient les deniers publics, soit en les recevant, soit en les employant.

» La même disposition comprend aussi littéralement ceux qui manient les deniers des communes et des établissemens publics : mais elle s'arrête là, et nous ne devons pas l'étendre plus loin. »

Ce qui vient à l'appui de la classification faite par M. Tarrible, d'après l'art. 11 de la loi du 16 septembre 1807, c'est la disposition de l'art. 7 de la loi du 5 du même mois de la même année, relative aux droits du trésor public sur les biens des comptables. Il y est dit que tous receveurs généraux de département, tous receveurs particuliers d'arrondissement, tous payeurs généraux et divisionnaires, ainsi que les payeurs de département, des postes et des armées, seront tenus d'énoncer leurs titres et qualités dans les actes de vente, d'acquisition, de partage, d'échange, et autres actes translatifs de propriété qu'il passeront, et ce à peine de destitution, etc. Les articles suivans imposent aux receveurs d'enregistrement et aux conservateurs le devoir de prendre des inscriptions au nom du trésor public, sur tous ces fonctionnaires. Mais je dois remarquer que, d'après une décision du ministre des finances, du 21 mars 1809, les receveurs d'enregistrement ne doivent pas, en vertu de la loi du 5 septembre, requérir des inscriptions hypothécaires sur les biens des percepteurs à vie des contributions; c'est-à-dire, sur les percepteurs des villes et des communes rurales. Ils doivent seulement en requérir sur ceux que la loi, art. 7, entend sous la dénomination générale de comptables, qui sont les receveurs généraux, etc. Voyez Sirey, *an* 1809, 2ᵉ *partie, pag.* 302.

Mais il y a d'autres receveurs et administrateurs comptables, dont les biens sont frappés d'hypothèque légale, même d'après l'art. 2121 du Code. Ce sont les receveurs et administrateurs comptables des communes et des établissemens publics. On doit placer dans la même catégorie que les fonctionnaires publics dont il vient d'être parlé, les autres receveurs et administrateurs comptables, dont les comptes peuvent ne pas être jugés et apurés par la Cour des comptes, mais bien par d'autres autorités auxquelles ils sont subordonnés, tels que les conseils généraux des communes, ou toutes autres autorités déléguées par le gouvernement pour la réception et apurement des comptes. La ligne de démarcation ne pouvoit être tracée par la loi entre ceux de ces administrateurs qui seroient soumis à l'hypothèque légale, et ceux qui ne le seroient pas. Mais les instructions ministérielles aplanissent les difficultés auprès des agens du gouvernement. Il est impossible, dans un traité, d'embrasser ces détails; on ne peut s'en tenir qu'aux principes généraux.

Or, sous ce rapport, je crois pouvoir dire que l'hypothèque légale frappe tous ceux qui ont reçu de l'autorité publique le titre de receveur et administrateur des deniers et revenus appartenans aux communes, et de ceux qui appartiennent aux établissemens publics. Ces établissemens sont les maisons d'instruction publique, et même celles d'éducation publique qui seroient sous la surveillance médiate ou immédiate du gouvernement; les maisons de bienfaisance, les hôpitaux ou hospices. La qualité de receveur ou administrateur comptable, soumise à l'hypothèque légale, ne se règle pas par la nature des autorités chargées de recevoir et liquider les comptes ; elle tient à la nature des fonctions. Il suffit que ces fonctions aient le caractère d'une recette et d'une administration de deniers publics, émanant de l'autorité publique. Les mots réunis *de receveur* et *d'administrateur* font supposer deux choses, une simple recette, et ensuite l'emploi, par le même individu, des deniers qui auroient fait l'objet de la recette. Mais quand il n'y auroit que le titre de *receveur*, sans charge d'administrer, ce seroit également le cas d'appliquer l'art. 2121 du Code. Il suffit qu'il y ait le titre de *receveur comptable*. Tout ce qui concerne les *deniers publics* est sous la surveillance du gouvernement de l'état. Cette surveillance s'exerce au nom du Roi, abstraction faite des moyens directs ou indirects par lesquels les fonds arrivent dans les coffres publics.

Dangers de l'extension qu'on donneroit aux hypothèques légales, relativement à certains administrateurs et comptables.

288. L'objet important est de ne pas sortir du cercle dans lequel la loi a circonscrit les hypothèques légales. Ce seroit la violer d'une manière qui tireroit à une grande conséquence, que d'en créer qu'elle n'auroit pas reconnues. Ainsi il n'y a d'hypothèque légale, ni à l'égard des fermiers des biens des communes, des hospices et des autres établissemens publics, ni en ce qui concerne les fournisseurs et tous autres particuliers qui contractent des engagemens envers les receveurs et administrateurs comptables. Il n'y a encore rien de plus juste que ce que dit M. Tarrible.

« Il y a plusieurs autres personnes qui sont réellement comptables, en prenant ce mot dans son acception générique. Tels sont les séquestres, les gardiens, les héritiers sous bénéfice d'inventaire, les curateurs à une succession vacante, les syndics d'une faillite et les autres administrateurs de ce genre : tous ceux-là manient des deniers d'autrui, et doivent un compte de leur recette et de leur emploi ; mais aucune loi n'ayant soumis leurs biens à l'hypothèque légale envers les personnes auxquelles le compte doit être rendu, celles-ci ne peuvent la réclamer, et elles doivent chercher leur sûreté dans les moyens généraux qui sont ouverts à tous les créanciers. »

L'hypothèque légale dont il s'agit étoit admise sous l'ancienne législation. M. Malleville en fait l'observation, avec raison, sur l'article 2121, *Analise de la discussion du Code.* Mais elle ne l'a jamais été à l'égard des fermiers. Quelques Coutumes, telles que celle d'Oudenarde, article 12, l'avoient établie contr'eux; mais leur disposition a cessé d'avoir force de loi depuis le Code civil, et même depuis la loi de brumaire, aux dispositions de laquelle le Code civil est conforme à cet égard. La question s'est cependant élevée sous l'empire de la loi de brumaire, à l'occasion d'un bail de ferme de plusieurs immeubles fait aux enchères par l'administration de l'hospice civil de Grenoble, le 19 vendémiaire an 10. Il n'y avoit pas eu de stipulation d'hypothèque. Cette administration prit une inscription le 4 mars 1807. Sur une contestation à l'ordre elle fut attaquée. Je ne rapporterai que le moyen essentiel par lequel l'administration soutenoit la validité de son inscription. Ce moyen étoit fondé sur ce que la créance dont il s'agissoit devoit jouir de la faveur de l'hypothèque légale, ainsi que cela, disoit-elle, étoit fondé d'après les lois anciennes. Mais cette prétention fut repoussée par un arrêt de la Cour de cassation, du 3 juillet 1817, que j'ai cité ailleurs, relativement à une autre question qu'il a encore jugée. *Denev., an* 1818, *pag.* 411. Il est bon d'en rappeler le motif, parce qu'il confirme tout ce que j'ai déjà dit dans la présente section, et dans la précédente, sur le danger qu'il y auroit à donner de l'extension aux hypothèques légales. « Attendu que cette hypothèque (légale) n'a existé que contre les *administrateurs gérans et autres comptables, et non contre les fermiers et autres débiteurs de cette espèce;* que la loi de brumaire an 7, sous laquelle les baux se sont passés, montre d'ailleurs, par son article 21, qu'elle n'a point reconnu que les hospices et autres établissemens publics aussent une pareille hypothèque contre leurs débiteurs *fermiers ;* que, par conséquent, l'inscription faite ne peut, sous ce rapport, avoir d'effet. »

Les droits
du trésor
public et du
trésor de la
couronne se
divisent en
privilèges et
hypothèques
légales.

289. Les droits du trésor public se divisent en priviléges et en hypothèques légales. Il peut avoir des hypothèques simples à exercer pour ses propres droits, dans certains cas, ou comme subrogé aux droits de créanciers ordinaires; et on sent qu'à cet égard il est soumis au droit commun. Cette division en priviléges et en hypothèques légales est dans la loi du 5 septembre 1807, relative aux droits du trésor public. Cette loi a été déclarée commune, ainsi que les art. 2098 et 2121 du Code civil, au trésor de la couronne, par un avis du Conseil d'état, du 25 février 1808. On voit encore des priviléges particuliers établis au profit du trésor public, par une autre loi du même jour 5 septembre 1807, concernant le mode de recouvrement des frais de justice en matière criminelle. Il sembleroit que je devrois m'expliquer ici sur les hypothèques légales énoncées dans la première loi et dans l'avis du Conseil d'état; mais attendu la connexité qu'il y a entre ces hypothèques et les priviléges, je m'en occuperai en traitant des *priviléges.* Voyez IIᵉ partie, chap. Iᵉʳ, sect. III, § V.

L'inscription du receveur général d'un département sur le receveur d'un arrondissement est valable, quoique l'objet n'en ait pas été évalué par l'inscription.

290. Je dois cependant dire ici que lorsqu'il s'agit d'une inscription prise pour une hypothèque légale, elle est valable, quoique la créance, lorsqu'elle est indéterminée, n'ait pas été évaluée par l'inscription. Tel est le résultat de l'art. 2153 du Code civil, qui prescrit des formes particulières pour les hypothèques légales, lesquelles dérogent, en certaines parties, aux formes établies pour l'inscription des hypothèques ordinaires. Il est dit dans la troisième partie de cet article, que les bordereaux d'inscription contiendront seulement la nature des droits à conserver, et le montant de leur valeur, quant aux *objets déterminés*, sans être tenu de le fixer, quant à ceux qui sont conditionnels, éventuels ou *indéterminés*. En m'expliquant, au nº 84, sur les formes des inscriptions en général, j'ai rappelé les motifs qui, dans le cas des hypothèques légales, avoient fait dispenser de la rigueur des formalités générales.

En me renfermant dans ce qui concerne l'application de cet art. 2153, je remarquerai que la créance qui fait l'objet de l'inscription doit être évaluée, toutes les fois que le montant peut en être déterminé, et que c'est seulement dans les cas où cette détermination seroit impossible, que l'évaluation de la créance n'est point nécessaire dans l'inscription. On sent qu'il étoit juste de distinguer entre un particulier qui est personnellement créancier, et ceux qui, à raison de fonctions qui leur sont confiées, ou de charges que la loi leur impose, sont obligés de prendre les inscriptions dans les cas énoncés dans l'art. 2153. Lorsqu'il s'agit de celui à qui il est dû une créance personnellement, l'évaluation est de rigueur, parce que ce créancier a par-devers lui tous les documens nécessaires pour faire connoître aux tiers intéressés l'objet de l'inscription. Mais lorsqu'il est question de fonctionnaires publics chargés, en cette qualité, de prendre une inscription, ces fonctionnaires pourroient avoir besoin de renseignemens pour connoître le montant de la créance en capital et accessoires. S'ils ne pouvoient s'inscrire avant qu'ils se les fussent procurés, il pourroit arriver qu'avant ce moment, il y eût des ventes ou des engagemens contractés par le débiteur, et que la créance fût perdue. La rédaction de l'article 21 de la loi de brumaire, relatif aux hypothèques légales, de la nature de celles dont il s'agit, étoit plus simple, et il eût été à désirer qu'on l'eût suivie dans l'art. 2153 du Code civil. Il étoit dit dans cet art. 21 : « . . . 3°. La nature du droit qu'il s'agit de conserver, à l'époque où il a pris naissance, *sans être tenu d'en déterminer le montant.*» L'article 2153 du Code civil doit être considéré comme ayant été conçu dans le même esprit.

Un arrêt de la Cour royale d'Agen, du 29 juin 1809, rapporté par Sirey, *tom.* 10, 2ᵉ *partie, pag.* 309, est remarquable à ce sujet. Il avoit été pris une inscription sur les biens d'un receveur particulier d'arrondissement, au profit du sieur Ma··, receveur général du département du Gers. Il étoit dit que c'étoit pour sûreté d'une créance *indéterminée,* due pour le recouvrement des contributions du premier arrondissement du département du Gers, et résultante dudit recouvrement. Les créanciers du receveur particulier qui fut exproprié, attaquèrent la validité de l'inscription, sur le fondement qu'elle ne renfermoit pas l'évaluation de la créance; qu'il résulte de l'esprit de l'article 2153, que si, dans les cas énoncés dans cet article, on peut prendre inscription pour une créance indéterminée, ce n'est que lorsqu'il est impossible d'en fixer le montant au moment de l'inscription; mais que le receveur général ne se trouvoit pas dans un cas pareil, puisque, connoissant les sommes qui étoient dues, et les payemens qui avoient été faits, il pouvoit fixer, au moins approximativement, ce qui étoit encore dû par le receveur particulier. Mais l'inscription fut déclarée valable. Il entre, à cet égard, dans l'esprit de la loi, que, dans les cas dont il s'agit, on ne soit pas difficile sur le défaut de fixation de la créance. Il est juste que les tiers qui connoissent l'inscription, prennent eux-mêmes, avant de contracter avec un débiteur, les renseignemens propres à leur faire connoître les risques qu'ils peuvent courir.

Les créanciers contestoient encore la validité de l'inscription sur un autre moyen : ils le faisoient résulter de la manière dont le receveur général avoit figuré dans l'inscription ; ils disoient qu'il paroissoit l'avoir prise à son profit, plutôt qu'au nom du gouvernement et comme son mandataire ; que dès lors l'inscription ne faisoit pas connoître le nom du véritable créancier. Mais ce moyen fut rejeté par l'arrêt, et avec raison, parce que la qualité en laquelle le sieur Mas avoit pris l'inscription, et la nature de la créance, indiquoient qu'elle n'avoit pu être prise que pour le gouvernement ; en sorte que le créancier étoit suffisamment connu. Je rappellerai ce que j'ai dit ailleurs, qu'il est toujours à propos que les inscriptions soient prises au nom de l'établissement qui est créancier, *poursuites et diligences des agens* qui sont mandataires de l'état ou des établissemens.

La caution du comptable n'a pas contre celui-ci d'hypothèque légale.

291. Mais celui qui s'est rendu caution pour le comptable, envers le gouvernement ou envers un établissement public, n'a pas, contre le comptable qu'il a cautionné, la même hypothèque légale à laquelle celui-ci est soumis envers le gouvernement ou l'établissement public. Aucune loi n'admet cette hypothèque en faveur de la caution contre le cautionné ; et, comme on ne sauroit trop le dire, les hypothèques légales ne peuvent être multipliées contre le vœu de la loi. C'est ce qui a été jugé par un arrêt de la Cour de cassation, du 5 septembre 1808. *Denev., an 1808, pag.* 375. Le motif de l'arrêt est simple, mais décisif : « Parce qu'il ne s'agissoit pas d'une inscription prise pour le gouvernement contre un comptable de deniers publics, ou contre sa caution, mais bien d'une hypothèque au *profit de la caution contre le cautionné.* « Ainsi la caution doit se procurer, à l'égard de celui qu'elle cautionne, une hypothèque spéciale, et son inscription doit être prise avec toutes les formes prescrites par la loi, relativement à cette hypothèque. On sent la différence immense qu'il y a, quant aux effets, entre cette hypothèque et l'hypothèque légale. Celle-ci est générale ; elle porte sur tous les biens présens et à venir, et les formes de l'inscription sont moins rigoureuses. La caution qui n'auroit pas pris la précaution de se faire consentir une obligation avec une affectation spéciale, n'auroit que la ressource qui résulte de l'art. 1251 du Code civil, nº 3, et dans le cas seulement où elle payeroit la créance ; elle seroit

alors

alors subrogée de plein droit à tous les effets et priviléges du créancier; et si une inscription devenoit nécessaire en son nom, elle devroit la prendre tant en vertu du titre constitutif de la créance, qu'en vertu de l'acte qui constateroit le payement qu'elle auroit fait.

292. Mais on pourroit élever la question de savoir si l'hypothèque légale établie contre les comptables a lieu aussi contre les cautions des mêmes comptables. Ce qui auroit pu faire naître quelque difficulté à ce sujet, c'est ce qu'on voit dans le motif de l'arrêt que je viens de citer. Il y est dit qu'il ne s'agissoit pas d'une inscription prise par le gouvernement contre un comptable de deniers publics, *ou contre sa caution*, etc. Ces dernières expressions feroient supposer que l'hypothèque légale auroit eu lieu contre la caution, tandis qu'elle ne devoit pas avoir lieu en faveur de la caution contre le cautionné.

Cependant il est hors de doute que l'hypothèque légale n'a point lieu contre la caution. Ce qui a amené, dans l'arrêt, les expressions que je viens de rapporter, c'est qu'il a été rendu dans une affaire qui avoit pris naissance sous l'empire de la loi de brumaire an 7. Or, l'art. 21 de cette loi contenoit des expressions toutes particulières. Il y étoit dit : « Tout droit d'hypothèque légale ou *conventionnelle*, 1°. au profit de la nation sur les comptables de deniers publics, pour raison de leur gestion; et sur leurs cautions, *à l'égard des biens servant de cautionnement.* » Venoient ensuite les hypothèques légales des mineurs et interdits, et celles des époux. Cet article modifioit, à l'égard de ces inscriptions, les formes établies par l'article 17 pour celles qui sont relatives aux hypothèques en général. Que résultoit-il de cet article, respectivement aux cautions des comptables de deniers publics? Ce n'étoit pas une hypothèque légale. Ce qui suffit pour en convaincre, c'est la restriction qui résulte de ces termes : *Et sur leur caution, à l'égard des biens servant de cautionnement.* Une hypothèque qui porte seulement sur des immeubles nécessairement déterminés, ne sauroit être une hypothèque légale qui, de sa nature, porte sur les biens présens et à venir. Aussi il faut croire que c'est parce que cet art. 21 avoit trait, en ce qui concerne les cautions, à une hypothèque qui ne pouvoit être que conventionnelle, qu'il y est dit en commençant: *Tout droit d'hypothèque légale ou CONVENTIONNELLE.* Il falloit entendre ces mots d'une manière distributive. Les mots *ou conventionnelle* se rapportent seulement à l'hypothèque sur les cautions. Les mots *hypothèque légale* se rapportoient

L'hypothèque légale a-t-elle lieu contre les cautions du comptable comme contre celui-ci?

Tome I.   L l l l aux autres hypothèques dont il y est parlé. Il restoit néanmoins dans l'article quelques dispositions concernant les cautions ; mais ces dispositions n'étoient relatives qu'aux formes des inscriptions.

Ainsi, d'après cette loi même, il n'y avoit point d'hypothèque légale en faveur du gouvernement. Cette hypothèque n'existe pas plus actuellement contre les cautions, puisqu'elle n'est admise par aucune loi nouvelle. Mais il n'y a encore aucune loi nouvelle qui établisse un changement de formes dans l'inscription, à l'égard des cautions des comptables, respectivement aux formes établies pour les inscriptions en général. On doit donc regarder l'hypothèque qui résulteroit des engagemens des cautions, comme une hypothèque purement spéciale, soumise aux formalités des inscriptions établies par le Code civil, pour cette sorte d'hypothèques.

De ce qui tient lieu de réduction ou restriction pour les hypothèques légales sur les comptables. 293. Jusqu'à présent, après avoir traité chaque espèce d'hypothèques, j'ai exposé les principes relatifs à la réduction ou restriction de chacune d'elles. Je dois donc dire un mot sur ce qui concerne, à cet égard, les hypothèques légales contre les comptables.

Il y a trop de différence entre ces hypothèques et les autres hypothèques légales, pour que les principes soient les mêmes. L'exercice des droits du trésor public est confié aux agens du gouvernement. Cet exercice est organisé par des lois particulières, et par des règlemens, et notamment par la loi du 5 septembre 1807, déclarée commune au trésor de la couronne. Toute cette partie est du ressort de l'autorité administrative, ainsi que cela devoit être. Le pouvoir judiciaire n'a de compétence que relativement à l'exécution sur les biens ; c'est-à-dire, pour les actes de contrainte et de poursuites. L'administration étend ou resserre les priviléges et les hypothèques légales, selon que l'exige la position des comptables. Ceux-ci obtiennent, quand il y a lieu, la réduction ou même la radiation des inscriptions prises au nom du trésor public par ses agens. Les règles à suivre, à cet égard, sont principalement tracées dans les art. 7, 8 et 9 de la loi du 5 septembre 1807, relative aux droits du trésor. La seconde loi relative au mode de recouvrement des frais de poursuites, en matière criminelle, se borne à établir des priviléges dont je parlerai dans le chap. IV.

FIN DU TOME PREMIER.

ADDITION.

Page 212, à la fin du n° 107, ligne 29, il faut suppléer ce qui suit : Il me paroît difficile de ne pas considérer le résultat de cette dissertation comme devant être adopté. Ces anciens principes paroissent devoir être suivis, dès que nos nouveaux Codes n'y ont point dérogé. Cependant je dois dire que, depuis, j'ai remarqué que la Cour de cassation avoit jugé le contraire, par un arrêt du 17 juin 1817. Il a décidé qu'une inscription faite le 14 avril 1799 auroit dû être renouvelée avant le 14 avril 1809. On sent donc combien il est prudent de renouveler une inscription de manière à éviter la difficulté. Il l'est encore de renouveler l'inscription avant l'arrivée du jour férié auquel les dix années expireroient. Les opinions sont partagées sur ce point.

www.ingramcontent.com/pod-product-compliance
Lightning Source LLC
Chambersburg PA
CBHW031440210326
41599CB00016B/2059